NWB Studium Betriebswirtschaft

Der handelsrechtliche Jahresabschluss

Von
Professor Dr. Thomas Schildbach

8., überarbeitete Auflage

ISBN 978-3-482-42488-5 – 8., überarbeitete Auflage 2008

© Verlag Neue Wirtschafts-Briefe GmbH & Co. KG, 1987
  www.nwb.de

Druck: Medienhaus Plump GmbH, Rheinbreitbach

VORWORT

Handelsrechtliche Jahresabschlüsse erfüllen – in den Grenzen ihrer Möglichkeiten – wichtige Funktionen. Im Interesse einer Steigerung der Effektivität menschlicher Zusammenarbeit tragen sie zur Schlichtung von Konflikten bei und übermitteln Informationen. Die aus den Aufgaben resultierenden Anforderungen an den Jahresabschluss prägen die im ersten Teil des Buches diskutierten theoretischen Grundlagen. Im zweiten Teil werden auf dieser Basis die Einzelfragen der „Bilanztechnik" erläutert und hinterfragt. Die Gliederung in möglichst überschaubare und systematisch angeordnete Fragenkomplexe soll ein Ordnungsraster der im Rahmen der Erstellung eines Jahresabschlusses zu lösenden Probleme schaffen, das dem Leser hilft, sich am Beispiel von GoB und HGB weitgehend eigenständig in ein System von Rechnungslegungsvorschriften einzuarbeiten. Auf diese Weise werden nicht nur Lehrveranstaltungen entlastet, sondern auch Schlüsselqualifikationen gefördert, denen gerade in einer Zeit raschen Wandels der Rechnungslegungsvorschriften große Bedeutung zukommt.

An dem Konzept des Buches, Grundlagen externer Rechnungslegung am Beispiel von GoB und HGB, nicht aber dem Zeitgeist folgend anhand der angelsächsischen Wettbewerber IAS/IFRS und US-GAAP darzustellen, wird aus verschiedenen guten Gründen festgehalten. Obwohl auch GoB und HGB mehrere theoretische Konzepte nicht zuletzt im Blick auf die verschiedenen zu erfüllenden Funktionen kompromisshaft verbinden, zeichnen sie sich doch durch vergleichsweise geschlossene Grundsätze und Prinzipien aus, die von den Detailvorschriften nicht nur weitgehend konsequent umgesetzt, sondern auch in wichtigen Einzelfragen zusätzlich verdeutlicht werden. Bei den Angelsachsen hingegen bleiben die Prinzipien vage und unbestimmt. Auch variiert ihre Bedeutung erheblich zwischen den regelorientierten US-GAAP einerseits und den angeblich prinzipienorientierten IAS/IFRS andererseits, die beide gleichwohl bald zusammengeführt werden sollen. Vor allem aber halten die kodifizierten Prinzipien nicht Schritt mit den raschen konzeptionellen Umbrüchen etwa hin zur gewünschten Priorität der Vermögensdarstellung auf Basis einer synthetischen fair value-Bewertung. Die Prinzipien werden schließlich durch die Vielfalt der kasuistisch auf verschiedenste Konzeptionen gegründeten Detailvorschriften eher weiter verwischt und relativiert als gestützt und verdeutlicht.

GoB und HGB liefern brauchbare – wenn auch sicher keine idealen – Grundlagen zur Rechnungslegung für die verschiedenen anstehenden Funktionen und für Unternehmen unterschiedlicher Größe und Rechtsform. Ein bewährter Schatz an systematischen Kommentierungen gibt Orientierung in einer Vielzahl von Zweifelsfragen und erleichtert die Umsetzung. Angelsächsische Standards hingegen überlassen Interpretation und Gewichtung ihrer vagen und widersprüchlichen Prinzipien ebenso der Auslegung der Rechnungsleger wie die Konkretisierung der häufig idealisierten und nicht an eine reale Welt der Unvollkommenheit angepassten Vorstellungen von Bilanzpositionen und Wertansätzen. Hier und in der atemberaubenden Dynamik der nicht selten tief greifenden Regeländerungen liegen die Ursachen für den hohen Aufwand bei dieser Rechnungslegung, für die Notwendigkeit intensiver Beratung durch einen exklusiven Kreis sachkundiger Berater und für die geringe Eignung für kleine und mittelständische Unternehmen. Dabei stehen dem erhöhten Aufwand keine erkennbaren Vorteile bei der Funktionserfüllung gegenüber. Sogar bezüglich der Aufgabe der Kapitalmarktinformation, an der sich angelsächsische Standards kompromisslos orientieren, ergab sich bei empirischen Untersuchungen ein sehr gemischtes Bild statt der erhofften klaren Überlegenheit: Gemessen am Informationsgehalt und an dem Einfluss auf die Höhe der Kapitalkosten schneiden GoB und HGB im Vergleich zu IAS/IFRS und US-GAAP häufig besser ab als schlechter. Ausschüttungs- und Steuerbemessung lassen sich auf Basis angelsächsischer Standards von Privatgremien ohnehin schwerlich erfüllen, und die ersehnte Vereinigung von externem und internem Rechnungswesen gelingt auf Basis angelsächsischer Standards mit ihrem vielfach zeitwertabhängigen Erfolgsausweis eher weniger als auf Basis von GoB und HGB. Ob angelsächsische Standards dem Norwalk Agreement folgend zu weltweit einheitlichen Rechnungslegungsregeln verschmelzen, muss schon angesichts der eigenständigen Umsetzung (China, Russland und wohl auch Europa), der unterschiedlichen Einstellungen und Auslegungen sowie des Fehlens eines geschlossenen Enforcements bezweifelt werden. Noch fragwürdiger wird die Hoffnung vor dem Hintergrund der Aufgabenvielfalt des Rechnungswesens, denn anders als die Mehrzweckjahresabschlüsse nach GoB und HGB huldigen die Angelsachsen einem System von Spezialrechenwerken für jede der anstehenden Aufgaben, sodass mit der Zahl der Aufgaben zugleich die Zahl der erforderlichen Rechenwerke zum Schaden der erhofften Harmonisierung ansteigt.

Die Neuauflage wurde in einer Zeit notwendig, in der mit dem geplanten Bilanzrechtsmodernisierungsgesetz Änderungen im HGB zu erwarten sind. Zur Diskussion stehen Streichungen verschiedener Ansatz- und Bewertungswahlrechte, Modifikationen der Rückstellungsbewertung und eine Zeitbewertung (fair-value-Bewertung) bei bestimmten Finanzinstrumenten. Welche dieser möglichen Änderungen aber in welcher Form letztlich im Gesetz Niederschlag finden, lässt sich noch nicht absehen und daher auch nicht verantwortlich antizipieren. Autor und Verlag planen daher, die wichtigen Änderungen zusammenzufassen und als Download auf der Verlagshomepage (www.nwb.de) zur Verfügung zu stellen, sobald Klarheit über die neue Rechtslage nach Verabschiedung des Bilanzrechtsmodernisierungsgesetzes besteht.

Den an der Neufassung des Textes beteiligten Sekretärinnen, Frau Ingrid Grübl, Frau Regina Haydn und Frau Gisela Rybarczik bin ich für ihren vorbildlichen Einsatz und ihre schier unendliche Geduld zu großem Dank verpflichtet. Sehr dankbar bin ich auch Frau Pia Niemeyer vom Verlag, die bei der Umsetzung des Manuskripts in das neue Layout des Verlags Kärrnerarbeit geleistet hat. Herzlichen Dank sage ich schließlich für die Anregungen und Hinweise, die ich von vielen Seiten erhalten habe – vor allem von meinen Studenten und von meiner Frau.

Passau, im September 2007
Thomas Schildbach

INHALTSVERZEICHNIS

ABKÜRZUNGSVERZEICHNIS

A

a. A.	anderer Auffassung
Abb.	Abbildung
ABlEG	Amtsblatt der Europäischen Gemeinschaften
Abs.	Absatz
Abschn.	Abschnitt
Abt.	Abteilung
ADS	Adler/Düring/Schmaltz
AfA	Absetzung für Abnutzung
AfaA	Absetzung für außergewöhnliche technische und wirtschaftliche Abnutzung
AG	Aktiengesellschaft
AktG	Aktiengesetz
AN	Arbeitnehmer
Anm.	Anmerkung
AO	Abgabenordnung
Art.	Artikel
Aufl.	Auflage

B

BAföG	Bundesausbildungsförderungsgesetz
BB	Betriebs-Berater (Zeitschrift)
Bd.	Band
bearb.	bearbeitet
Beck Bil-Komm.	Beck'scher Bilanzkommentar
BFuP	Betriebswirtschaftliche Forschung und Praxis (Zeitschrift)
BGB	Bürgerliches Gesetzbuch
Bonner Handbuch	Bonner Handbuch Rechnungslegung
BS	Bilanzsumme
bspw.	beispielsweise
BStBl.	Bundessteuerblatt
bzgl.	bezüglich
bzw.	beziehungsweise

D

DB	Der Betrieb (Zeitschrift)
DBW	Die Betriebswirtschaft (Zeitschrift)
DStR	Deutsches Steuerrecht (Zeitschrift)
DStZ	Deutsche Steuerzeitung

E

EDV	Elektronische Datenverarbeitung
EG	Europäische Gemeinschaft
EGHGB	Einführungsgesetz zum Handelsgesetzbuch
ESt	Einkommensteuer
EStDV	Einkommensteuer-Durchführungsverordnung
EStG	Einkommensteuer-Gesetz
EStR	Einkommensteuer-Richtlinien
EU	Europäische Union
e. V.	eingetragener Verein
evtl.	eventuell(e)
EWG	Europäische Wirtschaftsgemeinschaft

F

f.	folgende
FASB	Financial Accounting Standards Board
ff.	fortfolgende
FGG	Gesetz über die Angelegenheiten der freiwilligen Gerichtsbarkeit
FIFO	first in, first out
FK	Fremdkapital
FR	Finanz-Rundschau (Zeitschrift)
F. u. E.	Forschung und Entwicklung

G

GE	Geldeinheiten
GEFIU	Gesellschaft für Finanzwirtschaft in der Unternehmensführung e.V.
GenG	Genossenschaftsgesetz
Gew(E)St	Gewerbe(ertrag)steuer
ggf.	gegebenenfalls
ggü	gegenüber
GmbH	Gesellschaft mit beschränkter Haftung
GmbHG	Gesetz betreffend die Gesellschaften mit beschränkter Haftung
GmbHR	GmbH-Rundschau (Zeitschrift)
GoB	Grundsätze ordnungsmäßiger Buchführung
GrS	Großer Senat
GrSt	Grundsteuer

| GüKG | Güterkraftverkehrsgesetz |
| GuV | Gewinn- und Verlustrechnung |

H

HdJ	Handbuch des Jahresabschlusses in Einzeldarstellungen
HFA	Hauptfachausschuss des Instituts der Wirtschaftsprüfer in Deutschland e. V.
HGB	Handelsgesetzbuch
HIFO	highest in, first out
hrsg.	herausgegeben
Hrsg.	Herausgeber
HWR	Handwörterbuch des Rechnungswesens
HWRev	Handwörterbuch der Revision

I

IAS	International Accounting Standard(s)
IASC	International Accounting Standards Committee
i. d. R.	in der Regel
IDW	Institut der Wirtschaftsprüfer in Deutschland e. V.
IFRS	International Financial Reporting Standard(s)
incl.	inclusive
IOSCO	International Organization of Securities Commissions
i. S. v.	im Sinne von
i. V. m.	in Verbindung mit

J

| Jg. | Jahrgang |
| JU | Jahresumsatz |

K

KapCoRiLiG	Kapitalgesellschaften- und Co-Richtlinie-Gesetz
KapG(en)	Kapitalgesellschaft(en)
KFZSt	Kraftfahrzeugsteuer
KG	Kommanditgesellschaft
KGaA	Kommanditgesellschaft auf Aktien
KIFO	Konzern in, first out
KiSt	Kirchensteuer
km	Kilometer
KonTraG	Gesetz zur Kontrolle und Transparenz im Unternehmensbereich
krit	kritisch
KSt	Körperschaftsteuer
KStG	Körperschaftsteuergesetz
KWG	Kreditwesengesetz

L

LIFO	last in, first out
Lfg.	Lieferung
l	Liter
Lkw	Lastkraftwagen
LOFO	lowest in, first out

M

m. E./M. E.	meines Erachtens
Mio.	Million(en)
Mon.	Monat

N

n.	nach
NB	Neue Betriebswirtschaft (Zeitschrift)
Nr.	Nummer
nwb	Neue Wirtschafts-Briefe (Zeitschrift)

O

OHG	Offene Handelsgesellschaft
OLG	Oberlandesgericht

P

PatG	Patentgesetz
Pkw	Personenkraftwagen
Pos.	Position
PSVaG	Pensionssicherungsverein auf Gegenseitigkeit, Köln
PublG	Gesetz über die Rechnungslegung von bestimmten Unternehmen und Konzernen (Publizitätsgesetz)

R

RAP	Rechnungsabgrenzungsposten
RFH	Reichsfinanzhof
RFHE	Entscheidungen des Reichsfinanzhofs
Rn.	Randnummer
RND	Restnutzungsdauer
Rz.	Randziffer

S

s.	siehe
S.	Satz bzw. Seite
SEC	Securities and Exchange Commission
SmR	Sonderposten mit Rücklageanteil
sog.	so genannt
Sp.	Spalte
StGB	Strafgesetzbuch
StuW	Steuer und Wirtschaft (Zeitschrift)

T

Tab.	Tabelle
Tz.	Textziffer

U

u.	und
u. a.	und andere
US-GAAP	United States Generally Accepted Accounting Principles
USt	Umsatzsteuer

V

VAG	Versicherungsaufsichtsgesetz
VermBG	Vermögensbildungsgesetz
vgl.	vergleiche
Vol.	Volume
VVaG	Versicherungsverein auf Gegenseitigkeit

W

WG	Wechselgesetz
WP	Wirtschaftsprüfer
WPg	Die Wirtschaftsprüfung (Zeitschrift)
WP-Handbuch	Wirtschaftsprüfer-Handbuch

Z

z. B.	zum Beispiel
ZfbF	Zeitschrift für betriebswirtschaftliche Forschung
ZRFG	Zonenrandförderungsgesetz

INHALTSÜBERSICHT

I. Problemstellung

A. Ein zum Scheitern verurteilter Versuch

> **Lernziel:**
> An den Jahresabschluss werden meist hohe Erwartungen geknüpft. Die folgenden Ausführungen sollen Sie anregen, kritisch über diese Erwartungen nachzudenken. Das ist insbesondere dann erforderlich, wenn Sie diese hohen Erwartungen teilen.

Der gewissenhafte Kommilitone Redlich denkt darüber nach, wie er den Erfolg seines Studienfortschritts in übersichtlichen Rechnungen dokumentieren kann. Da von Kaufleuten zur Darstellung von Vermögen und Erfolg der handelsrechtliche Jahresabschluss aufgestellt wird, prüft er, ob dieser nicht auch für seine Zwecke geeignet ist. Redlich entleiht ein Lehrbuch und einen Gesetzeskommentar und legt los.

Die Grundüberlegung leuchtet ihm gleich ein. Zunächst braucht er eine Übersicht über sein Nettovermögen am Anfang der Betrachtungsperiode. Das Nettovermögen ist die Differenz aus dem gesamten (Brutto-) Vermögen abzüglich der darauf lastenden Schulden. Wird später ein entsprechendes Nettovermögen für das Ende der Betrachtungsperiode ermittelt und werden die beiden Nettovermögen verglichen, zeigt sich der Gewinn als positive und der Verlust als negative Nettovermögensänderung.

Bei Vermögen denkt er gleich an sein Geld und seine Sparbücher. Das Geld ist schnell gezählt und damit auch bereits bewertet. Beim Sparbuch übernimmt er den Saldo. Erfolgsgefühl stellt sich ein. Die ersten Klippen sind gemeistert.

Forderungen hat Redlich auch. Einem befreundeten Studenten hat er 100 € geliehen, als dieser für ein verlängertes Wochenende nach Hause fahren wollte. Unter Forderungen setzt er also 100 € an. Als er sich nochmals vergewissern will, ob die ihm selbstverständliche Vorgehensweise auch gedeckt ist, stößt er auf Probleme. Unverzinsliche Forderungen sind mit ihrem Barwert anzusetzen, also über die Laufzeit bis zur Fälligkeit mit einem marktüblichen Zinssatz abzuzinsen. Zweifelhafte Forderungen sind mit dem voraussichtlich eingehenden Betrag anzusetzen. Hinsichtlich der Abzinsung ist er gleich wieder beruhigt, als er herausfindet, dass dies nur bei langfristigen Forderungen notwendig ist. Zwar wurde für die Rückzahlung kein genauer Termin vereinbart, der Student will das Geld aber „baldmöglichst" zurückzahlen. Bedenken bleiben allerdings hinsichtlich der Frage, ob die Forderung zweifelhaft ist. Redlich kennt den Studenten zwar als lustigen Gesellen und wackeren Zecher, wie es aber um seine „Zahlungsmoral" steht, weiß er nicht. Er beschließt, den Wert von 100 € beizubehalten, sich in Zukunft aber auch genauer zu informieren, bevor er „Kredit gewährt". Solche Freundschaftsdienste können seinem Vermögen, soweit es sich in der Bilanz niederschlägt, allenfalls schaden.

Besonders stolz ist Redlich auf die Fachbücher, die er sich bereits gekauft und teilweise sogar schon intensiv gelesen hat. Obwohl er die Quittungen verlegt hat, lassen sich die Anschaffungspreise leicht aus Katalogen entnehmen. Zweifellos gehören die Bücher zum Anlagevermögen – Redlich will sie während des gesamten Studiums und möglichst darüber hinaus nutzen und nicht wieder verkaufen. Gleichwohl ist ihre Nutzung zeitlich begrenzt – das zeigt sich bei einigen Büchern in der Bibliothek deutlich, und das ergibt sich auch daraus, dass bei verschiedenen Literaturempfehlungen ausdrücklich auf die neuesten Auflagen verwiesen wurde. Redlich muss die Bücher folglich, ausgehend vom Anschaffungswert, über die Jahre der voraussichtlichen Nutzung abschreiben, ihren Wert planmäßig vermindern, glücklicherweise nicht unbedingt bis zum Wert Null, sondern nur bis zu ihrem – bei den Absichten Redlichs allerdings irrelevanten – Veräußerungswert am Ende der Nutzungsdauer. Redlich sieht verschiedene Probleme. Wie soll er die Nutzungsdauer schätzen? Welches der offenbar zahlreichen, verschiedenen Verfahren der Abschreibung soll er nehmen? Als ärgerlich empfindet er, dass sein Interesse und sein Fleiß bestraft werden. Schon der Kauf der Bücher verminderte sein Vermögen. Hätte er das Geld aufs Sparbuch eingezahlt, wäre nichts abzuschreiben gewesen. Im Blick auf einen später möglichen Veräußerungspreis tut er zudem offensichtlich gut daran, die Bücher möglichst nicht zu lesen oder zumindest keine Unterstreichungen und Bemerkungen anzubringen. Redlich ist demgegenüber der Auffassung, durch intensives Lesen, durch Unterstreichungen und Bemerkungen gewinne für ihn das Buch an Wert. Redlich beginnt am Gesetzgeber und am Sinn seiner Erfolgsmessung zu zweifeln, lässt den Wertansatz seiner Bücher zunächst offen und wendet sich dem nächsten Problem zu.

Redlich finanziert sein Studium durch staatliche Leistungen nach dem Bundesausbildungsförderungsgesetz (BAföG). Da er sein Studium zum Wintersemester 2006/07 aufgenommen hat, wird er hälftig durch Zuschuss und hälftig durch ein unverzinsliches Darlehen gefördert. Fünf Jahre nach Ablauf der Förderungshöchstdauer – bei seinem Studium der Wirtschaftswissenschaften 8 Semester – muss er mit der Tilgung des unverzinslichen Darlehens beginnen und dieses innerhalb von 20 Jahren zurückzahlen. Praktisch bedeutet das, dass seine Schulden während des Studiums in jedem Jahr um etwa 2 796 € zunehmen (Basis: Bedarfssatz 2002 für nicht bei den Eltern wohnende Studenten von 466 € pro Monat mal 12 mal Kreditquote von 50 %), sein Nettovermögen also um den gleichen Betrag sinkt. Zunächst tröstet er sich mit der Hoffnung, bei den Schulden werde es ähnlich sein wie bei den Forderungen – und das BAföG-Darlehen ist langfristig und unverzinslich –, diese Hoffnung trügt aber. Unverzinsliche Verbindlichkeiten dürfen nicht abgezinst werden. Für kurze Zeit erfreut er sich an dem Gedanken, dass er nicht tilgen muss, wenn er nach dem Studium wenig verdient, dann aber kommen ihm Zweifel. Wenn derjenige, der etwa wegen schlechter Leistungen im Studium wenig Aussichten auf eine Beschäftigung hat, anders als der fleißige Student mit guten Anstellungschancen die Schulden nicht ansetzen müsste, wäre das Ergebnis absurd. Das Vermögen des fleißigen Studenten würde durch die wachsenden Schulden immer kleiner, das des „faulen" oder „dummen" bliebe dagegen insoweit gleich. Redlich ist mehr als irritiert. Als er von der Regelung erfährt, die 30 % Jahrgangsbesten bei Abschluss innerhalb der Förderungshöchstdauer mit einem Erlass von 25 % ihres Darlehens zu belohnen, kommt seine Welt fast wieder ins Lot. Leistung wird doch belohnt. Im Kommentar findet sich dann aber die Vorschrift, dass unter einer Bedingung erlassene Schulden bis zum Eintritt der Bedingung angesetzt werden müssen. Wenn es Redlich durch Fleiß gelingt, unter die 30 % Besten seines Jahrgangs vorzustoßen, so wirkt sich das erst *nach* dem Examen positiv in seiner Rechnung aus. Redlich schüttelt seinen Kopf.

Seine bisherigen Überlegungen – so wurde ihm inzwischen klar – sind am Kern des Problems vorbeigegangen. Er studiert nicht, um Bücher zu kaufen und abzuschreiben oder um sich mehr oder weniger große unverzinsliche Darlehensschulden aufzulasten, er studiert auch nicht primär, um sich zu bilden. Redlich ist so aufrichtig, offen zuzugeben, dass er Wirtschaftswissenschaften studiert, weil er Karriere machen und einmal viel Geld verdienen will. Wenn seine Rechnung die Fortentwicklung seines Vermögens im Laufe des Studiums aufzeigen soll, muss sie angeben, wie er durch sein Studium seinem

Ziel nach hohem Einkommen immer näher gekommen ist. Wenn zu Beginn seines Studiums sein zu erwartendes Lebenseinkommen x war, so könnte es nach Abzug der bis dahin jeweils aufgelaufenen BAföG-Darlehensverpflichtungen in mehreren Schritten bis zum Ende des Studiums bei Fleiß und Glück vielleicht auf x + a angestiegen sein. Nachdem er sich mit der Abzinsung mehrfach hat beschäftigen müssen, wäre er auch mit abgezinsten Einkommen (Barwerten) als Vermögensmaßen einverstanden. Nirgends aber findet er eine Grundlage, Vermögen in diesem Sinne ansetzen zu dürfen.

Redlich macht einen letzten, verzweifelten Versuch, den Erfolg seines Studiums mit Hilfe eines handelsrechtlichen Jahresabschlusses darzustellen. Ihm kommt der Gedanke, die von ihm ausgearbeiteten Vorlesungsmitschriften und die von ihm abgelegten Prüfungen oder erzielten Scheine als Bestandteile seines Vermögens zu erfassen. Als Werte schweben ihm die „Herstellungskosten" vor. Wenn er in die Herstellungskosten den Wert seiner Arbeitsleistungen einbezieht, die er eingebracht hat, um die Mitschrift zu erstellen, die Prüfung zu bestehen oder den Schein zu erwerben, spiegelt sich in seinem Vermögen auch sein Fleiß wider. Auf die Euphorie folgt aber erneut Ernüchterung. Prüfungszeugnisse und Scheine lassen sich zwar anfassen, sie sind also materielle Vermögensgegenstände, die Kosten aber, um das Papier herzustellen und es zu beschriften, sind äußerst gering und zudem nicht bei Redlich, sondern bei der Universität angefallen. Der eigentliche Wert ist der Leistungsnachweis, der durch das Zeugnis oder den Schein dokumentiert wird. Der Leistungsnachweis stellt allerdings einen immateriellen Vermögensgegenstand dar, und weil Redlich ihn durch seinen Fleiß selbst geschaffen und nicht entgeltlich erworben hat, darf er als originärer immaterieller Vermögensgegenstand nicht angesetzt werden. Der von Redlich ins Auge gefasste Wert, unter Berücksichtigung seines Arbeitseinsatzes, wäre auch deshalb problematisch gewesen, weil Redlich sich selbst keinen Lohn zahlen kann, *Lohnaufwendungen* zur Herstellung der Leistungen also nur fiktiv, aber nicht tatsächlich entstanden sind. Aus diesem Grund kann er seine Mitschriften, die ebenfalls als konkret fassbare Güter materielle Vermögensgegenstände sind und damit angesetzt werden dürfen, obwohl Redlich sie selbst hergestellt hat, nur mit einem niedrigen Wert bewerten. Er darf allenfalls den Wert des Papiers und der „Tinte" berücksichtigen. Als er herausfindet, dass er sogar die von ihm getragenen Fahrtkosten von 12 € anlässlich einer Exkursion zu einem großen Unternehmen nicht ansetzen darf, obwohl er an der Exkursion teilnahm, um aus dem Elfenbeinturm der Wissenschaft auszubrechen, die Praxis kennen zu lernen, seine späteren Beschäftigungschancen zu verbessern und eventuell schon Kontakte knüpfen zu können, wird Redlich zornig. In ihm festigt sich der Verdacht, dass der traditionelle Jahresabschluss nur Vermögens- und Erfolgsmaße von zweifelhaftem Wert liefert. Er beschließt, nicht nur den Erfolg seines Studiums in Zukunft durch verbale Berichte zu dokumentieren, sondern auch seinen Studienschwerpunkt so zu legen, dass er mit diesem „Unsinn" nichts mehr zu tun bekommt. Glücklicherweise bieten sich im Rahmen der Wirtschaftswissenschaften andere, kreativere Wahlfächer.

B.   Wider überzogene Vorstellungen über Jahresabschlussaufgaben

Obwohl Redlich zu seinem Urteil kam, indem er den Jahresabschluss zur Messung von Studienerfolgen und nicht zur Messung von Vermögen und Erfolg eines kaufmännischen Unternehmens herangezogen hat, denen er eigentlich dienen soll, hat er nicht unrecht, wenn er behauptet, dass ein traditioneller Jahresabschluss nur Vermögens- und Erfolgsmaße von zweifelhaftem Wert liefert. Im Vergleich zu diesem berechtigten Urteil ist die Generalklausel nach § 264 Abs. 2 HGB, wonach „Der Jahresabschluss der Kapitalgesellschaft ... ein den tatsächlichen Verhältnissen entsprechendes Bild der Vermögens-, Finanz- und Ertragslage der Kapitalgesellschaft zu vermitteln" hat, pure Illusion.

Die Bilanz als Teil des Jahresabschlusses vermittelt *kein Bild der Vermögenslage*. Das Vermögen eines Unternehmens kann nur dessen Fähigkeit sein, in Zukunft Zielerreichung zu ermöglichen. Weil Geldeinkommen für Konsumzwecke das zentrale Maß der Zielerreichung darstellt, bedeutet Vermögen die Fähigkeit, in Zukunft Zahlungen an die Eigner zu speisen. Vermögen müsste daher, basierend auf den künftig von den Unternehmenseignern aus ihrem Unternehmen zu erwartenden Zahlungen, als Barwert dieser Zahlungen gemessen werden. Der Jahresabschluss tut das nicht. Vermögen interpretiert er als Summe von vielen einzelnen Vermögensgegenständen. Als Werte dienen auch nur ausnahmsweise die aus den Gegenständen jeweils noch zu erwartenden Zahlungen. In der Regel werden vielmehr Geldbeträge herangezogen, die in der Vergangenheit für den Erwerb aufgewendet wurden, die Anschaffungs- oder Herstellungskosten. Nur wenn der zu erwartende Verkaufserlös einer Ware z. B., die zu 100 € gekauft wurde, auf 70 € gesunken ist, muss diese Ware mit 70 € bewertet werden. Dabei werden noch nicht einmal alle Werte, die mit dem Ziel geschaffen wurden, mit ihrer Hilfe in Zukunft Zahlungsüberschüsse zu erwirtschaften, als Vermögen angesetzt. Selbst geschaffene immaterielle Gegenstände des Anlagevermögens dürfen nicht angesetzt werden. Erfolgversprechende Forschungen und Entwicklungen oder Ausgaben für die Weiterbildung der Mitarbeiter spiegeln sich im Vermögen also nicht wider. Statt eines Vermögens weist die Bilanz auf der Aktivseite eine ausgewählte Menge von Vermögensgegenständen aus, die einzeln und ganz überwiegend auf der Basis vergangenheitsorientierter Beschaffungspreise bewertet wurden. Nur in Ausnahmefällen werden aus Vorsichtsgründen (niedrigere) zukunftsbezogene Werte herangezogen.

Der Jahresabschluss, der die Bilanz und die Gewinn- und Verlustrechnung sowie bei Kapitalgesellschaften zusätzlich noch einen Anhang umfasst, vermittelt erst recht *keinen Einblick in die Finanzlage*. Bei der Finanzlage eines Unternehmens geht es um seine Liquidität als die Fähigkeit, den künftig an das Unternehmen herangetragenen Zahlungsverpflichtungen an jedem Tage nachkommen zu können. Diese Fähigkeit lässt sich nur mit einem Finanzplan nachweisen, in dem für einzelne Zeitpunkte der Zukunft die bis dahin zu erwartenden Einzahlungen den Auszahlungen sowie die vorhandenen Liquiditätsreserven, wie Bargeld und Bankguthaben, gegenübergestellt werden. Der Jahresabschluss beinhaltet einen solchen Finanzplan nicht. Er liefert auch nur sehr wenige der Angaben, die benötigt werden, um einen Finanzplan aufzustellen. Schon Forderungen und Verbindlichkeiten werden zunächst nur danach unterteilt, ob sie innerhalb eines Jahres fällig sind oder nicht. Bei Verbindlichkeiten ist weiter lediglich anzugeben, welche Beträge jeweils erst nach mehr als 5 Jahren fällig sind. Diese für Liquiditätsanalysen ohnehin spärlichen Verpflichtungen bestehen zudem nur für Kapitalgesellschaften und nicht für alle Kaufleute. Hat sich ein Unternehmen verpflichtet, am Anfang des nächsten Geschäftsjahres eine große Anlage zu übernehmen und zu bezahlen, so erscheint diese Zahlungsverpflichtung nicht in der Bilanz, denn es handelt sich um ein nicht zu bilanzierendes „schwebendes Geschäft" (zu bilanzieren wäre allenfalls bei drohenden Verlusten eine Rückstellung). Die Zahlungsverpflichtung muss aber, sofern sie für die Beurteilung der Finanzlage von Bedeutung ist, zusammen mit anderen ähnlichen Verpflichtungen in einem Betrag im Anhang vermerkt werden (§ 285 Nr. 3 HGB). Um für den Finanzplan brauchbar zu sein, müsste der Betrag allerdings noch zeitlich aufgegliedert werden; mit dem Gesamtbetrag alleine ist noch nicht viel gewonnen. Auch fehlen die künftig zu erwartenden Zahlungseingänge sowie die Liquiditätsreserven, die darin bestehen, dass eine Bank dem Unternehmen zugesagt hat, es dürfe im Bedarfsfall sein Konto bis zu einem bestimmten Betrag überziehen (Kreditlinien). Selbst die Fähigkeit, durch raschen Verkauf von Vermögensgegenständen im Bedarfsfalle liquide Mittel zu beschaffen, ist aus der Bilanz nicht ersichtlich, weil die Vermögensgegenstände mit Anschaffungswerten und nicht mit Einzelveräußerungs- oder Liquidationswerten bewertet werden und weil nicht erkennbar ist, welche Vermögensgegenstände für solche Zwecke überhaupt in Frage kommen, weil das Unternehmen auf sie zur Not verzichten könnte.

Der Jahresabschluss vermittelt auch *keinen Einblick in die Ertragslage*. Ohne näher auf die Problematik einzugehen, die in dem Begriff „Ertragslage" verborgen ist, sei dies nur an einigen Beispielen belegt. Die problematische Vermögensdefinition wirft ihre Schatten auch auf die Darstellung der Ertragslage. Intensiviert ein Unternehmen seine Forschungsbemühungen, so belastet es seinen aktuellen Gewinn, auch wenn diese Bemühungen Erfolg versprechen. Da Forschungen erst nach einigen Jahren zu Erlösen auf dem Markt führen und selbst erstellte Forschungsergebnisse noch nicht einmal mit ihren Herstellungskosten ins Vermögen aufgenommen werden dürfen, entstehen zunächst nur Vermögensminderungen. Werden dann in späteren Jahren die Forschungsanstrengungen reduziert, so nimmt der Erfolg zunächst zu. Jetzt werden die Früchte früherer Bemühungen geerntet, ohne den Gewinn durch einen entsprechenden Aufwand für neue Forschungen zu belasten.

Auch frühere Fehler und steuerliche Hilfen verzerren den Erfolgsausweis des Jahresabschlusses. Wurde die Nutzungsdauer einer Maschine zu knapp bemessen, was sich im Laufe der Zeit herausstellen wird, so wird nicht nur das Ergebnis in den Jahren verfälscht, in denen die bessere Information noch nicht vorlag, zu Fehlern kommt es auch später. Da insgesamt die Differenz aus Anschaffungskosten und Restwert nur zu 100 % abgeschrieben wird, muss am Ende der Nutzungszeit zu wenig abgeschrieben werden, wenn am Anfang zu viel abgeschrieben wurde. Besonders schlimm ist, dass sich die Fehler beim Vergleich der Gewinne kumulieren, also eine erhebliche Gewinnsteigerung ausgewiesen werden muss, selbst wenn sich tatsächlich – abgesehen von der besseren Information über die Nutzungsdauer – nichts verändert hat. Wird die Gewährung steuerlicher Vergünstigungen, wie etwa die Möglichkeit, geringwertige Wirtschaftsgüter im Jahr der Anschaffung voll abzuschreiben und damit die Steuerbemessungsgrundlage zu kürzen, an die Bedingung geknüpft, dass dies in der Steuerbilanz nur geschehen darf, wenn Gleiches auch in der Handelsbilanz geschieht (so genannter Maßgeblichkeitsgrundsatz), kommt es zu denselben Problemen. Um den Vorteil wahrnehmen zu können, Steuern erst später zahlen zu müssen, wird der Gewinn in der Handelsbilanz mehrmals verfälscht. Zunächst wird er durch die überhöhten Abschreibungen zu niedrig und später durch die fehlenden Abschreibungen zu hoch ausgewiesen.

Besonders gravierend sind auch die Einflüsse der so genannten *Bilanzpolitik* auf die Ertragslage. Bei verschiedenen Fragen – etwa bei der Wahl der Abschreibungsmethode – schreibt das Gesetz nicht eine bestimmte Vorgehensweise zwingend vor, sondern räumt dem Bilanzersteller Spielräume ein. Er kann so oder so abschreiben. Natürlich wird er die Entscheidung nicht dem Zufall überlassen. Er wird gezielt entscheiden. Das Ziel, das er dabei im Auge hat, ist selten dasjenige, den Erfolg zutreffend auszuweisen. Wenn Wahlrechte im Rahmen der Bilanzerstellung aber nicht im Blick auf einen sinnvollen Erfolgsausweis, sondern mit anderen Zielen ausgeübt werden, können Gewinnveränderungen verschiedene Ursachen haben. Einerseits kann das Unternehmen tatsächlich mehr oder weniger erfolgreich gewesen sein. Andererseits kann ein mehr oder weniger großer Erfolgsausweis aus der Sicht des Bilanzerstellers wünschenswert sein, und zumindest in Grenzen geben ihm die Spielräume die Möglichkeit, den gewünschten Gewinn auszuweisen. Der externe Bilanzleser kennt die Ursachen schwerlich; er kann Gewinn und Gewinnänderungen nicht vertrauen.

Über den Jahresabschluss scheint damit ein vernichtendes Urteil gesprochen zu sein. Dieser Eindruck ist beabsichtigt. Er macht es notwendig, sich mit den Zwecken des Jahresabschlusses eingehend zu beschäftigen. Das vernichtende Urteil ergibt sich nämlich nur, weil die hier zunächst aufgegriffenen und auf den ersten Blick plausibel erscheinenden Zwecke des Jahresabschlusses, Vermögensdarstellung, Erfolgsdarstellung sowie – explizit erst in neuerer Zeit und besonders fragwürdig – auch Darstellung der Finanzlage, in dieser Form unpräzise sind und daher falsche und überzogene Erwartungen wecken. Wir müssen präzisieren, wozu die vom Jahresabschluss bereitzustellenden Erfolgs- und Vermögensmaße dienen sollen. Das wird im Folgenden versucht. Eine bessere Einsicht in die Zwecke des Jahresabschlusses bietet dann die Chance, auch die Regeln besser zu verstehen, nach denen er aufgestellt wird.

Erneut sei aber vor Euphorie gewarnt. Der Jahresabschluss ist ein Vielzweckinstrument, und Vielzweckinstrumente sind aus der isolierten Sicht jedes einzelnen Zweckes natürlich inkonsequent aufgebaut. Außerdem stellt jeder einzelne Zweck für sich genommen unerfüllbare Anforderungen. Die Widrigkeiten der realen Welt und speziell unsere Unfähigkeit, in die Zukunft zu schauen, zwingen uns daher, mit unvollkommenen Lösungen zu leben. Die Notwendigkeit, mit unvollkommenen Lösungen zu leben, wird noch dadurch unterstrichen, dass wir vielfach nicht genau wissen, wie ein Jahresabschluss zweckmäßigerweise aussehen sollte, selbst wenn wir nur eine präzise Aufgabe vorgeben. Ein Gesetzgeber, der den handelsrechtlichen Jahresabschluss regeln möchte, muss folglich aus mehreren möglichen unvollkommenen Lösungen wählen, und er muss sich entscheiden, obwohl er nicht genau weiß, welche Lösung die beste ist. Dass solche notwendigerweise subjektiven Entscheidungen willkürlich erscheinen können, dass man also häufig auswendig lernen muss, wofür der Gesetzgeber sich jeweils entschieden hat, kann nicht verwundern.

Wir halten fest: Wie bei jedem anderen Instrument lässt sich auch der Aufbau des handelsrechtlichen Jahresabschlusses nur dann verstehen, wenn man seine Zwecke kennt. Wer mit falschen und überzogenen Erwartungen herangeht, wie etwa der Vorstellung: „Der Jahresabschluss ... hat ... ein den tatsächlichen Verhältnissen entsprechendes Bild der Vermögens-, Finanz- und Ertragslage ... zu vermitteln" (§ 264 Abs. 2 Satz 1 HGB), muss zu dem Urteil kommen, der Jahresabschluss liefere nur Vermögens- und Erfolgsmaße von zweifelhaftem Wert. Aber selbst aus der Perspektive realistischer Zwecke darf nicht mit zu großen Erwartungen an den Jahresabschluss herangegangen werden. Ideale Lösungen gibt es in dieser Welt nicht – allenfalls brauchbare.

II. Die Ausschüttungsbemessungs- oder Kompetenzabgrenzungsfunktion des handelsrechtlichen Jahresabschlusses

A. Kompetenzabgrenzung zwischen Eignern und Managern

Lernziel:

Sie sollen erkennen:

► dass es zwischen Eigner und Manager einen Konflikt gibt,

► dass dieser Konflikt einer Schlichtung durch Kompetenzabgrenzung bedarf,

► dass zur Kompetenzabgrenzung Rechnungen mit bestimmten Eigenschaften gebraucht werden und

► dass es ideale Rechnungen zur Kompetenzabgrenzung nicht gibt!

1. Grundlagen

Da häufig die Vermögen mehrerer Personen jeweils alleine nicht ausreichen, um bestimmte Projekte zu realisieren, die ihnen lohnend erscheinen – beispielsweise Öl vor den Küsten Schleswig-Holsteins zu suchen –, und weil diese Projekte ihnen zwar lukrativ, aber auch so risikobehaftet erscheinen, dass sie nur jeweils einen Teil ihres Vermögens diesen Projekten widmen wollen, legen sie Teile ihrer Vermögen zusammen, um die Projekte gemeinsam durchzuführen. Dabei stellen sie aber nicht selten zwei Bedingungen:

► Ihr finanzielles Engagement soll auf die Einlage begrenzt bleiben. Wenn das zu gründende Unternehmen keinen Erfolg hat, aber weitere Verpflichtungen etwa Mitarbeitern, Lieferanten oder Gläubigern gegenüber eingegangen ist, sollen deren Ansprüche auf das Unternehmen beschränkt bleiben. Die Eigner wollen dafür nicht haften.

► Sie möchten sich auch nicht um die Alltagsgeschäfte des Unternehmens kümmern. Sie alle haben nämlich einen Beruf, den sie auch weiterhin ausüben wollen. Sie möchten eben nur einen Teil ihres Vermögens in der betrachteten Form anlegen. Die Geschäftsführung sollen angestellte Manager wahrnehmen, wobei die Eigner hoffen, dass sie Personen finden, die anders als sie selbst sowohl vom Management als auch vom Ölgeschäft etwas verstehen.

2. Zur Notwendigkeit der Kompetenzabgrenzung

Wenn es diesen Eignern gelingt, fähige Manager zu finden, so müssen die Eigner festlegen, welche ihrer Entscheidungsrechte sie auf die Manager übertragen wollen. Die Eigner können nämlich nicht davon ausgehen, dass die von ihnen verpflichteten Manager voll in ihrem Interesse handeln. So werden Manager beispielsweise prestigeträchtige Verwaltungsgebäude und noble Dienstwagen auch dann positiv beurteilen, wenn die mit diesen Objekten für die Eigner verbundenen Zahlungsströme unvorteilhaft sind. Die Vorteile für die Manager stammen nämlich aus der Nutzung der Objekte selbst und nicht aus den von den Objekten für die Eigner ausgelösten Zahlungen. Selbst wenn die Eigner jeweils nur kleine Teile ihrer Vermögen in ein Unternehmen einbringen, können sie den Managern nicht alle ihre Rechte übertragen. Sie laufen sonst Gefahr, dass ihren Interessen keinerlei Rechnung mehr getragen wird.

3. Die Verwendungskompetenz über die verfügbaren Mittel als zentraler Bestandteil der Kompetenzabgrenzung

Im Rahmen der notwendigen Abgrenzung der Rechte oder Kompetenzen zwischen den Eignern einerseits und den Managern andererseits muss nicht zuletzt festgelegt werden, wer über die Verwendung welcher Mittel entscheidet.

Wenn sich die Eigner die Entscheidungen über die Verwendung jedes einzelnen Euro vorbehalten, etwa weil sie reine Prestigeinvestitionen der Manager befürchten, lohnt sich der Einsatz von Managern für sie kaum noch. Die Eigner müssten dann einen großen Teil der Entscheidungen fällen. Um dazu in der Lage zu sein und um nicht nur blind zu vollziehen, was die Manager ihnen raten, müssten sie sich auch fundiert informieren. Sie wären gezwungen, die Meinungsunterschiede, die zwischen den Eignern auftreten werden, wenn es um die Beurteilung der Vorteilhaftigkeit der offen stehenden Investitionsmöglichkeiten geht, offen auszutragen. Sie müssten sich also sehr stark „tätig" engagieren, was sie entsprechend der zweiten Bedingung aber nicht wollen.

Wenn die Eigner das andere Extrem wählen und die Manager über die Verwendung aller Mittel entscheiden lassen, verlieren sie das Recht, Ausschüttungen an sich selbst zu verlangen. Die Manager wären berechtigt, alle erwirtschafteten oder per Kredit erhaltenen Mittel immer wieder im Unternehmen anzulegen, so dass die Eigner bis zum Zeitpunkt der Unternehmensliquidation, der im Regelfall des nicht für eine zeitlich begrenzte Aufgabe gegründeten Unternehmens nicht absehbar ist, keine Zahlungen aus ihrer Geldanlage beziehen würden. Natürlich bliebe den Eignern die Möglichkeit, den Managern mit Entlassung aus ihrer Aufgabe zu drohen, um sie zu Ausschüttungen zu bewegen, diese Drohung wäre aber ein sehr hartes und speziell gegenüber einem guten Management, das die Eigner nicht verlieren möchten, auch gefährliches Instrument. Zudem müssten die Eigner sich organisieren oder zusammenfinden, um Ausschüttungsansprüche durchzusetzen. Keine der beiden Extremlösungen dürfte somit den Wünschen der Eigner entsprechen. Sie müssen folglich versuchen, den Teil der finanziellen Mittel, der im Unternehmen unter der Verwendungskompetenz der Manager verbleiben muss, von dem anderen Teil zu trennen, über dessen Verwendung sie selbst entscheiden, den sie also an sich ausschütten dürfen.

4. Nachprüfbare Ermittlung des der Kompetenz der Eigner unterliegenden Betrags als Anforderung an eine Rechnung zur Kompetenzabgrenzung

Der traditionelle Jahresabschluss bietet sich als Instrument an, um die unter der Verwendungskompetenz der Manager verbleibenden Mittel von den Mitteln zu trennen, deren Ausschüttung die Eigner verlangen können. Wenn den Managern etwa das Recht zugestanden wird, über ein gleich bleibendes

„Nettovermögen" zu verfügen, während den Eignern der Gewinn zusteht, wäre eine mögliche Trennungslinie gezogen. Damit Eigner und Manager mit dieser Trennungslinie leben können, darf sich hinter dem Nettovermögen aber eben keine zukunftsorientierte, prognoseabhängige und daher nur subjektiv zu ermittelnde Größe verbergen. Vielmehr muss die Größe weitestgehend nachprüfbar sein. Die Eigner können noch zulassen, dass die Manager, denen mit der Pflicht zur Rechnungslegung auch die Pflicht zur periodischen Ermittlung des Nettovermögens übertragen werden dürfte, die Höhe des Nettovermögens durch Ausübung von Wahlrechten beeinflussen können, sie müssen aber darauf achten, dass sie wegen zu großer Wahlrechte oder Spielräume der Manager ihren Anspruch auf Ausschüttung nicht wieder verlieren.

5. Urbildspielräume und Abbildungsspielräume als potenzielle „Löcher" der Nachprüfbarkeit

Zwei Ebenen von Spielräumen sind zu unterscheiden. Auf der ersten Ebene ergeben sich Spielräume der Manager dadurch, dass sie die Entscheidungen über die Verwendung von Mitteln im Unternehmen treffen (Urbildspielraum). Wegen dieses *Urbildspielraums* ist es beispielsweise unmöglich, die Kompetenzen zwischen Managern und Eignern dadurch abzugrenzen, dass den Eignern das Recht zugestanden wird, Ausschüttungen bis zur Höhe des am 31.12. verfügbaren Kassenbestands zu verlangen. Diesen scheinbaren Anspruch der Eigner können die Manager nämlich nach Belieben einschränken bzw. ausweiten, indem sie Geld auf die Bank bringen oder anderweitig anlegen bzw. indem sie Geld von der Bank holen oder Vermögen „versilbern".

Auf der zweiten Ebene ergeben sich Spielräume der Manager dadurch, dass sie als diejenigen, die für die konkrete Errechnung der Trennlinie verantwortlich sind, den gleichen realen Sachverhalt so oder so in der Rechnung abbilden dürfen *(Abbildungsspielraum)*. Wegen dieses Abbildungsspielraums ist zum Beispiel die bereits angesprochene zukunftsorientierte und prognoseabhängige Vermögensberechnung als Grundlage der Kompetenzabgrenzung zwischen Managern und Eignern unbrauchbar. Da die Prognosen der Manager in sehr weiten Ermessensgrenzen nicht als unzulässig widerlegt werden können, wäre es den Managern möglich, durch bloße Abbildungsentscheidungen – also ohne gezielte reale Maßnahmen, wie Kauf oder Verkauf von Gegenständen, treffen zu müssen – den Ausschüttungsanspruch der Eigner beliebig zu beschneiden oder auszuweiten.

6. Der Jahresabschluss als Grundlage der Kompetenzabgrenzung zwischen Eignern und Managern
a) Eingeengte Spielräume speziell aufgrund von Anschaffungswerten und des Realisationsprinzips

Rechnungen, die sowohl Urbild- als auch Abbildungsspielräume vollständig ausschließen, gibt es nicht. Durch einen traditionellen Jahresabschluss lassen sich diese Spielräume in der Regel aber vergleichsweise weitgehend vermeiden.

Werden die vom Management gekauften Vermögensgegenstände auf der Grundlage des auf dem Beschaffungsmarkt effektiv gezahlten Preises sowie der Anschaffungsnebenkosten in die Bilanz aufgenommen, die anfielen, um den Gegenstand ins Unternehmen zu bringen und betriebsbereit zu machen, so wird beiden Spielräumen entgegengewirkt. Urbildspielräume in dem Sinne, dass das Management durch Kauf oder Nichtkauf den Gewinn und damit die Ausschüttungsansprüche beeinflussen kann, gibt es bei materiellen Gegenständen nicht, weil ein Kauf bei einer solchen Bewertung das Vermögen nicht verändert. Abbildungsspielräume halten sich in engen Grenzen, weil der Anschaffungspreis und auch die Anschaffungsnebenkosten weitgehend eindeutig nachprüfbar sind.

Spielräume eröffnen sich allerdings wieder, wenn selbst erstellte immaterielle Anlagen und Abschreibungen berücksichtigt werden. Diese Spielräume lassen sich aber in Grenzen halten. Abbildungsspielräume bei Abschreibungen können eingeengt werden, indem Nutzungsdauern in Tabellen festgelegt und Abschreibungsverläufe vorgegeben werden. Der Fiskus geht für die Ertragsteuerbilanz so vor, und die Eigner können das auch, wenn sie wollen. Der Urbildspielraum bei selbst erstellten immateriellen Anlagen lässt sich für den Konflikt zwischen Eignern und Managern dadurch entschärfen, dass bestimmte selbst erstellte immaterielle Anlagen – etwa Forschungsbemühungen und -ergebnisse – in die Bilanz aufgenommen werden. Die Manager hätten dann weniger Möglichkeiten, durch Intensivierung der Forschungsbemühungen den Eignern einen Ausschüttungsanspruch vorzuenthalten. Natürlich bleiben Spielräume aus der Bewertung selbst erstellter Vermögensgegenstände mit Herstellungskosten. Selbst wenn man eindeutig definieren würde, welche Komponenten in diese Herstellungskosten einzubeziehen sind – etwa alle dem Vermögensgegenstand direkt zurechenbaren Aufwendungen aus Material und Lohn, alle beschäftigungsabhängigen (variablen) Gemeinkosten und vielleicht alle anteiligen planmäßigen Abschreibungen –, so bleiben Abbildungsspielräume, weil diese Komponenten selbst nicht klar abgrenzbar sind. Darüber, welches Material einem Produkt zugerechnet werden sollte, welche Gemeinkosten variabel sind und welchen Anteil an den Abschreibungen ein Produkt tragen sollte, können die Meinungen nämlich noch auseinander gehen.

Wichtig ist auch die Definition des Zeitpunkts, in dem statt einer Ware zu Anschaffungskosten die Forderung zum meist höheren Verkaufswert in der Bilanz ausgewiesen wird, in dem also der Gewinn aus dem Absatz als entstanden gilt. Das Realisationsprinzip des traditionellen Jahresabschlusses, wonach Gewinne im Zeitpunkt der Lieferung des Sachgutes oder der Beendigung der Dienstleistung entstanden sind, beugt auch hier Spielräumen weitgehend vor. Urbildspielräume in dem Sinne, dass durch zeitliche Verschiebung von Lieferung oder Leistung die Gewinnentstehung beeinflusst werden kann, bieten sich nur im Zusammenwirken mit dem Käufer. Abbildungsspielräume bestehen kaum, weil Realisationszeitpunkt, Anschaffungswert und Absatzpreis relativ eindeutig sind.

Bei allen Bemühungen allerdings, Urbild- und Abbildungsspielräume zu begrenzen, darf nicht übersehen werden, dass dieses Bemühen im Rahmen eines traditionellen Jahresabschlusses immer nur teilweise zum Erfolg führen kann. Bei den Herstellungskosten werden selbst bei strengster Definition Spielräume verbleiben. Gleiches gilt etwa bei der Bewertung zweifelhafter Forderungen sowie bei Ansatz und Bewertung von Rückstellungen, also ungewisser, künftiger Verbindlichkeiten, beispielsweise wegen in Zukunft zu zahlender Pensionen oder zu erbringender Gewährleistungen für verkaufte Produkte. Unser Wissen über reale Zusammenhänge – welche Kosten sind für welches Produkt angefallen – und speziell über Entwicklungen in der Zukunft ist sehr begrenzt.

Wenn im Rahmen des traditionellen Jahresabschlusses allerdings zwingend Spielräume verbleiben, liegt es aus der Perspektive des Ziels der Verhinderung von Spielräumen nahe, nach Lösungen zu suchen, die Spielräume restlos verhindern. In diesem Sinne würden Spielräume vollkommen vermieden, wenn die an die Eigner auszuschüttenden Mittel beispielsweise auf einen bestimmten Prozentsatz des eingezahlten Kapitals festgelegt würden.

Wie später zu zeigen sein wird, hätte diese Lösung aus der Sicht des Eigner-Gläubiger-Konflikts erhebliche Nachteile. Aber auch aus der Sicht des Manager-Eigner-Konflikts gibt es weitere Kriterien, die gegen diese konsequent spielraumfeindliche Lösung sprechen.

b)   Erfolgsabhängiger Anspruch der Eigner

Mit Hilfe des Jahresabschlusses kann der Anspruch der Eigner auf Ausschüttungen *„erfolgsabhängig"* gestaltet werden. Verglichen mit der oben angedeuteten Alternative liegt darin ein Vorteil. Würde nämlich vereinbart, dass den Eignern jährlich x Prozent des eingezahlten Eigenkapitals als Verzinsung ihrer Einlage zustünden, wäre zwar auch klar geregelt, wer über welche Mittel zu entscheiden hat, die Eigner wären in ihren Ansprüchen aber, unabhängig von der Qualität der getroffenen Entscheidungen, wie Gläubiger gestellt.

Die Manager müssten aus dem Unternehmen Ausschüttungen auch dann leisten, wenn es dem Unternehmen schlecht geht. An den Gewinn des traditionellen Jahresabschlusses geknüpfte Ausschüttungsansprüche dagegen sind zwar nicht derart erfolgsabhängig, dass Ausschüttungen schon möglich sind, wenn etwa infolge guter Ideen für künftige Produkte das Vermögen im Sinne der voraussichtlichen Fähigkeit zugenommen hat, künftig Zahlungsüberschüsse zu erwirtschaften, sie sind aber insoweit erfolgsabhängig, als Ausschüttungen als Folge der durch Anschaffungsprinzip und Realisationsprinzip definierten Gewinne ermöglicht werden. Zwar gilt es vielleicht nur mit Verzögerung, aber es gilt: Eine gute Politik zahlt sich für die Eigner in persönlicher Zielerreichung aus.

7.   Grenzen der Ausschüttungsbemessung im Rahmen der Kompetenzabgrenzung von Eignern und Managern

Wenn im traditionellen Jahresabschluss ein Instrument gesehen wird, das es erlaubt, den Eignern gegenüber ihren Managern einen erfolgsabhängigen Ausschüttungsanspruch einzuräumen, müssen noch zwei Aspekte besonders hervorgehoben werden.

Die Ausschüttungsbemessungsfunktion hat der Jahresabschluss in leicht veränderter Form auch dann zu erfüllen, wenn Eignern keine Manager gegenüberstehen. Wird die Unternehmensführung von einem Teil der Eigner wahrgenommen, während der andere Teil sich insoweit passiv auf seine Kapitalanlage beschränkt, besteht ein dem Eigner-Manager-Konflikt vergleichbarer potenzieller Konflikt zwischen „aktiven" und „passiven" Eignern. Auch wenn alle Eigner ausnahmslos bei der Unternehmensführung mitwirken, bestehen vor dem Hintergrund unterschiedlicher Ziele und Erwartungen der Eigner ähnliche Konfliktpotenziale. Zwar mag aufgrund einer unbegrenzten Haftung eines Teils der Eigner oder aller Eigner aus der Sicht des noch zu erörternden Eigner-Gläubiger-Konflikts ein Jahresabschluss zur Bestimmung des ausschüttbaren Betrages überflüssig sein, aus der Sicht des zunächst zu erörternden, zwischen den Eignern drohenden Konflikts aber kann der Jahresabschluss gleichwohl weiterhin hilfreich wirken.

Dadurch, dass Eignern mit Hilfe des traditionellen Jahresabschlusses Ausschüttungsansprüche gegenüber Managern eingeräumt werden, sind weder alle Probleme zwischen Managern und Eignern ausgeräumt noch die Eigner aus ihrer Verantwortung entlassen. Eigner müssen etwas tun, damit die Manager in ihrem Interesse handeln. Um beispielsweise reine Prestigeinvestitionen zu verhindern, können sie oder zumindest ein ausgewählter Kreis von Eignern oder Eignervertretern die Managerentscheidungen überwachen, sie können aber auch die Manager daran beteiligen, was für die Eigner den Erfolg ausmacht, also etwa an den Dividendenzahlungen. Da die Eigner die Konsequenzen ihrer Ausschüttungsentscheidungen zu tragen haben, können sie zudem ihr Recht, über die Höhe der Ausschüttung mit zu entscheiden, nicht ohne Rücksicht auf die Folgen ausüben. Sie müssen sich vielmehr fragen, ob es für sie vorteilhaft ist, alles auszuschütten, was sie ausschütten dürfen. Vielleicht ist es für die Eigner schädlich, wenn der Gewinn ausgeschüttet wird. Vielleicht ist es aber beispielsweise aus steuerlichen Gründen auch gut, den Gewinn zwar auszuschütten, dem Unternehmen im Gegenzug aber zusätzliches Eigenkapital zukommen zu lassen, um vorteilhafte Projekte wahrnehmen zu können.

B. Kompetenzabgrenzung zwischen Eignern und Gläubigern

Lernziel:

Sie sollen erkennen:

▶ dass es insbesondere zwischen persönlich beschränkt haftenden Eignern und Gläubigern einen Konflikt gibt,

▶ dass die Möglichkeiten zur Ausschüttung von Geld aus dem Unternehmen an die Eigner im Interesse dieser Eigner glaubhaft beschränkt werden müssen, damit die Eigner von den Gläubigern Kredit zu angemessenen Konditionen bekommen,

▶ dass es zu dieser Ausschüttungsbegrenzung Rechnungen bedarf, die bestimmte Anforderungen erfüllen und

▶ dass der traditionelle Jahresabschluss gemessen an diesen Anforderungen Stärken, aber auch Schwächen aufweist!

1. Der Eigner-Gläubiger-Konflikt

Um uns auf den Eigner-Gläubiger-Konflikt konzentrieren zu können und um ihn besser herausarbeiten zu können, gehen wir im Folgenden davon aus, dass die Manager weitgehend im Interesse der Eigner handeln. Ansonsten soll das im vorangegangenen Abschnitt begonnene Beispiel weitergeführt werden. Speziell die von den Eignern gestellten Bedingungen der beschränkten Haftung und der Übertragung der Geschäftsführung auf Manager sollen weiterhin gelten.

Für die Eigner sei es weder möglich noch angesichts der Tatsache, dass Fremdkapital steuerlich zumindest schwach begünstigt wird, optimal, das gesamte für die gestellte Aufgabe benötigte Kapital als Eigenkapital aufzubringen. Sie suchen stattdessen Gläubiger, die bereit sind, gegen einen festen Zinsanspruch für eine bestimmte Frist Kapital zur Verfügung zu stellen. Natürlich gibt es Personen und Institutionen – insbesondere Banken –, die gerne bereit sind, eine solche Gläubigerposition einzunehmen. Diese Gläubiger aber werden die Risiken genau abwägen, denen sie sich aussetzen, wenn sie Geld geben. Und wenn die Eigner nach Leistung ihrer Einlage nicht mehr haften und die Manager voll im Interesse der Eigner handeln, sind die Risiken sehr groß. Dabei spielen nicht nur die Risiken eine Rolle, die entstehen, weil bei jedem Unternehmen heutige Auszahlungen in der Hoffnung auf künftig höhere Einzahlungen investiert werden und die künftig zu erwartenden Zahlungen sich nicht genau vorhersagen lassen. Auch dem Gläubiger ist der Blick in die Zukunft verschlossen. Zudem haben Eigner und Manager selbst das größte Interesse daran, das Geld gut anzulegen, Fehlentscheidungen also zu vermeiden. Wichtig sind insbesondere Risiken, die den Gläubigern aus Interessengegensätzen mit den Eignern und den angenommenermaßen im Interesse der Eigner handelnden Managern drohen. Was damit gemeint ist, soll kurz verdeutlicht werden.

Ein Gläubiger hat einem Unternehmen, dessen Eigner nach Zahlung der Einlage von 100 000 € nicht mehr haften, einen Kredit von 500 000 € gewährt, der dem Bau einer Montagehalle dient und nach 10 Jahren zurückzuzahlen ist. Da mit den von den Eignern zunächst ins Auge gefassten Dienstleistungen nicht viel zu verdienen ist, verkaufen sie die Halle und lassen die eingehenden Zahlungen aus dem Verkauf an sich ausschütten. Als der Kredit fällig wird, ist das Unternehmen nicht mehr in der Lage, der Verpflichtung nachzukommen.

Manager und Eigner eines anderen Unternehmens haben nicht sehr glücklich operiert. Die Geschäfte sind schlecht gegangen. Es wurde so viel verloren, dass das Eigenkapital fast aufgebraucht ist, die Eigner also nicht mehr viel zu verlieren haben. Es entspricht daher den Interessen der Eigner, wenn die Manager sehr risikoreiche Investitionen tätigen. Sind die Investitionen erfolgreich, so kommt der Erfolg den Eignern zugute, stellt sich aber ein Misserfolg ein, so müssen die Gläubiger den Schaden fast alleine tragen. Die Eigner – wie gesagt – haben nicht mehr viel zu verlieren.

2. Beschränkung der Handlungsspielräume der Eigner und Manager als Grundlage der Kreditgewährung

Dem Risiko, dass die Manager durch Entscheidungen im Interesse der Eigner den Wert der Gläubigeransprüche vollkommen vernichten können, werden die Gläubiger sich nicht auszusetzen bereit sein. Unter solchen Voraussetzungen geben sie keinen Kredit. Um also Kredit erhalten zu können, müssen die Eigner den eigenen Handlungsspielraum und denjenigen der in ihrem Interesse handelnden Manager derart beschränken, dass die Gläubiger keine so weitreichenden Gefährdungen ihrer Position mehr zu befürchten brauchen. Sie müssen insbesondere ihre Ausschüttungsansprüche beschränken, damit die Gläubiger eine Sicherheit haben, dass nicht das dem Unternehmen per Kredit gewährte Geld vom Unternehmen an die Eigner fließt, die Gläubiger also nur noch Ansprüche gegenüber einer „leeren Hülse" haben.

3. Ausschüttungsverzicht der Eigner bis zur Befriedigung aller Gläubiger: keine Lösung

Die Lösung scheint auf den ersten Blick einfach. Die Eigner verzichten auf Ausschüttungen, bis die Gläubigeransprüche befriedigt sind. Nur was danach verbleibt, fließt den Eignern zu. Diese Lösung passt aber nur für Gelegenheitsgesellschaften, also für Unternehmen, die für eine zeitlich begrenzte Aufgabe gegründet wurden. Wenn sich Kaufleute zusammenschließen, um eine Handelsreise nach Indien zu unternehmen, und wenn sie die Reise teilweise durch Kredit finanzieren, können sie nach Abschluss der Reise aus dem Erlös der mitgebrachten Waren und gegebenenfalls auch dem Erlös aus dem Verkauf des Schiffes – wenn es nicht nur gechartert wurde – zunächst die Kredite tilgen und den Rest dann untereinander verteilen, denn das „Unternehmen" ist zeitlich begrenzt und ihr Anspruch auf „Gewinn" absehbar. Bei Unternehmen mit unbegrenzter Lebensdauer, wie sie heute üblich sind, geht das nicht. Bei solchen Unternehmen ist es unwirtschaftlich, das gesamte Vermögen von Zeit zu Zeit zu liquidieren, die Gläubigeransprüche zu befriedigen und von dem verbleibenden Rest gegebenenfalls einen Teil für den Neuaufbau eines Unternehmens zu reservieren sowie die überschießenden Beträge unter die Eigner zu verteilen. Die Eigner wären bei dieser Lösung mit ihrem Anspruch auf Ausschüttung also auf den nicht absehbaren Zeitpunkt der Liquidation verwiesen. Wenn sie aber in absehbarer Zeit nichts aus ihrer Investition bekommen, werden die Eigner kaum bereit sein, sich zu beteiligen. Das wäre auch für die Gläubiger schlecht, weil es ohne Eigner keine Unternehmen und damit weniger potenzielle Schuldner gäbe. Damit sich also überhaupt Eigner finden, muss die gesuchte Lösung nicht nur die bewusste Ausbeutung der Gläubiger verhindern, sie muss den Eignern schon vor Liquidation des Unternehmens die Chance bieten, Ausschüttungsansprüche zu erwerben.

4. Anforderungen an Ausschüttungsansprüche der Eigner aus der Sicht des Eigner-Gläubiger-Konflikts

Eine solche Lösung zu finden, ist nicht einfach. Soll die Suche danach mit Aussicht auf Erfolg unternommen werden, ist festzuhalten, welchen Anforderungen der Ausschüttungsanspruch der Eigner zusätzlich genügen muss.

a) Nachprüfbarkeit

Der Ausschüttungsanspruch der Eigner muss *nachprüfbar* sein. Wie bei der Kompetenzabgrenzung zwischen Eignern und Managern bieten auch hier nicht nachprüfbare Ausschüttungsansprüche demjenigen keinen Schutz, der nicht berechtigt ist, die Ausschüttungsansprüche zu berechnen. Wenn die Ausschüttungsansprüche der Eigner also an zukunftsorientierte und prognoseabhängige Vermögens- und Erfolgsmaße geknüpft würden, läge es praktisch im Belieben der rechnungslegenden Manager, was ausgeschüttet werden darf. Da die Manager annahmegemäß im Interesse der Eigner handeln, blieben die Gläubiger von einer solchen Ausschüttungsbeschränkung ungeschützt. Sie müssten befürchten, dass die weiten Abbildungsspielräume der Manager dazu genutzt werden, um die Gläubigeransprüche auszuhöhlen, wenn dies den Eignerinteressen entspricht, also besonders dann, wenn es dem Unternehmen schlecht geht.

b) Erfolgsabhängigkeit

Der Ausschüttungsanspruch der Eigner muss erfolgsabhängig sein. Ein Anspruch der Eigner auf jährlich x % des eingezahlten Eigenkapitals wäre für die Gläubiger bedrohlich. Eine solche Regelung würde Ausschüttungsansprüche auch dann entstehen lassen, wenn die Geschäfte des Unternehmens schlecht gehen. Die Regelung würde es folglich zulassen, dass von den Gläubigern gewährtes Geld aus dem haftenden Unternehmen an die nicht haftenden Eigner fließt oder dass die Eigner ihr finanzielles Engagement im Unternehmen reduzieren mit der Gefahr, dass die Eigner nach diesem Rückzug nicht mehr viel zu verlieren haben und dementsprechend auf Kosten der Gläubiger hohe Risiken eingehen. Ob dagegen das für die Ausschüttungsbemessung relevante Erfolgsmaß Erfolge frühzeitig anzeigt – etwa schon im Zeitpunkt der Entwicklung der Erfolg versprechenden Produktideen oder im Zeitpunkt der Installation der zur Produktion benötigten Anlagen – oder ob es Erfolge erst spät registriert – also beispielsweise nach Produktion und Lieferung der Produkte –, spielt keine Rolle. Wie die früher bei Gelegenheitsgesellschaften üblichen Regelungen zeigen, kann den Eignern zugemutet werden, dass sie mit ihren Ausschüttungsansprüchen erst spät zum Zuge kommen, sie müssen nur überhaupt und in angemessenem Umfang am Erfolg beteiligt werden, sonst verweigern sie ihre Beteiligung.

c)   Vorsicht

Der Ausschüttungsanspruch der Eigner muss zurückhaltend oder vorsichtig ermittelt werden. Diese Anforderung klang schon bei der Behandlung der Erfolgsabhängigkeit insoweit an, als eine vergleichsweise späte Erfolgsbeteiligung den Eignern zugemutet werden kann. Die Anforderung hat ihre Grundlage in der vergleichsweise schwachen Stellung der Gläubiger bei Unternehmen, deren Eigner nicht persönlich haften. Werden Gewinne nämlich unvorsichtig hoch oder früh ausgewiesen und bestätigen sich die optimistischen Erwartungen später nicht, so können entsprechend überhöhte Ausschüttungen für die Gläubiger unwiederbringlich aus dem haftenden Vermögen des Unternehmens abgeflossen sein. Werden dagegen Gewinne zurückhaltend und vorsichtig ermittelt, so dass Ausschüttungen an die Eigner erst vergleichsweise spät zustande kommen, bleibt den Eignern das nicht ausgeschüttete Vermögen in ihrem Unternehmen erhalten, nur ihr Zugriff verzögert sich.

d)   Probleme aus den Anforderungen

Zurückhaltung und Vorsicht können aber nicht grenzenlos geübt werden, und sie sind auch nicht mit der Forderung nach Nachprüfbarkeit voll vereinbar. Konsequente Vorsicht könnte dazu führen, dass Ausschüttungen an die Eigner erst dann zulässig erscheinen, wenn zuvor alle Gläubigeransprüche befriedigt worden sind. Die Ausschüttungsansprüche der Eigner würden damit aber so weitgehend verzögert, dass sie praktisch beseitigt worden wären. Die Eignerposition wäre somit ausgehöhlt, auch wenn durch die Ausschüttungssperre Mittel im Unternehmen gebunden werden, die nach Abzug der Schulden den Eignern zustehen. Der Wert eines Vermögens, das auf absehbare Zeit keinerlei Vorteile und insbesondere keine Ausschüttungen bringt, ist nämlich zweifelhaft.

Probleme mit der Nachprüfbarkeitsforderung zeigen sich beispielsweise dann, wenn der Vorsicht durch eine extrem pessimistische Bewertung von Vermögen und Schulden Rechnung getragen werden soll. So wäre es aus Gründen der Vorsicht verständlich, das Vermögen zu Liquidationswerten zu bewerten, Werten also, die bei Einzelveräußerung der Vermögensgegenstände zu erzielen wären. Es dürfte auch nur das als Vermögensgegenstand angesetzt werden, was sich im Rahmen der Liquidation einzeln veräußern ließe. Liquidationswerte aber lassen sich nicht nachprüfbar ermitteln; sie können noch nicht einmal innerhalb großer Bandbreiten mit akzeptabler Sicherheit geschätzt werden. Eine Bewertung mit den kaum abschätzbaren und damit auch im Einzelfall schwerlich als unrealistisch widerlegbaren Liquidationswerten beschwört zwei Gefahren herauf. Die Gläubiger wären insoweit gefährdet, als die Werte auch vergleichsweise hoch angesetzt sein können und dementsprechend entgegen der Intention zu umfangreiche Ausschüttungen zugelassen werden. Die Eigner müssten befürchten, durch die erzwungene extrem pessimistische Bewertung faktisch jeglicher Ausschüttungsansprüche beraubt zu werden.

Vorsicht und Nachprüfbarkeit, die sich beide jeweils nicht leicht mit der Forderung vereinbaren lassen, die Eigner müssten vor der Liquidation des Unternehmens bereits periodisch erfolgsabhängige Ausschüttungsansprüche erwerben können, und die obendrein untereinander in einem Gegensatz stehen, zwingen somit zu einer subjektiven Abwägung der Werte. Solche Abwägungen müssen Privatpersonen treffen, wenn sie von sich aus eine Rechnungslegung vereinbaren. Abwägen muss auch der Gesetzgeber, wenn er Rechnungslegung verbindlich vorschreibt. Aus der Sicht desjenigen, der sich dann mit den Rechnungslegungsvereinbarungen oder -vorschriften beschäftigt, wird nicht jede Abwägung dem eigenen Wertsystem entsprechen. Folglich kann er nicht alles logisch ableiten, er ist vielmehr gezwungen, vieles auswendig zu lernen.

5. Der Jahresabschluss als Grundlage der Kompetenzabgrenzung zwischen Eignern und Gläubigern

a) Basisurteil

Gemessen an den Anforderungen, die aus der Sicht der erforderlichen Kompetenzabgrenzung zwischen Eignern und Gläubigern aufgestellt wurden, besitzt der traditionelle Jahresabschluss erneut Eigenschaften, die ihn als Instrument der Ausschüttungsbemessung brauchbar erscheinen lassen. Im traditionellen Gewinn wird eine weitgehend nachprüfbare und eine erfolgsabhängige Grundlage für Ausschüttungsansprüche der Eigner angeboten. Der Vorsicht wird bereits etwa durch das Realisationsprinzip, das Gewinne vergleichsweise spät entstehen lässt, Rechnung getragen. Es gibt aber noch weitere Ansatzpunkte für eine Berücksichtigung der Vorsicht, die allerdings nicht ganz unproblematisch sind.

b) Zur Notwendigkeit und Problematik des Niederstwertprinzips

Die Bewertung von Vermögensgegenständen zu Anschaffungskosten beugt zwar Urbild- und Abbildungsspielräumen vor, sie ist aber nicht unbedingt vorsichtig.

Wenn es sich um absatzbestimmte Waren eines Handelsunternehmens handelt, deren Absatzpreis unter die Anschaffungskosten gesunken ist, liegt das auf der Hand. Diese Waren werden voraussichtlich nur mit Verlust zu verkaufen sein. Dem Vorsichtsgedanken lässt sich in diesem Falle noch relativ einfach und nachprüfbar dadurch Rechnung tragen, dass diese Waren mit dem niedrigeren Absatzpreis, abzüglich der gegebenenfalls bis zum Absatz noch zu erwartenden Aufwendungen etwa für Transport und Versicherung, bewertet werden.

Wenn sich einige der Produkte eines Unternehmens nur mit Verlust absetzen lassen, wird man daran denken, nicht nur die auf Lager befindlichen Bestände dieser fertigen und unfertigen Erzeugnisse entsprechend niedriger zu bewerten, sondern auch die bereits gekauften Stoffe und die zur Produktion benötigten Anlagen mit geringeren Werten anzusetzen. Zu überlegen ist zudem, ob den noch zu erwartenden Verlusten aus künftigen Produktionen nicht bereits Rechnung getragen werden sollte, um vorsichtig zu sein. Der zuletzt angesprochene Vorschlag ist aber sicher problematisch, weil sich die künftigen Verluste nur vage schätzen lassen und folglich die Gefahr beschworen würde, dass Ausschüttungsansprüchen der Eigner wieder nach Belieben ein Riegel vorgeschoben wird. Auch die Abwertung der Rohstoffe und Anlagen ist selbst dann nicht unproblematisch, wenn sich beide jeweils nur für ein Verlustprodukt eignen. Jetzt müsste nämlich noch entschieden werden, durch Abwertung welches Vermögensgegenstandes den Verlusten Rechnung getragen werden soll und wie hoch diese Verluste zu veranschlagen sind. Eignen sich Rohstoffe und Anlagen zur Herstellung sowohl von gewinn- als auch von verlustbringenden Produkten, ist schließlich nicht unbedingt sicher, ob eine Abwertung erforderlich ist. Soll angesichts dieser Probleme der Nachprüfbarkeit mehr Gewicht zugemessen werden, liegt ein Ausweg insoweit nahe, als man bei absatzmarktnahen, absatzbestimmten Gütern auf niedrigere Absatzpreise, bei beschaffungsmarktnahen Gütern, wie Rohstoffen beispielsweise, auf niedrigere Wiederbeschaffungspreise abwertet. Handelswaren, die beiden Märkten nahe stehen, wären dann vielleicht zum niedrigsten aus allen drei Werten anzusetzen.

Bei diesem auf den ersten Blick einleuchtenden Vorschlag darf aber nicht übersehen werden, dass gesunkene Beschaffungspreise nicht unbedingt bedeuten, dass Verluste zu erwarten sind, obwohl die gelagerten Stoffe sich jetzt billiger wiederbeschaffen lassen. Verluste drohen nämlich nur dann, wenn sich die Preissenkungen auf den Beschaffungsmärkten nicht nur verzögerungsfrei und voll in den Absatzmarktpreisen niederschlagen, sondern zusätzlich auch die früheren Gewinne noch aufgezehrt werden. Gesunkene Wiederbeschaffungspreise bieten aber zweifellos die Chance, aufgrund sinkender Aufwendungen künftig höhere Gewinne zu erwirtschaften. Soll also auch in dieser Frage Vorsicht walten, muss man subjektiv zwischen zwei Übeln wählen – Verlust der Nachprüfbarkeit oder Schutz vor zumindest teilweise nur scheinbaren Risiken.

c)   Zur Problematik der Definition von Vermögensgegenständen

Mit dem Streben nach Vorsicht lässt sich auch begründen, dass genau geprüft wird, was überhaupt als aktivierbarer Vermögensgegenstand zu betrachten ist. Als Kriterien dafür, dass es sich um Gegenstände von allgemeiner und bleibender Wertschätzung handelt, ein Ansatz als Vermögen also auch unter Vorsichtsaspekten gerechtfertigt erscheint, können herangezogen werden,

► dass ein Gegenstand gegen Entgelt erworben wurde,
► dass er als Sache konkret fassbar oder als Forderungsrecht allgemein anerkannt ist und
► dass er einzeln und unabhängig von anderen Gegenständen veräußert werden kann.

Nicht entgeltlich erworbene immaterielle Vermögensgegenstände, wie selbst entwickelte Patente oder Forschungsergebnisse, wären aus dieser Perspektive dann beispielsweise nicht ansetzbar.

Auch bei dieser Vorgehensweise dürfen aber Probleme nicht übersehen werden. Die angegebenen Kriterien sind nicht verlässlich. So darf aus der Tatsache, dass ein Vermögensgegenstand konkret fassbar ist, nicht auf einen bleibenden Wert geschlossen werden. Wenn die mit seiner Hilfe herstellbaren Produkte am Markt nicht mehr gewünscht werden und andere nützliche Verwendungen nicht offen stehen, geht der Wert unter, und das gilt unabhängig von der jeweiligen Gestalt. Auch der entgeltliche Erwerb auf dem Markt ist ein zweifelhaftes Kriterium. Nicht immer darf nämlich aus der Tatsache des entgeltlichen Erwerbs geschlossen werden, dass in dem Preis eine breite, allgemeine

Wertschätzung zum Ausdruck kommt. Entgeltlich erworben sind auch Patente, die von einer auf Forschungsaufgaben spezialisierten Tochtergesellschaft gekauft wurden, wo der Kaufpreis also praktisch vom kaufenden Unternehmen als dem über die Tochtergesellschaft herrschenden Unternehmen festgelegt wird. Schließlich müssen die Kriterien noch für alle möglichen Fälle konkretisiert und es muss bestimmt werden, ob alle Kriterien erfüllt sein müssen oder ob es für den Ansatz in der Bilanz ausreicht, wenn eines oder zwei der Kriterien erfüllt sind. Gegebenenfalls werden sogar noch weitere, notwendigerweise ebenfalls problematische Kriterien herangezogen.

d)   Zur Problematik der Rückstellungsermittlung

Sollen Ausschüttungen vorsichtig ermittelt werden, muss drohenden Verpflichtungen auch dann Rechnung getragen werden, wenn noch nicht sicher ist, ob die Verpflichtungen überhaupt und in welcher Höhe sie eintreten werden. Macht ein Unternehmen seinen Mitarbeitern unwiderrufliche Pensionszusagen, so ist zwar nicht sicher, ob jeder Mitarbeiter ins Pensionsalter kommen und wie lange er sich seines Ruhestandes erfreuen wird, die zu erwartenden Gesamtbelastungen aus den Pensionszusagen lassen sich auf der Grundlage von statistischen Lebensdaueruntersuchungen aber vergleichsweise genau bestimmen. Größere Unsicherheiten entstehen bei der Frage, ob und in welcher Höhe für die Produkte eines Unternehmens Vorsorge für Schadensersatzforderungen getroffen werden muss. Es lässt sich schwerlich vorhersehen, ob ein Medikament beispielsweise Schäden hervorrufen wird und wie hoch diese Schäden sein werden. Dabei spielt nicht zuletzt auch die Entwicklung der Rechtsprechung eine Rolle. Sollte die Rechtsprechung in Deutschland die „konsumentenfreundliche" Entwicklung nachvollziehen, die in den USA eingetreten ist, wären erheblich höhere Belastungen zu erwarten. Letztlich lässt sich also schwerlich definieren, welche Informationen für die Abschätzung künftig drohender Verpflichtungen zu berücksichtigen sind. Erst recht unklar müssen dann auch die Schätzungen der Belastungen selbst sein.

6.   Grenzen der Ausschüttungsbemessung durch traditionelle Jahresabschlüsse aus der Sicht des Eigner-Gläubiger-Konflikts

Die zuletzt vorgetragenen Überlegungen werden den Verdacht genährt haben, der traditionelle Jahresabschluss sei auch für die hier herausgestellten, weniger anspruchsvollen Aufgaben der Ausschüttungsbemessung nur begrenzt geeignet. Dieser Verdacht ist voll berechtigt. In der Tat steckt der traditionelle Jahresabschluss auch aus dieser Perspektive noch voller Unzulänglichkeiten. Seine größte Stärke besteht darin, dass bessere Lösungen bislang nicht absehbar sind. Die Schwächen der vom traditionellen Jahresabschluss definierten Ausschüttungsregelung haben auch dazu geführt, dass Gläubiger nicht darauf vertrauen. Die verbreitete Absicherung von Krediten durch Eigentumsvorbehalte, Sicherungsübereignung, Forderungsabtretungen oder Hypotheken belegt dieses Misstrauen deutlich. Dadurch, dass die Gläubiger sich nicht allein auf die Ausschüttungsbemessung des traditionellen Jahresabschlusses verlassen, wird die Bedeutung dieser Regelung und damit auch die auf ihr lastende Verantwortung relativiert. Die Ausschüttungsregelung durch den Jahresabschluss ist nur eines unter mehreren Instrumenten zur Abgrenzung der Rechte von Gläubigern einerseits und Managern sowie Eignern andererseits, wenn auch ein wichtiges.

Fragen:

1. Warum ist eine Kompetenzabgrenzung zwischen Eignern und Managern notwendig? Was soll sie bewirken?

2. Was sind Urbildspielräume und Abbildungsspielräume?

3. Inwiefern schränken Realisationsprinzip und Anschaffungswertprinzip Spielräume des Managements ein?

4. Was spricht dafür, dass die Ausschüttungsansprüche der Eigner erfolgsabhängig gestaltet werden?

5. Können durch Kompetenzabgrenzung alle Konflikte zwischen Eignern und Managern gelöst werden?

6. Worin besteht der Konflikt zwischen Eignern und Gläubigern?

7. Wie können die Handlungsspielräume der Eigner eingeschränkt werden, damit Gläubiger bereit sind, Kredite zu gewähren?

8. Welche Anforderungen müssen Rechnungen erfüllen, wenn sie sich zur Bemessung von Ausschüttungsansprüchen der Eigner aus der Sicht des Eigner-Gläubiger-Konflikts eignen sollen?

9. Inwieweit ist der traditionelle Jahresabschluss zur Ausschüttungsbemessung aus der Sicht des Eigner-Gläubiger-Konflikts geeignet?

III. Die Informationsfunktion des handelsrechtlichen Jahresabschlusses

A. Information aus entscheidungslogischer Sicht: ein Beispiel

> **Lernziel:**
>
> Sie sollen anhand eines zugegebenermaßen stark vereinfachten Entscheidungsmodells lernen, wie zusätzliche, neue Informationen Entscheidungen beeinflussen können!

1. Die Entscheidung des Gläubigers bei gegebener Information

Ein Gläubiger steht vor der Frage, ob er einer GmbH einen Kredit über 500 000 € zu 10 % Zinsen einräumen oder ob er sein Geld besser in Staatspapieren mit 6 % Verzinsung anlegen soll. Um das Problem zu vereinfachen, sei angenommen, dass beide Geldanlagen des Gläubigers über genau ein Jahr laufen würden und dass der Kauf der Staatspapiere die beste Alternative zur Kreditgewährung an die GmbH darstellt. Gälte Letzteres nicht, würde die nachfolgende Analyse auf einen ungeeigneten Vergleich gegründet. Weiter wird angenommen, dass Staatspapiere sicher sind. Der Gläubiger kann bei einer Anlage seines Geldes in diesen Papieren sicher damit rechnen, nach einem Jahr den gewährten Betrag zuzüglich 6 % Zinsen zurückzuerhalten. Der Kredit an die GmbH dagegen ist risikobehaftet. Weil es zur Verdeutlichung völlig ausreicht, wird das Risiko im Modell sehr einfach dargestellt. Die Schuldner-GmbH kann im Laufe des folgenden Jahres nämlich nur entweder „lebensfähig" bleiben oder insolvent werden. Wenn sie insolvent wird, sind die Folgen für den Gläubiger wieder eindeutig klar. Er wird mit einer Quote von 40 % auf seine ursprüngliche Forderung aus dem Insolvenzverfahren ausscheiden. Die Wahrscheinlichkeit dafür, dass die GmbH innerhalb des nächsten Jahres insolvent wird, sei 8 %. Mit der Gegenwahrscheinlichkeit von 92 % also bleibt sie lebensfähig.

Der Entscheidungsbaum unseres Gläubigers hat dann eine sehr einfache Gestalt. Der Gläubiger entscheidet nur einmal – Entscheidungsknoten werden durch Quadrate symbolisiert –, und zwar, ob er Kredit an die GmbH gewährt oder Staatspapiere kauft. Falls er sich für Kreditgewährung an die GmbH entscheidet, hängt das Ergebnis dieser Handlung vom Zufall ab. Diese Tatsache kommt in dem kleinen Kreis zum Ausdruck. Zufällig kann das Unternehmen lebensfähig bleiben oder insolvent werden, dargestellt durch die beiden Linien aus dem Kreis heraus. Die Eintrittswahrscheinlichkeiten werden in Klammern angegeben. Die Punkte am Ende der Linien repräsentieren die Ergebnisse, die rechts von den Punkten noch explizit angegeben werden.

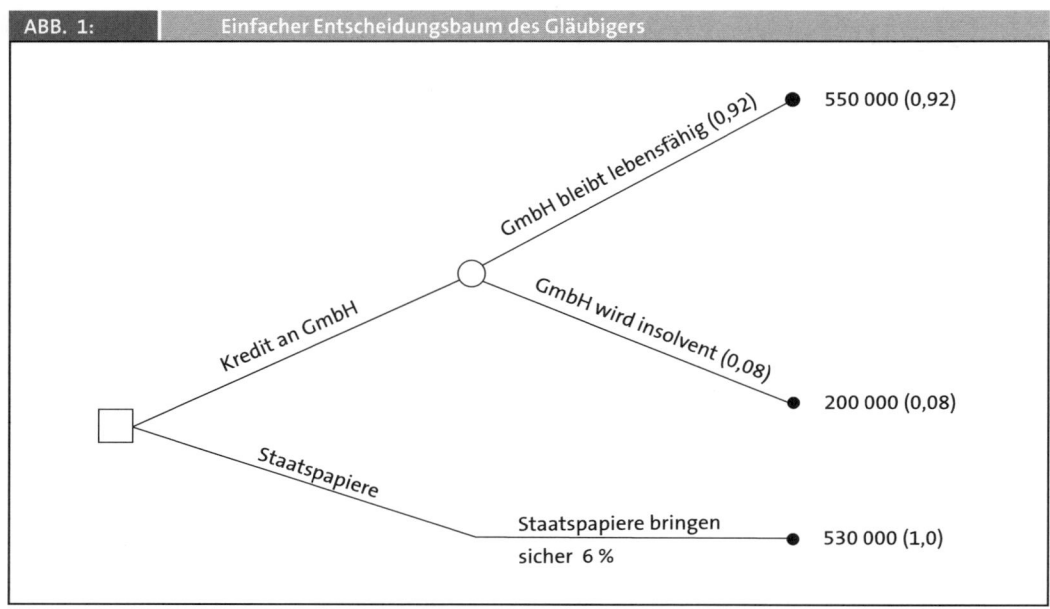

ABB. 1:   **Einfacher Entscheidungsbaum des Gläubigers**

Zusätzlich zu den bisherigen Annahmen wird nun noch unterstellt, der Gläubiger sei ausschließlich an Zahlungsüberschüssen interessiert und dem Risiko gegenüber neutral. Wahrscheinlichkeitsverteilungen von Zahlungen ordnet er nach den Erwartungswerten ihrer Zahlungen.

Im obigen Beispiel ergeben sich folgende Erwartungswerte:

Kredit: $0,92 \cdot 550\,000 + 0,08 \cdot 200\,000 = 506\,000 + 16\,000 = 522\,000$

Staatspapiere: $530\,000$

Unser Gläubiger kauft also am besten Staatspapiere und gibt der GmbH keinen Kredit.

2.   Das veränderte Entscheidungsproblem bei zusätzlicher Information

Das Entscheidungsproblem verändert sich grundlegend, wenn der Gläubiger sich Informationen beschaffen kann, die genauer Aufschluss über die Insolvenzgefahr geben. Angenommen, es gäbe eine Bilanzkennzahl „x", deren genaue Gestalt keine Rolle spielt, die aber je nach Ausprägung eine mehr oder weniger große Insolvenzgefahr anzeigt. Um es wieder so einfach wie möglich zu machen, gehen wir davon aus, dass es eine kritische Ausprägung dieser Kennzahl x_{krit} gebe und dass die (bedingte) Wahrscheinlichkeit dafür, dass das Unternehmen im nachfolgenden Jahre lebensfähig bleibt, sofern die Kennzahl aus einer Bilanz dieses Unternehmens zum Stichtag der Kreditgewährung kleiner als x_{krit} ist, 98 % beträgt. Entsprechend wird das Unternehmen nur mit 2 % Wahrscheinlichkeit innerhalb eines Jahres insolvent, wenn die Kennzahl in der Bilanz zu Beginn des Jahres kleiner als x_{krit} ist. Wenn die Kennzahl dagegen größer oder gleich x_{krit} ist, wird das Unternehmen nur mit 48 % Wahrscheinlichkeit lebensfähig bleiben, also mit 52 % Wahrscheinlichkeit innerhalb eines Jahres insolvent werden.

Die Wahrscheinlichkeiten dafür, dass die Kennzahl kleiner als x_{krit} sein wird, beträgt dann 88 %, dass sie größer oder gleich x_{krit} sein wird, 12 %. Dadurch, dass die Kennzahl x ermittelt wird, kann sich nämlich an der Insolvenzwahrscheinlichkeit insgesamt nichts ändern. Nach wie vor muss das Unternehmen mit 92 % Wahrscheinlichkeit lebensfähig bleiben und mit 8 % Wahrscheinlichkeit insolvent werden.

$$0,92 = 0,88 \cdot 0,98 + 0,12 \cdot 0,48$$

$$0,08 = 0,88 \cdot 0,02 + 0,12 \cdot 0,52$$

Der neue und komplexere Entscheidungsbaum des Gläubigers, der jetzt zusätzliche Handlungsalternativen enthält, macht die veränderte Entscheidungssituation deutlich. Zusätzlich zu den bisherigen Aktionen der unmittelbaren Kreditgewährung an die GmbH und dem unmittelbaren Kauf von Staatspapieren kann der Gläubiger jetzt zunächst Informationen sammeln; er kann von der GmbH eine aktuelle Bilanz verlangen und die Kennzahl x ermitteln. Abhängig von der Größe der Kennzahl kann er sich für Kreditgewährung an die GmbH oder für Staatspapiere entscheiden. Um das Beispiel einfach zu halten, wird angenommen, dass die Bilanzerstellung und -auswertung für den Gläubiger kostenlos ist (ein ähnliches Beispiel findet sich bei *Foster, Financial Statement Analysis, Englewood Cliffs, 1978, S. 4 ff.*).

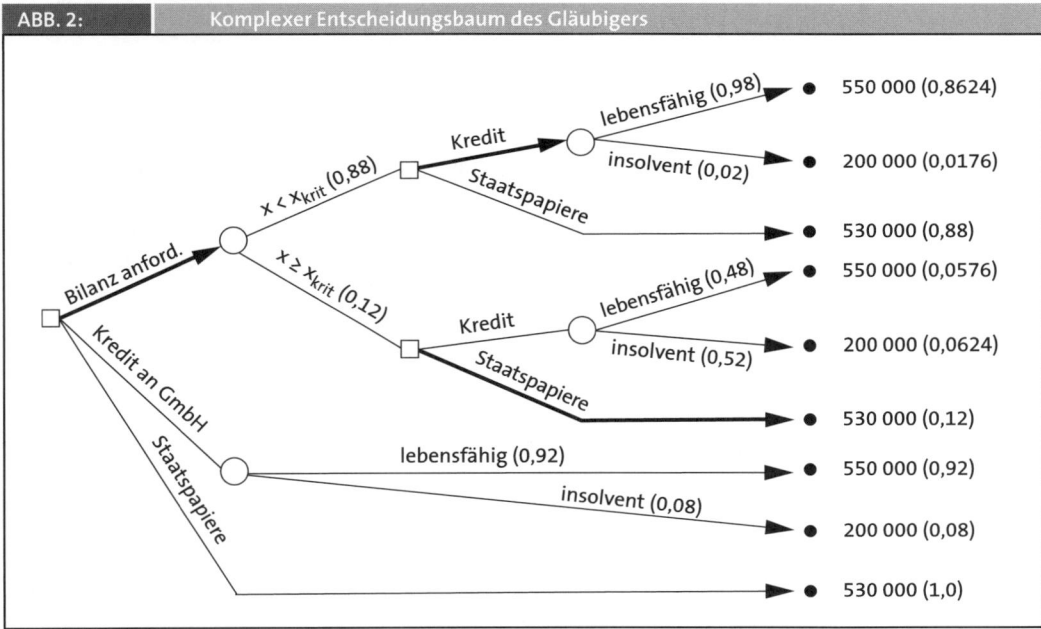

ABB. 2: Komplexer Entscheidungsbaum des Gläubigers

Die Erwartungswerte der Zahlungen, die der Gläubiger bei unmittelbarer Kreditgewährung bzw. bei unmittelbarem Kauf von Staatspapieren erwarten darf, sind aus dem ursprünglichen Entscheidungsproblem bekannt.

Kredit an die GmbH (ohne Zusatzinformation):	522 000
Kauf von Staatspapieren:	530 000

Die sich dem Gläubiger im erweiterten Entscheidungsproblem bietenden zusätzlichen Handlungsmöglichkeiten sind etwas komplexer, weil der Gläubiger jetzt seine Handlungsweise vom Ergebnis der Bilanzauswertung abhängig machen kann. Wenn beispielsweise die Kennzahl $x < x_{krit}$ ausfällt, kann er Staatspapiere kaufen. Es bieten sich ihm die folgenden vier zusätzlichen Aktionsmöglichkeiten:

a_1: wenn $x < x_{krit}$ Kredit und wenn $x \geq x_{krit}$ Kredit

a_2: wenn $x < x_{krit}$ Kredit und wenn $x \geq x_{krit}$ Staatspapiere

a_3: wenn $x < x_{krit}$ Staatspapiere und wenn $x \geq x_{krit}$ Kredit

a_4: wenn $x < x_{krit}$ Staatspapiere und wenn $x \geq x_{krit}$ Staatspapiere

Da die Informationsbeschaffung dem Gläubiger annahmegemäß keine Kosten aufbürdet, stimmen die Konsequenzen von a_1 mit denen der ursprünglichen Aktion „Kredit an die GmbH ohne Zusatzinformation gewähren" und die Konsequenz von a_4 mit denen der ursprünglichen Aktion „Kauf von Staatspapieren" überein.

Wirklich neu sind damit nur die Aktionen a_2 und a_3. Die Erwartungswerte der von ihnen ausgelösten Zahlungen lassen sich folgendermaßen berechnen:

a_2: $0,88 \cdot 0,98 \cdot 550\,000 + 0,88 \cdot 0,02 \cdot 200\,000 + 0,12 \cdot 530\,000 =$

 $474\,320 + 3\,520 + 63\,600 = 541\,440$

a_3: $0,88 \cdot 530\,000 + 0,12 \cdot 0,48 \cdot 550\,000 + 0,12 \cdot 0,52 \cdot 200\,000 =$

 $466\,400 + 31\,680 + 12\,480 = 510\,560.$

Offensichtlich ist in dem erweiterten Entscheidungsproblem die Aktion a_2 optimal. Die größte Zielerreichung ist also zu erwarten, wenn der Gläubiger die Bilanz anfordert, die Bilanzkennzahl x aus dieser Bilanz ermittelt und dann abhängig von der Größe dieser Kennzahl Kredit an die GmbH gewährt, wenn die Kennzahl kleiner als x_{krit} ist, sich dagegen Staatspapiere kauft, wenn die Kennzahl größer oder gleich x_{krit} ist. Im Entscheidungsbaum ist diese optimale Handlungsweise durch fette Pfeile hervorgehoben.

3.   Zur Rolle der Informationen im Entscheidungsmodell

Anhand des Beispiels lässt sich verdeutlichen, was unter *„Informationen"* verstanden werden soll. Informationen sind solche Nachrichten, die die Erwartungen der Entscheidungsträger über die relevanten künftigen Konsequenzen von Handlungsmöglichkeiten ändern. Informationen müssen nicht unbedingt zu anderen Entscheidungen führen, sie können das aber, und dann verbessern sie die Zielerreichung des Entscheidungsträgers.

Dass Informationen Erwartungen über *relevante* künftige Konsequenzen von Aktionen beeinflussen müssen, um nützlich zu sein, lässt sich leicht zeigen. Wenn die angenommene Kennzahl nur etwas darüber aussagt, ob das Unternehmen im zweiten Jahr nach dem Stichtag der zugrunde liegenden Bilanz insolvent wird oder nicht, wäre die Kennzahl aus einer Bilanz zum Zeitpunkt der Kreditvergabe für unseren Gläubiger aussagelos und böte ihm keine wirkliche Information. Da er Kredit nur für ein Jahr gewährt, interessiert ihn, mit welcher Wahrscheinlichkeit das Unternehmen im nächsten Jahr insolvent wird. Die Kennzahl liefert darüber keinen Aufschluss. Unabhängig von ihrer Größe wäre die Insolvenzwahrscheinlichkeit für das erste folgende Jahr stets 8 %. Um mit der Kennzahl wieder etwas anfangen zu können, müsste sich unser Gläubiger eine Bilanz für den Zeitpunkt ein Jahr vor der Kreditgewährung besorgen. Die daraus zu entwickelnde Kennzahl würde dann wieder Erwartungen über Sachverhalte verändern, die für unseren Gläubiger relevant sind.

Diese Lösung wäre praktisch der bisherigen sogar überlegen. Da speziell die Erstellung einer Bilanz stets Zeit beansprucht, wird es zumindest einige Tage dauern, bis der Gläubiger die Bilanz bekommen und seine Kreditvergabeentscheidung fällen kann. Bei einer auf ein Jahr nach dem Bilanzstichtag beschränkten Aussage über die Insolvenzwahrscheinlichkeit besteht somit das zusätzliche Risiko, dass das Unternehmen später als ein Jahr nach dem Bilanzstichtag und vor Ablauf der Kreditlaufzeit von einem Jahr insolvent wird, weil der Kredit praktisch erst einige Zeit nach dem Bilanzstichtag gewährt werden kann.

Was wäre, wenn die betrachtete Kennzahl keine Erwartungen ändern würde, kann anhand des Beispiels ebenfalls verdeutlicht werden. Bevor die Bilanz erstellt und daraus die Kennzahl abgeleitet wurde – im ursprünglichen Entscheidungsproblem also –, rechnete der Gläubiger damit, dass die GmbH im folgenden Jahr mit 92 % Wahrscheinlichkeit lebensfähig bleibt und nur mit 8 % Wahrscheinlichkeit insolvent wird. Bleiben diese Wahrscheinlichkeiten unabhängig von der Größe der Kennzahl x stets unverändert, so wären bei jeder möglichen Ausprägung der Kennzahl Risiken und Chancen aus der Kreditgewährung an die GmbH gleich. Anders als im erweiterten Beispiel des vorangegangenen Abschnitts wäre es dem Gläubiger nicht möglich, gezielt nur dann Kredit zu gewähren, wenn das Risiko (wegen $x < x_{krit}$) klein ist, und Staatspapiere zu kaufen, wenn es (wegen $x \geq x_{krit}$) groß ist. Eine höhere Zielerreichung als im ursprünglichen Entscheidungsproblem ohne Zusatzinformation wäre prinzipiell ausgeschlossen. Die Kennzahl könnte nicht nützlich sein; sie wäre nichts sagende „Nachricht", aber keine Information.

Selbst wenn die Kennzahl Erwartungen ändert und folglich eine Information ist, muss sie nicht die optimale Entscheidung verändern. Um dies zu zeigen, werden im oberen Teil unseres Entscheidungsbaumes die Eintrittswahrscheinlichkeiten folgendermaßen verändert:

ABB. 3:   Modifizierter Entscheidungsbaum

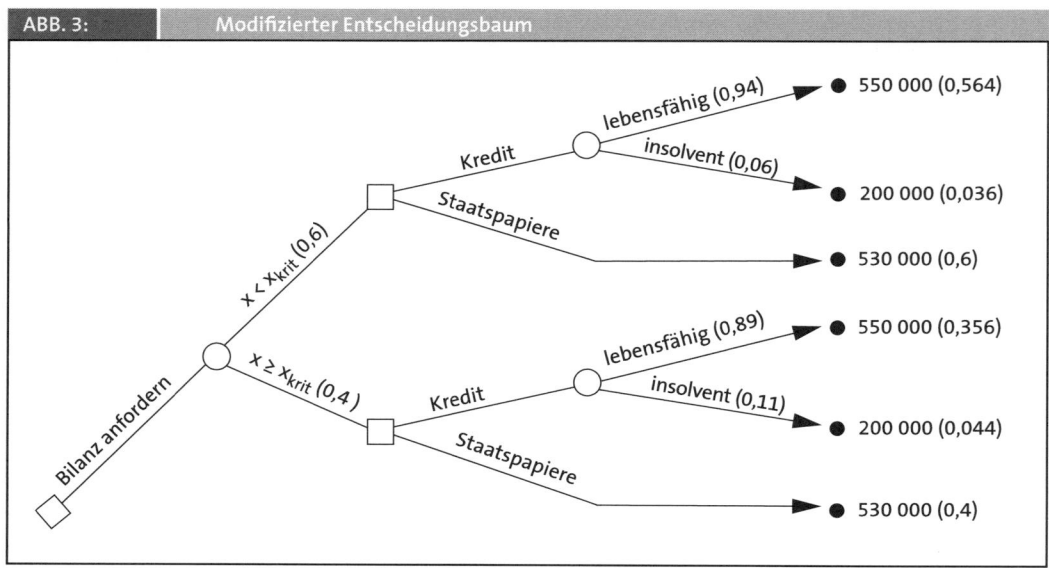

Auch in dem Fall, in dem die Kennzahl x kleiner als x_{krit} ist, das Risiko aus der Kreditgewährung an die GmbH also relativ niedrig erscheint, sollte der Gläubiger Staatspapiere kaufen, weil die nach einem Jahr zu erwartenden Zahlungen höher sind.

$0,6 \cdot 0,94 \cdot 550\ 000 + 0,6 \cdot 0,06 \cdot 200\ 000 < 0,6 \cdot 530\ 000$

$(310\ 200 + 7\ 200 =)\ 317\ 400 < 318\ 000$

Die im ursprünglichen Beispiel beste Handlungsalternative, stets Staatspapiere zu kaufen, bleibt also optimal. Trotz veränderter Erwartungen bleibt somit die optimale Entscheidung gleich.

Am ehesten zu einer veränderten Entscheidung kommt es, wenn das betrachtete Informationssystem „vollkommen" ist, der Entscheidungsträger aus der Information wie aus der Glaskugel einer Märchen-Wahrsagerin also sicher ablesen kann, welche Entwicklung eintreten wird. In unserem Beispiel bietet die Kennzahl x ein *vollkommenes Informationssystem*, wenn sie genau mit 0,92 kleiner als x_{krit} und mit 0,08 größer oder gleich x_{krit} ist sowie wenn im ersteren Fall die GmbH sicher lebensfähig bleibt, während sie im letzteren Fall sicher insolvent wird. Mit einer solchen idealen Kennzahl kann sich unser Gläubiger entscheiden, der GmbH dann und nur dann Kredit zu gewähren, wenn sie lebensfähig bleibt, und im Falle drohender Insolvenz Staatspapiere zu kaufen. Die so mögliche Zielerreichung kann – zumal Informationen hier als kostenlos angesehen werden – bei keinem anderen Informationssystem größer sein. Unser Gläubiger kann nämlich erwarten:

$0,92 \cdot 550\ 000 + 0,08 \cdot 530\ 000 = 548\ 400.$

B. Information aus praktischer Sicht: zahlreiche Probleme

Lernziel:

Sie sollen sich mit den Problemen auseinander setzen, die entstehen, wenn verschiedene Interessenten mit verschiedenen Erfahrungen und Erwartungen informiert werden sollen.

1. Vereinfachungen des entscheidungslogischen Beispiels

Auch wenn es Mühe bereitet hat, das Beispiel des vorangegangenen Abschnitts nachzuvollziehen, um einen Zugang zur Bedeutung von Informationen für Entscheidungen zu gewinnen, darf eines nicht übersehen werden: In dem Beispiel ist alles – gemessen an realen Problemen – stark vereinfacht.

► Das Beispiel geht von einem gegebenen Entscheidungsproblem aus, und zwar der Kreditvergabeentscheidung eines Gläubigers, dem neben der Kreditgewährung an das Unternehmen (nur) eine relevante und sichere Alternative der Geldverwendung offen steht.

► Das Beispiel geht von gegebenen Ausgangsinformationen aus. Das Entscheidungsproblem ist in der Form eines Entscheidungsbaumes klar strukturiert; die vorläufigen (a priori) Wahrscheinlichkeitserwartungen liegen fest.

► Das Beispiel geht davon aus, dass eine bestimmte Information in zwei möglichen Ausprägungen hinzukommen wird, wobei bekannt ist, mit welchen Wahrscheinlichkeiten diese beiden Ausprägungen eintreten und wie sich in diesen beiden Fällen jeweils die vorläufigen Eintrittswahrscheinlichkeiten für die angestrebten Zahlungen zu „a posteriori" Wahrscheinlichkeiten verändern.

► Das Beispiel geht von kostenloser Informationsbeschaffung und -verarbeitung aus.

► Das Beispiel geht davon aus, dass die zusätzliche Information (Bilanzkennzahl) nur dem betrachteten Gläubiger zufließt.

In der Realität finden wir solche Bedingungen praktisch nicht.

2. Vielfalt der Entscheidungsprobleme

Real gibt es viele Personen, die bei ihren Entscheidungen Handlungsmöglichkeiten berücksichtigen, deren Konsequenzen von der Entwicklung eines Unternehmens abhängen. Die bereits im Unternehmen engagierten Eigner, Gläubiger, Mitarbeiter, Kunden und Lieferanten mögen ihr Engagement überdenken und etwa prüfen, ob es ratsam wäre, dieses Engagement zu lösen, zu verringern oder auch zu intensivieren. Potenzielle Eigner, Gläubiger, Mitarbeiter, Kunden und Lieferanten können sich fragen, ob sich ein Neuengagement lohnt. Speziell die Eigner haben zudem darüber zu entscheiden, wer das Unternehmen führen soll. Für diese Entscheidungen müssen sie Vorstellungen darüber entwickeln, welche Überschüsse das Unternehmen alternativ unter Führung der verschiedenen, in Betracht gezogenen Personen erwirtschaften kann.

Bei allen diesen Entscheidungen spielen Erwartungen über die Unternehmensentwicklung eine Rolle. Die in der Praxis zu suchenden, von Unternehmen bereitzustellenden Informationen müssten folglich in der Lage sein, bezogen auf sehr unterschiedliche Entscheidungen die jeweils relevanten Erwartungen zu modifizieren. So müsste es möglich sein, nicht nur über die Insolvenzwahrscheinlichkeit des Unternehmens – wie im Beispiel –, sondern auch über die Wahrscheinlichkeiten der möglichen künftigen Gewinne und Dividenden, über die Beschäftigungsrisiken und Aufstiegschancen für die Mitarbeiter sowie über die voraussichtliche Lieferzuverlässigkeit aus der Sicht von Kunden beispielsweise neue Erkenntnisse zu gewinnen. Anders als im Beispiel kann keine Spezialinformation für ein bestimmtes Entscheidungsproblem gesucht werden; es bedarf eines Berichts, der für eine große Zahl heterogener Entscheidungen die relevanten Erwartungen zu beeinflussen vermag.

Bei den ausgewählten Entscheidungsträgern und Entscheidungen könnte etwas vermisst werden: die Unternehmensführung mit ihren Entscheidungen. Die Unternehmensführung wurde allerdings bewusst ausgeklammert. Im Zusammenhang mit der Informationsfunktion des Jahresabschlusses kann es nämlich nur um ein verschiedenen Personen zugänglich zu machendes und daher nicht spezifisch auf die jeweiligen individuellen Informationsbedürfnisse zugeschnittenes, sondern „pauschales" Informationsinstrument gehen. Die Unternehmensführung dagegen hat es selbst in der Hand zu entscheiden, welche Informationen für sie beschafft und aufbereitet werden sollen, ja sie ist verpflichtet, sich um eine angemessene Informationsgrundlage für ihre Entscheidungen zu bemühen. Ähnliche Möglichkeiten werden auf der Grundlage faktischer Macht Eignern mit großem Kapitalanteil oder Großgläubigern offen stehen. Für Manager, Großaktionäre und Großgläubiger ist das entscheidungslogische Modell zur Informationsverarbeitung also insoweit eher realistisch, als sie vom Unternehmen spezifisch auf ihr Entscheidungsproblem zugeschnittene Informationen anfordern können.

3.   Subjektive Ausgangserwartungen

Anders als in dem Beispiel werden selbst bei Personen, die vor gleichartigen Entscheidungen stehen, die anfänglichen Vorstellungen über ihr Entscheidungsproblem divergieren, Vorstellungen, wie sie sich im Beispiel speziell in der ursprünglichen Überlebens- und Insolvenzwahrscheinlichkeit (0,92 bzw. 0,08) sowie in den beiden dann jeweils erwarteten Ergebnissen (550 000 und 200 000) niedergeschlagen haben. Welche Gründe vor allem dafür verantwortlich sein können, soll an einem anderen Beispiel verdeutlicht werden. In diesem Beispiel erwägen mehrere potenzielle Aktionäre den Kauf von Aktien eines Unternehmens und bilden vor dem Eintreffen von aktuellen Informationen vorläufige Erwartungen über mögliche künftige Gewinne, Dividenden und Aktienkurse.

Zunächst werden sich die potenziellen Aktionäre hinsichtlich der Menge der ihnen verfügbaren relevanten Informationen unterscheiden, was erhebliche Auswirkungen auf ihre Erwartungen über die Zukunft haben sollte. Während der eine potenzielle Aktionär sich schon lange mit Geldanlagen beschäftigt und über einen längeren Zeitraum Informationen gesammelt haben kann, mag der andere erst kürzlich durch einen Anlageberater auf die Aktie aufmerksam gemacht worden und überwiegend von den ihm dabei übermittelten Informationen abhängig sein.

Da zudem – von speziellen Aktienempfehlungen einmal abgesehen – die verfügbaren Informationen nicht unmittelbar etwas über mögliche Höhen und Wahrscheinlichkeiten von künftigen Gewinnen, Dividenden oder Aktienkursen aussagen, müssen die Informationen, wie etwa vergangene Gewinne und ihre Zusammensetzung, vergangene Dividenden oder Kurse, erst zu Erwartungen über die Zukunft umgeformt werden. Dabei ist zu bedenken, dass die Welt der Wirtschaft nicht nach vergleichbar strengen Gesetzen abläuft wie die Natur. Wirtschaftliche Zusammenhänge sind erheblich unbestimmter und unpräziser. Die Kenntnisse über diese Zusammenhänge oder – weil wir vielleicht noch nicht einmal von „Kenntnissen" über wirtschaftliche Zusammenhänge sprechen dürfen – die subjektiven Vorstellungen über die Zusammenhänge zwischen Daten der Vergangenheit wie früheren Gewinnen, Dividenden oder Kursen beispielsweise und künftig zu erwartenden Gewinnen, Dividenden oder Kursen werden als Folge verschiedener Ausbildung, Begabung und Erfahrung zwischen den Aktionären stark divergieren. Dementsprechend würden verschiedene potenzielle Aktionäre aufgrund ihrer unterschiedlichen Vorstellungen über wirtschaftliche Zusammenhänge selbst dann zu verschiedenen Vorstellungen kommen, wenn sie – was unrealistisch ist – von gleichen Informationen ausgehen würden.

Zu Divergenzen kommt es noch aus anderen Gründen. Die in der Realität nicht zu vernachlässigenden Kosten der Informationsbeschaffung und -auswertung müssen in Relation zur Größe des Engagements gesehen werden. Für einen potenziellen Aktionär, der ein umfangreiches Engagement erwägt, lohnt sich eine intensivere Information eher als für einen potenziellen Käufer von 2 oder 3 Aktien. Auch die Perspektive der Anleger kann sich unterscheiden. Wer spekulativ Anlagen sucht, bei denen er sich in kurzer Zeit durch Kurssteigerungen Überrenditen verspricht, wertet ganz andere Informationen aus und bildet andere Erwartungen als ein Anleger beispielsweise, der ein auf lange Sicht ertragreiches, aber auch risikogestreutes Portfolio von Aktien und Anleihen wünscht.

4. Subjektive Interpretation der Zusatzinformationen

Anders als im Beispiel sind auch die Einflüsse, die mögliche zusätzliche Informationen dadurch haben, dass sie die Ausgangserwartungen verändern, nicht absehbar. Die wichtigste Ursache dafür ist erneut unser gänzlich unzulängliches Wissen über Zusammenhänge zwischen vergangenen und künftigen wirtschaftlichen Größen. Mangels eines bewährten Wissens bleibt unklar, welche Schlüsse die Interessenten aus den ihnen offen gelegten vergangenheitsorientierten Angaben für die Zukunft ziehen. Wie bereits betont, werden die Schlussfolgerungen je nach Ausbildung, Gespür und Erfahrung des Interessenten unterschiedlich ausfallen.

Nicht übersehen werden darf auch, dass die den Interessenten von den Unternehmen bewusst zur Verfügung gestellten Informationen nicht die einzige Informationsquelle darstellen, aus denen die Interessenten laufend neue Erwartungen ableiten können. Im Handel oder in Testzeitschriften erfährt man etwas über die Produkte und deren Qualität. Zeitungen berichten eventuell über Forschungsbemühungen oder Patente, über anhängige Rechtsstreitigkeiten, über Wechsel bei wichtigen Führungskräften, über neue Großkredite, Anleihen oder Kapitalerhöhungen, über die Umsatzentwicklung der Branche, über die Inflationsrate, über die Zinsentwicklung oder über protektionistische Bestrebungen auf einem wichtigen Auslandsmarkt des Unternehmens beispielsweise. Welche dieser Informationen der einzelne Interessent jeweils tatsächlich besitzt und welche Einzelangaben aus den ihm vom Unternehmen zusätzlich offen gelegten Informationen er für wichtig erachtet, um dadurch seine Erwartungen zu aktualisieren, ist dann ebenso unsicher wie die Schlussfolgerung, die er daraus für die Zukunft zieht. Für die Beantwortung der Frage, welche Informationen ein Unternehmen offen legen sollte, ist diese Unklarheit besonders misslich. Nur wenn bekannt wäre, welche Angaben die Interessenten zusätzlich benötigen und zu welchen Schlussfolgerungen diese Angaben dann jeweils berechtigen, könnten auf der Grundlage bewährter Erfahrung solche Angaben herausgesucht werden, die besonders zuverlässige Modifikationen von Erwartungen über Größen erlauben, die für die Interessenten von besonderer Bedeutung sind. Ohne derart bewährte Erfahrung ist man bei der Suche nach geeigneten Informationsinstrumenten auf bloße Plausibilitätsüberlegungen angewiesen.

5.   Informationen auf dem Markt

Die Kennzahl, aus der der betrachtete Gläubiger Rückschlüsse auf die Bonität der GmbH ziehen kann, ist, sofern sie einem publizierten Jahresabschluss entnommen wird, nicht nur dem betrachteten Gläubiger, sondern allen Interessenten auf dem Markt bekannt. Wenn man davon ausgehen darf, dass verschiedene Gläubiger vor ähnlichen Problemen stehen, also auch gute Gelegenheiten zur Kreditvergabe suchen, und dass diese anderen Gläubiger nicht dumm sind, die Kennzahl also zu interpretieren wissen, ändert sich die Lage für unseren Gläubiger völlig. Wenn die Kennzahl nämlich kleiner als x_{krit} ist und gute Aussichten signalisiert, wird nicht nur unser Gläubiger der GmbH Kredit geben wollen, alle Gläubiger werden diese gute Gelegenheit erkennen. Das breite Angebot aber wird zum Wettbewerb der Anbieter und damit zu sinkenden Zinsen führen. Unser Gläubiger wird sich also mit weniger als 10 % Zinsen zufriedengeben müssen, wenn er an die „gute" GmbH einen Kredit vergeben will. Die gute Information hat also auch schlechte Folgen für ihn, weil andere sie ebenfalls als gut erkennen. Umgekehrt wird die GmbH bei schlechter Kennzahl ($x \geq x_{krit}$) Schwierigkeiten haben, ihre Gläubiger zu beruhigen und neue zu finden. Wenn sie den Kredit braucht, wird sie einen höheren Zins bieten müssen. Bei einem höheren Zins wiederum kann es für unseren Gläubiger vorteilhaft werden, trotz hoher Insolvenzgefahr ein Kreditengagement zu wagen. Gemessen an den gewählten Zahlen des Beispiels mag diese Aussage zwar gewagt anmuten – Banken erscheinen manchem nicht geneigt, sich Zunahmen der Ausfallwahrscheinlichkeit ihres Kredits von 2 auf 52 Prozent durch Erhöhung des Zinssatzes kompensieren zu lassen –, in engeren Grenzen aber dürfte es nicht so unrealistisch sein, dass höhere Risiken durch einen höheren Zins aufgefangen werden können.

Informationen, die ein Benutzer exklusiv für sich alleine bekommt, haben somit völlig andere Wirkungen als Informationen, die allen Marktteilnehmern zugänglich gemacht werden.

C.   Überlegungen zu den von Unternehmen offen zu legenden Informationen

> **Lernziel:**
>
> Sie sollen die Probleme umfassender und manipulierbarer Information kennen lernen. Ferner sollen Sie sich damit auseinandersetzen, wie ein traditioneller vergangenheitsorientierter Jahresabschluss über künftig relevante Sachverhalte informieren könnte.

1.   Möglichst umfassende Information versus Geheimhaltung

Die aufgezeigten Unklarheiten darüber, welche Angaben von den Interessenten für wichtig erachtet werden und welche Schlussfolgerungen dann aus diesen Angaben für die Zukunft gezogen werden können, legen es nahe, einen radikalen Ausweg zu prüfen. Warum legen Unternehmen nicht umfassend und detailliert alles offen, von dem sie annehmen können, dass es möglicherweise von Interesse ist? Im Detail wäre dann über alle Maßnahmen der Beschaffung, der Produktion, des Absatzes, der Finanzierung sowie der Forschung und Entwicklung zu berichten. Auch die internen Planungen des Unternehmens wären offen zu legen. Damit die Interessenten sich in der Fülle von Einzelinformationen zurechtfinden, müssten diese klar und systematisch gegliedert werden.

Bei eingehender Analyse erweist sich dieser Weg umfassender Information allerdings als äußerst problematisch. Ein Unternehmen, das alles offen legt, was zur Einschätzung seiner zukünftigen Entwicklung möglicherweise von Interesse ist, wird sich angesichts der Fülle der Informationen großen Kosten der Offenlegung gegenübersehen. Noch gravierender aber scheint, dass solche Offenlegungspraktiken tüchtige Unternehmen um die Früchte ihrer Bemühungen zu bringen drohen. Wenn alles Wissen etwa über vorteilhafte Beschaffungsmöglichkeiten und Produktionskombinationen, über aussichtsreiche Absatzstrategien oder Forschungs- und Entwicklungsvorhaben für jedermann zugänglich offen gelegt würde, würden sich Bemühungen auf diesen Gebieten nicht mehr lohnen. Statt sich selbst zu bemühen, wäre es billiger, die Ergebnisse der Bemühungen anderer einfach zu übernehmen. Auch würde es für die Wettbewerber einfacher, sich auf die geplanten Strategien eines Unternehmens einzustellen und die für das Unternehmen vorteilhaften, für die Wettbewerber aber nachteiligen Folgen durch Gegenmaßnahmen zu vereiteln.

Offenlegung von Informationen durch Unternehmen kann somit nur in Grenzen sinnvoll sein. Die Unternehmen müssen die Möglichkeit haben, Informationen selbst dann geheim zu halten, wenn sie – wie Entwicklungen neuer Produkte oder Produktionsverfahren – für die Beurteilung der Zukunftsaussichten durch die Interessenten von voraussichtlich großer Bedeutung sein werden. Welches Gewicht dem Informationsinteresse der Interessenten einerseits und dem Geheimhaltungserfordernis andererseits letztlich eingeräumt werden sollte, lässt sich nicht verbindlich sagen. Sicher erscheint nur, dass aus diesen widerstrebenden Zielen ein Kompromiss benötigt wird. Geheimhaltung muss dabei nicht dadurch erreicht werden, dass Informationen völlig unterdrückt werden. Zur Geheimhaltung kann es ausreichen, im Detail für Konkurrenten zu aussagefähige Angaben durch Zusammenfassung mit anderen Größen zu verwässern.

Dass Offenlegung vom Gesetzgeber als Kompromiss zwischen Informations- und Geheimhaltungsinteressen gesehen wird, wird auch im HGB erkennbar. Deutlich wird das nicht zuletzt daran, dass bestimmte Informationen dann nicht in den Anhang aufgenommen werden müssen, „soweit sie nach vernünftiger kaufmännischer Beurteilung geeignet sind, der Kapitalgesellschaft ... einen erheblichen Nachteil zuzufügen" (§ 286 Abs. 3 Nr. 2 HGB).

2. Vertrauen in die Informationsbereitschaft der Unternehmensleitung versus möglichst wahlrechtsfreier Informationszwang

Wenn Unternehmen angesichts der Geheimhaltungsnotwendigkeit nur in einem engen Rahmen informieren, können sie dies wiederum auf zwei verschiedenen Wegen tun.

Da die Unternehmensleitung in der Regel die beste Wissensbasis besitzt, um zu sagen, wie sich das Unternehmen in Zukunft voraussichtlich entwickeln wird, liegt der Versuch nahe, daraus für die Informationen des Unternehmens nach außen Nutzen zu ziehen. Zwei Varianten dieses ersten Weges sind denkbar. Auf der Grundlage ihres umfassenden Wissens kann die Unternehmensleitung zunächst die künftige Entwicklung der für die Interessenten wichtigen Größen unmittelbar prognostizieren. Ergebnis dieser ersten Variante wären folglich Prognosen der Unternehmensleitung etwa über künftige Dividenden, Zahlungsüberschüsse, Gewinne oder Umsätze. Soll dagegen grundsätzlich an Berichten über vergangenheitsorientierte Größen als Informationsinstrumenten festgehalten werden, könnte der Unternehmensführung durch Gewährung ausreichender Abbildungsspielräume die Möglichkeit gegeben werden, diese Berichte stets so zu färben, dass der Eindruck, den diese Berichte nach außen voraussichtlich erwecken, im Einklang mit den Zukunftserwartungen der gut informierten Unternehmensführung steht. In beiden Varianten würde somit versucht, Informationen offen zu legen, die den subjektiven Erwartungen der gut informierten Unternehmensleitung entsprechen.

Ob dieser Ansatz allerdings dazu führt, dass Unternehmen aussagekräftige Informationen offen legen, hängt von verschiedenen Faktoren ab. Geht es einem Unternehmen schlecht, wird selbst eine ansonsten informationswillige Unternehmensführung versuchen, die Zukunft des Unternehmens „rosiger" darzustellen, als sie tatsächlich ist. Würde nämlich in schwieriger Zeit die ungünstige Lage des Unternehmens schonungslos offen gelegt, müsste mit verstärktem Vertrauensentzug gerechnet werden, der dann die noch verbliebenen Chancen zunichte machen kann. Geht es dagegen dem Unternehmen gut, hängt es von der Mentalität der Unternehmensführung ab, mit welchen Informationen zu rechnen ist. Fairer Information verbundene Unternehmensleitungen oder solche mit einem gesunden „texanischen" Selbstvertrauen werden sich nicht scheuen, gute Zukunftsaussichten offen einzugestehen, ja stolz auf sie zu verweisen. Vorsichtige Kaufleute dagegen, wie sie speziell in Deutschland vorzuherrschen scheinen, mit dem Neid der Menschen und der Launenhaftigkeit des Schicksals vertraut, werden die Zukunft zurückhaltend darzustellen versuchen. Schon wegen der herrschenden Mentalität würde der erste Weg in Deutschland somit zu berechtigtem Misstrauen gegenüber den offen gelegten Prognosen oder Berichten führen, was bedeuten kann, dass die Prognosen oder Berichte nicht beachtet werden, keinen Einfluss auf die Erwartungen und damit auch keinen Informationsgehalt haben.

Der erste Weg ist aber noch aus einem zweiten Grund problematisch. Mangels gesicherten Wissens über die Zusammenhänge zwischen vergangenen und künftigen wirtschaftlichen Größen gibt es nur subjektive Vorstellungen darüber, welche Schlüsse aus vergangenheitsorientierten Berichten für die Zukunft gezogen werden sollten. Wenn derartige Schlüsse aber zwingend subjektiv sind, ist es selbst für eine informationsfreudige Unternehmensführung zumindest schwierig – wenn nicht sogar unmöglich –, vergangenheitsbezogene Berichte unter Ausnutzung von Spielräumen so zu gestalten, dass die Leser aus diesen Berichten die richtigen Schlüsse ziehen, also Erwartungen über die Zukunft ableiten, wie sie auch die Unternehmensführung auf der Grundlage ihres breiten Wissens hegt.

Speziell dann, wenn Information nach außen nicht einem Wunsch der Unternehmen entspricht, wenn sie den Unternehmen vielmehr von einem Gesetzgeber als Informationspflicht auferlegt werden soll, erscheint der Versuch problematisch, einen hohen Informationsgehalt dadurch erreichen zu wollen, dass den Unternehmensleitungen weitgehende Freiheiten bei der Gestaltung der Informationen eingeräumt werden. Wenn es schon bei bestem Willen schwer fällt, die Wahlrechte so zu nutzen, dass durch die Wahlrechtsausübung der Einblick der Außenstehenden verbessert wird, werden die Wahlrechte bei Informationsunwilligkeit genutzt werden, um gezielt ein falsches Bild zu zeichnen.

Der zweite Weg, der bei der Offenlegung von Informationen durch Unternehmen beschritten werden kann, meidet zwar die zuvor herausgearbeiteten Nachteile, ist aber ebenfalls nicht unproblematisch.

Um speziell der Gefahr vorzubeugen, dass Unternehmensführungen die von ihnen offen zu legenden Informationen ihren eigenen Interessen entsprechend „färben", wird bei diesem zweiten Weg versucht, solche Informationen offen zu legen, die sich vergleichsweise wenig „färben" lassen. Subjektive Prognosen der zur Rechnungslegung verpflichteten Unternehmensführung scheiden damit vollkommen aus. Informiert werden soll möglichst mit solchen Berichten über vergangenheitsorientierte Größen, bei denen es einerseits zumindest plausible Anhaltspunkte dafür gibt, dass diese Größen Schlüsse auf die Zukunft des Unternehmens erlauben, bei denen andererseits aber die Gestaltungsfreiheiten und Wahlrechte der Rechnungslegenden möglichst gering sind.

Die Probleme dieses zweiten Weges liegen auf der Hand. Zunächst ist man auf Vermutungen darüber angewiesen, welche vergangenheitsorientierten Größen gute Schlüsse auf solche künftigen Entwicklungen erlauben, die für die Interessenten von Bedeutung sind. Angesichts des vielfach beklagten, völlig unzureichenden Wissens auf diesem Gebiet müssen solche Vermutungen recht unsicher sein. Außerdem ist zu erwarten, dass als für die Zukunft aussagefähig gerade solche vergangenheitsorientierten Größen eingestuft werden, die sich nicht völlig ohne Gestaltungsfreiheiten der Rechnungslegenden ermitteln lassen. Eine rein vergangenheitsorientierte Zahlungsrechnung lässt sich zwar so definieren, dass sie im Rahmen der bloßen Abbildung keinerlei Gestaltungsfreiräume mehr bietet, von ihr dürfte aber auch eine geringere Aussagekraft für die Zukunft zu erwarten sein. Eine Rechnung dagegen, aus der sich der Gewinn eines Unternehmens für die gerade abgelaufene Periode ergibt, wird eher als aussagefähig für die Zukunft angesehen. Sie lässt sich aber auch schwerlich so definieren, dass keinerlei Gestaltungsspielräume mehr offen bleiben.

Eine weitere mögliche Gefahr dieses zweiten Weges scheint mir allerdings vielfach überschätzt zu werden. In der Verpflichtung, vergangene Entwicklungen ohne Gestaltungsmöglichkeiten und Wahlrechte starr wiedergeben zu müssen, könnte insoweit eine Gefahr gesehen werden, als zufällige Einflüsse – speziell dann, wenn sie ausnahmsweise einmal gebündelt und allesamt in die gleiche Richtung wirkend auftreten – den vergangenheitsorientierten Bericht prägen können. Die Unternehmensführung würde befürchten, dass aus diesem Bericht dann völlig falsche Schlüsse für die Zukunft gezogen werden. Die Gefahr relativiert sich aber aus zwei Gründen. Zunächst kennen die Interessenten den Charakter der ihnen übermittelten Informationen, können diese meist mit Informationen aus anderen Quellen abstimmen und ziehen aus allen ihnen verfügbaren Informationen ihre subjektiven Schlüsse. Damit wird es schwer, nachzuweisen, dass diese Schlüsse falsch sein werden. Darüber hinaus wäre gegen ein Recht der Unternehmensleitung nichts einzuwenden, das Zustandekommen der Zahlen in dem von ihr offen zu legenden starren Bericht speziell dann zu kommentieren, wenn diese Zahlen nach ihrer Ansicht durch zufällige Einflüsse maßgeblich beeinflusst sind.

Der Gesetzgeber scheint allerdings keinem dieser beiden „extremen" Wege zu trauen. Zwar legt er das Hauptgewicht der Information nach außen auf Berichte über vergangenheitsorientierte Größen, er schränkt aber auch Wahlrechte nicht so weit wie möglich ein. Wenn die Wahlrechte nicht in der anderen Aufgabe des Jahresabschlusses – Ausschüttungsbemessung und Verbindung zur Steuerbilanz – begründet sind, spiegeln sie ein Vertrauen in die Informationsfreudigkeit der Unternehmen wider. Dieses m. E. schwerlich berechtigte Vertrauen wird auch in der Generalklausel deutlich. Freien Prognosen der Unternehmensführung als Informationsinstrumenten misstraut der Gesetzgeber aber offensichtlich. Nur im Lagebericht sind sie (vgl. S. 295 f.) vorgesehen, allerdings in sehr beschränktem Umfang.

3.   Der Gewinn als Zentralgröße unternehmerischer Information

Wenn Unternehmen überwiegend durch Berichte mit weitgehend vergangenheitsorientiert gemessenen, nachprüfbaren Größen informieren sollen, weil Prognosen der Unternehmensleitung sich leicht „färben" lassen und folglich Misstrauen erwecken, und wenn aus Geheimhaltungs- und Kostengründen diese Berichte inhaltlich eingeschränkt werden müssen, so stellt sich das Problem, konkret festzulegen, welche vergangenheitsorientierten Größen offen gelegt werden sollten. Dieses Problem kann leider nicht befriedigend gelöst werden, weil – wie mehrfach beklagt wurde – bewährtes Wissen darüber fehlt, welche vergangenheitsbezogen messbaren Größen brauchbare oder sogar die vergleichbar besten Schlüsse auf die künftige Entwicklung der für die Interessenten relevanten Größen erlauben. Dass wir so wenig darüber wissen, welche vergangenheitsbezogen messbaren Größen brauchbare oder sogar die vergleichbar besten Schlüsse auf die künftige Entwicklung der für die Interessenten relevanten Größen erlauben, kann natürlich das Ergebnis verfehlter Forschung sein. In neuerer Zeit wird dementsprechend versucht, auf der Basis empirischer Untersuchungen herauszufinden, welchen Informationsnutzen externe Rechnungslegung stiftet. Mit Hilfe derartiger Forschungen müssten sich letztlich auch die Fragen beantworten lassen, was die externen Leser an Informationen wünschen und welche vergangenheitsbezogen ermittelten Daten die besten Schlüsse auf künftige Entwicklungen erlauben. Man darf allerdings auch die Schwierigkeiten für solche Untersuchungen nicht übersehen. Zunächst können auch sie nur Aussagen zu den bisher praktizierten Formen der Rechnungslegung erbringen. Die Ergebnisse müssen also insoweit „konservativ" sein. Den Wert alternativer Formen der Rechnungslegung werden die Leser – mangels Erfahrung – kaum kennen. Da nach alternativen Formen der Rechnungslegung keine Daten veröffentlicht wurden, fehlt auch die Basis um zu testen, inwieweit alternative Daten besser als solche aus den üblichen Rechnungslegungsinstrumenten Schlüsse auf die künftige Entwicklung erlauben. Aber auch die Frage, ob die bisherigen Jahresabschlüsse Informationsgehalt besitzen, lässt sich angesichts einer großen Zahl methodischer Probleme nicht leicht beantworten. Die bisherigen Ergebnisse, die höchst unterschiedlich und nicht selten widersprüchlich sind, erscheinen mir persönlich daher noch ungeeignet, um daraus wissenschaftlich begründete Aussagen über zweckmäßige Informationsinstrumente abzuleiten *(Schildbach, Jahresabschluß und Markt, S. 5 ff.).* Ob sich das in Zukunft ändern wird, bleibt abzuwarten.

Gibt es aber keine wissenschaftlich befriedigende Lösung, so muss eine Lösung auf einer weniger anspruchsvollen Basis, etwa von anscheinend verbreiteten Vorstellungen und Plausibilitätsüberlegungen, gesucht werden. Dabei läuft man natürlich Gefahr, bloße Vorurteile weiter zu festigen.

Wie sich Faktoren entwickelt haben, die auch für die künftige Entwicklung des Unternehmens bedeutsam sind, lässt sich regelmäßig anderen Quellen entnehmen. Dementsprechend sollte ein Unternehmen es nicht als seine Aufgabe ansehen, über die vergangene Entwicklung von Löhnen, Faktorpreisen und Zinsen oder über die bisherige Entwicklung der Auftragslage in der Gesamtwirtschaft oder Branche, der Konjunktur und der Arbeitslosigkeit beispielsweise zu berichten. Interessanter, weil aus anderen Quellen nicht ersichtlich, scheinen Angaben darüber zu sein, wie die Fülle verschiedenster Einflussfaktoren sich auf das Unternehmen ausgewirkt hat. Da diese Auswirkungen allerdings vielfältig sein werden, kann nur über einen Teil – und zwar annahmegemäß die Auswirkungen auf vergangenheitsorientiert gemessene Vermögensänderungen – berichtet werden.

Wenn sich Vermögen und Vermögensänderungen im Grunde nur zukunftsorientiert messen lassen, muss jeder vergangenheitsorientierte Versuch zu unzulänglichen Maßen für Vermögen und Vermögensänderungen führen. Gleichwohl scheint der vergangenheitsorientiert gemessene Gewinn noch eine brauchbare Grundlage zu liefern, um daraus Erwartungen über die Zukunft abzuleiten, Erwartungen, die sich zwar nicht auf bewährte Gesetze stützen können, die aber gleichwohl nahe liegen.

Auch wenn künftige Gewinne für keinen der Interessenten unmittelbar zielrelevante Größen darstellen, so ist doch die Annahme plausibel, dass künftige Gewinne für zumindest die meisten Interessenten wichtige *Indikatoren für ihre subjektive Zielerreichung* sind. Für die Eigner von Kapitalgesellschaften sind künftige Gewinne eine wichtige Grundlage für die in Zukunft zu erwartenden Zahlungen; zusammen mit der künftigen Gewinnverwendungspolitik entscheiden die künftigen Gewinne über die künftigen Dividenden. Gläubiger interessieren sich zwar primär für die künftige Zahlungsbereitschaft eines Unternehmens und für die Höhe sowie die Verteilung des voraussichtlichen Vermögens in dem Fall, in dem das Unternehmen zahlungsunfähig wird, ihnen wird aber klar sein, dass sich derart differenzierte Entwicklungen schwerlich werden prognostizieren lassen. Die Gläubiger werden sich folglich einen groben Indikator suchen müssen, und in dieser Eigenschaft ist der künftige Gewinn gar nicht so schlecht. Solange ein Unternehmen über die Erhaltung des Vermögens hinaus Gewinne zu erwirtschaften verspricht, brauchen seine Gläubiger keine Einbußen zu erwarten. Das Unternehmen erscheint somit als Kreditnehmer für Gläubiger attraktiv. Es müsste in der Lage sein, fällige Kredite zu prolongieren oder durch neue zu ersetzen. Insoweit sollte somit die Liquidität bei günstigen Ertragsaussichten gesichert sein. Auch für Arbeitnehmer dürften positive Gewinnerwartungen für die Zukunft insofern wichtig sein, als sie meist Arbeitsplatzsicherheit und Spielräume für weitere Lohnerhöhungen signalisieren. Künftige Gewinne können das Unternehmen aber auch zu Rationalisierungen und Stellenabbau befähigen.

Künftige Gewinne sind zweifellos nicht die zwangsläufige, naturgesetzliche Folge bisheriger Gewinne. Sie sind vielmehr das Ergebnis vielfältiger Entscheidungen und Entwicklungen im Unternehmen sowie auf den für das Unternehmen relevanten Märkten. Da es allerdings nicht einfach ist, diese vielfältigen Entscheidungen und Entwicklungen im Detail zu prognostizieren, zumal Angaben, die das Unternehmen zu seinen eigenen künftigen Entscheidungen machen könnte, meist aus Geheimhaltungsgründen nicht offen gelegt werden, scheint nur eine andere Vorgehensweise praktisch möglich. Die Gewinne der Vergangenheit werden als Basis für die Schätzung künftiger Gewinne herangezogen. Dabei muss die Entwicklung in der Vergangenheit allerdings nicht pauschal und undifferenziert in die Zukunft projiziert werden. Werden zumindest einige Komponenten angegeben, aus denen sich die vergangenen Gewinne zusammengesetzt haben, dann gibt es Anhaltspunkte zur „Verfeinerung" der Schätzung. Da zwischen vergangenen und künftigen Gewinnen aber keine Gesetzmäßigkeiten bestehen, vergangene Gewinne sich vielmehr allenfalls als grobe Schätzgrundlagen für künftige Gewinne eignen, gibt es keine allgemein gültigen, aus Gesetzen abzuleitenden, sondern nur subjektiv sinnvoll erscheinende Ansatzpunkte und Verfahren der „Verfeinerung".

Zunächst kann versucht werden, innerhalb der vergangenen Gewinne nachhaltige von nicht nachhaltigen, eher einmaligen Gewinnbestandteilen zu trennen. Diese Trennung ist für einen Außenstehenden sicher nicht einfach, kann aber doch probiert werden, etwa indem – um ein Beispiel zu nennen – außerordentliche Erträge aus dem Verkauf von Anlagegütern als nicht nachhaltig isoliert werden.

Dann liegt der Versuch nahe, andere Einflüsse zu eliminieren, die die Projektionsmöglichkeit beeinträchtigen. Dabei wären überhöhte Aufwendungen etwa aufgrund steuerrechtlicher Abschreibungsmöglichkeiten oder – in Folgejahren – zu geringe Aufwendungen aufgrund von früher aus steuerlichen Gründen zu hoch angesetzten Abschreibungen zu suchen. Außerplanmäßige Abschreibungen oder Abschreibungen über das „übliche" Maß hinaus sind eventuell ebenfalls für Projektionszwecke zu kürzen.

Zu Gewinnverzerrungen können ferner im Zeitablauf stark wechselnde Ausgaben für Forschung und Entwicklung, Werbung sowie Mitarbeiterausbildung beispielsweise führen. Durch solche Ausgaben sollten nämlich immaterielle Werte – Know-how, Markennamen, ein geschulter Mitarbeiterstamm – geschaffen werden, die aus Gründen des Gläubigerschutzes aber nicht aktiviert werden dürfen. In Jahren mit im Vergleich zu den Vorjahren erheblich größeren Ausgaben dieser Art ist daher zu berücksichtigen, dass wahrscheinlich immaterielle Werte geschaffen werden, der Gewinn folglich zu gering ist, und in Jahren mit vergleichsweise stark reduzierten Ausgaben dieser Art dürfte immaterielles Vermögen aus der Vergangenheit verzehrt werden, also ein eher überhöhter Gewinn ausgewiesen werden.

Inwieweit darüber hinaus der Bedarf besteht, Auswirkungen von im Zeitablauf wechselnden Bewertungen oder sogar von gezielter Bilanzpolitik zu eliminieren, hängt vom Gesetzgeber ab. Wird die Beibehaltung früher gewählter Bewertungsmethoden (Bewertungsstetigkeit) streng vorgeschrieben und werden Wahlrechte weitgehend eingeschränkt, besteht diese Notwendigkeit kaum. Räumt der Gesetzgeber dagegen Spielräume ein – und das tut er –, dann kommt es darauf an, wie detailliert deren Nutzung erläutert werden muss. Da in den meisten Fällen die Erläuterungen allerdings unvollständig sind (vgl. S. 271), lässt sich der Einfluss der Bilanzpolitik praktisch nicht vollständig eliminieren.

Schließlich kann versucht werden, Einflussfaktoren auf den Unternehmensgewinn abzuleiten, die künftige Entwicklung dieser Einflussfaktoren abzuschätzen und dementsprechend die vorläufige, reine Trendextrapolation zu modifizieren. Werden beispielsweise Umsatzerlöse nach geografisch bestimmten Absatzmärkten aufgegliedert und lassen sich für einen dieser Märkte Importbeschränkungen oder Boykottmaßnahmen absehen, so können Umsatz- oder Gewinnerwartungen entsprechend modifiziert werden. Ähnliche Ansätze bieten die Aufgliederungen der Aufwandsarten beim Gesamtkostenverfahren für die Nutzung von Erwartungen über Preise, Löhne und Zinsen.

Noch ein weiterer Grund scheint mir dafür zu sprechen, dass ein möglichst nachprüfbarer, durch die Unternehmensleitung wenig manipulierbarer Gewinn im Mittelpunkt der von Unternehmen an externe Interessenten gerichteten Informationen stehen sollte. Die aus dem Überprüfbarkeitspostulat folgenden Abbildungsregeln, wie Anschaffungswert- und Realisationsprinzip, machen es den Unternehmen in einer Wettbewerbswirtschaft schwer, einen Gewinn auszuweisen. Vorsichts- und Imparitätsprinzip verschärfen – zumindest zunächst – diese Schwierigkeiten weiter. Gewinn repräsentiert insoweit eine Leistung, die sich am Markt bewährt hat. Nur soweit es gelungen ist, am Markt diese Leistung zu vollbringen, kann das Signal Gewinn gesendet werden. Weil somit nicht jedes Unternehmen in der Lage ist, einen hohen Gewinn auszuweisen, ist ein hoher Gewinn, ähnlich wie eine gute Note einer als streng angesehenen Universität, eine vergleichsweise vertrauenswürdige Informationsgrundlage.

Fragen:

1. Was ist ein Erwartungswert, und welche Rolle spielen Erwartungswerte in den dargestellten Entscheidungsmodellen?

2. Welchen Zinssatz müsste die GmbH dem Gläubiger in dem unter A. 1. dargestellten Beispiel mindestens anbieten, damit sie vom Gläubiger Kredit erhält?

3. Wie wirken sich im Beispiel Informationen auf die vom Gläubiger zu fordernden Zinsen aus, wenn der Gläubiger aus der Information Genaueres über die künftige Entwicklung der GmbH erfährt und wenn der Gläubiger bei Kreditvergabe an die GmbH genauso gestellt sein will wie bei Kauf von Staatspapieren?

4. Wer wird an Informationen aus einem Unternehmen interessiert sein, und was wollen diese Interessenten letztlich wissen?

5. Warum können gleiche Informationen für verschiedene Adressaten unterschiedliche Werte haben?

6. Welche Informationsquellen gibt es zusätzlich zum Jahresabschluss für diejenigen, die sich für die künftige Entwicklung des Unternehmens interessieren?

7. Warum bedarf es eines Kompromisses zwischen Information und Geheimhaltung?

8. Welche Gründe sprechen für und welche gegen Wahlrechte im Rahmen einer informations-orientierten Rechnungslegung?

9. Wann und warum könnten Unternehmen beabsichtigen, bewusst ein „gefärbtes" Bild der Lage des Unternehmens zu geben?

Literaturhinweise:

Eine zeitgemäße Darstellung der klassischen Bilanztheorie und eine Einführung in die moderne Bilanztheorie finden sich in **Moxter, Adolf:** Bilanzlehre, Band I, Einführung in die Bilanztheorie, 3., vollständig umgearbeitete Aufl., Wiesbaden 1984.

Die Bilanztheorie wird ausführlich beschrieben von **Egner, Henning:** Bilanzen, Ein Lehrbuch zur Bilanztheorie, München 1974. Sie wird umgesetzt und verdeutlicht in **Schildbach, Thomas:** Jahresabschluß und Markt, Berlin u. a. 1986.

Ökonomische Grundlagen handelsrechtlicher Bilanzierung legt **Streim, Hannes:** Grundzüge der handels- und steuerrechtlichen Bilanzierung, Stuttgart/Berlin/Köln/ Mainz 1988.

Der Beschreibung der Kompetenzabgrenzung sowohl zwischen Eignern und Managern als auch zwischen Eignern und Gläubigern liegt die Theorie der „Agency costs" zugrunde. Einen Überblick über diese Theorie vermitteln:

Jensen, Michael C./Meckling, William H.: Theory of the Firm: Managerial Behavior, Agency Costs and Ownership Structure, in: Journal of Financial Economics, Vol. 3, 1976, S. 305-360.

Barnea, Amir/Haugen, Robert A./Senbet, Lemma W.: Agency Problems and Financial Contracting, Englewood Cliffs 1985.

Schneider, Dieter: Allgemeine Betriebswirtschaftslehre, 3. Aufl., München/Wien 1987, S. 553-576.

Hartmann-Wendels, Thomas: Agency Theorie, in: Handwörterbuch der Organisation, hrsg. von E. Frese, 3. Aufl., Stuttgart 1992, Sp. 72-79.

Die Grundlagen der Information aus entscheidungslogischer Sicht finden sich beispielsweise bei:

Foster, George: Financial Statement Analysis, Englewood Cliffs 1978, S. 3-13.

Sieben, Günter/Schildbach, Thomas: Betriebswirtschaftliche Entscheidungstheorie, 4. Aufl., Düsseldorf 1994, S. 76-85.

Grundlagen für das Problem freiwilliger Publizität versus Publizitätspflicht werden gelegt bei **Feldhoff, Michael**: Die Regulierung der Rechnungslegung, Frankfurt am Main/Bern/New York/Paris 1992.

IV. Die Zukunft des Jahresabschlusses nach HGB angesichts neuer Trends bei der Regulierung der Rechnungslegung und der IAS-Strategien der EU

A. Die Suche nach der besten Regulierung der Rechnungslegung als Problem

> **Lernziel:**
> In dem vorliegenden Kapitel geht es um die Frage, ob der Jahresabschluss nach HGB durch aktuellere IAS/IFRS Konkurrenz verdrängt wird. Als Einstieg in diese Frage sollen Sie Verschiebungen bei der Problemsicht – nicht gute Regeln der Rechnungslegung, sondern gute Organisationen der Regulierung sind wichtig – und den Modebezug der aktuellen Diskussion kennen lernen.

In traditionellen Jahresabschlüssen sind Eigenschaften angelegt, die diese Rechenwerke zumindest potenziell vergleichsweise gut in die Lage versetzen, die in einer arbeitsteiligen Wirtschaft entstehenden Aufgaben der Ausschüttungsbemessung und der Information Externer zu erfüllen. Das wird besonders eindrucksvoll dadurch belegt, dass Jahresabschlüsse weltweit die zentrale Rolle bei der Bewältigung sowohl der beiden obigen Aufgaben als auch der nahe verwandten Aufgabe der Ertragsteuerbemessung spielen.

Die Regeln, nach denen ein Jahresabschluss erstellt wird, entscheiden naturgemäß darüber, wie weit er seine Aufgaben erfüllen kann. Da die nahe liegende Frage, welche Rechnungslegungsregeln den Jahresabschluss am besten zur Erfüllung seiner Aufgaben befähigen, Generationen von Forschern zu den unterschiedlichsten Ergebnissen geführt hat und auch in Zukunft nicht eindeutig beantwortbar sein wird, konzentrieren sich theoretische Diskussion und Politik auf andere, fassbare Probleme: Welche der beiden Aufgaben des Jahresabschlusses verdient die Priorität und wie kann die Regulierung der Rechnungslegung organisiert werden, damit sie die vermutlich besten Rechnungslegungsregeln hervorbringt? In der Suche nach der besten Organisationsform der Regulierung mischen sich Vorstellungen über Harmonien und Mechanismen, die von alleine zu guten Regulierungen führen, mit handfesten Machtfragen. Daher kann es nicht verwundern, dass die Meinungen weit auseinander gehen und dass der Streit hartnäckig geführt wird: In einer globalisierten Welt geht es letztlich darum, wer die Rechnungslegungsregeln für die Welt („world standards of accounting") festlegt.

Die deutsche Regulierung der Rechnungslegung steht in diesem Streit derzeit im Abseits. Sie entspricht nicht den aktuellen Modeströmungen. Als unmodern, rückständig und intransparent abgetan, besitzt sie inzwischen weder im Ausland noch bei den heimischen Meinungsführern aus Theorie und Praxis das Ansehen, welches erforderlich wäre, um die hinter ihr stehenden Prinzipien überhaupt konstruktiv in den weltweiten Wettbewerb einzubringen. Dementsprechend geraten GoB und HGB massiv unter Druck, von den aktuellen Modeströmungen verdrängt zu werden. Diese Modeströmungen wechseln allerdings nicht zuletzt im Gefolge der Bilanzskandale ständig. Die zunächst hoch angesehenen US-amerikanischen Generally Accepted Accounting Principles (US-GAAP) haben nach den mit den Namen Enron und WorldCom verbundenen Bilanzskandalen in den Jahren 2001 und 2002 bereits viel von ihrem Glanz verloren. Da freilich die künftigen Trends und Skandale noch im Dunkel liegen, lässt sich die zu erwartende Entwicklung nur auf Basis des aktuellen Informationsstands umreißen.

Mit der wirklichen Qualität der deutschen Rechnungslegung relativ zu ihren angeblich weit überlegenen Rivalen hat das ebenso wenig zu tun wie mit der Frage, wie der Jahresabschluss zum Zwecke seiner Verbesserung reformiert werden sollte. Hoffnungen auf Selbstregulierung nach dem Vorbild der Preise auf dem Markt verbunden mit Machtfragen drängen Sachfragen in den Hintergrund.

B. Überblick über das, was bei der Regulierung der Rechnungslegung zurzeit „in" und „out" ist

Lernziel:

Sie sollen die völlig gegensätzlichen Grundüberzeugungen kennen lernen, auf denen angelsächsische Standards (US-GAAP und IAS/IFRS) einerseits und deutsche Regeln oder Prinzipien (HGB und GoB) andererseits beruhen, wobei erstere derzeit „in", letztere „out" sind.

1. Vertrauen versus Misstrauen in die Kaufmannspraxis

Bis im Grunde zur Aktienrechtsnovelle von 1884 wurde die Rechnungslegung in Deutschland durch die Kaufleute und die von ihnen verwendeten Praktiken geprägt, was den Rechnungslegenden allenfalls weiche Schranken auferlegte. Auch der damals vorhandenen Theorie wurde nur gefolgt, wo es opportun erschien. Als es im Zuge einer kurzen Wirtschaftsblüte nach der Reichsgründung von 1871 zu massivem Gründungsschwindel bei Aktiengesellschaften kam, wurden fehlende Einschränkungen der freizügigen Rechnungslegungspraktiken für die Skandale mit verantwortlich gemacht. Das damals begründete und bis heute immer dichter geknüpfte Netz obrigkeitlicher Regulierung entstand somit als Folge des Misstrauens gegenüber einer von den Kaufleuten selbst bestimmten Rechnungslegung.

Obwohl die Wirtschaft auch in anderen Ländern immer wieder von ähnlichen Skandalen erschüttert wurde, ist es derzeit „in", der Kaufmannspraxis die zentrale Rolle bei der Schaffung wünschenswerter Rechnungslegungsregeln anzuvertrauen. Der von Großbritannien und den USA geprägte Trend gründet auf einem offensichtlich unerschütterlichen Vertrauen in eine Harmonie der Interessen aller an einem aufrichtigen, informativen Jahresabschluss (deutlich im *Statement of Financial Accounting Concepts 2.14-.18, in FASB, Original Pronouncements Vol. III*) und in die disziplinierende Wirkung des Marktes. In den USA haben die Depression der 30er Jahre und die vor allem mit dem Namen Enron verbundenen Bilanzskandale zwar heftig an diesem Vertrauen gekratzt und staatliche Eingriffe durch Schaffung der staatlichen Börsenüberwachungsbehörde Securities and Exchange Commission (SEC) bzw. durch Auflagen nach dem Sarbanes-Oxley-Gesetz ausgelöst, der Vertrauensvorschuss wird aber grundsätzlich weiterhin gewährt.

2.   Private Lösung eines Sachproblems versus obrigkeitliche Interessenregelung

Soweit – wie in Deutschland – Regulierung der Rechnungslegung als Eingriff in die Interessen der Betroffenen verstanden wird, kann sie nur auf Gremien übertragen werden, die für diese Aufgabe ausreichend legitimiert sind. Für die deutsche Sichtweise spricht, dass Rechnungslegungsregeln so oder so in die Interessengegensätze etwa zwischen umfassender Information versus möglicher Geheimhaltung „sensibler" Details einerseits oder frühzeitiger und umfassender versus vorsichtig verzögerter und zurückhaltender Gewinnausschüttung andererseits eingreifen müssen. Zur Schlichtung der Interessengegensätze zwischen den Parteien können schwerlich Gremien befugt sein, die weit überwiegend mit Erstellern und Prüfern nur eine Seite im Konflikt repräsentieren und von dieser Seite auch noch finanziell abhängen. In einem demokratischen Rechtsstaat bleibt diese Aufgabe vielmehr dem Gesetzgeber einerseits und den Gerichten andererseits vorbehalten, die freilich im Vorfeld ihrer Eingriffe den Rat sowohl der einschlägigen Ökonomen als Fachwissenschaftler als auch der zur Umsetzung der Regeln verpflichteten Praktiker einholen sollten (und das auch tun).

Der obrigkeitliche Eingriff gilt zurzeit gleichwohl als „mega-out". Er wird nicht nur als bürokratisch, praxis- und fachfremd sowie als unfähig angesehen, die Jahresabschlüsse jeweils flexibel an die sich rasch wandelnden Bedürfnisse der Wirtschaft anzupassen, er steht eigenartigerweise in dem Verdacht, die Regulierung der Rechnungslegung dem Kampf der Interessenlobby auszuliefern. Tatsächlich gehe es mit der Suche nach den Regeln, welche den Jahresabschluss am besten zur Erfüllung seiner Aufgaben befähigen, um eine reine Fachfrage, vergleichbar der Setzung von DIN-Normen. Werde sie privaten Fachgremien aus in der Sache besonders kompetenten Erstellern, Prüfern und Nutzern überlassen, werde eine effiziente, flexible und angeblich auch interessenfreie Lösung gewährleistet.

3.   Fachmännisches Ermessen versus kommentierende Rechtsauslegung

In der Welt der obrigkeitlichen Regulierung setzen Gesetze und Urteile einen bindenden Rahmen, der allenfalls ergänzender Auslegung bedarf. Nicht geregelte Detailprobleme sind folglich nach Maßgabe der hinter Gesetzen und Urteilen stehenden Prinzipien und Theorien zu lösen, die ihre Ursprünge zwar in akademischen Bilanztheorien oder einer Kaufmannspraxis gehabt haben mögen, die aber erst durch die Entscheidung von Gesetzgeber oder Richter in die maßgebliche Rolle wuchsen. Die Suche nach der besten Auslegung von Gesetz oder Urteil durch Kommentierung passt daher voll in dieses System. Dagegen kann eine Generalklausel, die im Interesse der Erfüllung der Jahresabschlussaufgaben erforderlichenfalls gegen die in Gesetz oder Urteil vorgegebenen Regeln zu verstoßen gebietet, hier keinen Raum haben. Sie würde die Wertungen des Gesetzgebers in den Interessenkonflikten zu Lasten einer immer nur vagen und eventuell bloß vorgetäuschten Funktionserfüllung zu unterlaufen gestatten.

In der modernen Welt der Regulierung von Sachfragen durch Fachgremien gelten andere Argumentationsketten. Ausgehend vom Ziel der möglichst weitgehenden Aufgabenerfüllung und vom Vertrauen in den Wunsch aller Beteiligten, zu dieser Aufgabenerfüllung nach Kräften beizutragen, steht das fachmännische Ermessen („professional judgement") im Mittelpunkt und bildet – dem Gewissen vergleichbar – die letzte Instanz: „management uses its judgement in developing an accounting policy that provides the most useful information to users of the enterprise's financial statements" (IAS 1.22). Dementsprechend werden offene Fragen zwar auch in Anlehnung an die Prinzipien der privaten Regulierer (Statements of Accounting Concepts bei US-GAAP und Framework bei IAS/IFRS) ausgefüllt, sie werden vor allem aber nach Maßgabe des „professional judgement" und der herrschenden Praxis entschieden, in der sich das „professional judgement" wie in einer Linse bündelt. Das hat mehrere Konsequenzen. Die herrschende Praxis ersetzt die auslegende Kommentierung, für die in der neuen Welt kein Platz ist. Freiräume für das fachmännische Ermessen tragen vor dem Hintergrund der Zielharmonie zur Aufgabenerfüllung des Jahresabschlusses bei und sind daher wünschenswert. Auch muss die Generalklausel, die den Jahresabschluss möglichst weitgehend auf die Erfüllung seiner Aufgaben auszurichten gebietet, Vorrang vor den Einzelvorschriften haben. Nur so seien Unzulänglichkeiten der Regeln in außergewöhnlichen Sonderfällen oder gar bewusste Missbräuche der Regeln zu vermeiden, die mit ihren Kriterien im Detail unglücklicherweise Wege zur Umgehung der Regeln etwa mittels geschickter Gestaltung der realen Sachverhalte weisen. Bilanzpolitik schließlich als bewusste Nutzung von Wahlrechten und Freiräumen im Interesse auch gegebenenfalls informationsfeindlicher Ziele der Rechnungslegenden (vgl. dazu S. 32 f.) hat in der neuen Welt keinen legitimen Raum.

4. Absolute Priorität der Information des Kapitalmarkts versus relative Priorität der Ausschüttungsbemessung zum Zwecke des Gläubigerschutzes

Jahresabschlüsse in Deutschland sind Ergebnisse vielfältiger Kompromisse. Gesetzgeber, Gerichte und Kommentare suchen nicht nur einen „gerechten" Ausgleich der widerstreitenden Partialinteressen der Beteiligten, sondern auch nach einem Regelwerk, das den Jahresabschluss möglichst weitgehend zur Erfüllung aller seiner Aufgaben zugleich befähigt. Der Vielzweck-Jahresabschluss kommt dabei den Interessen der Wirtschaft insoweit entgegen, als er vergleichsweise geringe Aufwendungen für Rechnungslegung verursacht und keine widersprüchlichen Zahlen in die Welt setzt. Innerhalb der verschiedenen Funktionen und Interessen gibt es gleichwohl eine relative Priorität. Wegen der praktischen Bedeutung der Kreditfinanzierung in Deutschland und der wichtigen – wenn auch nicht idealen – Rolle, die der Jahresabschluss beim Gläubigerschutz durch Ausschüttungssperren spielt, steht diese Aufgabe im Vordergrund. Sie wird allerdings abgewogen einerseits gegen den Schutz der Eigner davor, dass die Verwaltung die Ansprüche auf Dividenden über Gebühr beschneiden kann, und andererseits gegen die Anforderungen aus den Aufgaben der Information des Marktes und der Bestimmung von geeigneten Bemessungsgrundlagen für die Ertragsteuern. Hinter der Bereitschaft zum Kompromiss stehen nicht zuletzt die Einsichten, dass der Jahresabschluss selbst bei konsequenter Ausrichtung keine seiner Funktionen vollkommen erfüllen kann und dass sich die Funktionen zumindest partiell auch befruchten: ein Jahresabschluss, der Ansprüche auf Ausschüttungen und Steuern bemisst, gewinnt zusätzlichen Informationsgehalt und – im Blick auf die steuerliche Außenprüfung nach §§ 193 bis 203 AO – auch zusätzliche Vertrauenswürdigkeit.

Kompromisse liegen nicht im aktuellen Trend. Ausgangspunkt ist vielmehr die Vorstellung von einer optimalen Kapitalallokation über Märkte, die nicht zuletzt auf relevanten und verlässlichen Jahresabschlussinformationen der Unternehmen basiert. Indem die Informationsfunktion kompromisslos in den Mittelpunkt gestellt werde, gewinne der Markt die Fähigkeit, die künftige Performance der Unternehmen einzuschätzen und das Kapital zum Wohle aller in die besten Verwendungen zu lenken. Gute Information biete zugleich Schutz. Abstriche am hehren Informationsziel etwa im Blick auf Zugeständnisse zu Gunsten anderer Jahresabschlussfunktionen kommen nicht in Betracht. Der Konflikt wird entweder offen negiert – so gehen IAS/IFRS im Preface zum Framework davon aus, dass der informative Jahresabschluss wunderbarerweise zugleich „distributable profits and dividends" bestimmen könne – oder als nur durch mehrere, eigenständige Spezialbilanzen lösbar angesehen. Der Gläubigerschutz durch Ausschüttungsbeschränkung wird in den USA etwa bei Bedarf im Kreditvertrag nach eigenen Rechnungslegungsregeln vereinbart, die den Parteien geeignet erscheinen, die sich bewährt haben und die regelmäßig übrigens GoB und HGB ähneln. Auch wenn es in den USA vereinzelte Verbindungen gibt – so setzt LIFO in der Steuerbilanz LIFO auch in der Handelsbilanz voraus –, sind Handels- und Steuerbilanz doch grundsätzlich strengstens getrennt. Steuerbemessung liegt außerhalb der bei der Regulierung zu beachtenden Aufgaben, und rein steuerliche Sonderabschreibungen oder Rücklagen dürfen in Jahresabschlüsse nach den derzeit modernen angelsächsischen Vorstellungen in keinem Falle übernommen werden. Schon die Idee erscheint so absurd, dass sie keiner besonderen Verbote bedarf. Die zusätzlichen Kosten mehrfacher Rechnungslegung schließlich werden erstaunlicherweise nicht problematisiert.

C. Der Kampf um die „world standards of accounting"

Lernziel:

Die Globalisierung der Wirtschaft erfasst auch die Rechnungslegung und drängt auf deren Vereinheitlichung. Sie sollen erfahren, warum dieser Prozess zunächst auf eine Vorherrschaft der US-GAAP hinaus lief und vor allem wie Europa der drohenden Vorherrschaft von US-GAAP durch seine auf IAS/IFRS gestützte Doppelstrategie entgegentritt.

---

1. Rechnungslegung nach US-GAAP als Zugangsvoraussetzung zu den leistungsfähigen US-Kapitalmärkten

Der durch die Globalisierung verschärfte Wettbewerb zwingt die Unternehmen, sich an die Kapitalmärkte zu wenden, an denen ihre Aktien die größte Akzeptanz erreichen und die das erforderliche Kapital zu den günstigsten Konditionen bereitstellen können. Die leistungsfähigsten dieser Märkte liegen in den USA. Anders als der Rest der Welt kennen die Amerikaner allerdings keine „Reziprozität", wonach Unternehmen aus dem Land X mit der in X heimischen Rechnungslegung zum Handel zugelassen werden, wenn im Land X amerikanische Unternehmen auf Basis ihrer US-GAAP-Rechnungslegung entsprechende Zulassung erfahren. Die amerikanische Börsenaufsichtsbehörde SEC verlangt von allen Unternehmen, die an den bedeutenden US-Börsen (vor allem New York Stock Exchange NYSE, American Stock Exchange AMEX und National Association of Securities Dealers Automated Quotation System NASDAQ) voll notiert werden sollen, eine Rechnungslegung nach US-GAAP oder eine Überleitungsrechnung vom heimischen zum Jahresabschluss nach US-GAAP. Von dieser festen Haltung ließ sie sich weder durch die amerikanischen Börsen, die das Geschäft mit ausländischen Aktien gerne gemacht hätten, noch durch die Europäische Kommission oder durch die in dieser Frage liberalere internationale Vereinigung der Börsenaufsichtsbehörden IOSCO abbringen. Sie gewährt allenfalls – wie etwa im Fall der Allianz – individuelle Erleichterungen in Einzelverhandlungen mit den Unternehmen und hat eine Öffnung gegenüber IAS/IFRS im Original angekündigt.

Als erstes deutsches Unternehmen hat die damalige Daimler-Benz AG die Erstellung einer Überleitungsrechung nach US-GAAP als Preis für die Notierung ihrer Aktien an der NSYE ab 5.10.1993 akzeptiert. Ihrem Beispiel folgten dann in kurzer Zeit mehrere deutsche und europäische Unternehmen, die weniger wegen ihrer Zahl als vielmehr wegen ihrer Größe und Bedeutung ins Gewicht fielen. Die Unternehmen erkannten freilich schnell die Nachteile einer doppelten Rechnungslegung nach HGB und US-GAAP, die weniger in den hohen Kosten, sondern vielmehr in dem Misstrauen gegenüber beiden Zahlenwerken liegen, wenn widersprüchliche Zahlen in die Welt gesetzt werden. Der deutsche Gesetzgeber gab im Kapitalaufnahmeerleichterungsgesetz vom 20.4.1998 dem Drängen dieser mächtigen Unternehmen nach und akzeptierte vorübergehend Konzernabschlüsse nach US-GAAP oder IAS als Ersatz für Konzernabschlüsse nach HGB. Damit drohte allerdings – ausgehend von den Konzernabschlüssen der größten deutschen Unternehmen – die handelsrechtliche Rechnungslegung durch die Rechnungslegung nach US-GAAP verdrängt zu werden.

2. International Accounting Standards (IAS) als Kern der Gegenstrategie der Europäischen Kommission

Die Kommission der Europäischen Union erkannte sehr rasch die drohende Abhängigkeit der Rechnungslegung europäischer Unternehmen von den amerikanischen Rechnungslegungsstandards US-GAAP, auf deren Inhalt weder die EU noch deren Mitgliedstaaten Einfluss nehmen können. Sie sah auch Handlungsbedarf, konnte aber weder in Verhandlungen die SEC erweichen noch in der bloßen Fortsetzung ihrer Strategie der Harmonisierung über Rechnungslegungsrichtlinien einen Ausweg erkennen. Im Rahmen ihrer „neuen Strategie im Hinblick auf die internationale Harmonisierung" *(Kommission der EG, Kom (95) 508 endg.)* setzte sie daher am 14.11.1995 auf die International Accounting Standards (IAS), die mit maßgeblichem europäischem Einfluss eine Chance zum Aufbau einer Gegenposition boten.

International Accounting Standards (IAS) – oder nach einer Neubenennung, die freilich auf noch zögernde Akzeptanz stößt, International Financial Reporting Standards (IFRS) – werden von einer privaten Organisation von Fachleuten aus der ganzen Welt nach angelsächsischem Gedankengut dem aktuellen Trend entsprechend geschaffen. Das sie tragende International Accounting Standards Committee (IASC) wurde am 29.6.1973 gegründet. Ziel war und ist die Schaffung weltweit einheitlicher Rechnungslegungsstandards auf Basis dieser Kultur aber nicht in der plumpen Form des bloßen Exports nationaler Regeln mit der Gefahr des Imperialismusvorwurfs. Als bloße Fachnormen bedürfen IAS/IFRS zu ihrer Verbreitung entweder des Vertrauens der Marktteilnehmer oder der Unterstützung durch Institutionen, die Rechnungslegungsnormen jeweils für die ihrer Zuständigkeit unterliegenden Unternehmen vorgeben können. Zur Finanzierung der privaten Institution trugen 2001 Einnahmen aus den Veröffentlichungen mit netto nach Abzug der direkten Kosten rund 1,3 Mio. und Spenden mit rund 12,8 Mio. bei, die zu etwa einem Drittel von den damals noch Big Five Prüfungsgesellschaften stammten. Inhaltlich haben IAS/IFRS sich zwar in den meisten zentralen Fragen den entsprechenden US-GAAP Standards angeglichen, wahren aber auch wichtige Eigenheiten. So verzichten IAS/IFRS auf eine explizite Regelung vieler Details und setzen stärker auf die hinter den Regeln verborgenen und von den Rechnungslegern entsprechend umzusetzenden Prinzipien der Rechnungslegung („*Prinzipi-*

enorientierung" statt „Regelorientierung"). Sie geben ferner den Vorrang des Gebots zur „fair presentation" in ihrem Standard IAS 1.17 selbst vor und bedürfen nicht – wie US-GAAP – der Überordnung von „fair presentation" durch Gerichte, durch die Grundsätze ordnungsmäßiger Abschlussprüfung und die Strafvorschriften des Securities Exchange Act von 1934 bei irreführender oder unvollständiger Information gemäß Sections 10 (b) und 18 (a).

Bei ihrer Anlehnung an die vergleichsweise stark britisch geprägten IAS/IFRS verfolgt die EU-Kommission eine Doppelstrategie mit zwei Ansatzpunkten:

► Übernahme der IAS/IFRS als Rechtsvorschrift in der Europäischen Union verbunden mit der Pflicht oder dem Wahlrecht für ausgewählte Unternehmen in Europa, Einzel- oder Konzernabschlüsse nach IAS/IFRS aufzustellen.

► Modernisierung der Rechnungslegungsrichtlinien (4. und 7. EG-Richtlinie) durch deren Anpassung an die für die internationale Harmonisierung maßgeblichen IAS/IFRS, um Unvereinbarkeiten zwischen einer Rechnungslegung nach den Rechnungslegungsrichtlinien und den IAS/IFRS auszuräumen.

3.   Übernahme der IAS/IFRS als europäisches Recht mit differenzierten Verbindlichkeiten

Im Rahmen der Strategie der Übernahme von IAS/IFRS als Europäisches Recht hat die EU-Kommission alle wichtigen Weichen bereits gestellt.

IAS/IFRS werden in einem aufwendigen Prozess übernommen. Zu diesem Zweck müssen sie einerseits in alle Amtssprachen (zurzeit 11, bald aber 20 oder mehr) übersetzt werden, was sehr viel Zeit kostet, den Zugang zu den Texten aber auch einfacher und kostenlos macht. Andererseits ist die Übernahme in das Europäische Recht erforderlich, die nach dem vereinfachten Komitologie-Verfahren erfolgt. Zu diesem Zweck lässt sich die Europäische Kommission zunächst von der European Financial Reporting Advisory Group (EFRAG) und deren besonderer Technical Expert Group – fachliche Expertengremien, welche IAS/IFRS im Auftrag der EU auf ihre Eignung als Rechnungslegungsstandards prüfen – beraten, ob sich die IAS/IFRS für eine Übernahme in das Europäische Recht eignen. Die Kommission will vor allem wissen, ob die Standards die Kriterien der Verständlichkeit, Erheblichkeit, Verlässlichkeit und Vergleichbarkeit erfüllen, ob sie ein den tatsächlichen Verhältnissen entsprechendes Bild der Vermögens-, Finanz- und Ertragslage eines Unternehmens vermitteln („fair presentation") und ob sie mit dem europäischen öffentlichen Interesse harmonieren. Die Prüfung führt in ein böses Dilemma, denn einerseits muss eine wirkliche Prüfung zur Ablehnung einzelner Vorschriften dieser privaten Rechnungslegungsstandards führen können, andererseits darf kein Detail der IAS/IFRS verworfen oder verändert werden, weil IAS-Rechnungslegung nach IAS 1.14 die Befolgung sämtlicher Vorschriften voraussetzt. Nach ihrer eigenen Prüfung legt die EU-Kommission die von ihr befürworteten IAS/IFRS einem Rechnungslegungsausschuss aus Vertretern verschiedener Mitgliedstaaten zur Zustimmung vor. Billigt dieses „Accounting Regulatory Committee" die Standards mit der erforderlichen Mehrheit, so sind sie Europäisches Recht. Im anderen Fall muss die Kommission den Rat der Europäischen Union informieren, der innerhalb von drei Monaten mit qualifizierter Mehrheit von 70 % der Stimmen den Vorschlägen widersprechen könnte. Sollte das geschehen, müsste die Kommission einen veränderten Vorschlag vorlegen. Geschieht das aber nicht, so sind die vorgeschlagenen Standards Europäisches Recht. Mit Hilfe des Komitologie-Verfahrens in Europäisches Recht übernommen wurden in einem ersten Schritt bis auf IAS 32 und 39 sämtliche IAS, allerdings in einer inzwischen vielfach überholten Fassung. Die neuen Fassungen der IAS und aktuelle IFRS stehen noch an. IAS 32 und 39 wurden inzwischen geändert und akzeptiert. Auch alle künftigen IAS/IFRS werden jeweils das Prüfungs- und Anerkennungsverfahren zu durchlaufen haben.

Wer ab wann in Europa nach IAS/IFRS wird Rechnung legen müssen, wurde bereits durch Verordnung (EG) Nr. 1606/2002, ABlEG L 243 vom 11.9.2002, des Europäischen Parlaments und des Rates vom 19. 7. 2002 betreffend die Anwendung internationaler Rechnungslegungsstandards bestimmt. Danach müssen alle kapitalmarktorientierten Gesellschaften in Europa nach dem 1.1.2005 ihre Konzernabschlüsse nach IAS/IFRS aufstellen. Ein Aufschub bis 1.1.2007 bzw. 2009 darf von den Staaten der EU nur gewährt werden, wenn die Gesellschaften ausschließlich Schuldtitel an der Börse handeln lassen oder wenn sie, weil z. B. bei Veröffentlichung der Verordnung an der NYSE notiert, nach anderen internationalen Standards (US-GAAP) Rechnung legen müssen. Zusätzlich erhalten die Mitgliedstaaten ein Wahlrecht, zu erlauben oder vorzuschreiben, dass auch

▶ die (Einzel-)Jahresabschlüsse der kapitalmarktorientierten Gesellschaften und/oder

▶ die Konzern- und/oder (Einzel-)Jahresabschlüsse der nicht kapitalmarktorientierten Gesellschaften

nach IAS/IFRS aufgestellt werden.

4. Modernisierung der Rechnungslegungsrichtlinien

Als Leitbild internationaler Rechnungslegung liefern IAS/IFRS auch die Orientierung für die notwendige Weiterentwicklung der Rechnungslegungsrichtlinien in Europa und in deren Gefolge – weil diese Richtlinien von den Mitgliedstaaten der EU in jeweiliges nationales Recht zu transformieren sind – der nationalen Rechnungslegungsvorschriften aller Mitgliedstaaten. Mit den Modernisierungen der Rechnungslegungsrichtlinien sollen daher

▶ gleiche Wettbewerbsbedingungen für nach Rechnungslegungsrichtlinien und nach IAS/IFRS Rechnung legende Unternehmen geschaffen werden,

▶ Konflikte zwischen Rechnungslegungsrichtlinien und IAS/IFRS vermieden werden, so dass alle Unternehmen, die nach IAS/IFRS Rechnung legen, ihre Pflicht zur Einhaltung dieser Richtlinien erfüllen können, sowie

▶ die Rechnungslegungsrichtlinien an die Entwicklung der internationalen Rechnungslegung angepasst werden, so dass sie wettbewerbsfähig und zeitgemäß bleiben.

Vor dem Hintergrund der laufenden Reformen bei IAS/IFRS drohen die Modernisierungen freilich zu einer permanenten Aufgabe zu werden. Um diesen Zwang abzuschwächen, strebt die Kommission der EU nach einem flexibleren Inhalt der Richtlinien, durch den zumindest ein Großteil der künftigen Entwicklungen bereits abgedeckt wird. Gleichwohl wurden in der Vergangenheit mehrere Richtlinien zur Anpassung der Rechnungslegungsrichtlinien an IAS/IFRS verabschiedet:

▶ Richtlinie 2001/65/EG vom 27.9.2001, ABlEG L 283 vom 27.10.2001, gibt die Bewertung von Finanzinstrumenten einschließlich der Derivate zum beizulegenden Zeitwert („fair value") als Staatenwahlrecht vor, das an die Unternehmen weitergegeben werden darf, regelt die Behandlung von Wertdifferenzen, schreibt zusätzlich diesbezügliche Anhangangaben vor und behandelt die entsprechenden Fragen auch im Blick auf den Konzernabschluss, wobei sie vor allem eine intensivere Risikoberichterstattung speziell im Blick auf Finanzinstrumente, Derivate und Sicherungsgeschäfte für den Lagebericht vorschreibt.

▶ Richtlinie 2003/38/EG vom 13.5.2003, ABlEG L 120 vom 15.5.2003, erhöht die Größenkriterien der Artikel 11 und 27 der 4. EG-Richtlinie (umgesetzt in § 267 Abs. 1 und 2 HGB) jeweils um rund 17 %.

▶ Richtlinie 2003/51/EG vom 18.6.2003, ABlEG L 178 vom 17.7.2003, regelt eine Vielzahl von Problemen, um alle Unstimmigkeiten zwischen den Rechnungslegungsrichtlinien und den IAS zum Stand 1.5.2002 auszuräumen:

— Sie erlaubt den Mitgliedstaaten, den Jahresabschluss aus Bilanz, GuV, Anhang und gegebenenfalls Lagebericht um weitere Bestandteile — etwa Kapitalflussrechnung, Eigenkapitalspiegel oder Segmentberichterstattung — wahlweise oder obligatorisch zu erweitern.

— Sie modifiziert die starren Gliederungsschemata für Bilanz und GuV durch mehrere Möglichkeiten der Staaten, die diese als Wahlrecht oder Pflicht an die Gesellschaften weitergeben können: die Schemata dürfen um das Prinzip des Vorrangs des wirtschaftlichen Gehalts vor der äußeren Form („substance over form") ergänzt werden; statt der bisherigen Bilanzgliederungsschemata nach der Konto- oder Staffelform in Artikel 9 und 10 der 4. Richtlinie (nur erstere wurde in § 266 HGB umgesetzt) darf eine solche mit Trennung in kurz- und langfristige Posten bei ansonsten vergleichbarem Informationsgehalt vorgegeben oder erlaubt werden; statt der bisherigen GuV nach den Gliederungsschemata der Artikel 23 bis 26 der 4. Richtlinie darf eine Ergebnisrechnung im Sinne eines „statement of performance" mit mindestens gleichwertigem Informationsgehalt vorgegeben oder erlaubt werden.

— Sie erlaubt eine Einengung des Begriffs der Rückstellungen nach dem Vorbild der IAS, das zwar bestimmte Aufwandsrückstellungen nicht abdeckt, wohl aber Rückstellungen für drohende Verluste aus schwebenden Geschäften; bloße Eventualverpflichtungen wären dann nach dem gleichen Vorbild als Angaben im Anhang darzustellen.

— Nachdem bereits 2001 für Finanzinstrumente einschließlich der Derivate die Bewertung mit dem beizulegenden Zeitwert („fair value") ermöglicht wurde, wird diese Möglichkeit hier nach dem Vorbild der IAS auf das restliche Anlagevermögen (bei IAS immaterielle Anlagen mit aktivem Sekundärmarkt nach IAS 38.64, Sachanlagen nach IAS 16.31 und speziell sachzielfremde Immobilien nach IAS 40.33 sowie — als Pflicht — bei lebendem Agrarvermögen (Milchvieh, Plantagen z. B.) nach IAS 41.12) ausgeweitet, was differenziert nach Arten von Vermögensgegenständen, nach Einzel- und Konzernabschluss oder nach Gruppen von Gesellschaften geschehen kann.

— Sie erlaubt eine ähnlich differenzierte Regelung der Frage, ob die Wertänderungen aus der Zeitbewertung in der GuV auszuweisen sind, was die auch in IAS offen stehende Alternative eines Ausweises der Wertdifferenzen direkt in einer Zeitwert-Rücklage des Eigenkapitals implizieren dürfte.

— Sie bietet eine ausführlichere Formulierung der Bestimmungen zum Lagebericht an, als sie von § 289 Abs. 1 Halbsatz 1 HGB übernommen wurde, um eine ausgewogenere und umfassendere Berichterstattung sowohl über die wirtschaftlich-finanziellen Belange als auch über die nicht finanziellen ökologischen und arbeitnehmerbezogenen Belange zu erreichen, eröffnet aber zugleich die Möglichkeit, mittelgroße und kleine Gesellschaften von einem Teil der neuen Angaben freizustellen.

— Sie modifiziert ferner Vorschriften zur Abschlussprüfung, speziell zum Bestätigungsvermerk, zur Rechnungslegung von Konzernen, von Banken und anderen Finanzinstituten sowie von

Versicherungsunternehmen; Vorschläge, die aber sämtlich über den Rahmen dieses Buches hinausgehen.

Für die Umsetzung der beiden Richtlinien 2001/65/EG und 2003/51/EG in nationale Rechtsvorschriften der Mitgliedstaaten der EU wurden den Staaten Grenzen bis vor dem 1.1.2004 bzw. bis zum 1.1.2005 gesetzt.

D. Zur Umsetzung der EU-Doppelstrategie in deutsches Recht

Lernziel:

Sie sollen erfahren, wie die beiden Teile der Doppelstrategie der EU in Deutschland umgesetzt wurden oder werden sollen. Auf Basis der bisherigen Ergebnisse sind folgende Punkte für die künftige Relevanz des in diesem Buch behandelten handelsrechtlichen Jahresabschlusses im Sinne des Einzelabschlusses nach GoB und HGB wichtig:

► Einzelabschlüsse nach IAS/IFRS sollen erlaubt, nicht aber vorgeschrieben werden.

► Wer Einzelabschlüsse nach IAS/IFRS erstellt, kann sie zur Information, nicht aber für Zwecke des Gesellschafts-, des Aufsichtsrechts oder der Besteuerung nutzen; insoweit bleibt der Einzelabschluss nach GoB und HGB noch unverzichtbar.

► Im Rahmen der Umsetzung der Modernisierungsrichtlinien der EU in deutsches Recht stehen zurzeit nur systemverträgliche Reformen für den Einzelabschluss an; der Einstieg in die „Fair-Value"-Bewertung aber könnte erfolgen – begrenzt freilich auf Finanzinstrumente.

1. Umsetzung der Möglichkeiten zur unmittelbaren Rechnungslegung nach IAS/IFRS

Die erste Teilstrategie der EU, die in Europäisches Recht übernommenen IAS/IFRS bestimmten Unternehmen für Einzel- oder Konzernabschlüsse vorzugeben oder sie zumindest zuzulassen, hat die Bundesrepublik mit dem Bilanzrechtsreformgesetz vom 4.12.2004 umgesetzt. Hinsichtlich des Konzernabschlusses weitet § 315 a HGB die Pflicht zur Anwendung der IAS/IFRS über die kapitalmarktorientierten Unternehmen, deren Wertpapiere in einem Mitgliedsstaat der EU zum Handel in einem geregelten Markt zugelassen sind, auf diejenigen aus, die eine solche Zulassung erst beantragt haben. Deren Frist beginnt aber erst am 1. 1. 2007 (Art. 58 Abs. 3 Satz 2 EGHGB). Die Fristen wurden ansonsten übernommen. Nicht kapitalmarktorientierte Unternehmen dürfen ihre Konzernabschlüsse nach IAS/IFRS aufstellen – allerdings nur für Zwecke der Offenlegung (§ 325 Abs. 2 a HGB).

ABB. 4:	Übersicht über Rechte und Pflichten zur IFRS-Rechnungslegung in Deutschland					
	kapitalmarktorientierte Unternehmen (Unternehmen, deren Wertpapiere (Aktien, Obligationen oder Ansprüche auf solche Papiere) an einem organisierten Markt zugelassen sind oder – so die Umsetzung ins HGB - die deren Zulassung dort beantragt haben)					nicht kapital-marktorien-tierte Unter-nehmen
	nur beantragt Art. 58 Abs. 3 Satz 2 EGHGB	**Zugelassen**				
		Regelfall	*Ausnahmefälle*			
		(Art. 4 EU-Verordnung Nr. 1606 2002 vom 19.7.2002)	Art. 9 a organisierter Markt wird nur durch Schuldtitel in Anspruch genommen	Art: 9 b organisierter Markt im Nicht-EU-Staat in Anspruch genom-men und Zwang zur Rechnungs-legung nach anderen inter-nationalen Standards, speziell US-GAAP.		
Konzern-abschluss	IFRS ab 1.1.2007 Pflicht	IFRS ab **1.1.2005** Pflicht	IFRS ab 1.1.2007 Pflicht	IFRS ab 1.1.2007* Pflicht	* Frist auf 1. 1. 2009 verlängert durch EU-Kommission	**Wahlrecht** § 315 a Abs. 3 HGB
	(**Pflicht** umgesetzt durch §315a Abs. 1 und 2 HGB)					
(Einzel-)Jahresab-schluss	▶ faktische Pflicht für alle Mütter und Töchter kapitalmarktorientierter Konzerne, da als Basis für Konzernabschluss nötig					
	▶ **Wahlrecht** zur Offenlegung eines (Einzel-) Jahresabschlusses nach IFRS gemäß § 325 Abs. 2a und 2b HGB					
	▶ Der Jahresabschluss nach HGB bleibt aber weiterhin Grundlage für Gläubigerschutz, Ausschüttungsbemessung und Besteuerung (Maßgeblichkeit)					

2. Voraussichtliche Umsetzung der Richtlinien zur Modernisierung und Aktualisierung der Rechnungslegungsrichtlinien

Da auch hier mit dem 1.1.2004 zumindest bezüglich eines Teils der notwendigen Modernisierungen eine Frist drängt, deutet sich partiell an, welche Änderungen auf die Unternehmen zukommen werden, die ihre (Einzel-)Jahresabschlüsse nach GoB und HGB aufstellen. Im Rahmen ihres 10-Punkte-Programms „Unternehmensintegrität und Anlegerschutz" plant die Bundesregierung *(Bundesmi-nisterium der Justiz und Bundesministerium der Finanzen, Bundesregierung stärkt Anlegerschutz und Unternehmensintegrität, S. 7)*:

„▶ Durchforstung und 'Entrümpelung' des HGB durch Abschaffung zahlreicher nicht mehr zeitge-mäßer Wahlrechte (Ziel dabei u. a.: Passivierungsverbot für Aufwandsrückstellungen, Begrenzung der Bewertungsvereinfachungsmethoden);

▶ Einführung der Fair-Value-Bewertung für Finanzinstrumente im Konzernabschluss, soweit hierfür liquide Märkte bestehen;

▶ Prüfung weiterer Möglichkeiten zu Ansatz und Bewertung von Vermögensgegenständen und Rückstellungen.

▶ Bei der Prüfung sind die Auswirkungen auf die steuerliche Gewinnermittlung wegen der Maßgeblichkeit der Handels- für die Steuerbilanz besonders zu berücksichtigen.

▶ Die Fristen zur Offenlegung von Jahres- und Konzernabschlüssen kapitalmarktorientierter Unternehmen sind zu verkürzen

– bei Offenlegung in Papierform auf sechs Monate,

– bei Einsatz elektronischer Medien jedenfalls für börsennotierte Unternehmen auf drei Monate.

▶ Offenlegung der Prüfungsberichte bei Insolvenz der geprüften Gesellschaft auf Verlangen der Gläubigerversammlung,

▶ Widerspruchsrecht des Insolvenzverwalters bei Offenlegung von Betriebs- und Geschäftsgeheimnissen."

Außerdem ist davon auszugehen, dass die Anhebungen der Größenkriterien um etwa 17 % zu einer entsprechenden Reform von § 267 HGB genutzt werden (*Ernst, BB 2003, S. 1490*).

3.   Konsequenzen für die Zukunft des Jahresabschlusses nach GoB und HGB

Trotz des revolutionären Umbruchs hin zur angelsächsischen Bilanzkultur wird der handelsrechtliche Jahresabschluss nach traditionellen GoB und HGB seine Bedeutung in Deutschland zumindest auf absehbare Zeit weitestgehend behalten. Das schließt freilich verstärkten „Reformdruck" in Zukunft nicht aus, etwa wenn der Mittelstand in großer Zahl freiwillig zusätzliche IAS-Jahresabschlüsse aufstellen sollte, was m. E. unwahrscheinlich ist, oder wenn es zu einer völligen Erosion der Maßgeblichkeit käme. Umgekehrt kann der Trend aber auch brechen, wenn sich die Schwächen der IAS/IFRS herumsprechen. Die Standards gewähren sehr viele Wahlrechte und größte Ermessensspielräume, bauen auf Prinzipienorientierung vor dem Hintergrund eines Wirrwarrs heterogenster Prinzipien (*Schildbach, BFuP 2003, S. 247 ff.*), führen nach empirischen Untersuchungen nicht zu besonders informativen Jahresabschlüssen (*Auer, International harmonisierte Rechnungslegungsstandards aus der Sicht der Aktionäre, S. 219 ff.*), werden lax umgesetzt (*Cairns, Accountancy May 2001, S. 98 f.*) und durch die Übernahme als Europäisches Recht ihrem eigenen Ideal der reinen Fachnorm privater Experten entfremdet.

Vom Umbruch wirklich betroffen sind die Konzernabschlüsse in Deutschland (und damit indirekt die als Basis der Konsolidierung benötigten Einzelabschlüsse). Bei den kapitalmarktorientierten Gesellschaften werden Konzernabschlüsse nach HGB ab 2005 weitestgehend durch Konzernabschlüsse nach IAS/IFRS oder US-GAAP verdrängt sein, ein Prozess, der ohnehin bereits weit fortgeschritten ist. Aber auch soweit nicht kapitalmarktorientierte Gesellschaften ihr Recht auf einen Konzernabschluss nach HGB wahren wollen, werden sie künftig zentrale Inhalte der IAS/IFRS zu übernehmen haben. So plant die Bundesregierung die Einführung der Fair-Value-Bewertung für Finanzinstrumente mit liquiden Märkten und steigt damit in eine neue Dimension der Bilanzbewertung und des Erfolgsausweises ein, die nach den Idealen des IASC und den Vorgaben der EU-Richtlinie 2003/51/EG eine weiter wachsende Bedeutung haben soll.

Auch nach Abschluss der Übernahme der IAS/IFRS als Europäisches Recht wird gemäß dem Willen der Bundesregierung der (Einzel-)Jahresabschluss nach IAS/IFRS keiner Gesellschaft in Deutschland vorgeschrieben werden. Es wird nur eine Wahlmöglichkeit geben. Die Modernisierung der Rechnungslegungsrichtlinien als zweiter Ansatz der Doppelstrategie der EU-Kommission wird den handelsrechtlichen (Einzel-)Jahresabschluss in der absehbaren Zukunft ebenfalls nicht grundlegend verändern. Die Pläne der Bundesregierung zur Fortentwicklung der Bilanzierungsregeln und Anpassung an internationale Rechnungslegungsgrundsätze im Rahmen ihres 10-Punkte-Programms sprechen für ein umsichtiges Vorgehen. Der Einstieg in die Fair-Value-Bewertung erfolgt im (Einzel-)Jahresabschluss allenfalls in engen Grenzen. Die auch für die Zukunft noch ins Auge zu fassenden Änderungen sind ausdrücklich auf ihre Auswirkungen auf die Steuerbilanz zu prüfen, was der „Modernisierung" enge Grenzen setzt. Die mögliche Abschaffung des Passivierungswahlrechts für Aufwandsrückstellungen würde nur die deutsche Tradition vor Umsetzung der 4. Richtlinie wieder herstellen, und wie sich Abschaffung von Wahlrechten mit Annäherung an IAS/IFRS verträgt, bleibt offen. Gleichwohl muss mit weiteren Reformen zur Umsetzung auch der Modernisierungsrichtlinie 2003/51/EG gerechnet werden, deren mögliche Gegenstände von dieser Richtlinie aufgezeigt werden, die aus heutiger Sicht aber auch zurückhaltend erfolgen werden.

Angesichts der voraussichtlich nur moderaten Folgen der aktuellen Annäherungen an die angelsächsische Bilanzierung für den handelsrechtlichen Jahresabschluss wird in diesem Buch die Konzentration der nachfolgenden praktischen Grundlagen auf deutsche GoB und deutsches Recht beibehalten. IAS/IFRS bilden eine eigene Bilanzkultur, die nur durch eine gesonderte, systematische und – wenn sie nicht oberflächlicher als die deutsche behandelt werden soll – auch umfangreiche Darstellung vermittelt werden kann. Da die aktuelle Rechtslage und deren absehbare Weiterentwicklung eine derartige Erweiterung noch nicht nahe legen, sei stattdessen denjenigen, die sich für die Rechnungslegung nach IAS/IFRS interessieren, die Spezialliteratur am Ende der Literaturhinweise im Anschluss an dieses Kapitel auf S. 52 empfohlen. Auf die möglichen oder wahrscheinlichen Änderungen als Folge der zur Umsetzung anstehenden EU-Richtlinien wird an den entsprechenden Stellen im Buch jeweils nach Darstellung der bisherigen Rechtslage hingegen hingewiesen werden, schon um einer zu raschen Veralterung des Buches vorzubeugen.

Fragen:

1. Welche Eigenschaften kennzeichnen die Regulierung der Rechnungslegung in Deutschland und welche die Regulierung der Rechnungslegung nach angelsächsischen Vorstellungen?
2. Welche Faktoren haben zur Verbreitung der US-GAAP in Deutschland in den 90er Jahren des vorigen Jahrhunderts geführt und warum löste die Verbreitung von US-GAAP Reaktionen der EU-Kommission aus?
3. Welche Elemente umfasst die Strategie der EU-Kommission, Abschlüsse nach IAS/IFRS unmittelbar für Europa relevant zu machen?
4. Warum und wie will die EU-Kommission zusätzlich ihre Rechnungslegungsrichtlinien modernisieren?
5. Inwieweit werden Einzel- und Konzernabschlüsse in Deutschland durch die absehbaren Pläne der Bundesregierung im Rahmen ihres 10-Punkte-Programms „Unternehmensintegrität und Anlegerschutz" auf das neue europäische Ideal der IAS/IFRS ausgerichtet werden?

Literaturhinweise:

Die Rechnungslegungsstrategie der EU-Kommission und die absehbare Reaktion der deutschen Bundesregierung werden deutlich bei

Ernst, Christoph: EU-Verordnungsentwurf zur Anwendung von IAS: Europäisches Bilanzrecht vor weitreichenden Änderungen, in: BB, 56. Jg., 2001, S. 823-825.

Ernst, Christoph: BB-Gesetzgebungsreport: Auswirkungen des 10-Punkte-Programms „Unternehmensintegrität und Anlegerschutz" auf das Bilanzrecht, in: BB, 58. Jg., 2003, S. 1487-1491.

Seibert, Ulrich: Das 10-Punkte-Programm „Unternehmensintegrität und Anlegerschutz", in: BB, 58. Jg., 2003, S. 693-698.

Van Hulle, Karel: Die europäische Rechnungslegungsstrategie, http://www.wpk.de/ news-03-a-2002-03-01.html

Die Rechnungslegung nach IAS/IFRS wird am besten anhand der beiden folgenden Quellen transparent:

Wagenhofer, Alfred: Internationale Rechnungslegungsstandards – IAS/IFRS, 5. Aufl., Wien/Frankfurt 2005 und

International Accounting Standards Board: International Financial Reporting Standards 2006, London 2006 oder neuere Auflagen.

INHALTSÜBERSICHT

INHALTSÜBERSICHT

INHALTSÜBERSICHT

Vorbemerkung

Allgemeine Literaturempfehlungen

Die folgenden Kommentare wurden bei der Ausarbeitung dieses Buches berücksichtigt.

▶ **Adler/Düring/Schmaltz:** Rechnungslegung und Prüfung der Aktiengesellschaft, Bd. 1, 4. Aufl., Stuttgart 1968 (Zitierweise: ADS, 4. Aufl.).

▶ **Adler/Düring/Schmaltz:** Rechnungslegung und Prüfung der Unternehmen, 6. Aufl., Stuttgart 1995 (Zitierweise ADS, 6. Aufl.).

▶ Beck'scher Bilanzkommentar Handels- und Steuerrecht- §§ 238 bis 339 HGB, hrsg. von Axel Berger, Helmut Ellrott, Gerhard Förschle und Burkhard Hense, 5. Aufl., München 2003 (Zitierweise: Bearbeiter, in Beck Bil-Komm.).

▶ Beck'sches Handbuch der Rechnungslegung, hrsg. von Edgar Castan, Hans-Joachim Böcking, Gerd Heymann, Norbert Pfitzer und Eberhard Scheffler, München 2004 (Zitierweise: Bearbeiter, in Beck HdR).

▶ Bonner Handbuch Rechnungslegung, hrsg. von Max A. Hofbauer, Werner Albrecht, Wolfgang Grewe, Peter Kupsch und Gerhard Scherrer, Bonn 1986 (Zitierweise: Bearbeiter, in Bonner Handbuch).

▶ **Geßler, Ernst/Hefermehl, Wolfgang/Eckhardt, Ulrich/Kropff, Bruno:** Aktiengesetz, Kommentar, Bd. III, bearb. von Bruno Kropff, München 1973 (Zitierweise: Kropff).

▶ **Glade, Anton:** Praxishandbuch der Rechnungslegung und Prüfung: systematische Darstellung und Kommentar zum Bilanzrecht, 2. Aufl., Herne/Berlin 1995 (Zitierweise: Glade).

▶ **Küting, Karlheinz/Weber, Claus-Peter (Hrsg.):** Handbuch der Rechnungslegung, Band 1a, 4. Aufl., Stuttgart 1995 (Zitierweise: Bearbeiter, in Küting/Weber).

▶ Wirtschaftsprüfer-Handbuch 2000, hrsg. vom Institut der Wirtschaftsprüfer, 12. Aufl., Band I, Düsseldorf 2000 (Zitierweise: WP-Handbuch 2000).

Da angesichts der gebotenen Kürze des Buches auf eine Fülle von Details und Meinungsunterschieden nicht eingegangen werden kann, sollte der Leser zur Vertiefung des Stoffes sowie zur Klärung von Zweifelsfragen auf diese oder andere geeignete Kommentare zurückgreifen. Zusätzlich werden am Ende jedes Kapitels weitere Literaturhinweise gegeben.

Nachdrücklich zu empfehlen ist schließlich, das Buch nur zusammen mit einem geeigneten Gesetzestext (Handelsgesetzbuch – HGB –, Einführungsgesetz zum HGB – EGHGB –, Aktiengesetz – AktG – und GmbH-Gesetz – GmbHG –) durchzuarbeiten, um die angesprochenen Gesetzesvorschriften unmittelbar im Original nachlesen zu können. Damit der Umgang mit dem Gesetzestext leichter fällt, ist es sinnvoll, sich den Aufbau der Vorschriften zur Rechnungslegung vor Augen zu führen.

Im HGB sind vor allem drei wichtige Fragen geregelt:

1. In den §§ 238–263 HGB werden die *allgemeinen Vorschriften für alle Kaufleute* zusammengefasst. Sie beziehen sich sowohl auf die Buchführungspflicht (§§ 238 f.), das Inventar (§§ 240 f.) und die Aufbewahrungsfristen (§§ 257–261), Regelungen, die nicht durch Spezialvorschriften ergänzt werden, als auch vor allem auf Vorschriften für den Jahresabschluss (§§ 242–256). Da es in den §§ 264–289 HGB ergänzende Vorschriften für den Jahresabschluss und den Lagebericht

der Kapitalgesellschaften gibt, regeln die §§ 242-256 die Rechnungslegung für solche Kaufleute abschließend, die nicht zugleich Kapitalgesellschaft i. w. S. sind oder anderen Spezialvorschriften unterliegen, also nicht publizitätspflichtige *Personenunternehmen* (Einzelkaufleute oder Personenhandelsgesellschaften mit natürlicher Person als Vollhafter). Im Wesentlichen werden grundlegende Ansatz- und Bewertungsfragen behandelt. Der Gliederung wird nur eine sehr allgemein gehaltene Forderung gewidmet.

2. *Die Spezialvorschriften für Kapitalgesellschaften* und für solche Personenhandelsgesellschaften, bei denen – direkt oder indirekt – nicht mindestens ein persönlich haftender Gesellschafter eine natürliche Person ist (Personenhandelsgesellschaften i. S. v. § 264a HGB), in den §§ 264-289 HGB ergänzen die allgemeinen Vorschriften für die GmbH, AG, KGaA und Personengesellschaften i. S. v. § 264a HGB etwa hinsichtlich der Gliederung, der Größenklassen, des Anhangs oder spezifischer Bilanzpositionen. Teilweise schränken sie aber auch die für alle Kaufleute geltenden Vorschriften gezielt ein, indem sie etwa Abschreibungsmöglichkeiten aus dem allgemeinen Teil wieder versperren. Der Aufbau der Vorschriften kommt in den Überschriften des Gesetzes zum Ausdruck.

3. Die Paragraphen 313 bis 329 HGB schließlich sind den Problemen der Prüfung und Offenlegung gewidmet, die unmittelbar auch nur für Kapitalgesellschaften und Personengesellschaften ohne natürliche Person als Vollhafter i. S. v. § 264a HGB relevant werden.

Noch spezifischere Rechnungslegungsvorschriften finden sich in Spezialgesetzen – für Aktiengesellschaften im AktG, für GmbHs im GmbHG, für Genossenschaften im GenG und in den §§ 336-339 HGB sowie für publizitätspflichtige Personenunternehmen im PublG.

I. Buchhaltung, Inventar und Jahresabschluss

A. Einleitung

> **Lernziel:**
> Sie sollen verstehen, dass für den Jahresabschluss Buchhaltung und Inventar notwendig sind!

Der handelsrechtliche Jahresabschluss ist kein originäres Rechenwerk; er wird vielmehr aus Buchhaltung und Inventar abgeleitet.

Es ist somit unzulässig, dass der Kaufmann sich am Anfang des neuen Jahres vor einen weißen Bogen Papier setzt und dann nach bestem Wissen und Gewissen aus seinem Gedächtnis sein Vermögen und seine Schulden per Ende des vergangenen Jahres sowie die Aufwendungen und Erträge dieses vergangenen Jahres rekonstruiert und niederschreibt.

Der handelsrechtliche Jahresabschluss bedarf vielmehr zweier Grundlagen.

Zunächst bedarf er einer ordentlichen, den gesetzlichen Vorschriften der Paragraphen 238 und 239 HGB entsprechenden Buchführung. Im Rahmen dieser Buchführung sind sämtliche für Umfang oder Zusammensetzung des kaufmännischen Vermögens relevanten Vorgänge (so genannte Geschäftsvorfälle) systematisch, zeitgerecht und in Geldgrößen ausgedrückt zu erfassen.

Darüber hinaus bedarf der handelsrechtliche Jahresabschluss als zweiter Grundlage eines Inventars. Nach §§ 240 und 241 HGB muss mit Hilfe einer grundsätzlich jährlich vorzunehmenden körperlichen Bestandsaufnahme *(Inventur)* ein Verzeichnis sämtlicher, dem Kaufmann wirtschaftlich zuzurechnender Vermögensgegenstände und Schulden *(Inventar)* erstellt werden.

Im Folgenden werden die zuvor kurz skizzierten Grundlagen des handelsrechtlichen Jahresabschlusses etwas detaillierter beschrieben. Hinsichtlich der Buchhaltung wird nicht auf die eigentliche Buchhaltungstechnik eingegangen. Sie ist Gegenstand gesonderter Lehrbücher und Veranstaltungen. Betrachtet werden nur die Fragen, wer zur Führung von Büchern verpflichtet ist, was dabei zu beachten ist und welche Folgen die Nichtbeachtung der Verpflichtung zur Buchführung hat. Auch zur Inventur werden nur die gesetzlichen Vorschriften, nicht die Technik im Detail erläutert. Grundlegend zum Jahresabschluss ist einerseits darzustellen, wie der Jahresabschluss aus Buchhaltung und Inventar herzuleiten ist und welche Rolle dabei die Bilanzpolitik spielt, andererseits muss auf Differenzierungen des Jahresabschlussbegriffs sowie der Vorschriften zu Aufstellung, Prüfung und Offenlegung des Jahresabschlusses eingegangen werden. Im Folgenden werden stets nur Grundlagen angesprochen. Zur Klärung von Details muss folglich ein geeigneter Gesetzeskommentar herangezogen werden.

B.   Grundzüge handelsrechtlicher Buchführungsvorschriften

Lernziel:

Sie sollen kennen lernen, wann und nach welchen Vorschriften ein Kaufmann bzw. eine Gesellschaft buchführungspflichtig ist, welche Anforderungen an die Buchführung zu stellen sind und welche strafrechtlichen Folgen bei einer Nichtbefolgung der Buchführungspflicht drohen!

Das Handelsrecht verpflichtet im Interesse der Information des Kaufmanns über seine eigenen Vermögensverhältnisse und im Interesse des Gläubigerschutzes alle Kaufleute zur Führung von Büchern (§ 238 HGB). Was Kaufleute sind, regelt das Handelsrecht in §§ 1-7 HGB. *Kaufmann* ist danach jeder, der ein Handelsgewerbe betreibt. Als Handelsgewerbe gelten alle Gewerbebetriebe, mit Ausnahme der Gewerbebetriebe, bei denen „das Unternehmen nach Art oder Umfang einen in kaufmännischer Weise eingerichteten Geschäftsbetrieb nicht erfordert" (§ 1 Abs. 2 HGB). Diese Vorschrift gilt auch analog für Handelsgesellschaften (OHG, KG). Da die OHG „auf den Betrieb eines Handelsgewerbes unter gemeinschaftlicher Firma gerichtet ist" (§ 105 Abs. 1 HGB), zählt sie stets zu den Kaufleuten nach § 1 HGB. Aktiengesellschaften und Gesellschaften mit beschränkter Haftung sind per besonderer Vorgabe (Form-)Kaufleute (§ 3 Abs. 1 AktG, § 13 Abs. 3 GmbHG). Als Nicht-Kaufmann keiner Buchführungspflicht unterliegen dementsprechend

► die Angehörigen Freier Berufe (z. B. Rechtsanwälte, Architekten),

► Kleingewerbetreibende, deren Unternehmen nach Art oder Umfang einen in kaufmännischer Weise eingerichteten Geschäftsbetrieb nicht erfordert, und

► Betriebe der Land- und Forstwirtschaft, einschließlich eventueller Nebengewerbe (§ 3 HGB).

Allerdings können sich Kleingewerbetreibende sowie Land- und Forstwirte freiwillig als Kaufleute ins Handelsregister eintragen lassen. Sie werden dann als Kaufmann angesehen und behandelt.

Die Buchführungspflicht beginnt – abgesehen von den freiwilligen Kaufleuten der Land- und Forstwirtschaft – mit der Aufnahme des Handelsgewerbes bzw. bei Handelsgesellschaften mit ihrer Gründung bzw. mit freiwilliger Eintragung. Sie endet, abhängig vom Einzelfall, mit der Einstellung des Handelsgewerbes, der Löschung im Handelsregister oder dem Ende der Abwicklung.

Hinsichtlich der konkreten Ausgestaltung der Buchführung lässt der Gesetzgeber bewusst erhebliche Freiheiten, damit technische Entwicklungen, etwa im Zuge der Datenverarbeitung und -speicherung, nicht behindert werden. Er verlangt lediglich

► dass die Grundsätze ordnungsmäßiger Buchführung (GoB) beachtet werden (§ 238 Abs. 1 Satz 1 HGB); GoB sind grundlegende Regeln der Buchführung, die eine zweckmäßige Gestaltung der Buchführung sicherstellen sollen, sich bei Bedarf ohne Gesetzesänderung an veränderte Verhältnisse anpassen lassen und an deren Ermittlung die Kaufleute selbst mitwirken (ausführlich vgl. S. 81 ff.),

► dass der mit der Buchführung angestrebte Zweck erreicht wird, indem die Buchführung „einem sachverständigen Dritten innerhalb angemessener Zeit einen Überblick über die Geschäftsvorfälle und über die Lage des Unternehmens vermitteln kann. Die Geschäftsvorfälle müssen sich in ihrer Entstehung und Abwicklung verfolgen lassen" (§ 238 Abs. 1 Satz 2 und 3 HGB),

▶ dass sich der Kaufmann bei der Führung der Handelsbücher und bei den sonst erforderlichen Aufzeichnungen einer lebenden Sprache bedient sowie gegebenenfalls eindeutige Abkürzungen, Ziffern, Buchstaben oder Symbole benutzt (§ 239 Abs. 1 HGB) und

▶ dass „Die Eintragungen in Büchern und die sonst erforderlichen Aufzeichnungen ... vollständig, richtig, zeitgerecht und geordnet vorgenommen werden" (§ 239 Abs. 2 HGB) sowie dass nachträgliche Manipulationen im Rahmen der Buchführung erschwert werden, indem stets die ursprünglichen Eintragungen feststellbar bleiben müssen und indem nachvollziehbar bleiben muss, ob Eintragungen „ursprünglich oder erst später gemacht worden sind" (§ 239 Abs. 3 HGB).

Innerhalb dieser Grenzen ist der Kaufmann bei der Gestaltung seiner Buchführung relativ frei. In der Praxis überwiegt allerdings eine Buchhaltung nach dem System der doppelten Buchführung sowie mit Grund- und Hauptbüchern. Im Rahmen der *doppelten Buchführung* werden alle Geschäftsvorfälle als zweiseitige Wertbewegungen aufgefasst; sie verändern in jeweils gleichem Umfang, aber mit unterschiedlichem Vorzeichen, zwei sachliche Bereiche. Die doppelte Buchführung beinhaltet damit automatisch eine Kontrolle – Veränderungen auf der einen Seite müssen stets denen auf der anderen Seite entsprechen. Die doppelte Buchführung liefert außerdem eine gute Grundlage für den handelsrechtlichen Jahresabschluss, weil sich aus ihr Bilanz und Gewinn- und Verlustrechnung systematisch ergeben.

Grund- und Hauptbuch dienen zusätzlich der zweifachen Erfassung aller Geschäftsvorfälle. Im *Grundbuch* werden sie mit Datum, Charakterisierung des Vorgangs, Beleghinweis, Konto, Gegenkonto und Betrag vollständig und chronologisch erfasst. In dem nach Konten gegliederten *Hauptbuch* werden alle Geschäftsvorfälle sachlich geordnet.

Kommt ein Kaufmann der handelsrechtlichen Verpflichtung, Bücher zu führen, nicht nach, so drohen ihm aus dieser Tatsache allein in der Regel keine Strafen. Strafen drohen erst,

▶ wenn im Zusammenhang mit der Vernachlässigung der Buchführung Dritte durch Unterschlagung, Betrug, Untreue oder Urkundenfälschung geschädigt werden (§§ 246, 263, 266 und 267 StGB),

▶ wenn es zur Zahlungseinstellung, zur Insolvenz oder zur Ablehnung der Insolvenz mangels Masse kommt und Bücher nicht oder unzureichend geführt wurden (§§ 283, 283a und 283b StGB) sowie

▶ wenn bei einer Kapitalgesellschaft (GmbH, AG, KGaA), bei einer Personenhandelsgesellschaft i. S. v. § 264a HGB, bei einer Genossenschaft oder bei einem nach Publizitätsgesetz zur Rechnungslegung verpflichteten Unternehmen aufgrund von Vorsatz oder bedingtem Vorsatz unrichtige Jahresabschlüsse vorgelegt werden (Bilanzfälschung oder -verschleierung) (§§ 331, 335b HGB, 147 GenG, 17 PublG).

Zusätzlich zu den erwähnten Strafen nach § 331 HGB drohen Geldbußen oder Zwangsgelder, wenn die Bücher zwar ordnungsgemäß geführt werden, die Vorschriften über den Jahresabschluss aber nicht beachtet werden. Insoweit bedroht sind allerdings nur die *Kapitalgesellschaften,* und – nach § 335b HGB – die Personenhandelsgesellschaften i. S. v. § 264a HGB, nicht jedoch die Kaufleute allgemein.

▶ Geldbußen bis 25 000 € können verhängt werden, wenn bei der Aufstellung oder Feststellung des Jahresabschlusses in § 334 Abs. 1 HGB näher bezeichneten Vorschriften vorsätzlich zuwidergehandelt wird.

▶ Den Mitgliedern des vertretungsberechtigten Organs einer Kapitalgesellschaft oder einer Personenhandelsgesellschaft i. S. v. § 264a HGB drohen bei Verstößen gegen die Pflichten zur Aufstellung von Jahres- oder Konzernabschlüssen und Lageberichten sowie die Pflichten zur Bestellung und Information von Abschlussprüfern Zwangsgelder bis 5 000 €. Der gleiche Personenkreis muss bei Verstößen gegen die Pflichten zur Offenlegung des Jahres- oder Konzernabschlusses, des entsprechenden Lageberichts und anderer Unterlagen der Rechnungslegung sowie – bei inländischen Zweigniederlassungen – zur Offenlegung der Rechnungslegungsunterlagen der Hauptniederlassung nach § 325a HGB mit Ordnungsgeldern zwischen 2 500 und 25 000 € rechnen. Seit der Reform durch das Gesetz über elektronische Handelsregister und Genossenschaftsregister sowie das Unternehmensregister (EHUG) vom 10.11.2006 werden Ordnungsgelder vom Bundesamt für Justiz angedroht, wenn eine publizitätspflichtige Gesellschaft ihrer Verpflichtung nicht fristgerecht nachkommt. Speziell die Ordnungsgelder sollen dabei das gewünschte Verhalten erzwingen, indem sie erforderlichenfalls wiederholt eingesetzt werden (§§ 335, 335b HGB).

Steuerrechtlich gibt es eigene Buchführungsvorschriften, die einerseits etwa an die handelsrechtliche Pflicht anknüpfen (§ 140 AO), die andererseits aber auch eine originäre steuerrechtliche Buchführungspflicht begründen (§ 141 AO). Danach sind „Gewerbliche Unternehmer sowie Land- und Forstwirte (zur Buchführung verpflichtet), die …

1. Umsätze einschließlich der steuerfreien Umsätze, ausgenommen die Umsätze nach § 4 Nr. 8 bis 10 des Umsatzsteuergesetzes, von mehr als 500 000 € im Kalenderjahr oder

2. (weggefallen)

3. selbst bewirtschaftete land- und forstwirtschaftliche Flächen mit einem Wirtschaftswert (§ 46 des Bewertungsgesetzes) von mehr als 25 000 € oder

4. einen Gewinn aus Gewerbebetrieb von mehr als 30 000 € im Wirtschaftsjahr oder

5. einen Gewinn aus Land- und Forstwirtschaft von mehr als 30 000 € im Kalenderjahr

gehabt haben". Das Vorliegen *eines* dieser Kriterien reicht zur Verpflichtung aus. Für Freiberufler aber gilt das erneut nicht.

Das Steuerrecht kennt zudem eigene Sanktionen bei mangelnder Buchführung, die von Zwangsgeld zur Durchsetzung der Buchführungspflicht nach §§ 328, 329 AO über die Pflicht zur Schätzung fehlender Steuerbemessungsgrundlagen nach § 162 AO und Bußgelder bei leichtfertiger Steuerverkürzung nach § 378 AO oder Steuergefährdung nach § 379 AO bis hin zu Strafen bei Steuerhinterziehung nach § 370 AO reichen.

ABB. 5:   Buchführungspflicht nach Handels- und Steuerrecht

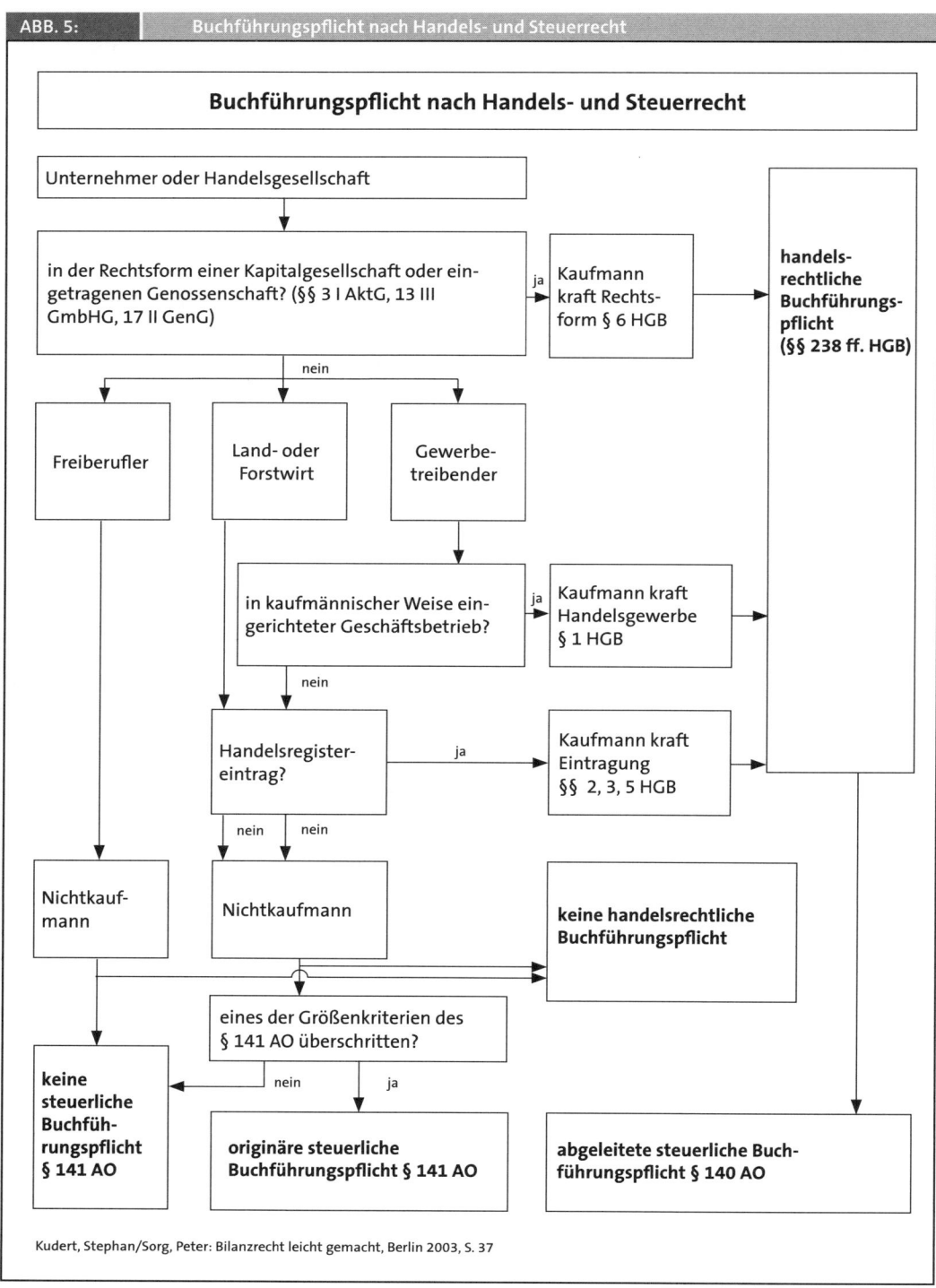

Buchführungspflicht nach Handels- und Steuerrecht

Unternehmer oder Handelsgesellschaft

in der Rechtsform einer Kapitalgesellschaft oder eingetragenen Genossenschaft? (§§ 3 I AktG, 13 III GmbHG, 17 II GenG)

ja → Kaufmann kraft Rechtsform § 6 HGB

handelsrechtliche Buchführungspflicht (§§ 238 ff. HGB)

nein

Freiberufler

Land- oder Forstwirt

Gewerbetreibender

in kaufmännischer Weise eingerichteter Geschäftsbetrieb?

ja → Kaufmann kraft Handelsgewerbe § 1 HGB

nein

Handelsregistereintrag?

ja → Kaufmann kraft Eintragung §§ 2, 3, 5 HGB

nein   nein

Nichtkaufmann

Nichtkaufmann

keine handelsrechtliche Buchführungspflicht

eines der Größenkriterien des § 141 AO überschritten?

nein   ja

keine steuerliche Buchführungspflicht § 141 AO

originäre steuerliche Buchführungspflicht § 141 AO

abgeleitete steuerliche Buchführungspflicht § 140 AO

Kudert, Stephan/Sorg, Peter: Bilanzrecht leicht gemacht, Berlin 2003, S. 37

C. Grundzüge handelsrechtlicher Inventurvorschriften

Lernziel:
► Sie sollen die Begriffe Inventur und Inventar kennen lernen!
► Sie sollen die verschiedenen Formen der Inventur, insbesondere der Stichprobeninventur, und deren jeweilige Anforderungen darstellen können!

Der Kaufmann ist nach § 240 HGB verpflichtet, zu Beginn seines Handelsgewerbes und dann am Schluss eines jeden Geschäftsjahres „seine Grundstücke, seine Forderungen und Schulden, den Betrag seines baren Geldes sowie seine sonstigen Vermögensgegenstände genau zu verzeichnen und dabei den Wert der einzelnen Vermögensgegenstände und Schulden anzugeben" (§ 240 Abs. 1 HGB). Das dabei entstehende Verzeichnis nennt man Inventar, die Tätigkeit der Ermittlung des Verzeichnisses nennt man Inventur.

Das *Inventar* ist dementsprechend ein detailliertes Verzeichnis, das sämtliche dem Kaufmann wirtschaftlich zuzurechnenden Vermögensgegenstände und Schulden einzeln nach Art, Menge und Wert aufführt. Die *Inventur* stellt man sich überwiegend als Tätigkeit des Zählens, Messens und Wiegens vor, die den Kaufmann und seine Mitarbeiter in den Tagen um das Ende des Geschäftsjahres herum beschäftigt. Diese Vorstellung trifft aber nur zum Teil zu.

Die körperliche Aufnahme durch Zählen, Messen und Wiegen ist fast ausschließlich beim Vorratsvermögen üblich, also bei Beständen an Roh-, Hilfs- und Betriebsstoffen, bezogenen Waren, unfertigen sowie fertigen Erzeugnissen. Forderungen und Schulden werden dagegen durch Saldenlisten und durch Belege für diese Salden sowie gegebenenfalls durch Bestätigungen der Salden durch den jeweiligen Gläubiger oder Schuldner nachgewiesen. Beim Anlagevermögen, das bestimmt ist, „dauernd dem Geschäftsbetrieb zu dienen" (§ 247 Abs. 2 HGB), reicht es bezüglich der abnutzbaren Sachgüter, wie Maschinen etwa, aus, von den Unternehmen speziell geführte Unterlagen über diese Anlagen (sog. *Anlagenkartei* oder *Anlagenverzeichnisse*) auszuwerten *(Stellungnahme Hauptfachausschuß des IDW 1/1990, S. 144)*. Bei Grundstücken ist eine Abstimmung mit dem Grundbuch erforderlich.

Das Bild der fieberhaften Aktivitäten um den Bilanzstichtag herum ist auch insoweit unvollständig, als die Inventur weder zwingend um den Bilanzstichtag herum vorgenommen werden muss, noch dass sie in der Form der lückenlosen Aufnahme speziell aller Gegenstände des Vorratsvermögens zu erfolgen hat. Der Gesetzgeber lässt vielmehr verschiedene Verfahren der Inventur zu.

Hinsichtlich des *Zeitpunkts* der Bestandsaufnahme sind folgende Verfahren erlaubt:

► Bei der (klassischen) *Stichtagsinventur* werden die Bestände am Abschlussstichtag selbst vollständig aufgenommen. Um Bewegungen durch Käufe der Kunden beispielsweise an diesem Tag zu verhindern, wird in der Regel das Geschäft geschlossen.

► Die *ausgeweitete Stichtagsinventur* erfolgt nicht zum Bilanzstichtag selbst, sondern in dem Zeitraum zwischen 10 Tagen vor und 10 Tagen nach dem Bilanzstichtag. Damit allerdings das Inventar auf den Bilanzstichtag selbst aufgestellt werden kann, müssen Bestandsänderungen zwischen dem Tag der Inventur und dem Bilanzstichtag anhand von Belegen nach Art, Menge und Wert erfasst werden.

▶ Der Zeitraum der Aufnahme steigt bei der *vor- oder nachverlegten Inventur* auf maximal drei Monate vor und zwei Monate nach dem Bilanzstichtag. Erneut müssen die Bestandsänderungen zwischen dem jeweiligen Tag der Inventur, der nicht für alle Vermögensgegenstände und Schulden der gleiche sein muss, und dem Bilanzstichtag fortgeschrieben werden, allerdings reicht eine bloße wertmäßige Fortschreibung aus (R 5.3 Abs. 2 EStR, der auch handelsrechtlich anerkannt wird), denn ein Inventar auf den Stichtag wird nicht erstellt. Nur der Kontroll- und Korrekturzweck zur Buchhaltung wird erfüllt.

▶ Die Aufnahme kann bei der *permanenten* Inventur über das ganze Jahr beispielsweise so verteilt sein, dass die Bestände jeweils immer dann aufgenommen werden, wenn sie am kleinsten sind. Um den Zweck der Inventur trotzdem nicht zu gefährden, werden allerdings strenge Anforderungen an die Zuverlässigkeit der Aufzeichnungen gestellt, durch die die Bestände fortgeschrieben werden. Diese auch handelsrechtlich anerkannten Anforderungen werden im H 5.3 „Permanente Inventur" EStH treffend formuliert:

  – „In den Lagerbüchern und Lagerkarteien müssen alle Bestände und alle Zugänge und Abgänge einzeln nach Tag, Art und Menge (Stückzahl, Gewicht oder Kubikinhalt) eingetragen werden. Alle Eintragungen müssen belegmäßig nachgewiesen werden."

  – „In jedem Wirtschaftsjahr muss mindestens einmal durch körperliche Bestandsaufnahme geprüft werden, ob das Vorratsvermögen, das in den Lagerbüchern oder Lagerkarteien ausgewiesen wird, mit den tatsächlich vorhandenen Beständen übereinstimmt. ... Die Prüfung braucht nicht gleichzeitig für alle Bestände vorgenommen zu werden. ... Die Lagerbücher und Lagerkarteien sind nach dem Ergebnis der Prüfung zu berichtigen."

  – „Über die Durchführung und das Ergebnis der körperlichen Bestandsaufnahme sind Aufzeichnungen (Protokolle) anzufertigen. ..."

Die beiden zuletzt beschriebenen so genannten „*Wertnachweisverfahren*" der vor- oder nachverlegten bzw. der permanenten Inventur dürfen allerdings wegen eingeschränkter Zuverlässigkeit nicht eingesetzt werden bei Vermögensgegenständen,

▶ bei denen durch Schwund, Verdunsten, Verderb, leichte Zerbrechlichkeit oder ähnliche Vorgänge ins Gewicht fallende unkontrollierbare Abgänge eintreten, es sei denn, dass diese Abgänge auf Grund von Erfahrungssätzen schätzungsweise annähernd zutreffend berücksichtigt werden können" und/oder

▶ „die – abgestellt auf die Verhältnisse des jeweiligen Betriebs – besonders wertvoll sind" (R 5.3 Abs. 3 EStR).

Hinsichtlich des *Umfangs* der Bestandsaufnahme kann der Kaufmann zwischen der *vollständigen Inventur,* bei der sämtliche Vermögensgegenstände lückenlos erfasst werden, und der Stichprobeninventur auf der Grundlage anerkannter mathematisch-statistischer Verfahren wählen. Die *Stichprobeninventur* besitzt für den Kaufmann einige Vorteile. Es müssen weniger Vermögensgegenstände körperlich aufgenommen werden, was den Erhebungsaufwand und die Kosten reduziert. Da zugleich Monotonie und Ermüdung abnehmen, sinkt auch die Wahrscheinlichkeit, dass bei der Erhebung selbst Erfassungsfehler gemacht werden. Insofern kann der auf Stichprobenbasis geschätzte Bestand den tatsächlichen Bestand genauer widerspiegeln als der durch Vollerhebung (mit Erfassungsfehlern) ermittelte Bestand. Auch lassen sich beim Stichprobenverfahren Sicherheit und Genauigkeit der Schätzung des wahren Bestandes angeben, während bei der Vollerhebung das Ausmaß der Fehlerhaftigkeit unbekannt bleibt. Nachteilig ist allerdings, dass mit Ausnahme derjenigen Bestände, die im Rahmen der Stichprobe konkret aufgenommen werden und dabei jeweils auf den tatsächlichen Wert korrigiert werden können, eine Korrektur der Bestände im Detail nicht möglich ist. Die Stichprobeninventur führt überwiegend zu einer globalen Differenz zwischen geschätztem Istbestand und Buchbestand. Diese Globaldifferenz muss dann auch pauschal in die Bücher, es sei denn, dass wegen geringen Umfangs auf den Ansatz verzichtet werden darf *(Stellungnahme Hauptfachausschuß des IDW 1/1981 i. d. F. 1990, IV. 2 a))*.

Die Erlaubnis zur Verwendung der offensichtlich vorteilhaften Stichprobeninventur macht der Gesetzgeber allerdings von strengen Bedingungen abhängig *(§ 241 Abs. 1 HGB; Stellungnahme Hauptfachausschuß des IDW 1/1981 i. d. F. 1990):*

► Unverzichtbare Vorbedingung ist eine bestandszuverlässige Lagerbuchführung. Ohne sie fehlen zentrale Grundlagen für den Einsatz des Stichprobenverfahrens, wie die genaue Kenntnis aller Positionen, damit alle eine Chance haben, in die Stichprobe zu gelangen, damit der Umfang der Grundgesamtheit klar ist, die Stichprobe gegebenenfalls geschichtet werden kann und damit Varianzen bestimmt werden können. Die bestandszuverlässige Buchführung ist auch erforderlich, damit zwischen geschätztem Buch- und Istbestand nach der Inventur nicht zu große Differenzen auftreten. Zu große Differenzen stellen das Stichprobenverfahren nämlich grundsätzlich in Frage, weil dann die Grundlagen wanken, die pauschale Korrekturgröße im Vergleich zum Bestand stark ins Gewicht fällt und somit die Forderung nach Gleichwertigkeit der Aussagekraft (§ 241 Abs. 1 Satz 3 HGB) unerfüllt bleibt. Eine bestandszuverlässige Buchführung zeichnet sich durch genaue Erfassung und Fortschreibung aller Bestände nach Art, Menge und Wert aus. Durch organisatorische Maßnahmen und interne Kontrollen wird ihre Zuverlässigkeit ständig sichergestellt.

► Der Gesetzgeber erlaubt nur anerkannte mathematisch-statistische Stichprobenverfahren. Sie zeichnen sich dadurch aus, dass sie auf einer klar abgegrenzten Grundgesamtheit fußen, die aus homogenen Elementen besteht z. B. Lagerpositionen, die nur durch ihren Wert als Produkt von Menge und Preis charakterisiert werden. Grundgesamtheit und Stichprobe müssen so umfangreich sein, dass die entsprechenden, den Verfahren jeweils zugrunde liegenden statistischen Verteilungen als Grundlage der Schätzung verwendet werden dürfen. Insbesondere müssen die Stichprobenelemente zufällig mit der vom gewählten Verfahren vorgegebenen Wahrscheinlichkeit „gezogen" werden. Als konkrete Verfahren, die bei Einhaltung obiger Bedingungen statistisch anerkannt sind, stehen offen:
  – die *einfache Mittelwertschätzung,* bei der alle Elemente mit der gleichen Wahrscheinlichkeit gezogen werden und wo sich der geschätzte Istwert als Produkt aus dem durchschnittlichen Stichprobenwert und der Zahl der Elemente der Grundgesamtheit (Zahl der Lagerpositionen) ergibt;
  – die *geschichtete Mittelwertschätzung,* bei der die Grundgesamtheit nach den Werten der Lagerpositionen in „Schichten" untergliedert wird, wobei die wertvollsten Positionen meist einer vollständig aufzunehmenden Vollerhebungsschicht zugeordnet werden, bei der für jede andere Schicht dann ein spezifischer Stichprobenumfang ermittelt wird und bei der für die Schichten gesonderte Istwerte geschätzt werden, die dann zum Gesamtwert addiert werden;
  – die *gebundenen Schätzverfahren,* bei denen Differenzen, Verhältnisse oder Korrelationen zwischen den stichprobenweise ermittelten Ist-Inventurwerten einerseits und den entsprechenden Buchwerten der in die Stichprobe gelangten Positionen andererseits zur Schätzung des Istbestandes herangezogen werden (vgl. HFA 1/1981, WPg 1981, S. 489 ff.).

► Der Kaufmann muss ferner die auf die Inventur zugeschnittenen Grundsätze ordnungsmäßiger Buchführung beachten.

- *Vollständigkeit:* Die Grundgesamtheit muss alle Elemente umfassen, die damit auch alle „gezogen" werden können. Alle „gezogenen" Elemente müssen vollständig aufgenommen werden und die Ergebnisse aller dieser Erhebungen müssen in die Schätzung eingehen.
- *Richtigkeit:* Es wird keine vollkommene Richtigkeit verlangt, sondern nur ein maximaler Stichprobenfehler von 1 % bei einer Aussagesicherheit von 95 %. (Der Fehler darf also nur mit einer Wahrscheinlichkeit von 5 % größer als 1 % des Wertes der Grundgesamtheit sein).
- *Nachprüfbarkeit:* Das gewählte Verfahren der Stichprobeninventur, die Planung der Erhebung, die Zufallsauswahl der Stichprobenelemente, die Rechnungen zur Ermittlung des Schätzwertes sowie der Übergang der Schätzung in die Bilanz müssen nachprüfbar dokumentiert sein.

Während handelsrechtlich die *Stichprobeninventur* unabhängig vom Zeitpunkt der Inventur zulässig ist, darf sie aus der Sicht der Finanzverwaltung nur bei Stichtagsinventuren sowie vor- oder nachverlegten Inventuren, nicht aber bei einer permanenten Inventur verwendet werden (H 5.3 „Permanente Inventur" Nr. 2 Satz 3 EStH).

Einige Probleme zur Inventur sind noch offen, sollen zunächst allerdings auch offen gelassen werden. Die Frage, was Vermögensgegenstände und Schulden sind, die dem Kaufmann wirtschaftlich zugerechnet werden müssen, ist nicht leicht zu beantworten. Die Frage taucht erneut auf, wenn darzulegen sein wird, was als Vermögensgegenstand und als Schuld in der Bilanz anzusetzen ist. Erst dann wird sie auch beantwortet werden. Für den Jahresabschluss ist sie ebenfalls von zentraler Bedeutung, und der Jahresabschluss, nicht das Inventar, soll hier im Mittelpunkt stehen. Nicht eingegangen wurde zudem auf die vereinfachenden Festwert- und Durchschnittswertverfahren des § 240 Abs. 3 und 4 HGB. Da auch sie für Inventar *und* Bilanz bedeutsam sind, sollen sie im Rahmen der Behandlung der Bilanz erläutert werden.

D. Zur Ableitung des Jahresabschlusses aus Buchhaltung und Inventar

> **Lernziel:**
>
> Sie sollen das Zusammenspiel von Buchhaltung, Inventar und – zumindest ansatzweise – Bilanzpolitik kennen lernen!

Die beiden Kernbestandteile des handelsrechtlichen Jahresabschlusses, die Bilanz und die Gewinn- und Verlustrechnung, werden aus Buchhaltung und Inventar abgeleitet.

Der Ersteller des Jahresabschlusses ist allerdings nicht unumstößlich an die Zahlen aus Buchhaltung und Inventar gebunden. Soweit der Gesetzgeber ihm Spielräume gelassen hat, reale Sachverhalte so oder so im handelsrechtlichen Jahresabschluss abzubilden – und der Gesetzgeber räumt im Handelsrecht eine Fülle solcher Wahlrechte ein –, kann der Ersteller des Jahresabschlusses die Zahlen aus Buchführung und Inventar als vorläufig betrachten. Er kann sich überlegen, ob es nicht andere, gesetzlich zulässige Wertansätze beispielsweise gibt, die seinen Zielen im Rahmen der Bestimmung des ausschüttbaren Betrages, im Rahmen der Besteuerung – denn über die Maßgeblichkeit binden die Entscheidungen in der Handelsbilanz die Steuerbilanz – oder im Rahmen der Information nach außen eher entsprechen. Der Ersteller des Jahresabschlusses betreibt *Bilanzpolitik* und das ist vollkommen legal! Wenn dagegen die gesetzlich eingeräumten Spielräume verlassen und unzulässige Werte angesetzt werden, handelt es sich nicht mehr um Bilanzpolitik, sondern um illegale *Bilanzverfälschung*.

Auf der Grundlage der für die Buchhaltung einerseits und für das Inventar andererseits spezifischen Abbildungsregeln wird die Realität vom Kaufmann in der Buchhaltung und im Inventar abgebildet.

Die Buchhaltung ist das umfassendere Bild, denn sie erfasst neben Beständen stets und zwingend auch alle dem Buchhalter erkennbaren Bewegungen. Das Inventar beschränkt sich im Kern — soweit zur Nutzung größerer zeitlicher Erfassungsspielräume nicht auch Veränderungen festzuhalten sind — auf die detaillierte Wiedergabe der Bestände zu einem Stichtag. Deutlich wird das bei der klassischen Stichtagsinventur. Als Grundlage der Erfassung greift die Inventur teilweise auf Informationen der Buchhaltung zurück — Saldenlisten bei Forderungen und Verbindlichkeiten oder Angaben zum Einsatz von Stichprobenverfahren. Die Inventur ist gesetzlich vorgesehen, weil der Gesetzgeber den Beständen laut Buchhaltung misstraut. Durch die Inventur soll die Buchhaltung kontrolliert werden, und es sollen Einflüsse auf die Bestände berücksichtigt werden, die — wie Verderb oder Diebstahl — von der Buchhaltung als Geschäftsvorfälle nicht registriert werden können. Die Zahlen des Inventars besitzen folglich Priorität. Sie schlagen sich in den Beständen der Bilanz nieder; an sie sind auch die Zahlen der Buchhaltung anzupassen.

Nach Korrektur durch das Inventar münden die Zahlen aus dem Hauptbuch der Buchhaltung in eine Aufstellung der Salden sämtlicher Hauptbuchkonten ein. Diese Aufstellung heißt *Hauptabschlussübersicht*. Damit man aus ihr einen gesetzeskonformen handelsrechtlichen Jahresabschluss herleiten kann, muss man schon in Buchführung und Inventar Vorschriften beachten, die den späteren Jahresabschluss betreffen. Was in Buchhaltung und Inventar als Vermögensgegenstand und Schuld abgebildet wird, muss den Bilanzierungsvorschriften genügen. Auch die angesetzten Werte müssen zulässig sein. Für die spätere *Bilanzpolitik* ist es auch wertvoll zu wissen, welche Werte jeweils gewählt wurden. Nur so kann sinnvoll nach anderen Werten gesucht werden. Die Gliederung der Hauptbuchkonten sollte zudem überwiegend so angelegt sein, dass zwar mehrere Hauptbuchkonten in eine Bilanzposition abschließen — Zahlen also aggregiert werden — möglichst aber keine Hauptbuchkonten mehrere Bilanzpositionen betreffen. In diesem Fall müssten alle Bewegungen dieser Konten nämlich nachverfolgt und aufgegliedert werden.

Die handelsrechtliche Bilanz und die handelsrechtliche Gewinn- und Verlustrechnung ergeben sich folglich aus den gemäß Inventar korrigierten und entsprechend der Bilanzpolitik des Bilanzerstellers modifizierten Hauptbuchsalden der Buchhaltung, nachdem diese Salden entsprechend den Gliederungsschemata für Bilanz und Gewinn- und Verlustrechnung aggregiert worden sind (siehe S. 68).

ABB. 6:   Ableitung des Jahresabschlusses und anderer Bilanzen aus Buchhaltung und Inventar

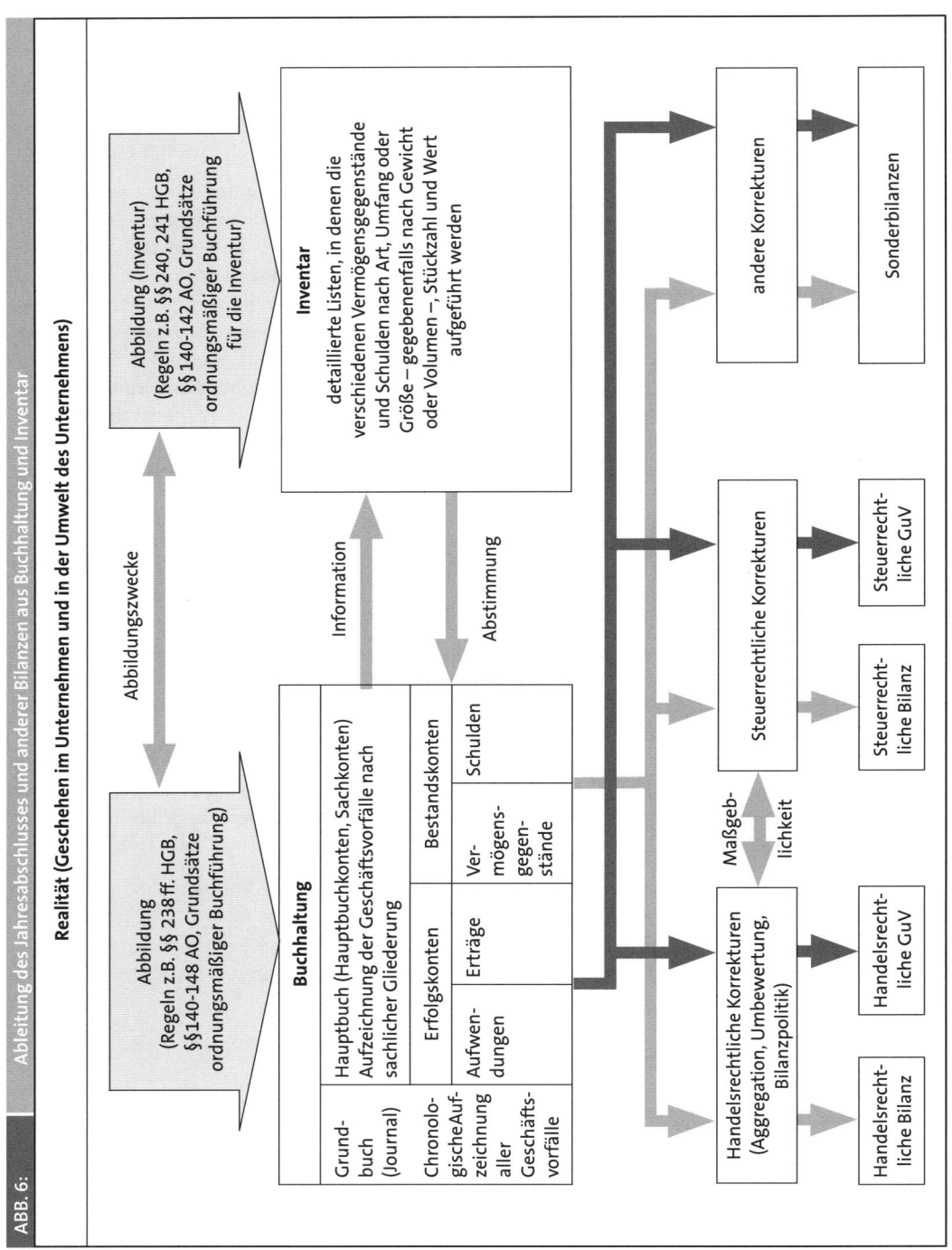

E. Zum Jahresabschlussbegriff und zur Differenzierung der die Aufstellung, Prüfung und Offenlegung des handelsrechtlichen Jahresabschlusses betreffenden Vorschriften

Lernziel:

Sie sollen die Kriterien kennen lernen, nach denen die Aufstellungs-, Offenlegungs- und Prüfungspflichten der Gesellschaften differenziert werden, und sich einen Überblick verschaffen über die darauf aufbauend differenzierten Pflichten!

Was ein Jahresabschluss ist, wann und nach welchen Regeln er aufzustellen ist, ob er geprüft werden muss sowie ob und in welcher Form er nach außen offen gelegt werden muss, hängt nach derzeitigem Recht von einer Vielzahl von Faktoren ab.

Die Differenzierung hat verschiedene Gründe. Zum Zwecke des Gläubigerschutzes werden Kapitalgesellschaften und Personenhandelsgesellschaften ohne natürliche Person als Vollhafter mehr und strengere Vorschriften auferlegt als Personenhandelsgesellschaften mit mindestens einer natürlichen Person als Vollhafter. Für die geringere Intensität der dem Gläubigerschutz dienenden Rechnungslegungsvorschriften bei den zuletzt genannten Personenhandelsgesellschaften dürfte nicht allein die Chance der Gläubiger eine Rolle spielen, im Insolvenzfall auf das Privatvermögen des Vollhafters zurückgreifen zu können – dieses Vermögen muss nämlich nicht groß sein –, wichtig scheinen vor allem die nachteiligen Folgen des Scheiterns für eine voll haftende Person. Diese nachteiligen Folgen legen größere Vorsicht nahe und senken damit das Risiko für Gläubiger. Wer als Vollhaftender mit dem Geld seiner Gläubiger „Roulette" spielt, riskiert für eine längere Zeit seine Fähigkeit, im eigenen Namen Geschäfte zu schließen, setzt sich also der Gefahr einer strengen persönlichen Sanktion aus. Großen Kapitalgesellschaften und Genossenschaften, aber auch großen Personenhandelsgesellschaften werden weitergehende Vorschriften auferlegt als kleineren, weil die Aktivitäten der Großen vom Staat als schutzwürdig angesehene Interessen der Allgemeinheit stärker berühren und weil die Großen die Lasten besser tragen können. In den Rechnungslegungsvorschriften muss zudem den Besonderheiten der einzelnen Branchen Rechnung getragen werden. Die aus der Sicht der international in den Mittelpunkt der Rechnungslegung gestellten Informationsfunktion des Jahresabschlusses sinnvolle Differenzierung der Rechnungslegungsvorschriften nach der Börsennotierung ist in Deutschland zwar inzwischen ebenfalls angelegt, aber überwiegend nur für Konzernabschlüsse relevant (§§ 267 Abs. 3 Satz 2, 285 Nr. 11, 286 Abs. 3 Satz 3, 315a, 317 Abs. 4, 319 Abs. 3 Nr. 6 und 323 Abs. 2 HGB, 161 und 404 AktG (auch) für den Einzelabschluss; §§ 291 Abs. 3 Nr. 1, 293 Abs. 5, 313 Abs. 2 Nr. 4, 313 Abs. 3 Satz 3, 314 Abs. 1 Nr. 8 und 9 sowie 315 Abs. 4 HGB speziell für den Konzernabschluss).

Im Folgenden wird nur auf die Differenzierung nach Rechtsformen und Größen eingegangen. Die besonderen Vorschriften für die Branchen (Kreditinstitute, Versicherungen) sollen nicht näher erläutert werden.

Im Blick auf die Differenzierung der Rechnungslegungsvorschriften nach der Rechtsform müssen gemäß KapCoRiLiG die Personenhandelsgesellschaften in zwei Gruppen aufgeteilt werden.

Die erste Gruppe umfasst alle OHG und KG, bei denen zumindest einer der persönlich voll haftenden Gesellschafter eine natürliche Person ist. Dazu reicht es aus, wenn diese Bedingung indirekt erfüllt wird. Daher gehört auch eine KG in die erste Gruppe, die zwar selbst beispielsweise nur eine zweite KG als voll haftenden Gesellschafter besitzt, bei der aber in dieser zweiten übergeordneten KG wenigstens eine natürliche Person die Rolle eines voll haftenden Gesellschafters (Komplementär) einnimmt. In die zweite Gruppe hingegen gehören die Personenhandelsgesellschaften, die ähnlich den Kapitalgesellschaften weder direkt noch indirekt über eine natürliche Person als voll haftenden Gesellschafter verfügen (§ 264a Abs. 1 HGB).

Damit umfasst diese zweite Gruppe nicht nur die wirtschaftlich bedeutsamen GmbH & Co KG, sondern auch die Stiftung & Co KG sowie die Genossenschaft & Co KG ohne eine natürliche Person als voll haftenden Gesellschafter. Die Personenhandelsgesellschaften dieser zweiten Gruppe unterliegen in den Geschäftsjahren, die nach dem 31.12.1999 beginnen, hinsichtlich Rechnungslegung, Offenlegung und Prüfung den gleichen Vorschriften wie Kapitalgesellschaften. In Verbindung mit der an den Rechtsformen orientierten Gliederung der Unternehmen vor Inkrafttreten des KapCoRiLiG müssen zur Erläuterung der Rechnungslegungsvorschriften drei Klassen von Unternehmen unterschieden werden:

ABB. 7:	Personenunternehmen im engeren und Kapitalgesellschaften im weiteren Sinne			
Einzel-kaufmann	Personenhandels-gesellschaften (OHG, KG), die direkt oder indirekt zumindest über eine natürliche Person als voll haften-den Gesellschafter verfügen: Personenhandels-gesellschaften im engeren Sinne (i. e. S.)	Personenhandelsgesellschaften, die weder direkt noch indirekt über eine natürliche Person als voll haftenden Gesellschafter verfügen, einschließlich der Stiftung & Co KG sowie der Genossenschaft & Co KG ohne natürliche Person als Vollhafter: Personenhandelsgesellschaften i. S. v. § 264a HGB	Kapitalgesell-schaften (GmbH, AG, KG auf Aktien)	Genossen-schaften
Personenunternehmen im engeren Sinne (i. e. S.)		Kapitalgesellschaften im weiteren Sinne (i. w. S.)		

► Einzelkaufleute und Personenhandelsgesellschaften – offene Handelsgesellschaften (OHG) und Kommanditgesellschaften (KG) –, die direkt oder indirekt zumindest über eine natürliche Person als voll haftenden Gesellschafter verfügen (Personenunternehmen i. e. S.)

► Kapitalgesellschaften – Gesellschaften mit beschränkter Haftung (GmbH), Aktiengesellschaften (AG) und Kommanditgesellschaften auf Aktien (KGaA) – und die gemäß KapCoRiLiG hinsichtlich Rechnungslegung und Prüfung gleich zu behandelnden Personenhandelsgesellschaften ohne eine natürliche Person als voll haftender Gesellschafter (Personenhandelsgesellschaften i. S. v. § 264a HGB) sowie

► Genossenschaften.

Die Unterscheidung nach der *Größe* ist dann für jede dieser Gruppen verschieden.

Bei Einzelkaufleuten und Personenhandelsgesellschaften mit natürlicher Person als Vollhafter wird nach § 1 PublG in kleine und publizitätspflichtige große unterschieden. Ein Unternehmen ist publizitätspflichtig groß, wenn es an *drei* aufeinander folgenden Stichtagen zwei der drei nachstehenden Kriterien erfüllt:

► Die Bilanzsumme einer auf den Abschlussstichtag aufgestellten Jahresbilanz übersteigt 65 Millionen €.

► Die Umsatzerlöse des Unternehmens in den zwölf Monaten vor dem Abschlussstichtag übersteigen 130 Millionen €.

► Das Unternehmen hat in den zwölf Monaten vor dem Abschlussstichtag durchschnittlich mehr als 5 000 Arbeitnehmer beschäftigt.

Kapitalgesellschaften und Personenhandelsgesellschaften ohne natürliche Person als Vollhafter werden nach § 267 HGB in kleine, mittelgroße und große Gesellschaften eingeteilt. Die Zuordnung ist primär abhängig davon, ob an den Abschlussstichtagen von *zwei* aufeinander folgenden Geschäftsjahren zwei von drei Kriterien überschritten werden oder nicht – also kleiner oder gleich den vorgegebenen Grenzwerten für die Kriterien sind. Werden also zwei der drei Kriterien erstmals überschritten bzw. erreicht oder unterschritten, bleibt das Unternehmen wie zuvor eingeordnet. Erst wenn im nächsten Jahr erneut zwei Kriterien überschritten bzw. erneut erreicht oder unterschritten werden, erfolgt die Neuzuordnung. Die zwischen den drei Klassen gezogenen Grenzen wurden im Rahmen des Bilanzrechtsreformgesetzes am 4.12.2004 entsprechend den Größen in der unten abgedruckten Tabelle 1 festgelegt (wohlgemerkt: Werte, die genau auf der Grenze liegen, werden behandelt wie Werte, die die Grenze unterschreiten). Inzwischen stehen neue Anhebungen der Grenzen an, weil die 4. Richtlinie am 5.9.2006 reformiert wurde.

Als groß gilt eine Kapitalgesellschaft zusätzlich allerdings immer auch dann, „wenn sie einen organisierten Markt im Sinne des § 2 Abs. 5 des Wertpapierhandelsgesetzes durch von ihr ausgegebene Wertpapiere im Sinne des § 2 Abs. 1 Satz 1 des Wertpapierhandelsgesetzes in Anspruch nimmt oder die Zulassung zum Handel an einem organisierten Markt beantragt worden ist" (§ 267 Abs. 3 Satz 2 HGB).

TAB. 1:	Größenkriterien für Kapitalgesellschaften anwendbar ab 1.1.2004	
Kriterium	Grenze zwischen kleinen und mittelgroßen Gesellschaften	Grenze zwischen mittelgroßen und großen Gesellschaften
Bilanzsumme ggf. nach Abzug des Fehlbetrags gemäß § 268 Abs. 3 HGB	4 015 000 € (4 840 000 €)*	16 060 000 € (19 250 000 €)*
Umsatzerlöse in den zwölf Monaten vor dem Abschlussstichtag	8 030 000 € (9 860 000 €)*	32 120 000 € (38 500 000 €)*
Arbeitnehmer im Jahresdurchschnitt (§ 267 Abs. 5 HGB)	50	250

* Vom Referentenentwurf des Bilanzrechtsmodernisierungsgesetzes ab 01.01.2008 vorgesehen

Genossenschaften sind hinsichtlich ihrer Rechnungslegungs- und Offenlegungspflichten genau wie Kapitalgesellschaften in drei Klassen zu teilen. Hinsichtlich der Prüfungspflicht aber gibt es zusätzlich noch zwei Klassen, nämlich Genossenschaften mit einer Bilanzsumme über 2 Mio. € und solche mit einer Bilanzsumme von 2 Mio. € oder weniger.

Die große Vielfalt von Unternehmen, die sich nach Rechtsform und verschiedenartigen Größeneinteilungen unterscheiden, mündet in differenzierte Rechnungslegungs-, Prüfungs- und Offenlegungsvorschriften.

Zunächst ist der Inhalt des zentralen Begriffs *Jahresabschluss* nicht unabhängig von der Rechtsform. Bei Einzelkaufleuten und Personenhandelsgesellschaften i. e. S. umfasst der Jahresabschluss nur Bilanz sowie Gewinn- und Verlustrechnung (§ 242 Abs. 3 HGB). Diese engere Definition gilt auch dann, wenn der Einzelkaufmann oder die Personenhandelsgesellschaft i. e. S. publizitätspflichtig groß wird (§ 5 Abs. 1 PublG). Bei Kapitalgesellschaften i. w. S. und Genossenschaften dagegen umfasst der Jahresabschluss Bilanz, Gewinn- und Verlustrechnung sowie Anhang (§§ 264 Abs. 1 Satz 1, 336 Abs. 1 Satz 1 HGB).

Die differenzierten Vorschriften zur Aufstellung des Jahresabschlusses, zur Prüfungspflicht sowie zur Offenlegung finden sich in der Tabelle 2 auf S. 73 f. Die Tabelle 2 ist sehr kompakt und bedarf einiger Erläuterung.

Nicht publizitätspflichtige Einzelkaufleute oder Personenhandelsgesellschaften i. e. S. müssen zwar einen Jahresabschluss (ohne Anhang) aufstellen, ihnen werden aber keine festen Gliederungsschemata vorgegeben – zu beachten sind nur die GoB, speziell die Forderungen nach Klarheit und Übersichtlichkeit (§ 243 Abs. 1 und 2 HGB), sowie das Gliederungsgebot des § 247 Abs. 1 HGB –, und sie brauchen den Jahresabschluss nur „innerhalb der einem ordnungsmäßigen Geschäftsgang entsprechenden Zeit" (§ 243 Abs. 3 HGB) ohne konkretes Zeitlimit aufzustellen. Sie sind nicht prüfungspflichtig und nicht offenlegungspflichtig.

Publizitätspflichtige Einzelkaufleute oder Personenhandelsgesellschaften i. e. S. dagegen müssen die Schemata der §§ 266 Abs. 2 und 3 (Bilanz) und 275 Abs. 2 HGB (GuV) bei der Aufstellung des Jahresabschlusses (ohne Anhang) voll beachten und ein Zeitlimit von 3 Monaten zur Aufstellung einhalten. Sie sind prüfungspflichtig. Im elektronischen Bundesanzeiger und in dem von diesem informierten elektronischen Unternehmensregister müssen sie die Bilanz, den Bestätigungsvermerk oder den Vermerk über dessen Versagung, den Bericht des Überwachungsorgans sowie den Vorschlag über die Verwendung des Ergebnisses offen legen. Die GuV und der Beschluss über die Verwendung des Ergebnisses brauchen nicht offen gelegt zu werden, wenn die Angaben nach § 5 Abs. 5 Satz 3 PublG in eine Anlage zur Bilanz aufgenommen werden (§ 9 Abs. 2 PublG, siehe auch S. 235). In der Bilanz dürfen nach § 9 Abs. 3 PublG „die Kapitalanteile der Gesellschafter, die Rücklagen, ein Gewinnvortrag und ein Gewinn unter Abzug der nicht durch Vermögenseinlagen gedeckten Verlustanteile von Gesellschaftern, eines Verlustvortrages und eines Verlustes in einem Posten ‚Eigenkapital' ausgewiesen werden".

TAB. 2:		Größenabhängige Vorschriften zur Rechnungslegung, Prüfung und Offenlegung			
		Aufstellung			Prüfungspflicht
		Bilanzschema	GuV-Schema	Frist	
Einzelkaufmann und Personenhandelsgesellschaften i. e. S.	nicht publizitäts- pflichtig	nach GoB, klar und übersichtlich (§§ 243, 247 HGB)		ordnungsgemäßer Geschäftsgang (§ 243 III HGB)	nein
	publizitäts- pflichtig	volle Schemata nach §§ 266, 275 HGB		3 Monate (§ 5 I PublG)	ja (§ 6 PublG)
Kapitalgesellschaften i.w.S.	klein	verkürzt (§ 266 I HGB)***	1 bis 5 bzw. 1 bis 3 und 6 dürfen zu Rohergebnis zusammen- gefasst werden (§ 276 HGB)***	ordnungsgemäßer Geschäftsgang, max. 6 Mon. (§ 264 I HGB)	nein
	mittelgroß	volles Schema nach § 266 HGB		3 Monate (§ 264 I HGB)	ja (§ 316 I HGB)
	groß		volles Schema nach § 275 HGB		
Genossenschaft	klein	differenziert wie bei den Kapitalgesellschaften (§ 336 II HGB)		5 Monate (§ 336 HGB)	Bilanzsumme ≤ 2 Mio. € alle 2 Jahre
	mittelgroß				
	groß				> 2 Mio. € jährlich (§ 53 GenG)

*   Anhang: verkürzt nach § 274a, 276, 288, 326, 327 HGB für kleine und mittelgroße Kapitalgesellschaften
**   Zusatzpositionen wahlweise im Anhang
*** Auskunftsrecht nach § 131 AktG bzw. Recht der Feststellung des Jahresabschlusses durch die Gesellschafter nach § 46 Nr. 1 GmbHG

73

		Offenlegung		
Bilanzschema	GuV-Schema	Elektronischer Bundesanzeiger (Unternehmensregister, § 8b III Nr. 1 HGB)		Frist
	keine Offenlegungspflicht			keine
volles Schema nach § 266 HGB, nur Eigenkapital in einem Posten (§ 9 III PublG)	außer einigen Details (§ 5 V PublG) nicht offen zu legen (§ 9 II PublG)	Bilanz, GuV oder Anlage gem. § 5 V S. 3 PublG, Bestätigungsvermerk, Bericht des Überwachungsorgans, Vorschlag (und Beschluss) über die Verwendung des Ergebnisses (§§ 9 I, 5 PublG)		12 Monate (§ 9 I PublG, § 325 HGB)
verkürzt (§ 266 I Satz 3 HGB)***	nicht offen zu legen, (§ 326 HGB)	Bilanz, Anhang, * (§ 326 HGB)		unverzüglich nach der Vorlage an die Gesellschafter, spätestens aber nach 12 Monaten (§ 325 I HGB)
nur teilweise verkürzt** (§ 327 HGB)***	offen zu legen, wobei Zusammenfassung der ersten Posten zum Rohergebnis zulässig ist***	Bilanz, GuV, Anhang, * Lagebericht, ggf. Erklärung nach § 161 AktG, Vorschlag und Beschluss zur Gewinnverwendung, **** Bestätigungsvermerk und Bericht des Aufsichtsrats (§§ 325, 327 Nr. 2 HGB)		
voll	offen zu legen nach vollem Schema			
in der Bilanz ist stets § 337 HGB zu beachten	differenziert wie bei Kapitalgesellschaften (§ 339 III HGB)	Bilanz, Anhang (§ 338 HGB beachten)*		unverzüglich nach der Generalversammlung, spätestens innerhalb von 12 Monaten (§ 339 HGB)
		Bilanz, GuV, Anhang* (§ 338 HGB beachten), Lagebericht, Bericht des Aufsichtsrats (§ 339 I HGB), große Genossenschaften auch den Bestätigungsvermerk bzw. den Vermerk der Versagung		

**** GmbH brauchen Ergebnisverwendung nicht offen zu legen, wenn sich anhand dieser Angaben die Gewinnanteile von natürlichen Personen feststellen lassen, die Gesellschafter sind (§ 325 I Satz 4 HGB)

Bei Kapitalgesellschaften i. w. S. und Genossenschaften muss hinsichtlich der Rechnungslegung danach unterschieden werden, in welche der drei Größenklassen das Unternehmen einzuordnen ist. Bezüglich der Prüfungspflicht ist diese Unterteilung bei den Kapitalgesellschaften i. w. S. auch maßgeblich. Bei den Genossenschaften aber, die sämtlich prüfungspflichtig sind, hängt die Häufigkeit der Prüfung (jedes zweite Jahr oder jedes Jahr) davon ab, ob die Bilanzsumme größer als 2 Mio. € ist oder nicht – also kleiner oder gleich 2 Mio. € (§ 53 Abs. 1 GenG). In der Tabelle 2 passt demzufolge die Unterteilung der Genossenschaften in der Spalte „Prüfungspflicht" nicht zu der Aufgliederung in der Vorspalte!

Hinsichtlich der Gliederung von Bilanz und GuV sind Kapitalgesellschaften und Personenhandelsgesellschaften ohne natürliche Person als voll haftender Gesellschafter grundsätzlich gleich zu behandeln. Allerdings haben letztere nach § 264c HGB Forderungen und Verbindlichkeiten gegenüber Gesellschaftern gesondert auszuweisen (oder im Anhang anzugeben) sowie anstelle des gezeichneten Kapitals und der verschiedenen Rücklagen die Kapitalanteile der persönlich haftenden Gesellschafter (Komplementäre), die Kapitalanteile der Kommanditisten und eine Gesamtposition Rücklagen aufzuführen. Beide Gesellschaften (Kapitalgesellschaften und Personenhandelsgesellschaften ohne natürliche Person als voll haftender Gesellschafter) müssen ihre Bilanz nach dem vollen Schema des § 266 Abs. 2 und 3 HGB aufstellen, es sei denn, sie sind klein. Soweit sie klein sind, brauchen sie nur die mit Buchstaben und römischen Zahlen bezeichneten Posten in ihre interne Gliederung aufzunehmen. Die GuV ist nur dann nach den vollen Schemata des § 275 Abs. 2 oder 3 HGB aufzustellen, wenn die hier behandelten Gesellschaften groß sind. Soweit sie dagegen zu den kleinen und mittelgroßen gehören, dürfen sie die Posten 1 bis 5 beim Gesamtkosten- bzw. 1 bis 3 und 6 beim Umsatzkostenverfahren zu einem Posten „Rohergebnis" zusammenfassen (§ 276 HGB). Ferner können sie einen um die in § 288 HGB und für kleine zusätzlich noch in den §§ 274a und 276 Satz 2 HGB genannten Angaben verkürzten Anhang aufstellen.

Einige dieser Erleichterungen sind aber zu relativieren. Aktionäre haben nach § 131 AktG das Recht, in der Hauptversammlung die Vorlage eines Jahresabschlusses zu verlangen, bei dem die Erleichterungen nach §§ 266 Abs. 1 Satz 3, 276 und 288 HGB nicht in Anspruch genommen wurden. Um dem eventuellen Wunsch eines Aktionärs entsprechen zu können, muss somit praktisch ein ausführlicher Jahresabschluss vorbereitet werden. Da GmbH-Gesellschafter den Jahresabschluss letztlich selbst feststellen (§ 46 Nr. 1 GmbHG), können sie entscheiden, wie detailliert die Unterlagen sein müssen, die ihnen vorzulegen sind, damit sie diese Aufgabe wahrzunehmen vermögen. Kapitalgesellschaften und Personenhandelsgesellschaften ohne natürliche Person als voll haftender Gesellschafter müssen den Jahresabschluss einschließlich Anhang und den Lagebericht innerhalb von 3 Monaten aufstellen, wenn sie groß oder mittelgroß sind; kleine haben mehr Zeit, „wenn dies einem ordnungsgemäßen Geschäftsgang entspricht", dürfen aber eine Frist von 6 Monaten nicht überschreiten (§ 264 Abs. 1 HGB). Prüfungspflichtig sind ebenfalls nur die großen und mittelgroßen dieser Gesellschaften, während derartige Gesellschaften keiner Prüfungspflicht unterworfen sind, solange sie als klein im Sinne von § 276 HGB gelten.

Kleine Kapitalgesellschaften i. w. S. brauchen nur die Bilanz mit dem durch Buchstaben und römische Zahlen bezeichneten Schema sowie einen um die Angaben zur GuV gekürzten Anhang im elektronischen Bundesanzeiger und damit gemäß § 8b HGB auch im elektronischen Unternehmensregister offen zu legen (§§ 325, 326 HGB). Soweit derartige Gesellschaften groß sind, müssen sie Jahresabschluss (Bilanz, GuV und Anhang), Lagebericht, soweit börsennotiert die Erklärung zum Corporate Governance Kodex nach § 161 AktG, Bestätigungsvermerk oder Vermerk über dessen Versagung, Bericht des Aufsichtsrats sowie Vorschlag und Beschluss über die Verwendung des Jahresüberschusses im elektronischen Bundesanzeiger und damit letztlich auch im elektronischen Unternehmensregister offen legen. Soweit sie schließlich mittelgroß sind, haben sie die gleichen Unterlagen offen zu legen wie große, dürfen allerdings ein nach § 327 Nr. 1 HGB etwas verkürztes Bilanzschema oder das auf die Positionen mit Buchstaben und römischen Zahlen „verkürzte" Bilanzschema verwenden, wenn die in § 327 Nr. 1 HGB bezeichneten Posten gesondert im Anhang aufgeführt werden. Auch dürfen sie im Rahmen der GuV die ersten Posten zum „Rohergebnis" zusammenfassen und brauchen im Anhang die Angaben nach § 285 Nr. 2, 5, 8a und 12 HGB nicht zu machen. Genau wie die anderen Kapitalgesellschaften i. w. S. legen mittelgroße ihre Informationen im elektronischen Bundesanzeiger offen, von wo sie auch an das elektronische Unternehmensregister weitergereicht werden. Unabhängig von der Größe müssen alle dieser Pflicht unverzüglich nach der Vorlage an die Gesellschafter und spätestens nach 12 Monaten nachkommen.

Der durch das Bilanzrichtlinien-Gesetz vom 19.12.1985 über den Kreis der Aktiengesellschaften ausgeweiteten Publizitätspflicht sind die Gesellschaften mit beschränkter Haftung nur zu einem kleinen Teil nachgekommen *(Baetge/Apelt, nwb, Beilage 2/1990 zu Heft 13/1990, S. 10)*. Auch wenn dieses Verhalten dem Gesetz widerspricht, lässt es sich ökonomisch rechtfertigen. Gesellschaften mit einem engen Gesellschafterkreis, deren Anteile gerade nicht einem anonymen Interessentenkreis auf dem Kapitalmarkt angeboten werden sollen, verbreiten ihre Informationen besser individuell als pauschal über eine allgemeine Offenlegung. Gläubiger und Arbeitnehmer können ebenfalls gezielt direkt oder durch Rechte zur Einsichtnahme in den Geschäftsräumen der Gesellschaft („Hauspublizität") unterrichtet werden *(Friauf, GmbHR 1985, S. 245 ff.; Streim/Kugel, BFuP 1985, S. 112 ff.)*. Die EU-Kommission und auf deren Klage hin der Europäische Gerichtshof *(Urteil Rs. C-191/95 vom 29.9.1998, abgedruckt etwa in BB 1998, S. 2200-2204)* sehen das allerdings völlig anders. Für sie ist die ökonomisch fragwürdige Offenlegungspflicht in Europa unterschiedslos durchzusetzen, und die Sanktionen des Bilanzrichtlinien-Gesetzes erscheinen ihnen ungeeignet, dieses Ziel zu erreichen.

Nach dem erfolglosen, im Rahmen des KapCoRiLiG von 2000 unternommenen Versuch hat der deutsche Gesetzgeber im Gesetz über elektronische Handelsregister und Genossenschaftsregister sowie das Unternehmensregister (EHUG vom 10.11.2006) ein umfassendes Sanktionssystem zur Durchsetzung der Publizität geschaffen. Danach müssen die gesetzlichen Vertreter von Kapitalgesellschaften bzw. die Mitglieder des vertretungsberechtigten Organs der vertretungsberechtigten Gesellschaft etwa einer GmbH & Co KG die offenzulegenden Rechenwerke in elektronischer Form beim Betreiber des elektronischen Bundesanzeigers zur Bekanntmachung in diesem Bundesanzeiger einreichen. Dabei handelt es sich um Bilanz und Anhang (bei kleinen Gesellschaften), ergänzt bei mindestens mittelgroßen um GuV, Lagebericht, ggf. Erklärung nach § 161 AktG zum Corporate Governance Kodex, Vorschlag und Beschluss zur Gewinnverwendung – soweit diese in der GmbH nicht die Gewinnanteile von natürlichen Personen offenbaren – den Bestätigungsvermerk oder Versagungsvermerk des Abschlussprüfers und den Bericht des Aufsichtsrats. Der Betreiber des elektronischen Bundesanzeigers kann auf Basis der Eintragungen in das Handelsregister, die ihm von den registerführenden Gerichten über die Landesjustizverwaltungen und das Bundesministerium der Justiz oder die von diesem beauftragte juristische Person des Privatrechts übermittelt wurden, prüfen, ob die Unterlagen fristgerecht und vollständig vorliegen (§ 329 HGB). Bei Zweifeln, ob größenbedingte Erleichterungen zu Recht in Anspruch genommen wurden, können Angaben über Umsatzerlöse und Arbeitnehmerzahl angefordert werden. Ergibt die Prüfung Säumnisse der Gesellschaft, unterrichtet der Betreiber des elektronischen Bundesanzeigers das Bundesamt für Justiz. Dieses leitet ein Ordnungsgeldverfahren mit drohenden Ordnungsgeldern zwischen 2 500 und 25 000 € gegen die Mitglieder des vertretungsberechtigten Organs der Gesellschaft oder die Kapitalgesellschaft selbst ein. Dabei wird aufgegeben, die entsprechenden Unterlagen innerhalb von sechs Wochen zur Offenlegung einzureichen oder das eigene Unterlassen durch Einspruch zu rechtfertigen. Gelingt es, eine der Bedingungen zu erfüllen, so wird die Drohung mit dem Ordnungsgeld aufgehoben, die zuvor bedrohten Personen oder Unternehmen müssen aber die Verfahrenskosten tragen. Bleiben hingegen beide Bedingungen unerfüllt, so wird nicht nur das angedrohte Ordnungsgeld festgesetzt, sondern auch ein erneutes Ordnungsgeld angedroht.

Die Informationsversorgung der interessierten Öffentlichkeit wird vielfältig gesichert. Neben dem elektronischen Handelsregister und dem elektronischen Bundesanzeiger wurde zusätzlich ein elektronisches Unternehmensregister geschaffen, das zusätzlich zu den Informationen der beiden ersteren Register weitere von den Unternehmen einzureichende Veröffentlichungen und Mitteilungen bereithält. Es ist unter www.unternehmensregister.de jedermann ebenso elektronisch zugänglich wie die beiden anderen Register. Einen Überblick über die neuen Register, ihre Betreiber, die Informationsflüsse und das Sanktionssystem liefert die Abbildung 8. Dabei verbergen sich hinter den in der Abbildung oben nur kurz umrissenen Informationen die Angaben des § 8 b Abs. 2 HGB, die gemäß § 8 b Abs. 3 Satz 1 und 2 HGB in die Gruppen A. (Nr. 1 bis 3 und 11), B. (Nr. 9 und 10) sowie C. (Nr. 4 bis 8) unterteilt wurden.

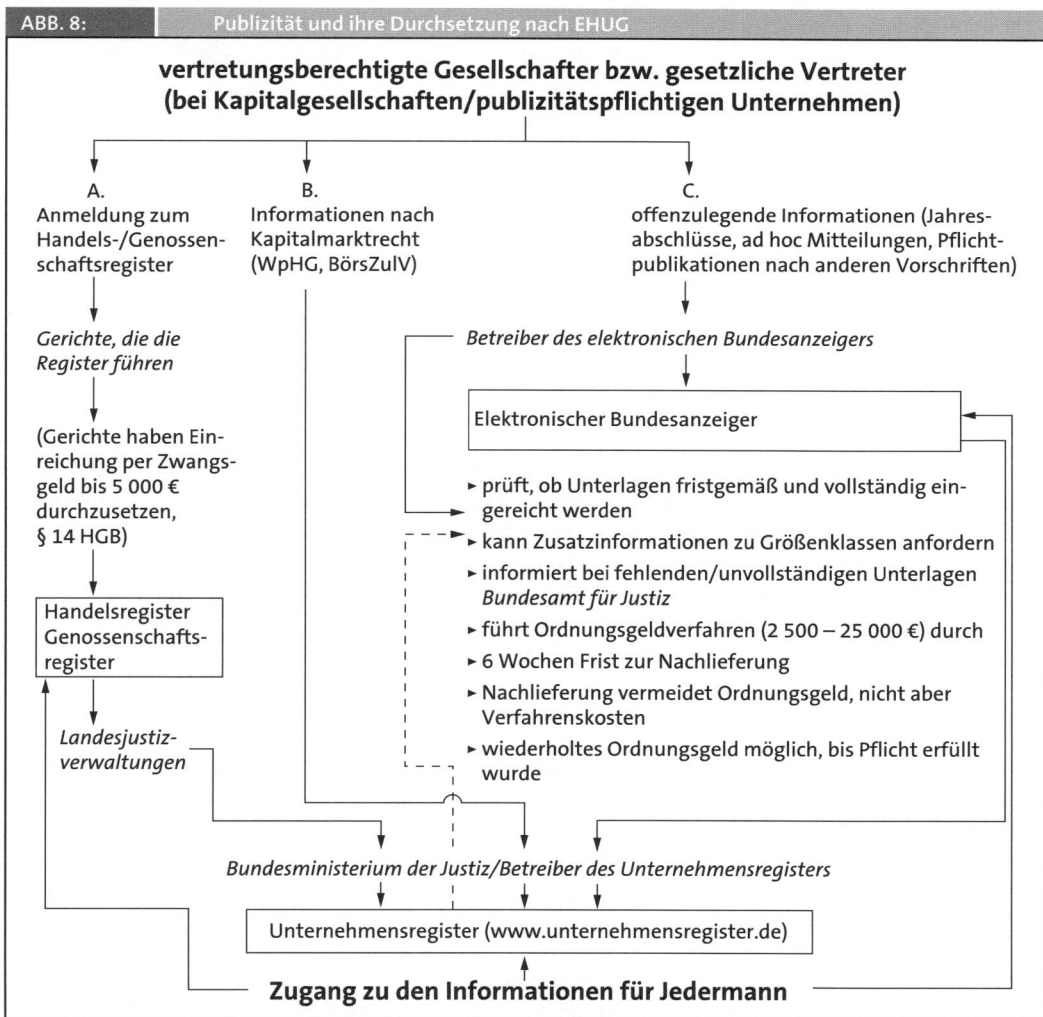

ABB. 8: Publizität und ihre Durchsetzung nach EHUG

Von der Bindung an die – verglichen mit den Regelungen für alle Kaufleute – strengeren Vorschriften zur Aufstellung von Einzelabschlüssen, zum Ansatz, zur Bewertung und zur Gliederung in diesen

Abschlüssen, zur Aufstellung von Anhang und Lagebericht sowie zur Prüfung, zur Offenlegung und zu den Fristen sind Kapitalgesellschaften und Personenhandelsgesellschaften ohne eine natürliche Person als voll haftender Gesellschafter unter bestimmten Bedingungen (§§ 264 Abs. 3; 264b HGB) befreit. Sie brauchen diesbezüglich nur die Vorschriften für alle Kaufleute zu beachten,

► wenn sie als Tochtergesellschaft in den Konzernabschluss ihres Mutterunternehmens einbezogen wurden, wobei dies für Kapitalgesellschaften nur gilt, wenn der Konzernabschluss den Vorgaben des HGB für Kapitalgesellschaften (§§ 264-335 b HGB) entspricht, während für Personenhandels-gesellschaften i. S. v. § 264a HGB nur der Konzernabschluss eines Mutterunternehmens oder eines Unternehmens befreit, das persönlich haftender Gesellschafter ist, sofern dieser Abschluss der 7. EG-Richtlinie entspricht,

► wenn dieser befreiende Konzernabschluss von geeigneten Personen geprüft und dann offen gelegt wurde und

► wenn die Befreiung der Tochter nicht nur im Anhang des von der Mutter im elektronischen Bundes-anzeiger offen zu legenden Konzernabschlusses, sondern

► obendrein auch im elektronischen Bundesanzeiger für die Tochter unter Angabe des Mutterunter-nehmens und unter Verweis auf die Befreiungsvorschrift angegeben wird.

Kapitalgesellschaften sind nur dann befreit, wenn zusätzlich

► alle Gesellschafter der Befreiung für das jeweilige Geschäftsjahr zugestimmt haben und dieser Zustimmungsbeschluss offen gelegt wurde sowie

► das Mutterunternehmen zur Verlustübernahme nach § 302 AktG verpflichtet ist oder eine solche Verpflichtung freiwillig übernommen und die diesbezügliche Erklärung offen gelegt hat (§ 264 Abs. 3 Nr. 1 und 2 HGB).

Die Notwendigkeit, in einen nach den strengen Vorschriften für Kapitalgesellschaften und für Per-sonenhandelsgesellschaften i. S. v. § 264a HGB zu erstellenden Konzernabschluss des Mutterunter-nehmens einbezogen zu werden, relativiert die Befreiungen aus den §§ 264 Abs. 3 und 264b HGB allerdings erheblich. Damit die Tochtergesellschaft in den Konzernabschluss nach den strengen Rechnungslegungsvorschriften einbezogen werden kann, muss sie diesen Vorschriften entsprechen-de Zahlen erstellen und prüfen lassen. Die Erleichterungen beschränken sich dementsprechend bei Licht besehen lediglich auf die gesonderte Offenlegung der größenunabhängig ansonsten zu publizierenden Elemente von Einzelabschluss und gegebenenfalls Lagebericht des Einzelunterneh-mens.

Auf die Genossenschaften sind die nach Größenklassen differenzierten Vorschriften zur Aufstel-lung des Jahresabschlusses bei Kapitalgesellschaften entsprechend anzuwenden. Die Einteilung in Größenklassen erfolgt nach den gleichen Kriterien. Allerdings gilt einheitlich eine Aufstellungsfrist von maximal 5 Monaten (§ 336 HGB). Prüfungspflichtig sind alle Genossenschaften. Ist ihre Bilanz-summe größer als 2 Mio. €, so sind sie jährlich, ist sie dagegen kleiner oder gleich 2 Mio. €, so sind sie nur alle 2 Jahre zu prüfen (§ 53 Abs. 1 GenG).

Bei der Offenlegung sind die nach Größenklassen differenzierten Vorschriften für Kapitalgesell-schaften i. w. S. mit spezifischen Anforderungen an Genossenschaften zu verbinden. Kleine Genos-senschaften brauchen nur die Bilanz und einen Anhang ohne Angaben zur Gewinn- und Verlustrech-nung im elektronischen Bundesanzeiger (mit Weiterleitung an das Unternehmensregister) offen zu legen. Ob sie den Bestätigungsvermerk zusätzlich einreichen müssen oder nicht, ist unklar, denn mangels Prüfungspflicht bei kleinen Kapitalgesellschaften lassen sich zu dieser Frage die Vorschriften nicht entsprechend anwenden. Mittelgroße und große Genossenschaften müssen Jahresabschluss (Bilanz, GuV und Anhang), Lagebericht, Bestätigungsvermerk oder Vermerk über die Versagung und Bericht des Aufsichtsrats zum elektronischen Bundesanzeiger einreichen, dessen Betreiber diese Informationen nach § 8b HGB an das elektronische Unternehmensregister zur dortigen Offenlegung weiterleitet. Die Offenlegung hat stets unverzüglich nach der Generalversammlung über den Jahresabschluss, spätestens aber innerhalb von 12 Monaten zu erfolgen.

Trotz der vielen verwirrenden Details wurde zuvor nur ein Teil der Differenzierungen der Rechnungslegungsvorschriften nach derzeitigem Recht dargestellt. Differenzierungen bei Bilanzansatz und Bewertung werden in den Kapiteln mitbehandelt werden, die sich mit Bilanzierung bzw. Bewertung beschäftigen. Diese Differenzierungen sind zentrale Inhalte der entsprechenden Vorschriften und dürfen nicht aus dem Gefüge dieser Vorschriften herausgelöst werden. Auf Besonderheiten für einige Branchen – speziell Kreditinstitute und Versicherungen – kann im Rahmen dieses Lehrbuches ebenso wenig eingegangen werden wie auf die besonderen Vorschriften für inländische Zweigniederlassungen von Kapitalgesellschaften aus anderen EU-Staaten oder aus Vertragsstaaten der EU gemäß § 325a HGB. Sie werden der Spezialliteratur überlassen.

Fragen:

1. Welche Kaufleute sind nach HGB buchführungspflichtig?

2. Welche Anforderungen sind nach §§ 238 f. HGB an eine Buchführung zu stellen?

3. Welche strafrechtlichen Sanktionen drohen bei Nichteinhaltung der handelsrechtlichen Buchführungspflichten?

4. Wann ist der Kaufmann nach steuerlichen Vorschriften buchführungspflichtig?

5. Was versteht man unter der Inventur, was unter dem Inventar?

6. Bei welchen Vermögensgegenständen ist die sog. „körperliche Aufnahme" üblich?

7. Wie können Forderungen, Schulden und Sachanlagen nachgewiesen werden?

8. Welche Formen der Inventur kennen Sie? Welche Anforderungen sind an die verschiedenen Formen der Inventur jeweils zu stellen?

9. Welche Anforderungen sind an eine Lagerbuchführung bei der Stichprobeninventur zu stellen?

10. Welche mathematisch-statistischen Verfahren sind bei der Stichprobeninventur anerkannt? Welche GoB müssen dabei beachtet werden?

11. Nach welchem Grundsatz sollten die Hauptbuchkonten gegliedert sein?

12. Inwieweit kann der Bilanzersteller bei der Ableitung des Jahresabschlusses aus Buchhaltung und Inventar Bilanzpolitik betreiben?

13. Hat die Buchhaltung oder das Inventar Priorität? Warum?

14. Aus welchen Gründen werden den Kapitalgesellschaften strengere Rechnungslegungsvorschriften auferlegt als Personengesellschaften?

15. Wann ist ein Unternehmen nach Publizitätsgesetz publizitätspflichtig? Welcher Gedanke steht dahinter?

16. Zur Größenklasseneinteilung nach § 267 HGB:
Eine Aktiengesellschaft erreichte – gemessen an den nach derzeitigem Recht relevanten Kriterien – in den letzten 13 Jahren folgende Werte:
(BS: Bilanzsumme in Mio. €; JU: Jahresumsatz in Mio. €; AN: durchschnittliche Arbeitnehmerzahl)

Jahr	1	2	3	4	5	6	7	8	9	10	11	12	13
BS	3,2	3,7	3,8	4,3	4,01	3,9	3,4	4,5	9,3	17,0	18,1	15,2	15,3
JU	5,6	6,8	8,7	7,4	8,1	8,5	9,0	11,6	23,9	33,2	34,0	32,12	33,1
AN	60	60	60	55	52	45	50	56	71	100	95	95	95

Vom 4.9. des Jahres 12 an wurden die Aktien der Gesellschaft in den geregelten Markt der Frankfurter Börse einbezogen.
Angenommen, die durch das Bilanzrechtsreformgesetz vom 4.12.2004 festgelegten Größenkriterien wären über die gesamte Betrachtungsperiode gültig, zu welchen Größenklassen hätte die AG dann in den aufgeführten Jahren gezählt?

17. Inwiefern spielt es eine Rolle, ob eine Kapitalgesellschaft klein, mittelgroß oder groß ist?

Literaturhinweise:

Die angesprochenen Vorschriften des HGB werden in den am Anfang des Teils 2 aufgeführten Kommentaren zum Handelsrecht jeweils eingehend erläutert.

Die Buchführungs- und Inventurpflichten werden beschrieben bei **Moxter, Adolf:** Bilanzlehre, Band II, Einführung in das neue Bilanzrecht, 3., vollständig umgearbeitete Aufl., Wiesbaden 1986, S. 5-15.

Übersichtliche Darstellungen der Stichprobenverfahren für die Vorratsinventur liefern:

Köhle, D./Sturm, S.: Methode der geschichteten Stichproben-Inventur, in: WPg, 33. Jg., 1980, S. 126-136.

Stellungnahme HFA 1/1981 i. d. F. 1990: Stichprobenverfahren für die Vorratsinventur zum Jahresabschluß, in: WPg, 43. Jg., 1981, S. 649-657.

Fandel, Günter/Dyckhoff, Harald/Müller, Hans-Herbert: Stichprobeninventur, in: DBW, 45. Jg., 1985, S. 278-291.

Burkel, Peter: Zur Problematik der Lagerinventur mittels Stichprobenverfahren, in: BB, 42. Jg., 1987, S. 29-34.

II. Die Grundsätze ordnungsmäßiger Buchführung (GoB)

A. Zum Charakter der GoB

> **Lernziel:**
> Sie sollen den Charakter der Grundsätze ordnungsmäßiger Buchführung (GoB) und deren Beziehung zum Gesetz kennen lernen!

Nach welchen Regeln in Deutschland Bücher zu führen, Inventare zu erstellen sowie Handels- und Steuerbilanzen aufzustellen sind, ergibt sich nicht immer unmittelbar aus dem Gesetz. Das Gesetz begnügt sich vielmehr verschiedentlich damit, auf die Beachtung der Grundsätze ordnungsmäßiger Buchführung zu verweisen (etwa in den §§ 238 Abs. 1, 239 Abs. 4, 241 Abs. 1, 2 und 3, 243 Abs. 1, 256, 257 Abs. 3, 264 Abs. 2, 297 Abs. 2 und 322 Abs. 3 HGB) oder einige zentrale Grundsätze im Gesetz explizit anzusprechen, ohne ihren Inhalt im Detail zu definieren (§ 252 Abs. 1 HGB). Grundsätze ordnungsmäßiger Buchführung — manchmal wird auch von Grundsätzen ordnungsmäßiger Bilanzierung gesprochen — sind demnach Regeln, die angeben, wie Buchhaltung, Inventar und Jahresabschluss zweckmäßigerweise gestaltet sein sollten, und die nicht unbedingt gesetzlich kodifiziert sein müssen.

Dass der Gesetzgeber nicht alle Fragen und Details im Gesetz selber löst, vieles vielmehr den für den Anfänger obskuren, geheimnisvollen Grundsätzen ordnungsmäßiger Buchführung (GoB) überlässt, hat verschiedene Gründe. Das Gesetz würde mit Details überladen, wenn sämtliche Vorschriften zu Buchführung, Inventar und Jahresabschluss im Gesetz selbst aufgeführt werden müssten. Die Regeln der Rechnungslegung würden bei vollständiger Kodifizierung im Gesetz auch zu starr und unbeweglich. Die technische und wirtschaftliche Entwicklung führt in immer kürzeren zeitlichen Intervallen zu einschneidenden Veränderungen, die sich auch auf die zweckmäßige Gestaltung der Rechnungslegung auswirken. Wären alle Rechnungslegungsvorschriften gesetzlich kodifiziert, so wären zur Berücksichtigung jeder einschneidenden Veränderung Reformen des Gesetzes erforderlich. Das wäre zu umständlich. Endlich entbindet der Verweis auf die GoB den Gesetzgeber von der unangenehmen Aufgabe, schwierige Abwägungen zwischen verschiedenen Aufgaben des Jahresabschlusses oder zwischen gegensätzlichen Interessen am Jahresabschluss im Detail vornehmen zu müssen. Der Gesetzgeber kann die Abwägung der Standpunkte den Kommentatoren, den rechnungslegenden oder prüfenden Fachleuten und letztendlich den Richtern überlassen.

Bisher wurde allerdings nur eine Seite der Beziehungen zwischen GoB und Bilanzrecht dargestellt. Es ist nicht nur so, dass GoB das kodifizierte Recht ergänzen und vervollständigen. In immer stärker werdendem Maße *konkretisiert das Gesetz die Grundsätze ordnungsmäßiger Buchführung*. Im Rahmen der Bestimmung von GoB sind verschiedene Aufgaben des Jahresabschlusses und verschiedene Interessen am Jahresabschluss gegeneinander abzuwägen. Soweit diese Abwägungen vom Gesetzgeber bei der Festlegung konkreter Gesetzesnormen erfolgt sind, liegt es nahe, das Ergebnis dieser Abwägungen als GoB zu interpretieren. Wenn etwa im Gesetz durch Gliederungsschemata das erforderliche Ausmaß an Klarheit oder durch Regeln zur Frage der Beibehaltung von Ansatz-, Bewertungs- und Gliederungsregeln im Zeitablauf der für notwendig erachtete Grad an Stetigkeit festgelegt wird, kann man diese Entscheidung als ordnungsgemäß akzeptieren. In diesem Fall – und das ist der Regelfall – drückt das Gesetz GoB aus. Man kann allerdings die Entscheidung des Gesetzgebers auch als nicht ordnungsgemäß verwerfen. Da dies aber bedeutet, dass Gesetzesnormen und Grundsätze ordnungsmäßiger Buchführung in klarem Widerspruch zueinander stehen, müssen schon triftige Gründe vorliegen, bevor die Entscheidung des Gesetzgebers als nicht ordnungsgemäß eingeordnet werden darf.

B.   Zu Zweck und Ermittlung der GoB

Lernziel:
Sie sollen die Methoden der Ermittlung von GoB kennen lernen!

Grundsätze ordnungsmäßiger Buchführung als gesetzlich nicht unbedingt kodifizierte Regeln der Rechnungslegung sollen ihrem Charakter gemäß dazu beitragen, dass sinnvoll Rechnung gelegt wird. Auf den ersten Blick scheint es damit einfach zu sagen, wie GoB ermittelt werden sollten. Wie zu zeigen sein wird, trügt dieser Eindruck aber sehr.

In einer Zeit, als die Vorstellungen über den Zweck der Rechnungslegung noch verschwommen und widersprüchlich waren, lag es nahe, an die Möglichkeit zu glauben, GoB ließen sich aus den Gepflogenheiten ordentlicher und ehrenwerter Kaufleute ableiten. Diese *induktive* Methode zur Ermittlung von GoB scheitert aber an dem Problem, ordentliche und ehrenwerte Kaufleute von ihren Kollegen zu trennen, die diese Attribute nicht verdienen. Zwar mag es nahe gelegen haben, das Verhalten der Mehrheit als ordentlich und ehrenwert anzusehen, diese Annahme verlor aber in der Praxis rasch ihre Überzeugungskraft. „Kriege und Kriegsfolgen wie radikale Besteuerung, extreme Inflation und Weltwirtschaftskrise veränderten die kaufmännischen Verhaltensnormen." *(Moxter, Bilanzlehre II, S. 8.)* Mangels anderer Kriterien bleibt allein der Grad der Ordnungsmäßigkeit der Bücher als plausibles Unterscheidungskriterium übrig. Nur Kaufleute mit ordentlichen Büchern sind ordentlich und ehrenwert. Das aber führt zum Zirkelschluss: es muss von Anfang an bekannt sein, was induktiv durch Beobachtung der Kaufleute ermittelt werden sollte, nämlich wie ordentliche Bücher und Bilanzen auszusehen haben.

Der zweite mögliche Weg zur Bestimmung von GoB, die *deduktive* Ermittlung der Grundsätze aus den Aufgaben der Rechnungen und aus den Interessen der Beteiligten, ist logisch bestechend und für Betriebswirte besonders reizvoll. Die Betriebswirtschaftslehre als zuständige Disziplin wird aufgerufen, die Aufgaben der betrieblichen Rechnungslegung möglichst genau zu bestimmen und anschließend abzuleiten, wie eine Rechnungslegung beschaffen sein muss, damit sie diese Aufgaben erfüllen kann. Die Hindernisse aber, die auf diesem sinnvoll erscheinenden Weg überwunden werden müssen, sind beachtlich. Schon über die Zwecke der Rechnungslegung bzw. über die relativen Gewichte dieser Zwecke ist keine Einigung zu erzielen. Und die unklaren Zwecke, die der Gesetzgeber vorgibt – „ein den tatsächlichen Verhältnissen entsprechendes Bild der Vermögens-, Finanz- und Ertragslage ...

vermitteln" (§ 264 Abs. 2 HGB) –, bieten keine Grundlage, um daraus so etwas wie einen traditio-nellen Jahresabschluss abzuleiten, wenn man aus ihnen überhaupt konkrete Instrumente ableiten kann. Zusätzlich zur mangelhaften Deduktionsbasis zeigte sich das für die Betriebswirtschaftslehre peinliche Problem, dass es nicht einfach ist, Regeln zu finden, mit deren Hilfe sich sagen lässt, wie Rechnung gelegt werden sollte, vorausgesetzt man setzt klare Aufgaben als bekannt voraus, definiert das anfängliche Problem also weg. Welche Formen der Rechnungslegung für Eigner, Gläubiger oder Arbeitnehmer im Rahmen ihrer Entscheidungen über ihr Verhältnis zum Unternehmen informativ sind, lässt sich heute weder auf der Grundlage logischer Überlegungen noch empirischer Untersu-chungen eindeutig sagen. Gleiches gilt für das Problem, wie Rechnung gelegt werden sollte, damit Ausschüttungen so begrenzt werden können, dass Gläubiger angesichts eines verminderten Risikos Fremdkapital günstig zur Verfügung stellen können und das Eigenkapital in sinnvolle Verwendungen fließen kann. Das dritte Problem für die deduktive Ermittlung von GoB entsteht aus der Notwen-digkeit, bei der Rechnungslegung stets zwischen widersprüchlichen Interessen subjektiv abwägen und damit werten zu müssen, was wissenschaftlich unbegründbar ist. Wer GoB festlegt, muss etwa zwischen Information und Geheimhaltung sowie zwischen Aktionärsinteresse an Ausschüttung, Managerinteresse am Verbleiben der Mittel unter der Kompetenz der Manager und Gläubiger-interesse an einem möglichst großen Haftungspolster abwägen. Unterschiedliche subjektive Wert-urteile führen dann zu verschiedenen, jeweils zweckmäßig erscheinenden Formen der Rechnungs-legung.

Speziell die zuletzt angesprochene Notwendigkeit von Werturteilen, aber auch praktische Erfah-rungen sprechen dafür, dass GoB in einem *politischen Prozess* ermittelt werden. In diesen Prozess bringen die verschiedenen, an der Rechnungslegung interessierten Gruppen ihre Vorstellungen über zweckmäßige Regeln der Rechnungslegung ein. Insoweit umfasst die Ermittlung der GoB durch politischen Prozess die induktive und die deduktive Methode, denn sowohl die Kaufleute und ihre verschiedenen Verbände als auch die der Deduktion verbundenen Wissenschaftler greifen mit ihren Ansichten und Beiträgen in den politischen Prozess ein. Das Ergebnis des Prozesses, die Grundsätze ordnungsmäßiger Buchführung, ergeben sich dann aus der Überzeugungskraft der Argumente, dem politischen Gewicht der ihre Ansichten jeweils vorbringenden Gruppen und – soweit Gesetzesnormen oder Gerichtsurteile als GoB angesehen werden – aus den Grundwerten der jeweiligen politischen Mehrheit bzw. der Richter.

C. Inhalte der wichtigsten Grundsätze ordnungsmäßiger Buchführung

---
Lernziel:
Sie sollen den Inhalt der Grundsätze kennen lernen und den Inhalt jedes GoB anhand eines Beispiels darstellen können!

Ohne Anspruch auf Vollständigkeit der Darstellungen erheben und ohne der folgenden Gliederung ein zu großes Gewicht beimessen zu wollen, wird versucht, die wichtigsten Grundsätze ordnungs-mäßiger Buchführung geordnet darzustellen.

1.   Rahmengrundsätze

a)   Grundsatz der Richtigkeit und Willkürfreiheit

Da ein Jahresabschluss niemals absolut richtig sein kann, muss die Forderung nach Richtigkeit relativiert werden. Ein Jahresabschluss ist danach nur dann richtig, wenn er entsprechend den gültigen Abbildungsregeln aufgestellt worden ist. Ansätze und Werte im Jahresabschluss müssen in nachprüfbarer, objektiver Form aus ordnungsgemäßen Belegen und aus ordentlichen Büchern nach den gültigen Abbildungsregeln hergeleitet sein. Die ausgewiesenen Positionen müssen zutreffend bezeichnet sein und genau das umfassen, was nach den Abbildungsregeln unter der jeweiligen Position auszuweisen ist. Da Schätzwerte nur nach subjektivem Ermessen festgelegt werden können, sich also strengen Regeln nicht unterwerfen lassen, wird für sie nur gefordert, dass sie im Rahmen der sachbezogenen Grenzen willkürfrei und vertretbar angesetzt werden sollen.

b)   Grundsatz der Klarheit

Damit der Jahresabschluss seine Aufgaben erfüllen kann, muss die Fülle der erfassten Sachverhalte genügend tief in aussagefähige, den jeweiligen Inhalt treffend charakterisierende Posten untergliedert werden. Wie tief im Detail gegliedert werden muss, damit es für einen übersichtlichen, klaren und verständlichen Jahresabschluss ausreicht, ist durch diese Interpretation allerdings nicht geklärt. Offensichtlich lässt sich das auch nicht so einfach allgemeingültig sagen, weil es von der Einschätzung der Bedeutung tiefer Untergliederungen für die Aussagefähigkeit des Jahresabschlusses und von der subjektiven Gewichtung von Informations- und Geheimhaltungserfordernis abhängt. Mit den nach Rechtsform und Größe gestaffelten Anforderungen an die Gliederungstiefe von Bilanzen und Gewinn- und Verlustrechnungen finden sich im Handelsgesetzbuch aber Anhaltspunkte für das dem Gesetzgeber erforderlich erscheinende Ausmaß an Klarheit. Diese gesetzlichen Anforderungen dürften eine wichtige Leitlinie bei der Interpretation des Grundsatzes der Klarheit sein.

Klarheit setzt aber nicht nur eine genügend tiefe Untergliederung zur Trennung heterogener Sachverhalte, sondern auch eine sinnvolle, leicht erfassbare und verständliche Ordnung der unterschiedlichen Positionen voraus. Der Leser muss trotz der Fülle der Detailinformationen den Überblick behalten und alles finden können. Auch hier liefert der Gesetzgeber mit den Gliederungsschemata und den darin vorgegebenen Zusammenfassungen für Bilanz und GuV wertvolle Anhaltspunkte. Offen bleibt dagegen, wie die Angabenfülle im Anhang sinnvoll geordnet werden kann.

c)   Grundsatz der Vollständigkeit

Nach dem Grundsatz der Vollständigkeit sind sämtliche buchungspflichtigen Vorfälle – das sind alle nach den übrigen GoB als in der jeweiligen Periode eingetreten zu betrachtenden positiven und negativen Vermögensänderungen sowie Vermögens- oder Schuldenumschichtungen – zu beachten. Alle diese buchungspflichtigen Vorfälle müssen sich dann auch in dem aus der Buchhaltung abzuleitenden Jahresabschluss niederschlagen. Zusätzlich müssen in Buchhaltung und Jahresabschluss sogar noch solche Veränderungen erfasst werden, die – wie etwa Schwund oder Verderb von Vermögensgegenständen – nicht als Geschäftsvorfall erkennbar werden. Der Grundsatz der Vollständigkeit umfasst somit

▶ die Forderung nach jährlicher Erfassung der tatsächlich noch vorhandenen Bestände durch Inventur,

► die Forderung nach Beobachtung der Preisentwicklung auf dem Markt, um negativen Preisentwicklungen Rechnung tragen zu können, sowie

► die Forderung nach sorgfältiger Wahrnehmung und Analyse aller möglichen Risiken, damit diese Risiken im Jahresabschluss angemessen berücksichtigt werden können.

Aus dem Grundsatz der Vollständigkeit folgt auch die Wertaufhellung. Die Wertaufhellung regelt, wie sich Informationen, die erst nach dem Bilanzstichtag und damit nach dem Ende der Abrechnungsperiode bekannt werden, auf den Jahresabschluss auswirken. Dass Informationen, die vor Ablauf des Geschäftsjahres bekannt werden, im Jahresabschluss zu berücksichtigen sind, versteht sich aus den bisherigen Erläuterungen der Vollständigkeit von selbst. Bei den später bekannt werdenden Informationen muss man unterscheiden:

► Soweit Informationen über Sachverhalte eintreffen, die schon vor dem Bilanzstichtag eingetreten waren und die zum Bilanzstichtag eindeutig hätten bekannt sein können, handelt es sich um „Wertaufhellung", und die Informationen müssen berücksichtigt werden. (Beispiel: Ein Unternehmen erfährt, dass bei einem seiner Schuldner am 20.12.2007 das Insolvenzverfahren eröffnet wurde. Dieser Information ist im Jahresabschluss per 31.12.2007 Rechnung zu tragen, auch wenn sie erst im Februar oder März 2008 beim Gläubigerunternehmen eintreffen sollte.)

► Soweit Informationen über Sachverhalte eintreffen, die erst nach dem Bilanzstichtag eingetreten sind, handelt es sich um „Wertbeeinflussung", und die Informationen dürfen grundsätzlich nicht berücksichtigt werden. Erfährt also beispielsweise ein Unternehmen im Februar 2008, dass einer seiner Schuldner am 14.1.2008 überraschend Insolvenz beantragt hat, obwohl es im abgelaufenen Jahr keinerlei Hinweise auf diese Insolvenz gab, so handelt es sich eindeutig um eine wertbeeinflussende Information, der im Jahresabschluss 2007 nicht Rechnung getragen werden darf *(a. A. ADS, 6. Aufl., § 252 Tz. 39; Hense/Geißler in Beck Bil-Komm., 5. Aufl., § 252 Anm. 38).*

Schwierig ist die Trennung zwischen Wertbeeinflussung und Wertaufhellung, wenn die nach dem Abschlussstichtag erlangten Informationen über Sachverhalte, die auch erst nach diesem Stichtag eingetreten sind, Erwartungen bestätigen, die vor dem Abschlussstichtag bereits bestanden. Rechnete man am Jahresende bereits damit, aus einer bestimmten Lieferung zu Garantieleistungen in Anspruch genommen zu werden, weil die Endmontage des Produktes unter Termindruck erfolgte, konnte aber die Größenordnung der Inanspruchnahme nur ungenau schätzen, und konkretisierten sich im neuen Jahr die Befürchtungen, so lässt sich bei der Jahresabschlusserstellung im neuen Jahr schwerlich nachvollziehen, welche Erwartungen genau am Jahresende herrschten.

Unklar ist ferner, ob es eine Ausnahme zur Unbeachtlichkeit wertbeeinflussender Informationen gibt. § 253 Abs. 3 Satz 3 HGB erlaubt für Gegenstände des Umlaufvermögens den Ansatz niedrigerer Werte, „soweit diese nach vernünftiger kaufmännischer Beurteilung notwendig sind, um zu verhindern, dass in der nächsten Zukunft der Wertansatz dieser Vermögensgegenstände aufgrund von Wertschwankungen geändert werden muss". Um von dieser Vorschrift Gebrauch machen zu können, müssen aus der Sicht des Bilanzstichtags unzweifelhaft deutliche Indizien für ein weiteres Sinken des Wertes unter den Stichtagswert sprechen. Ob bei der Bestimmung des Wertansatzes aber nur die Informationen genutzt werden dürfen, die zum Bilanzstichtag hätten bekannt sein können, oder ob auch das weiter gestiegene Wissen bis zum Zeitpunkt der Bilanzaufstellung genutzt werden darf, ist umstritten *(ADS, 6. Aufl., § 252 HGB Tz. 46; Leffson, Die Grundsätze ordnungsmäßiger Buchführung, 7. Aufl., S. 424).* Trifft die zuletzt genannte Ansicht zu, dann kann die effektive Preisentwicklung bis zur Bilanzaufstellung im neuen Jahr beispielsweise als ein Anhaltspunkt für die Bewertung nach

§ 253 Abs. 3 Satz 3 HGB herangezogen werden. Wenn also beispielsweise der Wert eines Gutes von 25 auf 22 am Bilanzstichtag gesunken ist und weitere Wertsenkungen erwartet werden, die sich zum Bilanzstichtag nur auf eine Bandbreite zwischen 14 und 21 eingrenzen lassen, so muss nach der ersten Meinung bei der Bilanzerstellung ein Wert gewählt werden, wie er sich aus dieser Information bei etwas Vorsicht ergibt – etwa 16. Nach der zweiten Meinung darf die tatsächliche Wertentwicklung im neuen Jahr ausnahmsweise beachtet werden. Sank der Wert tatsächlich auf 18, so kann dieser Wert angesetzt werden. M. E. scheint nur die zweite Ansicht praktikabel zu sein.

Wertaufhellende Informationen müssen nur bis zum „Tag der Aufstellung des Jahresabschlusses" berücksichtigt werden (so auch § 252 Abs. 1 Nr. 4 HGB). Da dieser Tag aber nicht klar definiert ist, wird damit nur eine scheinbar klare Grenze gezogen. Praktisch kann ein Jahresabschluss nämlich vor seiner Feststellung stets noch völlig problemlos verändert werden, und selbst nachdem er bereits festgestellt worden ist, sind Änderungen unter bestimmten Bedingungen noch möglich. Eine hinreichende Bedingung für solche Änderungen liegt vor, wenn sich wertaufhellende Tatsachen ergeben haben.

d)   Grundsatz der Einzelbewertung

Der in § 252 Abs. 1 Nr. 3 HGB explizit genannte Grundsatz der Einzelbewertung besagt, dass alle Vermögensgegenstände und Schulden einzeln und unabhängig voneinander zu bewerten sind. Durch die Einzelbewertung sollen insbesondere Kompensationen von Wertsteigerungen bei einem Gegenstand mit Wertminderungen bei einem anderen ausgeschlossen werden. Ein Unternehmen, das zwei Aktien zur vorübergehenden Geldanlage gekauft hat, von denen eine im Kurs gestiegen, die andere im Kurs gesunken ist, darf nicht Kurssteigerungen und Kurssenkungen für Zwecke der Bewertung der beiden Aktien saldieren. Vielmehr muss es beide Aktien getrennt und einzeln bewerten, die eine zum Höchstwert Anschaffungskosten und die andere gemäß dem noch zu erläuternden Niederstwertprinzip mit dem gesunkenen Tageskurs.

Beim Grundsatz der Einzelbewertung steckt der Teufel allerdings – wie vielfach – im Detail. Es entsteht das Problem, entscheiden zu müssen, was genau ein von anderen zu trennender Vermögensgegenstand ist. Eine Halle mit Personenaufzug ist ein einheitlicher Vermögensgegenstand. Eine Halle mit Lastenaufzug oder ein vierstrahliger Jumbojet dagegen sind nicht jeweils ein Vermögensgegenstand. Halle und Lastenaufzug, zumindest Flugzeugzelle und die 4 Triebwerke sind jeweils selbstständige Vermögensgegenstände, die auch getrennt bewertet, also abgeschrieben werden.

Auch gilt Einzelbewertung nur als Grundsatz mit zahlreichen Ausnahmen (vgl. auch S. 192 ff.):

▶ „Gleichartige Vermögensgegenstände des Vorratsvermögens sowie andere gleichartige oder annähernd gleichwertige bewegliche Vermögensgegenstände können jeweils zu einer Gruppe zusammengefasst und mit dem gewogenen Durchschnittswert angesetzt werden" (§§ 240 Abs. 4; 256 HGB).

▶ Bei der Bewertung „gleichartiger Vermögensgegenstände des Vorratsvermögens [kann] unterstellt werden, dass die zuerst oder dass die zuletzt angeschafften oder hergestellten Vermögensgegenstände zuerst oder in einer sonstigen bestimmten Folge verbraucht oder veräußert worden sind" (§ 256 HGB).

▶ „Vermögensgegenstände des Sachanlagevermögens sowie Roh-, Hilfs- und Betriebsstoffe können, wenn sie regelmäßig ersetzt werden und ihr Gesamtwert für das Unternehmen von nachrangiger

Bedeutung ist, mit einer gleich bleibenden Menge und einem gleich bleibenden Wert angesetzt werden, sofern ihr Bestand in seiner Größe, seinem Wert und seiner Zusammensetzung nur geringen Veränderungen unterliegt" (§§ 240 Abs. 3; 256 HGB).

▶ Die allgemeinen Risiken von Forderungen – etwa aus einer möglichen Abschwächung der Konjunktur – und Teile der Einzelrisiken bei Forderungen, soweit diese Einzelrisiken etwa wegen des Sitzes der Schuldner in einem Land Südamerikas für alle Schuldner aus diesem Land übereinstimmen, müssen nicht für jede Forderung gesondert, sondern dürfen zusammen für alle Forderungen ermittelt werden.

▶ Bei der Bewertung von Rückstellungen für Massenereignisse, wie etwa künftige Garantieleistungen, muss nicht für jedes einzelne Produkt nach den individuellen Risiken der Inanspruchnahme ein gesonderter Betrag bestimmt werden. Es genügt, die Rückstellung für in etwa homogene Produkte gemeinschaftlich zu bestimmen.

▶ Soweit bestimmte mit einer Bilanzposition verbundene Risiken – etwa das Risiko einer Veränderung des Werts des amerikanischen Dollar gegenüber dem Euro aus einer auf US-Dollar lautenden Forderung in der Bilanz eines deutschen Unternehmens – durch geeignete Sicherungsgeschäfte kompensiert werden, führt die imparitätische Einzelbewertung der zu sichernden Position und des Sicherungsinstruments zum Ausweis von Risiken, die tatsächlich nicht bestehen. Hinsichtlich des abgesicherten Risikos sollten daher die zu sichernde Position und das Sicherungsinstrument ausnahmsweise gemeinschaftlich als sog. „geschlossene Position" behandelt werden.

2.　Abgrenzungsgrundsätze

a)　Realisationsprinzip

Das in § 252 Abs. 1 Nr. 4 HGB aufgeführte Realisationsprinzip definiert den Zeitpunkt, zu dem bei Lieferung von Sachgütern und bei Erbringung von nicht streng zeitraumbezogenen Dienstleistungen – also beispielsweise nicht bei der Leistung des Vermieters eines Hauses – der Gewinn als entstanden gilt. Es sagt also etwa einem Weingut, wann die – gemessen an den Kosten hoffentlich einen Gewinn beinhaltende – Forderung gegen den Kunden statt der Herstellungskosten für den Wein in der Bilanz angesetzt werden darf.

Der Kauf ist in Deutschland eine recht aufwendige Sache, denn Käufer und Verkäufer müssen drei Geschäfte abwickeln. In dem ersten, so genannten *obligatorischen Geschäft* verpflichtet sich der Verkäufer zur Übereignung der Sache und der Käufer zur Zahlung des Kaufpreises. In den beiden folgenden *dinglichen Geschäften* tut dann einerseits der Verkäufer alles in seiner Macht stehende, um dem Käufer Eigentum an der gekauften Sache zu verschaffen (er übergibt sie dem Käufer direkt oder einem Spediteur, der sie dann zum Käufer transportieren soll), und tut andererseits der Käufer alles in seiner Macht stehende, um dem Verkäufer Eigentum an dem Geld zur Begleichung des Kaufpreises zu verschaffen (er gibt dem Verkäufer das Geld oder überweist es ihm).

Aus diesem komplexen Prozess des Verkaufs greift sich das Realisationsprinzip den Zeitpunkt heraus, zu dem der Verkäufer bei dem ihm auferlegten dinglichen Geschäft der Übereignung der Kaufsache alles in seiner Macht stehende getan hat.

Besucht also beispielsweise ein Weinliebhaber ein Weingut, um Wein zu kaufen, und wird er als alter Kunde zu eingehenden, kostenlosen Weinproben in den Weinkeller gebeten, so hat das Weingut bei Eintreffen des Kunden selbst dann noch keinen Gewinn erzielt, wenn dieser Kunde noch nie ohne größere Bestellung den Keller wieder verlassen hat. Auch wenn der Kunde im Keller die Weine probiert und eine Liste mit Bestellungen eigenhändig – so gut er noch kann – unterschrieben hat, ist noch kein Gewinn erzielt worden. Wankt der Kunde nun nach oben und legt zur Überraschung des Prokuristen den genau abgezählten Rechnungsbetrag auf den Tisch des Hauses, um seine Schulden zu tilgen, ist noch immer kein Gewinn realisiert. Nach Abschluss des obligatorischen Geschäfts, also der Einigung beider Seiten auf die Bestellung des Kunden, ist der Gewinn genau dann realisiert, wenn der Mitarbeiter des Weinguts dem Kunden den Wein in den geöffneten Kofferraum gelegt hat oder wenn – wie es vereinbart werden kann – das Weingut die Kisten mit dem Wein an den Spediteur übergeben hat, der sie dann zur Bahn bringt, von wo sie nach Erreichen des Zielbahnhofs und Übergabe an einen zweiten Spediteur schließlich säuberlich gestapelt vor der Kellertür des Kunden landen. Es kommt nach Abschluss des obligatorischen Geschäfts auch nur darauf an, dass der Verkäufer zur Übereignung der Kaufsache alles in seiner Macht Stehende tut. Der Realisationszeitpunkt tritt mit Erfüllung dieser Bedingung ein, auch wenn der Kunde erst bei Lieferung des Weins vor seine Kellertüre tatsächlich Eigentümer wird und wenn der Kunde erst nach Erhalt des Weins die Rechnung begleicht. Der Zeitpunkt des Abschlusses des obligatorischen Geschäfts ist nur insoweit wichtig, als es ohne Verpflichtungen aus diesem Geschäft keine dinglichen Folgegeschäfte und damit auch keine Realisation geben kann. Das Weingut kann also einem Kunden nicht ohne Bestellung 120 Flaschen Wein schicken und bei Übergabe dieses Weins an den Spediteur einen Gewinn als realisiert betrachten.

Bei Dienstleistungen gilt analog, dass der Zeitpunkt, zu dem der die Dienstleistung erbringende Teil das zur Erfüllung der ihm auferlegten Verpflichtung Notwendige getan hat, die Realisation des Gewinns kennzeichnet. Der Friseur beispielsweise hat seinen Gewinn realisiert und könnte – wenn Barzahlung nicht üblich wäre – die Forderung einschließlich Gewinn gegen den Kunden bilanzieren, sobald der Kunde den Haarschnitt akzeptiert hat sowie vom Umhang und per Pinsel von den Haaren befreit ist.

Ein Problem ist noch umstritten, die *Realisation bei langfristiger Fertigung*. Ein Unternehmen, das beispielsweise Kernreaktoren baut, benötigt mehrere Jahre, bis ein Produkt fertig ist und bis nach Fertigstellung der Gewinn realisiert werden kann. Bearbeitet dieses Unternehmen jeweils immer nur ein Projekt, so weist das Unternehmen über mehrere Jahre Verluste in Höhe der nicht in die Herstellungskosten einbezogenen Aufwendungen und dann immer in nur einem Jahr größere Gewinne aus. Dieser unstete Gewinnausweis bei einem Unternehmen, das angenommenermaßen stets konkurrenz- und leistungsfähig ist, kann einen falschen Eindruck erwecken. Es gab daher Bemühungen, bei langfristiger Fertigung die Gesamtleistungen in Teilleistungen mit anteiligen Gewinnrealisationen aufzugliedern. Unabhängig von den gewählten Kriterien gelang es allerdings praktisch nur sehr selten, Gesamtleistungen so zu untergliedern, dass nicht das Risiko aus dem Gelingen der Gesamtleistung, das sich erst nach Beendigung des Gesamtprojekts zeigen kann, auf den Erfolg des Gesamtprojekts zurückwirkt. Es wäre folglich pure Illusion, nach Beendigung bestimmter Bauabschnitte, entsprechender Abnahme dieser Teilleistungen durch den Kunden, vereinbarter Inrechnungstellung der Teilleistung und positiver Gesamterfolgserwartung einen Teilgewinn als realisiert zu betrachten, wenn sich erst am Schluss herausstellt, ob das Produkt tatsächlich wie geplant reibungslos funktioniert, keine Gewährleistungs- und Nachbesserungspflichten auslöst und damit auch die Gewinnerwartung bestätigt. Für Ausschüttungsbemessungszwecke unter Gläubigerschutzgesichtspunkten wäre die Ausschüttung solcher Teilgewinne gefährlich, denn wenn am Schluss das Produkt Mängel hat, lösen sich die Gewinnerwartungen schnell in nichts auf oder werden gar zu Verlustgewissheiten, die früher ausgeschütteten falschen Gewinne aber sind für die Gläubiger dann verloren. Der falsche

Eindruck aber, den der im Zeitablauf wechselnde Ausweis von Gewinnen und Verlusten bei langfristiger Fertigung hervorrufen kann, lässt sich auch durch zusätzliche Erläuterungen im Anhang korrigieren. Dazu bedarf es nicht der Veränderung der Bilanz.

b)   Abgrenzung nach der Sache und nach der Zeit

Nach der *sachlichen* Abgrenzung, die auch in § 252 Abs. 1 Nr. 5 HGB anklingt, sind alle sachlich den Unternehmensleistungen zurechenbaren leistungsbezogenen Wertminderungen unabhängig vom Zeitpunkt der Zahlung der Periode zuzuordnen, der die sachlich zugehörigen Erträge zugerechnet werden. Kauft ein Unternehmen Rohstoffe ein, die es erst im nächsten Jahr zu Produkten verarbeitet und verkauft, so ist klar, dass die Ausgaben für die Rohstoffe erst in diesem nächsten Jahr zu Aufwendungen werden. Bei Verbrauch im gleichen Jahr, bei Löhnen, Gehältern und Abschreibungen stehen den leistungsbezogenen Wertminderungen im gleichen Jahr Erträge – Bestandserhöhungen oder Erlöse – gegenüber, so dass die sachliche Zuordnung ebenfalls gewahrt ist. Es verbleibt nur ein Problem, das aber nicht durch dieses Kriterium, sondern durch Bewertungsregeln – insbesondere die Definition der Herstellungskosten – gelöst wird: welche Verbräuche von Faktoren dürfen in die Bestandserhöhungen einbezogen werden, sind also sachlich zurechenbar, und welche nicht.

Mit Hilfe der *zeitlichen* Abgrenzung werden verschiedene Probleme gelöst. Streng zeitraumbezogene Wertsteigerungen, wie Zinserträge aus einem Festgeldbestand oder Mieterträge, werden der Periode zugerechnet, in der sie ursächlich entstanden sind, und nicht der Periode, in der sie gutgeschrieben oder überwiesen wurden. Wertsteigerungen ohne Unternehmensleistungen, wie etwa erhaltene Schenkungen oder Sanierungsgewinne, sind der Periode zuzurechnen, in der sie angefallen sind. Gleiches gilt für nicht leistungsbezogene Wertminderungen, wie etwa Schenkungen an andere oder Verluste bei Valutaforderungen aufgrund eines gesunkenen Werts der Währung. Vermögensänderungen schließlich, die erst bekannt werden, wenn die Periode, der sie eigentlich zugerechnet werden müssten, rechnerisch bereits abgeschlossen wurde, werden der Periode zugerechnet, in der sie bekannt werden. Wurde also beispielsweise 2006 bei der Erstellung eines Gebäudes das Risiko aus Gewährleistungen auf 80 000 € geschätzt, stellt sich dann 2007 bei einer Überprüfung der Statik heraus, dass ein Fehler gemacht wurde, der Nachbesserungen im Wert von 2 Mio. € erforderlich macht, wurde anschließend der Kunde unterrichtet, der einer Nachbesserung zustimmte, und wird dann 2008 zu den geschätzten Kosten von 2 Mio. € der Fehler tatsächlich behoben, so sind ab 2006 Rückstellungen von 80 000 € zu bilden und schon im Jahre 2007 auf 2 Mio. € zu erhöhen.

c)   Imparitätsprinzip

Das in § 252 Abs. 1 Nr. 4 HGB anklingende Imparitätsprinzip verlangt aus Vorsichts- und Gläubigerschutzgründen eine ungleiche Behandlung von Gewinnen und Verlusten. Hinsichtlich der Gewinne umfasst das Imparitätsprinzip die Aussage des Realisationsprinzips: Wertsteigerungen dürfen erst angesetzt werden, wenn sie realisiert sind. Etwas anderes gilt aber für Wertminderungen im Sinne künftiger Verluste aus einzelnen, bereits verpflichtend geschlossenen Geschäften oder aus dem Besitz von Vermögensgegenständen, die in ihrem Wert gesunken sind. Solche Verluste und Wertminderungen müssen schon dann erfolgsmindernd berücksichtigt werden, wenn sie sich mit genügend großer Sicherheit abzeichnen. Imparität beinhaltet zwar eine ungleiche, nicht aber eine inkonsequente Behandlung von Gewinnen und Verlusten. Wenn speziell im Blick auf den Gläubigerschutz Jahresüberschüsse erst dann ausgewiesen werden sollen, wenn ihre Erzielung nur noch geringen Risiken unterliegt, ist es konsequent, positive Erfolgskomponenten nur bei hoher Eintrittswahrscheinlichkeit zu erfassen und negative Erfolgskomponenten nur bei hoher Wahrscheinlichkeit für den Nichteintritt nicht zu erfassen, sie also ab einer geringen Eintrittswahrscheinlichkeit zu berücksichtigen.

Das Imparitätsprinzip liefert allerdings keine Rechtfertigung dafür, dass ein Unternehmen in der durch allgemeinen Pessimismus geprägten Erwartung künftig sinkender Gewinne oder künftiger Verluste bereits abwertet oder Rückstellungen bildet. Solches ist erst zulässig, wenn konkret Verluste aus obligatorisch geschlossenen Geschäften drohen und wenn die Werte von Vermögensgegenständen gesunken bzw. die Werte von Schulden – Valutaschulden bei gestiegenem Preis der Fremdwährung z. B. – gestiegen sind. Wie wahrscheinlich Verluste sein müssen, um sie berücksichtigen zu dürfen, lässt sich schwerlich in Wahrscheinlichkeitsangaben fassen. Schwache und vage Anzeichen reichen nicht aus, aber es braucht auch nicht mit Sicherheit festzustehen.

Das *Imparitätsprinzip* verlangt damit speziell Folgendes:

► Gegenstände des Anlagevermögens, die dauernd dem Geschäftsbetrieb dienen sollen, sind bei Wertminderungen spätestens dann außerplanmäßig abzuschreiben, wenn es sich um voraussichtlich dauernde Wertminderungen handelt, Wertminderungen also, bei denen es keine vertrauenswürdigen Anzeichen dafür gibt, dass die Wertminderungen nur vorübergehend sind und noch während der Nutzungsdauer des Anlagegutes wieder rückgängig gemacht werden (vgl. auch S. 189).

► Gegenstände des Umlaufvermögens sind stets zu den aktuellen Börsenpreisen, Marktpreisen oder sonst relevanten aktuell beizulegenden Werten anzusetzen, wenn diese Preise oder Werte den bisherigen Wertansatz unterschreiten.

► Schulden sind zu den aktuellen Werten anzusetzen, wenn diese aktuellen Werte höher als die bisherigen Werte sind (Höchstwertprinzip).

► Für drohende Verluste aus schwebenden, also für beide Seiten verpflichtend abgeschlossenen, aber noch nicht erfüllten Geschäften müssen Rückstellungen in Höhe des nach vernünftiger kaufmännischer Beurteilung notwendigen Betrags gebildet werden. Dieses Gebot gilt sogar schon dann, wenn das Verpflichtungsgeschäft noch nicht geschlossen wurde, aber zu erwarten ist, dass es geschlossen wird.

d) Grundsatz, wonach Aufwendungen und Erträge des Geschäftsjahres unabhängig von den Zeitpunkten der entsprechenden Zahlungen im Jahresabschluss zu berücksichtigen sind

Dieser in § 252 Abs. 1 Nr. 5 HGB explizit genannte Grundsatz entstammt dem angelsächsischen Kulturkreis und wird dort „accrual concept" genannt. In Deutschland scheint es naturgegeben zu sein, dass Gewinne auf der Grundlage von Aufwendungen und Erträgen, nicht aber von Auszahlungen und Einzahlungen ermittelt werden. Folglich kennen wir einen vergleichbaren Grundsatz nicht. Er klingt, was die Aufwendungen betrifft, allenfalls in der sachlichen Abgrenzung an.

3. Ergänzende Grundsätze

a) Kontinuität

Bei der Kontinuität wird unterschieden zwischen der materiellen und der formellen Kontinuität.

Die *materielle Kontinuität* oder *Stetigkeit* wird bezogen auf die Bewertung in § 252 Abs. 1 Nr. 6 HGB als Sollvorschrift und bezogen auf die Gliederung für Kapitalgesellschaften i. w. S. in § 265 Abs. 1 HGB angesprochen. Hinter dem Prinzip der Stetigkeit steht ein einfacher Grundgedanke. Wenn Jahresabschlüsse immer wieder nach den gleichen Abbildungsregeln, also stetig aufgestellt werden, können sie Entwicklungen in der abzubildenden Realität besser und verlässlicher zum Ausdruck bringen, als wenn die Entwicklungen der Realität von Veränderungen der Abbildungsregeln überlagert würden. Die Jahresabschlüsse sind besser vergleichbar, soweit die mit erheblichen Mängeln behafteten Jahresabschlüsse überhaupt verlässliche Eindrücke vermitteln können.

Da beispielsweise originäres immaterielles Vermögen, wie Know-how, nicht aktiviert werden darf, ist die Vergleichbarkeit zwischen Perioden mit großen Anstrengungen um die Entwicklung von Knowhow und Perioden mit geringen Anstrengungen, in denen aber früher entwickeltes Know-how genutzt wird, trotz Stetigkeit nicht gewährleistet. In den angesprochenen Grenzen aber wird die Vergleichbarkeit der Jahresabschlüsse durch die Stetigkeit steigen. Das setzt allerdings Stetigkeit in verschiedenen Fragen voraus, nämlich

► gleich bleibende Gliederungen von Bilanz, GuV und Anhang im Zeitablauf,
► gleich bleibende Bewertungsmethoden im Sinne einer im Zeitablauf gleich bleibenden Ausübung von Bewertungswahlrechten im Jahresabschluss und
► gleich bleibender Kreis von Vermögen und Schulden im Sinne einer im Zeitablauf gleich bleibenden Ausübung von Bilanzierungswahlrechten.

Ob Stetigkeit als Gebot ein Grundsatz ordnungsmäßiger Buchführung ist oder ob es nur ein Ideal ist, dessen Verfolgung dem Kaufmann tatsächlich aber nicht zugemutet wird, lässt sich nicht mit Gewissheit sagen. Nach früherem Recht galt für Aktiengesellschaften der Grundsatz der Offenlegung von Stetigkeitsunterbrechungen. Aktiengesellschaften durften zwar gegen das Stetigkeitsgebot in Bilanz und GuV verstoßen, sie mussten diese Durchbrechung aber im Geschäftsbericht (heute Anhang genannt) offen legen und gegebenenfalls erläutern. Im derzeitigen Recht, das insoweit Ausdruck der aktuellen Auffassung über Stetigkeit zu sein scheint, wird Stetigkeit auch eher halbherzig gefordert. Hinsichtlich der Gliederung wird sie nur von Kapitalgesellschaften in § 265 Abs. 1 HGB verlangt, von diesen aber streng. Hinsichtlich der Bewertung findet sich zwar eine Forderung für alle Kaufleute, diese ist aber als „Soll"-Vorschrift eher weich und unklar formuliert. So gehen die Interpretationen dieser Vorschrift bereits von ‚sollen entspricht müssen mit Ausnahmen' *(Helmrich, WPg 1984, S. 628 f., zu den Ausnahmen vgl. Sonderausschuß Bilanzrichtlinien-Gesetz des IDW, SABI 2/87, WPg 1988, S. 49)*, wobei einige dieser Ausnahmen noch so gewählt wurden, dass sie praktisch jederzeit vorliegen, bis ‚sollen ist ein „Papiertiger"' *(Selchert, DB 1984, S. 1894).* Im Zusammenhang mit der Stetigkeit der „Bewertungsmethoden" wird auch darüber diskutiert, inwieweit die Wahl einer Bewertungsmethode für bestimmte Vermögensgegenstände dazu zwingt, die übrigen gleichartigen Vermögensgegenstände – auch wenn sie erst in späteren Jahren erworben wurden – nach derselben Methode zu bewerten *(Forster, in IDW, Bericht über die Fachtagung 1986, S. 30 f.)*. Hinsichtlich der Ausübung von Ansatzwahlrechten fehlt eine Stetigkeitsforderung im derzeitigen Recht überhaupt. Es hat also den Anschein, als werde auch in Zukunft die Forderung nach

Stetigkeit in Deutschland nicht ganz so ernst genommen (siehe dazu *Hafner, WPg 1985, S. 593-600*).

Die *formelle Kontinuität* oder *Bilanzidentität* der Bilanzen per Ende eines Geschäftsjahres und per Beginn des folgenden Geschäftsjahres ist dagegen ein unumstößlicher Grundsatz ordnungsmäßiger Buchführung und wird als solcher auch streng in § 252 Abs. 1 Nr. 1 HGB gefordert. So unscheinbar dieser Grundsatz erscheint, so groß ist seine Bedeutung. Zusammen mit der Forderung der Kongruenz (alle nicht auf Einlagen oder Entnahmen der Eigner beruhenden Veränderungen des Eigenkapitals müssen sich vollständig und genau einmal in einem Periodenerfolg niederschlagen) stellt der Grundsatz sicher, dass die Summe der Periodengewinne dem Totalgewinn entspricht, denn er verhindert, dass zwischen den Jahren Gewinne durch Wertdifferenzen von Schlussbilanz und Eröffnungsbilanz des Folgejahres geschaffen oder beseitigt werden können. Wichtig ist der Grundsatz für die Eigner, denen aufgrund etwa von Realisations- und Imparitätsprinzip zwar zugemutet wird, dass sie lange auf ihren Gewinn warten müssen, die aber aufgrund der Bilanzidentität sicher sein können, dass sie alle Gewinne, die tatsächlich erzielt wurden, irgendwann einmal bekommen müssen.

b)   Grundsatz der Vorsicht

Der Grundsatz der Vorsicht, der in § 252 Abs. 1 Nr. 4 HGB explizit genannt wird, besitzt aufgrund der überragenden Rolle, die der Gläubigerschutzgedanke im deutschen Bilanzrecht spielt, eine traditionell große Bedeutung. Er kommt in der später noch im Detail zu beschreibenden großen Zurückhaltung zum Ausdruck, die bei den Entscheidungen geübt wird, ob überhaupt ein aktivierbarer Vermögensgegenstand vorliegt oder nicht. Er kommt ferner in den Grundsätzen der Realisation und der Imparität auch bereits deutlich und verbindlich zum Ausdruck. Inwieweit allerdings Vorsicht über die zurückhaltende Vermögensdefinition, Realisation und Imparität hinaus in dem Sinne, dass der Kaufmann sich im Zweifel eher ärmer rechnen soll, noch ein Grundsatz ordnungsmäßiger Buchführung ist, wird in der Fachwelt sehr kontrovers diskutiert. Wird Vorsicht nämlich weit ausgelegt und als Rechtfertigung angesehen, um angesichts der jederzeit drohenden Risiken stets und überall Vermögen niedrig und Schulden hoch bewerten zu dürfen, führt sie nicht nur zur Verfälschung der Jahresabschlüsse, sondern auch zur Gefährdung der Gläubiger, trägt also dazu bei, dass das ursprüngliche Ziel der Vorsicht gerade nicht erreicht wird. Bei übertrieben vorsichtiger Bewertung können erfolgreiche Unternehmen sämtliche Gewinne durch niedrige Bewertung des Vermögens verbergen. Geht es diesen Unternehmen dann aber in späteren Jahren schlecht, profitieren sie von der niedrigen Bewertung des Vermögens. Der Verbrauch dieses Vermögens ist mit nur geringen Aufwendungen verbunden, so dass die negative Entwicklung nach außen verborgen bleiben kann, denn wegen der niedrigen Aufwendungen muss eventuell immer noch kein Verlust ausgewiesen werden (so schon *Schmalenbach, Dynamische Bilanz, 4. Aufl., S. 111*). Für die Gläubiger liegt darin eine große Gefahr. Sie können nicht mehr erkennen, wann aus einem erfolgreichen Unternehmen ein verlustbringendes wird. Sie geben vielleicht weiterhin bedenkenlos Kredite, wenn es schon angebracht ist, vorsichtig zu sein und den Schuldner zur Krisenbewältigung anzuregen.

Vorsicht im Sinne des Gebots, dass der Kaufmann sich im Zweifel eher ärmer rechnen soll, gilt — von einer Ausnahme abgesehen — nach aktuellem Recht auch nur in engen Grenzen.

Nach dem Grundsatz der Vorsicht ist bei Unsicherheit über die Größe eines Wertes nicht der wahrscheinlichste Wert oder ein Mittelwert, sondern ein tendenziell etwas pessimistischer Wert anzusetzen *(ADS, 6. Aufl., § 252 HBG, Tz. 68)*. Es darf also nicht der Wert gewählt werden, der im ungünstigsten

Falle zu erwarten ist, aber vielleicht ein Wert, der nur mit etwa 20 % Wahrscheinlichkeit unterschritten wird. Nach dem Grundsatz der Vorsicht sind zudem Aufwendungen für die Ingangsetzung des Geschäftsbetriebs und dessen Erweiterung in den folgenden Geschäftsjahren zu mindestens 25 % abzuschreiben.

In einer nicht unproblematischen und kontrovers diskutierten Auslegung des Grundsatzes der Vorsicht hat der Gesetzgeber den Personenunternehmen (Einzelkaufleuten und Personenhandelsgesellschaften i. e. S.) und Genossenschaften, nicht aber den Kapitalgesellschaften i. w. S., das Recht eingeräumt, zusätzlich zu den nach anderen Vorschriften geregelten Abschreibungen „im Rahmen vernünftiger kaufmännischer Beurteilung" abzuschreiben (§§ 253 Abs. 4, 279 Abs. 1 Satz 1, 336 Abs. 2 HGB). Da durch die vernünftige kaufmännische Beurteilung ein wenig klar abgegrenzter Rahmen für die Abwertung von Vermögen definiert wird, schafft diese Vorschrift Personenunternehmen und Genossenschaften einen beachtlichen Ermessensspielraum, den man positiv, aber auch negativ bewerten kann. M. E. geht er über die gebotene Vorsicht hinaus.

c)   Grundsatz der Unternehmensfortführung (going concern Prinzip)

Speziell bei der Bewertung im handelsrechtlichen Jahresabschluss „ist von der Fortführung der Unternehmenstätigkeit auszugehen, sofern dem nicht tatsächliche oder rechtliche Gegebenheiten entgegenstehen" (§ 252 Abs. 1 Nr. 2 HGB). Nach diesem für den Charakter des handelsrechtlichen Jahresabschlusses zentralen Prinzip dürfen grundsätzlich die Vermögensgegenstände nicht mit Liquidationswerten – Werten also, die bei einer Zerschlagung und Liquidation unter mehr oder weniger großem Zeitdruck zu erzielen sind – und Schulden nicht unter Berücksichtigung derjenigen Lasten angesetzt werden, die erst im Falle der Liquidation oder Zerschlagung entstehen. Es dürfen also ohne konkreten Anlass keine Sozialplanansprüche oder Abfindungen allein mit der Begründung passiviert werden, dass in dem – noch nicht absehbaren – Falle einer Zerschlagung solche Ansprüche gestellt werden.

Fortführung der Unternehmenstätigkeit bedeutet allerdings auch nicht, dass das Vermögen auf der Grundlage der diskontierten künftigen Einzahlungserwartungen zu bewerten ist. Es bedeutet vielmehr, dass das Vermögen grundsätzlich auf der Grundlage anschaffungspreisorientierter Werte zu bewerten ist und dass speziell abnutzbare Gegenstände des Anlagevermögens planmäßig über ihre bei Fortsetzung der Unternehmenstätigkeit zu erwartende Nutzungsdauer abgeschrieben werden müssen. Der Gehalt des going concern Prinzips wird am Beispiel der planmäßigen Abschreibung besonders deutlich. Ein Unternehmen, das Geschäftsfahrzeuge besitzt und nutzt, muss diese planmäßig abschreiben. Dabei kann die Wertminderung zwischen den Anschaffungskosten einerseits und dem voraussichtlichen Restwert nach den angenommenen 6 Jahren Regelnutzungsdauer andererseits beispielsweise in 6 gleichen Teilen auf die Nutzungszeit verteilt werden. Es widerspricht aber dem going concern Prinzip, wenn die Abschreibungen entsprechend den Wertminderungen nach einer Gebrauchtwagenpreisliste (Schwackeliste z. B.) bemessen werden.

Das going concern Prinzip gilt nur solange, als „nicht tatsächliche oder rechtliche Gegebenheiten entgegenstehen". Es gilt nach herrschender Meinung nicht mehr, wenn das Unternehmen nach dem Willen der Inhaber ganz oder teilweise liquidiert werden soll und wenn es mit Sicherheit unfreiwillig in die Insolvenz treibt. Speziell in dem zuletzt genannten Fall ist jedoch nur mit Zurückhaltung vom going concern Prinzip abzugehen. Die Entscheidung, von Fortführungs- auf Zerschlagungswerte überzugehen, darf einer Insolvenz nur Rechnung tragen, darf sie aber nicht auslösen. Auch ist zu überlegen, ob nicht trotz Insolvenz bei verbaler Beschreibung der eingetretenen Situation die nachprüfbaren Fort-führungswerte den nur in vagen Grenzen schätzbaren Liquidationswerten überlegen sind *(Moxter, WPg 1980, S. 345-351)*.

d) Grundsatz der Wesentlichkeit (materiality)

Nach diesem Grundsatz sind im Jahresabschluss nur alle wesentlichen, also für den Jahresabschluss-benutzer und dessen Entscheidungen wichtigen Informationen offen zu legen. Unwesentliche Informationen dagegen dürfen vernachlässigt, verkürzt oder verdichtet werden. Der Grundsatz der Wesentlichkeit ergänzt hier den der Klarheit. Problematisch ist es natürlich, entscheiden zu müssen, was wesentlich ist und was nicht. Problemlos lässt sich aus dem Grundsatz der Wesentlichkeit aber ableiten, dass Centbeträge nicht in der Bilanz ausgewiesen werden müssen. Auch in R 5.4 Abs. 3 und 6.13 Abs. 2 EStR sowie § 6 Abs. 2 EStG kommt der Grundsatz der Wesentlichkeit zum Ausdruck, denn es werden Grundlagen dafür geschaffen, dass geringstwertige Gegenstände des Anlagevermögens mit einem Wert bis zu 60 €, ab 2008 150 €, nicht in Inventar und Bilanz aufgenommen werden.

4. Dokumentationsgrundsätze

a) Belegprinzip

Nach dem Belegprinzip darf keine Buchung ohne Beleg erfolgen. Um die Vorteile der technischen Entwicklung nicht zunichte zu machen, reicht es allerdings aus, wenn diese Belege maschinenles-bar sind und jederzeit optisch lesbar gemacht werden können. Die Belege sollten dabei Belegtext, Buchungsbetrag, Aussteller des Belegs, Ausstellungsdatum, Buchungsdatum, Kontierung und Beleg-nummer ausweisen, so dass die Verbindung zwischen Geschäftsvorfall und Buchung hergestellt werden kann.

b) Grundsatz des systematischen Aufbaus

Den Konten muss ein systematischer, detaillierter Kontenplan zugrunde liegen, der das Auffinden der Konten erleichtert und dazu beiträgt, dass nicht ein beachtlicher Teil der Buchungen auf Konten „pro diverse" vorgenommen wird.

c) Grundsatz der Sicherung der Vollständigkeit, Zuverlässigkeit und Ordnungsmäßigkeit des Rechnungswesens durch ein angemessenes internes Kontrollsystem

Damit Buchhaltung und Bilanz den gesetzlichen Anforderungen entsprechen, muss ein wirksames, auf die Verhältnisse des jeweiligen Unternehmens abgestimmtes und wirtschaftliches internes Kontrollsystem eingerichtet werden. Dieses Kontrollsystem umfasst technische Kontrollmaßnahmen, wie vorgedruckte Formulare, Prüfziffern innerhalb der Kontonummern oder die Abstimmungsmög-lichkeit über die Doppik, organisatorische Kontrollmaßnahmen, wie eine geeignete Aufgliederung der Gesamtaufgabe, die den Mitarbeitern klare, zu bewältigende, aber auch möglichst so abgegrenzte

Aufgabengebiete zuweist, dass sich die Mitarbeiter gegenseitig überwachen, eine geeignete Auswahl der Mitarbeiter und einen periodischen Wechsel in den Positionen (job rotation), sowie angemessene Kontrollen durch Vorgesetzte. Das interne Kontrollsystem muss dabei auch dafür sorgen, dass die gesetzlichen Anforderungen des § 239 Abs. 3 HGB erfüllt werden, Eintragungen in die Bücher also nicht so verändert werden können, „dass der ursprüngliche Inhalt nicht mehr feststellbar ist", und stets erkennbar bleibt, wann Eintragungen vorgenommen wurden.

d)   Grundsatz der verständlichen Aufzeichnung

Der Kaufmann hat sich, wie in § 239 Abs. 1 HGB ausdrücklich gefordert wird, „einer lebenden Sprache zu bedienen" und darf Abkürzungen, Ziffern und Buchstaben oder Symbole nur dann verwenden, wenn deren Bedeutung eindeutig festliegt.

Fragen:

1. Inwieweit sind GoB gesetzlich festgelegt?

2. Welche Bedeutung haben die GoB, wenn es keine gesetzlichen Regelungen gibt?

3. Welche Methoden zur Ermittlung der GoB gibt es?

4. Die Glorius GmbH übergibt am 30.12.2006 Maschinen im Verkaufswert von 30 000 € (Herstellungskosten 20 000 €) dem Spediteur X, der die Maschinen bei der Findig AG am 5.1.2007 abliefert. Vertragsgemäß hat die Glorius GmbH mit der Übergabe an den Spediteur alle ihre Verpflichtungen erfüllt. Die Findig AG zahlt erst am 20.1.2007.

   Wie und mit welchem Wert schlägt sich das Geschäft in der Bilanz zum 31.12.2006 bei der Glorius GmbH nieder? Welcher GoB ist dabei zu berücksichtigen?

5. Aus den Lagerbüchern, Rechnungen und dem Konto Handelswaren der Findig AG ergibt sich per 31.12.2006 ein Bestand von 60 000 €. Bei der Inventur dagegen wurde ein Wert von nur 50 000 € ermittelt. Welcher dieser Werte ist maßgeblich, und aus welchen GoB folgt das?

6. Buchhalter Schlampig will die Forderungen gegenüber der Firma Bonität mit den Verbindlichkeiten gegenüber der Kontroll-Bank AG saldieren. Die Forderungen und Verbindlichkeiten betragen jeweils 50 000 € und sind beide am 1.1.2007 fällig. Darf Schlampig wegen des gleichen Betrages und wegen der gleichen Fälligkeit in der Bilanz saldieren? Welcher GoB wird in diesem Fall tangiert?

7. Schlampig durchforstet weiterhin seine Bücher. Er stellt fest, dass er gegenüber der Glücksklee-Bank auf dem Kontokorrent-Konto eine Verbindlichkeit von 12 000 € und auf dem Sparkonto mit einjähriger Kündigungsfrist ein Guthaben von 15 000 € hat. Schlampig will in der Bilanz unter Forderungen 3 000 € ausweisen. Darf er das?

8. Die Import AG hat sich in der Hoffnung steigender Ölpreise verpflichtet, per 5.1.2007 für 50 Mio. € Öl abzunehmen. Am 31.12.2006 ist absehbar, dass die Spekulation nicht aufgehen wird. Das Öl wird sich voraussichtlich nur zu 40 Mio. € verkaufen lassen. Unter welcher Position und in welcher Höhe schlägt sich dieses Geschäft in der Bilanz zum 31.12.2006 nieder? Welche GoB werden in diesem Fall tangiert?

9. Dürfen Kasse und Forderungen in einer Bilanzposition ausgewiesen werden? Welcher GoB regelt das?

10. Zu welchem GoB ist die Gruppenbewertung eine Ausnahme?

11. Schlampig hat den Bestand an Schrauben zweimal (durch Wiegen) gezählt. Bei der ersten Zählung zählte er 3 450 Schrauben, bei der zweiten Zählung 10 Schrauben mehr. Eine Schraube hat den Wert von 0,10 €. Muss er eine dritte Zählung durchführen? Welcher GoB wird in diesem Fall tangiert?

12. Am 10.1.2007 erfährt die Findig AG, dass ihr Kunde Dubios am 20.12.2006 einen Insolvenzantrag gestellt hat. Die Findig AG, die gegenüber Dubios noch eine Forderung von 100 000 € hat, rechnet nach einem Hinweis des Insolvenzverwalters mit einer Quote von 5 % bei Dubios. Mit welchem Wert ist die Forderung in der Bilanz zum 31.12.2006 bei der Findig AG anzusetzen? Welche Prinzipien sind bei der Bilanzaufstellung zu berücksichtigen?

13. Was besagt der Grundsatz der formellen Kontinuität (Bilanzidentität)?

14. Ein Unternehmen errichtete eine Düngemittelfabrik im Sudan. Bis nach der Übergabe der Fabrik 2004 wurden die Risiken aus Gewährleistungen auf umgerechnet 10 Mio. € geschätzt. Erst im Jahr 2006 stellt sich heraus, dass bei der Konstruktion ein Fehler unterlief. Im Produktionsprozess entstehen vorübergehend stark giftige Gase, die bei einem Unfall freigesetzt würden. Um den Unfallrisiken vorzubeugen, ist ein Umbau erforderlich, der 30 Mio. € kostet. 2007 wird der Umbau erfolgen. In welchem Jahr werden die zusätzlichen Risiken von (30 − 10 =) 20 Mio. € erfolgswirksam? Welcher GoB wird in diesem Fall tangiert?

15. Um von den Kredit gebenden Banken stets als kreditwürdig eingestuft zu werden und um einen möglichst gleich bleibenden Gewinn ausweisen zu können, will eine OHG jährlich ihre Methoden planmäßiger Abschreibung variieren. Welcher Grundsatz ordnungsmäßiger Buchführung wird von dieser Vorgehensweise tangiert, und was sagt das HGB zu diesem Plan?

Literaturhinweise:

Insbesondere da die Grundsätze ordnungsmäßiger Buchführung explizit Eingang in den § 252 Abs. 1 HGB gefunden haben, werden sie in den am Anfang des Teils 2 aufgeführten Kommentaren jeweils eingehend erläutert.

Eine bewährte, umfassende Diskussion der GoB findet sich bei **Leffson, Ulrich:** Die Grundsätze ordnungsmäßiger Buchführung, 7. Aufl., Düsseldorf 1987.

Der gleiche Autor hat seine Überlegungen zusammengefasst in **Leffson, Ulrich:** Bedeutung und Ermittlung der Grundsätze ordnungsmäßiger Buchführung, in: Handbuch des Jahresabschlusses in Einzeldarstellungen (HdJ), hrsg. von Klaus von Wysocki und Joachim Schulze-Osterloh, Abt. I/2, Köln 1984.

Einen Überblick aus der Perspektive speziell des Spannungsverhältnisses zwischen Rechtswissenschaft und Betriebswirtschaftslehre bietet **Baetge, Jörg/Kirsch, Hans-Jürgen:** Grundsätze ordnungsmäßiger Buchführung, in: **Küting, Karlheinz/Weber, Claus-Peter** (Hrsg.): Handbuch der Rechnungslegung, Band Ia, 4. Aufl., Stuttgart 1995, S. 135-173.

Die Stetigkeit spielt in der Diskussion über das Bilanzrichtlinien-Gesetz eine besonders große Rolle. Einblicke in die Diskussion zu diesem Thema geben **Forster, Karl-Heinz:** Bewertungsstetigkeit – was sie ist und was sie nicht ist, in: Der Wirtschaftsprüfer im Schnittpunkt nationaler und internationaler Entwicklungen, Festschrift für Klaus von Wysocki, hrsg. von Gerhard Gross, Düsseldorf 1985, S. 9-43 und **Hafner, Ralf:** Der Grundsatz der Bewertungsstetigkeit nach § 252 Abs. 1 Nr. 6 HGB, in: WPg, 38. Jg., 1985, S. 593-600.

III. Die Maßgeblichkeit der Handelsbilanz für die Steuerbilanz

A. Einführung

> **Lernziel:**
> Sie sollen sich mit dem Gedanken vertraut machen, dass Handels- und Steuerbilanz nicht voneinander unabhängig sind!

Stärker als in den übrigen Ländern der Welt hängen in Deutschland Handelsbilanz und Steuerbilanz voneinander ab. Der Kaufmann kann nicht Handelsbilanz und (Ertrag-)Steuerbilanz unabhängig voneinander erstellen und in der Handelsbilanz eine ihm genehme Ausschüttungsgrenze vorzugeben oder einen ihm geeignet erscheinenden Eindruck nach außen zu erwecken versuchen, während er sich gleichzeitig völlig frei fühlt, in der Steuerbilanz den Barwert seiner Steuerbelastung zu minimieren. Häufig, aber natürlich nicht immer, binden ihn seine Entscheidungen in der Handelsbilanz, und ein Teil der handelsrechtlichen Vorschriften gilt auch für die Steuerbilanz. Im Rahmen der handelsrechtlichen Bilanzierung ist das insoweit wichtig, als die steuerlichen Folgen mit bedacht werden müssen.

Das Verhältnis zwischen handelsrechtlichen Vorschriften bzw. Handelsbilanz einerseits und steuerrechtlichen Vorschriften bzw. Steuerbilanz andererseits, das in Deutschland unter der Bezeichnung „Maßgeblichkeit" erfasst wird, ist allerdings einigermaßen komplex, so dass eine systematische Erörterung notwendig wird. Das soll im Folgenden versucht werden, indem nacheinander die vier Aspekte der Maßgeblichkeit behandelt werden, nämlich

▶ die Maßgeblichkeit der handelsrechtlichen GoB für die Steuerbilanz (materielle Maßgeblichkeit),
▶ die Maßgeblichkeit konkret in der Handelsbilanz gewählter GoB-konformer Werte für die Steuerbilanz (formelle Maßgeblichkeit),
▶ die Maßgeblichkeit GoB-fremder steuerrechtlicher Ansatz- und Bewertungswahlrechte für die Handelsbilanz (umgekehrte Maßgeblichkeit) sowie
▶ die formelle Maßgeblichkeit der Handelsbilanz für die Steuerbilanz im Hinblick auf GoB-fremde steuerrechtliche Passivposten und Wertansätze (formelle Maßgeblichkeit im Rahmen der umgekehrten Maßgeblichkeit).

Nicht nur die Komplexität der Maßgeblichkeitsausprägungen, sondern vor allem auch die diesbezüglich äußerst unklare Rechtslage machen die Darstellung der Maßgeblichkeit schwierig. Einer herrschenden Meinung, die alle genannten Formen der Maßgeblichkeit als gesichert ansieht, steht eine wachsende Zahl skeptischer Autoren gegenüber, die auf der Grundlage guter Argumente vor allem die gesetzliche Absicherung der formellen Maßgeblichkeit und der materiellen Maßgeblichkeit handelsrechtlicher GoB für die Bewertung in Zweifel ziehen. Diese verwirrende Kontroverse kann hier nur in Ansätzen angedeutet werden. Die Ausführungen werden im Wesentlichen auf die Darstellung der herrschenden Meinung beschränkt, die alle vier Aspekte der Maßgeblichkeit als gesichert ansieht.

Speziell im Rahmen der Darstellung der materiellen Maßgeblichkeit müssen handelsrechtliche Bilanzierungswahlrechte angesprochen werden, die in diesem Buch erst später dargestellt und erläutert werden. Da sich das vorliegende Kapitel über Maßgeblichkeit an späteren Stellen des Buches schwerlich einordnen lässt, wird der Leser gebeten, die Wahlrechte entweder als gegeben hinzunehmen oder seinen Wissensdurst durch einen Blick in die entsprechenden späteren Passagen zu stillen.

B.   Die Maßgeblichkeit der handelsrechtlichen GoB für die Steuerbilanz (materielle Maßgeblichkeit)

> **Lernziel:**
> Sie sollen erfahren, wann und in welcher Form handelsrechtliche GoB für die Steuerbilanz maßgeblich sind und welche Ausnahmen es dazu gibt!

1.   Grundsatz

Wer nach steuerrechtlichen Vorschriften eine Steuerbilanz zu erstellen hat, wird in § 5 Abs. 1 Satz 1 EStG auf die handelsrechtlichen GoB verwiesen. „Bei Gewerbetreibenden, die auf Grund gesetzlicher Vorschriften verpflichtet sind, Bücher zu führen und regelmäßig Abschlüsse zu machen, oder die ohne eine solche Verpflichtung Bücher führen und regelmäßig Abschlüsse machen, ist für den Schluss des Wirtschaftsjahrs das Betriebsvermögen anzusetzen ..., das nach den handelsrechtlichen Grundsätzen ordnungsmäßiger Buchführung auszuweisen ist." Obwohl diese Vorschrift explizit nur die Maßgeblichkeit handelsrechtlicher GoB für die Steuerbilanz anspricht, sind natürlich implizit auch diejenigen konkreten handelsrechtlichen Rechnungslegungsvorschriften maßgeblich, die GoB zum Ausdruck bringen.

Materielle Maßgeblichkeit handelsrechtlicher GoB für die Steuerbilanz läuft in der Praxis nur ausnahmsweise – etwa beim strengen Niederstwertprinzip oder bei der Pflicht zum Ansatz von Rückstellungen für ungewisse Verbindlichkeiten – auf einen „Export" vom Handels- ins Steuerrecht hinaus. Da ungeklärte Grundfragen der Bilanzierung eher aus steuer- als aus handelsrechtlicher Sicht zu gerichtlichen Auseinandersetzungen führen und weil solche Fragen von den Steuergerichten häufig nur durch die Auslegung der für das Steuerrecht maßgeblichen GoB entschieden werden können, stammt ein Großteil der GoB-Interpretationen von den Steuergerichten. Dabei lassen sich die Richter nicht unbedingt von dem Ziel leiten, GoB aus dem handelsrechtlichen Funktions- und Wertezusammenhang fortzuentwickeln. Vielmehr überwiegt die Ansicht, dass auch die materielle Maßgeblichkeit „aus der Systematik des Einkommensteuerrechts und nach den dem Einkommensteuergesetz immanenten Zwecken auszulegen" ist *(Beisse, BB 1980, S. 638)*. Das ist einer der beiden zentralen Gründe, warum die deutsche Handelsbilanz weltweit als „tax driven" *(Kleber, BFuP 1993, S. 385)* beargwöhnt wird.

Materielle Maßgeblichkeit bedeutet außerdem nicht, dass allein die handelsrechtlichen GoB und die GoB-konformen handelsrechtlichen Rechnungslegungsvorschriften für die Steuerbilanz relevant sind. Vielmehr sind sie nur so lange für die Steuerbilanz maßgeblich, wie eine steuerrechtliche Spezialvorschrift nichts Abweichendes bestimmt, denn dann geht die steuerrechtliche Spezialvorschrift vor.

Praktisch bedeutet das Folgendes:

Soweit handelsrechtlichen Vorschriften *zwingende steuerrechtliche Vorschriften* entgegenstehen, gelten für die Steuerbilanz allein die zwingenden Vorschriften des Steuerrechts.

Stehen den handelsrechtlichen Vorschriften dagegen steuerrechtliche Vorschriften gegenüber, die ein *Wahlrecht* gewähren, so muss zwar unterschieden werden, die Lösungen dürften aber in allen Fällen den Erwartungen aus der Grundregel entsprechen. Ist der Wert nach handelsrechtlichen Vorschriften fest und im Rahmen der steuerrechtlichen Grenzen zulässig, so muss er auch in der Steuerbilanz angesetzt werden. Ist der handelsrechtliche Wert dagegen unzulässig, dann darf nur ein nach Steuerrecht zulässiger Wert angesetzt werden. Lässt sowohl das Handelsrecht als auch das Steuerrecht je einen Spielraum für den Wert, dann engt der handelsrechtliche Spielraum den Spielraum in der Steuerbilanz ein, wenn er nur einen Teil des steuerrechtlichen Spielraums umfasst. Der handelsrechtliche Spielraum ist steuerrechtlich irrelevant, wenn er sich mit dem steuerrechtlichen Spielraum nicht überschneidet.

Stehen schließlich den handelsrechtlichen Vorschriften *keinerlei besondere steuerrechtliche Vorschriften gegenüber,* so muss sehr genau differenziert werden, weil der Grundsatz in zwei Fällen entgegen der Erwartung ausgelegt wird *(BFH Beschluß vom 3.2.1969 – GrS 2/68, BStBl II 1969, S. 293)*:

► Handelt es sich bei der handelsrechtlichen Vorschrift um eine zwingende, kein Wahlrecht einräumende Vorschrift, so gilt diese *zwingende Vorschrift* auch für die Steuerbilanz.

► Handelt es sich bei der handelsrechtlichen Vorschrift um eine Bewertungsvorschrift – eine Vorschrift, die festlegt, wie ein Vermögensgegenstand oder eine Schuld zu bewerten ist – und räumt diese handelsrechtliche Bewertungsvorschrift ein Wahlrecht ein, dann gilt das *Bewertungswahlrecht* auch für die Steuerbilanz.

► Handelt es sich bei der handelsrechtlichen Vorschrift aber um eine Vorschrift, die das Recht einräumt, etwas unter die Aktiva in der Handelsbilanz aufzunehmen oder nicht – ein so genanntes *Aktivierungswahlrecht* –, dann wird der Grundsatz eigenartigerweise folgendermaßen ausgelegt. Aus dem handelsrechtlichen Aktivierungswahlrecht wird – von Ausnahmen abgesehen – eine Aktivierungspflicht in der Steuerbilanz.

► Handelt es sich schließlich bei der handelsrechtlichen Vorschrift um eine, die das Recht einräumt, etwas unter die Passiva in der Handelsbilanz aufzunehmen oder nicht – ein so genanntes *Passivierungswahlrecht* –, dann wird der Grundsatz erneut ungewöhnlich ausgelegt. Aus dem handelsrechtlichen Passivierungswahlrecht wird in der Regel ein Passivierungsverbot in der Steuerbilanz.

Die zuletzt genannten, ungewöhnlich anmutenden Auslegungen des Grundsatzes der Maßgeblichkeit handelsrechtlicher GoB für die Steuerbilanz sollen durch Beispiele belegt werden.

Für unentgeltlich erworbene materielle Vermögensgegenstände, Sachen also, die ein Unternehmen geschenkt bekommen hat, räumen die handelsrechtlichen GoB nach herrschender Meinung ein Ansatzwahlrecht ein: Der Kaufmann darf sie aktivieren, muss das aber nicht. (Eine Ausnahme bildet Geld: Wenn das Unternehmen Geld geschenkt bekommt, muss es aktiviert werden.) Steuerrechtlich gilt bei unentgeltlicher Übertragung, soweit diese aus betrieblichem Anlass geschieht, eine Aktivierungspflicht zum gemeinen Wert (§ 6 Abs. 4 EStG). Fallen bei einem Darlehen Auszahlungsbetrag von beispielsweise 95 und Rückzahlungsbetrag am Ende der Laufzeit von beispielsweise 100 auseinander, so darf nach § 250 Abs. 3 HGB, der insoweit handelsrechtliche GoB zum Ausdruck bringt, der Unterschiedsbetrag von 5 aktiviert werden. (Natürlich muss er über die Laufzeit des Darlehens abgeschrieben werden.) Soweit das Disagio im Steuerrecht nicht unter aktive Rechnungsabgrenzungsposten subsumiert wird, für die es eine besondere Ansatzpflicht in § 5 Abs. 5 Satz 1 Nr. 1 EStG gibt, lässt sich die Pflicht zum Ansatz des Disagios in der Steuerbilanz auch aus dem handelsrechtlichen Ansatzwahlrecht und aus der materiellen Maßgeblichkeit herleiten. Beim entgeltlich erworbenen (derivativen) Geschäfts- oder Firmenwert räumt das Handelsrecht ebenfalls ein Aktivierungswahlrecht ein, während im Steuerrecht von der Ansatzpflicht eines – zurzeit abnutzbaren – Wirtschaftsgutes ausgegangen wird. Zählt trotz fehlender Einzelverwertbarkeit der Firmenwert zu den immateriellen Wirtschaftsgütern, bestätigt § 5 Abs. 2 EStG dieses Ergebnis.

Ist ein Unternehmen wegen des Weihnachtsgeschäfts nicht mehr dazu gekommen, eine Maschine warten zu lassen, obwohl sie laut Instandhaltungsplan im Dezember hätte gewartet werden müssen, und soll die Wartung erst im Sommer des folgenden Jahres nachgeholt werden, so besteht handelsrechtlich ein Wahlrecht, Rückstellungen für die Kosten der Instandhaltung zu passivieren (§ 249 Abs. 1 Satz 3 HGB, der insoweit GoB ausdrückt). Steuerrechtlich ist der Ansatz dieser Rückstellungen verboten. Allerdings muss beachtet werden, dass bei Instandhaltungsrückstellungen hinsichtlich der Nachholungsfrist handelsrechtlich zwischen den ersten 3 und den letzten 9 Monaten des folgenden Geschäftsjahres unterschieden wird. Bei Nachholung innerhalb der ersten drei Monate gilt handelsrechtlich eine Passivierungspflicht – und damit auch steuerrechtlich eine Passivierungspflicht. Das handelsrechtliche Passivierungswahlrecht, das steuerlich zum Passivierungsverbot wird, besteht nur bei Nachholung innerhalb der letzten 9 Monate des folgenden Jahres. Auch bei der Aufwandsrückstellung nach § 249 Abs. 2 HGB wird das handelsrechtliche Passivierungswahlrecht steuerrechtlich zum Passivierungsverbot.

Nach Beendigung des Vertragsverhältnisses haben Handelsvertreter gemäß § 89b HGB Anspruch auf einen angemessenen Ausgleich, „wenn und soweit der Unternehmer aus der Geschäftsverbindung mit neuen Kunden, die der Handelsvertreter geworben hat, auch nach Beendigung des Vertragsverhältnisses erhebliche Vorteile hat". Da in diesem Fall „Mehrfachverursachung" *(Moxter, Bilanzrechtsprechung, 5. Aufl., S. 110 f.)* durch Schaffung der Geschäftsverbindung vor Vertragsende einerseits und durch die Vorteile aus der Geschäftsverbindung nach Vertragsende andererseits vorliegt, gehen die Meinungen darüber auseinander, ob der Unternehmer bei absehbarer Vertragsbeendigung eine Rückstellung für künftige Ausgleichsansprüche von Handelsvertretern bilden darf oder muss. Die handelsrechtliche Kommentierung neigt – sofern künftige Vorteile nicht aus guten Gründen unwahrscheinlich sind – weiterhin zur Annahme einer Passivierungspflicht, weil sie die Verursachung des Anspruchs in der Vergangenheit betont *(Kessler, in Küting/Weber, 4 Aufl., § 249 Rz. 148 f.)*. Wenn das zu dieser Frage ergangene Urteil des BGH vom 11.7.1966 *(II ZR 134/65)*, wonach „Rückstellungen für Ausgleichsansprüche von Handelsvertretern ... handelsrechtlich zulässig" sind, im Sinne eines Passivierungswahlrechts ausgelegt wird, wird aufgrund materieller Maßgeblichkeit das steuerliche Passivierungsverbot verständlich. Begründet wird das steuerliche Passivierungsverbot zusätzlich durch die Verbindung des Ausgleichsanspruchs zu den künftigen Vorteilen *(Moxter, Bilanzrechtsprechung, 5. Aufl., S. 111)*.

2. Ausnahmen

Von dem oben aufgestellten Grundsatz der Maßgeblichkeit handelsrechtlicher GoB für die Steuerbilanz gibt es natürlich Ausnahmen. Allerdings ist insoweit Vorsicht geboten, als voreilig Ausnahmen angenommen werden können. Wenn das Steuerrecht explizite Vorschriften enthält, gehen diese Vorschriften natürlich den handelsrechtlichen GoB vor, und es liegt nur scheinbar eine Ausnahme vor.

Eine nur scheinbare Ausnahme bilden etwa Pensionsansprüche, die vor dem 1.1.1987 erworben wurden. Für sie braucht nach neuem und altem Handelsrecht eine Pensionsrückstellung nicht gebildet zu werden (§ 152 Abs. 7 Satz 4 AktG 1965, Art. 28 Abs. 1 Satz 1 EGHGB). Dieses handelsrechtliche Passivierungswahlrecht bleibt wegen der das Wahlrecht explizit bestätigenden Vorschrift des § 6a EStG auch steuerrechtlich bestehen.

Eine echte Ausnahme dagegen liegt beim handelsrechtlichen Aktivierungswahlrecht hinsichtlich der „Aufwendungen für die Ingangsetzung des Geschäftsbetriebs und dessen Erweiterung" vor (§ 269 HGB). Dieses handelsrechtliche Aktivierungswahlrecht wird steuerrechtlich in ein Aktivierungsverbot umgedeutet, da aus steuerrechtlicher Sicht kein Wirtschaftsgut vorliegt, das man aktivieren kann. Im Kern bezweifelt die steuerliche Rechtsprechung damit, dass das handelsrechtliche Aktivierungswahlrecht den GoB entspricht.

Unklar ist die Rechtslage bei den Herstellungskosten, die sowohl in der Handels- als auch in der Steuerbilanz als Wertansatz für unfertige und fertige Erzeugnisse sowie für aktivierte Eigenleistungen vorgesehen sind (§§ 255 Abs. 2 Satz 1 HGB, 6 Abs. 1 Nr. 1, 2 und 5 EStG). Prinzipiell müssten die handelsrechtlichen Definitionsmerkmale aus § 255 Abs. 2 und 3 HGB auch für das Steuerrecht maßgeblich sein, weil in den Steuergesetzen eine entsprechende Definition fehlt. Dieser Standpunkt wird auch vom Bundesfinanzhof, etwa im Beschluss des Großen Senats vom 4.7.1990, scheinbar gestützt. Tatsächlich dürfte aber eine andere Ansicht vorherrschen. Gegründet auf rein äußerliche Übereinstimmungen zwischen § 255 Abs. 2 und 3 HGB einerseits und R 6.3 EStR andererseits wird davon ausgegangen, dass die zuletzt genannte steuerliche Verwaltungsvorschrift auch nach Inkrafttreten des Bilanzrichtlinien-Gesetzes noch die steuerrechtlichen Vorstellungen zu den Herstellungskosten zum Ausdruck bringt. Dabei wird übersehen, dass § 255 HGB und R 6.3 EStR tatsächlich in entscheidenden Details voneinander abweichen, so dass ein Festhalten an R 6.3 EStR nur noch gerechtfertigt werden könnte, wenn entweder die Herstellungskosten nach § 255 Abs. 2 und 3 HGB nicht den GoB entsprechen oder wenn bei den Herstellungskosten keine materielle Maßgeblichkeit vorliegt. Für beide Gründe gibt es keine schlüssigen Hinweise in der Literatur. Trotzdem wird an dem schon in der Bundestags-Drucksache 10/4268 auf S. 101 aufgestellten Widerspruch festgehalten, dass für die Herstellungskosten in der Steuerbilanz R 6.3 EStR gilt und dass sich dies durch die materielle Maßgeblichkeit von § 255 Abs. 2 und 3 HGB für die Steuerbilanz rechtfertigen lässt (vgl. auch S. 177 ff.).

C. Die Maßgeblichkeit konkret in der Handelsbilanz gewählter, GoB-konformer Werte für die Steuerbilanz (formelle Maßgeblichkeit)

Lernziel:

Sie sollen erfahren, dass die konkreten Wertansätze von Handels- und Steuerbilanz nicht voneinander unabhängig sind!

Für die Steuerbilanz sind nicht nur die handelsrechtlichen GoB maßgeblich, maßgeblich sind grundsätzlich auch die konkret in der Handelsbilanz gewählten Werte, soweit sie steuerrechtlich zugelassen sind. Wenn Handels- und Steuerrecht also Ansatz- oder Bewertungswahlrechte einräumen und in der Handelsbilanz eine Entscheidung hinsichtlich Bilanzansatz oder Bewertung getroffen wurde, die nicht gegen steuerrechtliche Vorschriften verstößt, so ist die Entscheidung in der Handelsbilanz grundsätzlich für die Steuerbilanz bindend: Ansatz und Bewertung aus der Handelsbilanz müssen in die Steuerbilanz übernommen werden.

Wie oben dargestellt wurde, gibt es beispielsweise für Pensionszusagen vor dem 1.1.1987 handelsrechtlich und steuerrechtlich ein explizites Passivierungswahlrecht. Dieses Wahlrecht kann aber in der Steuerbilanz nicht unabhängig von der Entscheidung in der Handelsbilanz ausgeübt werden. Nur wenn die Pensionsrückstellung in der Handelsbilanz gebildet wurde, darf sie auch in der Steuerbilanz angesetzt werden. (Das wird ausdrücklich bestätigt in R 41 Abs. 1 Satz 3 EStR i. V. m. Abschn. 41 Abs. 23 Satz 1 EStR 84, der nach R 6a Satz 3 EStR weiterhin gilt.)

Hinsichtlich der Bestimmungen über planmäßige Abschreibungen ist das Steuerrecht restriktiver als das Handelsrecht. Hat ein Kaufmann in seiner Handelsbilanz ein Abschreibungsverfahren und damit einen Wert gewählt, die beide steuerrechtlich zulässig sind, so bindet ihn seine Entscheidung auch für die Steuerbilanz. Abschreibungsverfahren und Wert müssen übernommen werden. Hat der Kaufmann dagegen in der Handelsbilanz eine Abschreibungsmethode gewählt, die steuerrechtlich nicht zulässig ist, so muss für die Steuerbilanz eine abweichende, steuerrechtlich zulässige Methode gewählt werden.

Wieweit der Grundsatz der formellen Maßgeblichkeit gilt und wo die Grenzen der formellen Maßgeblichkeit der Handelsbilanz für die Steuerbilanz letztlich liegen, lässt sich nicht genau sagen, denn die steuerrechtliche Rechtsgrundlage ist unklar und dementsprechend wird mit guten Gründen an der formellen Maßgeblichkeit gezweifelt. Aber auch bei Annahme der herrschenden Meinung gibt es Probleme. So soll die formelle Maßgeblichkeit dort ihre Grenze finden, wo der konkrete Wert in der Handelsbilanz gegen steuerrechtliche Vorschriften verstößt. Wenn sich aber – wie etwa bei der Regelung des Imparitätsprinzips durch Definition von Werten, auf die Vermögensgegenstände gegebenenfalls abzuwerten sind – zu vergleichbaren Sachverhalten in Handels- und Steuerrecht eigenständige Vorschriften finden, wird von der herrschenden Lehre trotzdem die Gültigkeit der formellen Maßgeblichkeit unterstellt. Der niedrigere Zeitwert aus der Handelsbilanz soll für die Steuerbilanz formell maßgeblich sein, obwohl das Steuerrecht als Wertansatz den niedrigeren Teilwert vorgibt, der sich teilweise erheblich vom Zeitwert unterscheidet.

D. Die Maßgeblichkeit GoB-fremder steuerrechtlicher Ansatz- und Bewertungsmöglichkeiten für die Handelsbilanz

> **Lernziel:**
> ► Sie sollen den Begriff, die Bedeutung und die Folgen der umgekehrten Maßgeblichkeit sowie der formellen Maßgeblichkeit im Rahmen der umgekehrten Maßgeblichkeit erkennen!
> ► Sie sollen erfahren, wie steuerrechtliche Abschreibungen bei unterschiedlichen Gesellschaftsformen berücksichtigt werden!

1. Eine Vorform umgekehrter Maßgeblichkeit

Wie bereits mehrfach angesprochen wurde, folgt aus der Maßgeblichkeit insbesondere der konkret in der Handelsbilanz gewählten Werte für die Steuerbilanz die Notwendigkeit, bei der Erstellung der Handelsbilanz an die Folgen für die Steuerbilanz zu denken. Insoweit binden nämlich die Entscheidungen in der Handelsbilanz die Steuerbilanz. Diese gedanklich berücksichtigte Rückwirkung der Steuerbilanz auf die Entscheidungen in der Handelsbilanz ist aber eher noch ein Teil der Maßgeblichkeit als eine Umkehrung der Maßgeblichkeit.

2. Der gordische Knoten aus umgekehrter Maßgeblichkeit und formeller Maßgeblichkeit im Rahmen der umgekehrten Maßgeblichkeit

Das Steuerrecht gewährt dem Steuerpflichtigen aus wirtschafts-, sozial-, konjunktur- und struktur-politischen Gründen sowie aus Billigkeitserwägungen heraus zahlreiche Rechte, überhöhte Abschreibungen vorzunehmen oder besondere Passivposten zu bilden *(subventionelle Steuervergünstigungen)*. Diese rein steuerrechtlichen Abschreibungen und Passivposten entsprechen nicht den handelsrechtlichen GoB. Sie dürften daher in der Handelsbilanz nicht angesetzt werden, wenn es keine Ausnahmegenehmigung gäbe.

a) Der Grundsatz der umgekehrten Maßgeblichkeit – eine handelsrechtliche Ausnahmegenehmigung

Diese erste Hürde wird im Handelsrecht durch die Ausnahmegenehmigungen in den Paragraphen 247 Abs. 3, 254, 273 und 279 Abs. 2 HGB (umgekehrte Maßgeblichkeit) für die Einzelabschlüsse aus dem Weg geräumt; für Konzernabschlüsse wurde die entsprechende Ausnahmegenehmigung in § 308 Abs. 3 HGB ab 1.1.2003 durch das TransPuG aber aufgehoben.

Nach § 254 HGB dürfen in der Handelsbilanz von Personenunternehmen auch Abschreibungen vorgenommen werden, „um Vermögensgegenstände des Anlage- und Umlaufvermögens mit dem niedrigeren Wert anzusetzen, der auf einer nur steuerrechtlich zulässigen Abschreibung beruht". § 247 Abs. 3 HGB ermöglicht Personenunternehmen den Ansatz von „Passivposten, die für Zwecke der

Steuern vom Einkommen und vom Ertrag zulässig sind ... Sie sind als Sonderposten mit Rücklageanteil auszuweisen und nach Maßgabe des Steuerrechts aufzulösen". Diese Rechte sind von nicht zu unterschätzender Bedeutung.

Steuerpflichtige, die im Inland ein privates Krankenhaus betreiben, durften bis 1995 unter bestimmten Bedingungen nach § 7f EStG zusätzlich zur planmäßigen Abschreibung bei beweglichen Wirtschaftsgütern des Anlagevermögens bis zu 50 % und bei unbeweglichen Wirtschaftsgütern des Anlagevermögens bis zu 30 % als Sonderabschreibung geltend machen. Diese Sonderabschreibung konnte nach freier Wahl im Jahr der Anschaffung oder in den vier folgenden Jahren vollständig oder verteilt auf mehrere dieser Jahre angesetzt werden. Bedingung ist, dass im Jahr der Anschaffung und im Jahr der Inanspruchnahme der Sonderabschreibung die Voraussetzungen des § 67 Abs. 1 oder 2 AO erfüllt sind. Mit dieser Vorschrift verfolgte der Gesetzgeber offensichtlich einen politischen Zweck. Wer ein privates Krankenhaus betreibt, in dem mindestens 40 % der Pflegetage auf Patienten mit einem niedrigen Pflegesatz entfallen, sollte schneller abschreiben können und damit vorübergehend weniger Steuern zahlen müssen. Er bekam eine Steuerstundung. Bei aller Schwierigkeit, den Verlauf der Abnutzung von Anlagegegenständen zu schätzen, lässt sich sicher sagen, dass Abschreibungen von bis zu 50 % über die planmäßigen Abschreibungen hinaus mit der tatsächlichen Entwertung solcher Anlagen nicht übereinstimmen. Auf die üblichen handelsrechtlichen Bewertungsregeln und GoB konnte eine entsprechende Bewertung in der Handelsbilanz also nicht gestützt werden, lässt man einmal die umstrittene und Kapitalgesellschaften versperrte Regelung des § 253 Abs. 4 HGB (Recht zur Bildung stiller Reserven) außer Betracht. Erst die §§ 254 und 279 Abs. 2 HGB machten daher den Weg für die steuerrechtlichen Abschreibungen in den handelsrechtlichen Jahresabschluss zumindest für Kapitalgesellschaften frei: Die erhöhte Absetzung nach § 7f EStG durfte auch in deren Handelsbilanzen vorgenommen werden (umgekehrte Maßgeblichkeit). Zurzeit noch in Kraft sind verschiedene vergleichbare Regelungen – etwa §§ 6b, 7g, 7h, 7i, 7k EStG, § 82f EStDV (Altbestände) oder §§ 7, 12 SchutzbauG –, sie alle stehen aber in weniger klarem Gegensatz zu den GoB, so dass die Besonderheit GoB-fremder Werte nicht deutlich wird. Ähnlich verhält es sich bei der degressiven AfA von Betriebsgebäuden gemäß § 7 Abs. 5 EStG. Gleichwohl darf auch sie im Blick auf die noch zu behandelnde formelle Maßgeblichkeit im Rahmen der umgekehrten Maßgeblichkeit in die Handelsbilanz übernommen werden.

Auch im Dienst eines gesamtwirtschaftlich sinnvollen Ziels steht die mit den GoB grundsätzlich unvereinbare Rücklage gemäß § 6b Abs. 3 EStG, die in der Steuerbilanz für Veräußerungsgewinne unter bestimmten Voraussetzungen und in bestimmten zeitlichen und betraglichen Grenzen zugelassen ist. Gemäß § 247 Abs. 3 HGB darf sie in der Handelsbilanz des Personenunternehmens und gemäß § 273 HGB auch in der Handelsbilanz der Kapitalgesellschaft als Sonderposten mit Rücklageanteil angesetzt werden.

b) Die formelle Maßgeblichkeit im Rahmen der umgekehrten Maßgeblichkeit

Die im Steuerrecht begründeten subventionellen Steuervergünstigungen in Form überhöhter Abschreibungen oder zusätzlicher Passivpositionen sowie die degressive AfA bei Betriebsgebäuden nach § 7 Abs. 5 EStG beispielsweise dürfen allerdings so ohne weiteres nicht in der Steuerbilanz geltend gemacht werden. Grundsätzlich erlaubt das Steuerrecht den Ansatz derartiger Vergünstigungen nur, wenn sie zuvor auch in der Handelsbilanz wahrgenommen wurden. Diese Bedingung, die hier als *formelle Maßgeblichkeit im Rahmen der umgekehrten Maßgeblichkeit* bezeichnet wird, hat der Gesetzgeber durch Satz 2 zu § 5 Abs. 1 EStG festzuschreiben versucht. Der Satz 2 lautet: „Steuerrechtliche Wahlrechte bei der Gewinnermittlung sind in Übereinstimmung mit der handelsrechtlichen Jahresbilanz auszuüben". Danach ist die Handelsbilanz auch im Hinblick auf *GoB-fremde* steuerrechtliche Abschreibungen und Passivposten formell für die Steuerbilanz maßgeblich: Abschreibungen nach § 7h EStG oder Rücklagen nach § 6b Abs. 3 EStG in der Steuerbilanz beispielsweise setzen entsprechende Abschreibungen bzw. Sonderposten mit Rücklageanteil in der Handelsbilanz voraus. Ohne die handelsrechtlichen Ausnahmegenehmigungen der umgekehrten Maßgeblichkeit (§§ 247 Abs. 3, 254, 273 und 279 Abs. 2 HGB) würden damit die subventionellen Steuervergünstigungen weitgehend ins Leere laufen. Bliebe ihnen die Handelsbilanz versperrt, fänden sie auch keinen Eingang in die Steuerbilanz, obwohl diese Vergünstigungen im Steuerrecht begründet sind.

Ausnahmen zum Grundsatz der formellen Maßgeblichkeit im Rahmen der umgekehrten Maßgeblichkeit kann es wegen § 5 Abs. 1 Satz 2 EStG nur geben, wenn andere steuerrechtliche Spezialvorschriften den Grundsatz ausdrücklich aufheben. Eine derartige Ausnahme gibt es – nachdem die Preissteigerungsrücklage ab dem 1.1.1990 nicht mehr neu gebildet werden darf und auch die Altbestände per 1.1.1997 aus den Bilanzen getilgt sein müssen – nur noch in Form eines exotischen Ausnahmefalls, der Rücklage nach § 3 des Gesetzes über steuerliche Maßnahmen bei der Stillegung von Steinkohlenbergwerken (BStBl I 1967, S. 204): Damit gilt der Grundsatz der formellen Maßgeblichkeit im Rahmen der umgekehrten Maßgeblichkeit praktisch ausnahmslos.

c) Die Differenzierung der umgekehrten Maßgeblichkeit für Personenunternehmen und Kapitalgesellschaften

Das Handelsrecht muss GoB-fremden Abschreibungen und Passivpositionen skeptisch gegenüberstehen, auch wenn die Übereinstimmung von Handels- und Steuerbilanz einen hohen Wert hat, weil sie die Rechnungslegung vereinfacht. Aus diesem Konflikt hat das Handelsrecht eine differenzierte Lösung gesucht.

Bei Personenunternehmen i. e. S. ist der Ansatz GoB-fremder Abschreibungen und Passivposten in der Handelsbilanz unabhängig davon erlaubt, ob das Steuerrecht die formelle Maßgeblichkeit im Rahmen der umgekehrten Maßgeblichkeit verlangt oder nicht (§§ 247 Abs. 3, 254 HGB). Dementsprechend durften Personenunternehmen i. e. S. sowohl für Rücklagen nach § 6b Abs. 3 EStG (formelle Maßgeblichkeit gilt) als auch für Altbestände von Preissteigerungsrücklagen (formelle Maßgeblichkeit gilt nicht) Sonderposten mit Rücklageanteil in der Handelsbilanz bilden. Der Gesetzgeber will Personenunternehmen i. e. S. also anscheinend eine Übereinstimmung von Handels- und Steuerbilanz in jedem Fall ermöglichen.

Kapitalgesellschaften i. w. S. hingegen stehen GoB-fremde Abschreibungen und Passivposten nach §§ 273, 279 Abs. 2 HGB in der Handelsbilanz nur offen, wenn ihr Ansatz in der Handelsbilanz Voraussetzung für einen entsprechenden Ansatz in der Steuerbilanz ist, wenn also – wie etwa bei den Abschreibungen nach § 7f EStG und der Rücklage gemäß § 6b Abs. 3 EStG – formelle Maßgeblichkeit im Rahmen der umgekehrten Maßgeblichkeit gefordert wird. Da GoB-fremde steuerrechtliche Abschreibungen und Passiva die Handelsbilanz deformieren, sollen sie bei Kapitalgesellschaften i. w. S. auf die Fälle beschränkt werden, bei denen die Deformation der Handelsbilanz erforderlich ist, damit diese Gesellschaften die steuerrechtlichen Vergünstigungen wahrnehmen können.

Die Rücklage nach § 3 des Gesetzes über steuerliche Maßnahmen bei der Stillegung von Steinkohlenbergwerken darf von Kapitalgesellschaften i. w. S. nicht in Form eines Sonderpostens mit Rücklageanteil in die Handelsbilanz übernommen werden, weil ihr Ansatz in der Steuerbilanz nach § 3 Abs. 5 ohne Ansatz in der Handelsbilanz zulässig ist, ausnahmsweise also keine formelle Maßgeblichkeit im Rahmen der umgekehrten Maßgeblichkeit gefordert wird. Diese steuerliche Rücklage – und eventuelle künftige steuerliche Rücklagen, die nicht einen entsprechenden Ansatz in der Handelsbilanz voraussetzen – schlägt sich in der Handelsbilanz der Kapitalgesellschaft i. w. S. in zwei Posten nieder.

Steuerfreie Rücklagen müssen grundsätzlich innerhalb eines vorgegebenen Zeitraums wieder gewinnerhöhend aufgelöst werden. Bei der Rücklage nach § 3 des Gesetzes über steuerliche Maßnahmen bei der Stillegung von Steinkohlenbergwerken sind es nach 4 Jahren ohne Auflösung 8 weitere Jahre, in denen die Rücklage – soweit sie nicht erfolgsneutral auf Ersatzwirtschaftsgüter übertragen wird – jährlich um jeweils 12,5 % zugunsten des Erfolgs abgebaut werden muss. Da aus dem so induzierten zusätzlichen Erfolg Steuern zu zahlen sein werden, umfasst die steuerfreie Rücklage aus handelsrechtlicher Sicht zwei Komponenten. Soweit der Zeitraum genau absehbar ist, in dem die durch die Rücklage vorübergehend unterdrückten Steuerlasten durch Auflösung der Rücklage wieder wirksam werden – für die Rücklage aus der Stillegung von Steinkohlenbergwerken wären das bei Nichtübertragung auf Ersatzwirtschaftsgüter 12 Jahre – sind in der Handelsbilanz Rückstellungen für latente Steuern nach § 274 Abs. 1 HGB zu bilden. Diese latenten Steuern werden auf S. 218 ff. noch näher beschrieben. Der Rest der steuerfreien Rücklage in der Steuerbilanz ist Erfolg nach Steuern, der auch als solcher im handelsrechtlichen Jahresabschluss enthalten ist.

Durch § 58 Abs. 2a AktG werden Vorstand und Aufsichtsrat der Aktiengesellschaft ermächtigt, diese Gewinne unmittelbar in Gewinnrücklagen einzustellen. Mit Zustimmung des Aufsichtsrats oder der Gesellschafter haben Geschäftsführer einer GmbH gemäß § 29 Abs. 4 GmbHG das gleiche Recht.

Die Differenzierung der umgekehrten Maßgeblichkeit für Personenunternehmen i. e. S. und für Kapitalgesellschaften i. w. S. hat allerdings mit der Abschaffung der Preissteigerungsrücklage per 1.1.1990 ihre Bedeutung weitestgehend eingebüßt, weil es nur in dem exotischen Fall der Rücklage bei Stilllegung von Steinkohlenbergwerken noch eine Ausnahme von der formellen Maßgeblichkeit im Rahmen der umgekehrten Maßgeblichkeit gibt, die Differenzierung also praktisch derzeit gegenstandslos geworden ist.

d)   Zur Terminologie

In den unmittelbar vorangegangenen Ausführungen wurde streng zwischen umgekehrter Maßgeblichkeit als Ergebnis der handelsrechtlichen Paragraphen 247 Abs. 3, 254, 273 und 279 Abs. 2 HGB einerseits und formeller Maßgeblichkeit im Rahmen der umgekehrten Maßgeblichkeit als steuerrechtlicher Bedingung speziell in § 5 Abs. 1 Satz 2 EStG andererseits unterschieden. In der Literatur wird diese Unterscheidung nicht immer so streng durchgehalten. Häufig wird alles unter der Bezeichnung umgekehrte Maßgeblichkeit zusammengefasst. Eine derart undifferenzierte Terminologie erschwert allerdings die Darstellung der Details.

3. Das Wahlrecht zwischen direkter und indirekter Abschreibung nach § 281 Abs. 1 HGB

Hinsichtlich des Ausweises der GoB-fremden, rein steuerrechtlichen Abschreibungen in der Handels-bilanz von Kapitalgesellschaften i. w. S. eröffnet § 281 Abs. 1 HGB ein zusätzliches Wahlrecht. Diese Abschreibungen dürfen entweder wie die GoB-konformen Abschreibungen und zusammen mit ihnen durch unmittelbare Verminderung der Werte auf der Aktivseite als direkte Abschreibung oder durch Bildung eines passiven Sonderpostens mit Rücklageanteil in Höhe der Differenz zwischen steuerrecht-lich eingeräumter und handelsrechtlich gebotener Abschreibung als indirekte Abschreibung berück-sichtigt werden. Die zweite Variante ist übrigens die einzige Ausnahme für indirekte Abschreibungen nach derzeitigem Recht.

An einem konkreten Beispiel zu dem bereits erwähnten § 7f EStG soll dieses Wahlrecht verdeutlicht werden. Es sei unterstellt, dass ein privates Krankenhaus, das den Bedingungen des § 67 I oder II AO genügt, 1995 ein bewegliches Anlagegut zu Anschaffungskosten von umgerechnet 40 000 € gekauft hat, welches 8 Jahre nutzbar ist und nach diesen 8 Jahren keinen Restwert mehr haben soll. Aus den handelsrechtlich zulässigen Abschreibungsverfahren sei der Einfachheit halber das lineare Verfahren ausgewählt worden. Die steuerliche Vergünstigung des § 7f EStG soll so ausgeschöpft werden, dass im Jahr der Anschaffung die volle Sonderabschreibung geltend gemacht wird. Im Zahlenbeispiel in Tabelle 3 werden planmäßige lineare Abschreibung ohne und mit direkter Sonderabschreibung sowie die „indirekte" Vorgehensweise mit Hilfe des Sonderpostens mit Rücklageanteil gegenübergestellt, wobei alle Zahlen in Tausend € dargestellt werden.

TAB. 3:	Ausweisvarianten für Abschreibungen gemäß § 281 Abs. 1 HGB										
	lineare Abschrei-bung als Maß		direkte aktivische Abschreibung			lineare Abschreibung ergänzt um einen Sonderposten mit Rücklageanteil					
Jahr	Ab-schrei-bung	Rest-wert	plan-mäßige Ab schrei-bung	Sonder-ab-schrei-bung	Rest-wert	plan-mäßige Ab-schrei-bung	Rest-wert	Sonderposten			Auf-wand gesamt
								Zufüh-rung	Auf-lösung	Bestand	
1995	5	35	5	20	15	5	35	20	-	20	25
1996	5	30	5	0	10	5	30	-	-	20	5
1997	5	25	5	0	5	5	25	-	-	20	5
1998	5	20	5	0	0	5	20	-	-	20	5
1999	5	15	0	0	0	5	15	-	5	15	0
2000	5	10	0	0	0	5	10	-	5	10	0
2001	5	5	0	0	0	5	5	-	5	5	0
2002	5	0	0	0	0	5	0	-	5	0	0

Im Vergleich zwischen der direkten aktivischen Abschreibung und der linearen Abschreibung, ergänzt um Sonderposten mit Rücklageanteil, zeigt sich, dass die Periodenaufwendungen in beiden Fällen gleich groß sind. Den direkten Abschreibungen im einen Fall steht im anderen Fall eine gleich große Summe bzw. Differenz aus linearer Abschreibung zuzüglich Zuführung zum Sonderposten bzw. abzüglich Auflösung des Sonderpostens gegenüber. Unterschiedlich ist nur das Erscheinungsbild in der Bilanz.

Das in § 281 Abs. 1 HGB den Kapitalgesellschaften i. w. S. eingeräumte Wahlrecht, das die Möglichkeit bieten soll, durch gesonderten Ausweis der überhöhten Abschreibungen in einem passiven Sonderposten das Vermögen deutlicher darzustellen, gilt zwar nicht explizit für die Personenunternehmen i. e. S., es wäre aber kaum sinnvoll, den Personenunternehmen i. e. S. diesen informativeren Ausweis zu versperren. Das Wahlrecht dürfte also auch Personenunternehmen i. e. S. offen stehen *(vgl. Glade, § 281 Tz. 4)*.

In der Abbildung 9 auf S. 110 sind die bisherigen Ausführungen zur umgekehrten Maßgeblichkeit und zur formellen Maßgeblichkeit im Rahmen der umgekehrten Maßgeblichkeit noch einmal zusammengefasst.

E. Exkurs: Zuschreibungen, Maßgeblichkeit und § 58 Abs. 2a AktG u. § 29 Abs. 4 GmbHG

Im Rahmen des Steuerentlastungsgesetzes 1999/2000/2002 wurde das bisherige steuerrechtliche Zuschreibungswahlrecht durch eine steuerrechtliche Zuschreibungspflicht ersetzt (§ 6 Abs. 1 Nr. 1 Satz 4 und § 7 Abs. 1 Satz 6 EStG). Die Modifikation des Steuerrechts verändert das Zusammenwirken von handelsrechtlichen und steuerrechtlichen Vorschriften über Zuschreibungen in den Handelsbilanzen von Kapitalgesellschaften grundlegend.

Soweit die außerplanmäßige Abschreibung in Handels- und Steuerbilanz gleichermaßen erfolgte (so genannter *Übereinstimmungsfall*), war auf Basis des alten steuerlichen Zuschreibungswahlrechts die Zuschreibungsentscheidung in der Handelsbilanz formell maßgeblich für die Steuerbilanz. Nur wenn in der Handelsbilanz zugeschrieben wurde, musste auch in der Steuerbilanz zugeschrieben werden. Da das Zuschreibungsgebot des § 280 Abs. 1 HGB, das nur für Kapitalgesellschaften galt, diese früher schlechter behandelte als das Zuschreibungswahlrecht des § 253 Abs. 5 HGB die Personenunternehmen stellte, bedurfte es der Ausnahmeregelung des § 280 Abs. 2 HGB. Sie erlaubt den Kapitalgesellschaften, auf Zuschreibungen in der Handelsbilanz dann zu verzichten, wenn diese handelsrechtlichen Zuschreibungen zu Zuschreibungen in der Steuerbilanz führen. Die neue steuerrechtliche Zuschreibungspflicht macht diese Ausnahmevorschrift überflüssig. In der Steuerbilanz muss jetzt bei Wegfall der Gründe für die außerplanmäßige Abschreibung (steuerlich: Absetzung für außergewöhnliche technische oder wirtschaftliche Abnutzung bzw. Teilwertabschreibung) in jedem Fall unabhängig von der Handelsbilanz zugeschrieben werden. Wenn nun Kapitalgesellschaften i. w. S. anders als Personenunternehmen i. e. S. handelsrechtlich zuschreiben müssen, folgen daraus keine steuerlichen Nachteile mehr. Die Vorschrift ist im Hinblick auf die notwendige steuerliche Gleichbehandlung nicht mehr schädlich.

ABB. 9:	Zur umgekehrten Maßgeblichkeit und zur formellen Maßgeblichkeit im Rahmen der umgekehrten Maßgeblichkeit (§§ 247 Abs. 3, 254, 273, 279 Abs. 2 und 281 Abs. 1 HGB, § 5 Abs. 1 Satz 2 EStG)

Das Steuerrecht erlaubt die Bildung „steuerfreier Rücklagen" oder Abschreibungen über das Maß hinaus, das von ursprünglich handelsrechtlichen Vorschriften gedeckt ist. Hinsichtlich des Ansatzes dieser „steuerfreien Rücklagen" bzw. überhöhten Abschreibungen

	gilt formelle Maßgeblichkeit im Rahmen der umgekehrten Maßgeblichkeit		gilt keine formelle Maßgeblichkeit im Rahmen der umgekehrten Maßgeblichkeit
	überhöhte Abschreibung zum Beispiel ▶ Abschreibung gem. § 6b EStG ▶ Abschreibung gem. § 7g EStG ▶ Abschreibung gem. § 7h EStG ▶ Abschreibung gem. § 82f EStDV	steuerfreie Rücklage zum Beispiel ▶ Rücklagen gem. § 6b EStG ▶ Rücklagen gem. § 7g EStG ▶ Rücklagen gem. R 6.6 EStR	derzeit einziges Beispiel ▶ Rücklage nach dem Gesetz über steuerliche Maßnahmen bei der Stillegung von Steinkohlenbergwerken
Personen-unternehmen i. e. S.	Wahlrechte: Sonderposten mit Rücklageanteil oder direkte Abschreibung*)	Sonderposten mit Rücklageanteil	Sonderposten mit Rücklageanteil
Kapitalgesell-schaften i. w. S.	Wahlrecht: Sonderposten mit Rücklageanteil oder direkte Abschreibung	Sonderposten mit Rücklageanteil	Unmittelbarer Ansatz verboten, aber ▶ latente Steuern sind zu bilden, außerdem Rechte aus §§ 58 IIa AktG, 29 Abs. 4 GmbHG.

* Glade, § 281, Tz. 4

War die außerplanmäßige Abschreibung nur in der Handelsbilanz vorgenommen worden, weil das Steuerrecht (eventuell zu Unrecht) die Wertminderung nicht anerkannt hatte (so genannter *Divergenzfall*), hatte schon früher die handelsrechtliche Zuschreibung bei Personenunternehmen und bei Kapitalgesellschaften keine steuerlichen Folgen. In der Steuerbilanz war nämlich mangels vorhergehender außerplanmäßiger Abschreibung eine Zuschreibung ohnehin unmöglich. Mangels nachteiliger Rückwirkungen auf die Steuerbilanz muss die Kapitalgesellschaft früher wie heute gemäß § 280 Abs. 1 HGB zuschreiben, während Personenunternehmen bisher und weiterhin in ihrer Handelsbilanz den niedrigeren Wert beibehalten oder zuschreiben dürfen (§ 253 Abs. 5 HGB).

Auch im Rahmen der Wertaufholung spielt das bereits auf S. 107 angesprochene Recht des Managements eine Rolle – gestützt auf § 58 Abs. 2a AktG bzw. § 29 Abs. 4 GmbHG –, Beträge an der Gewinnverwendungskompetenz der Eigner vorbei unmittelbar in andere Gewinnrücklagen einzustellen. Die Wertaufholung ist allerdings in diesem Zusammenhang in die aus ihr resultierende zusätzliche Ertragsteuerbelastung einerseits und in den Erfolg nach Ertragsteuern andererseits aufzuspalten. Nur der zuletzt genannte „Eigenkapitalanteil" darf in eine Gewinnrücklage eingestellt werden.

Die zusätzlichen Ertragsteuerbelastungen haben verschiedene Ursachen.

Im *Übereinstimmungsfall* wurde in beiden Bilanzen übereinstimmend abgeschrieben. Die Zuschreibung in der Handelsbilanz trifft also auf eine entsprechende Zuschreibung in der Steuerbilanz mit gleichen Folgen für die Erfolge in beiden Bilanzen. Die Erfolgssteigerung in der Steuerbilanz führt zu zusätzlichen Ertragsteuerbelastungen, die zur Ermittlung des Eigenkapitalanteils in der Handelsbilanz von der Wertaufholung abzuziehen sind.

Im *Divergenzfall* wurde die außerplanmäßige Abschreibung nur in der Handelsbilanz vorgenommen. Aus der Abschreibung allein in der Handelsbilanz resultierte damals ein handelsrechtlicher Erfolg, der um die Abschreibung geringer war als der Erfolg in der damaligen Steuerbilanz. Von dieser Erfolgsdifferenz war aber anzunehmen, dass sie sich infolge künftig höherer Aufwendungen in der Steuerbilanz wieder ausgleichen wird. Soweit der Zeitraum genau absehbar ist, in dem sich die zeitlich vorübergehende Erfolgsdifferenz wieder ausgleichen wird (zeitlich genau absehbare vorübergehende Differenz: „timing difference"), dürfen Kapitalgesellschaften i. w. S., nicht aber Personenhandelsgesellschaften i. e. S., die aufgrund höherer künftiger steuerlicher Aufwendungen zu erwartenden Steuerminderbelastungen durch Bildung von aktiven latenten Steuern in der Bilanz berücksichtigen (Aktivierungswahlrecht für Kapitalgesellschaften i. w. S.). Soweit von dem Wahlrecht Gebrauch gemacht wurde, sind diese aktiven latenten Steuern bei Zuschreibung in der Handelsbilanz erfolgswirksam aufzulösen. Der darin zum Ausdruck kommende Ertragsteueraufwand ist die Differenz zwischen Wertaufholung und Eigenkapitalanteil im Divergenzfall. Wurde hingegen keine aktive latente Steuer gebildet, gegen die bei Zuschreibung aufzurechnen ist, müsste die volle Wertaufholung Eigenkapitalanteil sein.

Entstehung und Berechnung der Rücklagenzuweisung nach § 58 Abs. 2a AktG lassen sich am besten durch ein Beispiel verdeutlichen, bei dem der Übereinstimmungsfall unterstellt wird. Hatte eine Aktiengesellschaft im Jahr 2004 eine Maschine außerplanmäßig in Handels- und Steuerbilanz auf 50 % der fortgeführten Anschaffungskosten abgeschrieben und ist inzwischen der Grund für diese außerplanmäßige Abschreibung weggefallen, so ergibt sich der bei Zuschreibung in Handels- und Steuerbilanz nach § 58 Abs. 2a AktG maximal in Gewinnrücklagen einstellbare Betrag aus folgenden Überlegungen: Die Maschine war im Januar 2003 für umgerechnet 1,2 Mio. € angeschafft worden und wird in Handels- und Steuerbilanz über die betriebsgewöhnliche Nutzungsdauer von 10 Jahren ohne Restbuchwert und bei voller Jahresabschreibung im ersten Jahr linear abgeschrieben. Ihr Buchwert hätte somit Ende 2004 planmäßig 960 000 € betragen, war aber außerplanmäßig auf 480 000 € abgeschrieben worden. Dieser Buchwert wäre bis Ende 2007 durch weitere planmäßige Abschreibungen auf 300 000 € gesunken. Bei Wegfall der Gründe für eine außerplanmäßige Abschreibung ist nach dem Steuerentlastungsgesetz 1999/2000/2002 eine Zuschreibung bis zu den planmäßig fortgeführten Anschaffungskosten – also um 300 000 € auf 600 000 € – geboten. Ausgehend von einem Steuersatz von 40 % löst die Zuschreibung dann Ertragsteuerbelastungen von 120 000 € aus. Der Gewinnrücklage gemäß § 58 Abs. 2a AktG zuführbar sind somit 300 000 € ./. 120 000 € = 180 000 €.

Bei der Beurteilung des Rechts zur Rücklagendotierung nach § 58 Abs. 2a AktG bzw. § 29 Abs. 4 GmbHG muss zwischen Aktiengesellschaft und GmbH unterschieden werden. Für den Regelfall, in dem Vorstand und Aufsichtsrat den Jahresabschluss nach § 172 AktG feststellen, werden bei Aktiengesellschaften durch § 58 Abs. 2a AktG die betrachteten Erfolge nach Steuern (im Beispiel insgesamt 180 000 €) dem Recht der Eigner auf Ausschüttung entzogen; Vorstand und Aufsichtsrat dürfen sie im Unternehmen binden. Es wird nicht leicht sein, einen vernünftigen Grund für diese Einschränkung der Aktionärsrechte zu finden. In der GmbH dagegen steht grundsätzlich den Gesellschaftern das Recht der Feststellung des Jahresabschlusses zu (§ 46 Nr. 1 GmbHG). Da die Gesellschafter bei der Feststellung nicht an den von den Geschäftsführern aufgestellten Jahresabschluss gebunden sind, schränkt § 29 Abs. 4 GmbHG die Ansprüche der GmbH-Gesellschafter letztlich also nicht ein.

F.   Kritische Bemerkungen zur Maßgeblichkeit

Lernziel:
Sie sollen sich kritisch mit dem Für und Wider der Maßgeblichkeit auseinandersetzen!

Die Maßgeblichkeit mit ihren Varianten und Umkehrungen, wie sie sich im Laufe der Zeit entwickelt hat, zählt zu den schwierigsten Fragen, welche die Vorschriften zum handelsrechtlichen Jahresabschluss überhaupt zu bieten haben. Insoweit kann man jeden Leser, der sich durch die vorangegangenen Seiten „durchgekämpft" und die zahlreichen Varianten und Ausnahmen in sich aufgenommen hat, nur beglückwünschen. Der sich beim Leser wahrscheinlich aufdrängenden Frage aber, warum es in Deutschland die Maßgeblichkeit gibt und wie sie zu beurteilen ist, soll nicht ausgewichen werden.

Für die Wirtschaft hat die Maßgeblichkeit und damit die weitgehende, allerdings nicht unbedingt vollständige Angleichung von Handels- und Steuerbilanz einen ganz erheblichen Vorteil. Es ist in vielen Fällen gerade den Personenunternehmen möglich, eine Bilanz aufzustellen, die zugleich handelsrechtlichen wie steuerrechtlichen Anforderungen genügt. Darüber hinaus reicht es in nicht wenigen Fällen aus, als Steuerbilanz eine Handelsbilanz, ergänzt um eine Korrekturrechnung, zu verwenden, in der einigen wenigen, steuerrechtlich abweichend auszuweisenden Sachverhalten Rechnung getragen wird. Die gesonderte und eigenständige Steuerbilanz ist also aufgrund der Maßgeblichkeit in Deutschland der Ausnahmefall.

Dieser nicht zu leugnende Vorteil wird aber teuer erkauft.

Damit Handels- und Steuerbilanz übereinstimmen können, reichen vereinbare Rechnungslegungsvorschriften und materielle Maßgeblichkeit aus. Formelle Maßgeblichkeit dagegen dient diesem Zweck nicht. Sie kann allenfalls erzwingen, was der Kaufmann freiwillig tut, wenn ihm die Übereinstimmung der beiden Bilanzen wünschenswert erscheint. Dafür erschwert formelle Maßgeblichkeit die Bilanzpolitik, und sie führt zu Gerechtigkeitsproblemen, weil nicht von allen Steuerpflichtigen Handelsbilanzen erstellt werden müssen und weil Handelsbilanzen abhängig von Rechtsform und Größe höchst unterschiedliche Bedeutungen haben.

Soweit der Fiskus wirtschafts-, konjunktur- oder strukturpolitische Vergünstigungen nicht direkt durch Subventionen, sondern durch Abwertungsmöglichkeiten oder steuerfreie Rücklagen in der Steuerbilanz gewährt, schlägt er schon einen nicht unproblematischen Weg ein. Die Subventionen erscheinen in keinem Haushalt offen, und die Begünstigung hängt von der Gewinnhöhe ab. Problematisch für die Handelsbilanz wird dieses Ansinnen, wenn die Anerkennung der steuerlichen Vergünstigungen durch nur politisch begründete Abwertungen oder Rücklagen davon abhängig gemacht wird, dass solche dem Zweck des Vermögens- oder Erfolgsausweises eindeutig widersprechenden Handlungen auch in der Handelsbilanz erfolgen. Bösartig formuliert bedeutet das nämlich, dass der Staat den Kaufmann nicht schon dann in den Genuss von Steuerstundungen kommen lässt, wenn dieser zuvor seine Steuerbilanz verzerrt, vielmehr muss der Kaufmann vorher auch noch die der Information und Ausschüttungsbemessung dienende Handelsbilanz verfälschen.

Damit aber gibt sich nun das Handelsrecht zugegebenermaßen nicht zufrieden. Wie noch im Detail darzustellen sein wird, werden die Rückwirkungen steuerrechtlicher Vergünstigungen über die Maßgeblichkeit auf die Handelsbilanz im Handelsrecht als Verfälschungen erkannt. Der Gesetzgeber versucht dem vorzubeugen, indem er Pflichten zu gesondertem Ausweis derart verfälschungsbedingter Positionen – Ausweis als Sonderposten mit Rücklageanteil – und vor allem zu umfangreichen Erläuterungen im Anhang auferlegt (vgl. S. 272 ff.). Bei allem guten Willen des Gesetzgebers darf aber nicht übersehen werden, dass dieser Weg für die Unternehmen aufwendig ist und auch bei sorgfältigster Erläuterung schwerlich die Verfälschungen wirklich zu korrigieren gestattet.

Die formelle Maßgeblichkeit im Rahmen der umgekehrten Maßgeblichkeit verschärft zudem die Probleme der Ungleichbehandlung von Steuerpflichtigen und kann den mit Hilfe von subventionellen Steuervergünstigungen angestrebten gesamtwirtschaftlichen Zielen im Wege stehen (Schildbach, BB 1989, S. 1451 ff.).

Durch die formelle Maßgeblichkeit im Rahmen der umgekehrten Maßgeblichkeit wird die Erlangung der meist vorteilhaften Steuerstundung an die Bedingung geknüpft, dass die dafür erforderlichen höheren steuerlichen Abschreibungen bzw. die steuerfreien Rücklagen auch in der Handelsbilanz angesetzt werden. Soweit der handelsrechtliche Jahresüberschuss die Ausschüttungsmöglichkeiten an die Eigner beschränkt – wie bei den Kapitalgesellschaften –, muss folglich die Steuervergünstigung durch eine zusätzliche Ausschüttungseinschränkung erkauft werden. Wenn die Eigner aber an hohen Ausschüttungen für Konsumzwecke interessiert sind oder wenn außerhalb des Unternehmens vorteilhaftere Investitionsmöglichkeiten offen stehen als innerhalb, wirkt die zusätzliche Ausschüttungseinschränkung als Konsumsperre, als Zwang zu teurer Konsumkreditfinanzierung oder als „Allokationsbremse" (Wagner, StuW 1990, S. 3 ff.). Weil der handelsrechtliche Jahresabschluss aber nicht in allen Rechtsformen solche Ausschüttungssperren vorgibt, werden die Steuerpflichtigen von der formellen Maßgeblichkeit ganz unterschiedlich betroffen. Das widerspricht der Steuergerechtigkeit.

Die Nachteile aus der zusätzlichen Einschränkung der Ausschüttungsmöglichkeiten können zudem ebenso wie der Zwang zur Verfälschung der Handelsbilanz dem guten Ziel der Steuervergünstigung entgegenwirken. Der Kaufmann muss die Vorteile aus der Steuervergünstigung gegen die Nachteile aus dem weitergehenden Ausschüttungsverzicht und aus der schlechteren Beurteilung seines Unternehmens aufgrund des geringeren Erfolgsausweises abwägen. Eventuell kann er sich die Verschlechterung seines handelsrechtlichen Ergebnisses nicht leisten und muss daher auf die gesamtwirtschaftlich erstrebenswerte Handlungsweise verzichten. In jedem Fall aber wird dem steuerlichen Vorteil ein mehr oder weniger großer Nachteil gegenübergestellt und so der Anreiz durch die Steuervergünstigung verringert. Bei Verzicht auf die formelle Maßgeblichkeit im Rahmen der umgekehrten Maßgeblichkeit müssen sich folglich die angestrebten gesamtwirtschaftlichen Ziele durch geringere Vergünstigungen erreichen lassen.

Würde die Maßgeblichkeit auf eine bloße materielle Maßgeblichkeit beschränkt und dabei eine möglichst weitgehende Vereinbarkeit handels- und steuerrechtlicher Rechnungslegungsvorschriften angestrebt, so blieben die Vorteile der Maßgeblichkeit – die Möglichkeit zur Aufstellung einer Bilanz, die handels- und steuerrechtlichen Anforderungen zugleich genügt – erhalten. Zusätzlich würden die Nachteile der formellen Maßgeblichkeit vermieden. Wenn zusätzlich noch die wirtschafts-, struktur- und konjunkturpolitischen Ziele des Staates durch offene Subventionen angestrebt werden, fallen mit den Gründen für die umgekehrte und die formelle Maßgeblichkeit im Rahmen der umgekehrten Maßgeblichkeit auch die Nachteile und Schwierigkeiten durch diese schwer durchschaubaren Bilanzverknüpfungen weg. Aus ökonomischer Sicht lässt sich also die Maßgeblichkeit, abgesehen von einer wirklichen materiellen Maßgeblichkeit, schwerlich rechtfertigen.

Fragen:

1. Was gilt in der Steuerbilanz, wenn im Handelsrecht eine zwingende Vorschrift und im Steuerrecht ein Wahlrecht vorgeschrieben ist?

2. Was gilt in der Steuerbilanz, wenn im Handelsrecht und im Steuerrecht jeweils ein Wahlrecht eingeräumt wurde?

3. Was gilt grundsätzlich in der Steuerbilanz, wenn im Handelsrecht ein Aktivierungswahlrecht vorgesehen ist und im Steuerrecht eine besondere Vorschrift fehlt?

4. Nennen Sie eine Ausnahme zu dem Grundsatz unter Frage 3!

5. Was gilt in der Steuerbilanz, wenn in der Handelsbilanz innerhalb eines auch steuerlich offen stehenden Wahlrechts ein Wert x angesetzt wurde?

6. Ein Einzelkaufmann will eine Pensionsrückstellung in der Steuerbilanz bilden. Er hat sich in der Handelsbilanz allerdings dafür entschieden, keine Pensionsrückstellung zu bilden. Wie darf in der Steuerbilanz verfahren werden?

7. Was wird unter umgekehrter Maßgeblichkeit verstanden und wo ist diese umgekehrte Maßgeblichkeit rechtlich verankert?

8. Welcher Unterschied besteht bei der umgekehrten Maßgeblichkeit zwischen Personenunternehmen i. e. S. einerseits und Kapitalgesellschaften i. w. S. andererseits?

9. Was ist unter formeller Maßgeblichkeit im Rahmen der umgekehrten Maßgeblichkeit zu verstehen, und wo ist sie rechtlich verankert?

10. In der Handelsbilanz wurde außerplanmäßig abgeschrieben, ohne dass diese außerplanmäßige Abschreibung in die Steuerbilanz übernommen werden durfte. Zwei Jahre später ist der Grund für die außerplanmäßige Abschreibung wieder weggefallen.

    a) Sind Personenunternehmen i. e. S. und Kapitalgesellschaften i. w. S. gleichermaßen frei, ob sie zuschreiben oder nicht?
    b) Hat eine Zuschreibung in der Handelsbilanz Auswirkungen auf die Steuerbilanz?
    c) Welche Bedeutung hat § 58 Abs. 2a AktG im Zusammenhang mit der Zuschreibung?

11. Eine bewegliche Anlage eines privaten Krankenhauses soll nach § 7f EStG in der Steuerbilanz unter Inanspruchnahme der vollen Sonderabschreibung im Jahr der Anschaffung abgeschrieben werden.

    a) Ist diese Abschreibung in der Steuerbilanz ohne Weiteres möglich?
    b) Warum darf eine Kapitalgesellschaft eine solche Abschreibung auch in der Handelsbilanz ansetzen?
    c) In welchen Formen darf eine solche Abschreibung in der Handelsbilanz einer KG ausgewiesen werden?

Literaturhinweise:

Soweit die Maßgeblichkeit sich in konkreten Vorschriften des HGB niederschlägt, wird sie in den am Anfang des Teils 2 aufgeführten Kommentaren jeweils erläutert.

Die Grundlinien der Maßgeblichkeit zeigt **Wohlgemuth, Michael:** Maßgeblichkeitsprinzip, in: Handwörterbuch des Rechnungswesens (HWR), 2. Aufl., hrsg. von Erich Kosiol, Klaus Chmielewicz und Marcell Schweitzer, Stuttgart 1981, Sp. 1161-1166.

Falterbaum, Hermann/Beckmann, Heinz: Buchführung und Bilanz, Grüne Reihe Steuerrecht für Studium und Praxis, Band 10, 15. Aufl., Bonn und Achim 1993, S. 298-302 und 389-393.

Federmann, Rudolf: Bilanzierung nach Handelsrecht und Steuerrecht, 11. Aufl., Berlin 2000, S. 182-194.

Herzig, Norbert: Maßgeblichkeitsgrundsatz (Verhältnis Handels-/Steuerbilanz), in: Küting, Karlheinz/ Weber, Claus-Peter (Hrsg.): Handbuch der Rechnungslegung, Band 1a., 4. Aufl., Stuttgart 1995, S. 109-134.

Schildbach, Thomas: Maßgeblichkeit − Rechtslage und Perspektiven, in: BB, 44. Jg., 1989, S. 1443-1453.

Schildbach, Thomas/Stobbe, Thomas: Maßgeblichkeitsausprägungen nach Handels- und Steuerrecht, in: WISU, 18. Jg., 1989, Studienblatt zu Heft 10/89.

Wöhe, Günter: Betriebswirtschaftliche Steuerlehre, Bd. I/2, 7. Aufl., München 1992, S. 65-93.

IV. Die handelsrechtlichen Vorschriften zum Bilanzansatz (Bilanzierung dem Grunde nach)

A. Einordnung

> **Lernziel:**
> Sie sollen die Problembereiche Bilanzansatz, Gliederung und Bewertung abgrenzen können!

Inhalt und Gestalt einer handelsrechtlichen Bilanz sowie einer handelsrechtlichen Gewinn- und Verlustrechnung ergeben sich aus der Beantwortung insbesondere der drei folgenden Fragen:

► Was muss und was darf auf der Aktivseite bzw. auf der Passivseite der Handelsbilanz ausgewiesen und was darf nicht in die Handelsbilanz aufgenommen werden? (Frage des *Bilanzansatzes* oder *der Bilanzierung dem Grunde nach*)

► Wie sind die verschiedenen Aktiva und Passiva in der Handelsbilanz zu gliedern, und wo gibt es Gliederungswahlrechte? (Frage der *Bilanzgliederung)*

► Wie sind die verschiedenen Aktiva und Passiva in der Handelsbilanz zu bewerten, und welche Bewertungswahlrechte ergeben sich aus den handelsrechtlichen Bewertungsvorschriften? (Frage der *Bewertung* in der Bilanz)

Da die handelsrechtliche Bilanz mit der Gewinn- und Verlustrechnung eng verknüpft ist, bestimmen die Entscheidungen zu Bilanzansatz und Bewertung in der Bilanz auch zentrale Inhalte der GuV. Deren genaue Gestalt wird darüber hinaus nur noch von den Entscheidungen über das zugrunde zu legende Verfahren (Gesamtkosten- oder Umsatzkostenverfahren) und über Gliederungsdetails bestimmt.

Die drei Fragen zur Bilanz werden in diesem und in den beiden folgenden Kapiteln des Buches jeweils gesondert behandelt.

Verfahren und Gliederung der Gewinn- und Verlustrechnung sind dann Gegenstände des darauf folgenden Kapitels VII.

B. Dimensionen des Ansatzproblems

> **Lernziel:**
> Sie sollen das Ansatzproblem durch Vergleich mit den Alternativen und durch Beschäftigung mit den vielfältigen und kontroversen Bemühungen um seine Lösung besser kennen lernen!

Im Blick auf die Funktionen des handelsrechtlichen Jahresabschlusses beschränkt sich das Bilanzansatzproblem nicht auf die bloße Alternative Ansatz oder Nichtansatz in der Bilanz. Der Ansatz von Aktiva kann durch Vorschriften zu besonders vorsichtiger Bewertung und durch „Ausschüttungssperren" zumindest partiell neutralisiert werden. Bei Ausschüttungssperren „dürfen Gewinne nur ausgeschüttet werden, wenn die nach der Ausschüttung verbleibenden jederzeit auflösbaren Gewinnrücklagen zuzüglich eines Gewinnvortrags und abzüglich eines Verlustvortrags dem angesetzten Betrag mindestens entsprechen" (§§ 269 Satz 2, 274 Abs. 2 Satz 3 HGB). Umgekehrt können Entscheidungen gegen den Ansatz in der Bilanz durch Verpflichtungen zu entsprechenden Angaben im Anhang in Grenzen aufgefangen werden. Solange allerdings der Ansatz in der Bilanz über die Höhe des Ergebnisses und über eine eventuelle Unterbilanz entscheidet, die Bilanz noch nicht zur Anlage zum Anhang degeneriert ist sowie die Anhanginformationen mangels klarer Gliederungsvorschriften nur unter zusätzlichem Suchaufwand genutzt werden können, sind Ansatz und Nichtansatz in der Bilanz nicht gleichwertig. Auch die Ausschüttungssperre wirkt je nach der Höhe der jederzeit auflösbaren Gewinnrücklagen, der Gewinn- und Verlustvorträge ganz unterschiedlich. Insoweit bleibt es dabei, dass die Frage des Bilanzansatzes große Bedeutung besitzt.

Dieser Eindruck wird durch aktuelle Entwicklungen in der Praxis erhärtet. Während die Diskussion über den Bilanzansatz früher eher akademisch anmutete, weil die dabei umstrittenen Sachverhalte relativ zu den Bilanzsummen nur ausnahmsweise stark ins Gewicht fielen, nimmt in den letzten Jahren der relative Anteil solcher Positionen laufend zu, bei denen zweifelhaft ist, ob es sich um Vermögen handelt oder nicht. Im Vergleich zu Investitionen in Sach- und Finanzanlagen steigen die Ausgaben der Unternehmen für Werbung, Mitarbeiterausbildung, Forschung und Entwicklung ständig an. Diese Entwicklung unterstreicht die Notwendigkeit klarer und funktionsgerechter Antworten auf die Frage des Bilanzansatzes.

Mangels eindeutiger und systematischer Vorschriften zum Bilanzansatz im Handelsrecht wurde die Diskussion zur handelsrechtlichen Bilanzansatzproblematik in Deutschland sehr stark durch die entsprechende steuerrechtliche Diskussion und Rechtsprechung beeinflusst. Da auch im Steuerrecht die Ansatzfrage nur sehr vereinzelt durch Spezialvorschriften geregelt wird, muss sie überwiegend durch Auslegung der handelsrechtlichen Grundsätze ordnungsmäßiger Buchführung gelöst werden, die gemäß § 5 Abs. 1 EStG insoweit für das Steuerrecht maßgeblich sind. Die Steuergerichte waren also meist gezwungen, handelsrechtliche GoB auszulegen, wenn sie Fragen des Bilanzansatzes in der Steuerbilanz klären wollten. Tatsächlich haben sie das aber nicht getan. Sie haben vielmehr die handelsrechtlichen GoB aus dem Systemzusammenhang und den Zwecken des Einkommensteuerrechts sowie vor allem im Hinblick auf „allgemeine steuerliche Grundsätze über die Gewinnermittlung" (*Herrmann/Heuer/Raupach, § 5 Anm. 49g [5]*) ausgelegt, was aus der Sicht der zunächst steuerrechtlichen Aufgaben der Urteile verständlich sein mag, aber der Maßgeblichkeit widerspricht und vor allem nicht gewährleistet, dass die Inhalte der Urteile Rückschlüsse auf die handelsrechtlichen

Grundsätze ordnungsmäßiger Buchführung erlauben. Im Folgenden wird daher die steuerliche Rechtsprechung nur ergänzend betrachtet.

Klaren Antworten auf die wichtigen Fragen danach, was in der Handelsbilanz auf der Aktivseite und auf der Passivseite ausgewiesen werden muss (ansatzpflichtig ist), ausgewiesen werden darf (einem Ansatzwahlrecht unterliegt) oder nicht ausgewiesen werden darf (einem Ansatzverbot unterliegt), weicht der Gesetzgeber – von Ausnahmen abgesehen – aus. Das Handelsrecht selbst beschränkt sich entweder auf vage Andeutungen für die Lösung des Problems oder es liefert nur kasuistisch verschiedene Vorschriften zu einzelnen Detailfragen. Damit können wichtige Entscheidungen zum Bilanzansatz lediglich an drei ganz allgemeinen Orientierungspunkten, nämlich den Zwecken des handelsrechtlichen Jahresabschlusses, den Grundsätzen ordnungsmäßiger Buchführung und einer „Extrapolation" der wenigen vorhandenen gesetzlichen Vorschriften – notfalls auch von eigentlich sachfremden Vorschriften zur Bilanzgliederung – ausgerichtet werden. Was aus diesen groben Orientierungspunkten allerdings für die Frage des Bilanzansatzes letztlich abzuleiten ist und wie die sich dabei ergebenden, zum Teil gegensätzlichen Anforderungen an die Bilanz zu einem Kompromiss zusammengeführt werden sollten, ist in der Literatur umstritten. Insoweit wird es erforderlich sein, widersprüchliche Ansichten nachzuzeichnen.

Die handelsrechtlichen Vorschriften zum Bilanzansatz lassen sich nur in einem dreistufigen Prozess beschreiben.

Auch wenn handelsrechtliche Jahresabschlüsse – entgegen dem Vollständigkeitsgebot – Vermögensgegenstände und Schulden nicht vollständig umfassen, dafür aber zusätzlich zu Vermögensgegenständen und Schulden auf Aktiv- und Passivseite andersartige Positionen aufweisen, bilden Vermögensgegenstände und Schulden den Kern der handelsrechtlichen Bilanz. Auf der ersten Stufe ist daher zu untersuchen, nach welchem Kriterium oder nach welchen Kriterien zu entscheiden ist, ob handelsrechtlich ein Vermögensgegenstand bzw. eine Schuld vorliegt oder nicht.

Auf der Grundlage vor allem der kasuistischen Detailvorschriften des Handelsrechts müssen in einer zweiten Stufe die konkreten Ausnahmen von der Pflicht zum Ansatz sämtlicher Vermögensgegenstände und Schulden sowie die verschiedenen Bilanzpositionen behandelt werden, die zusätzlich zu dem „Kern" in der handelsrechtlichen Bilanz Ansatz finden.

Die zuvor meist personenunabhängigen Aussagen zum Bilanzansatz bedürfen auf einer dritten Stufe schließlich der Präzisierung durch Zurechnungsvorschriften, die sich der Frage widmen, bei wem der Bilanzansatz in Zweifelsfällen zu erfolgen hat.

C. Vermögensgegenstände und Schulden nach Handelsrecht

> **Lernziel:**
> Sie sollen die Kriterien kennen lernen, die im Handelsrecht darüber entscheiden, ob ein Vermögensgegenstand bzw. eine Schuld vorliegt!

Während im Grundsatz noch völlig zweifelsfrei feststeht, dass eine handelsrechtliche Bilanz unter anderem sämtliche Vermögensgegenstände und Schulden zu enthalten hat, soweit das Gesetz nichts anderes bestimmt (§ 246 Abs. 1 Satz 1 HGB, ähnlich § 242 Abs. 1 und für das Inventar § 240 Abs. 1 HGB), lässt das Handelsrecht offen, welche Eigenschaften einen *Vermögensgegenstand* auszeichnen. Die so verbleibende Lücke kann nur mit Hilfe der drei bereits angesprochenen Orientierungspunkte zu schließen versucht werden. Aus ihnen werden allerdings unterschiedliche Schlussfolgerungen gezogen. Insoweit gehen in dieser zentralen Frage die Ansichten auseinander.

Inzwischen dürfte im handelsrechtlichen Schrifttum die Ansicht deutlich vorherrschen, dass Vermögensgegenstände sich in erster Linie durch ihre Einzelveräußerbarkeit auszeichnen (*Kommission Rechnungswesen im Verband der Hochschullehrer für Betriebswirtschaft e. V., DBW 1979, S. 11 f.; Moxter, StuW 1983, S. 302; Schneider, in Handwörterbuch unbestimmter Rechtsbegriffe im Bilanzrecht des HGB, Köln 1986, S. 340 f.; ADS, 6. Aufl., § 246 HGB Tz. 18*). Nach diesem Kriterium werden Vermögensgegenstände dadurch gekennzeichnet, dass sie sich einzeln und unabhängig von anderen Gegenständen veräußern lassen. Diese Einzelveräußerungsmöglichkeit muss dabei nur *abstrakt* bestehen. Wird, wie bei der Fernverkehrsgenehmigung, die Einzelveräußerungsmöglichkeit durch eine konkrete Vorschrift – hier durch § 11 Abs. 1 GüKG – ausgeschlossen, so bestätigt die Vorschrift überzeugend, dass die Fernverkehrskonzession einzeln veräußerbar wäre, denn sonst entbehrt das Verbot der Grundlage (*ADS, 6. Aufl., § 246 HGB Tz. 19*). Diese abstrakte Einzelveräußerungsmöglichkeit reicht für das Vorliegen eines Vermögensgegenstands vollkommen aus. (Ein ähnliches Ergebnis wie durch die Erweiterung um die abstrakte Einzelveräußerungsmöglichkeit lässt sich erzielen, wenn statt Einzelveräußerbarkeit nur *Einzelverwertbarkeit* verlangt wird, die neben der Einzelveräußerung vor allem auch die Verwertung des einzelnen Gutes oder Rechts durch entgeltliche Nutzungsüberlassung an Dritte umfasst. Durch diese Erweiterung wird ein konkretes Veräußerungsverbot nämlich ebenfalls umgangen.)

Für die Definition der Vermögensgegenstände durch das Kriterium der Einzelveräußerbarkeit spricht die auch bei Einbeziehung abstrakter Verkäuflichkeit noch vergleichsweise klare Abgrenzung und die Vereinbarkeit mit der wichtigen Forderung, dass Vermögensgegenstände einen Beitrag zur Deckung der Schulden liefern sollten.

Gerade aus dem Blickwinkel der Nachprüfbarkeit sowie der Schuldendeckung und des ihr zugrunde liegenden Gläubigerschutzgedankens gibt es hinsichtlich des immateriellen Anlagevermögens Zweifel, ob die Einzelveräußerbarkeit als alleiniges Kriterium für das Vorliegen eines Vermögensgegenstands ausreicht. In Übereinstimmung mit dem konkreten Ansatzverbot des § 248 Abs. 2 HGB wird daher bezogen auf das immaterielle Anlagevermögen einschränkend angenommen, dass in diesem Bereich Vermögen erst vorliegt, wenn zusätzlich zur (abstrakten) Einzelveräußerbarkeit auch das Kriterium des *entgeltlichen Erwerbs* von einem Dritten erfüllt ist. Immaterielle Güter des Anlagevermögens dürfen danach nur dann als Vermögensgegenstand angesetzt werden, wenn sie als solche Gegenstand eines entgeltlichen Erwerbs gewesen sind (*Döllerer, BB 1969, S. 505*).

Werden die bisher behandelten Kriterien der zumindest abstrakten Einzelveräußerbarkeit und – bezogen auf die immateriellen Anlagen – des entgeltlichen Erwerbs zugrunde gelegt, so sind als Vermögensgegenstände in der Handelsbilanz grundsätzlich anzusetzen:

(1) Sachen, also körperliche Gegenstände (§ 90 BGB), die „man anfassen kann",

(2) Zahlungsmittel in heimischer und fremder Währung,

(3) Rechte auf Zahlungen, wie beispielsweise Guthaben bei Kreditinstituten, Forderungen, Wechsel oder Schecks,

(4) Beteiligungsrechte, wie beispielsweise Aktien, GmbH-Anteile oder Geschäftsanteile von Genossenschaften,

(5) Zahlungen für den entgeltlichen Erwerb sonstiger Rechte von Dritten, insbesondere
   ▶ Zahlungen für den Erwerb grundstücksgleicher Rechte, speziell Erbbaurechte,
   ▶ Anzahlungen auf bestellte Anlagen oder Vorräte,
   ▶ Honorarvorauszahlungen oder Gehaltsvorschüsse,

(6) Zahlungen für den entgeltlichen Erwerb zumindest abstrakt einzelveräußerbarer immaterieller Rechte oder Vorteile, wie etwa Patente, Warenzeichen, Gebrauchsmuster, Urheber- und Verlagsrechte, Konzessionen, Wohn- und Belegungsrechte, Brennrechte, Baurechte, Belieferungsrechte, Vertriebsrechte, Zuteilungsquoten sowie Wettbewerbsverbote, aber auch ungeschützte Erfindungen, Rezepte, geheime Fabrikationsverfahren, Know-how, EDV-Software, Film- und Tonaufzeichnungen sowie

(7) selbständig veräußerbare immaterielle Vorteile, soweit sie zur Veräußerung an Dritte bestimmt sind – also dem Umlaufvermögen zuzuordnen wären – auch dann, wenn sie nicht entgeltlich erworben, sondern selbst erstellt wurden. Beispiele wären Ergebnisse von Entwicklungsaufträgen für Dritte oder für den Absatz bestimmte EDV-Software.

Alternativ werden Vermögensgegenstände auch mit Hilfe des Kriteriums der „*Einzelbewertbarkeit*" definiert. Zusammen mit den beiden Forderungen, dass für den Erwerb direkt oder – bei Eigenerstellung und Tausch – indirekt Ausgaben (Geldleistungen) getätigt wurden sowie, dass ein Nutzungspotenzial über das Ende der Abrechnungsperiode hinaus erworben wurde, liegt die Einzelbewertbarkeit der Definition des Wirtschaftsguts durch die steuerliche Rechtsprechung zugrunde, wobei Wirtschaftsgut und Vermögensgegenstand nach verbreiteter Meinung übereinstimmen sollen (*auf das differenzierte Verhältnis zwischen Vermögensgegenstand und Wirtschaftsgut geht ein: Lutz, HdJ, Abt. I/4 Rn. 34 ff.*). Einzelbewertbarkeit ist im Zweifel gegeben, wenn „tatsächliche Zustände, konkrete Möglichkeiten und Vorteile für den Betrieb, deren Erlangung der Kaufmann sich etwas kosten läßt", ... „nach der Verkehrsauffassung einer besonderen Bewertung zugänglich sind" (*BFH-Urteil vom 24.3.1976, BStBl II 1976, S. 451*). Gegen dieses Kriterium spricht allerdings seine Unklarheit. Ob ein gedachter Erwerber eines ganzen Unternehmens in einem Sachverhalt einen greifbaren Wert sieht, für den er im Rahmen des Gesamtkaufpreises ein besonderes Entgelt zahlen würde, ist völlig unklar. Theoretisch lässt sich diese Frage prinzipiell nur willkürlich beantworten, da zumindest nach der derzeit fast unwidersprochen gültigen Lehre der Maximalkaufpreis für ein Unternehmen (Entscheidungswert) auf der Basis des Prinzips der Bewertungseinheit zu ermitteln ist. Jede Aufteilung dieses Gesamtkaufpreises auf einzelne Güter bedarf damit der Willkür. Natürlich sind auch andere Verfahren vorstellbar, wie einem Sachverhalt ein Wert zugeordnet werden kann. Gerade weil aber eine Fülle von Bewertungsverfahren offen steht und diese Fülle durch die Definition nicht weiter eingeschränkt wird, gibt es praktisch nichts, was nicht auf irgendeine Weise bewertbar wäre.

Andere mögliche Kriterien für Vermögensgegenstände, wie Einzelbeschaffbarkeit oder Bilanzierbarkeit, haben ebenfalls gravierende Nachteile und finden demzufolge wenig Anklang.

Die im Gesetz ebenfalls nicht näher spezifizierten Schulden werden in der einschlägigen Literatur inzwischen relativ einheitlich anhand der folgenden Kriterien definiert.

Schulden setzen zunächst eine Verpflichtung zu einer Leistung voraus, der sich der Kaufmann aus rechtlichen (vertraglichen oder gesetzlichen), mit Sanktionen bedrohten oder aus wirtschaftlichen, geschäftlichen Gründen nicht entziehen kann. Danach begründen auch verjährte Verbindlichkeiten, die der Kaufmann trotzdem zu begleichen beabsichtigt, und ein versprochenes Schmiergeld eine Schuld, obwohl es gegen die guten Sitten verstößt und deshalb nicht eingeklagt werden kann (*Ellrott/ M. Ring, in Beck Bil-Komm., 5. Aufl., § 247 Anm. 204*).

Das Bestehen der Verpflichtung am Bilanzstichtag wird durch Kombination zweier Kriterien geprüft: wirtschaftliche Verursachung und rechtliches Entstehen. Rechtlich entstanden ist eine Verpflichtung, sobald die Tatbestandsmerkmale, welche die Verpflichtung nach Gesetz oder Vertrag auslösen, sämtlich erfüllt sind. Als wirtschaftlich verursacht gilt die Verpflichtung entweder dann, wenn die wirtschaftlich wesentlichen Tatbestandsmerkmale erfüllt sind (in diesem Sinne tritt wirtschaftliche Verursachung allenfalls vor rechtlichem Entstehen ein, das Kriterium ist aber wenig operational und findet daher in dieser Form inzwischen nur noch wenig Zuspruch), oder wenn Erträge als entstanden gelten, denen sie gegebenenfalls zugeordnet werden kann. Zwischen den Verpflichtungen für die spätere Rekultivierung eines Tagebaus beispielsweise und den Erträgen aus dem Verkauf der Bodenschätze besteht ein wirtschaftlicher Zusammenhang. Gemäß der zweiten und inzwischen vorherrschenden Interpretation wäre jeweils der Teil aus der Gesamtverpflichtung zur Rekultivierung als wirtschaftlich verursacht anzusehen, welcher dem Verhältnis der bisher realisierten Umsätze aus dem Verkauf der Bodenschätze zum insgesamt zu erwartenden Umsatz aus dem Tagebau entspricht. Wenn bei einer Verpflichtung rechtliches Entstehen und wirtschaftliche Verursachung auseinander fallen, so ist für die handelsrechtliche Bilanzierung im Regelfall das Kriterium maßgeblich, welches früher eintritt. Garantieverpflichtungen bestehen somit schon, wenn sie durch Realisation der Umsätze wirtschaftlich verursacht wurden, und nicht erst, wenn sie durch konkrete Ansprüche rechtlich entstanden sind. In Ausnahmefällen, wie etwa dem Beispiel des Tagebaus, führt solches Vorgehen allerdings zu Problemen, denn die Verpflichtung zur Rekultivierung dürfte mit dem Abtragen des Deckgesteins rechtlich entstehen, so dass nach obiger Regel Belastungen sehr früh eintreten. In der Literatur wird daher kontrovers diskutiert, ob und unter welchen Bedingungen wirtschaftliche Verursachung ausnahmsweise für die handelsrechtliche Bilanzierung von Schulden auch dann entscheidend sein soll, wenn sie nach rechtlichem Entstehen eintritt (*Moxter, Bilanzrechtsprechung, 5. Aufl., S. 106 ff.; Clemm, Festschrift Moxter, S. 177 ff.*). Der Zwiespalt zeigt sich auch bei den Rückstellungen für Ausgleichsansprüche von Handelsvertretern (S. 101), wo handelsrechtlich noch die Meinung überwiegt, dass der Zusammenhang mit den künftigen Erfolgen nicht ausreicht, um den Ansatz der Verpflichtung über den Zeitpunkt des rechtlichen Entstehens hinauszuzögern.

Die Verpflichtung muss ferner gegenüber einem Dritten bestehen – Verpflichtungen sich selbst gegenüber dürfen nur in Ausnahmefällen in Form von Aufwandsrückstellungen (§ 249 Abs. 1 Satz 3 und Abs. 2 HGB) passiviert werden – und eine wirtschaftliche Belastung darstellen. Aus Letzterem folgt zweierlei: Verpflichtungen aus schwebenden, von keiner der beiden Vertragsparteien erfüllten Geschäften (etwa aus Kaufverträgen) sind nicht zu bilanzieren, da der Verpflichtung ein Anspruch gegenübersteht, der in der Regel mindestens gleichwertig ist. Nur soweit der Anspruch ausnahmsweise die Verpflichtung nicht kompensiert, besteht eine Belastung (deutlich in § 249 Abs. 1 Satz 1 HGB, zweiter Sachverhalt). Außerdem liegt eine Belastung nur dann vor, wenn sie sich konkretisieren lässt, was aber weder bedeutet, dass ihr Umfang punktgenau fassbar sein muss – eine ungefähre Bandbreite reicht aus – noch dass sie mit Sicherheit besteht. Schon wenn gute Gründe für ihr Bestehen sprechen, ist sie anzusetzen. Auflösend bedingte Verpflichtungen sind bis zum Eintritt der Bedingung, aufschiebend bedingte erst vom Eintritt der Bedingung an zu passivieren, wobei im letzteren Fall schon vorher eine Rückstellung zu bilden sein kann, wenn mit dem Eintritt der Bedingung gerechnet werden muss (*ADS, 6. Aufl., § 246 HGB Tz. 121 f.*).

D. Die handelsrechtliche Kasuistik zu den Aktiva und Passiva der Handelsbilanz

---

Lernziel:

Sie sollen einen Überblick darüber erhalten,

► welche Vermögensgegenstände und Schulden nicht unbedingt in der Handelsbilanz angesetzt werden müssen,

► welche Aktiva zusätzlich zu den Vermögensgegenständen in der Handelsbilanz angesetzt werden dürfen oder müssen und

► welche Arten von Schulden und weiteren Passiva in der Handelsbilanz ausgewiesen werden dürfen oder müssen.

Trotz des Vollständigkeitsgebots weist eine handelsrechtliche Bilanz nicht sämtliche Vermögensgegenstände und Schulden aus, was der bereits zitierte § 246 Abs. 1 Satz 1 HGB im Nebensatz auch zum Ausdruck bringt. Dafür enthält sie zusätzliche Positionen, die über viele Vorschriften verstreut meist kasuistisch eingeführt und geregelt werden. Im Folgenden werden die Ausnahmen vom Vollständigkeitsgebot, die zusätzlich zu Vermögensgegenständen und Schulden in der Handelsbilanz zu findenden Aktiva und Passiva sowie die verschiedenen Formen von Schulden erläutert.

1. Ausnahmen vom Vollständigkeitsgebot bei Vermögensgegenständen

Bei den immateriellen Anlagen wurde von Vermögensgegenständen nur dann gesprochen, wenn diese Anlagen nicht nur abstrakt einzelveräußerbar sind, sondern zusätzlich auch als solche entgeltlich erworben wurden. Werden dagegen speziell im Blick auf immaterielle Anlagen Vermögensgegenstände weiter definiert, etwa indem entgeltlicher Erwerb nicht zusätzlich gefordert wird oder indem auf Einzelbewertbarkeit als Kriterium zurückgegriffen wird, so schränkt erst § 248 Abs. 2 HGB die

Vollständigkeit des Vermögensausweises kasuistisch ein: nicht entgeltlich erworbene immaterielle Anlagen dürfen nicht aktiviert werden.

Auf Basis der in diesem Buch vertretenen Vermögensdefinition existieren nur zwei andere Durchbrechungen des Vollständigkeitsgebots. Ein Ansatzwahlrecht statt einer Ansatzpflicht gibt es in Einklang mit dem Grundsatz der Wesentlichkeit bei den *geringstwertigen* (Anschaffungs- oder Herstellungskosten bis zu 60 €), die ab 2008 voraussichtlich mit den geringwertigen bis 150 € verschmelzen und – im Blick auf die verschärften Vorschriften zu den Abschreibungen im Zugangsjahr allerdings nicht mehr unstrittig – bei den *kurzlebigen Vermögensgegenständen des Anlagevermögens* (Nutzungsdauer von einem Jahr oder wenig länger) (*ADS, 6. Aufl., § 253 HGB Tz. 412*). Ein zweites Ansatzwahlrecht besteht faktisch – aber nicht unumstritten – bei *unentgeltlich erworbenen (geschenkten) Vermögensgegenständen*, ausgenommen Geld, das stets zu bilanzieren ist, auch wenn es geschenkt wurde. Das Ansatzwahlrecht für geschenkte Vermögensgegenstände resultiert wahrscheinlich aus dem Problem, solche Gegenstände mangels klarer Anschaffungskosten nachprüfbar zu bewerten, und weitet dementsprechend das aus der Unsicherheit resultierende Bewertungswahlrecht aus (*ADS, 6. Aufl., § 255 HGB Tz. 83; Ellrott/Schmidt-Wendt, in Beck Bil-Komm., 5. Aufl., § 255 Anm. 100*).

2. Handelsrechtliche Aktiva zusätzlich zu den Vermögensgegenständen

a) Bilanzierungshilfen und besondere Werte

In durch das Gesetz definierten Ausnahmefällen erlaubt der Gesetzgeber, dass bestimmte Sachverhalte in der Handelsbilanz aktiviert werden (Ansatzwahlrecht), obwohl insbesondere gemessen am Kriterium der Einzelveräußerbarkeit keine Vermögensgegenstände vorliegen.

Derartige Ansatzwahlrechte für zusätzliche Aktiva kennt das Handelsgesetzbuch zunächst bei so genannten *Bilanzierungshilfen*, den „Aufwendungen für die Ingangsetzung und Erweiterung des Geschäftsbetriebs" (§ 269 HGB) und den aktiven latenten Steuern (§ 274 Abs. 2 HGB). Den Kapitalgesellschaften wird ihre Aktivierung gestattet, weil der Gesetzgeber in ihnen Ausgaben sieht, die im Blick auf Erfolge in künftigen Perioden getätigt wurden und deren Ansatzverbot ihm daher unbillig erscheint, auch wenn sie die Kriterien für den Vermögensgegenstand nicht erfüllen. Das Recht zum Ansatz der Ingangsetzungs- und Erweiterungsaufwendungen soll obendrein verhindern, dass Unternehmen gerade in kritischen Phasen (Anlauf, Erweiterung) stark geschmälerte Gewinne, einen Verlust, eine Unterbilanz im Sinne eines Verlusts in Höhe der offenen Rücklagen zuzüglich der Hälfte des gezeichneten Kapitals (diese nicht allgemein übliche Definition von Unterbilanz orientiert sich an *Castan, Rechnungslegung der Unternehmung, 3. Aufl., S. 15*, weil an eine Unterbilanz in dieser Form unmittelbar Rechtsfolgen aus §§ 92 Abs. 1 AktG, 49 Abs. 3 GmbHG, 33 Abs. 3 GenG anknüpfen) oder gar eine bilanzielle Überschuldung (nicht durch Eigenkapital gedeckter Fehlbetrag; § 268 Abs. 3 HGB) ausweisen müssen. Um im Gläubigerinteresse zu große Gewinnausschüttungen als Folge des Ansatzes von Bilanzierungshilfen zu verhindern, wird der Ansatz von Bilanzierungshilfen nach derzeitigem Recht mit einer *Ausschüttungssperre* verbunden (§§ 269 Satz 2, 274 Abs. 2 Satz 3 HGB). Danach „dürfen Gewinne nur ausgeschüttet werden, wenn die nach der Ausschüttung verbleibenden jederzeit auflösbaren Gewinnrücklagen zuzüglich eines Gewinnvortrags und abzüglich eines Verlustvortrags dem [als Bilanzierungshilfe] angesetzten Betrag mindestens entsprechen" (§ 269 Satz 2 HGB).

(1) **Aufwendungen für die Ingangsetzung und Erweiterung des Geschäftsbetriebs** (§ 269 HGB) umfassen die Aufwendungen vor Erreichen einer geordneten Produktion in der Anlaufphase eines Betriebs, eines neuen Betriebszweiges oder einer wesentlichen, neuen Kapazität bei einer Erweiterung, soweit diese Aufwendungen dazu dienen, eine geeignete Organisation aufzubauen und eine geordnete Produktion zu gewährleisten. Zu diesen Aufwendungen zählen insbesondere solche aus der Anwerbung von Personal, aus Organisationsberatungen sowie aus Materialverbrauch, Energieverbrauch, Personaleinsatz, Zinsen und Abschreibungen anlässlich von Probeläufen. Ob Aufwendungen für Werbung in der Anlaufphase zu den Ingangsetzungskosten zählen, ist umstritten.

Sicher nicht dazu gehören die **Aufwendungen für die Gründung und für die Beschaffung des Eigenkapitals** – also etwa Gerichtskosten, Notariatskosten, Kosten der Emission des Eigenkapitals, Druckkosten für die Aktien sowie Kosten der Börsenprospekte –, denn diese dürfen nach § 248 Abs. 1 HGB ausdrücklich nicht aktiviert werden.

Das Recht, Aufwendungen für Ingangsetzung und Erweiterung des Geschäftsbetriebs als Bilanzierungshilfe zu aktivieren, steht nach der Begründung zu § 269 HGB nur den Kapitalgesellschaften i. w. S., nicht aber den Personenunternehmen i. e. S. zu (a. A. ADS, 6. Aufl., § 269 HGB Tz. 7). Zudem ist der Ansatz dann unzulässig, wenn bereits zu erwarten ist, dass in Zukunft aus den „in Gang gesetzten" Kapazitäten nicht so große Erträge erwartet werden dürfen, dass sich die Aufwendungen bezahlt machen werden (WP-Handbuch 2000, Bd. I, F Tz. 143; ähnlich ADS 6. Aufl., § 269 HGB Tz. 16; a. A. Hense/Lawall, in Beck Bil-Komm., 5. Aufl., § 269 Anm. 8).

(2) Auch die **aktiven latenten Steuern** (§ 274 Abs. 2 HGB) stehen als Bilanzierungshilfe nur den Kapitalgesellschaften i. w. S. offen. Sie umfassen die in einem absehbaren Zeitraum zu erwartenden Steuerminderbelastungen, die eintreten werden, weil das handelsrechtliche Ergebnis vor Steuern zunächst kleiner als der steuerpflichtige Gewinn ist und sich dies in genau absehbarer Zukunft umkehren wird.

Berechnung und Wirkungsweise lassen sich am besten durch ein Beispiel verdeutlichen. Eine Kapitalgesellschaft, die in einer stabilen Umwelt tätig ist, nutzt unter anderem eine Anlage, die regelmäßig am Ende eines jeden Jahres instand gehalten wird, um dauernd funktionsfähig zu sein. Die Instandhaltung löst jeweils Aufwendungen von 30 000 € aus. Nach Berücksichtigung dieser Aufwendungen von 30 000 € beträgt der Jahresüberschuss vor Steuern im Normalfall 200 000 € je Geschäftsjahr, das dem Kalenderjahr entspricht. Aufgrund besonderer Umstände konnte allerdings Ende des Jahres 2005 die oben genannte Instandhaltung nicht vorgenommen werden. Sie wurde im Juni 2006 nachgeholt, was im Jahresabschluss der Gesellschaft per 31.12.2005 durch eine Rückstellung berücksichtigt wurde, die steuerlich nicht anerkannt wird. Ansonsten stimmen Handels- und Steuerbilanz voll überein. Auf Basis eines Steuersatzes von 40 % ergeben sich folgende Wahlmöglichkeiten hinsichtlich aktiver latenter Steuern und folgende Jahresüberschüsse nach Steuern:

ABB. 10: Aktive latente Steuern

2005	Steuerbilanz	Handelsbilanz mit latenten Steuern	Handelsbilanz ohne latenten Steuern
Erfolg vor Steuern und vor Rückstellung	230 000	230 000	230 000
Rückstellung	–	./. 30 000	./. 30 000
Ertragsteuern laut Steuerbilanz	./. 92 000	./. 92 000	./. 92 000
Bildung aktiver latenter Steuern	–	+ 12 000	
Erfolg nach Steuern	138 000	120 000	108 000
aktive latente Steuern in der Bilanz per 31.12.2005	–	12.000	

2006	Steuerbilanz	Handelsbilanz mit latenten Steuern	Handelsbilanz ohne latenten Steuern
Erfolg vor Steuern und vor nachgeholter Instandhaltung	200 000	200 000	200 000
Nachholung der Instandhaltung	./. 30 000	–	–
Ertragsteuern laut Steuerbilanz	./. 68 000	./. 68 000	./. 68 000
Auflösung aktiver latenter Steuern	–	./. 12 000	–
Erfolg nach Steuern	102 000	120 000	132 000
aktive latente Steuern in der Bilanz per 31.12.2006	–	0	

Auf latente Steuern wird später noch im Detail eingegangen (S. 218 ff.).

Weitere Ausnahmen sieht das Handelsrecht für den entgeltlich erworbenen (derivativen) Geschäfts- oder Firmenwert (§ 255 Abs. 4 HGB) und sah es für den mit diesem eng verwandten Verschmelzungsmehrwert vor. Während die entsprechenden Ansatzwahlrechte in den Gesetzen klar verankert wurden, herrscht über den Charakter der Positionen Streit. Teilweise werden sie – nicht zuletzt wegen ihrer Einordnung unter die immateriellen Vermögensgegenstände durch § 266 Abs. 2 HGB – als Vermögensgegenstände angesehen, obwohl sie eindeutig weder einzelveräußerbar noch einzelbewertbar sind (*Ellrott/Schmidt-Wendt, in Beck Bil-Komm., 5. Aufl., § 255 Anm. 511*). Meist aber werden sie den Bilanzierungshilfen zugeordnet, obgleich ihr Ansatz nicht mit einer Ausschüttungssperre verbunden wurde. Da sie sich also in keine der beiden Kategorien reibungslos einordnen lassen, werden sie hier als mit Bilanzierungshilfen eng verwandte *besondere Werte* interpretiert (*so auch ADS 6. Aufl., § 255 HGB Tz. 272*).

(3) Der **entgeltlich erworbene (derivative) Geschäfts- oder Firmenwert** (§ 255 Abs. 4 HGB) kann nur beim Kauf eines ganzen Unternehmens entstehen. Er umfasst die Differenz zwischen dem vom

125

kaufenden Unternehmen gezahlten Kaufpreis einerseits und dem Reinvermögen des gekauften Unternehmens andererseits, wobei das Reinvermögen nicht auf der Grundlage der bisherigen Buchwerte, sondern auf der Grundlage der die Buchwerte eventuell übersteigenden aktuellen Zeitwerte (Wiederbeschaffungswerte) ermittelt wird.

Hat also beispielsweise eine GmbH das ganze Unternehmen eines Einzelkaufmanns für 9 Mio. € erworben und lässt sich das Nettovermögen dieses einzelkaufmännischen Unternehmens folgendermaßen charakterisieren:

	Buchwert	Zeitwert
Grundstücke	3 000 000	5 000 000
Maschinen	2 500 000	3 000 000
Vorräte	5 000 000	5 200 000
Kasse	1 000 000	1 000 000
	11 500 000	14 200 000
Verbindlichkeiten	./. 8 000 000	./. 7 800 000
Nettovermögen	3 500 000	6 400 000

so beläuft sich der entgeltlich erworbene (derivative) Firmenwert auf 9 ./. 6,4 = 2,6 Mio. €. Hätte die GmbH vom Einzelkaufmann obendrein einen von diesem selbst geschaffenen immateriellen Vermögensgegenstand des Anlagevermögens mit einem Zeitwert von 200 000 € mit erworben, den der Kaufmann in seiner Handelsbilanz als originäres immaterielles Anlagevermögen nicht aktivieren durfte, so wäre dieser Gegenstand aus der Sicht der GmbH derivatives immaterielles Anlagevermögen und aktivierungspflichtig. Er müsste in die Berechnung des Nettovermögens zu Zeitwerten einbezogen werden und würde den derivativen Firmenwert auf 2,4 Mio. € senken.

(4) Vor dem 1.1.1995 durfte im Rahmen eines weiteren Ansatzwahlrechts bei der Verschmelzung von Aktiengesellschaften ein **Verschmelzungsmehrwert** nach § 348 Abs. 2 AktG angesetzt werden. Dieser ähnelte dem entgeltlich erworbenen Geschäfts- oder Firmenwert, war aber die Differenz aus der Gegenleistung – hier in Höhe des Gesamtnennwerts oder des höheren Gesamtausgabebetrags der den Eignern der übernommenen Gesellschaft eingeräumten Aktien, zuzüglich eventueller barer Zuzahlungen – und dem Reinvermögen der übernommenen Gesellschaft auf der Grundlage von Buchwerten, nicht von Zeitwerten. (Im obigen Beispiel hätte der Verschmelzungsmehrwert also 9 Mio ./. 3,5 Mio = 5,5 Mio. € betragen.) Soweit vor dem 1.1.1995 solche Verschmelzungsmehrwerte angesetzt und noch nicht voll abgeschrieben wurden, finden sie sich weiterhin in handelsrechtlichen Bilanzen.

Durch das Gesetz zur Bereinigung des Umwandlungsrechts vom 28.10.1994 wurden die Vorschriften zum Verschmelzungsmehrwert – speziell § 348 Abs. 2 AktG – aufgehoben. Bei Verschmelzungen nach dem 31.12.1994 räumt § 24 UmwG ein Wahlrecht bei der Bewertung des übernommenen Vermögens in den Jahresabschlüssen der übernehmenden Gesellschaft ein; dieses Vermögen darf wie bisher mit den Buchwerten aus der Schlussbilanz der übernommenen Gesellschaft (Buchwertfortführung) oder durch Neubewertung mit höheren Werten angesetzt werden, die sich aus einer Aufteilung des Werts der Gegenleistung für die Übernahme auf die übernommenen Vermögensgegenstände und Schulden ergeben und höchstens den Zeitwerten dieser Vermögensgegenstände und Schulden entsprechen. Bei Wahl der Buchwertfortführung darf die Differenz zwischen dem Wert der Gegenleistung und dem übernommenen Nettovermögen zu Buchwerten nicht mehr als Verschmelzungsmehrwert, sondern muss als Verlust ausgewiesen werden (*ADS, 6. Aufl., § 255 Tz. 99; Knop/ Küting, in Küting/Weber, 4. Aufl., § 255 Rn. 498*). Bei Wahl der Neubewertung hängt es davon ab, ob im Rahmen der Verschmelzung eine Vermögenskombination mit Unternehmenscharakter übertragen wurde. Wenn dies zutrifft, müsste analog zu § 255 Abs. 4 HGB ein Geschäfts- oder Firmenwert angesetzt werden dürfen (*Knop/Küting, in Küting/Weber, 4. Aufl., § 255 Rn. 501 f.; ohne Prüfung des Charakters ADS, 6. Aufl., § 255 Tz. 293*).

b)   Korrekturposten zu Passivpositionen

Zusätzlich zu den bisher behandelten Aktiva tauchen in der Handelsbilanz verschiedene Korrekturposten zu Passivpositionen auf:

(1) Ein **„Nicht durch Eigenkapital gedeckter Fehlbetrag** (§ 268 Abs. 3 HGB) entsteht bei bilanzmäßiger Überschuldung des Unternehmens, also wenn der Jahresfehlbetrag zuzüglich eines eventuellen Verlustvortrags bzw. abzüglich eines eventuellen Gewinnvortrags das gesamte Eigenkapital auf der Passivseite übersteigt. In diesem Fall wird kein Eigenkapital mehr auf der Passivseite und der verbleibende Differenzbetrag auf der Aktivseite ausgewiesen. Es besteht Ansatzpflicht.

Ein Beispiel soll den Charakter dieser Position verdeutlichen. Bei einer Kapitalgesellschaft mit einem gezeichneten Kapital von 1 000 und offenen Rücklagen von 300 seien im Vorjahr Verluste von 810 entstanden und als Verlustvortrag auf neue Rechnung vorgetragen worden. (Da offene Rücklagen und die Hälfte des Grundkapitals aufgezehrt waren, lag am Ende des Vorjahres Unterbilanz vor, die sich auf der Passivseite der Bilanz folgendermaßen darstellte:

Gezeichnetes Kapital	1 000	
Gesetzliche Rücklage	300	
Jahresfehlbetrag	./. 810	
Buchmäßiges Eigenkapital		490)

Im betrachteten Jahr sei ein weiterer Jahresfehlbetrag von 650 entstanden, so dass das Eigenkapital „negativ" wird:

Aktivseite:

Nicht durch Eigenkapital gedeckter Fehlbetrag			160
Passivseite:			
Gezeichnetes Kapital		1 000	
Gesetzliche Rücklage		300	
Verlustvortrag		./. 810	
Jahresfehlbetrag	./. 650		
davon nicht gedeckt	+ 160	./. 490	
Buchmäßiges Eigenkapital		0	0

(2) Die **ausstehenden Einlagen auf das gezeichnete Kapital** (§ 272 Abs. 1 HGB) entstehen bei Kapitalgesellschaften, wenn nicht der gesamte Betrag, den die Eigner aufgrund ihrer Verpflichtung in der Satzung durch Bargeld oder Sacheinlage erbringen müssen, von den Eignern an die Kapitalgesellschaft geflossen ist. So müssen beispielsweise bei Aktiengesellschaften nur mindestens 25 % des Nennbetrags der Aktien zuzüglich des Mehrbetrags aus einem den Nennbetrag übersteigenden

Ausgabekurs eingezahlt werden (§ 36a Abs. 1 AktG). Ist ein Teil der ausstehenden Einlagen eingefordert worden, hat die Kapitalgesellschaft also ihre Eigner zur Leistung weiterer Beträge aufgefordert, so dürfen die nicht eingeforderten ausstehenden Einlagen auch offen vom gezeichneten Kapital auf der Passivseite abgesetzt werden, so dass das „Eingeforderte Kapital" übrig bleibt. Die eingeforderten ausstehenden Einlagen sind dann unter den Forderungen gesondert auszuweisen. Es besteht Ansatzpflicht bei einem Wahlrecht hinsichtlich der Form des Ausweises (vgl. auch S. 157 f.).

(3) Wenn bei einem Darlehen der am Ende der Laufzeit zu zahlende Rückzahlungsbetrag größer ist als der Betrag, den der Schuldner vom Gläubiger ausbezahlt bekam, so darf die Differenz, das so genannte **Disagio, Agio oder Damnum,** aktiviert werden (§ 250 Abs. 3 HGB). Zwar besitzt dieser Posten bei geeigneter Interpretation auch die Merkmale eines aktiven Rechnungsabgrenzungspostens und er ist – wenn von dem Ansatzwahlrecht Gebrauch gemacht wird – unter diesem Posten nach § 268 Abs. 6 HGB gesondert auszuweisen, sein Charakter in der Bilanz kommt aber klarer zum Ausdruck, wenn er als ein Korrekturposten zu den auf der Passivseite ausgewiesenen Schulden angesehen wird. Häufig dient das Disagio der Feinabstimmung des Zinssatzes, der dann als ganze Zahl festgelegt werden kann, oder es soll die unterschiedliche steuerliche Behandlung von Disagio und Zinsen genutzt werden. Es besteht ein Ansatzwahlrecht, im Falle des Ansatzes aber eine Verpflichtung zur planmäßigen Abschreibung über die gesamte Laufzeit des Darlehens oder über einen kürzeren Zeitraum.

c)　Aktive Rechnungsabgrenzungsposten und Fremdkörper

In den allgemeinen Vorschriften zu Ansatz und Gliederung des Jahresabschlusses für Kaufleute wird bestimmt, dass in der Bilanz auch „Rechnungsabgrenzungsposten" auszuweisen sind (§§ 246 Abs. 1 Satz 1, 247 Abs. 1 HGB).

Aktive Rechnungsabgrenzungsposten entstehen aus gegenseitigen Verträgen, bei denen eine Seite eine streng Zeitraum bezogene Leistung (Vermietung, Verpachtung, Kreditgewährung etwa) erbringt, welche die andere Seite für eine genau abgegrenzte Zeit nach dem Abschlussstichtag durch Zahlungen vor dem Abschlussstichtag im Voraus vergütet (so genannte transitorische Rechnungsabgrenzungsposten im engeren Sinne). Werden – wie regelmäßig bei Auftreten von aktiven Rechnungsabgrenzungsposten – Zeitraum bezogene Leistungen vor und nach dem Abschlussstichtag durch Zahlungen vor Ablauf des Geschäftsjahres gemeinsam abgegolten, so ist als aktiver Rechnungsabgrenzungsposten der Anteil der Zahlungen zu aktivieren, welcher dem Verhältnis der auf das nächste (bzw. die nächsten) Geschäftsjahr(e) entfallenden zur insgesamt Zeitraum bezogenen Leistung entspricht. Ein Mieter beispielsweise, der auf der Grundlage eines langfristigen Mietvertrages in jedem Jahr am 30.9. Miete für ein Jahr im Voraus bezahlt und bei dem das Geschäftsjahr dem Kalenderjahr entspricht, muss ¾ der Miete in einem aktiven Rechnungsabgrenzungsposten aktivieren und so zeitlich abgrenzen. Grundsätzlich besteht also eine Ansatzpflicht, die nur für den in § 250 Abs. 3 HGB kasuistisch geregelten Fall (Disagio, Agio oder Damnum) zu einem Ansatzwahlrecht abgeschwächt wird.

Darüber hinaus hat der Gesetzgeber das Recht eingeräumt, zwei weitere Sachverhalte unter den aktiven Rechnungsabgrenzungsposten zu erfassen, nämlich

(1) „als Aufwand berücksichtigte Zölle und Verbrauchsteuern, soweit sie auf am Abschlussstichtag auszuweisende Vermögensgegenstände des Vorratsvermögens entfallen" und

(2) „als Aufwand berücksichtigte Umsatzsteuer auf am Abschlussstichtag auszuweisende oder von den Vorräten offen abgesetzte Anzahlungen" (§ 250 Abs. 1 Satz 2 HGB).

Diese beiden Positionen, für die das Handelsrecht ein Ansatzwahlrecht einräumt, sind das Ergebnis der Steuergesetzgebung, die den Ansatz dieser Posten in der Steuerbilanz vorschreibt, und des Wunsches, die Möglichkeit zur Übereinstimmung von Handels- und Steuerbilanz zu gewährleisten. Allerdings handelt es sich um Fremdkörper in der Handelsbilanz, die weder die Eigenschaften eines Vermögensgegenstands noch diejenigen eines Rechnungsabgrenzungspostens erfüllen. Auch ist ihr Ansatz in der Handelsbilanz – anders als in der Steuerbilanz – nicht erforderlich, um Verwerfungen des Gewinnausweises zu verhindern. Diese drohen in der Steuerbilanz nämlich im

▶ ersten Fall, wenn die Abgabeschuld für Zoll oder Verbrauchsteuer bereits entstanden ist, die Beträge aber zumindest in der Steuerbilanz nicht in die Herstellungskosten einbezogen werden dürfen, und im

▶ zweiten Fall, weil sowohl die Umsatzsteuerschuld selbst als auch die erhaltene Anzahlung einschließlich der Umsatzsteuer (also brutto) passiviert werden müssen, die Steuer in der Anzahlung aber nur einmal zufloss.

In der Handelsbilanz steht alternativ auch die Möglichkeit offen, Verbrauchsteuern – wie Biersteuer oder Mineralölabgaben – in die Herstellungskosten einzubeziehen und die erhaltenen Anzahlungen netto ohne Umsatzsteuer zu passivieren bzw. von den Vorräten offen abzusetzen *(ADS 6. Aufl., § 250 HGB Tz. 55 ff. und § 255 HGB Tz. 153; Ellrott/ Schmidt-Wendt, in Beck Bil-Komm., 5. Aufl., § 255 Anm. 453).*

3.   Schulden und andere Passiva in der Handelsbilanz

Auf der Passivseite einer handelsrechtlichen Bilanz werden außer Schulden in den beiden Formen der Verbindlichkeiten und der Rückstellungen auch passive Rechnungsabgrenzungsposten, Eigenkapital und Sonderposten mit Rücklageanteil ausgewiesen. Grundlagen für alle diese Passiva werden bereits in den §§ 246 und 247 HGB gelegt.

Verbindlichkeiten einerseits und Rückstellungen andererseits werden normalerweise entsprechend der Gewissheit der Verpflichtung nach Grund und Höhe abgegrenzt. Eine nach Grund und Höhe sichere Verpflichtung ist danach als Verbindlichkeit, eine nach Grund und/oder Höhe unsichere Verpflichtung dagegen grundsätzlich als Rückstellung auszuweisen. Ausnahmsweise führt auch Ungewissheit über das Bestehen oder Entstehen (den Grund) und vor allem über die Höhe der Verpflichtung nicht zu einem Ausweis als Rückstellung – die Schuld wird also als Verbindlichkeit ausgewiesen –, wenn diese Ungewissheit nur sehr geringfügig ist oder wenn die in ihrer Höhe ungewisse Verpflichtung (beispielsweise eine Verpflichtung in fremder Währung, eine Leibrentenverpflichtung oder eine mit Wertsicherungsklausel verbundene Verpflichtung) mit einer Gegenleistung etwa aus einem Kauf- oder Kreditvertrag korrespondiert. Ungewissheit über die tatsächliche Inanspruchnahme, über den Fälligkeitstermin und/oder über die Person des Gläubigers schließt den Ausweis der Schuld unter den Verbindlichkeiten ebenfalls nicht aus *(„keine Ungewissheit iSd § 249 HGB" WP-Handbuch 2000, Bd. I, E Tz. 92).* Bei dem Wunsch, ungewisse Verpflichtungen in einen sicheren Teil (Verbindlichkeit) und in einen unsicheren Teil (Rückstellung) aufzutrennen, ist der Grundsatz der Klarheit zu beachten. Nur wenn beide Komponenten für sich aussagekräftig sind, wird eine solche Aufteilung zulässig sein.

Im Rahmen der Rückstellungen sind allerdings außer den ungewissen Verpflichtungen gegenüber Dritten, die eindeutig Schuldencharakter haben, gemäß § 249 Abs. 1 Satz 2 Nr. 1, Satz 3 und Abs. 2 HGB kasuistisch auch bestimmte ungewisse Verpflichtungen des Kaufmanns sich selbst gegenüber ansatzpflichtig oder ansetzbar. Diese so genannten „Aufwandsrückstellungen" gehen über das hinaus, was die eben genannten allgemeinen Vorschriften über den Inhalt der Handelsbilanz abdecken. Innerhalb der Rückstellungen kommt es außerdem zu Verstößen gegen das Gebot des vollständigen Schuldenausweises, weil für bestimmte Pensionsverpflichtungen (pensionsähnliche Verpflichtungen, mittelbare Pensionsverpflichtungen und Verpflichtungen aus Pensionen, die vor dem 1.1.1987 erworben wurden) nur ein Passivierungswahlrecht besteht, obwohl sich dahinter klare Leistungsverpflichtungen gegenüber Dritten verbergen.

a)   Verbindlichkeiten und passive Rechnungsabgrenzungsposten

Verbindlichkeiten sind Verpflichtungen eines Kaufmanns gegenüber einem Dritten, welche die im Rahmen der Schuldendefinition auf S. 121 f. beschriebenen Kriterien erfüllen. Wie im vorangegangenen Abschnitt erläutert, handelt es sich zudem regelmäßig um solche Verpflichtungen, die nach Grund und Höhe sicher sind.

Die rechtliche oder wirtschaftliche Verpflichtung des Kaufmanns, die sich in Verbindlichkeiten niederschlägt, kann darin bestehen, dass künftig Geld zu zahlen ist, aber auch darin, dass in Zukunft Leistungen zu erbringen sind. In dem Falle allerdings, in dem in Zukunft Leistungen zu erbringen sind, wird nicht die zu erbringende Leistung, sondern die erhaltene Gegenleistung passiviert. Wenn im oben gewählten Beispiel des Kaufvertrags zunächst der Käufer seine Verpflichtung durch Zahlung des Kaufpreises erfüllt, so ist dies vom Verkäufer zu bilanzieren. Auf der Passivseite der Bilanz des Verkäufers erscheint aber nicht der insgesamt zu erwartende Aufwand, den er aus der Verpflichtung zur Erstellung und Lieferung des Sachguts zu erwarten hat. Vielmehr erscheint der Geldbetrag, den er vom Käufer bekam, als erhaltene Anzahlung. Diese Vorgehensweise folgt zwingend aus dem Realisationsprinzip. Ist der Verkauf für den Verkäufer mit einem Gewinn verbunden, so übersteigt nämlich die Anzahlung den Aufwand für das Sachgut.

Nach dem soeben beschriebenen Prinzip wird ebenfalls vorgegangen, wenn ein Vermieter Miete für das folgende Jahr im Voraus bezahlt bekommt. Auch er passiviert nicht den Wert der Verpflichtung, im kommenden Jahr die Mietsache zur Verfügung stellen zu müssen, sondern die im Voraus erhaltene Mietzahlung. Dieser Vorgang wird allerdings nicht unter Verbindlichkeiten passiviert.

Er erscheint in der Bilanz unter den *passiven Posten der Rechnungsabgrenzung*, deren Ansatz natürlich mit Hilfe der gleichen Kriterien entschieden (gegenseitiger Vertrag mit streng Zeit bezogener Leistung und mit Zahlungen im abgelaufenen Geschäftsjahr für Leistungen im nächsten oder in den nächsten Geschäftsjahren) und deren Umfang auf Basis der gleichen Überlegungen bestimmt wird, wie sie bei den aktiven Rechnungsabgrenzungsposten beschrieben wurden. Auch für die passiven Rechnungsabgrenzungsposten besteht Ansatzpflicht.

b) Rückstellungen

Unter Rückstellungen werden zwei unterschiedliche Sachverhalte zusammengefasst.

Überwiegend handelt es sich bei den Rückstellungen um besondere Leistungsverpflichtungen gegenüber Dritten, bei denen im Gegensatz zu den Verbindlichkeiten nicht sicher ist, ob eine Verpflichtung tatsächlich besteht und/oder wie groß die Verpflichtung ist. Diese Rückstellungen sind also nach Grund und/oder Höhe *ungewisse Schulden*. Allerdings darf nicht jede noch so vage Leistungsverpflichtung in maximal möglicher Höhe bilanziert werden. Die Verpflichtung muss sich mit einer trotz des Vorsichtsprinzips nicht zu geringen Eintrittswahrscheinlichkeit abzeichnen, und bei ihrem Wertansatz ist zwar Vorsicht, aber nicht schwärzester Pessimismus angebracht.

In Ausnahmefällen, die der Gesetzgeber in § 249 Abs. 1 Satz 2 Nr. 1, Satz 3 und Abs. 2 HGB einzugrenzen versucht, werden unter Rückstellungen keine ungewissen Leistungsverpflichtungen gegenüber Dritten, sondern ungewisse Verpflichtungen erfasst, die der Kaufmann *sich selbst gegenüber* hat und die einem der nachfolgenden Jahre angelastet werden dürfen oder sollen. Derartige *„Aufwandsrückstellungen"* schreibt das Handelsrecht für unterlassene Aufwendungen für Abraumbeseitigung und für Instandhaltung vor, wenn sie innerhalb des nächsten Geschäftsjahrs (Abraumbeseitigung) bzw. der ersten drei Monate dieses nächsten Geschäftsjahrs (Instandhaltung) nachgeholt werden. Ein Ansatzwahlrecht dagegen besteht für unterlassene Aufwendungen für Instandhaltung, wenn sie in den letzten 9 Monaten des nächsten Geschäftsjahrs nachgeholt werden, und für in § 249 Abs. 2 HGB etwas näher bezeichnete Aufwendungen.

Mit der Möglichkeit, bestimmte Verpflichtungen sich selbst gegenüber in die Handelsbilanz einzubringen, berühren Aufwandsrückstellungen ein äußerst ergiebiges Feld eventueller zusätzlicher Passivpositionen. Sie beschwören damit die Gefahr herauf, dass die für die Rechnungslegung konkret Verantwortlichen durch Passivierung überhöhter Verpflichtungen beispielsweise die Ausschüttungsansprüche der Eigner nach Belieben beschneiden können. Die Möglichkeiten zur Bildung speziell von Aufwandsrückstellungen müssen demzufolge spürbar eingegrenzt werden. Das Handelsrecht versucht auf zwei Wegen, solche Schranken zu setzen. Einerseits wird in den Absätzen 1 und 2 des § 249 HGB sowie in Art. 28 EGHGB im Detail zu konkretisieren versucht, für welche Zwecke in der Handelsbilanz Rückstellungen gebildet werden müssen und für welche Zwecke ein Ansatzwahlrecht besteht. Auf diese im Gesetz vorgesehenen Zwecke für Rückstellungen wird im Folgenden noch genauer eingegangen. Andererseits wird in § 249 Abs. 3 Satz 1 HGB ausdrücklich bestimmt: „Für andere als die in den Absätzen 1 und 2 bezeichneten Zwecke dürfen Rückstellungen nicht gebildet werden".

In der *Handelsbilanz* gibt es folgende *Rückstellungen*:

(1) **Rückstellungen für ungewisse Verbindlichkeiten** (§ 249 Abs. 1 Satz 1 HGB) unterscheiden sich nur in einem Punkt von den Verbindlichkeiten. Bei ihnen ist unsicher, ob die rechtliche oder wirtschaftliche Verpflichtung tatsächlich besteht und/oder wie groß sie ist. Die Gründe für solche Rückstellungen sind mannigfach und sollten daher einer Spezialschrift entnommen werden (z. B. Moxter, HWRev 1992, Sp. 1719 ff.; Berger/M. Ring, in Beck Bil-Komm., 5. Aufl., § 249 Anm. 100). Typische Beispiele aber sind Rückstellungen für Garantieleistungen oder Prozessrisiken. Der Kaufmann hat Produkte erstellt und verkauft, wobei er für deren Qualität eine Garantie übernommen hat. Entsprechen die Produkte nicht der Norm – ob das der Fall ist, lässt sich zunächst allenfalls mit Hilfe einer Wahrscheinlichkeit angeben –, so hat der Kunde innerhalb der Garantiefrist Anspruch darauf, ein der Qualitätsnorm entsprechendes Produkt zu erhalten. Für den Kaufmann drohen also Belastungen aus dem Verkauf und der Garantiezusage, deren tatsächlichen Eintritt und deren

Höhe er nicht sicher kennt. Ähnliches gilt für die Kosten aus einem drohenden oder schon in Gang gekommenen Prozess. Der Kaufmann weiß nicht sicher, ob er gewinnen oder verlieren wird, und zudem ist offen, wie lange der Prozess dauern, über wie viele Instanzen er gehen und mit welchen möglichen Auflagen er enden wird.

(2) Nicht explizit in § 249 HGB erscheinen die **Rückstellungen für Pensionsverpflichtungen.** Da in den Pensionsrückstellungen über die Zeit der aktiven Tätigkeit der Mitarbeiter hinweg die Barwerte der zu erwartenden künftigen Belastungen aus Pensionszahlungen an die anschließend im Ruhestand lebenden Mitarbeiter angesammelt werden (zur Bewertung vgl. S. 213 f.), handelt es sich eindeutig um einen Spezialfall von Rückstellungen für ungewisse Verbindlichkeiten. Sie bedürfen folglich keiner besonderen Erwähnung und müssten ausnahmslos passivierungspflichtig sein. Da der Gesetzgeber allerdings aus einer allgemeinen Passivierungspflicht für Pensionsrückstellungen im Gegensatz zum Passivierungswahlrecht vor 1987 Härten befürchtet, hat er die Passivierungspflicht in Art. 28 EGHGB so weit durchlöchert, dass sie praktisch leicht zu umgehen ist.

Nach derzeitigem Recht müssen im Zusammenhang mit Pensionen verschiedene Verpflichtungen unterschieden werden.

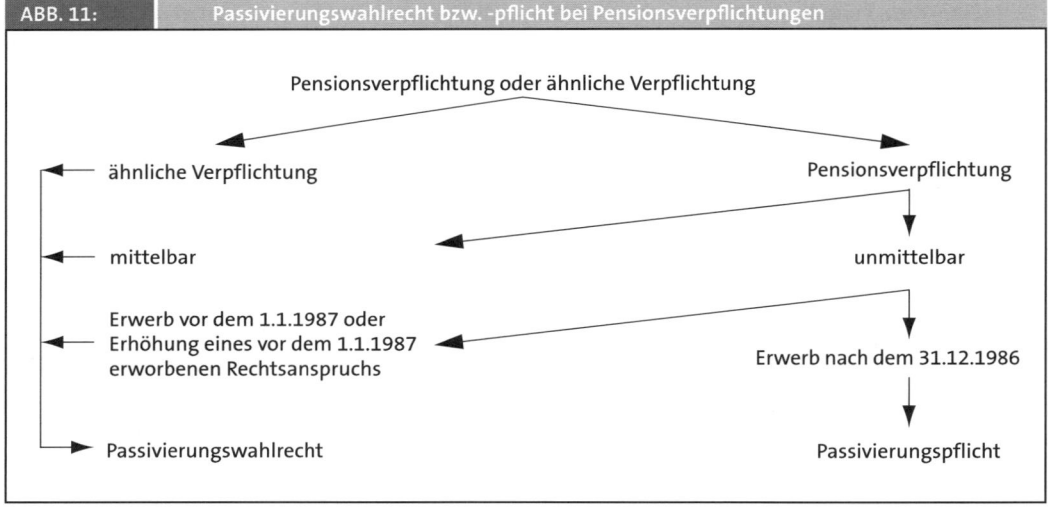

ABB. 11:   Passivierungswahlrecht bzw. -pflicht bei Pensionsverpflichtungen

Nach dem Zeitpunkt des Erwerbs des Rechtsanspruchs müssen zwei Kategorien unterschieden werden. Für Rechtsansprüche, die vor dem 1.1.1987 erworben wurden oder die sich aus einer späteren Erhöhung eines vor dem 1.1.1987 erworbenen Rechtsanspruchs ergeben, besteht ein Ansatzwahlrecht. Die Ansatzpflicht gilt somit allenfalls für Ansprüche, die nach dem 31.12.1986 erworben wurden.

Keine Passivierungspflicht besteht zudem für nur mittelbare Pensionszusagen – Zusagen also, die unter Zwischenschaltung beispielsweise einer Pensions- oder Unterstützungskasse als Tochtergesellschaft gemacht werden – und für eine der Pension „ähnliche Verpflichtung". Was der Gesetzgeber in diesem Zusammenhang allerdings unter einer „ähnlichen Verpflichtung" versteht, ist völlig unklar, und das hat zu angestrengter Suche nach möglichen Beispielen geführt. Keines dieser Beispiele, auch die vielfach genannten Zusagen im Rahmen der Vorruhestandsregelung, wird aber uneingeschränkt akzeptiert, so dass noch offen ist, was der Gesetzgeber mit „ähnlichen Verpflichtungen" gemeint hat. *(Ellrott/Rhiel, in Beck Bil-Komm., 5. Aufl., § 249 Anm. 162 f.; ADS, 6. Aufl., § 249 HGB Tz. 115 ff.).*

Passivierungspflichtig sind somit nur echte und unmittelbare Pensionsverpflichtungen, soweit der Rechtsanspruch nach dem 31.12.1986 erworben wurde.

(3) Zu den Rückstellungen für ungewisse Verbindlichkeiten gehören nach § 274 Abs. 1 HGB ausdrücklich auch die **Rückstellungen für latente Steuern.** Da Rückstellungen für ungewisse Verbindlichkeiten generell passivierungspflichtig sind, sollte die Pflicht zum Ansatz passiver latenter Steuern über den von § 274 HGB unmittelbar betroffenen Kreis der Kapitalgesellschaften i. w. S. hinausgehen und auch die Personenhandelsgesellschaften i. e. S. betreffen. Auf latente Steuern wird später noch im Detail eingegangen (S. 218 ff.). Hier sollen daher nur die Grundzüge erläutert werden.

Dem Ausweis latenter Steuern liegt die Forderung zugrunde, dass im handelsrechtlichen Jahresabschluss letztlich derjenige Steueraufwand ausgewiesen werden sollte, der sich fiktiv ergäbe, wenn nicht der steuerrechtliche Gewinn, sondern der handelsrechtliche Gewinn Steuerbemessungsgrundlage wäre. Das handelsrechtliche Ergebnis und der Steueraufwand in der handelsrechtlichen GuV sollen zueinander passen, soweit die Unterschiede nicht darauf beruhen, dass bestimmte handelsrechtliche Aufwendungen – wie etwa die Hälfte der Aufsichtsratsvergütungen (§ 10 Nr. 4 KStG) – vom Steuerrecht nicht als Aufwendungen anerkannt werden. Besteht nun zwischen den im handelsrechtlichen Jahresabschluss angesetzten Aufwendungen oder Erträgen und den steuerrechtlichen Betriebsausgaben bzw. Betriebseinnahmen eines Jahres ein Unterschied derart, dass der steuerliche Gewinn zunächst kleiner als der handelsrechtliche Gewinn ist, und wird dieser Unterschied in genau absehbaren späteren Geschäftsjahren durch einen entsprechenden Unterschied mit negativem Vorzeichen wieder rückgängig gemacht, so sind Rückstellungen für latente Steuern zu bilden.

Am Beispiel einer 2005 errichteten und am 2.1.2006 in Gebrauch genommenen Produktionshalle sollen die passiven latenten Steuern verdeutlicht werden. Das Gebäude, das Anschaffungskosten von 2 Mio. € verursacht haben soll, wird steuerrechtlich nach § 7 Abs. 4 EStG mit jeweils 3 % pro Jahr – also über 33 $\frac{1}{3}$ Jahre – abgeschrieben. Handelsrechtlich werde die Nutzungsdauer aber auf 40 Jahre geschätzt, so dass bei linearer Abschreibung jeweils 2,5 % abgeschrieben werden. Ausgehend von den vereinfachenden Annahmen, dass der Steuersatz 40 % beträgt und dass die Erfolge des Unternehmens vor Ertragsteuern und vor Gebäudeabschreibung im Zeitablauf konstant 200 000 € betragen, gilt für die passiven latenten Steuern in den Jahren 2006 und 2039 (in diesem Jahr wird das Gebäude in der Steuerbilanz mit nur noch 20 000 € (verbliebenes $\frac{1}{3}$ einer Jahresabschreibung) im Vergleich zu den handelsrechtlichen Abschreibungen von 50 000 € geringfügiger abgeschrieben, so dass die passiven latenten Steuern ausgehend von ihrem Maximum am 31.12.2038 erstmals abgebaut werden), was Abbildung 12 auf S. 134 zeigt.

Nach insgesamt weiteren 6 Jahren ist die passive latente Steuer am 31.12.2045, wenn auch die handelsrechtliche Abschreibung aussetzt, vollständig aufgelöst (33 · 4 000 = 132 000 = 12 000 + 6 · 20 000).

(4) **Rückstellungen für drohende Verluste aus schwebenden Geschäften** (§ 249 Abs. 1 Satz 1 HGB) bilden eine Ausnahme zu der Regel, wonach schwebende Geschäfte nicht zu bilanzieren sind. Sie sind Ausdruck des Imparitätsprinzips. Hat ein Kaufmann ein Verpflichtungsgeschäft abgeschlossen, sich also beispielsweise zum Kauf einer Sache zu einem vorgegebenen Preis verpflichtet, so muss dieses

ABB. 12: Passive latente Steuern

2006	Steuerbilanz	Handelsbilanz mit passiven latenten Steuern (Pflicht!)
Erfolg vor Steuern und vor Gebäudeabschreibung	200 000	200 000
Gebäudeabschreibung	./. 60 000	./. 50 000
Ertragsteuern laut Steuerbilanz	./. 56 000	./. 56 000
Bildung passiver latenter Steuern		./. 4 000
Erfolg nach Steuern	84 000	90 000
passive latente Steuern in der Bilanz per 31.12.2006 (erhöht sich bis 2038 jährlich um 4 000)		4 000

2039	Steuerbilanz	Handelsbilanz mit passiven latenten Steuern (Pflicht!)
Erfolg vor Steuern und vor Gebäudeabschreibung	200 000	200 000
Gebäudeabschreibung	./. 20 000	./. 50 000
Ertragsteuern laut Steuerbilanz	./. 72 000	./. 72 000
Auflösung passiver latenter Steuern	–	+ 12 000
Erfolg nach Steuern	108 000	90 000
passive latente Steuern in der Bilanz:		
Stand 31.12.2038 (33 · 4 000)		132 000 (Maximum)
Auflösung für 2039		./. 12 000
Stand 31.12.2039 (6 · 20 000)		120 000

schwebende Geschäft in der Bilanz berücksichtigt werden, soweit es genügend sichere Anzeichen dafür gibt, dass die zu erbringende Leistung einen höheren Wert als die zu empfangene Gegenleistung besitzt. Die Wertdifferenz, der drohende Verlust aus schwebenden Geschäften, muss in Form einer Rückstellung passiviert werden. Dabei ist es nicht erforderlich, dass das Verpflichtungsgeschäft bereits geschlossen wurde. Es reicht aus, wenn es klare Anzeichen dafür gibt, dass es geschlossen wird. Auch muss der drohende Verlust nicht schon bei Abschluss des Geschäfts erkennbar sein. Wird er erkennbar, bevor das Geschäft erfüllt wird, ist die Rückstellung zu bilden, sobald sich der Verlust mit ausreichender Sicherheit abzeichnet. Rückstellungen für drohende Verluste aus schwebenden Geschäften sind also beispielsweise zu bilden, wenn ein Kaufmann sich verpflichtet, eine Ware zu 100 € zu kaufen, sofern diese Ware auf dem Markt sonst aber nur 80 € kostet oder der Preis vor Lieferung am Markt auf 80 € sinkt. Sie ist auch zu bilden, wenn der Kaufmann einen längerfristigen Mietvertrag abschließt, während der festen Laufzeit des Vertrages aber erkennen muss, dass der gemietete Gegenstand für ihn nur sehr eingeschränkt brauchbar ist und bleiben wird. Steuerrechtlich wurde der Ansatz von Rückstellungen für drohende Verluste aus schwebenden Geschäften im Rahmen des Gesetzes zur Fortsetzung der Unternehmenssteuerreform vom 29.10.1997 für Wirtschaftsjahre, die nach dem 31.12.1996 enden, verboten, obwohl dieses Verbot schwierige Abgrenzungsprobleme aufwirft und einen Systembruch darstellt.

(5) **Rückstellungen für Gewährleistungen ohne rechtliche Verpflichtung** (§ 249 Abs. 1 Satz 2 Nr. 2 HGB) bestätigen für den Fall der Gewährleistungen, dass es zur Bildung einer Rückstellung *nicht* auf die *rechtliche*, sondern auf die *wirtschaftliche Verpflichtung* ankommt. Auch ohne rechtlich dazu verpflichtet zu sein, muss ein Kaufmann eine Rückstellung bilden, wenn seine Produkte über die Garantiefrist oder über den rechtsverbindlich zugesagten Rahmen hinaus Mängel aufzuweisen drohen, die der Kaufmann zu verantworten haben wird und deren Behebung er sich aus wirtschaftlichen Gründen nicht wird entziehen können. Wann genau allerdings eine solche Verpflichtung wirtschaftlich besteht, ist nicht immer leicht zu sagen.

(6) **Rückstellungen für im Geschäftsjahr unterlassene Aufwendungen für Instandhaltung die im folgenden Geschäftsjahr innerhalb von drei Monaten, oder für Abraumbeseitigung, die im folgenden Geschäftsjahr nachgeholt werden** (§ 249 Abs. 1 Satz 2 Nr. 1 HGB), bringen keine Verpflichtungen gegenüber Dritten, sondern nur Verpflichtungen des Kaufmanns sich selbst gegenüber zum Ausdruck. Sie sind also *Aufwandsrückstellungen*. Soweit nämlich die Verpflichtung zur Abraumbeseitigung etwa aufgrund einer gesetzlichen Auflage bindend gegenüber Dritten besteht oder eine gemietete Sache dem Vertrag entsprechend instand zu halten ist, ist die Verpflichtung nicht hier, sondern unter den Rückstellungen für ungewisse Verbindlichkeiten einzuordnen. Die Instandhaltungsrückstellung ist zudem im Kern eine Vereinfachung. Planmäßige Instandhaltung ist die Grundlage für die Schätzung der Nutzungsdauer und damit für die planmäßige Abschreibung. Wird die Instandhaltung „verschlampt", entfällt die Basis für die planmäßige Abschreibung, und eine außerplanmäßige Abschreibung wäre erforderlich. Sie müsste wiederum rückgängig gemacht werden, sobald die Instandhaltung voll wirksam nachgeholt wird. Dieses Verfahren aber ist, verglichen mit der Rückstellung, viel zu aufwendig *(Moxter, Bilanzlehre II, S. 29)*.

Für Aufwandsrückstellungen muss der Rahmen eng gezogen werden. Das geschieht durch die vergleichsweise klare Zweckbindung – Instandhaltung oder Abraumbeseitigung – und durch die zeitlichen Restriktionen. Die Aufwendungen müssen im Geschäftsjahr unterlassen worden sein und im folgenden Geschäftsjahr, bei Instandhaltung zudem innerhalb der ersten drei Monate, nachgeholt werden. Sind die Bedingungen allerdings erfüllt, besteht Passivierungspflicht.

(7) **Rückstellungen für im Geschäftsjahr unterlassene Aufwendungen für Instandhaltung, die im folgenden Geschäftsjahr nach Ablauf von drei Monaten nachgeholt werden** (§ 249 Abs. 1 Satz 3 HGB), entsprechen inhaltlich den bereits erläuterten Instandhaltungsrückstellungen, sind also auch Aufwandsrückstellungen. Die Nachholungsfrist wird aber auf die letzten neun Monate des Geschäftsjahrs ausgeweitet, und statt einer Passivierungspflicht besteht ein *Passivierungswahlrecht*. Die Gründe für die zeitliche Differenzierung bei den Instandhaltungsrückstellungen dürften Steuerrecht und Maßgeblichkeit sein. Früher wurde eine entsprechende Rückstellung in der Steuerbilanz nur geduldet, wenn die Instandhaltung innerhalb der ersten drei Monate des nachfolgenden Jahres erfolgte. Bei späterer Nachholung war jeglicher Ansatz in der Steuerbilanz verboten. Das alte handelsrechtliche Passivierungswahlrecht für Instandhaltungsrückstellungen unabhängig vom Zeitpunkt der Nachholung drohte diesem steuerlichen „Entgegenkommen" den Boden zu entziehen, denn aus handelsrechtlichen Passivierungswahlrechten wird nach dem Maßgeblichkeitsprinzip bekanntlich in der Regel ein Passivierungsverbot (vgl. S. 100). Um die bisherige Instandhaltungsrückstellung bei Nachholung innerhalb der ersten drei Monate in der Steuerbilanz zu sichern, hat der Gesetzgeber sie auch im Handelsrecht zwingend vorgeschrieben. Da bei späterer Nachholung eine

Übernahme in die Steuerbilanz ohnehin nicht zur Debatte steht, konnte es insoweit bei dem bisherigen Passivierungswahlrecht bleiben. Diese Argumentation erscheint allerdings insoweit problematisch, als sie steuerliche Rückwirkungen und nicht Funktionen der Handelsbilanz in den Mittelpunkt stellt.

(8) **Rückstellungen für ihrer Eigenart nach genau umschriebene, dem Geschäftsjahr oder einem früheren Geschäftsjahr zuzuordnende Aufwendungen, die am Abschlussstichtag wahrscheinlich oder sicher, hinsichtlich ihrer Höhe oder des Zeitpunkts ihres Eintritts aber unbestimmt sind** (§ 249 Abs. 2 HGB), wurden durch das Bilanzrichtlinien-Gesetz von 1985 als *Aufwandsrückstellungen* mit *Passivierungswahlrecht* eingeführt. Die Gefahr der Bildung von Rückstellungen zur allgemeinen Risikovorsorge und damit im Widerspruch zu den GoB und dem Verbot des § 249 Abs. 3 HGB ist hier besonders groß. Daher bedarf die Vorschrift dringend der *Präzisierung* und *Kommentierung*.

In der Vorschrift werden *drei Bedingungen* formuliert, die alle drei erfüllt sein müssen, damit die Rückstellung gebildet werden darf.

Die Rückstellung darf nur für ihrer Eigenart nach genau umschriebene Aufwendungen gebildet werden, Aufwendungen also, die nachprüfbar und eindeutig abgrenzbar dem Zweck der „Vorsorge für konkrete künftige Aufwendungen" *(Begründung zu § 249 HGB, Bundestags-Drucksache 10/4268, S. 99)* dienen. Als möglicher Zweck wurde im Regierungsentwurf nur die Großreparatur genannt, im Gesetz selbst aber soll der Kreis möglicher Zwecke laut Begründung des Gesetzentwurfes weiter gezogen sein. Für welche Zwecke konkret zusätzlich zur Großreparatur Aufwendungen zurückgestellt werden dürfen, gehen die Meinungen noch auseinander *(Treuarbeit, Bilanzrichtlinien-Gesetz, S. 28; Berger/M. Ring, in Beck Bil-Komm., 5. Aufl., § 249, Anm. 323; Kupsch, in Bonner Handbuch, § 249 Rz. 48 ff.).* Anhand der Großreparatur lässt sich das Prinzip allerdings leicht erklären. Muss beispielsweise ein Jumbo alle x Flugstunden vollständig auseinander genommen und wieder neu zusammengesetzt werden, so sollte in den Jahren, in denen diese x Flugstunden absolviert werden, Vorsorge für die Grundüberholung getroffen werden. Inhaltlich sind die Aufwendungen damit klar auf die von der künftigen Grundüberholung ausgelösten Aufwendungen eingegrenzt. Wie bei der Instandhaltungsrückstellung handelt es sich auch hier um einen Ersatz für außerplanmäßige Abschreibungen.

Die Rückstellung darf nur für solche Aufwendungen gebildet werden, die dem jeweiligen Geschäftsjahr oder einem früheren Geschäftsjahr zuzuordnen sind. Bei der Zuordnung wird auf den Zeitpunkt der Verursachung der Aufwendungen oder auf die Frage zurückgegriffen, wann die durch die Aufwendungen erschlossenen Erträge erfasst wurden. Im Beispiel des Jumbos dürfte somit in jedem Jahr ein Bruchteil der Aufwendungen für die Grundüberholung zurückgestellt werden, und zwar der Teil, der dem Verhältnis der in dem Jahr absolvierten Flugstunden zur Zahl x gleicht. Wurden in den Vorjahren entsprechende Rückstellungen unterlassen, darf innerhalb eines Überholungszeitraums auch nachgeholt werden.

Die Rückstellung darf nur gebildet werden, wenn am Abschlussstichtag künftige Aufwendungen wahrscheinlich oder sicher absehbar sind. Für sich nur vage abzeichnende, künftig mögliche, aber bei Fortführung des Geschäftsbetriebs nicht unausweichliche Aufwendungen dürfen Rückstellungen nicht angesetzt werden.

c)   Eigenkapital

Anders als bei den Verbindlichkeiten oder Rückstellungen handelt es sich beim Eigenkapital weniger um eine „Verpflichtung" des Unternehmens gegenüber Außenstehenden, als vielmehr um eine Saldoposition aus allen Aktiva abzüglich der Passiva, die Verpflichtungen verkörpern. Um die Geschichte der Entstehung der Eigenkapitalpositionen festzuhalten, aber auch um unterschiedliche Rechtspositionen zu dokumentieren (Trennung von Komplementär- und Kommanditkapital bei der KG nach § 264c Abs. 2 Satz 6 HGB z. B.) oder um hinsichtlich der Ausschüttbarkeit zu differenzieren (gesetzliche und andere Gewinnrücklagen z. B.), wird das Eigenkapital weiter aufgegliedert, so dass die verschiedenen Teile auch auf spezifische Veränderungen reagieren; am Gesamtcharakter ändert das aber nichts. Nach derzeitigem Recht müssen nur alle Eigenkapitalpositionen einschließlich Gewinn- oder Verlustvortrag und Jahresüberschuss oder -fehlbetrag zusammen auf der Passivseite der Bilanz erfasst werden.

d)   Sonderposten mit Rücklageanteil

Sonderposten mit Rücklageanteil spiegeln in der Handelsbilanz vom Steuerrecht eingeräumte Vergünstigungen in Form von steuerfreien Rücklagen oder – soweit vom Wahlrecht des Ausweises auf der Passivseite Gebrauch gemacht wurde – in Form überhöhter Abschreibungen wider (vgl. auch S. 104 ff.). In ihnen vermischen sich folglich zwei Bestandteile. Sie umfassen künftige Gewinne, weil die steuerfreien Rücklagen innerhalb vorgegebener Fristen wieder gewinnbringend aufgelöst werden müssen oder – soweit sie überhöhte Abschreibungen repräsentieren – weil in den späteren Jahren der Nutzung gewinnerhöhend zu geringe Abschreibungen verrechnet werden. Da diese Gewinne allerdings zu versteuern sein werden, beinhalten die Sonderposten mit Rücklageanteil auch künftige Steuerlasten auf diese Gewinne.

Wie bei der Erörterung der umgekehrten Maßgeblichkeit bereits dargestellt wurde, muss allerdings hinsichtlich des Umfangs der steuerrechtlichen Vergünstigungen, für die in der Handelsbilanz Sonderposten mit Rücklageanteil gebildet werden dürfen, zwischen Personenunternehmen i. e. S. einerseits und Kapitalgesellschaften i. w. S. andererseits unterschieden werden. Personenunternehmen i. e. S. dürfen unabhängig von der formellen Maßgeblichkeit im Rahmen der umgekehrten Maßgeblichkeit steuerfreie Rücklagen durch Sonderposten mit Rücklageanteil in die Handelsbilanz übernehmen. Kapitalgesellschaften i. w. S. dürfen in der Handelsbilanz nur dann solche Sonderposten mit Rücklageanteil bilden, wenn der Ansatz der steuerfreien Rücklage in der Steuerbilanz an die Bedingung geknüpft ist, dass diese Rücklage auch in der Handelsbilanz angesetzt wird, also formelle Maßgeblichkeit im Rahmen der umgekehrten Maßgeblichkeit gilt. Bei fehlender formeller Maßgeblichkeit im Rahmen der umgekehrten Maßgeblichkeit darf die Kapitalgesellschaft i. w. S. hingegen keinen Sonderposten mit Rücklageanteil bilden. Da allerdings formelle Maßgeblichkeit im Rahmen der umgekehrten Maßgeblichkeit praktisch immer gilt, hat die Unterscheidung zwischen Personenunternehmen i. e. S. und Kapitalgesellschaften i. w. S. keine große Bedeutung mehr.

Der Kapitalgesellschaft i. w. S. wird in § 281 Abs. 1 HGB ausdrücklich das Recht eingeräumt, auf steuerrechtlichen Vergünstigungen basierende, überhöhte Abschreibungen auch durch Ansatz eines passiven Sonderpostens mit Rücklageanteil vorzunehmen. Da dieser passivische Ausweis allenfalls dazu beitragen kann, den Informationsgehalt des Jahresabschlusses zu erhöhen, ohne seine Ausschüttungsbemessungsfunktion zu beeinträchtigen, sollte dieses Wahlrecht auch für Personenunternehmen i. e. S. gelten, obwohl es ihnen nicht ausdrücklich eingeräumt wurde (vgl. S. 109).

E. Übersicht über die handelsrechtlichen Ansatz-vorschriften

Sachverhalt	Personen-unternehmen i. e. S.	Kapital-gesellschaften i. w. S.	Grundlage (in HGB)
Vermögensgegenstände	Pflicht		246 I
nicht entgeltlich erworbene (originäre) immaterielle Anlagen	Verbot		248 II
selbst erstelltes oder entgeltlich erworbenes immaterielles Umlaufvermögen	Pflicht		
entgeltlich erworbene immaterielle Anlagen	Pflicht		
unentgeltlich erworbene (geschenkte) Sachgüter und Rechte, ausgenommen Geld	Wahlrecht		GoB
geringstwertige (Wert bis 60, ab 2008 150 €), evtl. noch kurzlebige (Nutzungsdauer 1 Jahr oder wenig länger) Vermögensgegenstände des Anlagevermögens	Wahlrecht		GoB R 6.13 II EStR aber § 6 Abs. 2 EStG
Aufwendungen für die Ingangsetzung und Erweiterung des Geschäftsbetriebes	Verbot	Wahlrecht*	269 und Begründung
Aufwendungen für Gründung und Beschaffung des Eigenkapitals	Verbot		248 I
entgeltlich erworbener (derivativer) Firmenwert	Wahlrecht		255 IV
aktive latente Steuern	Verbot	Wahlrecht*	274 II
Disagio (Agio, Damnum)	Wahlrecht		250 III
aktive transitorische Rechnungsabgrenzungsposten	Pflicht		246 I 250 I
als Aufwand berücksichtigte Zölle und Verbrauch-steuern, soweit sie auf am Abschlussstichtag auszuweisende Vermögensgegenstände des Vorratsvermögens entfallen	Wahlrecht		250 I Nr. 1
als Aufwand berücksichtigte Umsatzsteuer auf am Abschlussstichtag auszuweisende oder von den Vorräten offen abgesetzte Anzahlungen	Wahlrecht		250 I Nr. 2
Schulden	Pflicht		246 I
passive transitorische Rechnungsabgrenzungsposten	Pflicht		250 II

* aber Ausschüttungssperre (§§ 269 Satz 2, 274 Abs. 2 Satz 3 HGB)

Sachverhalt	Personen-unternehmen i. e. S.	Kapitalgesell-schaften i. w. S.	Grundlage (in HGB)
Rückstellungen für ungewisse Verbindlichkeiten	grundsätzlich Pflicht		249 I
▶ davon unmittelbare, nach dem 31.12.1986 erworbene Pensionsverpflichtungen	Pflicht		Art. 28 EGHGB
▶ davon mittelbare und/oder vor dem 1.1.1987 erworbene und/oder pensions-ähnliche Verpflichtungen	Wahlrecht		Art. 28 EGHGB
▶ davon passive latente Steuern	Pflicht		274 I
Rückstellungen für drohende Verluste aus schwebenden Geschäften	Pflicht		249 I
Rückstellungen für unterlassene Aufwendungen für Instandhaltung, die innerhalb der ersten 3 Monate des folgenden Geschäftsjahrs nachgeholt werden	Pflicht		249 I Nr. 1
idem, sofern aber in den letzten 9 Monaten des folgenden Geschäftsjahrs nachgeholt	Wahlrecht		249 I
Rückstellungen für unterlassene Aufwendungen für Abraumbeseitigung, die im folgenden Geschäftsjahr nachgeholt werden	Pflicht		249 I Nr. 1
Rückstellungen für Gewährleistungen ohne rechtliche Verpflichtung	Pflicht		249 I Nr. 2
Rückstellungen für ihrer Eigenart nach genau umschriebene, dem Geschäftsjahr oder einem früheren Geschäftsjahr zuzuordnende Aufwendungen, die am Abschlussstichtag wahrscheinlich oder sicher, aber hinsichtlich ihrer Höhe oder des Zeitpunkts ihres Eintritts unbestimmt sind	Wahlrecht		249 II
Rückstellungen für andere Zwecke	Verbot		249 III
Eigenkapital	Pflicht		246 I (247 I)
Rücklage im Steuerrecht, die in der Steuerbilanz nur erlaubt ist, wenn sie auch in der Handelsbilanz angesetzt wird	Wahlrecht – aber Ansatz nur als Sonderposten mit Rücklageanteil (SmR)		247 III 273
Rücklage im Steuerrecht, die unabhängig von der Handelsbilanz in der Steuerbilanz gebildet werden darf	Wahlrecht, aber nur als SmR	Verbot des An-satzes eines SmR, aber Pflicht zu passiven latenten Steuern und Mög-lichkeit, Rücklagen zu dotieren	247 III, 273, 58 IIa AktG, 29 IV GmbHG

F. Wirtschaftliches Eigentum

> **Lernziel:**
> Sie sollen
> ▶ den Grundsatz und die Bedeutung des wirtschaftlichen Eigentums darstellen können und
> ▶ die Ausnahmen, in denen wirtschaftliches und juristisches Eigentum auseinander fällt, kennen lernen!

1. Grundsatz

Ob ein Vermögensgegenstand oder eine Schuld in die Bilanz und in das Inventar eines Kaufmanns oder einer Kapitalgesellschaft aufzunehmen ist, wird nicht anhand des juristischen Eigentums, sondern anhand des wirtschaftlichen Eigentums entschieden. Kaufmann und Kapitalgesellschaft wird alles das zugerechnet, woran sie *wirtschaftliches Eigentum* haben. Diese Vorgehensweise mag aus der Sicht des Gläubigerschutzes bedauert werden, denn im Falle des Zusammenbruchs kann sich herausstellen, dass ein Großteil des Bilanzvermögens dem Schuldner nicht rechtlich gehört. Aus der Sicht der Information über das Vermögen, das der Kaufmann in seinem Betrieb einsetzt, ist diese Grenzziehung aber erforderlich. Würde nur gezeigt, was dem Kaufmann juristisch gehört, so würde angesichts der häufigen Eigentumsvorbehalte und Sicherungsübereignungen das Bilanzvermögen nicht selten nur einen Bruchteil des im Betrieb eingesetzten Vermögens umfassen.

„Wirtschaftlicher Eigentümer ist, wer die tatsächliche Herrschaft über ein Wirtschaftsgut in der Weise ausübt, dass dadurch der nach bürgerlichem Recht Berechtigte auf Dauer von der Einwirkung auf das Wirtschaftsgut (rechtlich oder) wirtschaftlich ausgeschlossen ist. Der nach bürgerlichem Recht Berechtigte ist dann (rechtlich oder) wirtschaftlich von der Einwirkung ausgeschlossen, wenn ihm kein oder nur ein praktisch bedeutungsloser Herausgabeanspruch zusteht oder wenn er das Wirtschaftsgut herauszugeben verpflichtet ist." *(Seeliger, Der Begriff des wirtschaftlichen Eigentums im Steuerrecht, Stuttgart 1962, S. 89 f.)* Diese Definition, die im Blick auf das Steuerrecht entwickelt wurde und die leicht modifiziert Eingang in § 39 Abs. 2 Nr. 1 AO fand, prägt praktisch auch das Handelsrecht *(Kupsch, in Bonner Handbuch, § 246 Rz. 36; Förschle/Kroner, in Beck Bil-Komm., 5. Aufl., § 246 Anm. 4 ff.)*. Da sie zugegebenermaßen nicht leicht verständlich ist, soll sie durch die folgenden Ausführungen geklärt und verdeutlicht werden. Es gilt nämlich im Regelfall, dass juristisches und wirtschaftliches Eigentum übereinstimmen. Nur in wenigen Ausnahmefällen, von denen im Folgenden die wichtigsten kurz erläutert werden, fallen wirtschaftliches und juristisches Eigentum auseinander.

2. Kommissionsgeschäfte (§§ 383 ff. HGB)

Beim Kommissionsgeschäft kauft oder verkauft der Kommissionär im eigenen Namen Waren oder Wertpapiere im Auftrag und für Rechnung eines anderen, des Kommittenten.

Im Falle der Einkaufskommission wird der Kommissionär zwar juristischer Eigentümer der gekauften Ware, wirtschaftlicher Eigentümer aber wird der Kommittent. Die Ware wird daher auch unmittelbar nach Zugang der Ware beim Kommissionär vom Kommittenten aktiviert. Dagegen steht die Verpflichtung gegenüber dem Kommissionär. Letztere wiederum aktiviert der Kommissionär als Forderung, und er passiviert die Verbindlichkeit gegenüber dem Verkäufer.

Im Falle der Verkaufskommission bleibt der Kommittent ohnehin bis zum Verkauf der Ware auch juristischer Eigentümer, so dass die Ware zweifellos bis zur Erfüllung des Übereignungsgeschäfts beim Kommittenten zu bilanzieren ist.

3. Sicherungsübereignung, Sicherungszession und Eigentumsvorbehalt

Zur Absicherung der Gläubigeransprüche aus Krediten werden zwischen Schuldner und Gläubiger häufig Sicherheiten vereinbart. Im Falle der Sicherungsübereignung überträgt der Schuldner dem Gläubiger das Eigentum an einer beweglichen Sache, behält aber selbst den Besitz und die Nutzungsmöglichkeit dieser Sache. Der Schuldner und Sicherungsgeber behält damit trotz Verlusts des juristischen Eigentums das wirtschaftliche Eigentum. Er bilanziert die Sache. Unabhängig vom rechtlichen Eigentum bleibt das wirtschaftliche Eigentum auch erhalten bei Forderungen, die zur Sicherung eines Kredits an den Gläubiger abgetreten werden, und geht bei Waren, die vom Verkäufer und zugleich Gläubiger der Warenforderung unter Eigentumsvorbehalt geliefert wurden, auf den Käufer und Schuldner über (so auch § 246 Abs. 1 Satz 2 HGB).

Sobald allerdings das wirtschaftliche Eigentum nicht mehr beim Schuldner liegt, der Gläubiger also aus seinem Sicherungsrecht Ansprüche auf Herausgabe der Sache oder der Forderung geltend machen kann, entfällt auch die Bilanzierung beim Schuldner.

4. Echtes Pensionsgeschäft

Bei dem unter Banken üblichen *echten Pensionsgeschäft* (§ 340b Abs. 2 HGB) übereignet der Pensionsgeber gegen Zahlung eines Kaufpreises beispielsweise Wertpapiere auf den Pensionsnehmer mit der Maßgabe, dass der Pensionsnehmer diese Wertpapiere zu einem vorgegebenen oder noch zu bestimmenden Zeitpunkt und zu einem bei Abschluss des Pensionsgeschäftes festgelegten Preis zurück zu übereignen hat, oder dass der Pensionsgeber zumindest eine Option auf Rückübertragung hat, mit deren Ausübung gerechnet wird. Obwohl der Pensionsnehmer vorübergehend juristischer Eigentümer wird, bleibt der Pensionsgeber nach herrschender Meinung wirtschaftlicher Eigentümer. Die Wertpapiere bleiben in seiner Bilanz. Er passiviert allerdings den Betrag, den er vom Pensionsnehmer als Kaufpreis erhalten hat, der sich aber besser als Kredit interpretieren lässt.

Beim *unechten Pensionsgeschäft* (§ 340b Abs. 3 HGB) dagegen besteht nur ein Anspruch des Pensionsnehmers, dass der Pensionsgeber das Gut zu vorher vereinbarten Konditionen zurücknehmen muss. Damit kann der Pensionsgeber die Rückübertragung nicht mehr erzwingen. Das wirtschaftliche Eigentum steht folglich dem Pensionsnehmer zu.

5. Treuhandverhältnisse

Da Treuhandverhältnisse in sehr unterschiedlichen Formen auftreten, lässt sich das Verhältnis von juristischem und wirtschaftlichem Eigentum nicht allgemeinverbindlich beschreiben, sehr häufig aber fallen auch hier die beiden Formen des Eigentums auseinander. Bei der fiduziarischen oder echten Treuhandschaft überträgt der Treugeber dem Treuhänder das juristische Eigentum an dem

Treugut. Der Treuhänder darf über das Treugut auch im eigenen Namen verfügen, darf aber entsprechend seiner Verpflichtung als Treuhänder dabei nicht seine eigenen Ziele verfolgen, sondern muss die Interessen des Treugebers wahren. Der Treugeber bleibt damit wirtschaftlicher Eigentümer und bilanziert das Treugut weiterhin.

6.   Finanzierungs-Leasing

Mit Finanzierungs-Leasing werden Mietverträge bezeichnet, bei denen der Leasinggeber dem Leasingnehmer einen nicht selten auf die individuellen Wünsche des Leasingnehmers zugeschnittenen Gegenstand für eine unkündbare Grundmietzeit zur Nutzung überlässt. Während dieser Grundmietzeit hat der Leasingnehmer periodisch vertraglich festgelegte Leasingraten zu zahlen. Nach Ablauf der Grundmietzeit steht der Gegenstand dann dem Leasinggeber zu.

Darüber, ob bei Finanzierungs-Leasing der Leasingnehmer das wirtschaftliche Eigentum erwirbt oder nicht, gehen die Meinungen auseinander.

Im *Steuerrecht* ist die Frage für Vollamortisationsverträge, bei denen die Anschaffungs- oder Herstellungskosten des Leasinggegenstands zuzüglich der Neben- und Finanzierungskosten durch die Leasingraten innerhalb der Grundmietzeit voll gedeckt werden, vergleichsweise klar, aber auch differenziert geregelt *(Bundesminister der Finanzen, Schreiben vom 19.4.1971, BStBl I 1971, S. 264 ff. und vom 21.3.1972, BStBl I 1972, S. 188 f.):*

Beim *Spezial-Leasing* von Gegenständen, die so stark auf die Wünsche des Leasingnehmers zugeschnitten sind, dass sie für andere kaum brauchbar erscheinen, rechnet das Steuerrecht die Gegenstände stets dem Leasingnehmer zu.

Grund und Boden dagegen wird grundsätzlich dem Leasinggeber zugerechnet, es sei denn, der Boden ist bebaut und der Leasingvertrag beinhaltet eine Kaufoption. In diesem Fall richtet sich die Zurechnung des Bodens nach derjenigen des Gebäudes.

Bei *beweglichen Wirtschaftsgütern und Gebäuden,* die nicht zum Spezial-Leasing zählen, muss unterschieden werden, ob die Grundmietzeit zwischen 40 % und 90 % der betriebsgewöhnlichen Nutzungsdauer laut AfA-Tabelle liegt oder nicht – also kürzer als 40 % oder länger als 90 % der betriebsgewöhnlichen Nutzungsdauer ist. In den zuletzt genannten Fällen (< 40 % oder > 90 %), die in Deutschland selten vorliegen, ist der Gegenstand stets dem Leasingnehmer zuzurechnen. Beträgt dagegen die Grundmietzeit zwischen 40 % und 90 % der betriebsgewöhnlichen Nutzungsdauer, so wird der Gegenstand grundsätzlich dem Leasinggeber zugerechnet. Von diesem Grundsatz gibt es aber drei wichtige Ausnahmen:

▶ Beinhaltet der Leasingvertrag eine *Kaufoption* und ist der für den Fall der Ausübung dieser Option vereinbarte Preis niedriger als der Buchwert unter Berücksichtigung der linearen AfA über die betriebsgewöhnliche Nutzungsdauer oder als der niedrigere gemeine Wert im Zeitpunkt der Veräußerung, dann wird der Gegenstand dem Leasingnehmer zugerechnet.

▶ Geht es um ein *bewegliches Wirtschaftsgut,* beinhaltet der Leasingvertrag eine Mietverlängerungsoption und ist die für den Fall der Ausübung dieser Option festgelegte Anschlussmiete kleiner als der Werteverzehr, der sich unter Berücksichtigung der linearen AfA und der betriebsgewöhnlichen Nutzungsdauer aus dem Restbuchwert oder dem niedrigeren gemeinen Wert ergibt, dann wird der Gegenstand dem Leasingnehmer zugerechnet.

▶ Geht es um ein *Gebäude*, beinhaltet der Leasingvertrag eine *Mietverlängerungsoption* und ist die für den Fall der Ausübung dieser Option festgelegte Anschlussmiete nicht größer als 75 % des Mietentgelts, „das für ein nach Art, Lage und Ausstattung vergleichbares Grundstück üblicherweise gezahlt wird", dann wird der Gegenstand dem Leasingnehmer zugerechnet.

Bei Teilamortisationsverträgen, bei denen die Anschaffungs- oder Herstellungskosten des Leasinggebers zuzüglich der Neben- und Finanzierungskosten durch die Leasingraten innerhalb der Grundmietzeit nicht voll gedeckt werden, muss im Steuerrecht streng zwischen beweglichen und unbeweglichen Wirtschaftsgütern unterschieden werden. Im Fall der beweglichen Wirtschaftsgüter, wo stets von einer Grundmietzeit zwischen 40 % und 90 % der betriebsgewöhnlichen Nutzungsdauer des Leasinggegenstandes ausgegangen wird, stellt das Steuerrecht auf die Frage ab, wer das Risiko der Wertminderung trägt und die Chance der Wertsteigerung hat *(Bundesminister der Finanzen, Schreiben vom 22.12.1975, BB 1976, S. 72 f.)*. In den in diesem Schreiben geregelten Fällen, in denen stets der Leasingnehmer das Risiko der Wertminderung trägt, liegt die Grenze bei 75 % der Wertsteigerung. Partizipiert der Leasingnehmer zu mehr als 75 % an der Wertsteigerung, so ist der Gegenstand ihm zuzurechnen. Partizipiert er hingegen zu 75 % oder weniger an der Wertsteigerung, so ist der Gegenstand dem Leasinggeber zuzurechnen. Im Fall der unbeweglichen Wirtschaftsgüter geht das Steuerrecht von ähnlichen Kriterien aus wie bei den Vollamortisationsverträgen *(Bundesminister der Finanzen, Schreiben vom 23.12.1991, BStBl I 1992, S. 13 ff.)*. Gebäude – und ihnen folgend auch Grundstücke – werden danach grundsätzlich dem Leasinggeber zugerechnet. Dem Leasingnehmer werden beide ausnahmsweise nur dann zugerechnet, wenn es um Spezial-Leasing geht oder eine verglichen mit dem Restwert des Gebäudes bei linearer Afa und dem Wert des Grundstücks günstige Kaufoption gewährt wurde. Bei Gebäuden alleine gilt das zusätzlich, wenn die Grundmietzeit unter 40 % oder über 90 % der Nutzungsdauer liegt oder wenn die Konditionen der Mietverlängerungsoption gemessen an 75 % des Mietentgelts vergleichbarer Grundstücke besonders günstig sind.

Handelsrechtlich dagegen ist die Frage des wirtschaftlichen Eigentums weniger eindeutig geregelt *(Stellungnahme HFA 1/1989, WPg 1989, S. 625 f.)* und zudem grundsätzlich umstritten *(Baetge/Ballwieser, DBW 1978, S. 3 ff.)*. In dieser schwierigen Situation findet das in der Praxis verbreitete Vorgehen, die steuerrechtlichen Regeln auch für die Behandlung des Leasings in der Handelsbilanz zu verwenden, breite Zustimmung *(ADS, 6. Aufl., § 246 Tz. 392; Förschle/Kroner, in Beck Bil-Komm., 5. Aufl., § 246 Anm. 29; Isele, in Küting/Weber, 4. Aufl., I, Rn. 478; WP-Handbuch, 2000, Bd. I. E Tz. 25)*. Unumstritten ist ferner, dass über die finanziellen Verpflichtungen aus Leasingverträgen im Anhang mittelgroßer und großer Kapitalgesellschaften berichtet werden muss (§§ 285 Nr. 3, 288 Satz 1 HGB). Die Bewertung des Leasing in der Handelsbilanz wird auf S. 218 behandelt.

G. Zur Abgrenzung zwischen Betriebs- und Privatvermögen

> **Lernziel:**
> Sie sollen Abgrenzungskriterien, die für das Betriebs- und Privatvermögen gelten, kennen lernen!

Das Problem, Vermögensgegenstände und Schulden danach zu trennen, ob sie wirtschaftlich zum Privatvermögen oder zum Betriebsvermögen gehören, stellt sich – wenn überhaupt – nur bei Einzelkaufleuten und Personenhandelsgesellschaften. Kapitalgesellschaften als juristische Personen können grundsätzlich kein Privatvermögen haben.

Bei Personenunternehmen bedarf es auf den ersten Blick dieser Unterscheidung auch nicht, steht doch im Gesetz, der Kaufmann solle „seine Grundstücke, seine Forderungen und Schulden, den Betrag seines baren Geldes sowie seine sonstigen Vermögensgegenstände genau ... verzeichnen" (§ 240 Abs. 1 HGB) bzw. „einen das Verhältnis seines Vermögens und seiner Schulden darstellenden Abschluss ... auf(zu)stellen" (§ 242 Abs. 1 HGB). Es wird also nicht erkennbar nach Privat- und Betriebsvermögen unterschieden. Die Trennung wird allerdings in § 5 Abs. 4 PublG für publizitätspflichtige Personenhandelsgesellschaften und Einzelkaufleute vorgenommen, und sie geschieht auch in der Steuerbilanz. Bestätigt wird diese Ansicht durch den neuen § 264c Abs. 3 HGB, der für die Personenhandelsgesellschaften im Sinne des § 264a HGB (ohne eine natürliche Person als voll haftender Gesellschafter) die Aufnahme des Privatvermögens der Gesellschafter in die Bilanz und die Aufnahme der auf das Privatvermögen entfallenden Aufwendungen in die GuV verbietet.

Bei der Trennung greift man im Fall des Einzelkaufmanns auf die steuerliche Dreiteilung zurück. Sie unterteilt in

▶ *notwendiges Betriebsvermögen,* das alle die Gegenstände umfasst, die aufgrund ihrer Beschaffenheit oder aufgrund ihrer Zweckbestimmung nur der betrieblichen Nutzung dienen,

▶ *notwendiges Privatvermögen,* das alle Gegenstände umfasst, die aufgrund ihrer Beschaffenheit nur der privaten Nutzung dienen sowie

▶ *gewillkürtes Betriebsvermögen,* das alle die Gegenstände umfasst, die sowohl im Betrieb als auch privat genutzt werden und bei denen daher der Steuerpflichtige entscheiden darf, welchem Vermögen er sie zuordnen möchte. Allerdings ist der Steuerpflichtige diesbezüglich an Grenzen gebunden. Nach R 4.2 Abs. 1 Sätze 4 und 5 EStR ist dem notwendigen Betriebsvermögen zuzuordnen, was zu mehr als 50 % betrieblich genutzt wird, und dem notwendigen Privatvermögen, was zu mehr als 90 % privat genutzt wird.

Die Zuordnungskriterien werden im Grunde für die Handelsbilanz übernommen. Anerkannt wird auch das Entscheidungsrecht des Kaufmanns beim gewillkürten Betriebsvermögen, nur darf eine einmal getroffene Entscheidung nicht willkürlich revidiert werden.

Bei der Personenhandelsgesellschaft kann auf das der Gesellschaft gewidmete und den Gesellschaftern zur gesamten Hand zustehende Vermögen zurückgegriffen werden, das von dem Privatvermögen der Gesellschafter getrennt ist.

Fragen:

1. Auf Basis welcher Kriterien wird entschieden, ob handelsrechtlich ein Vermögensgegenstand bzw. eine Schuld vorliegt? Erscheinen in der Handelsbilanz alle Vermögensgegenstände und Schulden? Was weisen Handelsbilanzen zusätzlich zu Vermögensgegenständen und Schulden aus?

2. Welche Bilanzierungshilfen gibt es? Was für einen Charakter haben diese Bilanzierungshilfen?

3. Für welche Rechnungsabgrenzungsposten existiert ein Ansatzwahlrecht, für welche eine Ansatzpflicht?

4. Worin unterscheiden sich Rückstellungen von Verbindlichkeiten?

5. Verbraucher Pechvogel erleidet infolge der Benutzung des Produktes X, das von der Firma Z fehlerhaft gefertigt wurde, einen größeren Personenschaden. Pechvogel macht seine Ansprüche durch seinen Rechtsanwalt bei Z aufgrund der Produzentenhaftung geltend. Ein Prozess steht noch aus. Wie muss dieser Vorfall in der Bilanz von Z berücksichtigt werden?

6. Arbeitnehmer Glücklich hatte am 30.6.1986 einen Pensionsanspruch in Höhe von umgerechnet 10 000 € (abgezinster Wert unter Berücksichtigung aller Risiken) gegenüber der Firma Z erworben. Der Pensionsanspruch erhöht sich zum 31.12.1987 auf umgerechnet 20 000 €. Besteht für diese Pension bei Z
   a) zum 31.12.1986 bzw.
   b) zum 31.12.1987
   eine Passivierungspflicht? Wenn ja, in welcher Höhe?

7. In welchen Fällen müssen Rückstellungen für latente Steuern gebildet werden? Welcher Charakter liegt dem Konzept der latenten Steuern zugrunde?

8. Die Instandhaltung einer Maschine ist bei der Firma Z verschlampt worden. Die Instandhaltung wird im April 2007 nachgeholt werden. Besteht für diese Instandhaltungsmaßnahme eine Passivierungspflicht bei der Firma Z, wenn der Bilanzstichtag
   a) der 31.12.2006 bzw.
   b) der 31.3.2007 ist?

9. Am 1.4.2006 wird die Kosmos AG gegründet. Dabei fallen folgende Kosten an:

– Gerichts- und Notariatskosten	40 000 €
– Ausgaben zum Aufbau einer Vertriebsorganisation	200 000 €
– Emissionskosten der Aktien	55 000 €
– Abfindungen an andere Unternehmen für neu angeworbene Mitarbeiter	250 000 €
– Kosten für Werbung zur Einführung des Unternehmens auf dem Markt	300 000 €

   Welche der oben genannten Posten dürfen, müssen oder dürfen nicht in der Bilanz der Kosmos AG angesetzt werden? Wie viel darf die Kosmos AG maximal an ihre Aktionäre ausschütten, wenn die Kosmos AG alles aktiviert, was sie maximal ansetzen darf, der Jahresüberschuss im Jahre 2006 1 000 000 € beträgt und keine Rücklagen vorhanden sind?

10. Für die Entwicklung eines Patents, das inzwischen sehr erfolgreich genutzt wird und für 100 000 € verkauft werden könnte, wurden insgesamt 70 000 € aufgewendet. Wie ist dieses Patent in der Bilanz anzusetzen?

11. Zur Einführung einer neuen Anti-Schnupfen-Kapsel auf dem Markt wurde eine große Werbekampagne durchgeführt, die 1 Mio. € verschlang. Dabei wurden 5 Werbeautos in Form der neuen Anti-Schnupfen-Kapsel für je 100 000 € hergestellt. Diese Autos erwiesen sich als besonderer Werbegag und werden weiterhin benutzt. Die Anti-Schnupfen-Kapsel wird infolge der Werbemaßnahmen stark nachgefragt. Wie schlagen sich die Werbemaßnahmen in der Bilanz nieder?

12. Für die Weiterbildung von Mitarbeitern wurden 2006 bei der Computer AG 150 000 € aufgewendet. Dürfen bzw. müssen diese Aufwendungen bei der seit 1980 existierenden Computer AG aktiviert werden?

13. Für Lizenzen werden einmalig 60 000 € bezahlt. Wie ist diese Lizenz beim Lizenznehmer zu bilanzieren?

14. Die Reisefix AG hat ein Flugzeug im Januar 2006 für 100 Mio. € gekauft. Dieses Flugzeug hat alle 3 Jahre eine Generalinspektion (erwarteter Aufwand 3 Mio. €) nötig. Kann man die – im Januar 2009 erwartete – Generalinspektion im Jahresabschluss vom 31.12.2007 berücksichtigen?

15. Die Technofix GmbH kauft auf Kredit von der Computer AG einen Computer. Die Computer AG lieferte unter Eigentumsvorbehalt. Bei wem ist der Computer zu bilanzieren, solange der Kredit von der Technofix GmbH nicht getilgt ist?

16. Zur Sicherung eines Dispositions-Kredits trat die Technofix GmbH der Hausbank AG zwei Maschinen sicherungshalber ab. Wer ist wirtschaftlicher Eigentümer?

17. Die Technofix GmbH beauftragt den Makler X, Rohstoffe in Kommission zu kaufen. Die Rohstoffe liegen am 31.12.2006 im Lager des X. Wie ist dieser Vorgang am 31.12.2006 bei

a) Makler X,
b) der Technofix GmbH

zu bilanzieren?

18. Die Technofix GmbH bestellt bei der Büro AG am 14.12.2007 einen Schreibtisch für 400 € + 19 % USt und Büromaterial für 50 € + 19 % USt. Die Lieferung geht am 20.1.2008 bei der Technofix GmbH ein.

a) Wie ist die Lieferung in der Bilanz der Technofix GmbH zum 31.12.2007 zu berücksichtigen?
b) Wie ändert sich die Sachlage, wenn der Bilanzstichtag am 31.3.2008 ist? Gehen Sie bitte auf alle Wahlrechte ein!

19. Die Technofix GmbH hat mit der Leasing GmbH im Januar 2007 einen Leasingvertrag über eine Maschine abgeschlossen, dessen Konditionen wie folgt aussehen:

– Grundmietzeit: 5 Jahre
– Betriebsgewöhnliche Nutzungsdauer: 10 Jahre
– Anschaffungskosten (fiktiv):   100 000 €
– Jahres-Leasing-Rate: 24 000 €
– Kaufoption für die Technofix GmbH
   zum Kauf der Maschine nach 5 Jahren: 25 000 €

Wer ist wirtschaftlicher Eigentümer, wenn man die steuerrechtlichen Kriterien zugrunde legt?

Literaturhinweise:

Da Fragen des Bilanzansatzes von Vermögensgegenständen und Schulden im Handelsrecht nicht in einem oder in nur wenigen Paragraphen konzentriert geregelt werden, muss bei speziellen Problemen des Bilanzansatzes jeweils ermittelt werden, wo sie geregelt werden. Dabei kann die Übersicht auf S. 138 f. helfen. Die am Anfang des Teils 2 aufgeführten Kommentare geben dann unter den entsprechenden Paragraphen Auskunft über Detailprobleme. Einführende Überblicke über die Gesamtproblematik werden regelmäßig in den Kommentierungen zu §§ 240, 246 oder 247 HGB gegeben.

Eine knappe und prägnante Darstellung der Grundlinien des HGB zur Frage des Bilanzansatzes findet sich bei **Moxter, Adolf:** Bilanzlehre, Band II, 3. Aufl., Wiesbaden 1986, S. 20-33.

Die Problematik der Regelung des Bilanzansatzes verdeutlicht **Schneider, Dieter:** Vermögensgegenstände und Schulden, in Handwörterbuch unbestimmter Rechtsbegriffe im Bilanzrecht des HGB, hrsg. von Ulrich Leffson, Dieter Rückle und Bernhard Großfeld, Köln 1986, S. 335-345.

Am Beispiel der Behandlung des Leasings wird das Bilanzansatzproblem diskutiert bei **Baetge, Jörg/ Ballwieser, Wolfgang:** Ansatz und Ausweis von Leasingobjekten in Handels- und Steuerbilanz, in DBW, 38. Jg., 1978, S. 3-19.

V. Die handelsrechtlichen Vorschriften zur Bilanzgliederung

A. Einleitung

> **Lernziel:**
> Sie sollen die grundsätzlichen Erfordernisse, die an Gliederungen zu stellen sind, kennen lernen!

Wie bereits in dem Abschnitt I. E. des zweiten Teils (S. 69 ff.) kurz dargestellt wurde, hängen die handelsrechtlichen Vorschriften zur Bilanzgliederung von der Rechtsform der Unternehmung, von der Größe der Unternehmung und auch vom Adressaten der Bilanz ab, denn mittelgroße Kapitalgesellschaften und Genossenschaften müssen intern zwar eine Bilanz nach dem Schema des § 266 Abs. 2 und 3 HGB aufstellen, brauchen aber nur eine Bilanz nach verkürztem Schema (§ 327 Nr. 1 HGB) offen zu legen.

Den *nicht publizitätspflichtigen* Einzelkaufleuten und Personenhandelsgesellschaften i. e. S. schreibt das Handelsrecht kein konkretes Bilanzgliederungsschema vor. Ihre Bilanz muss den GoB entsprechen (§ 243 Abs. 1 HGB), „klar und übersichtlich sein" (§ 243 Abs. 2 HGB), und es „sind das Anlage- und das Umlaufvermögen, das Eigenkapital, die Schulden sowie die Rechnungsabgrenzungsposten gesondert auszuweisen und hinreichend aufzugliedern" (§ 247 Abs. 1 HGB). Wie die Gliederung im Detail auszusehen hat, bleibt dem Kaufmann überlassen. Große Einzelkaufleute und Personenhandelsgesellschaften i. e. S. dürften entsprechend den Grundgedanken des derzeitigen Rechts tiefer zu untergliedern haben als kleine. Da die Bilanz allerdings ohnehin nicht offen zu legen ist, also sehr weitgehend auch im eigenen Interesse erstellt werden kann, sollte der Kaufmann keine zu grobe Gliederung wählen.

Bei den *publizitätspflichtigen* Einzelkaufleuten und Personenhandelsgesellschaften i. e. S. sowie bei den Kapitalgesellschaften i. w. S. und den Genossenschaften dagegen schreibt das Handelsrecht konkrete Bilanzgliederungsschemata vor. Grundlage für diese konkreten Schemata ist die Gliederung in § 266 Abs. 2 und 3 HGB. Kleine Kapitalgesellschaften i. w. S. und Genossenschaften leiten ihr Bilanzschema aus dem des § 266 Abs. 2 und 3 HGB dadurch ab, dass sie nur die „mit Buchstaben und römischen Zahlen bezeichneten Posten gesondert und in der vorgeschriebenen Reihenfolge" ausweisen (§ 266 Abs. 1 Satz 3 HGB). Für Zwecke der Offenlegung modifizieren mittelgroße Kapitalgesellschaften i. w. S. und Genossenschaften das Schema entsprechend § 327 Nr. 1 HGB oder wählen das Schema für die kleinen Kapitalgesellschaften und legen die Details nach § 327 Nr. 1 HGB im Anhang offen.

Alle Kapitalgesellschaften i. w. S. und Genossenschaften – also auch die großen – dürfen das Schema gegebenenfalls insoweit modifizieren, als sie Posten, die in diesem und im vorangegangenen Geschäftsjahr keinen Betrag ausweisen (sog. *Leerposten*), nicht aufführen (§ 265 Abs. 8 HGB), indem sie zum Zwecke größerer Klarheit die „Gliederung und Bezeichnung der mit arabischen Zahlen versehenen Posten" anpassen, weil dies wegen Besonderheiten der Gesellschaft erforderlich ist (§ 265 Abs. 6 HGB), oder indem sie mit arabischen Zahlen versehene Posten gemäß § 265 Abs. 7 HGB zusammenfassen. Die Zusammenfassung ist allerdings nur gestattet, wenn der Einzelbetrag „für die Vermittlung eines den tatsächlichen Verhältnissen entsprechenden Bildes ... nicht erheblich ist" oder durch die Zusammenfassung „die Klarheit der Darstellung vergrößert wird" und die Einzelpositionen „im Anhang gesondert ausgewiesen werden" (§ 265 Abs. 7 HGB). Dass auch tiefere Untergliederungen zulässig sind (§ 265 Abs. 5 HGB), versteht sich aus dem Informationszweck fast von selbst, denn dadurch kann der Informationsgehalt allenfalls steigen.

Da sich die konkreten Schemata fast alle aus dem Bilanzgliederungsschema nach § 266 Abs. 2 und 3 HGB ergeben, scheint es sinnvoll, die handelsrechtlichen Vorschriften zur Bilanzgliederung auf der Grundlage dieses Schemas zu erläutern. Zu diesem Zweck werden zunächst einige, dem Schema zugrunde liegende Kriterien erläutert. Da das Schema in § 266 Abs. 2 und 3 HGB unvollständig ist, in Spezialvorschriften des HGB und anderer Gesetze weitere Positionen genannt werden, die gesondert aufgeführt werden müssen, sofern sie einen Betrag ausweisen, wird ein vervollständigtes Schema präsentiert und dadurch erläutert, dass der Inhalt der Einzelpositionen – teilweise unter Verwendung von Beispielen – charakterisiert wird. Diese kurze Erläuterung kann keinen Kommentar ersetzen, weil nicht auf alle Details eingegangen wird.

In der Bilanz ist aber nicht nur „vertikal" nach verschiedenen Sachpositionen zu gliedern. Bei den Aufwendungen für die Ingangsetzung und Erweiterung des Geschäftsbetriebs sowie bei den Positionen des Anlagevermögens muss auch die Entwicklung nach § 268 Abs. 2 HGB – sog. *Anlagengitter* – dargestellt werden. Weiterhin sind Vorjahreszahlen und bei Forderungen und Verbindlichkeiten auch Gliederungen unter den Kriterien Restlaufzeit und Absicherung erforderlich. Auf das alles wird im Rahmen der Gliederung einzugehen sein.

B.   Gestaltungskriterien

> **Lernziel:**
> Sie sollen erfahren, nach welchen Gestaltungskriterien das Gliederungsschema für große und mittelgroße Kapitalgesellschaften aufgebaut ist!

Das Bilanzgliederungsschema des § 266 Abs. 2 und 3 HGB folgt verschiedenen Gestaltungskriterien *(Matschke, in Bonner Handbuch, § 266 Rz. 16 ff.)*.

Das Schema entspricht der in Deutschland üblichen Praxis, die Bilanz in Kontoform zu erstellen, mit Vermögensgegenständen auf der linken Aktivseite und Schulden sowie Eigenkapital auf der rechten Passivseite.

Das Grundgerüst der Gliederung ist dann an den Kriterien der *Liquidierbarkeit* auf der Aktivseite bzw. *Fälligkeit* auf der Passivseite ausgerichtet.

So werden auf der Aktivseite die Gegenstände des *Anlagevermögens*, „die bestimmt sind, dauernd dem Geschäftsbetrieb zu dienen" (§ 247 Abs. 2 HGB), deren Verkauf also nicht beabsichtigt ist, vor den Gegenständen des nur vorübergehend genutzten *Umlaufvermögens* aufgeführt. Innerhalb des Anlagevermögens werden die eher schwer verkäuflichen immateriellen Anlagen vor den Sachanlagen und diese wiederum vor den eher leicht verkäuflichen Finanzanlagen ausgewiesen. Bei den Sachanlagen wird nach der Bindungsdauer gegliedert, denn in Grundstücken und Gebäuden ist das Geld länger gebunden als in anderen Anlagen. Das Umlaufvermögen ist nach dem Gesichtspunkt der Länge des Zeitraums, bis aus dem Vermögen wieder Geld wird, untergliedert. Vorräte, und da besonders Roh-, Hilfs- und Betriebsstoffe, haben noch einen langen Weg vor sich, bis nach Verkauf und Forderungs-eingang aus ihnen wieder Geld geworden ist. Forderungen stehen innerhalb dieses Prozesses dem Geld schon näher. Wertpapiere lassen sich in diesen Prozess nicht einordnen, da sie aber zumindest über gut funktionierende Märkte leicht veräußerbar sind, werden sie als jederzeit leicht realisierbar unmittelbar vor dem Geld eingeordnet.

Auf der Passivseite wird nach dem Globalcharakter der Positionen das grundsätzlich dauernd verfüg-bare Eigenkapital vor den zu tilgenden Verbindlichkeiten ausgewiesen. Im Rahmen des Eigenkapitals werden die schwer kündbaren Bestandteile gezeichnetes Kapital, Kapitalrücklage und gesetzliche (Gewinn-)Rücklage vor den leichter ausschüttbaren satzungsmäßigen und anderen Gewinnrücklagen sowie vor Gewinnvortrag und Jahresüberschuss eingeordnet.

Beachtet man allerdings, dass Ausschüttungsansprüche der Eigner aus dem Jahresüberschuss beispielsweise auch kurzfristig fällig sein können, ist ihr Ausweis vor den Anleihen schwer verständ-lich. In der Gliederung wird also auch das Ziel verfolgt, jeweils alle Eigenkapitalbestandteile, alle Rück-stellungen und alle Schulden (Verbindlichkeiten) zusammenzufassen. Damit klingt schon das zweite wichtige Kriterium an, die Gliederung nach *Rechtspositionen*. Diesem Kriterium wird in auffälliger Weise gefolgt, indem bei den Finanzanlagen, den Forderungen, den Verbindlichkeiten und einge-schränkt auch bei den Wertpapieren des Umlaufvermögens jeweils Beträge gegenüber verbundenen Unternehmen bzw. gegenüber Unternehmen, mit denen ein Beteiligungsverhältnis besteht, geson-dert ausgewiesen werden.

C.   Ein vervollständigtes Bilanzgliederungsschema

Lernziel:

Sie sollen das – unter Berücksichtigung von Spezialvorschriften – vervollständigte Bilanzgliederungsschema kennen lernen!

Unter Berücksichtigung der Spezialvorschriften in HGB, AktG und GmbHG ist das Schema des § 266 Abs. 2 und 3 HGB unvollständig. Angesichts einiger Unklarheiten über den genauen Ort der Einord-nung, aber auch um diese Zusatzpositionen hervorzuheben, sollen sie in dem vervollständigten Schema auf S. 152 f. zwar eingeordnet, aber nicht in das System der Buchstaben und Zahlen einbezo-gen, sondern nur durch Dreiecke gekennzeichnet werden. Die Buchstaben- und Zahlenzuordnungen stimmen dann auch mit denen des § 266 HGB überein. In dem Schema werden ferner durch Unter-streichung der arabischen Zahlen die Positionen hervorgehoben, die von mittelgroßen Kapitalgesell-schaften i. w. S. bei der Offenlegung gesondert auszuweisen sind. Für ein konkretes Unternehmen müsste die Bilanzgliederung insoweit angepasst werden, als Posten, die in diesem und im vorange-gangenen Geschäftsjahr keinen Betrag ausweisen, weggelassen werden dürfen und als anschließend die verbliebenen Posten unter Einbeziehung der hier nur durch Dreiecke gekennzeichneten Zusatz-positionen durch eine lückenlose Folge von Buchstaben, römischen Zahlen und arabischen Zahlen in eine geschlossene Gliederung gebracht werden. (Paragraphenangaben ohne Gesetzesangabe beziehen sich auf das HGB. Sind die Vorschriften anderen Gesetzen – AktG und GmbHG – entnommen, ist das gekennzeichnet; diese Positionen sind dann allerdings auch nur für die jeweiligen Rechtsformen relevant.)

D. Erläuterung der Positionen der Aktivseite

> **Lernziel:**
> Sie sollen lernen, was unter den einzelnen Gliederungspositionen der Aktivseite ausgewiesen werden muss (bzw. darf)!

Die *„ausstehenden Einlagen auf das gezeichnete Kapital"* wurden auf S. 127 f. und die *„Aufwendungen für die Ingangsetzung und Erweiterung des Geschäftsbetriebs"* auf S. 124 f. erläutert. Das Zusammenwirken ersterer mit dem gezeichneten Kapital wird in einem Beispiel auf S. 158 verdeutlicht.

In der Position *„Konzessionen, gewerbliche Schutzrechte und ähnliche Rechte und Werte sowie Lizenzen an solchen Rechten und Werten"* werden alle immateriellen Anlagen erfasst, die nicht unter den Geschäfts- oder Firmenwert und unter die geleisteten Anzahlungen fallen. Die wichtigsten Beispiele wurden bereits aufgezählt (S. 120 unter (6)). Lizenzen an solchen Rechten können in der Bilanz allerdings nur dann aktiviert werden, wenn sie durch eine umfangreiche Zahlung bei Lizenzübernahme erworben wurden. Üblich ist dagegen eine laufende, nutzungsabhängige Lizenzgebühr, und die erlaubt keine Aktivierung *(Maul, HWRev 1992, Sp. 836 f.)*.

Der *„Geschäfts- oder Firmenwert"* und auch der nach inzwischen aufgehobenem § 348 Abs. 2 AktG früher gebildete und gesondert auszuweisende „Verschmelzungsmehrwert" wurden bereits auf S. 125 ff. erläutert.

Im Rahmen der immateriellen Vermögensgegenstände können sich die *„geleisteten Anzahlungen"* nur auf diesen Vermögenskreis beziehen. Sie entstehen bei einem Kauf immateriellen Vermögens durch die betrachtete Gesellschaft, wenn diese den Kaufpreis ganz oder teilweise entrichtet, der Verkäufer aber noch nicht geleistet hat. Sobald der Verkäufer leistet, verschwindet die Anzahlung aus der Bilanz.

Die Position *„Grundstücke, grundstücksgleiche Rechte und Bauten einschließlich der Bauten auf fremden Grundstücken"* erfasst einen großen Kreis heterogener Vermögensgegenstände, nämlich bebaute und unbebaute Grundstücke, grundstücksgleiche Rechte, wie speziell das Erbbaurecht, und sämtliche Bauten, wie Fabrik- oder Wohnbauten, Straßen, Parkplätze, Kanäle, Kühltürme oder Streckenbauten unter Tage. Auch Bauten auf fremdem Grund oder Mietereinbauten werden hier erfasst. Die Vermögensgegenstände unterscheiden sich nicht nur nach ihrer rechtlichen Qualität – Bauten auf eigenem und fremdem Grund z. B. –, sondern auch nach ihrer Abnutzbarkeit. Nicht abnutzbare Grundstücke werden mit abnutzbaren Bauten oder auszubeutenden Kiesgruben beispielsweise vermischt. Schwierigkeiten ergeben sich bei der Abgrenzung von *Einrichtungen,* die wirtschaftlich als Teile des Gebäudes anzusehen sind und auch in der gleichen Bilanzposition ausgewiesen werden, und *Betriebsvorrichtungen,* die zwar in Beziehung zu Grund oder Gebäude stehen, aber nicht als Teile derselben anzusehen sind *(Moxter, Bilanzrechtsprechung, 5. Aufl., S. 231 ff.)*.

AKTIVSEITE
► Ausstehende Einlagen auf das gezeichnete Kapital, davon eingefordert. (§ 272 I)
► Aufwendungen für die Ingangsetzung und Erweiterung des Geschäftsbetriebs. (§ 269)

A. *Anlagevermögen:*
I. Immaterielle Vermögensgegenstände:
  1. Konzessionen, gewerbliche Schutzrechte und ähnliche Rechte und Werte sowie Lizenzen an solchen Rechten und Werten;
  2. Geschäfts- oder Firmenwert;
  3. geleistete Anzahlungen;
II. Sachanlagen:
  1. Grundstücke, grundstücksgleiche Rechte und Bauten einschließlich der Bauten auf fremden Grundstücken;
  2. technische Anlagen und Maschinen;
  3. andere Anlagen, Betriebs- und Geschäftsausstattung;
  4. geleistete Anzahlungen und Anlagen im Bau;
III. Finanzanlagen:
  1. Anteile an verbundenen Unternehmen;
  2. Ausleihungen an verbundene Unternehmen;
  3. Beteiligungen;
  4. Ausleihungen an Unternehmen, mit denen ein Beteiligungsverhältnis besteht;
  ► Ausleihungen an Gesellschafter; (§ 264c I, § 42 III GmbHG)
  5. Wertpapiere des Anlagevermögens;
  6. sonstige Ausleihungen, davon an persönlich haftende Gesellschafter und deren Angehörige (§ 286 II AktG).

B. *Umlaufvermögen:*
I. Vorräte:
  1. Roh-, Hilfs- und Betriebsstoffe;
  2. unfertige Erzeugnisse, unfertige Leistungen;
  3. fertige Erzeugnisse und Waren;
  4. geleistete Anzahlungen;
II. Forderungen und sonstige Vermögensgegenstände:
  1. Forderungen aus Lieferungen und Leistungen,
    davon mit einer Restlaufzeit von mehr als einem Jahr;
  2. Forderungen gegen verbundene Unternehmen,
    davon mit einer Restlaufzeit von mehr als einem Jahr;
  3. Forderungen gegen Unternehmen, mit denen ein Beteiligungsverhältnis besteht,
    davon mit einer Restlaufzeit von mehr als einem Jahr;
  ► Forderungen gegenüber Gesellschaftern, (§ 264 c I, § 42 III GmbHG)
    davon mit einer Restlaufzeit von mehr als einem Jahr;
  ► Eingeforderte Einlagen auf das gezeichnete Kapital, (§ 272 I)
    davon mit einer Restlaufzeit von mehr als einem Jahr;
  ► Eingeforderte Nachschüsse, (§ 42 II GmbHG)
    davon mit einer Restlaufzeit von mehr als einem Jahr;
  ► Einzahlungsverpflichtungen persönlich haftender Gesellschafter, (§ 264c II, § 286 II AktG)
    davon mit einer Restlaufzeit von mehr als einem Jahr;
  ► Einzahlungsverpflichtungen von Kommanditisten, (§ 264 c II)
    davon mit einer Restlaufzeit von mehr als einem Jahr
  4. sonstige Vermögensgegenstände,
    davon an persönlich haftende Gesellschafter und deren Angehörige, (§ 286 II AktG)
    davon mit einer Restlaufzeit von mehr als einem Jahr;
III. Wertpapiere:
  1. Anteile an verbundenen Unternehmen;
  2. eigene Anteile;
  3. sonstige Wertpapiere;
IV. Kassenbestand, Bundesbankguthaben, Guthaben bei Kreditinstituten und Schecks.
  ► Steuerabgrenzungsposten nach § 274 Abs. 2.

C. *Rechnungsabgrenzungsposten:*
  ► Disagio; (§ 268 VI)
  ► andere Rechnungsabgrenzungsposten.
► Nicht durch Eigenkapital gedeckter Fehlbetrag. (§ 268 III)
► Nicht durch Vermögenseinlagen gedeckter Verlustanteil persönlich haftender Gesellschafter.
  (§ 264 c II, § 286 II AktG)
► Nicht durch Vermögenseinlagen gedeckter Verlustanteil von Kommanditisten. (§ 264c II)

PASSIVSEITE

A. Eigenkapital: (Kapitalgesellschaften)

   I. Gezeichnetes Kapital; (oder Eingefordertes Kapital § 272 I)
  ▶ Kapitalanteil der persönlich haftenden Gesellschafter; (§ 286 II AktG)
   II. Kapitalrücklage,
       davon während des Geschäftsjahres eingestellt; (§ 152 II AktG)
       davon für das Geschäftsjahr entnommen; (§ 152 II AktG)
       davon Eingeforderte Nachschüsse; (§ 42 II GmbHG)
  III. Gewinnrücklagen:
      1. gesetzliche Rücklage;
      2. Rücklage für eigene Anteile; (und für Anteile eines herrschenden oder eines mit Mehrheit beteiligten Unternehmens § 272 IV)
      3. satzungsmäßige Rücklagen;
      4. andere Gewinnrücklagen;
         davon gemäß § 58 Abs. 2a AktG bzw. § 29 Abs. 4 GmbHG;
         „Zu den einzelnen Posten der Gewinnrücklagen sind … jeweils gesondert anzugeben":
          – „die Beträge, die die Hauptversammlung aus dem Bilanzgewinn des Vorjahrs eingestellt hat;"
          – „die Beträge, die aus dem Jahresüberschuss des Geschäftsjahrs eingestellt werden;"
          – „die Beträge, die für das Geschäftsjahr entnommen werden". (§ 152 III AktG)
  IV. Gewinnvortrag Verlustvortrag;
      oder Bilanzgewinn/Bilanzverlust, davon Gewinn-/Verlustvortrag (§ 268 1).
   V. Jahresüberschuss/Jahresfehlbetrag;
  ▶ Ertrag aufgrund höherer Bewertung gemäß dem Ergebnis der Sonderprüfung (§ 261 I AktG)
  ▶ Ertrag aufgrund höherer Bewertung gemäß gerichtlicher Entscheidung (§ 261 II AktG)
  ▶ Sonderposten mit Rücklageanteil. (§ 273)
  ▶ Ausgleichsposten für aktivierte eigene Anteile (§ 264c IV)

(Personenhandelsgesellschaften)

   I. Kapitalanteile
   II. Rücklage
  III. Gewinnvortrag
      Verlustvortrag
  IV. Jahresüberschuss/
      Jahresfehlbetrag

B. Rückstellungen:

      1. Rückstellungen für Pensionen und ähnliche Verpflichtungen;
      2. Steuerrückstellungen;
    ▶ Rückstellung für latente Steuern; (§ 274 I)
      3. sonstige Rückstellungen.

C. Verbindlichkeiten:

      <u>1.</u> Anleihen,
         davon konvertibel,
         davon mit einer Restlaufzeit bis zu einem Jahr;
      <u>2.</u> Verbindlichkeiten gegenüber Kreditinstituten,
         davon mit einer Restlaufzeit bis zu einem Jahr;
      3. erhaltene Anzahlungen auf Bestellungen (soweit auf Vorräte, alternativ auch offen von den Vorräten absetzbar, § 268 V S. 2),
         davon mit einer Restlaufzeit bis zu einem Jahr;
      4. Verbindlichkeiten aus Lieferungen und Leistungen,
         davon mit einer Restlaufzeit bis zu einem Jahr;
      5. Verbindlichkeiten aus der Annahme gezogener Wechsel und der Ausstellung eigener Wechsel,
         davon mit einer Restlaufzeit bis zu einem Jahr;
      <u>6.</u> Verbindlichkeiten gegenüber verbundenen Unternehmen,
         davon mit einer Restlaufzeit bis zu einem Jahr;
      <u>7.</u> Verbindlichkeiten gegenüber Unternehmen, mit denen ein Beteiligungsverhältnis besteht,
         davon mit einer Restlaufzeit bis zu einem Jahr;
    ▶ Verbindlichkeiten gegenüber Gesellschaftern; (§ 264c I, § 42 III GmbHG)
            davon mit einer Restlaufzeit bis zu einem Jahr;
      8. sonstige Verbindlichkeiten,
         davon aus Steuern,
         davon im Rahmen der sozialen Sicherheit,
         davon mit einer Restlaufzeit bis zu einem Jahr.

D. Rechnungsabgrenzungsposten

Unter *„technischen Anlagen und Maschinen"* werden beispielsweise Hochöfen, Gießereianlagen, Kokereianlagen, chemische Anlagen einschließlich der Rohrleitungen, Umspannwerke, Pressen, Drehautomaten sowie Kräne einschließlich ihrer Fundamente und Stützen ausgewiesen.

Als *„andere Anlagen, Betriebs- und Geschäftsausstattung"* werden Werkstatteinrichtungen, Werkzeuge und Modelle, Büroeinrichtungen, Lagereinrichtungen, Fernsprechanlagen, Rohrpostanlagen, Transportbehälter und Fahrzeuge aller Art erfasst.

Die *„geleistete(n) Anzahlungen und Anlagen im Bau"* umfassen einerseits die Anzahlungen auf Anlagen so lange, bis der Verkäufer liefert, und andererseits sämtliche unfertigen Sachanlagen.

Finanzanlagen unterscheiden sich von Sachanlagen dadurch, dass Geld allenfalls indirekt über ein anderes Unternehmen in Sachgütern investiert wird. Finanzanlagen umfassen aber auch längerfristige Ansprüche auf Geld. Im Rahmen der Finanzanlagen scheint es weniger sinnvoll, die einzelnen Positionen zu erklären als vielmehr die Elemente, die in den Positionsbezeichnungen eine Rolle spielen.

Mit *„Anteilen"* bezeichnet man die Mitgliedschaftsrechte an einem Unternehmen, welche den Eigentümer kennzeichnen. Dabei kann es sich um Aktien, Geschäftsanteile einer GmbH oder Genossenschaft, Gesellschaftsanteile an Personenhandelsgesellschaften und um Geschäftsanteile eines stillen Gesellschafters handeln.

„Ausleihungen" sind Finanzforderungen, die durch Hingabe von Kapital für eine bestimmte Zeit, nicht aber durch Warenlieferungen beispielsweise entstanden sind.

„Beteiligungen" und damit indirekt auch *„Unternehmen, mit denen ein Beteiligungsverhältnis besteht"*, werden in § 271 Abs. 1 HGB definiert. Es handelt sich um „Anteile an anderen Unternehmen, die bestimmt sind, dem eigenen Geschäftsbetrieb durch Herstellung einer dauernden Verbindung zu jenen Unternehmen zu dienen". Bei Anteilen an einer Kapitalgesellschaft, deren Nennbetrag 20 % des Nennkapitals dieser Gesellschaft überschreitet, wird widerlegbar eine Beteiligung vermutet. „Die Mitgliedschaft in einer eingetragenen Genossenschaft gilt [allerdings] nicht als Beteiligung" (§ 271 Abs. 1 Satz 5 HGB). Ein Beteiligungsverhältnis besteht dann mit allen Unternehmen, an denen das betrachtete Unternehmen eine Beteiligung hält oder die an dem betrachteten Unternehmen eine Beteiligung halten.

Für *„verbundene Unternehmen"* gibt es nach derzeitigem Recht zwei Definitionen – eine in § 271 Abs. 2 HGB und eine in § 15 AktG –; hier ist die erstere relevant. Danach ist ein Unternehmen mit einem anderen verbunden, wenn beide nach den Vorschriften des § 290 HGB in einen Konzernabschluss einzubeziehen wären oder nach §§ 291, 292 HGB in einen befreienden Konzernabschluss einbezogen werden könnten. Nach § 290 HGB sind in einen Konzernabschluss das Mutterunternehmen und alle ihm insbesondere durch einheitliche Leitung oder durch Mehrheit der Stimmrechte verbundenen Tochterunternehmen einzubeziehen. Weiter zählen auch alle Tochterunternehmen der Tochterunternehmen zu den verbundenen Unternehmen, so dass der gesamte mögliche Kreis voll zu konsolidierender Konzernunternehmen erfasst wird.

Unter den Anteilen an verbundenen Unternehmen im Anlagevermögen werden allerdings nur Anteile erfasst, die *dauernd* gehalten werden sollen. Aktien an herrschenden oder mit Mehrheit beteiligten Aktiengesellschaften dürfen nach § 71d AktG i. d. R. nur vorübergehend erworben werden; dann ist ihr Ausweis im Anlagevermögen ausgeschlossen.

Als *„Gesellschafter"* sollten endlich alle die Gesellschafter einer Personenhandelsgesellschaft ohne eine natürliche Person als voll haftender Gesellschafter bzw. alle die Inhaber von Geschäftsanteilen der GmbH angesehen werden, die nicht schon als verbunden oder durch Beteiligungsverhältnis nahe stehend erfasst wurden.

„Wertpapiere des Anlagevermögens" umfassen die der dauernden Geldanlage dienenden verbrieften Mitgliedschaftsrechte von Eigentümern, wie Aktien – diese allerdings nur insoweit, als sie nicht unter Beteiligungen oder unter Anteilen an verbundenen Unternehmen auszuweisen sind –, und am Kapitalmarkt gehandelte Papiere, wie Investmentzertifikate, Genussscheine, Wandelschuldverschreibungen, Industrieobligationen, Bundesanleihen, Schatzanweisungen oder Pfandbriefe.

„Roh-, Hilfs- und Betriebsstoffe" sind Güter, die von außerhalb des Unternehmens bezogen wurden und zum Verbrauch im Rahmen der Produktion vorgesehen sind. Sie umfassen als Rohstoffe etwa Rohöl für Raffinerien, Papier für Druckereien und Einbauteile wie Elektromotoren, Hilfsstoffe wie Nägel, Schrauben oder Lacke sowie Betriebsstoffe wie Benzin oder Schmierfett.

Unter *„unfertige Erzeugnisse, unfertige Leistungen"* werden die Produkte des Unternehmens erfasst, die zwar schon bearbeitet, bis zum Stichtag aber noch nicht fertig gestellt wurden. Bei den Produkten kann es sich um Sachgüter, wie die derzeitige Bezeichnung deutlich macht, aber auch um Dienstleistungen handeln, etwa eine teilweise erbrachte Beratungsleistung eines Unternehmensberaters.

„Fertige Erzeugnisse und Waren" fassen die fertigen, verkaufsbestimmten Güter zusammen, soweit sie aus eigener Produktion stammen oder zum Zweck des Wiederverkaufs von anderen erworben wurden. (Zur Behandlung erhaltener Anzahlungen auf Bestellungen vgl. S. 163.)

Der Einordnung entsprechend fallen unter *„geleistete Anzahlungen"* im Rahmen des Vorratsvermögens nur solche Anzahlungen, die für Roh-, Hilfs- und Betriebsstoffe sowie Waren geleistet wurden. (Zum Charakter der Anzahlungen siehe S. 154.)

Unter *„Forderungen aus Lieferungen und Leistungen"* werden die Ansprüche aktiviert, die das Unternehmen dadurch erworben hat, dass es mit einem Nicht-Gesellschafter, einem ihm nicht durch ein Beteiligungsverhältnis nahe stehenden oder verbundenen Dritten einen Vertrag über eine betriebsübliche Lieferung oder Leistung geschlossen hat und das Seine zur Erfüllung der ihm auferlegten Pflichten (Lieferung des Sachguts, Erfüllung der Dienstleistung) getan hat. Wurde dagegen an ein verbundenes Unternehmen, ein Unternehmen, mit dem ein Beteiligungsverhältnis besteht oder – bei einer GmbH – an einen Gesellschafter geliefert, so sind die Forderungen unter den folgenden Positionen auszuweisen. Forderungen an andere Unternehmen aus nicht betriebsüblichen Lieferungen oder Leistungen, wie aus dem Verkauf gebrauchter Anlagen, gehören zu den *„sonstigen Vermögensgegenständen"*.

„Forderungen gegen verbundene Unternehmen" und *„Forderungen gegen Unternehmen, mit denen ein Beteiligungsverhältnis besteht"*, fassen dann jeweils alle Forderungen zusammen, die gegenüber den näher bezeichneten Unternehmen bestehen und die nicht Ausleihungen sind. Dazu zählen Forderungen aus betriebsüblichen oder nicht betriebsüblichen Lieferungen und Leistungen, sowie Forderungen etwa aus kurzfristigen Krediten oder aus Gewinnansprüchen.

„Forderungen gegenüber Gesellschaftern" repräsentieren im Jahresabschluss einer GmbH alle Forderungen gegenüber Inhabern von Geschäftsanteilen der GmbH, die nicht zugleich die Kriterien Beteiligungsverhältnis oder verbundenes Unternehmen erfüllen und die nicht Ausleihungen sind. Sachlich sollten also Forderungen sowohl aus betriebsüblichen als auch nicht betriebsüblichen Lieferungen und Leistungen sowie aus kurzfristigen Krediten hier einzuordnen sein. Im Jahresabschluss einer

Personenhandelsgesellschaft ohne natürliche Person als voll haftender Gesellschafter müssen ebenfalls die Forderungen gegenüber den Gesellschaftern in dieser Form gesondert ausgewiesen werden.

„Eingeforderte Einlagen auf das gezeichnete Kapital" erfassen die von den Eignern auf das die Haftung beschränkende Kapital noch nicht geleisteten Einlagen, die von der Gesellschaft eingefordert wurden. Zu dem Ausweis unter den Forderungen kommt es nur dann, wenn die nicht eingeforderten ausstehenden Einlagen offen vom „Gezeichneten Kapital" abgesetzt wurden. Ihr Zusammenwirken mit dem „Gezeichneten" und „Eingefordertem Kapital" wird auf S. 157 f. erläutert.

Gesellschafter einer GmbH können über die Aufbringung ihrer Einlagen hinaus verpflichtet sein, der Gesellschaft unter bestimmten Voraussetzungen weitere Zahlungen (Nachschüsse) zu leisten. Hat die Gesellschaft diese Nachschüsse eingefordert, so sind sie unter *„eingeforderte Nachschüsse"* auszuweisen.

„Einzahlungsverpflichtungen persönlich haftender Gesellschafter" erfassen bei den Personenhandelsgesellschaften ohne natürliche Person als voll haftender Gesellschafter und bei der KGaA die den persönlich haftenden Gesellschaftern zuzurechnenden Verluste insoweit, als sie deren Kapitalanteil übersteigen und die persönlich haftenden Gesellschafter verpflichtet sind, diese Differenzbeträge an die Gesellschaft zu zahlen. „Einzahlungsverpflichtungen von Kommanditisten" repräsentieren inhaltlich das gleiche, beziehen sich allerdings auf die betraglich begrenzt haftenden Gesellschafter.

„Sonstige Vermögensgegenstände" sind ein Sammelbecken aller der Sachverhalte, die von den vorhergegangenen Positionen nicht erfasst wurden. Hier werden Forderungen aus nicht betriebsüblichen Lieferungen und Leistungen an unabhängige Dritte, die zuvor noch nicht erfassten kurzfristigen Kredite speziell an Mitarbeiter, einschließlich der Mitglieder des Führungs- und Aufsichtsorgans, Gehaltsvorschüsse, Kautionen und Schadensersatzansprüche eingeordnet. Auch antizipative Rechnungsabgrenzungsposten, wie Ansprüche auf Zinsen, Mietraten oder Steuererstattung, gehören zu den „sonstigen Vermögensgegenständen".

Bei den „sonstige[n] Vermögensgegenstände[n]" sind die Forderungen gegenüber persönlich haftenden Gesellschaftern und deren Angehörigen gesondert auszuweisen. Bei allen Forderungspositionen müssen die Beträge mit einer Restlaufzeit – nicht mit einer vertraglichen Gesamtlaufzeit – von mehr als einem Jahr extra angegeben werden.

Obwohl die Überschrift die folgenden Positionen auf Wertpapiere einzugrenzen scheint, umfassen *„Anteile an verbundenen Unternehmen"* verbriefte und unverbriefte Anteile, soweit sie nicht bestimmt sind, dauernd dem Geschäftsbetrieb zu dienen, also zum Umlaufvermögen zählen. Damit gehören die zur Veräußerung vorgesehenen Anteile an verbundenen Unternehmen und – wegen § 71d AktG – regelmäßig sämtliche Anteile an herrschenden oder mit Mehrheit beteiligten Aktiengesellschaften in diese Position.

Als *„eigene Anteile"* sind wiederum nicht nur verbriefte Anteile, wie Aktien, sondern auch GmbH-Geschäftsanteile auszuweisen, sofern sie Eigentumsrechte am Unternehmen selbst repräsentieren. Diese Anteile sind ausnahmslos unter dieser Position im Umlaufvermögen einzuordnen.

Unter der Bezeichnung *„sonstige Wertpapiere"* werden die der kurzfristigen Geldanlage dienenden Wertpapiere erfasst, wobei es sich um die schon im Rahmen des Anlagevermögens aufgezählten

Wertpapiere, aber auch um Schatzwechsel oder Privatdiskonten handeln kann. Da allerdings mit der Zweckbestimmung ein wenig nachprüfbares Abgrenzungskriterium zugrunde gelegt wird, dürfte die Zuordnung von Wertpapieren zum Anlage- oder Umlaufvermögen häufig im Ermessen der Bilanzierenden stehen.

Anders als im Recht vor dem 1.1.1986 sind *„Kassenbestand, Bundesbankguthaben, Guthaben bei Kreditinstituten und Schecks"* in einem Posten zusammengefasst. Dabei spielt es keine Rolle, ob das Bargeld und die Guthaben auf heimische oder fremde Währung lauten. Angesichts der leichten Überführbarkeit dieser Positionen ineinander, wäre ein getrennter Ausweis auch schwerlich aussagefähiger.

Aktive *„latente Steuern"* wurden bereits auf S. 124 f. und aktive *„Rechnungsabgrenzungsposten"*, einschließlich des hier gesondert auszuweisenden, aber als Korrekturposten zu Passivpositionen anzusehenden *„Disagios"*, auf S. 128 erläutert. Darauf, was ein *„Nicht durch Eigenkapital gedeckter Fehlbetrag"* ist, wurde auf S. 127 eingegangen. Der *„Nicht durch Vermögenseinlagen gedeckter Verlustanteil persönlich haftender Gesellschafter"* ist das Gegenstück zu den *„Einzahlungsverpflichtungen persönlich haftender Gesellschafter"*. Soweit die auf diese Gesellschafter entfallenden Verluste ihre Kapitalanteile übersteigen, sind sie unter der zunächst genannten dieser beiden Positionen auszuweisen, wenn keine Zahlungsverpflichtung besteht. Besteht aber eine Zahlungsverpflichtung, so müssen die auf die persönlich haftenden Gesellschafter entfallenden und deren Kapitalanteil übersteigenden Verluste als *„Einzahlungsverpflichtungen persönlich haftender Gesellschafter"* erfasst werden. Erneut gibt es auch eine entsprechende Bilanzposition für die Kommanditisten.

E. Erläuterung der Positionen der Passivseite

> **Lernziel:**
> Sie sollen kennen lernen, was unter den einzelnen Gliederungspositionen der Passivseite ausgewiesen werden muss (bzw. darf)!

Als *„Gezeichnetes Kapital"* sind bei der GmbH das Stammkapital und bei der AG das Grundkapital zu bezeichnen (§§ 42 Abs. 1 GmbHG, 152 Abs. 1 Satz 1 AktG). Es handelt sich jeweils um das Kapital, zu dessen Aufbringung durch Bar- oder Sacheinlage sich die Eigner anlässlich der Gründung der Gesellschaft verpflichtet haben. Der *„Kapitalanteil der persönlich haftenden Gesellschafter"* kennzeichnet das auf die persönlich haftenden Gesellschafter in der KGaA entfallende Eigenkapital.

Wie das „Gezeichnete Kapital" und die „Ausstehenden Einlagen auf das gezeichnete Kapital" bzw. das „Eingeforderte, noch nicht eingezahlte Kapital" zusammenwirken, sei durch ein Beispiel verdeutlicht. Bei der Gründung einer Aktiengesellschaft soll das Grundkapital auf 2 Mio. € festgelegt worden sein, auf das bisher nur der Mindestanteil nach § 36a Abs. 1 AktG von 25 % und das Aufgeld (Agio) von 80 % eingezahlt wurden. Inzwischen wurden weitere 30 % des Grundkapitals eingefordert.

Nach § 272 Abs. 1 HGB gibt es zwei Ausweisalternativen, die durch die folgenden unvollständigen Bilanzen charakterisiert werden sollen.

ABB. 13:	Ausweisalternativen bei nicht voll eingezahltem Kapital	

A. Ausstehende Einlagen auf das gezeichnete Kapital   1 500 000
  – davon
     eingefordert   600 000
	A. Eigenkapital
	  I. Gezeichnetes Kapital 2 000 000
	  II. Kapitalrücklage 1 600 000

B. Umlaufvermögen
.
.
  II. Forderungen und sonstige Vermögens-gegenstände
    4. eingeforderte Ein-lagen auf das ge-zeichnete Kapital   600 000
	A. Eigenkapital
	  I. Gezeichnetes Kapital 2 000 000
	  ./. nicht eingefor-derte ausstehende Einlagen 900 000
	  Eingefordertes Kapital 1 100 000
	  II. Kapitalrücklage 1 600 000

In der *„Kapitalrücklage"* werden alle Beträge erfasst, die die Eigner erbracht haben, ohne durch diese Leistung Forderungsrechte zu erwerben und ohne dass ihnen diese Leistung auf das einzubringende „Gezeichnete Kapital" angerechnet wird. In § 272 Abs. 2 HGB werden die konkreten Bestandteile genannt, nämlich

▶ „der Betrag, der bei der Ausgabe von Anteilen einschließlich von Bezugsanteilen über den Nennbetrag hinaus erzielt wird";

▶ „der Betrag, der bei der Ausgabe von Schuldverschreibungen für Wandlungsrechte und Optionsrechte zum Erwerb von Anteilen erzielt wird";

▶ „der Betrag von Zuzahlungen, die Gesellschafter gegen Gewährung eines Vorzugs für ihre Anteile leisten", und

▶ „der Betrag von anderen Zuzahlungen, die Gesellschafter in das Eigenkapital leisten".

Bei der Aktiengesellschaft sind die während des Geschäftsjahres eingestellten und die für das Geschäftsjahr entnommenen Beträge jeweils gesondert auszuweisen (§ 152 Abs. 2 AktG).

Als *„Eingeforderte Nachschüsse"* ist der Betrag anzugeben, der auf der Aktivseite unter „Eingeforderte Nachschüsse" aufgeführt wird.

Während „Kapitalrücklagen" durch Leistungen der Eigner „von außen" her entstehen, spiegeln *„Gewinnrücklagen"* grundsätzlich Gewinne der Gesellschaft wider, die nicht an die Eigner ausgeschüttet wurden.

In die *„gesetzliche Rücklage"*, die mangels entsprechender Vorschriften für die GmbH nur bei AG und KGaA nach § 150 AktG gebildet werden muss, „ist der zwanzigste Teil des um einen Verlustvortrag aus dem Vorjahr geminderten Jahresüberschusses einzustellen, bis die gesetzliche Rücklage und die Kapitalrücklagen ... zusammen den zehnten oder den in der Satzung bestimmten höheren Teil des Grundkapitals erreichen" (§ 150 Abs. 2 AktG). Die gesetzliche Rücklage bietet den Gläubigern insoweit einen besonders großen Schutz, als sie nur sehr eingeschränkt wieder aufgelöst werden darf (§ 150 Abs. 3 und 4 AktG).

Die *„Rücklage für eigene Anteile"* muss in Höhe des unter „eigene Anteile" auf der Aktivseite der Bilanz ausgewiesenen Betrags zuzüglich des aktivierten Wertes der Anteile an einem herrschenden oder mit Mehrheit beteiligten Unternehmen gebildet werden. Zur Bildung können andere, frei verfügbare Gewinnrücklagen, der Jahresüberschuss und ein Gewinnvortrag herangezogen werden. Ob darüber hinaus die Verpflichtung zur Bildung dieser Rücklage so streng ist, dass für den Fall, in dem die soeben genannten Quellen nicht ausreichen, ein Bilanzverlust ausgewiesen werden muss, oder ob der Bezeichnung „Gewinnrücklage" entsprechend die Dotierung aus Gewinnen späterer Jahre erfolgen muss, ist umstritten.

In Gesellschaftsvertrag oder Satzung können über die gesetzlichen Verpflichtungen hinaus Selbstbindungen vorgesehen sein, wonach gegebenenfalls auch für näher bezeichnete Zwecke weitere Teile des Gewinns nicht ausgeschüttet werden dürfen. Die daraufhin einbehaltenen Gewinne werden unter *„satzungsmäßige Rücklagen"* erfasst.

Gewinnrücklagen, die keinem der drei zuvor genannten Fälle zuzurechnen sind, werden als *„andere Gewinnrücklagen"* bezeichnet. Dabei sind Eigenkapitalanteile von Wertaufholungen in der Handelsbilanz und Eigenkapitalanteile von Passivposten, die unabhängig von der Handelsbilanz in der Steuerbilanz angesetzt werden und daher von Kapitalgesellschaften nicht im Rahmen der Sonderposten mit Rücklageanteil ausgewiesen werden dürfen, nach §§ 58 Abs. 2a AktG bzw. 29 Abs. 4 GmbHG gesondert auszuweisen.

Bei Aktiengesellschaften müssen zudem zu den einzelnen Posten der Gewinnrücklagen jeweils die Beträge, „die die Hauptversammlung (im Rahmen der Gewinnverwendung) aus dem Bilanzgewinn des Vorjahrs eingestellt hat", „die aus dem Jahresüberschuss des Geschäftsjahrs eingestellt werden" und „die für das Geschäftsjahr entnommen werden", in der Bilanz oder im Anhang gesondert angegeben werden (§ 152 Abs. 3 AktG). Dabei wird offensichtlich von dem Ausweis des Ergebnisses nach teilweiser Verwendung ausgegangen, obwohl das nach derzeitigem Recht nicht zwingend vorgeschrieben ist, wie anschließend beschrieben wird.

Nach aktuellem Recht gibt es hinsichtlich der *Gewinnberücksichtigung* im Jahresabschluss ein Wahlrecht, das im Prinzip drei Ausweisvarianten zulässt (§§ 266 Abs. 3 Buchstabe A., 268 Abs. 1 HGB). Der Jahresabschluss kann *ohne* Berücksichtigung der Verwendung des Jahresergebnisses aufgestellt werden. Dann erscheint das volle Jahresergebnis, der Jahresüberschuss oder Jahresfehlbetrag, sowie der Gewinnvortrag oder Verlustvortrag aus dem Vorjahr in der Bilanz. Der Jahresabschluss kann unter *teilweiser* Berücksichtigung der Verwendung des Jahresergebnisses aufgestellt werden. In der Bilanz erscheint dann nur der Bilanzgewinn oder Bilanzverlust. Entsprechend den Entscheidungen der den Jahresabschluss feststellenden Organe sind die Gewinnrücklagen um Teile des Jahresüberschusses erhöht oder Teile der Rücklagen sind zur Erhöhung des Bilanzgewinns bzw. zur Minderung des Bilanzverlustes aufgelöst worden. Der Jahresabschluss darf schließlich auch unter Berücksichtigung der *vollständigen* Ergebnisverwendung aufgestellt werden. Die Gewinnrücklagen sind dann auch schon um diejenigen Beträge aus dem Ergebnis des laufenden Jahres erhöht, auf deren Ausschüttung die Eigner gegebenenfalls verzichtet haben. Im Rahmen des Eigenkapitals erscheint außer dem Gewinnvortrag auf neue Rechnung, der zur Vermeidung von Verwechslungen mit dem Gewinnvortrag aus dem Vorjahr als „Bilanzgewinn (Vortrag auf neue Rechnung)" ausgewiesen werden sollte, allenfalls eine Verpflichtung zur Zahlung von Gewinnanteilen an die Eigner, die nicht unter Eigenkapital, sondern unter „sonstige Verbindlichkeiten" einzuordnen ist.

Die möglichen Ausweisvarianten der Gewinnberücksichtigung im Jahresabschluss sollen durch ein Zahlenbeispiel verdeutlicht werden. Dabei wird von einer Aktiengesellschaft ausgegangen, deren

Eigenkapital zu Beginn des betrachteten Jahres in der Spalte „Stand 1.1." von Tabelle 4, S. 161 darge-stellt wird und die aus dem Ergebnis des Vorjahres 2 000 € auf neue Rechnung vorgetragen hat. Im betrachteten Jahr wurde unter Berücksichtigung der Ertragsteuern entsprechend der vorgegebenen Verwendung ein Jahresüberschuss von 100 000 € erzielt. Da die gesetzliche Rücklage zusammen mit der Kapitalrücklage noch nicht 10 % des Grundkapitals (gezeichneten Kapitals) erreicht hat, müssen 5 % des Jahresüberschusses der gesetzlichen Rücklage zugeführt werden (§ 150 Abs. 2 AktG). Der Jahresabschluss wird von Vorstand und Aufsichtsrat festgestellt, die von ihren Rechten aus § 58 Abs. 2 AktG derart Gebrauch machen, dass sie die im Gesetz gegebene, durch die Satzung nicht veränderte Kompetenz zur Dotierung der anderen Gewinnrücklagen voll ausschöpfen, also 50 % von (100 000 € – 5 000 €) = 47 500 €. Hinsichtlich der Verwendung des Bilanzgewinns liege ein Beschluss der Aktionäre dahingehend vor, dass 40 000 € ausgeschüttet, 2 500 € den anderen Gewinnrücklagen zugeführt und die restlichen 7 000 € auf neue Rechnung vorgetragen werden sollen. Die Möglich-keiten zur Darstellung der Ergebnisverwendung werden in Tabelle 4, S. 161 gezeigt, wobei spezifische Bilanzpositionen für jede Variante besonders gekennzeichnet werden.

Allerdings gibt es Zweifel, ob alle beschriebenen Ausweismöglichkeiten den Aktiengesellschaften tatsächlich offenstehen. Die Darstellung ohne Berücksichtigung der Ergebnisverwendung (Variante 1) weist die gesetzliche Rücklage aus, wie sie sich vor der Dotierung aus dem Jahresüberschuss ergab. Ein solcher Ausweis wird überwiegend als unzulässig angesehen, weil § 150 Abs. 1 AktG die Bildung der gesetzlichen Rücklage im Jahresabschluss verlangt. Unklar ist auch, ob es ausreicht, diesem Verbot dadurch Rechnung zu tragen, dass ein Ausweis gewählt wird, bei dem nur alle zwingend zu dotierenden Rücklagen bereits angepasst sind, bei dem im Beispiel also nur die gesetzliche Rücklage auf 65 000 € erhöht wurde (ADS, 6. Aufl., § 268 HGB Tz. 21 und 30). Sollte diese Befürchtung berech-tigt sein, so wäre stets zumindest die Darstellung unter teilweiser Berücksichtigung der Ergebnis-verwendung (Variante 2) zu wählen, sobald auch nur eine Rücklage zwingend zu dotieren ist. Der Ausweis unter vollständiger Berücksichtigung der Ergebnisverwendung (Variante 3) setzt entweder einen bindenden, umfassenden Ergebnisverwendungsbeschluss oder derart enge und zwingende Vorschriften in Satzung oder Gesellschaftsvertrag voraus, dass den feststellenden Organen die voll-ständige Ergebnisverwendung eindeutig vorgegeben wird (ebenda, Tz. 32). Diese Voraussetzungen dürften bei Aktiengesellschaften selten erfüllt sein. Mithin scheidet bei Aktiengesellschaften Variante 3 in der Regel aus.

Der „Gewinnvortrag" aus dem Vorjahr ist meist nur ein Restbetrag und ergibt sich aus dem Beschluss über die Gewinnverwendung aus dem Vorjahr. Der „Verlustvortrag" dagegen ist der Bilanzverlust des Vorjahres, nicht selten ergänzt um Verluste aus davor liegenden Jahren.

Was der „Jahresüberschuss/Jahresfehlbetrag" beinhaltet, wird am besten aus der GuV deutlich, deren Ergebnis er ist.

Der „Bilanzgewinn/Bilanzverlust" ist der um den Gewinnvortrag/Verlustvortrag aus dem Vorjahr sowie um Veränderungen der Gewinnrücklagen modifizierte Jahresüberschuss, soweit diese Verän-derungen der Gewinnrücklagen per Gesetz, per Gesellschaftsvertrag oder Satzung vorgeschrieben sind oder den Bilanz feststellenden Organen – wie in § 58 Abs. 2 und 2a AktG oder in § 29 Abs. 4 GmbHG – zustehen. (§ 158 Abs. 1 AktG macht den Übergang vom Jahresüberschuss/Jahresfehlbetrag zum Bilanzgewinn deutlich, vgl. S. 262.)

TAB. 4:	Möglichkeiten zur Darstellung der Ergebnisverwendung im Jahresabschluss				
		Stand 1.1.	ohne Berück-sichtigung der Ergebnisver-wendung (Variante I) § 266 Abs. 3 A. HGB	unter teil-weiser Berück-sichtigung der Ergebnis-verwendung (Variante 2)	unter voll-ständiger Be-rücksichtigung der Ergebnis-verwendung (Variante 3)
				§ 268 Abs. 1 Satz 1 HGB	
	A. Eigenkapital				
	I. Gezeichnetes Kapital	1 000 000	1 000 000	1 000 000	1 000 000
	II. Kapitalrücklage	0	0	0	0
	III. Gewinnrücklagen				
	1. gesetzl. Rücklage	60 000	60 000*)	65 000	65 000
	2. Rücklage für eigene Aktien	10 000	10 000	10 000	10 000
	3. satzungsmäßige Rücklagen	20 000	20 000	20 000	20 000
	4. andere Gewinn-rücklagen	240 000	240 000**)	287 500	290 000
spezi-fisch Variante 1	IV. Gewinnvortrag aus dem Vorjahr		2 000		
	V. Jahresüberschuss		100 000		
spezi-fisch Variante 2	IV. Bilanzgewinn davon Gewinnvortrag aus dem Vorjahr (§ 268 Abs. 1 S. 2 HGB)			49 500 2 000	
spezi-fisch Variante 3	IV. Bilanzgewinn (Vortrag auf neue Rechnung)				7 000
	C. Verbindlichkeiten				
	• Verbindlichkeiten gegenüber Gesell-schaftern				40 000
*) Ausweis wegen § 150 Abs. 1 AktG wahrscheinlich unzulässig (ADS, 6. Aufl., § 268 HGB Tz. 21)					
**) Ausweismöglichkeit umstritten (ebenda, Tz. 30)					

Im Jahresabschluss der Personenhandelsgesellschaften ohne eine natürliche Person als voll haftender Gesellschafter ist das Eigenkapital nach § 264c Abs. 2 HGB anders aufzugliedern (im Bilanzgliede-rungsschema rechts aufgezeigt). Als „Kapitalanteile" werden getrennt voneinander die Kapitalanteile der Komplementäre einerseits und der Kommanditisten andererseits ausgewiesen, die allerdings jeweils innerhalb der beiden Gruppen zusammengefasst oder saldiert werden dürfen. Dabei sind die auf den Kapitalanteil entfallenden Verluste abzuziehen. Soweit der Verlust den Kapitalanteil übersteigt, ist der Saldo auf der Aktivseite der Bilanz abhängig von der Frage, ob die Gesellschafter zur Zahlung der Differenz an die Gesellschaft verpflichtet sind, unter „Einzahlungsverpflichtungen" bzw. „Nicht durch Vermögenseinlagen gedeckter Verlustanteil" der entsprechenden Gruppe von Gesellschaftern auszuweisen.

Sowohl die „Rücklagen" als auch ein „Gewinnvortrag" entstehen nur dann, wenn Teile des Jahresüberschusses der Gesellschaft etwa durch einen Mehrheitsbeschluss der Gesellschafter den individuellen Verwendungskompetenzen der einzelnen Gesellschafter entzogen werden. Über die Verwendung von Rücklagen und Gewinnvortrag können die Gesellschafter nur noch gemeinschaftlich entscheiden. Sofern die für diese Entscheidungen erforderlichen Mehrheiten allerdings nicht unterschiedlich sind, erscheint die Unterscheidung der beiden Positionen eher suggestiv als sinnvoll.

Zum Ausweis eines *Jahresüberschusses* kommt es nur, wenn der Jahresabschluss vor Verwendung des Jahresergebnisses aufgestellt wird, was praktisch eher der Ausnahmefall ist. Der Ausweis eines *Verlustvortrags* oder eines *Jahresfehlbetrags* ist erst recht schwer vorstellbar, weil die auf die Gesellschafter entfallenden Verluste von deren Kapitalanteilen abzuziehen sind. Die Anteile am Jahresüberschuss, die entsprechend der Jahresüberschussverwendungsentscheidung der Gesellschafter den einzelnen Gesellschaftern zur freien Entscheidung überlassen werden, können entweder bis zum Erreichen der im Gesellschaftsvertrag bedungenen Einlagen (§ 167 Abs. 2 HGB) jeweils den Kapitalanteilen der Gesellschafter oder besonderen Darlehenskonten (in der Bilanz unter „Verbindlichkeiten gegenüber Gesellschaftern") gutgeschrieben werden.

Die beiden folgenden Posten treten nur ausnahmsweise als mögliche Folge einer Sonderprüfung auf, die nach dem Verdacht angestrengt wurde, dass „in einem festgestellten Jahresabschluss bestimmte Posten nicht unwesentlich unterbewertet sind" (§ 258 Abs. 1 Nr. 1 AktG).

Stellt sich dieser Verdacht nämlich als berechtigt heraus, müssen die entsprechenden Posten im späteren Jahresabschluss wieder aufgewertet werden. Die sich dabei ergebende Aufwertungsdifferenz erscheint als „Ertrag aufgrund höherer Bewertung gemäß dem Ergebnis der Sonderprüfung", wenn nicht nach § 260 AktG gegen die Feststellungen der Sonderprüfung das Gericht angerufen wurde. Wurde es angerufen und hat auch das Gericht Unterbewertung festgestellt, so erscheint die Differenz als „Ertrag aufgrund höherer Bewertung gemäß gerichtlicher Entscheidung".

Was sich hinter „Sonderposten mit Rücklageanteil" und „Rückstellungen" verbirgt, ist bereits auf den Seiten 137 bzw. 131 ff. erläutert worden. Zur Gliederung der Rückstellungen ergibt sich schon aus dem Schema, dass allenfalls Rückstellungen für Pensionen und ähnliche Verpflichtungen, Steuerrückstellungen und Rückstellungen für latente Steuern jeweils gesondert auszuweisen sind. Alle anderen Rückstellungen werden unter „sonstige Rückstellungen" zusammengefasst. Auch Rückstellungen für latente Steuern dürfen in der Bilanz unter „sonstige" eingeordnet werden, wenn sie im Anhang gesondert angegeben werden (§ 274 Abs. 1 Satz 1 HGB). Allerdings müssen die sonstigen Rückstellungen gemäß § 285 Nr. 12 HGB im Anhang erläutert werden, „wenn sie einen nicht unerheblichen Umfang haben".

Bei den Verbindlichkeiten werden wieder einige Begriffe relevant, die im Rahmen der Finanzanlagen erläutert wurden.

„Anleihen" sind die vom Unternehmen auf dem Kapitalmarkt aufgenommenen, langfristigen und verbrieften Kredite, also Schuldverschreibungen (Obligationen). Soweit diese Schuldverschreibungen ein Recht zur Wandlung in oder zum zusätzlichen Bezug von Aktien zu Sonderkonditionen beinhalten (Wandelanleihen, Optionsanleihen), müssen sie ebenfalls hier ausgewiesen werden. Unklar ist allerdings, ob im Rahmen des Ausweises „davon konvertibel" Wandel- und Optionsanleihen oder nur Wandelanleihen anzugeben sind. Von der Gesellschaft erworbene eigene Anleihen dürfen nur dann von der Anleiheschuld abgezogen werden, wenn sie nicht wieder veräußert werden können. Ansonsten sind sie unter Wertpapieren des Anlage- oder Umlaufvermögens auszuweisen.

„*Verbindlichkeiten gegenüber Kreditinstituten*" umfassen alle Verbindlichkeiten gegenüber Kreditinstituten, es sei denn, es handele sich um ein verbundenes Unternehmen oder um eines, mit dem ein Beteiligungsverhältnis besteht. Verbindlichkeiten gegenüber solchen Unternehmen sind in gesonderten Positionen zu erfassen.

Unter „*erhaltene Anzahlungen auf Bestellungen*" werden Beträge ausgewiesen, die im Zusammenhang mit dem Abschluss eines Kaufvertrages oder der Abgabe eines bindenden Vertragsangebots vom Geschäftspartner an das Unternehmen gezahlt wurden, solange das Unternehmen selbst aber seine Leistungen noch nicht erbracht hat. Allerdings räumt § 268 Abs. 5 Satz 2 HGB alternativ das Recht ein, die Anzahlungen, die sich auf Vorräte beziehen, offen von den Vorräten abzusetzen. Ist also beispielsweise auf ein unfertiges Erzeugnis vom Kunden ein Teilbetrag angezahlt worden, darf dieser unter Offenlegung von Ausgangsbetrag und Anzahlung auch vom Wert der Vorräte abgezogen werden.

Hat das Unternehmen Kaufverträge, Dienstverträge, Werkverträge oder ähnliche Verträge abgeschlossen, aus denen es selbst mangels eigener Leistung noch zur Zahlung von Geld verpflichtet ist, und hat der Partner seine Verpflichtung erfüllt – die Sache geliefert, die Dienstleistung erbracht oder das Werk hergestellt –, so ist der zu zahlende Betrag unter „*Verbindlichkeiten aus Lieferungen und Leistungen*" auszuweisen.

„*Verbindlichkeiten aus der Annahme gezogener Wechsel und der Ausstellung eigener Wechsel*" umfassen nur einen Teil der Verpflichtungen aus Wechseln, nämlich nur diejenigen, die aus Wechseln stammen, die entweder Dritte auf das Unternehmen gezogen haben und die dieses akzeptiert hat oder die das Unternehmen auf sich selbst ausgestellt hat. Auch darf der Wechsel nicht, wie beim Kautions-, Sicherungs- oder Depotwechsel, eine bloße Sicherungsfunktion haben, denn dann wird bis zu dem Zeitpunkt, an dem mit einer Inanspruchnahme aus diesem Wechsel gerechnet werden muss, nur die ursprüngliche, durch den Wechsel abgesicherte Verbindlichkeit passiviert. Nicht erfasst werden auch Wechselverbindlichkeiten gegenüber verbundenen Unternehmen oder solchen, mit denen ein Beteiligungsverhältnis besteht.

„*Verbindlichkeiten gegenüber verbundenen Unternehmen*" und „*Verbindlichkeiten gegenüber Unternehmen, mit denen ein Beteiligungsverhältnis besteht*" fassen jeweils die Verbindlichkeiten gegenüber den näher bezeichneten Gläubigern zusammen. Dabei kann es sich auch um Wechselverbindlichkeiten oder Verbindlichkeiten gegenüber Kreditinstituten handeln, soweit nur die Gläubiger entsprechend einzuordnen sind.

Als „*Verbindlichkeiten gegenüber Gesellschaftern*" sind bei der GmbH alle Verbindlichkeiten einzuordnen, die nicht bereits unter die beiden zuvor erläuterten Positionen fallen, wo gleichwohl aber Gesellschafter Gläubiger sind.

Unter der Bezeichnung „*sonstige Verbindlichkeiten*" werden wieder sehr viele heterogene Sachverhalte erfasst, die sich den vorangegangenen Positionen nicht zuordnen ließen. Dazu zählen insbesondere *(Ellrott/M. Ring, in Beck Bil-Komm., 5. Aufl., § 266 Anm. 246):*

► „Steuerschulden der KapGes/KapCoGes ...,
► einbehaltene und noch abzuführende Steuern ...,
► rückständige Löhne, Gehälter, Tantiemen ...,
► einbehaltene und noch abzuführende sowie von der KapGes/KapCoGes selbst zu tragende Sozial-abgaben, Versicherungsprämien ...,
► Beiträge an den Pensionssicherungsverein VVaG (PSVaG),
► antizipative Zinsabgrenzungen auf Verbindlichkeiten ... sowie nicht abgehobene Dividenden,
► Verbindlichkeiten ggü Kunden (‚kreditorische Debitoren'),
► Schuldscheindarlehen und andere Darlehensverbindlichkeiten (sofern nicht ggü Kreditinstituten),
► Einlagen stiller Gesellschafter, die FK darstellen ..., (sowie)
► antizipativ abgegrenzte Miet- und Pachtzinsen ...".

Dabei sind gesondert die Beträge anzugeben, die aus Steuern und die im Rahmen der sozialen Sicherheit angefallen sind.

Bei allen Verbindlichkeiten ist zudem jeweils der Betrag gesondert auszuweisen, der Verbindlichkeiten mit einer Restlaufzeit bis zu einem Jahr betrifft.

Im Rahmen der passiven „*Rechnungsabgrenzungsposten*" werden beispielsweise bei einem Vermieter Mietzahlungen passiviert, die dieser im abgelaufenen Geschäftsjahr im Voraus für Mietleistungen erhalten hat, die der Mieter erst im folgenden Jahr in Anspruch nehmen wird.

F.   Erläuterung der Haftungsverhältnisse unter der Bilanz

> **Lernziel:**
> Sie sollen den Inhalt des Bilanzvermerks nach § 251 HGB, der die Eventualverbindlichkeiten und Haftungs-verhältnisse betrifft, kennen lernen!

Ähnlich wie im alten Aktienrecht gibt es auch im derzeitigen Handelsrecht zwischen den Angaben in der Bilanz einerseits und den Erläuterungen im früheren Geschäftsbericht bzw. jetzigen Anhang andererseits eine Zwischenform: die Angabe *unter der Bilanz*.

Hier sind von allen Kaufleuten nach § 251 HGB zu vermerken:

► Verbindlichkeiten aus der Begebung und Übertragung von Wechseln,
► Verbindlichkeiten aus Bürgschaften, Wechsel- und Scheckbürgschaften,
► Verbindlichkeiten aus Gewährleistungsverträgen und
► Haftungsverhältnisse aus der Bestellung von Sicherheiten für fremde Verbindlichkeiten.

In allen Fällen handelt es sich um Verpflichtungen, die erst dann auf den Kaufmann zukommen, wenn bestimmte Bedingungen eintreten, nämlich beispielsweise derjenige, für den eine Bürgschaft über-nommen wurde, seinen verbürgten Verpflichtungen nicht nachkommt. Ein Ausweis unter der Bilanz ist nur so lange zulässig, wie mit dem Eintritt der jeweiligen Bedingung *nicht* gerechnet wird. Rechnet man dagegen mit dem Eintritt der Bedingung, dann liegt keine eventuelle Verpflichtung, sondern eine drohende Verpflichtung vor, die in der Bilanz selbst durch eine Rückstellung oder – bei völliger Sicherheit – durch eine Verbindlichkeit berücksichtigt werden muss.

In fast allen Fällen handelt es sich auch um Eventualverpflichtungen aus Haftungsverhältnissen für *fremde* Verbindlichkeiten. Bei den „Verbindlichkeiten aus der Begebung und Übertragung von Wechseln" geht es nämlich nicht darum, dass der Kaufmann als Bezogener und Akzeptant des Wechsels die Wechselsumme bei Fälligkeit zu zahlen hat, sondern darum, dass er als bloßer Aussteller oder als Indossant haftet, wenn der Bezogene bei Fälligkeit nicht zahlt (Art. 9 Abs. 1, 15 Abs. 1 WG).

Die möglichen, noch nicht akuten Verbindlichkeiten und Haftungsverhältnisse sind mit dem Betrag anzugeben, der in dem (irrealen) Falle der Inanspruchnahme zu zahlen wäre. Das gilt ausdrücklich auch dann, wenn der Verpflichtung „gleichwertige Rückgriffsforderungen gegenüberstehen" (§ 251 Satz 2 HGB), wenn der Kaufmann im Falle der Inanspruchnahme also seinerseits Ansprüche gegen Dritte – beispielsweise andere Wechselindossanten – erwirbt.

Nicht publizitätspflichtige Personenunternehmen i. e. S. müssen die beschriebenen Verpflichtungen nur in *einem Betrag* zusammengefasst angeben. Publizitätspflichtige Gesellschaften, Kapitalgesellschaften i. w. S. und Genossenschaften dagegen haben nach §§ 268 Abs. 7, 336 Abs. 2 HGB, 5 Abs. 1 PublG die Beträge nach den vier anfangs unterschiedenen Kategorien jeweils *gesondert* auszuweisen. Sie müssen auch gesondert angeben, welche Pfandrechte und sonstigen Sicherheiten gewährt wurden sowie in welchem Umfang jeweils „solche Verpflichtungen gegenüber verbundenen Unternehmen" bestehen (§ 268 Abs. 7 HGB).

G. Die horizontale Gliederung des Anlagevermögens: das Anlagengitter

> **Lernziel:**
> Sie sollen verstehen, wie das Anlagengitter aufgebaut ist und welchen Inhalt die verschiedenen Spalten des Anlagengitters haben!

Nach § 268 Abs. 2 HGB muss von mittelgroßen und großen Kapitalgesellschaften i. w. S. (kleine wurden durch § 274a Nr. 1 HGB befreit) „die Entwicklung der einzelnen Posten des Anlagevermögens und des Postens Aufwendungen für die Ingangsetzung und Erweiterung des Geschäftsbetriebs" dargestellt werden, indem ausgehend von den ursprünglichen gesamten Anschaffungs- oder Herstellungskosten der am Anfang des betrachteten Geschäftsjahrs verfügbaren Anlagegegenstände alle Veränderungen aufgezeigt werden. Als Veränderungen sind dementsprechend für jeden Posten gesondert die Zugänge im Geschäftsjahr, die Abgänge im Geschäftsjahr, die Umbuchungen im Geschäftsjahr, die Zuschreibungen im Geschäftsjahr und die Abschreibungen in ihrer gesamten Höhe – also kumuliert vom Zugangsjahr bis einschließlich des Geschäftsjahrs – aufzuführen. Die Abschreibungen des Geschäftsjahrs sind zusätzlich zu vermerken. Berücksichtigt man ferner, dass nach § 265 Abs. 2 HGB zu jedem Posten der Bilanz „der entsprechende Betrag des vorhergehenden Geschäftsjahrs anzugeben" ist, ergeben sich folgende Mindestangaben:

(1)   *ursprüngliche gesamte Anschaffungs- oder Herstellungskosten der am Anfang des betrachteten Geschäftsjahrs verfügbaren Anlagegegenstände,*

(2)   *Zugänge im Geschäftsjahr, bewertet mit gesamten Anschaffungs- oder Herstellungskosten,*

(3)   *Abgänge im Geschäftsjahr, bewertet mit ursprünglichen gesamten Anschaffungs- oder Herstellungskosten,*

(4)   *Umbuchungen im Geschäftsjahr, bewertet mit gesamten Anschaffungs- oder Herstellungskosten,*

(5)   *Zuschreibungen im Geschäftsjahr (Zuschreibungen früherer Geschäftsjahre werden in der Regel mit den kumulierten Abschreibungen saldiert),*

(6)   *kumulierte Abschreibungen vom Zugangsjahr des betreffenden Gegenstands bis einschließlich des Geschäftsjahrs, saldiert mit Zuschreibungen bei den betreffenden Gegenständen in früheren Geschäftsjahren, soweit dadurch überhöhte Abschreibungen rückgängig gemacht worden waren,*

(7)   *Abschreibungen des Geschäftsjahrs,*

(8)   *Buchwert am Ende des Geschäftsjahrs und*

(9)   *Buchwert am Anfang des Geschäftsjahrs.*

Zugänge (2) bezeichnen mengenmäßige Erhöhungen des Bestands. Dabei sind auch solche Erhöhungen zu erfassen, bei denen durch nachträgliche Maßnahmen das Anlagegut in seiner Substanz wesentlich vermehrt wurde (Vergrößerung, Ausbau), einer anderen Verwendungsmöglichkeit zugänglich gemacht wurde (z. B. Umbau einer Lagerhalle zur Produktionshalle) oder nicht nur unerheblich langlebiger gemacht wurde (Generalüberholung unter Ersatz der verschlissenen Teile) *(ADS, 6. Aufl., § 255 Tz. 122 – 126 i. V. m. § 268 Tz. 54)*. Im Steuerrecht werden diese Fälle unter der Bezeichnung „Herstellungsaufwand" vom „Erhaltungsaufwand" getrennt (vgl. S. 183). Nicht unter den Zugängen zu erfassen sind nach herrschender Meinung dagegen die so genannten „Nachaktivierungen". Sie resultieren aus einer steuerlichen Außenprüfung, bei der der Prüfer die Steuerbilanz des Kaufmanns nicht anerkannt und verlangt hat, bisher nicht aktivierte Sachverhalte zu aktivieren oder bei bisher aktivierten Sachverhalten höhere Anschaffungs- oder Herstellungskosten zugrunde zu legen, und der Anpassung der Handelsbilanz an diese Veränderungen in der Steuerbilanz. Obwohl es sich streng genommen um Zugänge handelt, werden die Nachaktivierungen zunächst unter Zuschreibungen erfasst, in den Folgejahren dann aber nicht mit den Abschreibungen saldiert, sondern den ursprünglichen, gesamten Anschaffungs- oder Herstellungskosten (1) zugerechnet. Nicht unter den Zugängen zu erfassen sind mengenmäßige Bestandserhöhungen auch dann, wenn – wie bei geschenkten, geringstwertigen oder kurzlebigen Anlagegütern, für Kapitalgesellschaften auch bei „Aufwendungen für die Ingangsetzung und Erweiterung des Geschäftsbetriebs" – ein Aktivierungswahlrecht besteht und die Entscheidung gegen eine Aktivierung gefallen ist.

Als **Abgänge** (3) werden dementsprechend mengenmäßige Bestandsverminderungen bezeichnet. Diese können durch Verkauf, aber auch durch Verschrottung oder – bei immateriellen Anlagen – durch Ablauf der Frist (Schutzfrist beim Patent, Nutzungsdauer beim entgeltlich erworbenen Firmenwert) eintreten. Abgänge erscheinen mit den vollen ursprünglichen Anschaffungskosten im Anlagengitter.

Umbuchungen (4) treten ein, wenn innerhalb des Anlagevermögens ein Vermögensgegenstand aus einer Gliederungsposition, speziell der Position „geleistete Anzahlungen und Anlagen im Bau", ausscheidet und einer anderen Position zugeordnet wird.

Zuschreibungen (5) umfassen entsprechend den Ausführungen zu den Zugängen zwei Bestandteile, nämlich reine Wertsteigerungen, durch die vorhergegangene, sich nicht als berechtigt erwiesene Abschreibungen rückgängig gemacht werden, und Nachaktivierungen. Nur die Wertsteigerungen werden in den Folgejahren mit den kumulierten Abschreibungen saldiert.

Abschreibungen sind Wertminderungen. Im Rahmen des Anlagengitters sind unter den kumulierten **Abschreibungen** (6) die insgesamt von den Zugangszeitpunkten bis zum Ende des Geschäftsjahrs angefallenen Abschreibungen auszuweisen. Dabei spielt es, abgesehen vom noch zu erörternden Sonderfall des § 281 Abs. 1 HGB, keine Rolle, ob es sich um planmäßige oder außerplanmäßige Abschreibungen handelt. Zuschreibungen aus Vorjahren sind mit den Abschreibungen zu saldieren, soweit sie vorangegangene überhöhte Abschreibungen rückgängig machten. Erfasst werden auch nur die kumulierten, gegebenenfalls mit Zuschreibungen saldierten Abschreibungen bei solchen Anlagegütern, die am Ende des Geschäftsjahrs noch zum Anlagevermögen zählen. Abschreibungen auf Abgänge im Geschäftsjahr dürfen nicht enthalten sein. Ausnahmsweise nicht erfasst werden auch steuerrechtlich begründete, überhöhte Abschreibungen dann, wenn unter Berufung auf das Wahlrecht des § 281 Abs. 1 HGB die überhöhten Abschreibungen unter den Sonderposten mit Rücklageanteil ausgewiesen werden (vgl. S. 108 f.).

Abschreibungen des Geschäftsjahrs (7) umfassen nur die im Geschäftsjahr vorgenommenen Abschreibungen einschließlich derjenigen, die noch auf abgegangene Anlagen verrechnet wurden. Nicht enthalten sein können allerdings erneut die unter Berufung auf § 281 Abs. 1 HGB durch Bildung von Sonderposten mit Rücklageanteil vorgenommenen überhöhten Abschreibungen.

Der **Buchwert am Ende des Geschäftsjahrs** (8) ergibt sich dann aus folgender Gleichung:

(8) = (1) + (2) ./. (3) ± (4) + (5) ./. (6)

Hinsichtlich der Reihenfolge der verschiedenen Veränderungen schreibt der Gesetzgeber kein zwingendes Schema vor; sie bleibt der Kapitalgesellschaft überlassen. Bis auf die Angaben (8) und (9), die zwingend in der Bilanz enthalten sein müssen, dürfen die übrigen Angaben auch im Anhang gemacht werden.

Ein besonderes Problem für das Anlagengitter entsteht aus den Bewertungsvorschriften für so genannte *geringwertige Anlagegüter* nach § 6 Abs. 2 EStG, die sich indirekt über §§ 254, 279 Abs. 2 HGB und als eine den GoB entsprechende Vereinfachungsregel auch direkt auf die Handelsbilanz auswirken. Bis 2007 erlaubt das alte Bewertungswahlrecht, bei dem Maßgeblichkeit gilt, Gegenstände des Anlagevermögens mit Anschaffungs- oder Herstellungskosten bis zu 410 € im Jahr ihrer Anschaffung oder Herstellung voll abzuschreiben. Da hier ein Bewertungs- und kein Aktivierungswahlrecht eingeräumt wird, müssen diese Gegenstände als Zugänge (2) erfasst werden und später in (1) eingehen. Bei Vollabschreibung liegt es nahe, den gleichen Betrag auch unter den kumulierten Abschreibungen (6) auszuweisen. Bei dieser sinnvoll erscheinenden Vorgehensweise bleibt aber ein Problem: Man muss festhalten, wie lange der Gegenstand im Unternehmen genutzt wird, denn bei seinem Ausscheiden muss (6) um den entsprechenden Betrag gekürzt und (3) um diesen Betrag erhöht werden. Vielfach wird befürchtet, diese Pflicht zur Ermittlung des Zeitpunkts des Ausscheidens mache einen wichtigen Teil der Erleichterungen zunichte. Dem ist allerdings entgegenzuhalten, dass ein Unternehmen gut beraten ist, auch voll abgeschriebene geringwertige Anlagegüter einer Bestandskontrolle durch Aufnahme in ein Verzeichnis zu unterwerfen, zumal § 6 Abs. 2 Satz 4 EStG ein solches Vorgehen voraussetzt. Hält man allerdings die Pflicht zur Ermittlung des Zeitpunkts des

Ausscheidens für unvertretbar, stehen zwei andere Lösungen offen. Es wird eine planmäßige oder durchschnittliche Nutzungsdauer für die geringwertigen Anlagegüter ermittelt. Nach Ablauf dieser Nutzungsdauer werden sie unter (3) aufgeführt und scheiden aus (6) aus. Alternativ dürfen sie nach herrschender Meinung im Jahr des Zugangs auch sowohl unter Zugänge (2) als auch unter Abgänge (3) ausgewiesen werden, obwohl dieser Ausweis den Tatsachen nicht entspricht. Eine gewisse Korrektur des Bildes wird nur durch den Ausweis auch in der Spalte (7) Abschreibungen des Geschäftsjahrs erreicht.

Bei *geringstwertigen Wirtschaftsgütern* (Anschaffungskosten bislang bis 60 €) kann von einer Aktivierung und somit von einer Aufnahme in das Anlagengitter aus Vereinfachungsgründen abgesehen werden *(WP-Handbuch 2000, Bd. I, F Tz. 91)*. Durch die Unternehmenssteuerreform vom 6.7.2007 wurde aus dem Abwertungswahlrecht für geringwertige Anlagegüter ab 2008 eine Pflicht zu sofortiger erfolgswirksamer Erfassung, die Grenze wurde von 410 € auf 150 € nach Abzug der Vorsteuer gesenkt und die steuerlichen Aufzeichnungspflichten entfallen. Durch Anhebung der Grenze für die Aufzeichnungspflicht von 60 € auf 150 € wächst steuerlich der Kreis der Anlagegüter, bei denen auf Erfassung im Anlagegitter verzichtet werden kann. Da dieser Verzicht zudem künftig für alle geringwertigen Wirtschaftsgüter (gleiche Grenze von 150 €) offensteht, werden aus steuerlicher Sicht sämtliche Sonderprobleme aus der Abbildung von geringwertigen Wirtschaftsgütern im Anlagegitter ab 2008 verschwinden. Das Handelsrecht wird solche Vereinfachungen im Steuerrecht schwerlich unterlaufen, das erleichternde Vorgehen also zulassen. Das strenge Verbot zum Ansatz von Anlagen bis 150 € allerdings dürfte durch GoB kaum gedeckt sein – speziell wenn solche Anlagen für ein Unternehmen wesentlich sind.

Fragen:

1. Welche Gestaltungskriterien für Bilanzgliederungen kennen Sie?

2. Ordnen Sie – soweit erforderlich – die folgenden Sachverhalte in das erweiterte, für große Kapitalgesellschaften geltende Bilanzgliederungsschema ein:

   a) eine werkseigene Straße,
   b) ein entgeltlich erworbenes Patent,
   c) ein selbst geschaffenes Warenzeichen,
   d) ein Computer-Programm (Software), das im Kundenauftrag durch eigene Fachleute im abgelaufenen Jahr noch nicht ganz fertig gestellt wurde (Im folgenden Jahr wird die Fertigstellung der Software beendet und das Programm an den Kunden veräußert.),
   e) eine große Presse zur Blechverformung,
   f) der Dienstwagen des Geschäftsführers,
   g) Schreibtischlampen im Wert von 45 €,
   h) Ausgaben für die Weiterbildung der Mitarbeiter,
   i) Obligationen, die der langfristigen Geldanlage dienen,
   j) Verbindlichkeiten aus einer Wandelschuldverschreibung,
   k) die in ihrer Höhe noch ungewisse Verpflichtung aus der Gewerbesteuer,
   l) Aufwendungen für den Aufbau einer neuen Innenorganisation wegen der Erweiterung von Produktionsanlagen,
   m) voraussichtlicher Steuerentlastungsbetrag für nachfolgende Geschäftsjahre,
   n) ein Aktienpaket, das 30 % der Aktien umfasst und das auf Dauer gehalten werden soll,

o) eine von der Gesellschaft gezahlte Versicherungsprämie, die das nächste Geschäftsjahr betrifft,

p) junger, im abgelaufenen Jahr produzierter Weinbrand, der noch 3 Jahre lagern soll, bis er verkauft wird,

q) ein Gabelstapler, der im Fertigwarenlager benötigt wird,

r) eine fällige Forderung gegenüber dem Komplementär einer KGaA,

s) der Betrag, den die Gesellschaft vom ausstehenden Kapital eingefordert hat,

t) eine aufgrund von Wertaufholungen gebildete Rücklage,

u) Wertberichtigungen zu Forderungen,

v) ein bisher nicht konkret gewordenes Risiko aus einer Bürgschaft,

w) der Betrag, mit dem die Gesellschaft voraussichtlich aus Gewährleistungen in Anspruch genommen wird,

x) die kurz vor Ende des Jahres bestellten Waren, die allerdings erst im folgenden Geschäftsjahr geliefert, berechnet und bezahlt werden,

y) eine nach § 6b EStG gebildete Rücklage in Höhe des Differenzbetrags zwischen Verkaufserlös und früherem Buchwert eines verkauften Grundstücks sowie

z) eingegangene Mieteinnahmen für das folgende Geschäftsjahr.

3. Die Technofix GmbH verfügte am 1.1.2006 über 2 Maschinen. In den Jahren 2006 und 2007 kommt jeweils im Januar eine weitere Maschine hinzu. (Anschaffungswerte und planmäßige Abschreibungen der Maschinen sind der folgenden Tabelle zu entnehmen.) Im Dezember 2006 scheidet die erste Maschine gegen einen Verkaufserlös in Höhe von 580 € (incl. 16 % USt) aus, nachdem sie zuvor voll abgeschrieben wurde. Die zweite Maschine war im Jahre 2004 außerplanmäßig um 3 800 € abgeschrieben worden. Wegen teilweisen Wegfalls der Gründe musste sie 2006 wieder um 2 400 € zugeschrieben werden. Im Jahr 2007 schaffte die Technofix GmbH 10 Schreibtische à 400 € (+ 19 % USt) an. Diese Schreibtische schrieb sie maximal ab. Ferner kaufte die Technofix GmbH im Jahr 2007 200 Paletten (dreijährige Nutzungsdauer) für je 50 € (+ 19 % USt).

Maschine	An-schaffungs-wert	planmäßige Abschreibungen				
		2003	2004	2005	2006	2007
1	12 000	3 000	3 000	3 000	3 000	–
2	15 000	–	1 500	1 500	1 500	1 500
3	20 000	–	–	–	4 000	4 000
4	30 000	–	–	–	–	6 000

Stellen Sie das Anlagengitter für das Jahr
a) 2006 und
b) 2007 auf!

Literaturhinweise:

Die zentralen Fragen der Bilanzgliederung werden in den §§ 265, 266 und 268 HGB geregelt. Nähere Erläuterungen zu Fragen der Bilanzgliederung und alternative Darstellungen finden sich folglich in den entsprechenden Kommentierungen zu diesen Paragraphen im WP-Handbuch 2000, Bd. I, das nicht nach Paragraphen gegliedert ist, auf S. 374-431.

Einen kurzen Überblick über die Gliederungsvorschriften liefert **Moxter, Adolf:** Bilanzlehre, Bd. II, 3. Aufl., Wiesbaden 1986, S. 81-92.

Den Wahlrechten, bestimmte Detailangaben entweder in der Bilanz oder im Anhang offen zu legen, geht **Emmerich, Gerhard:** Fragen der Gestaltung des Jahresabschlusses nach neuem Recht, in WPg, 39. Jg., 1986, S. 698 ff., hier S. 700-703, nach.

VI. Die handelsrechtlichen Bewertungsvorschriften

A. Die grundlegenden handelsrechtlichen Bewertungsregeln

Lernziel:

Sie sollen erfahren, dass es innerhalb des Vermögens unterschiedliche grundlegende Bewertungsregeln, die auch nach Rechtsformen differenziert werden, gibt. Sie sollen ferner die grundsätzlichen Wertansätze der Passiva kennen lernen!

Bevor die einzelnen Wertansätze im Detail konkretisiert werden, sollen einleitend die grundsätzlichen Regeln dargestellt werden, nach denen Vermögensgegenstände, gezeichnetes Kapital und Schulden in der Handelsbilanz zu bewerten sind. Dabei müssen die Bewertungsregeln zunächst innerhalb des Vermögens insbesondere nach Umlaufvermögen und Anlagevermögen und innerhalb der Schulden nach Verbindlichkeiten, Rückstellungen und Rentenverpflichtungen unterschieden werden. Die Regeln müssen aber nach derzeitigem Recht zusätzlich auch danach differenziert werden, ob sie für nicht publizitätspflichtige Personenunternehmen i. e. S., Genossenschaften (§ 336 Abs. 2 HGB verweist zwar zunächst auf die Paragraphen 279 und 280 HGB, stellt dann aber heraus, dass diese nicht angewendet zu werden brauchen) und Unternehmen, die vom Publizitätsgesetz erfasst werden (§ 5 Abs. 1 Satz 2 PublG verweist nicht auf die Paragraphen 279 und 280 HGB), oder ob sie für Kapitalgesellschaften i. w. S. gelten. Die Regeln lassen sich dann in der Abbildung 14 auf den Seiten 172 f. darstellen, wobei in der Vorspalte die verschiedenen Vermögens- und Schuldengruppen, in der Kopfzeile die beiden Unternehmensgruppen aufgeführt werden.

Die Regeln werden im Folgenden in mehreren Schritten erläutert.

In Abschnitt B. werden die primären Werte dargestellt, von denen die Bewertung ausgeht. Beim Anlage- und beim Umlaufvermögen sind dies die für Kaufleute und Kapitalgesellschaften i. w. S. einheitlich definierten Anschaffungskosten und Herstellungskosten. Für Passivpositionen sind es der Rückzahlungsbetrag, der Barwert, der Betrag, der nach vernünftiger kaufmännischer Beurteilung notwendig ist, sowie der Nennbetrag.

Entsprechend dem Imparitätsprinzip darf der Wert von Vermögensgegenständen niemals höher als die – gegebenenfalls um planmäßige Abschreibungen zu vermindernden – Anschaffungs- oder Herstellungskosten, wohl aber niedriger als diese Werte sein. Im Abschnitt C. ist folglich zu klären, welche alternativen, niedrigeren Werte in der Handelsbilanz eine Rolle spielen und wie sie für die verschiedenen Vermögensgegenstände grundsätzlich zu ermitteln sind. Allerdings geht es hier nicht nur um Verlustantizipationen, sondern auch um steuerliche Erleichterungen und um handelsrechtlich sanktionierte stille Reserven.

ABB. 14:	Übersicht über die handelsrechtlichen Bewertungsvorschriften	
	Nicht publizitätspflichtige Personen-unternehmen i. e. S., Genossenschaften und Unternehmen, die dem PublG unterliegen	Kapitalgesellschaften i. w. S.
ANLAGEVERMÖGEN Basis- und Höchstwert	Anschaffungs- oder Herstellungs-kosten als Höchstwerte (§ 253 Abs. 1 Satz 1 HGB)	Anschaffungs- oder Herstellungs-kosten als Höchstwerte und als nur eingeschränkt unterschreitbare Werte, (§§ 253 Abs. 1 Satz 1, 279 Abs. 1 Satz 1 HGB)
planmäßige Abschreibung abnutzbarer Anlagen	Beim abnutzbaren Anlagevermögen sind planmäßige Abschreibungen notwendig (§ 253 Abs. 2 Satz 1 u. 2 HGB).	
gemildertes Niederstwert-prinzip	Außerplanmäßige Abschreibungen sind möglich – bei voraussichtlich vorübergehender Wertminderung (§ 253 Abs. 2 Satz 3 HGB), – bei steuerlicher Abwertungs-möglichkeit (§ 254 HGB) und – „im Rahmen vernünftiger kauf-männischer Beurteilung" (§ 253 Abs. 4 HBG).	Außerplanmäßige Abschreibungen sind möglich – bei Finanzanlagen im Fall voraus-sichtlich vorübergehender Wert-minderung (§ 279 Abs. 1 Satz 2 HGB) und – bei steuerlicher Abwertungs-möglichkeit und formeller Maß-geblichkeit im Rahmen der um-gekehrten Maßgeblichkeit (§ 279 Abs. 2 HGB)
	Außerplanmäßige Abschreibungen sind notwendig bei voraussichtlich dauernder Wertminderung (§ 253 Abs. 2 Satz 3 HGB).	
Wertaufholung bei Wegfall der Gründe für eine außer-planmäßige Abschreibung	Eine Wertaufholung (Zuschreibung) ist grundsätzlich nur nach einer früheren außerplanmäßigen Abschreibung erlaubt.	
	Niedrigerer Wert darf beibehalten werden. (§ 253 Abs. 5 HGB)	Niedrigerer Wert darf nicht beibe-halten werden, weil steuerrechtlich inzwischen eine Zuschreibungspflicht besteht. (§ 280 Abs. 1 und 2 HGB)
GESCHÄFTS- ODER FIRMENWERT	Unterschiedsbetrag zwischen Gegenleistung und Zeitwerten der einzelnen Vermögensgegenstände abzüglich Schulden, bewertet im Zeitpunkt der Über-nahme. Abschreibung in jedem folgenden Geschäftsjahr mindestens 25 % oder planmäßige Abschreibung über die Nutzungsdauer. (§ 255 Abs. 4 HGB)	

Handwritten annotations:

(1)

abzgl. → (between columns)] abzgl!

wahlrecht!

§ 254

nur steuerrechtl. zulässige Abschr.

pflicht {

= Beibehaltungswahlrecht

= Zuschreibungspflicht!

=> Bei VG mit zeitl. nicht begrenzter Nutzung entfällt die planmäßige Abschr. (1) → sonst gleich

	Nicht publizitätspflichtige Personenunternehmen i. e. S., Genossenschaften und Unternehmen, die dem PublG unterliegen	Kapitalgesellschaften i. w. S.
UMLAUFVERMÖGEN Basis- und Höchstwert	Anschaffungs- oder Herstellungskosten als Höchstwerte. (§ 253 Abs. 1 Satz 1 HGB)	Anschaffungs- oder Herstellungskosten als Höchstwerte und als nur eingeschränkt unterschreitbare Werte. (§§ 253 Abs. 1 Satz 1, 279 Abs. 1 Satz 1 HGB)
<u>strenges Niederstwertprinzip</u>	Abwertung auf niedrigeren Wert, der sich aus einem Börsen- oder Marktpreis ergibt, oder auf den niedrigeren beizulegenden Wert erforderlich. (§ 253 Abs. 3 Satz 1 und 2 HGB) *dauerhaft + vorübergehend → Pflicht*	
zusätzliche Abwertung ist möglich	– soweit nach vernünftiger kaufmännischer Beurteilung notwendig, „um zu verhindern, dass in der nächsten Zukunft der Wertansatz dieser Vermögensgegenstände aufgrund von Wertschwankungen geändert werden muss" (§ 253 Abs. 3 Satz 3 HGB), oder *Wahlrecht*	
Wahlrecht!	– bei steuerlicher Abwertungsmöglichkeit (§ 254 HGB) bzw. *umgekehrte MGB* – „im Rahmen vernünftiger kaufmännischer Beurteilung" (§ 253 Abs. 4 HGB).	– bei steuerlicher Abwertungsmöglichkeit und formeller Maßgeblichkeit im Rahmen der umgekehrten Maßgeblichkeit (§ 279 Abs. 2 HGB). *§254*
<u>Wertaufholung bei Wegfall der Gründe für eine außerplan</u>mäßige Abschreibung	Eine Wertaufholung (Zuschreibung) ist <u>nur nach einer früheren Abwertung</u> erlaubt.	
	Niedrigerer Wert darf beibehalten werden. (§ 253 Abs. 5 HGB)	Niedrigerer Wert darf nicht beibehalten werden, weil steuerrechtlich inzwischen eine Zuschreibungspflicht besteht. (§ 280 Abs. 1 und 2 HGB)
GEZEICHNETES KAPITAL → *ist zum Nennbetrag einzusetzen*		Nennbetrag bzw. der eingezahlte oder einzuzahlende Betrag (§ 283 HGB)
VERBINDLICHKEITEN	Rückzahlungsbetrag (§ 253 Abs. 1 Satz 2 HGB)	
RENTENVERPFLICHTUNGEN OHNE ERWARTETE GEGENLEISTUNG	Barwert (§ 253 Abs. 1 Satz 2 HGB)	
RÜCKSTELLUNGEN	„in Höhe des Betrags ..., der nach vernünftiger kaufmännischer Beurteilung notwendig ist"; Abzinsung zum Barwert ist nur erlaubt, soweit die zugrunde liegende Verpflichtung einen Zinsanteil beinhaltet. (§ 253 Abs. 1 Satz 2 HGB)	

Im Rahmen der Erörterung der GoB war bereits darauf hingewiesen worden, dass es Ausnahmen zum Grundsatz der Einzelbewertung gibt. Auch diese Ausnahmen besitzen über den engeren Kreis einzelner Vermögensgegenstände oder auch den Kreis des gesamten Umlaufvermögens hinaus Bedeutung. Sie sollen aus diesem Grund ebenfalls vorab in einem eigenen Abschnitt D. dargestellt werden.

Planmäßige Abschreibungen verbindet man zwar nur mit abnutzbaren Gegenständen des Anlagevermögens, innerhalb der großen Gruppe dieser Vermögensgegenstände und streng genommen sogar darüber hinaus beim Disagio besitzen planmäßige Abschreibungen aber große Bedeutung. Sie sollen daher im Abschnitt E. eingehend erläutert werden.

Was „vor die Klammer gezogen werden kann", weil es übergreifend für verschiedene Positionen gilt, ist damit abgehandelt. Der Rest umfasst Bewertungsregeln, die spezifisch nur für bestimmte Vermögens- oder Schuldpositionen gelten. Im Rahmen des Abschnitts F. wird einigen Einzelfragen der Bewertung unter Zugrundelegung des Gliederungsschemas nachgegangen. Natürlich werden nur die wichtigsten Details behandelt; der Rest muss den Kommentaren überlassen bleiben.

In der Realität sind Bewertungsprobleme vielfach *Ermittlungsprobleme*. Wenn der Gesetzgeber in § 253 Abs. 1 Satz 2 HGB vorschreibt, dass „Rückstellungen nur in Höhe des Betrags anzusetzen [sind], der nach vernünftiger kaufmännischer Beurteilung notwendig ist", dann liegen die Probleme vornehmlich darin, den nach vernünftiger kaufmännischer Beurteilung in dem jeweils konkret gegebenen Fall notwendigen Betrag zu ermitteln. Ähnliche Probleme tauchen auf bei der Berücksichtigung der Wertaufhellung (wann hätte man was wissen können oder müssen), bei der Schätzung von Nutzungsdauer und Restwert sowie bei der Entscheidung darüber beispielsweise, ob eine Wertminderung voraussichtlich dauernd ist oder nicht. Zur Lösung solcher Probleme können im Rahmen dieses Lehrbuchs nur einige Kriterien, nicht aber Patentrezepte geliefert werden, die es im Übrigen auch nicht gibt. Das verbleibende Wissensdefizit kann der Leser wahrscheinlich auch nur durch praktische Erfahrungen überwinden.

B. Primäre Werte

> **Lernziel:**
> Sie sollen lernen, welche primären Werte es gibt und welche Komponenten in diesen Werten jeweils enthalten sind (bzw. enthalten sein dürfen)!

1. Einführung

Die für die Vermögensgegenstände grundlegenden primären Werte Anschaffungskosten und Herstellungskosten markieren nicht nur die Ausgangsbasis der Bewertung in der Bilanz, sie begrenzen zugleich die Bewertung nach oben. In keinem Fall darf ein höherer Wert als die – gegebenenfalls durch planmäßige Abschreibungen über die Nutzungsdauer zu vermindernden – Anschaffungs- oder Herstellungskosten angesetzt werden.

Die Bezeichnung der beiden Werte ist allerdings aus der Sicht der betriebswirtschaftlichen Terminologie irreführend. Mit „Kosten" und „Kostenrechnung" haben beide kaum etwas zu tun. *Es geht um Anschaffungsausgaben und Aufwendungen im Zusammenhang mit der Beschaffung bzw. um Herstellungsaufwendungen (Kommission Rechnungswesen, DBW 1979, S. 21).*

2. Anschaffungskosten

Ausgehend von dem Ziel, die Beschaffung von Vermögensgegenständen möglichst als erfolgsneutrale Vermögensumschichtung erscheinen zu lassen, werden Anschaffungskosten in § 255 Abs. 1 HGB folgendermaßen definiert:

„Anschaffungskosten sind die Aufwendungen, die geleistet werden, um einen Vermögensgegenstand zu erwerben und ihn in einen betriebsbereiten Zustand zu versetzen, soweit sie dem Vermögensgegenstand einzeln zugeordnet werden können. Zu den Anschaffungskosten gehören auch die Nebenkosten sowie die nachträglichen Anschaffungskosten. Anschaffungspreisminderungen sind abzusetzen."

Die Gesetzesdefinition legt damit folgendes Grundschema zur Ermittlung von Anschaffungskosten nahe:

	Anschaffungspreis
+	Anschaffungsnebenkosten
+	nachträgliche Anschaffungskosten
./.	Anschaffungspreisminderungen
=	Anschaffungskosten.

Der *Anschaffungspreis* bezeichnet den Betrag, der in der Rechnung ausgewiesen wird. Dabei sind sämtliche Ausgaben für Sonderausstattungen oder Sonderleistungen einzubeziehen. Die Umsatzsteuer dagegen gehört nicht zum Anschaffungspreis, wenn sie als Vorsteuer abziehbar ist. Lautet der Anschaffungspreis auf fremde Währung, so ist der tatsächlich gezahlte oder – soweit noch nicht gezahlt wurde (Zielgeschäft) – der Betrag anzusetzen, mit dem auch die korrespondierende

Verbindlichkeit im Zeitpunkt der Erstverbuchung zu bewerten ist (Briefkurs zum Zeitpunkt der Lieferung).

Die *Anschaffungsnebenkosten* umfassen alle Aufwendungen, die zusätzlich zum Kaufpreis anfallen, um den Vermögensgegenstand zu erwerben und betriebsbereit zu machen. Allerdings gilt einschränkend, dass nur solche Aufwendungen als Anschaffungsnebenkosten anzusetzen sind, die dem erworbenen Gegenstand als Einzelkosten *unmittelbar* zugerechnet werden können. Beispiele für Anschaffungsnebenkosten sind somit: Provisionen, Kommissionen, Courtagen, Maklergebühren, Eingangsfrachten, Speditionskosten, Anfuhr- und Abladekosten, Transportversicherungen, Eingangszölle, Grunderwerbsteuer, Notariats- und Registerkosten sowie Ausgaben für Fundamente, Montage und Anschlüsse. Kosten der Begutachtung des erworbenen Gegenstands zählen auch dazu, soweit sie nach der Entscheidung für den Kauf genau dieses Gegenstands angefallen sind *(Ellrott/Schmidt-Wendt, in Beck Bil-Komm., 5. Aufl., § 255 Anm. 71)*. Nicht ansetzbar sind damit die Ausgaben im Rahmen der Entscheidungsfindung, wie z. B. die Ausgaben für ein Bewertungsgutachten im Rahmen eines Unternehmenskaufs, und auch nicht die (Gemein-)Kosten der Einkaufsabteilung.

Nachträgliche Anschaffungskosten liegen vor, wenn lange nach dem Zeitpunkt des Erwerbs eines Vermögensgegenstandes noch Aufwendungen anfallen, die den Erwerb und die Inbetriebnahme betreffen. Dazu zählen insbesondere Straßenanlieger- und Erschließungsbeiträge, nachträgliche Preiserhöhungen und auch Aufwendungen im Zusammenhang mit einem beim Kauf beabsichtigten Umbau.

Zu den *Anschaffungspreisminderungen* zählen alle diejenigen Abzüge vom Rechnungsbetrag, die der Käufer tatsächlich nicht zahlen musste, also insbesondere Preisnachlässe wie Rabatte, zurechenbare Boni und Skonti sowie zurückgewährte Entgelte anlässlich einer Minderung des Kaufpreises nach einer Mängelrüge oder anlässlich der Rückgabe von Verpackungsmaterial.

Zuschüsse und Subventionen zum Anschaffungspreis zählen nicht zu den Anschaffungspreisminderungen, weil sie keine Nachlässe des Verkäufers, sondern Zuwendungen von dritter Seite sind. Ihre Berücksichtigung ist aber umstritten. Während der *Hauptfachausschuss des IDW in der Stellungnahme 1/1984* für einen erfolgsneutralen Abzug der Zuschüsse vom Anschaffungspreis plädiert, so dass Erfolgswirkungen nur über die verminderten Abschreibungen, beim späteren Verbrauch oder beim Ausscheiden des Gegenstands entstehen *(WPg 1984, S. 612 ff.)*, scheint die Praxis auch die andere Lösung, nämlich Ansatz des vollen Kaufpreises und sofortige vollständige und erfolgssteigernde Vereinnahmung der Subvention, für zulässig zu halten.

Im Falle des *unentgeltlichen Erwerbs* materieller Vermögensgegenstände anlässlich einer Schenkung oder Erbschaft hat der Kaufmann das Recht, den Gegenstand zu aktivieren oder das nicht zu tun. Da effektive Anschaffungskosten fehlen, müssen diese geschätzt werden, wobei der vorsichtig geschätzte Zeitwert die Obergrenze bildet.

Mangels eindeutiger Regelung im Handelsrecht besteht auch im Falle des Erwerbs von Vermögensgegenständen durch Hingabe eines anderen Vermögensgegenstands *(Tausch)* ein Wahlrecht, das drei Möglichkeiten eröffnet. Der Kaufmann darf als Anschaffungskosten des eingetauschten Gutes erstens den Buchwert des hingegebenen Gutes ansetzen und so Gewinnrealisierung ausschließen. Er darf zweitens die Anschaffungskosten in Höhe des vorsichtig ermittelten Zeitwertes des hingegebenen Gutes ansetzen und damit Gewinnrealisierung zulassen. Da die Steuer regelmäßig die zweite Vorgehensweise vorschreibt und aus dem so gegebenenfalls auszuweisenden Gewinn in der Steuerbilanz Steuerlasten folgen, darf der Kaufmann drittens die Summe aus dem Buchwert des hingegebenen Gutes zuzüglich der Ertragsteuern auf den durch den Tausch erzielten steuerlichen Gewinn als Anschaffungskosten wählen.

Zur Verdeutlichung sei ein Tausch betrachtet, bei dem ein Gut mit einem Buchwert von 10 000 € und einem Zeitwert von 50 000 € im Austausch für ein anderes Gut hergegeben wird. Der Ertragsteuersatz betrage 40 %. Als „Anschaffungskosten" des erhaltenen Guts sind dann möglich 10 000 € (Buchwert des hingegebenen Guts), 50 000 € (Zeitwert des hingegebenen Guts) und 26 000 € (10 000 + 0,4 · 40 000; Buchwert plus Ertragsteuern auf die aufgelösten stillen Reserven beim hingegebenen Gut). Anschließend ist zu prüfen, ob der Zeitwert des eingetauschten Guts eine Abschreibung unter die gewählten Anschaffungskosten erforderlich macht.

Auf spezifische Probleme der Anschaffungskosten bei bestimmten Vermögensgegenständen, wie etwa Forderungen oder Anteilen an Personenhandelsgesellschaften, wird im Rahmen der Detailprobleme der Bewertung eingegangen.

3. Herstellungskosten

Die im § 255 Abs. 2 und 3 HGB sehr ausführlich beschriebenen Herstellungskosten sollen bei den selbst erstellten Vermögensgegenständen das gleiche Ziel erreichen, das durch die Anschaffungskosten bei den von Dritten entgeltlich erworbenen Gegenständen angestrebt wird: auch bei den selbst erstellten Vermögensgegenständen soll der Zugang eine erfolgsneutrale Vermögensumschichtung sein. Anders als im Falle des Kaufes aber, wo die erfolgsneutrale Behandlung noch intuitiv nahe zu liegen scheint, muss sie im Rahmen der Herstellung von Vermögensgegenständen näher definiert werden. Bei der Herstellung eines Gutes fallen nicht nur Aufwendungen an, die durch die Herstellung allein dieses Gutes unmittelbar verursacht sind (wie etwa die Beschaffung besonderer Teile und Materialien), es fallen auch Aufwendungen für Löhne und Gehälter an, die sogar ohne Produktion gezahlt werden müssen, und für die Vorhaltung von Fertigungs-, Lagerungs-, Verwaltungs- und Vertriebskapazitäten. Der Gesetzgeber muss dementsprechend eine Trennungslinie definieren. Diese Trennungslinie soll die Aufwendungen, die ohnehin anfallen würden, die also nicht der Fertigung und dem Zugang des selbst erstellten Gutes zuzurechnen sind, von den Aufwendungen trennen, die auf den Zugang entfallen, die ihm folglich zugerechnet werden sollen.

Diese Trennungslinie, die sich nicht richtig oder falsch, sondern allenfalls auf der Grundlage enger oder weiter Maßstäbe ziehen lässt, hat der Gesetzgeber nicht eindeutig definiert. Er hat vielmehr entsprechend bisheriger, nicht unbedingt guter Tradition nur einen Bereich möglicher Trennungslinien definiert. Indem er Pflichtbestandteile der Herstellungskosten und damit eine Untergrenze für die Herstellungskosten festgelegt hat, hat er zugleich bestimmt, welche Aufwendungen aus seiner Sicht in keinem Falle unabhängig von der Produktion angefallen wären. Darüber hinaus allerdings erlaubt der Gesetzgeber im Rahmen eines Bewertungswahlrechts, weitere Aufwandsbestandteile in die Herstellungskosten aufzunehmen. Damit legt er indirekt eine Obergrenze für die Herstellungskosten und in Höhe der nicht einbeziehbaren Aufwendungen auch fest, welche Aufwendungen aus seiner Sicht eindeutig unabhängig von der Produktion angefallen sind. Im Steuerrecht wird die Trennungslinie übrigens nach dem gleichen, Spielräume eröffnenden Prinzip gezogen, nur gibt es mehr Pflicht- und weniger Wahlbestandteile, so dass der Spielraum enger wird. (Auf die steuerrechtlichen Herstellungskosten wird im Rahmen der folgenden Ausführungen nur insofern eingegangen, als in der abschließenden Abbildung 15 (S. 182) über die Komponenten der Herstellungskosten in einer zusätzlichen Spalte zu Informationszwecken auch die steuerlichen Pflicht- und Wahlbestandteile aufgeführt werden.)

Die Herstellungskosten nach Handelsrecht (und die Herstellungskosten nach Steuerrecht) werden dementsprechend durch ihre Pflichtbestandteile und ihre Wahlbestandteile definiert.

Wenn im Handelsrecht „die Materialkosten, die Fertigungskosten und die Sonderkosten der Fertigung" (§ 255 Abs. 2 Satz 2 HGB) als Mindestbestandteile aufgeführt werden, bleibt die Untergrenze der Herstellungskosten im Grunde völlig unklar. Erst ein Blick in den Art. 35 Abs. 3a der grundlegenden 4. Richtlinie macht deutlich, dass – abgesehen von Aufwendungen für Hilfs- und Betriebsstoffe – die dem Vermögensgegenstand *unmittelbar* zurechenbaren Kosten die Untergrenze der Herstellungskosten bilden sollen. In der Kostenrechnung bezeichnet man die entsprechenden Kosten als *Einzelkosten*. Gemäß § 255 Abs. 2 Satz 2 und 6 HGB sind dabei allerdings die Sondereinzelkosten des Vertriebs, soweit sie bereits angefallen sind, von einer Einbeziehung in die Herstellungskosten ausgeschlossen.

Das Kriterium der unmittelbaren Zurechenbarkeit bei der Definition der Herstellungskostenuntergrenze wirft ein Problem auf, denn die Zurechenbarkeit einzelner Elemente hängt von der Genauigkeit des Rechnungswesens ab. Es muss geklärt werden, wie genau ein Rechnungswesen gestaltet sein muss, wenn Einzelkosten als Herstellungskosten angesetzt werden sollen. Für dieses Problem gibt es keine klare Lösung. Zwar wird nach herrschender Meinung nicht geduldet, dass wichtige Einzelkostenelemente durch Erfassung als unechte Gemeinkosten außer Ansatz bleiben *(ADS, 6. Aufl., § 255 HGB Tz. 137)*, eine genauere Erfassung kann aber nur im Rahmen der Wirtschaftlichkeit des Rechnungswesens verlangt werden, und dieser Rahmen ist vage.

Auch Ansätze, bei denen Einzel- und Gemeinkosten durch Schätzungen getrennt werden sollen, führen mangels klarer Schätzkriterien nur zu ungenauen Abgrenzungen.

Die *„Materialkosten"* oder besser die Aufwendungen für Einzelmaterial umfassen die Aufwendungen für Rohstoffe und fertig bezogene Teile, die dem mit Herstellungskosten zu bewertenden Produkt unmittelbar zugerechnet werden können und auch unmittelbar zugerechnet werden. Der Wert des eingesetzten Einzelmaterials ist dabei an den effektiven Anschaffungskosten der Materialien oder – bei Entnahme aus dem Lager – den gegebenenfalls abgewerteten Buchwerten zu orientieren und darf nicht – wie in der Kostenrechnung – auch auf festen Verrechnungspreisen basieren. Hinsichtlich der Behandlung von Hilfs- und Betriebsstoffen gehen die Meinungen auseinander. Als Gemeinkosten werden sie von *Ellrott/Schmidt-Wendt (in Beck Bil-Komm., 5. Aufl., § 255 Anm. 349)* nicht in die Untergrenze einbezogen. *Knop/Küting (in Küting/Weber, 4. Aufl., § 255 Rn. 174 f. und 178)* rechnen nur die Kosten für Betriebsstoffe in die Untergrenze nicht ein. *Biener/Berneke (Bilanzrichtlinien-Gesetz 1986, S. 113 f.)* beziehen dagegen in Einklang mit Art. 35 Abs. 3a der 4. EG-Richtlinie beide in die Untergrenze ein.

Hinter den *„Fertigungskosten"* oder besser den Aufwendungen für direkt zuzurechnende Arbeitsleistungen verbergen sich die Fertigungslöhne, die sich zwar den Produkten nicht verursachungsgerecht zurechnen lassen, denn ohne Produktion hätte man auch Löhne zahlen müssen, bei denen man aber genau und unmittelbar feststellen kann, wie lange ein Produkt von den verschiedenen Fertigungslohnempfängern bearbeitet wurde. Dabei umfassen die Fertigungslöhne die Bruttolöhne einschließlich Sonderzulagen, Prämien und gesetzlicher Sozialabgaben *(Ellrott/Schmidt-Wendt, in Beck Bil-Komm., 5. Aufl., § 255 Anm. 351)*.

„Sonderkosten der Fertigung" im Sinne unmittelbar zurechenbarer, besonderer Fertigungsaufwendungen fallen insbesondere an für Lizenzen sowie für spezielle Werkzeuge, Modelle, Schablonen oder Vorrichtungen, die nur der Produktion des betreffenden Produktes dienen. Sie umfassen nach herrschender Meinung auch die an ein bestimmtes Produkt gebundenen Entwicklungskosten.

Der Gesetzgeber schreibt nicht vor, dass nur diese unmittelbar zurechenbaren Kosten in die Herstellungskosten einbezogen werden dürfen; sie markieren folglich die *Untergrenze*.

„Bei der Berechnung der Herstellungskosten dürfen auch angemessene Teile der notwendigen Materialgemeinkosten, der notwendigen Fertigungsgemeinkosten und des Wertverzehrs des Anlagevermögens, soweit er durch die Fertigung veranlasst ist, eingerechnet werden. Kosten der allgemeinen Verwaltung sowie Aufwendungen für soziale Einrichtungen des Betriebs, für freiwillige soziale Leistungen und für betriebliche Altersversorgung brauchen nicht eingerechnet zu werden. Aufwendungen im Sinne der (vorangegangenen) Sätze 3 und 4 dürfen nur insoweit berücksichtigt werden, als sie auf den Zeitraum der Herstellung entfallen" (§ 255 Abs. 2 Satz 3, 4 und 5 HGB).

Als *„Materialgemeinkosten"* bezeichnet man die nicht unmittelbar zurechenbaren Gemeinkosten der Bereiche Beschaffung, Wareneingangsprüfung, Materiallagerung, Materialverwaltung und Materialausgabe. Da steuerlich aber Aufwendungen für Einkauf und Wareneingang zu den allgemeinen Verwaltungskosten mit Wahlrechtscharakter zählen (R 6.3 Abs. 4 Satz 2 EStR), werden sie häufig auch handelsrechtlich dort eingeordnet. Natürlich sind nicht die „Kosten" unter Berücksichtigung von kalkulatorischen Ansätzen und Verrechnungspreisen gemeint, sondern die effektiven, pagatorischen Aufwendungen.

Die *„Fertigungsgemeinkosten"* umfassen alle nicht unmittelbar zurechenbaren Gemeinkosten oder besser Gemein-Aufwendungen des Fertigungsbereichs, also insbesondere Aufwendungen für Energie, gegebenenfalls Hilfs- und Betriebsstoffe, Sachversicherungen der Fertigungsanlagen, Instandhaltung der Fertigungsanlagen und -bauten, Werkstattverwaltung, Meister, Lohnbüro, Arbeitsvorbereitung, Fertigungskontrolle, innerbetrieblichen Transport sowie für anteilige Grundsteuer.

Im Rahmen der vorangegangenen Aufzählung mag man den „Wertverzehr (die *Abschreibungen*) des Anlagevermögens, soweit er durch die Fertigung veranlasst ist" vermisst haben. Er fehlte, weil er im Gesetz gesondert aufgeführt wird. Zu den Wahlbestandteilen der Herstellungskosten zählen somit die planmäßigen bilanziellen Abschreibungen des der Fertigung dienenden Anlagevermögens. Außerplanmäßige Abschreibungen und steuerrechtlich begründete Sonderabschreibungen oder erhöhte Absetzungen dagegen dürfen nicht einbezogen werden, weil sie nicht durch die Fertigung veranlasst sind.

Unter den *„Kosten der allgemeinen Verwaltung"* werden die Aufwendungen mit Gemeinkostencharakter verstanden, die nicht speziell im Material- oder Fertigungsbereich, aber auch nicht im Vertriebsbereich angefallen sind. Es handelt sich folglich um Aufwendungen für die Geschäftsleitung, das Personal- und Ausbildungswesen, das Finanz- und Rechnungswesen, die Steuerabteilung, das Nachrichtenwesen (Telefon, Porti), die Feuerwehr und den Werkschutz, ggf. um Aufwendungen für Einkauf und Wareneingang aber auch um Beratungs- und Reiseaufwendungen, soweit sie nicht dem Material-, Fertigungs- oder Vertriebsbereich zuzuordnen sind.

Die *„Aufwendungen für soziale Einrichtungen des Betriebs"* umfassen Aufwendungen für Kantinen, einschließlich der Essenszuschüsse, für Betriebssportstätten, Betriebsbüchereien und Betriebsausflüge. Als *„Aufwendungen für freiwillige soziale Leistungen"* gelten insbesondere Heirats-, Geburts- und Wohnungsbeihilfen, Weihnachtszuwendungen sowie Jubiläumsgeschenke, sofern sie nicht tariflich vorgeschrieben sind. Zu den *„Aufwendungen für betriebliche Altersversorgung"* schließlich zählen Aufwendungen für „Direktversicherungen, Zuwendungen an Pensions- und Unterstützungskassen und Zuweisungen zu den Pensionsrückstellungen" *(Ellrott/Schmidt-Wendt, in Beck Bil-Komm., 5. Aufl., § 255 Anm. 434).*

Durch die Einschränkung der Einbeziehung auf die *„notwendigen"* Material- und Fertigungsgemeinkosten sowie auf deren und des Wertverzehrs des Anlagevermögens *„angemessene Teile"* soll wahrscheinlich einerseits nur die Möglichkeit zur Übereinstimmung handels- und steuerrechtlicher Herstellungskosten abgesichert werden – „notwendig" erscheint nämlich auch in R 6.3 Abs. 1 EStR –, und andererseits verhindert werden, dass Leerkosten bei offenbarer, wesentlicher Unterbeschäftigung im Rahmen der Herstellungskosten aktiviert werden. Können also beispielsweise auf einer Anlage, für die beschäftigungsunabhängige Abschreibungen von 5 000 € pro Monat anfallen, pro Monat 100 Produkte X bearbeitet werden, werden tatsächlich aber etwa wegen schlechter Auftragslage nur 60 Produkte X hergestellt, so dürfen in die Herstellungskosten jedes der Produkte nicht 5 000 € : 60 = 83,33 € Abschreibungen, sondern nur 5 000 € : 100 = 50 € Abschreibungen einbezogen werden. (Die ansetzbaren Nutzkosten ergeben sich auch aus den effektiven Fixkosten pro Stück von 83,33 €, multipliziert mit dem Beschäftigungsgrad von 60 : 100 = 0,6, also als 83,33 · 0,6 = 50.) Mit der Bedingung „angemessen" wird auch das Urteil, außerplanmäßige Abschreibungen oder überhöhte Abschreibungen infolge steuerlicher Vergünstigungen nicht ansetzen zu dürfen, bestätigt. Die Bedingung „notwendig" wiederum darf insbesondere nicht dahingehend interpretiert werden, als dürften nur die bei wirtschaftlichstem Umgang mit den Produktionsfaktoren anfallenden „Optimalaufwendungen" einbezogen werden.

Die weitere Einschränkung auf die Aufwendungen, die „auf den Zeitraum der Herstellung entfallen" (§ 255 Abs. 2 Satz 5 HGB), stellt sicher, dass nicht Kosten aus Zeiträumen, in denen die Herstellung noch nicht begonnen hat oder in denen sie bereits beendet war, als Herstellungskosten angesetzt werden. Dabei darf allerdings nicht übersehen werden, dass es häufig schwierig ist, den Beginn und speziell das Ende einer Herstellung festzustellen. So gehören Aufwendungen für die Fertigungsplanung und die Fertigungsvorbereitung ebenso zur Herstellung wie Aufwendungen für die Produktentwicklung, soweit sie eindeutig in die Herstellung eines konkreten Produktes einmünden. Die zuletzt genannten Aufwendungen werden überwiegend sogar als *Sonder(einzel)kosten der Fertigung* und damit als ansatzpflichtig angesehen. Der Herstellung eindeutig vorgelagert dagegen sind die Grundlagenforschung und die allgemeine Entwicklung, so dass die damit verbundenen Aufwendungen nicht angesetzt werden dürfen. Hinsichtlich des Endes der Herstellung dürfte bei Weinbrand oder Whisky beispielsweise die zur Reife erforderliche Lagerung noch Bestandteil der Herstellung sein. Erst die Kosten der Lagerung des gereiften Produktes betreffen den Vertrieb und dürfen nicht angesetzt werden. Obwohl die Verpackung der Produkte regelmäßig bereits zum Vertrieb zählt, dürften Verpackungen, die zur späteren Nutzung des Produktes, wie etwa eines Waschpulvers, unbedingt erforderlich sind, noch der Produktion zuzurechnen sein.

„Zinsen für Fremdkapital gehören nicht zu den Herstellungskosten. Zinsen für Fremdkapital, das zur Finanzierung der Herstellung eines Vermögensgegenstands verwendet wird, dürfen angesetzt werden, soweit sie auf den Zeitraum der Herstellung entfallen; in diesem Falle gelten sie als Herstellungskosten des Vermögensgegenstands." (§ 255 Abs. 3 HGB) Durch diese widersprüchlich erscheinende Formulierung soll klargestellt werden, dass Zinsen nicht zu den Herstellungskosten zählen, weil sie die Finanzierung und nicht die Herstellung betreffen. Gleichwohl soll dem Kaufmann ausnahmsweise als Bewertungshilfe die Einbeziehung eng auf die Herstellung und den Herstellungszeitraum beschränkter Fremdkapitalzinsen erlaubt werden. Ein wichtiger Grund für diese Bewertungshilfe ist erneut das ähnliche steuerliche Recht und der Wunsch nach Übereinstimmungsmöglichkeit beider Bilanzen.

Ausdrücklich *nicht* zu den Herstellungskosten gehören die *Vertriebskosten* (§ 255 Abs. 2 Satz 6 HGB). Das ist hinsichtlich der bereits angefallenen Sondereinzelkosten des Vertriebs zwar nicht ganz unumstritten, gilt nach herrschender Meinung aber sowohl dort wie bei den Vertriebsgemeinkosten.

Die wichtigsten Bestandteile der handelsrechtlichen (und der steuerrechtlichen) Herstellungskosten werden in der Abbildung 15 auf Seite 182 zusammengefasst. Dabei wird mit der noch herrschenden Meinung davon ausgegangen, dass die Herstellungskosten im Steuerrecht durch R 6.3 EStR zutreffend wiedergegeben werden, obwohl R 6.3 EStR schwerlich GoB zum Ausdruck bringt (andernfalls verstieße der von R 6.3 EStR abweichende § 255 Abs. 2 und 3 HGB gegen die GoB) und als bloße Verwaltungsanordnung auch keinen Bewertungsvorbehalt im Sinne des § 5 Abs. 6 EStG begründen kann.

ABB. 15:	Herstellungskosten nach Handels- und Steuerrecht	
Herstellungskosten (Kosten stets im Sinne von Aufwendungen)	Handelsrecht (§ 255 Abs. 2 und 3 HGB)	Steuerrecht (R 6.3 EStR)
Materialeinzelkosten	Pflicht	Pflicht
Fertigungslöhne	Pflicht	Pflicht
Sonder(einzel)kosten der Fertigung	Pflicht	Pflicht
Entwicklungskosten, auftragsgebunden	Pflicht	Pflicht
Sondereinzelkosten des Vertriebs, soweit	Verbot	Verbot
angefallen	(aber umstritten)	
Materialgemeinkosten*	Wahlrecht	Pflicht
Fertigungsgemeinkosten*	i. d. R. Wahlrecht	i. d. R. Pflicht
darunter planmäßige Abschreibungen	Wahlrecht	Pflicht
außerplanmäßige Abschreibungen	Verbot	Verbot
Steuern des Fertigungsbereichs (GrSt, KFZSt)	Wahlrecht	Pflicht
Zinsen auf Fremdkapital	Wahlrecht **	Wahlrecht ***
Zinsen auf Eigenkapital	Verbot	Verbot
kalkulatorische Kosten	Verbot	Verbot
betriebliche Altersversorgung und freiwillige Sozialleistungen	Wahlrecht	Wahlrecht***
F. u. E.-Kosten, nicht auftragsgebunden	Verbot	Verbot
allgemeine Verwaltungskosten*	Wahlrecht	Wahlrecht***
Technische Verwaltung*	Wahlrecht	Pflicht
Vertriebsgemeinkosten	Verbot	Verbot
Lagerkosten der Fertigprodukte, sofern nicht Lagerung Teil der Produktion ist (Whisky z. B.)	Verbot	Verbot
Steuern vom Gewinn (ESt, KSt, KiSt)	Verbot	Verbot
(GewESt)	Verbot	Wahlrecht

Gemeinkosten dürfen nur insoweit berücksichtigt werden, als sie auf den Zeitraum der Herstellung entfallen.

*	Fixkosten, solange keine „offenbare Unterbeschäftigung" besteht	i.d.R. Wahlr.	i.d.R. Pflicht
	Fixkosten bei „offenbarer Unterbeschäftigung"	nur Anteil	nur Anteil

** Zinsen für Fremdkapital, das zur Finanzierung der Herstellung eines Vermögensgegenstands verwendet wird, ... , soweit sie auf den Zeitraum der Herstellung entfallen". (§ 255 Abs. 3 HGB)

*** „Das handelsrechtliche Bewertungswahlrecht für Kosten der allgemeinen Verwaltung und Aufwendungen für soziale Einrichtungen des Betriebs, für freiwillige soziale Leistungen und für betriebliche Altersversorgung sowie für Zinsen für Fremdkapital gilt auch für die Steuerbilanz; Voraussetzung für die Berücksichtigung als Teil der Herstellungskosten ist, dass in der Handelsbilanz entsprechend verfahren wird" (R 6.3 Abs. 4 Satz 1 EStR).

Herstellungskosten sind nicht nur für die ursprüngliche Herstellung eines Vermögensgegenstandes relevant. Bedeutsam sind die Herstellungskosten auch im Rahmen nachträglicher Veränderungen, Erweiterungen und Grundüberholungen von Vermögensgegenständen. Dabei ergibt sich allerdings das Problem, den aktivierbaren so genannten „Herstellungsaufwand" vom nicht aktivierbaren und damit der Entstehungsperiode erfolgsmindernd zuzurechnenden „Erhaltungsaufwand" zu trennen. *Herstellungsaufwand* wird handelsrechtlich unter Rückgriff auf steuerrechtliche Vorstellungen (erläutert bei *Moxter, Bilanzrechtsprechung, 5. Aufl., S. 194 ff.*) angenommen (vgl. auch S. 166 f.),

► wenn der Vermögensgegenstand durch die getroffene Maßnahme in seiner Substanz wesentlich vermehrt oder deutlich verbessert wird (Vergrößerung, Ausbau),

► wenn der Vermögensgegenstand durch die getroffene Maßnahme einer anderen Verwendungsmöglichkeit zugänglich gemacht wird (z. B. Umbau eines Frachtschiffs zum Passagierdampfer) oder

► wenn der Vermögensgegenstand im Wege der Generalüberholung unter Ersatz der großenteils verschlissenen Einzelteile nicht nur unerheblich langlebiger gemacht wird.

Erhaltungsaufwand dagegen liegt bei kleineren Veränderungen und bei Instandhaltungen selbst dann vor, wenn dabei einzelne Teile ausgetauscht werden. Hinsichtlich des Umfangs der im Rahmen einer nachträglichen Herstellung aktivierbaren Herstellungsaufwendungen gelten die Regeln für die Herstellungskosten weiterhin.

4. Rückzahlungsbetrag

Der *Rückzahlungsbetrag* bezeichnet den Betrag, den der Schuldner bei Fälligkeit der Verbindlichkeit aufbringen muss, um seine Verpflichtung zu erfüllen. Sieht man einmal von den Ausnahmefällen der erhaltenen Anzahlungen auf Bestellungen und der Nullkupon-Anleihen (Zero-Bonds) ab, die mit dem der Gesellschaft zugeflossenen so genannten *„Verfügungsbetrag"* zuzüglich der bei Zero-Bonds bis zum Abschlussstichtag aufgelaufenen Zinsen bewertet werden müssen, hat der zugeflossene Verfügungsbetrag direkt keine Bedeutung für die Bewertung der Schulden. Ist einem Unternehmen aus einem Kredit über nominal 10 Mio. € ein Betrag von 9,8 Mio. € zugeflossen und hat es bei Fälligkeit in zehn Jahren 10,3 Mio. € zurückzuzahlen, so muss der Rückzahlungsbetrag von 10,3 Mio. € passiviert werden. (Das Disagio von 10,3 Mio. € ./. 9,8 Mio. € = 0,5 Mio. € darf aktiviert werden, ist dann aber über die Laufzeit abzuschreiben, § 250 Abs. 3 HGB.) Ist dagegen umgekehrt einem Unternehmen aus einem Kredit ein Betrag von 1 Mio. € zugeflossen und hat es bei Fälligkeit nur 0,8 Mio. € zurückzuzahlen, so muss ebenfalls die Verbindlichkeit mit dem Rückzahlungsbetrag von 0,8 Mio. € bewertet werden. Allerdings muss in Höhe des Differenzbetrages von 0,2 Mio. € ein passiver Rechnungsabgrenzungsposten gebildet werden, der anteilig über die Laufzeit des Kredits erfolgserhöhend wieder aufzulösen ist *(ADS, 6. Aufl., § 253 HGB Tz. 148)*.

Bei Verbindlichkeiten in *fremder Währung* ist der Rückzahlungsbetrag grundsätzlich zum Briefkurs des Zugangstages umzurechnen, um den primären Rückzahlungsbetrag der Verbindlichkeiten zu erhalten. Auch bei Unverzinslichkeit der Verbindlichkeit oder bei einem ungewöhnlich niedrigen Zins bleibt es beim Ansatz des Rückzahlungsbetrages.

5.   Barwert

Rentenverpflichtungen sind Verpflichtungen, bei denen über eine vorab vereinbarte sichere Frist oder eine nicht genau bekannte, beispielsweise an die Lebenszeit eines Menschen gebundene Frist regelmäßig wiederkehrende Leistungen in Geld oder anderen Werten zu erbringen sind. Zur Bewertung solcher Rentenverpflichtungen ist die voraussichtliche Dauer und Höhe dieser Leistungen zu ermitteln, und die Beträge sind dann mit einem angemessenen Zinssatz auf den Bilanzstichtag abzuzinsen. Als angemessen gilt ein Zins, der auf dem Markt für Kredite mit vergleichbarer Laufzeit gezahlt wird. Für die Steuerbilanz wird meist unter Rückgriff auf § 6 Abs. 1 Nr. 3 und 3a Buchstabe e EStG und § 12 Abs. 3 Satz 2 BewG ein Zins von 5,5 %, bei Pensionsrückstellungen hingegen in Anlehnung an § 6a Abs. 3 Satz 3 EStG ein Zins von 6 % gewählt.

Ist die Rentenverpflichtung allerdings im Austausch gegen einen bestimmten, dem Unternehmen zugeflossenen Geldbetrag entstanden, so gilt der erlangte Verfügungsbetrag als Barwert, und existiert für die Rentenverpflichtung eine Ablösungssumme, so gilt diese als Barwert.

6.   Betrag, der nach vernünftiger kaufmännischer Beurteilung notwendig ist

Rückstellungen unterscheiden sich von Verbindlichkeiten dadurch, dass bei ihnen das Bestehen einer Verpflichtung und/oder ihr Umfang unsicher ist. Rückstellungen sind daher grundsätzlich wie Verbindlichkeiten anhand des zur Erfüllung der drohenden Verpflichtung voraussichtlich zu leistenden „Rückzahlungsbetrags" zu bewerten. Da dieser aber nicht feststeht, ist er nach vernünftiger kaufmännischer Beurteilung zu schätzen. Im Rahmen dieser Schätzung sind alle möglichen Rückzahlungsbeträge mit ihren objektiven oder subjektiven Eintrittswahrscheinlichkeiten zu berücksichtigen, und es ist in Grenzen dem Grundsatz der Vorsicht durch Wahl eines tendenziell etwas pessimistischen Wertes Rechnung zu tragen. Darüber hinaus aber kann der praktisch meist von subjektiven Urteilen abhängige Wertfindungsprozess kaum eingegrenzt werden. Während das Steuerentlastungsgesetz 1999/2000/2002 ein Gebot zur Abzinsung von Rückstellungen in der Steuerbilanz auf Basis eines Zinses von 5,5 % bescherte (§ 6 Abs. 1 Nr. 3a Buchstabe e EStG), erlaubt das Handelsrecht eine Abzinsung von Rückstellungen nur „soweit die ihnen zugrunde liegenden Verbindlichkeiten einen Zinsanteil enthalten" (§ 253 Abs. 1 Satz 2, letzter Halbsatz HGB). Das Altfahrzeug-Gesetz vom 21.6.2002 hat das Handelsrecht nicht in Richtung auf ein allgemeines Abzinsungsgebot verändert, sondern im Gegenteil das steuerliche Abzinsungsgebot durch eine Ausnahme eingeschränkt (§ 6 Abs. 1 Nr. 3a Buchstabe d Satz 2 EStG).

C. Sekundäre Werte

> **Lernziel:**
> Sie sollen erfahren, wann und unter welchen Bedingungen man von den dargestellten primären Werten abweichen kann (muss) und welche Werte in diesen Fällen angesetzt werden können (bzw. anzusetzen sind)!

1. Einführung

Mit den primären Werten Anschaffungs- und Herstellungskosten wurde versucht, die Beschaffung bzw. die Herstellung von Vermögensgegenständen als erfolgsneutrale Vermögensumschichtung erscheinen zu lassen. Gleiches gilt — unter Berücksichtigung der Ansatzmöglichkeit für das Disagio — auch für die Bewertung etwa der Verbindlichkeiten mit ihrem Rückzahlungsbetrag und die Aufnahme von Krediten.

Der Grundgedanke der erfolgsneutralen Vermögensumschichtung z. B. gilt aber nicht uneingeschränkt. Vielmehr muss aus dem Grundsatz der Vorsicht und speziell dem *Imparitätsprinzip* heraus stets geprüft werden, ob die primären Werte nicht „überhöht" sind, ob nicht Abwertungen erforderlich sind, um künftig drohende Verluste vorwegzunehmen. Diese Prüfung ist schon im Zeitpunkt der Beschaffung oder Herstellung erforderlich und muss bis zum Ausscheiden eines Gegenstandes fortgesetzt werden.

Die imparitätische Behandlung der Verluste — ihre Antizipation in dem Zeitpunkt, in dem sie sich mit ausreichender Sicherheit abzeichnen — wirft praktisch allerdings große Probleme auf, weil sich die künftig drohenden Verluste nur mit erheblichen Unsicherheiten abschätzen und dann auch nur willkürlich auf die verschiedenen Produktionsfaktoren als „Verlustbringer" zuordnen lassen (vgl. S. 17 f.). Der Gesetzgeber musste demzufolge entscheiden, ob Abwertungen nur bei konkret drohenden künftigen Verlusten in dann nicht genau nachprüfbarer und einzelnen Vermögensgegenständen nur willkürlich zuzuordnender Form vorgeschrieben werden sollen, oder ob sie vorgeschrieben werden sollen, wenn in Gestalt gesunkener Vergleichswerte zugegebenermaßen unzuverlässige Indikatoren auf künftige Verluste deuten, die gesunkenen Vergleichswerte dafür aber zumindest häufig nachprüfbare Grenzen für die Abwertungsmöglichkeiten bereitstellen. Der Gesetzgeber hat sich für die zweite Alternative entschieden. Obwohl es nicht genau der Intention des Imparitätsprinzips entspricht, wonach nur konkret drohende künftige Verluste antizipiert werden müssen, gibt der Gesetzgeber im Interesse weitgehender Nachprüfbarkeit der Bewertung verschiedene sekundäre Werte vor, die zur Bewertung bestimmter Vermögensgegenstände heranzuziehen sind oder herangezogen werden dürfen, wenn sie niedriger als die Anschaffungs- oder Herstellungskosten sind *(Niederstwertprinzip)*. Erneut definiert er allerdings keine eindeutige Grenze, die nur Abwertungsgebote und -verbote kennt, sondern er räumt auch Abwertungswahlrechte ein, die gerade nach seiner Entscheidung für Nachprüfbarkeit nicht leicht verständlich und zudem umstritten sind.

Sekundäre Werte als Folge des zum Niederstwertprinzip uminterpretierten Imparitätsprinzips sind aber nur die halbe Wahrheit. Das Handelsrecht kennt auch Abwertungen auf niedrigere sekundäre Werte, die nicht Ausdruck der Furcht vor drohenden Verlusten sind, sondern wo *Vergünstigungen aus dem Steuerrecht* übernommen werden, die dort im Blick auf wirtschafts-, konjunktur- oder strukturpolitische Ziele gewährt werden. Kapitalgesellschaften i. w. S. dürfen allerdings nur dann auf niedrigere sekundäre Werte aus dem Steuerrecht abwerten, wenn der Ansatz der niedrigeren Werte in der Handelsbilanz die Voraussetzung dafür ist, dass diese Werte steuerlich geltend gemacht werden können (formelle Maßgeblichkeit im Rahmen der umgekehrten Maßgeblichkeit, vgl. S. 105 f.). Außerdem räumt das Handelsrecht den Personenunternehmen i. e. S. die Möglichkeit zur Legung *stiller Reserven* „im Rahmen vernünftiger kaufmännischer Beurteilung" ein, obwohl die Grenzen sich nur unscharf ziehen lassen und dem anfangs vom Gesetzgeber in den Mittelpunkt seiner Entscheidung gestellten Ziel der Nachprüfbarkeit klar widersprochen wird.

Als Vergleichsgrößen für die sekundären Werte im Rahmen des Niederstwertprinzips kommen nicht nur die bereits erörterten Anschaffungs- oder Herstellungskosten in Betracht. Bei abnutzbaren Anlagen sind die um planmäßige Abschreibungen verringerten Anschaffungs- oder Herstellungskosten mit den sekundären Werten zu vergleichen.

2.   Konkrete Wertansätze zur Durchsetzung des Niederstwertprinzips

a)   Der sich aus dem Börsenpreis ergebende niedrigere Wert

Der Börsenpreis ist der an einer in- oder ausländischen Börse im amtlichen Handel oder im Freiverkehr festgestellte Einheitskurs, soweit zu diesem Kurs tatsächlich Umsätze getätigt wurden. Wird der Kurs an mehreren Börsen notiert, sollte die Börse gewählt werden, über die das Geschäft voraussichtlich abgewickelt würde oder – im Zweifelsfall – die sich wegen ihrer Bedeutung oder ihrer räumlichen Nähe anbietet. Gibt es Anzeichen dafür, dass der Börsenkurs durch außergewöhnliche Einflüsse zustande gekommen ist (sog. Zufallskurse), so sind niedrige Zufallskurse maßgebend. Bei Zufallskursen oberhalb des durchschnittlichen Kursniveaus dagegen ist eher das durchschnittliche Kursniveau entscheidend *(ADS, 6. Aufl., § 253 HGB Tz. 512)*.

Abhängig von der Frage, ob für das betreffende Gut der Beschaffungs- oder der Absatzmarkt relevant ist, müssen Anschaffungsnebenkosten hinzugezählt oder Verkaufsspesen abgezogen werden.

b)   Der sich aus dem Marktpreis ergebende niedrigere Wert

Beim Marktpreis wird auf die Vorstellung zurückgegriffen, es gebe für das betreffende Unternehmen zuständige Märkte, auf denen Waren einer bestimmten Qualität und Menge üblicherweise gekauft und verkauft werden.

Der *Marktpreis* ist dann der auf diesem Markt für die betreffende Ware zu dem relevanten Stichtag oder im Zeitraum um den Stichtag durchschnittlich gezahlte Preis. Da es anders als bei der Börse „den" Markt tatsächlich nur selten gibt und die Konditionen auch nicht unbedingt leicht zu ermitteln sind, ist dieser Marktpreis eher vage. Natürlich müssen erneut Anschaffungsnebenkosten bzw. Verkaufsspesen berücksichtigt werden, je nachdem, ob Beschaffungsmärkte oder Absatzmärkte relevant sind.

c)   Der am Abschlussstichtag beizulegende niedrigere Wert

Der am Abschlussstichtag beizulegende niedrigere Wert spielt scheinbar eine differenzierte Rolle: Beim Umlaufvermögen kommt er nur nachrangig nach Börsen- und Marktpreis zum Zuge (§ 253

Abs. 3 Sätze 1 und 2 HGB), während er beim Anlagevermögen der Niederstwert schlechthin zu sein scheint. Der insoweit von § 253 HGB erzeugte Eindruck ist aber falsch. Wenn für Gegenstände des Anlagevermögens ein Börsen- oder Marktpreis existiert, wird dieser den beizulegenden Wert bestimmen. Weil es allerdings selten – wie bei Wertpapieren des Anlagevermögens z. B. – vorkommt, wird der Fall im Gesetz nicht explizit berücksichtigt.

Abgesehen von dem soeben erwähnten Sonderfall wird der *beizulegende Wert* dadurch charakterisiert, dass die Vorgehensweise zu seiner Ermittlung im Detail unklar und den GoB überlassen bleibt. Für die grundsätzliche Orientierung des beizulegenden Wertes dagegen werden nachfolgend verschiedene Möglichkeiten angeboten, die sich im Einzelfall weiter eingrenzen lassen, wenn es – wie für Forderungen beispielsweise – spezifische beizulegende Werte gibt oder für den betreffenden Vermögensgegenstand nur der Beschaffungs- oder nur der Absatzmarkt relevant ist:

► die *Wiederbeschaffungskosten* am Abschlussstichtag unter Berücksichtigung der Nebenkosten und Anschaffungskostenminderungen sowie gegebenenfalls auch unter Berücksichtigung des Abnutzungsgrades und des veränderten technischen Standes oder der Veralterung,
► die *Herstellungskosten* am Abschlussstichtag auf der Grundlage der dann gültigen Werte für die Komponenten der Herstellungskosten, gegebenenfalls unter Berücksichtigung des Abnutzungsgrades und des veränderten technischen Standes,
► der *Veräußerungserlös* nach Abzug sämtlicher Aufwendungen und Erlösschmälerungen, die bis zur Erzielung des Erlöses noch anfallen werden, ein Wert, der sich insbesondere für fertige und unfertige Erzeugnisse durch das folgende Schema zur *retrograden, verlustfreien Bewertung* erläutern lässt, der aber analog auch für andere Vermögensgegenstände ermittelt werden kann (ADS, 6. Aufl., § 253 HGB Tz. 525 ff.):

> Voraussichtlicher Verkaufserlös
> ./. Erlösschmälerungen
> ./. Noch entstehende Verpackungskosten und Ausgangsfrachten
> ./. Noch entstehende sonstige Vertriebskosten
> ./. Noch entstehende Verwaltungskosten
> ./. Zinsverlust zwischen Abschlussstichtag und voraussichtlichem Zahlungseingang
> ./. Noch entstehende Produktionskosten
> _____
> =   Am Abschlussstichtag beizulegender absatzmarktorientierter Wert,

► im Falle einer Beteiligung beispielsweise der *Ertragswert* als Barwert der mit einem risikoadäquaten Zinssatz diskontierten künftigen Zahlungen, die aus dem zu bewertenden Vermögensgegenstand voraussichtlich an das Unternehmen fließen und
► im Sonderfall der zweifelhaften Forderungen der voraussichtlich noch eingehende Betrag (sog. *wahrscheinlicher Wert*).

Der Grundgedanke des Imparitätsprinzips, soweit er in dem am Abschlussstichtag beizulegenden niedrigeren Wert zum Ausdruck kommt, geht sogar über die Vermögensgegenstände hinaus und gilt in Form eines am Abschlussstichtag beizulegenden höheren Wertes auch für Schulden und Rückstellungen. Hat sich beispielsweise bei einer langfristigen Verbindlichkeit in fremder Währung der „Preis" der Fremdwährung vom Zeitpunkt der Entstehung bis zum Bilanzstichtag erhöht, so ist als beizulegender Wert der höhere Briefkurs am Bilanzstichtag heranzuziehen (Höchstwertprinzip).

d)   Der im Hinblick auf künftige Wertschwankungen ermäßigte Wert

Der im Hinblick auf künftige Wertschwankungen ermäßigte Wert ist als Ausdruck des Wunsches des Gesetzgebers zu verstehen, der beim Umlaufvermögen die Möglichkeit bieten will, am Bilanzstichtag noch nicht eingetretene, aber aus der Sicht dieses Tages in der nächsten Zukunft eintretende Wertminderungen bereits durch vorweggenommene Abwertungen zu antizipieren. Mit künftigen Wertschwankungen sind also *nur Wertminderungen* gemeint. Diese müssen nicht nachhaltig sein, weil auch zufällige Wertsenkungen in Zukunft Abwertungen erzwingen würden. Allerdings ist es erforderlich, dass am Bilanzstichtag nachprüfbare Anzeichen auf künftige Wertminderungen hindeuten; „abstrakten Möglichkeiten" darf nicht Rechnung getragen werden. Ob sich der Bilanzierende bei der genauen Festlegung des niedrigeren Wertansatzes auf den Informationsstand beschränken muss, der am Bilanzstichtag erreicht bzw. über Wertaufhellung erreichbar war, oder ob die bis zur Bilanzaufstellung durch Wertbeeinflussung weiter verbesserten Informationen genutzt werden dürfen, ist umstritten (vgl. S. 85 f.). Als nächste Zukunft, für die spätestens bei Bilanzerstellung eine Wertminderung absehbar sein muss, gilt der Zeitraum bis zum Ausscheiden des betreffenden Gegenstands des Umlaufvermögens, maximal aber ein Zeitraum von 2 Jahren. Hinsichtlich der Frage, ob auch die weiteren Wertsenkungen bei Folgebeständen innerhalb der Frist von 2 Jahren einbezogen werden dürfen, gehen die Meinungen auseinander *(ADS, 6. Aufl., § 253 HGB Tz. 56 ff.; Castan, Rechnungslegung der Unternehmung, 3. Aufl., S. 88).*

3.   Die für die verschiedenen Vermögensgegenstände im Rahmen des Niederstwertprinzips relevanten Märkte

Die niedrigeren Werte, auf die Vermögensgegenstände als Folge des Niederstwertprinzips abgewertet werden müssen oder dürfen, sind erst klar, wenn auch festgelegt wird, ob sie an den Verhältnissen des Beschaffungs- oder des Absatzmarktes orientiert werden sollen. Dass dieser Gesichtspunkt eine Rolle spielt, lässt sich schon am Beispiel der Kurse auf dem verhältnismäßig vollkommenen Markt für Devisen nachweisen, wo ein niedrigerer Geldkurs, zu dem man Devisen verkaufen kann, und ein höherer Briefkurs unterschieden werden, zu dem man Devisen kaufen kann. Bei Gütern, die nicht auf organisierten Märkten gehandelt werden, dürften die Unterschiede zwischen einem Wiederbeschaffungs- und einem Einzelveräußerungspreis, der im Grenzfall ein Schrottpreis ist, noch größer sein.

Hinsichtlich der Zuordnung von relevanten Märkten für das Niederstwertprinzip zu Vermögensgegenständen hat sich in der Literatur folgende Auffassung durchgesetzt *(ADS, 4. Aufl., § 155 Tz. 151 f.):*

Beschaffungsmärkte sind relevant für Gegenstände, die weiterhin der Produktion dienen oder die bearbeitet werden sollen und bei denen auch am Bilanzstichtag eher ein Kauf als ein Verkauf nahe liegt, speziell also Gegenstände des Anlagevermögens im Regelfall, Roh-, Hilfs- und Betriebsstoffe sowie unfertige und fertige Erzeugnisse ausnahmsweise dann, wenn auch Fremdbezug möglich und nahe liegend ist. Der Wiederbeschaffungspreis umfasst alle Komponenten der Anschaffungskosten, also auch die Anschaffungsnebenkosten.

Absatzmärkte sind relevant für Gegenstände, bei denen eine Veräußerung nahe liegt, speziell also abgenutzte, stillgelegte oder zu veräußernde Anlagen, Überbestände an Roh-, Hilfs- und Betriebsstoffen, Wertpapiere sowie vor allem unfertige und fertige Erzeugnisse im Regelfall. Der Einzelveräußerungspreis ergibt sich in Anlehnung an das Schema zur retrograden, verlustfreien Bewertung (vgl. S. 187).

Beide Märkte in dem Sinne, dass das Minimum aus Beschaffungs- und Absatzpreis angesetzt werden muss, sind relevant bei Gütern, bei denen die Entscheidung unklar ist, also speziell bei Handelswaren und Überbeständen an unfertigen und fertigen Erzeugnissen.

4. Zur Unterscheidung zwischen einer voraussichtlich dauernden und einer voraussichtlich vorübergehenden Wertminderung

Ob beim Anlagevermögen ein niedrigerer Wert angesetzt werden muss oder nicht, hängt vom Charakter der Wertminderung ab. Ist sie voraussichtlich dauernd, so muss der niedrigere Wert gewählt werden. Ist sie dagegen voraussichtlich vorübergehend, so darf das Personenunternehmen abwerten, muss aber nicht, und darf die Kapitalgesellschaft nur bei Finanzanlagen abwerten, während sie bei anderen Anlagen nicht abwerten darf.

Eine *voraussichtlich dauernde* Wertminderung ist anzunehmen, wenn die Wertminderung so nachhaltig erscheint, dass sie zumindest über einen erheblichen Teil der restlichen Nutzungsdauer bei abnutzbaren bzw. über einen längeren Zeitraum bei nicht abnutzbaren Anlagen anhalten wird. Zwar ist auch bei der Auslegung dieser Vorschrift der Vorsicht Rechnung zu tragen, im Zweifel also eine dauernde Wertminderung anzunehmen, wenn aber „nach vernünftiger kaufmännischer Beurteilung konkrete Gesichtspunkte" *(Kropff, § 154 Anm. 36)* für eine nur vorübergehende Wertminderung sprechen, darf eine dauernde Wertminderung nicht angenommen werden. Solche konkreten Gesichtspunkte liegen beispielsweise für Wertpapiere des Anlagevermögens vor, wenn der Börsenkurs am Bilanzstichtag außergewöhnlich erscheint. Bei anderen Anlagen liegen sie etwa vor, wenn diese zwar vorübergehend nicht voll nutzbar sind, eventuell sogar stillgelegt werden müssen, wenn aber bereits wieder absehbar ist, dass dieser Zustand eingeschränkter Nutzbarkeit in näherer Zukunft überwunden sein wird und die vorübergehende Nutzungseinschränkung oder Stillegung dem Wert nicht schaden wird. Natürlich bleiben auch bei diesen Auslegungsansätzen Unschärfebereiche offen.

5. Abwertungswahlrecht auf den niedrigeren, steuerlich für zulässig gehaltenen Wert

Wie bereits im Rahmen der Behandlung des Maßgeblichkeitsprinzips dargestellt und kritisch gewürdigt wurde, räumt das Steuerrecht den Unternehmen aus wirtschafts-, konjunktur- oder strukturpolitischen Gründen Vergünstigungen ein. Diese Vergünstigungen bestehen vielfach in dem Recht, Vermögensgegenstände mit einem ansonsten ungerechtfertigt niedrigen Wert anzusetzen. Die Sonderabschreibung etwa nach § 7 f EStG führt bei beweglichen Anlagen eines privaten Krankenhauses über die zusätzliche Abschreibung von 50 % im ersten Jahr zu niedrigerem steuerlichem Gewinn und damit geringerer Steuerlast, über die in späteren Jahren der Nutzung fehlenden Abschreibungsmöglichkeiten dann allerdings auch zu höheren Gewinnen und gesteigerten Steuerlasten. Die Vergünstigung ist also im Kern eine *Steuerstundung*, die bei geschickter Vorgehensweise eventuell noch um Milderungen der Steuerprogression ausgeweitet werden kann. Solche Vergünstigungen durch Zulassung niedrigerer Werte werden durch zahlreiche Vorschriften gewährt, von denen hier nur die wichtigsten, nämlich §§ 6 b, 7 g, 7 h, 7 i und 7 k EStG sowie 82 f EStDV, genannt werden sollen. Die möglichen niedrigeren Werte ergeben sich aus den in den Vorschriften jeweils angegebenen überhöhten Abschreibungsmöglichkeiten.

Das Handelsrecht erlaubt den Personenunternehmen i. e. S., diese steuerrechtlich begründeten niedrigeren Werte auch in der Handelsbilanz anzusetzen. Für die Kapitalgesellschaften i. w. S. besteht dieses Recht nur insoweit, als der niedrigere Wertansatz in der Handelsbilanz Voraussetzung dafür ist, den niedrigeren Wert auch in der Steuerbilanz ansetzen zu dürfen *(formelle Maßgeblichkeit im Rahmen der umgekehrten Maßgeblichkeit)*.

6.   Abwertungswahlrecht im Rahmen vernünftiger kaufmännischer Beurteilung

Durch das Recht, Abschreibungen im Rahmen vernünftiger kaufmännischer Beurteilung vorzunehmen (§ 253 Abs. 4 HGB), wird eine Möglichkeit zur Bildung stiller Reserven unter expliziter Nennung im Gesetz bewahrt, die nach überwiegender Meinung für Nicht-Aktiengesellschaften bislang mangels gesetzlicher Regelung nach den Grundsätzen ordnungsmäßiger Buchführung bestand. Durch das Bilanzrichtlinien-Gesetz von 1985 sollten die Bewertungsvorschriften für Personenunternehmen i. e. S. und Genossenschaften insoweit also nicht verschärft werden. Dieses Recht ist allerdings aus drei Gründen nicht unproblematisch.

Zunächst sind stille Reserven nicht unbedingt geeignet, dem mit ihnen angestrebten Ziel des Gläubigerschutzes zu dienen. Zwar haben stille Reserven für die Gläubiger die angenehme Folge, dass gemessen an den Bewertungskonventionen des Handelsrechts eher mehr Haftungsmasse vorhanden ist, dieser Vorteil wird im Insolvenzfall aber zur Illusion, weil gemessen an den dann relevanten Zerschlagungswerten stille Reserven meist nicht mehr existieren. Auch können die Gläubiger durch die Möglichkeit zur Legung stiller Reserven getäuscht werden. Da das Unternehmen jederzeit und unbemerkt mit der Legung stiller Reserven aufhören kann und früher gelegte stille Reserven sich bei abnutzbaren Anlagen und im Umlaufvermögen zwangsläufig auflösen, können beginnende Ertragsschwächen versteckt werden. Für die Gläubiger gibt es ein unerwartetes, böses Erwachen, wenn die stillen Reserven verbraucht sind, bevor der Ertragseinbruch überwunden wurde.

Der zweite Grund für die Problematik des Abwertungswahlrechts ist beispielsweise seine Wirkung auf die Abgrenzung der Rechte von rechnungslegenden und übrigen Gesellschaftern, denn es schwächt die Position der letzteren nicht nur durch geringere Information, sondern auch durch die Schmälerung etwa ihrer Gewinnentnahmerechte.

Der dritte Grund ist die unklare Begrenzung des Rechts. Wenn man schon Zweifel haben kann, ob stille Reserven überhaupt vernünftigem kaufmännischem Ermessen entsprechen, bleibt erst recht unklar, wo dieses vernünftige kaufmännische Ermessen endet und Willkür beginnt. Hier wird ein Spielraum gewährt, obwohl er nur völlig unzureichend begrenzt werden kann.

Trotz dieser bekannten Bedenken wurde das Abwertungswahlrecht ausdrücklich bestätigt. Es erlaubt Abwertungen, sofern sie nicht willkürlich sind, also nicht nur auf allgemeinem Zukunftspessimismus oder anderen kaufmännisch nicht begründeten Ursachen beruhen. Dagegen bewegen sich Abwertungen im Rahmen vernünftiger kaufmännischer Beurteilung, wenn sie der Stärkung der Eigenkapitalbasis *(Glade 1986, § 253 Tz. 845)*, der Sicherung des Fortbestandes, der Vorsorge vor absehbaren Risiken etwa auch konjunktureller Art oder der Nivellierung des Gewinnausweises dienen *(Berger/ Schramm/M. Ring, in Beck Bil-Komm., 5. Aufl., § 253 Anm. 647)*. Diese Zwecksetzungen, mit denen sich alles begründen lässt, machen überdeutlich, wie schwierig es in diesem Zusammenhang ist, vernünftige kaufmännische Beurteilung von Willkür zu trennen.

7.   Zu den handelsrechtlichen Zuschreibungsvorschriften

Wertaufholungen oder Zuschreibungen kommen im Handelsrecht grundsätzlich nur dann in Betracht, wenn in vorangegangenen Geschäftsjahren eine außerplanmäßige Abschreibung beim Anlagevermögen oder eine Abwertung beim Umlaufvermögen vorgenommen worden war. Von dieser Regel gibt es nur wenige Ausnahmen, nämlich wenn „im Rahmen vernünftiger kaufmännischer Beurteilung" (§ 253 Abs. 4 HGB) die planmäßigen Abschreibungen bewusst „vorsichtig" angesetzt wurden und eine Korrektur dieses Vorgehens erforderlich erscheint oder wenn nach einer steuerlichen Betriebsprüfung der nur durch planmäßige Abschreibung fortgeführte Wert in der Handelsbilanz an den höheren Wert in der Steuerbilanz angepasst werden soll *(ADS, 6. Aufl., § 253 HGB Tz. 605)*.

Die Frage, ob eine Zuschreibung zulässig ist (Zuschreibungswahlrecht) oder ob sie erfolgen muss (Zuschreibungspflicht), bedarf einer sehr differenzierten Antwort. Allgemein besteht Zuschreibungspflicht, wenn die frühere Abwertung schon im Zeitpunkt der Vornahme erkennbar unzulässig war *(Kropff, § 154 Anm. 40)*. Geht es umgekehrt um mögliche Rücknahmen freiwilliger außerplanmäßiger Abschreibungen oder Abwertungen, deren Rechtsgrundlagen weiterhin bestehen, so muss aus der Stetigkeitsvorschrift (§ 252 Abs. 1 Nr. 6 HGB) heraus entschieden werden, ob die Zuschreibung überhaupt erlaubt ist. Mangels klarer Vorschriften dürfte – abgesehen von den Extremfällen, in denen eine fast jährlich wechselnde Politik gewünscht wird – bei geeigneter Begründung praktisch immer ein Zuschreibungswahlrecht bestehen.

In den Fällen schließlich, in denen die Gründe für eine außerplanmäßige Abschreibung im Anlagevermögen oder für eine Abwertung im Umlaufvermögen weggefallen sind, ist laut HGB zwischen Personenhandelsgesellschaften i. e. S. und Kapitalgesellschaften i. w. S. zu unterscheiden: Personenhandelsgesellschaften i. e. S. verfügen über ein Zuschreibungswahlrecht (§ 253 Abs. 5 HGB), Kapitalgesellschaften i. w. S. dagegen müssen inzwischen auch handelsrechtlich zuschreiben, wenn die Gründe für eine außerplanmäßige Abschreibung weggefallen sind. Das galt im Divergenzfall (außerplanmäßige Abschreibung war nur in der Handelsbilanz erfolgt) schon lange, weil in diesem Fall die handelsrechtliche Zuschreibung mangels früherer außerplanmäßiger Abschreibung in der Steuerbilanz in dieser keine Zuschreibung auslösen kann, § 280 Abs. 2 HGB also nicht anwendbar ist. Soweit in beiden Bilanzen übereinstimmend außerplanmäßig abgeschrieben wurde (Übereinstimmungsfall) und die Gründe dafür weggefallen sind, hat die steuerrechtliche Zuschreibungspflicht nach dem Steuerentlastungsgesetz 1999/2000/2002 die Rechtslage verändert. Da in der Steuerbilanz jetzt unabhängig von der Vorgehensweise in der Handelsbilanz zugeschrieben werden muss, kann die handelsrechtliche Zuschreibung keine steuerliche Zuschreibung mehr auslösen. § 280 Abs. 2 HGB taugt folglich auch im Übereinstimmungsfall nicht mehr als Grundlage für eine Ausnahme von der Zuschreibungspflicht für Kapitalgesellschaften i. w. S. (vgl. auch S. 109 ff.).

Bei abnutzbaren Anlagen darf höchstens bis zu den durch planmäßige Abschreibungen fortgeführten Anschaffungs- oder Herstellungskosten (vgl. § 280 Abs. 1 Satz 1 HGB), bei nicht abnutzbaren Anlagen und beim Umlaufvermögen bis zu den Anschaffungs- oder Herstellungskosten zugeschrieben werden. Soweit Zuschreibungswahlrechte bestehen, sind nach überwiegender Meinung auch Zuschreibungen auf Zwischenwerte zulässig *(ADS, 6. Aufl., § 253 HGB Tz. 606; Berger/Schramm/ M. Ring, in Beck Bil-Komm., 5. Aufl., § 253 Anm. 657)*.

D. Ausnahmen vom Grundsatz der Einzelbewertung

> **Lernziel:**
> Sie sollen lernen, unter welchen Bedingungen man Bewertungsvereinfachungsverfahren anwenden und somit vom Einzelbewertungsgrundsatz abweichen darf!

1. Einführung

Nach § 252 Abs. 1 Nr. 3 HGB und nach GoB sind Vermögensgegenstände und Schulden jeweils einzeln zu bewerten. Diese Vorschrift und der entsprechende Grundsatz ordnungsmäßiger Buchführung gelten aber nur im Regelfall. Es gibt auch Ausnahmen, die insbesondere der Vereinfachung der Bewertung dienen (§ 256 HGB). Diese Ausnahmen sollen im Folgenden erläutert werden.

2. Durchschnittsbewertung und Gruppenbewertung

Mit *gewogenen Durchschnittswerten* dürfen *gleiche* Vermögensgegenstände bewertet werden, also beispielsweise in verschiedenen Zeitpunkten zu unterschiedlichen Preisen bezogene und an einer Stelle gelagerte Schrauben gleicher Abmessung und Qualität.

Nach §§ 240 Abs. 4, 256 Satz 2 HGB können zudem „Gleichartige Vermögensgegenstände des Vorratsvermögens sowie andere gleichartige oder annähernd gleichwertige bewegliche Vermögensgegenstände und Schulden ... jeweils zu einer Gruppe zusammengefasst und mit dem gewogenen Durchschnittswert angesetzt werden" (sog. *Gruppenbewertung*).

Damit die Vorschrift nicht genutzt werden kann, um den Einzelbewertungsgrundsatz ganz allgemein aus den Angeln zu heben, werden der Gruppenbewertung zunächst Schranken auferlegt.

Bei Vorräten ist die Gruppenbewertung nur zulässig, soweit diese Vorräte gleichartig sind. Wann diese Gleichartigkeit vorliegt, ist zwar nicht ganz unumstritten, es scheint aber, dass stets zwei Merkmale erfüllt sein müssen, nämlich annähernde Preisgleichheit – das sind Preisunterschiede bis zu 25 % – und entweder gleiche Warengattung – z. B. Weinflaschen unterschiedlicher Form und Größe, Strümpfe unterschiedlicher Größe oder Qualitätsklasse – oder gleiche Funktion – z. B. Joghurtbecher aus Kunststoff und Papier *(ADS, 6. Aufl., § 240 HGB Tz. 120)*. Um den Einzelbewertungsgrundsatz nicht durchlöchern zu lassen, scheint es auch im Falle der anderen beweglichen Gegenstände des Anlage- oder des Umlaufvermögens sinnvoll, die Grenze enger als im Gesetzeswortlaut zu ziehen und zusätzlich zur annähernden Gleichwertigkeit zu fordern, dass nicht völlig verschiedenartige Gegenstände nur aufgrund ihres ähnlichen Preises zusammen bewertet werden dürfen *(ADS, 4. Aufl., § 155 Tz. 140)*.

Die Bewertung, bei der es um eine besondere Form der Ermittlung von Anschaffungs- oder Herstellungskosten geht, kann anhand einer periodischen und einfachen oder einer gleitenden und aufwendigeren Variante erfolgen. Beide lassen sich am besten anhand eines Zahlenbeispiels verdeutlichen, in dem, ausgehend von einem Anfangsbestand zu Beginn der Periode, mehrere Abgänge aus dem und Zugänge in den Bestand angenommen werden. Es wird davon ausgegangen, dass die verschiedenen Zugänge nicht gesondert gelagert werden, so dass durch Vermischung unklar bleibt, aus welchen Lieferungen Einheiten entnommen werden.

TAB. 5:	Ausgangsdaten für die Beispiele zur Bestandsbewertung		
Bewegung	Menge	Preis je Stück	Wert
Anfangsbestand	100	20,00	2000
Zugang 1	+ 50	21,20	+ 1060
Abgang 1	./. 80	?	?
Zugang 2	+ 20	22,20	+ 444
Abgang 2	./. 10	?	?
Zugang 3	+ 30	23,00	+ 690
Abgang 3	./. 15	?	?

Bei *periodischer* oder *einfacher* gewogener Durchschnittswertermittlung werden die Werte des Anfangsbestandes zuzüglich aller Zugänge durch die Summe der Mengen des Anfangsbestandes und der Zugänge geteilt:

(2 000 + 1 060 + 444 + 690) : (100 + 50 + 20 + 30) = 20,97

Die Abgänge und der Endbestand werden jeweils mit diesem periodischen, gewogenen Durchschnittswert bewertet.

Abgänge:	80	·	20,97	=	1 677,60
	10	·	20,97	=	209,70
	15	·	20,97	=	314,55
	105				2 201,85
Endbestand:	95	·	20,97	=	1 992,15

Bei *gleitender* gewogener Durchschnittsbildung wird vor jedem auf einen Zugang folgenden Abgang der bis zu diesem Zeitpunkt jeweils erreichte Durchschnittswert ermittelt, so dass sich unterschiedliche Werte für die verschiedenen Abgänge ergeben können (Wenn Pfeile auf den Preis je Stück deuten, dann ist dieser Preis durch Division des Wertes rechts durch die Menge links ermittelt worden.):

TAB. 6:	Bestandsbewertung mit Hilfe des gleitenden Durchschnitts			
Bewegung	Menge	Preis je Stück	Wert	Wert Abgänge
Anfangsbestand	100	20,00	2 000	
Zugang 1	+ 50	21,20	+ 1 060	
Summe	150	→ 20,40 ←	3 060	
Abgang 1	./. 80	20,40	./.1 632	1 632
Zugang 2	+ 20	22,20	+ 444	
Summe	90	→ 20,80 ←	1 872	
Abgang 2	./. 10	20,80	./. 208	208
Zugang 3	+ 30	23,00	+ 690	
Summe	110	→ 21.40 ←	2 354	
Abgang 3	./. 15	21,40	./. 321	321
Endbestand	95	21,40	2 033	2 161

Die Durchschnittsbewertung und die Gruppenbewertung auf der Grundlage gewogener Durchschnittswerte sind auch steuerlich anerkannt. Da die Verfahren allerdings der Ermittlung der primären Werte Anschaffungskosten oder Herstellungskosten dienen, bedarf es im zweiten Schritt auch hier der Überprüfung nach dem Niederstwertprinzip. Wenn angenommen wird, es handele sich bei den oben verfolgten Bestandsbewegungen um einen Gegenstand des Umlaufvermögens und der Preis sei bis zum Bilanzstichtag von 23,- € pro Stück wieder auf unter 20,97 € bzw. 21,40 € gesunken, so sind Abschreibungen gemäß dem strengen Niederstwertprinzip zwingend vorzunehmen.

Sobald auf die Gruppenbewertung oder auf eines der im Folgenden zu erörternden Verbrauchsfolgeverfahren zurückgegriffen wird, müssen nach § 284 Abs. 2 Nr. 4 HGB im Anhang Unterschiedsbeträge zwischen den angegebenen Werten und Bewertungen jeweils mit dem aktuellen Stichtagswert angegeben werden, wenn diese Unterschiedsbeträge bedeutsam sind.

3. Die Bewertung mit Hilfe von Verbrauchsfolgeverfahren

a) Grundlagen

„Soweit es den Grundsätzen ordnungsmäßiger Buchführung entspricht, kann für den Wertansatz gleichartiger Vermögensgegenstände des Vorratsvermögens unterstellt werden, dass die zuerst oder dass die zuletzt angeschafften oder hergestellten Vermögensgegenstände zuerst oder in einer sonstigen bestimmten Folge verbraucht oder veräußert worden sind" (§ 256 Satz 1 HGB).

Die Vorschrift beschränkt die Verwendungsmöglichkeit auf *gleichartige* Vorräte, wobei Gleichartigkeit genau wie bei der Gruppenbewertung zu Durchschnittswerten auszulegen sein wird.

Hinsichtlich der möglichen Reihenfolge und hinsichtlich der Frage, ob die Reihenfolge auf die Zugänge der ganzen Abrechnungsperiode oder nur auf die bis zum Entnahmezeitpunkt jeweils erfolgten Zugänge bezogen wird, werden mehrere Verfahren unterschieden, bei denen die Vereinbarkeit mit den GoB auch überwiegend unumstritten ist.

b) Perioden LIFO

Nach der LIFO-Fiktion werden die jeweils zuletzt gelieferten Einheiten zuerst verbraucht (last in, first out). Bei Perioden LIFO wird diese Fiktion auf die Bestände der ganzen Rechnungsperiode angewendet; selbst Bestände also, die erst im November zugingen, können als schon im März beispielsweise entnommen unterstellt werden. Besser als durch abstrakte Umschreibungen lässt sich das Verfahren anhand eines Zahlenbeispiels – hier des Beispiels in Tabelle 5 von S. 193 – verdeutlichen. Zu diesem Zweck werden in einer Tabelle Anfangsbestand und Zugänge in der Kopfzeile, die Abgänge, die Verbräuche und der Endbestand in der Vorspalte ausgewiesen. Die Tabelle selbst zeigt dann, aus welchem Bestand bzw. Zugang die Abgänge und der Endbestand stammen, so dass die Zuordnung der Perioden bezogenen LIFO-Fiktion und die Wertermittlung deutlich werden.

TAB. 7:	Bestands- und Verbrauchsbewertung nach Perioden LIFO			
	Anfangsbestand 100 x 20,-	Zugang 1 50 x 21,20	Zugang 2 20 x 22,20	Zugang 3 30 x 23,-
Abgang 1 (80) Abgang 2 (10) Abgang 3 (15)	5 x 20,-	30 x 21,20 10 x 21,20 10 x 21,20	20 x 22,20	30 x 23,-
Verbräuche	100	1 060	444	690
Endbestand	1 900	–	–	–

Das Perioden LIFO führt also zu einem Gesamtverbrauch von 2 294 € und zu einem Endbestand von 1 900 €.

c) Permanentes LIFO

Beim permanenten LIFO werden für jede Entnahme nur die Zugänge berücksichtigt, die zum Zeitpunkt der Entnahme bereits angeliefert waren. Im Zahlenbeispiel lassen sich die zusätzlichen Restriktionen dadurch verdeutlichen, dass in den Abgangszeilen jeweils die Spalten derjenigen Zugänge durch Kreuze versperrt werden, die zeitlich später erfolgten. Nur die verbleibenden Zuordnungen sind möglich und können im Rahmen der LIFO-Fiktion ausgewählt werden.

TAB. 8:	Bestands- und Verbrauchsbewertung nach permanentem LIFO			
	Anfangsbestand 100 x 20,-	Zugang 1 50 x 21,20	Zugang 2 20 x 22,20	Zugang 3 30 x 23,-
Abgang 1 (80)	30 x 20,-	50 x 21,20	✕	✕
Abgang 2 (10)			10 x 22,20	✕
Abgang 3 (15)				15 x 23,-
Verbräuche	600	1 060	222	345
Endbestand	1 400	–	222	345

Das permanente LIFO führt also zu einem Gesamtverbrauch von 2 227 € und zu einem Endbestand von 1 967 €.

d) FIFO

Beim FIFO *(first in, first out)* ist die Verbrauchsfolgefiktion genau entgegengesetzt zu derjenigen des LIFO; die zuerst gelieferten Einheiten werden als zuerst verbraucht angesehen. Da bei dieser Fiktion zwischen der Betrachtung der Gesamtperiode und der gesonderten Betrachtung der jeweiligen Restperioden vor jeder Entnahme kein Unterschied bestehen kann, lässt sich FIFO nicht nach Perioden FIFO und permanentem FIFO unterscheiden.

TAB. 9:	Bestands- und Verbrauchsbewertung nach FIFO			
	Anfangsbestand 100 x 20,-	Zugang 1 50 x 21,20	Zugang 2 20 x 22,20	Zugang 3 30 x 23,-
Abgang 1 (80)	80 x 20,-			
Abgang 2 (10)	10 x 20,-			
Abgang 3 (15)	10 x 20,-	5 x 21,20		
Verbräuche	2 000	106	–	–
Endbestand	–	954	444	690

FIFO führt somit zu einem Gesamtverbrauch von 2 106 € und zu einem Endbestand von 2 088 €.

e)   HIFO

Entsprechend der HIFO-Fiktion werden jeweils die Einheiten mit dem höchsten Preis als zuerst verbraucht angesehen *(highest in, first out)*. Wie beim LIFO muss unterschieden werden, ob über die gesamte Periode die Einheiten mit dem höchsten Preis als verbraucht gelten (Perioden HIFO) oder ob aus der Sicht jeder Entnahme nur aus den bis zu dieser Entnahme vorhandenen Beständen und Zugängen die als entnommen gelten, die aus diesen Perspektiven jeweils die höchsten Preise hatten und noch nicht verbraucht sind (permanentes HIFO).

Da in dem zugrunde gelegten Zahlenbeispiel die Preise monoton angestiegen sind, stimmt die HIFO-Fiktion mit der LIFO-Fiktion überein; je später ein Gegenstand geliefert wurde, desto höher ist auch sein Preis. Perioden HIFO führt damit im Beispiel zu dem gleichen Resultat wie Perioden LIFO, und permanentes HIFO führt zu dem gleichen Resultat wie permanentes LIFO.

Ob HIFO allerdings einen Verbrauch „in einer sonstigen bestimmten Folge" fingiert, ist umstritten, weil unter Folge teilweise eine zeitliche Zugangsfolge verstanden wird *(Kropff, § 155 Anm. 32)*, während die Folge bei HIFO an der Preishöhe ausgerichtet ist. Da die HIFO-Folge aber zweifellos bestimmt ist und der Willkür Schranken setzt, wird sie mehrheitlich als zulässig im Sinne des § 256 HGB angesehen. Da HIFO zudem zu vergleichsweise niedrigen Bestandswerten führt, wird es vielfach aus der Sicht des Vorsichtsprinzips positiv beurteilt, was insoweit verständlich erscheint, als die vorsichtige Bewertung eindeutige Grenzen hat.

f)   Sonstige Verbrauchsfolgeverfahren

Als weitere Verbrauchsfolgeverfahren wird neben der LOFO-Methode *(lowest in, first out)* als Gegensatz zur HIFO-Methode vor allem die KIFO-Fiktion diskutiert. Nach der KIFO-Fiktion gelten bei einem konzerngebundenen Unternehmen, das Zulieferungen bestimmter Stoffe oder Teile sowohl aus dem Konzernkreis als auch von konzernfremden Gesellschaften erhält, die aus dem Konzernkreis gelieferten Einheiten als zuerst verbraucht *(Konzern in, first out)*. Mit der Fiktion soll erreicht werden, dass zu den Bilanzstichtagen möglichst wenig Stoffe oder Teile aus dem Konzernkreis noch bei Konzernunternehmen lagern. Bei Beständen, die aus dem Konzernkreis stammen, müssten nämlich durch recht aufwendige Rechnungen Zwischengewinne oder Zwischenverluste eliminiert werden, die nur aus der Sicht der Lieferanten als rechtlich eigenständigen Unternehmen, nicht aber aus der Sicht des Konzerns als Einheit realisiert sind.

g) Steuerrechtliche Beurteilung und Niederstwertprinzip

Im Steuerrecht werden Verbrauchsfolgeverfahren mit Ausnahme der LIFO-Verfahren (§ 6 Abs. 1 Nr. 2a EStG) nicht anerkannt, wenn sie sich auf bloße Fiktionen stützen. Natürlich müssen sie anerkannt werden, wenn sie nicht bloße Fiktionen sind, sondern der Steuerpflichtige im Detail nachweist, dass er gemäß der einen oder anderen Reihenfolge tatsächlich entnommen hat. So dürfte beispielsweise bei einer Lagerung, die eine Entnahme in der Reihenfolge des Zugangs sicherstellt, die FIFO-Verbrauchsfolge auch steuerlich nicht zu beanstanden sein. Die Verwendung von LIFO in der Steuerbilanz setzt allerdings außer den in § 6 Abs. 1 Nr. 2a EStG genannten Voraussetzungen eine entsprechende Vorgehensweise in der Handelsbilanz voraus; es gilt formelle Maßgeblichkeit.

Die mit Hilfe von Verbrauchsfolgeverfahren ermittelten primären Werte (Anschaffungs-, Herstellungskosten) sind in der Steuerbilanz nur bei voraussichtlich dauernder Wertminderung abzuschreiben. Das auf dauernde Wertminderungen beschränkte Recht zur Abwertung nach § 6 Abs. 1 Nr. 2 EStG wird nämlich durch das handelsrechtliche Abwertungsgebot und die materielle Maßgeblichkeit zur Pflicht.

4. Der Ansatz von Festwerten

Während bei den bisherigen Durchbrechungen des Einzelbewertungsgrundsatzes nur der Wert auf der Grundlage einer vereinfachenden Fiktion (Durchschnitt, Verbrauchsfolge) ermittelt wurde, Verbrauchs- und Bestandsmengen dagegen exakt erfasst wurden, geht man beim Festwert noch einen Schritt weiter, indem auch die *Menge* vereinfacht nach einer Fiktion festgestellt wird. Dem Ansatz eines Festwerts liegt die Vorstellung zugrunde, dass sich Menge und Wert eines Bestandes nicht verändert haben.

Bei diesem Verfahren hat der Gesetzgeber beispielsweise eine Gaststätte im Auge, die den Bestand ihres Geschirrs qualitativ und quantitativ auf einem gleich bleibenden Niveau zu halten versucht und der das angesichts nahezu konstanter Preise auch bei in etwa gleich bleibendem Wert gelingt. Zerbrochenes und zerkratztes Geschirr wird laufend ersetzt. Da das Geschirr aber insbesondere nicht planmäßig und nicht mit konstanter Rate zerbrochen wird, ändert sich der Bestand durch eine solche Ersatzpolitik in seinem Altersaufbau ständig; diese Änderungen sind allerdings eher geringfügig. An dem Beispiel lässt sich auch das Vereinfachungsziel verdeutlichen. Sieht man einmal von der Möglichkeit ab, Teller und Tassen als geringstwertige Wirtschaftsgüter im Jahr ihres Zugangs voll als Aufwand zu betrachten (Bilanzierungswahlrecht), so müsste bei Einzelbewertung jeder Teller gesondert erfasst und abgeschrieben werden. Der Aufwand, den die Rechnungslegung verursachen würde, wäre enorm.

In § 240 Abs. 3 HGB hat der Gesetzgeber die Verwendung des Festwertverfahrens aber von der Erfüllung zahlreicher *Bedingungen* abhängig gemacht, die sämtlich erfüllt sein müssen:

▶ Festwerte dürfen nur für Gegenstände „des Sachanlagevermögens sowie [für] Roh-, Hilfs- und Betriebsstoffe" gebildet werden.

▶ Die Gegenstände, für die ein Festwert gebildet wird, müssen „regelmäßig ersetzt werden", so dass zwangsläufig neue Gegenstände an die Stelle ausgeschiedener und abgenutzter treten und der Bestand im Kern erhalten bleibt.

▶ Die Gegenstände, für die ein Festwert gebildet wird, dürfen hinsichtlich ihres Gesamtwertes für das Unternehmen nur „von nachrangiger Bedeutung" sein. Dadurch wird ausgeschlossen, dass Gegenstände, die gemessen etwa an der Bilanzsumme des Unternehmens hochwertig sind, durch Festwerte erfasst werden.

▶ In einem Festwert dürfen nur solche Gegenstände erfasst werden, deren „Bestand in seiner Größe, seinem Wert und seiner Zusammensetzung nur geringen Veränderungen unterliegt". Güter also, bei denen die Bestandsmenge am Ende eines Jahres hoch und am Ende des nächsten Jahres gering sein kann, oder bei denen, wie etwa bei Kupfer, Blei oder Zinn, der Preis einmal hoch und einmal niedrig sein kann, dürfen eben so wenig durch einen Festwert erfasst werden wie Güter, die abrupt und weitgehend durch andersartige, nicht einmal funktionsgleiche abgelöst werden.

Bei der Ermittlung des eigentlichen Festwertes ergeben sich im Umlaufvermögen wenig Probleme. Der Festwert entspricht den Anschaffungskosten der in einem Festwert zusammengefassten Roh-, Hilfs- oder Betriebsstoffe, gegebenenfalls abgewertet nach dem Niederstwertprinzip. Bei abnutzbaren Anlagen dagegen sind die Anschaffungs- oder Herstellungskosten der im Festwert zusammengefassten Gegenstände nur die Basis. Sie müssen in den ersten Jahren planmäßig abgeschrieben werden, bis der langfristig bei gleich bleibendem Altersaufbau zu erwartende Wert von 40 % bis 50 % der Anschaffungs- oder Herstellungskosten erreicht ist. (Der Prozentsatz hängt von der Nutzungsdauer, dem Restwert bei Ausscheiden und dem Abschreibungsverfahren ab.) *(Glade, § 240 Tz. 63 ff.)*

5.   Sammelbewertung bei Rückstellungen

Auch bei Rückstellungen gilt grundsätzlich der Einzelbewertungsgrundsatz. Dieser Grundsatz wird allerdings durchbrochen, wenn sich Rückstellungsbedarfe für mehrere gleichartige Sachverhalte zusammengenommen leichter ermitteln lassen. So fällt es leichter, Garantieverpflichtungen oder Gewährleistungen ohne rechtliche Verpflichtungen aus Serien- oder Massenprodukten für alle gleichartigen Produkte eines Jahres zu schätzen als für jedes einzelne Produkt.

Bürgschaftsverpflichtungen und Wechselobligo werden unter der Bilanz ausgewiesen, soweit mit einer konkreten Inanspruchnahme bisher nicht zu rechnen ist. Sie müssen durch Rückstellungen in der Bilanz berücksichtigt werden, soweit eine Inanspruchnahme droht. Zusätzlich zu den Fällen, wo aufgrund konkreter Informationen über die Schwäche desjenigen, für den gebürgt wurde oder der den Wechsel akzeptiert hat, Rückstellungen zu bilden sind, muss ganz allgemein damit gerechnet werden, dass man aus einer Bürgschaft, der Ausstellung oder der Übertragung von Wechseln in Anspruch genommen wird. Dieses allgemeine Risiko muss in der Bilanz durch eine Rückstellung berücksichtigt werden, deren Höhe durch Sammelbewertung bestimmt werden darf.

Beim Ansatz des Wertes kann die für die zusammengefassten Einzelfälle insgesamt zu erwartende Inanspruchnahme geschätzt werden. Das wird auch vom Steuerrecht (§ 6 Abs. 1 Nr. 3a Buchstabe a EStG) anerkannt, soweit die Pauschalrückstellung die Wahrscheinlichkeit der Inanspruchnahme auf Basis der Erfahrungen in der Vergangenheit mit der Abwicklung berücksichtigt *(vgl. auch Berger/ M. Ring, in Beck Bil-Komm., 5. Aufl., § 253 Anm. 162 f.).*

6.   Pauschale Abschreibungen auf Forderungen

Nicht nur bei der Ermittlung primärer Werte wird der Einzelbewertungsgrundsatz durchbrochen, das geschieht vielmehr auch dann, wenn zur Durchsetzung des Niederstwertprinzips sekundäre niedrigere Werte ermittelt werden.

Bei Forderungen bilden die Anschaffungskosten den primären Wert, wobei bei Forderungen aus Lieferungen und Leistungen der Nennbetrag, bei Darlehensforderungen der Auszahlungsbetrag die Anschaffungskosten darstellt. Diese Anschaffungskosten müssen bzw. dürfen aber gemäß dem Niederstwertprinzip auf den niedrigeren beizulegenden Wert abgeschrieben werden, der bei Forderungen durch den voraussichtlich noch eingehenden Betrag, den so genannten wahrscheinlichen Wert, bestimmt wird. Überwiegend wird zusätzlich befürwortet, dass in dem beizulegenden wahrscheinlichen Wert auch die zu erwartenden Aufwendungen für Mahnung und Beitreibung berücksichtigt werden. *(Ellrott/St. Ring, in Beck Bil-Komm., 5. Aufl., § 253 Anm. 582; Glade, § 253 Tz. 571.)*

Der Betrag, um den Forderungen abgewertet werden, damit sie dem wahrscheinlichen Wert entsprechen, muss für solche Forderungen *individuell* bestimmt werden, bei denen es *konkrete* Hinweise auf einen drohenden Ausfall und auf den Umfang dieses voraussichtlichen Ausfalls gibt. Es wird eine individuelle Abschreibung gegebenenfalls unter Berücksichtigung noch anfallender Aufwendungen errechnet und vom Wert der Forderung abgesetzt.

In der Regel drohen jedoch konkret keine Ausfälle. Die Forderungen sind vielmehr nur mit einem *allgemeinen Ausfallrisiko* behaftet. Mit einer aus der Erfahrung abschätzbaren Wahrscheinlichkeit muss auch bei Forderungen, über die keine konkreten nachteiligen Informationen vorliegen, mit Ausfällen und Aufwendungen für Mahnung und Beitreibung gerechnet werden. Diese Wertminderungen dürfen entgegen dem Einzelbewertungsgrundsatz *pauschal* bestimmt und dann vom Wert der Forderungen abgesetzt werden. Dabei ist natürlich zu beachten, dass nicht das gleiche Risiko sowohl individuell als auch pauschal berücksichtigt wird. Die Sätze für die pauschale Abschreibung können aus Zahlen der Vergangenheit über eingetretene Ausfälle im Verhältnis zum Umsatz oder Forderungsbestand errechnet werden.

E.   Planmäßige Abschreibungen

> **Lernziel:**
> Sie sollen die Grundsätze, die beim Aufstellen eines Abschreibungsplanes zu beachten sind, sowie die dabei gegebenen Wahlrechte und Spielräume kennen lernen!

1.   Grundlagen

„Bei Vermögensgegenständen des Anlagevermögens, deren Nutzung zeitlich begrenzt ist, sind die Anschaffungs- oder Herstellungskosten um planmäßige Abschreibungen zu vermindern. Der Plan muß die Anschaffungs- oder Herstellungskosten auf die Geschäftsjahre verteilen, in denen der Vermögensgegenstand voraussichtlich genutzt werden kann." (§ 253 Abs. 2 Satz 1 und 2 HGB)

Die Forderung nach planmäßiger Abschreibung abnutzbarer Anlagen bringt einen zentralen Grund-gedanken handelsrechtlicher Rechnungslegung zum Ausdruck. Da abnutzbare Anlagegüter bestimmt sind, dauernd dem Geschäftsbetrieb zu dienen, wird es – abgesehen von den durch das Niederstwert-prinzip erfassten Fällen – nicht als primäre Aufgabe angesehen, die Wiederbeschaffungs- oder Einzel-veräußerungswerte der abnutzbaren Anlagen im Zeitablauf zu zeigen. Solche Werte lassen sich nicht leicht und nur wenig nachprüfbar ermitteln, und als Zwischenstadien in einem ohnehin auf längere Nutzung eingerichteten Prozess erscheinen sie eher unbedeutend. Im Rahmen der planmäßigen Abschreibung geht es vielmehr darum, die gegebenenfalls um einen Restwert verminderten Anschaf-fungs- oder Herstellungskosten nach einem vorher festgelegten Plan auf die Jahre der Nutzung zu verteilen. Jedes Jahr, in dem der Gegenstand genutzt wird, soll einen Anteil an dem abzuschreibenden Betrag tragen. Über die Jahre der Nutzung soll der abzuschreibende Betrag genau einmal verteilt worden sein. Schließlich sollen die Lasten, die die verschiedenen Jahre zu tragen haben, nicht jähr-lich wieder im Belieben der Rechnungslegenden stehen und beispielsweise hoch sein können, wenn große Gewinne anfielen, sowie klein sein können, wenn geringe Gewinne oder sogar Verluste erzielt wurden. Sie sollen am Anfang der Nutzungszeit für diese Zeit bindend festgelegt werden.

Planmäßig abzuschreiben sind nicht nur Vermögensgegenstände des abnutzbaren Anlagevermögens. Nach § 250 Abs. 3 Satz 2 HGB ist auch ein aktiviertes Disagio planmäßig über die gesamte Laufzeit der Verbindlichkeit oder über einen kürzeren Zeitraum abzuschreiben. Umgekehrt ist die Verpflich-tung zur planmäßigen Abschreibung in zwei Fällen eingeschränkt, wo es zumindest nahe liegt, von abnutzbaren Anlagen auszugehen. Der Geschäfts- oder Firmenwert muss nur dann planmäßig abge-schrieben werden, wenn der Abschreibung die voraussichtliche Nutzungsdauer zugrunde gelegt wird. Ansonsten gilt: „Der Betrag ist in jedem folgenden Geschäftsjahr zu mindestens einem Viertel durch Abschreibungen zu tilgen" (§ 255 Abs. 4 Satz 2 HGB), wobei eine planmäßige Vorgehensweise *nicht* vorgeschrieben wird. Eine der zuletzt erörterten Vorschrift ähnliche Regelung findet sich in § 282 HGB für die Aufwendungen für die Ingangsetzung und Erweiterung des Geschäftsbetriebs, nur zählen diese zumindest gemäß dem Gliederungsschema streng genommen nicht zum Anlagevermögen.

Der Abschreibungsplan und damit die Höhe der planmäßigen Abschreibung wird durch drei Größen bestimmt, nämlich durch

► den *abzuschreibenden* Betrag, der den Anschaffungs- oder Herstellungskosten, gegebenenfalls vermindert um einen Restwert am Ende der Nutzungsdauer, entspricht,
► die zugrunde gelegte *Nutzungsdauer* und
► das gewählte *Abschreibungsverfahren*.

Diese Bestimmungsgrößen für die planmäßige Abschreibung sollen im Folgenden erläutert werden. Dabei wird am Rande auch darauf eingegangen, wie diese Bestimmungsgrößen steuerrechtlich geregelt sind. In zwei gesonderten Abschnitten am Schluss wird auf die Fragen eingegangen, wie im ersten Nutzungsjahr abgeschrieben wird bzw. wie planmäßige und außerplanmäßige Abschreibung zusammenwirken.

2.   Der abzuschreibende Betrag

Für den *abzuschreibenden Betrag* ist neben den Anschaffungs- oder Herstellungskosten des abzu-schreibenden Anlagegutes gegebenenfalls auch dessen Restwert am Ende der Nutzungsdauer maßge-bend. Die Anschaffungskosten bei fremd bezogenen und die Herstellungskosten bei selbst erstellten abnutzbaren Anlagen werden entsprechend den allgemeinen Grundsätzen ermittelt (siehe S. 175 ff.). Obwohl in der entsprechenden Vorschrift nur von der Verteilung der Anschaffungs- oder Herstellungskosten gesprochen wird, ist es nicht nur zulässig, sondern bei wesentlichen und vergleichsweise sicheren Restwerten am Ende der geplanten Nutzungsdauer sogar geboten, diese Restwerte zu berücksichtigen. Da positive Restwerte allenfalls in Ausnahmefällen mit Sicherheit absehbar sind, müssen sie unter angemessener Vorsicht geschätzt werden. Vergleichsweise unwesentliche oder unsichere Restwerte können vernachlässigt werden. Aufwendungen, die zur Erzielung des Restwertes anfallen werden – Abbruchkosten, Veräußerungskosten –, müssen vom Restwert abgezogen werden.

3. Die Nutzungsdauer

Die *Nutzungsdauer* ist der Zeitraum, in dem das betreffende abnutzbare Anlagegut entsprechend den Informationen am Bilanzstichtag voraussichtlich genutzt werden kann. Dabei ist unklar, ob es auf die Nutzungsmöglichkeit gemäß der unternehmensindividuellen Nutzungsplanung – solange die Nutzung vorgesehen ist *(ADS, 6. Aufl., § 253 HGB Tz. 369 und 416)* – oder auf das Minimum aus technischer und wirtschaftlicher Nutzungsdauer ankommt – solange die Nutzung unter den im Unternehmen herrschenden Bedingungen technisch möglich und wirtschaftlich vertretbar ist *(Kropff, § 154 Anm. 11; Berger/Ring, in Beck Bil-Komm., 5. Aufl., § 253 Anm. 229; Wohlgemuth, in Bonner Handbuch, § 253 Rz. 154.11).*

Die Nutzungsdauer muss eigentlich auf der Grundlage vergangener Erfahrungen unter angemessener Vorsicht – also eher zu kurz als zu lang – geschätzt werden. Ändern sich diese Schätzungen mit zunehmender Erfahrung erheblich, muss auch die planmäßige Abschreibung entsprechend angepasst werden. Wer den Schätzproblemen ausweichen will, kann allerdings auch in der Handelsbilanz die steuerlichen AfA-Tabellen zugrunde legen, die für die Steuerbilanz bindend gelten, sofern der Steuerpflichtige nicht besondere Gründe geltend machen kann, mit denen sich eine Verkürzung der Nutzungsdauer rechtfertigen lässt.

Einfacher dürfte die Nutzungsdauerschätzung bei rechtlich definiertem Fristablauf sein, wie etwa bei der Abschreibung eines Patents, das gemäß § 16 PatG seine Schutzwirkung nach 20 Jahren verliert. In Sonderfällen gibt das Handelsrecht zumindest Obergrenzen für die Abschreibung vor, nämlich bei den Aufwendungen für die Ingangsetzung und Erweiterung des Geschäftsbetriebs 5 Jahre, wenn man davon ausgeht, dass im Jahre der Aktivierung dieser Aufwendungen nicht abgeschrieben werden muss, was der herrschenden Lehre zu entsprechen scheint *(Hense/Lawall, in Beck Bil-Komm., 5. Aufl., § 282 Anm. 2).* Beim Geschäfts- oder Firmenwert wird zunächst die gleiche Obergrenze gezogen, dann aber auch zugelassen, dass eine längere Nutzungsdauer zugrunde gelegt wird. Eigenartigerweise besteht der Gesetzgeber – wie bereits betont wurde – in den Fällen der Nutzungsdauerbegrenzung auf 5 Jahre nicht auf planmäßiger Abschreibung.

4.   Die Abschreibungsverfahren

a)   Vorbemerkung

Durch die *Abschreibungsverfahren* wird festgelegt, wie der abzuschreibende Betrag auf die Jahre der Nutzung verteilt werden soll. Ließe sich an einem Anlagegut wie an einer Tankuhr ablesen, wie das Nutzungspotenzial im Zeitablauf verbraucht wird, könnte man sich an den Verlauf der tatsächlichen Nutzung halten. Bedauerlicherweise gibt es in der Realität solche „Abnutzungsanzeiger" nicht. Deshalb muss der Abnutzungsverlauf hypothetisch angenommen werden. In der Literatur haben sich verschiedene solcher Hypothesen über den Abnutzungsverlauf gebildet, die jeweils in ein eigenes Abschreibungsverfahren einmünden.

Zur Erläuterung der Verfahren werden folgende Symbole verwendet:

a_t Abschreibung für die Periode t-1 bis t,

A   Anschaffungs- oder Herstellungskosten des Anlagegutes,

r   Abschreibungssatz bei Buchwertabschreibung,

R_t (Rest-)Buchwert im Zeitpunkt t (t = 1, 2, 3, ..., T-1),

R   Restwert am Ende der Nutzungsdauer (gegebenenfalls Null),

t   Zeitindex für Zeitpunkte t = 0, 1, 2, ..., T,

T   Ende der Nutzungsdauer von T -Perioden,

x_t Zahl der in der Periode t-1 bis t von der abzuschreibenden Anlage erbrachten Leistungseinheiten und

$\overline{X}$ Zahl der von der abzuschreibenden Anlage insgesamt zu erwartenden Leistungseinheiten.

Verdeutlicht werden diese Verfahren jeweils durch ein Zahlenbeispiel, wobei allen diesen Zahlenbeispielen die folgenden Eckdaten zugrunde liegen:

Anschaffungskosten (A)   38 000 €

Nutzungsdauer (T)   8 Jahre

Restwert nach 8 Jahren (R)   2 000 €

Für die Buchwertabschreibung wird von einem Abschreibungssatz (r) von 30 bzw. 20 % ausgegangen. Die in den 8 Jahren erbrachten Leistungen (x_t) belaufen sich auf 80, 160, 100, 110, 180, 120, 90 bzw. 60 Leistungseinheiten. Im Falle der Kombination soll jeweils die Hälfte des abzuschreibenden Betrags linear und leistungsabhängig abgeschrieben werden.

Im Folgenden wird vereinfachend davon ausgegangen, dass Anlagen stets zum Zeitpunkt 0 am Anfang der ersten Periode beschafft werden. Sonderprobleme eines „angebrochenen" ersten Jahres werden später gesondert behandelt.

b)   Die lineare Abschreibung

Die lineare Abschreibung basiert auf den Annahmen, dass die Abnutzung einer Anlage vom Zeitablauf abhängt und dass jedes Nutzungsjahr wieder die gleiche Abnutzung erlebt. Formal lässt sich die lineare Abschreibung folgendermaßen charakterisieren:

$$a_t \quad = \quad \frac{A-R}{T} \text{ für alle } t = 1, 2 .... \text{ T und}$$

$$R_t \quad = \quad A - t \cdot a_t$$

Für das unter a) vorgegebene Zahlenbeispiel ergibt sich folgende lineare Abschreibung:

TAB. 10:	Beispiel für lineare Abschreibung							
Jahr	1	2	3	4	5	6	7	8
a_t	4 500	4 500	4 500	4 500	4 500	4 500	4 500	4 500
R_t	33 500	29 000	24 500	20 000	15 500	11 000	6 500	2 000

Die lineare Abschreibung ist einfach und nicht zuletzt deshalb praktisch weit verbreitet. Geht man davon aus, dass in den späteren Nutzungsjahren die Aufwendungen für Wartung und Instandhaltung ansteigen, dann wird diese Mehrbelastung bei linearer Abschreibung allerdings nicht durch sinkende Abschreibungen aufgefangen. Die lineare Abschreibung ist steuerlich nach § 7 Abs. 1 Satz 1 EStG zulässig.

c)   Die Buchwertabschreibung

Auch die Buchwertabschreibung sieht den Zeitablauf als Verzehrsursache. Es wird in jedem Jahr der gleiche Abschreibungssatz vom jeweiligen Restbuchwert am Ende des Vorjahres (bzw. am Anfang des betreffenden Jahres) abgeschrieben. Da der Restwert infolge dieser Abschreibung mit konstant bleibender Quote sinkt, wird auch die Abschreibung mit konstanter Quote immer kleiner. Eine mit konstanter Quote kleiner werdende Abschreibung mindert den Restwert auch immer weniger, so dass über endliche Nutzungsdauern niemals ein Restwert von Null erreicht werden kann. Gegen Ende der Nutzungsdauer muss bei der Buchwertabschreibung folglich besonders aufmerksam geprüft werden, ob der Buchwert nicht überhöht ist. Wie noch zu zeigen sein wird, kann es auch sinnvoll sein, einen Zeitpunkt zu suchen, wo sich ein Übergang vom Buchwertverfahren zur linearen Abschreibung beispielsweise empfiehlt.

Die formale Beschreibung der Buchwertabschreibung ist etwas schwieriger nachzuvollziehen, als die der linearen Abschreibung. Sie soll daher schrittweise erfolgen:

$a_1 = A \cdot r;$ $\qquad\qquad$ $R_1 = A \cdot (1\text{-}r);$

$a_2 = A \cdot (1\text{-}r) \cdot r;$ $\qquad\qquad$ $R_2 = A \cdot (1\text{-}r) \cdot (1\text{-}r) = A \cdot (1\text{-}r)^2;$

und allgemein dann:

$a_t = A \cdot (1\text{-}r)^{t-1} \cdot r;$ $\qquad\qquad$ $R_t = A \cdot (1\text{-}r)^t.$

Auf der Grundlage eines Abschreibungssatzes (r) von 30 % stellt sich die Buchwertabschreibung im Beispiel folgendermaßen dar (die Zahlen sind auf ganze Zahlen gerundet; durch erhöhte Abschreibung im letzten Jahr wird der Restwert R von 2 000 € erreicht, denn im Vergleich zur linearen Abschreibung erschien der Restwert in t = 7 noch nicht überhöht):

TAB. 11:	Beispiel für Buchwertabschreibung mit r = 0,3							
Jahr	1	2	3	4	5	6	7	8
a_t	11 400	7 980	5 586	3 910	2 737	1 916	1 341	1 130
R_t	26 600	18 620	13 034	9 124	6 387	4 471	3 130	2 000

Bei der Buchwertabschreibung werden die ersten Jahre höher belastet als die letzten. Es wird also angenommen, dass entweder der Wertverzehr von Anlagen in den ersten Jahren besonders groß ist oder dass es aus Vorsichtsgründen sinnvoll ist, anfangs hohe Abschreibungen anzusetzen, selbst wenn dadurch vorübergehend stille Reserven gebildet werden. Statt aus Gründen der Vorsicht kann der beschriebene Effekt auch bewusst angestrebt werden, um den in späteren Nutzungsjahren verstärkt zu erwartenden Aufwendungen für Wartung und Instandhaltung Rechnung zu tragen oder um vorübergehend Steuern zu sparen.

Die Buchwertabschreibung war bis 2007 steuerlich nur bei beweglichen Wirtschaftsgütern des Anlagevermögens zulässig, wozu aber nicht nur z. B. Laptops oder Kraftfahrzeuge, sondern auch fest fundamentierte Maschinen gehören. Nicht nach der Buchwertmethode steuerlich abschreibbar sind somit vor allem immaterielle Vermögensgegenstände und Gebäude. Auch der Abschreibungssatz ist steuerrechtlich nach oben doppelt begrenzt. Die Grenzen wurden wiederholt geändert, daher ist es ratsam, stets die neueste Fassung des § 7 Abs. 2 EStG zu beachten. Im Rahmen des Steuersenkungsgesetzes vom 14.7.2000 wurden diese Sätze vom Jahr 2001 an auf das Zweifache der linearen Abschreibung und maximal 20 % verringert. Zwischenzeitlich wurden sie für Anlagen, die nach dem 31.12.2005 und vor dem 1.1.2008 angeschafft oder hergestellt werden, wieder auf das Dreifache der linearen Abschreibung, aber höchstens 30 % hinaufgesetzt. Durch die jüngste Steuerreform wurde die degressive Abschreibung ab 2008 abgeschafft.

TAB. 12:	Beispiel für Buchwertabschreibung mit r = 0,2							
Jahr	1	2	3	4	5	6	7	8
a_t	7 600	6 080	4 864	3 891	3 113	2 491	1 992	5 969
R_t	30 400	24 320	19 456	15 565	12 452	9 961	7 969	2 000

d)   Die digitale Abschreibung

Die digitale Abschreibung ist wie die Buchwertabschreibung eine Abschreibung, bei der der Zeitablauf als Verzehrsursache angesehen und ein im Zeitablauf sinkender Verzehr unterstellt wird. Spezifisch ist die Struktur der Abschreibungsbeträge im Zeitablauf. Jedes Jahr wird die Abschreibung nämlich um den Betrag kleiner, der im letzten Nutzungsjahr abgeschrieben wird. Um die Abschreibung im letzten Jahr zu erhalten, muss folglich der abzuschreibende Betrag A – R durch die Summe der Zahlen von 1 bis T dividiert werden, denn im ersten Jahr soll das T-fache, im zweiten das T-1-fache und endlich im vorletzten das 2-fache der Abschreibung des letzten Jahres abgeschrieben werden:

$$1 + 2 + 3 + \dots + T = \frac{T+1}{2} \cdot T;$$

$$a_T = (A - R) : \left(\frac{T+1}{2} \cdot T \right) = \frac{(A-R) \cdot 2}{(T+1) \cdot T}.$$

Für die Abschreibung im vorletzten Jahr gilt dann:

$$a_{T-1} = \frac{(A-R) \cdot 2}{(T+1) \cdot T} \cdot 2, \text{ und allgemein gilt:}$$

$$a_t = \frac{(A-R) \cdot 2}{(T+1) \cdot T} \cdot (T - t + 1).$$

Der Restbuchwert am Ende des vorletzten Jahres entspricht der Abschreibung des letzten Jahres zuzüglich des Restwerts am Ende der Nutzungsdauer R.

$$R_{T-1} = \frac{(A-R) \cdot 2}{(T+1) \cdot T} \cdot 1 + R.$$

Daraus folgt:

$$R_{T-2} = \frac{(A-R) \cdot 2}{(T+1) \cdot T} \cdot (1+2) + R$$

und

$$R_t = \frac{(A-R) \cdot 2}{(T+1) \cdot T} \cdot [1 + 2 + \dots + (T-t-1) + (T-t)] + R$$

$$R_t = \frac{(A-R) \cdot 2}{(T+1) \cdot T} \cdot \frac{(T-t) \cdot (T-t+1)}{2} + R$$

Angewendet auf die Eckdaten des Zahlenbeispiels führt die digitale Abschreibung zu folgenden Zahlen:

TAB. 13:	Beispiel für digitale Abschreibung							
Jahr	1	2	3	4	5	6	7	8
a_t	8 000	7 000	6 000	5 000	4 000	3 000	2 000	1 000
R_t	30 000	23 000	17 000	12 000	8 000	5 000	3 000	2 000

Die digitale Abschreibung hat im Prinzip die gleichen Eigenschaften wie die Buchwertabschreibung, nur ist das Ausmaß im Detail anders. Auch scheint sie auf den ersten Blick etwas komplizierter, was aber nur für die allgemeine formale Beschreibung gilt. Im Zahlenbeispiel ist sie einfach. Die digitale Abschreibung dürfte praktisch nur eine geringe Bedeutung haben. Genau mit dieser Begründung wurden die digitale Abschreibung *(Glade, § 253 Tz. 354)* und, bis 2007 abgesehen von der Buchwertabschreibung, alle anderen degressiven Abschreibungsverfahren steuerlich verboten.

e)   Die leistungsbedingte Abschreibung

Bei der leistungsbedingten Abschreibung wird nicht der Zeitablauf, sondern die Leistungsabgabe als Verzehrsursache angesehen. Dementsprechend bedarf es statt einer Schätzung des Zeitraumes der Nutzungsdauer der Schätzung des Gesamtleistungspotenzials als der Zahl der von der abzuschreibenden Anlage insgesamt zu erwartenden Leistungseinheiten. Jede Leistungseinheit wird dann mit gleich hohen Abschreibungen belastet, so dass für die Abschreibung pro Leistungseinheit gilt:

$$\text{Abschreibung pro Leistungseinheit} = \frac{A-R}{\overline{X}} \ .$$

In jedem Jahr ergibt sich die Abschreibung dann als

$$a_t = x_t \cdot \frac{A-R}{\overline{X}}$$

Daraus folgt:

$$R_t = A - \frac{A-R}{\overline{X}} \cdot (x_1 + x_2 + \dots + x_t) = A - \frac{A-R}{\overline{X}} \cdot \sum_{\tau=1}^{t} x_\tau \ .$$

Nach Maßgabe der im Zahlenbeispiel vorgegebenen Jahresleistungen lässt sich die leistungsbedingte Abschreibung durch das Beispiel wie folgt verdeutlichen:

TAB. 14:	Beispiel für leistungsbedingte Abschreibung							
Jahr	1	2	3	4	5	6	7	8
x_t	80	160	100	110	180	120	90	60
a_t R_t	3 200 34 800	6 400 28 400	4 000 24 400	4 400 20 000	7 200 12 800	4 800 8 000	3 600 4 400	2 400 2 000

Die leistungsbedingte Abschreibung trägt nutzungsbedingtem Verzehr besser als die bisherigen Verfahren Rechnung. Sie berücksichtigt dafür ruhenden Verzehr, der auch ohne Nutzung im Zeitablauf eintritt, nicht.

Für die Steuerbilanz ist die leistungsbedingte Abschreibung dann zugelassen, wenn es sich um bewegliche Anlagegüter handelt, bei denen sich eine leistungsabhängige Abschreibung wirtschaftlich begründen lässt, und wenn die auf die einzelnen Jahre entfallenden Leistungen nachgewiesen werden (§ 7 Abs. 1 Satz 6 EStG).

f)   Die progressive Abschreibung

Die progressive Abschreibung ist eine zeitabhängige Abschreibung, wobei aber im Gegensatz zu den degressiven Abschreibungsverfahren (Buchwertabschreibung, digitale Abschreibung) die ersten Jahre der Nutzung weniger belastet werden sollen als die letzten. Da die progressive Abschreibung mit dem Vorsichtsprinzip schwerlich vereinbart werden kann, dürfte sie handelsrechtlich nur in seltenen Ausnahmefällen dann zulässig sein, wenn gute Argumente dafür gefunden werden, dass die betreffende Anlage tatsächlich in den ersten Jahren weniger abgenutzt wird als in den letzten. Steuerlich sind progressive Abschreibungen verboten.

g) Kombinierte Abschreibungsverfahren

Kombinationen zwischen Abschreibungsverfahren sind in unterschiedlichen Formen sinnvoll und handelsrechtlich wohl auch zugelassen *(Wohlgemuth, in Bonner Handbuch, § 253 Rz. 154.43 ff.)*.

Die leistungsabhängige und eine zeitabhängige, insbesondere die lineare Abschreibung, können dadurch verbunden werden, dass entweder der abzuschreibende Betrag in zwei Teile aufgespalten wird, wobei der eine Teil leistungsabhängig und der andere linear abgeschrieben wird, oder die lineare Abschreibung als Untergrenze zur leistungsabhängigen Abschreibung hinzutritt. Wäre dann leistungsabhängig weniger als linear abzuschreiben, müsste der höhere Betrag laut linearer Abschreibung angesetzt werden.

Für die erste Variante ergeben sich bei 50 % Aufteilung auf lineare und leistungsbedingte Abschreibung im Beispiel folgende Zahlen:

TAB. 15:	Beispiel für kombinierte lineare und leistungsabhängige Abschreibung							
Jahr	1	2	3	4	5	6	7	8
a_t	3 850	5 450	4 250	4 450	5 850	4 650	4 050	3 450
R_t	34 150	28 700	24 450	20 000	14 150	9 500	5 450	2 000

Speziell im Blick auf ein steuerlich optimales Vorgehen praktisch bedeutsamer waren die Kombinationen aus Buchwertabschreibung und linearer Abschreibung. Da bei der Buchwertabschreibung die Abschreibungsbeträge immer kleiner werden, gibt es stets einen Zeitpunkt, zu dem ein Übergang auf die lineare Abschreibung über die Restnutzungsdauer zu höheren Abschreibungsbeträgen führt als die Fortsetzung der Buchwertabschreibung. Bei einem Restwert von Null lässt sich der Zeitpunkt wie folgt bestimmen (RND sei die Restnutzungsdauer):

$$r < \frac{1}{RND} \quad \text{oder}$$

$$RND < \frac{1}{r} \, .$$

Bei einem Abschreibungssatz im Rahmen der Buchwertabschreibung von 0,2 (das entspricht 20 %) beispielsweise wäre die lineare Abschreibung erstmals höher, wenn die Restnutzungsdauer unter 5 Jahre sinkt. Wird eine möglichst hohe Abschreibung angestrebt, sollte also im sechstletzten Jahr noch nach der Buchwertmethode mit 0,2 abgeschrieben werden, weil das mehr als 1/6 bei linearer Abschreibung ist. Im fünftletzten Jahr dagegen ist die lineare Abschreibung mit 1/5 gleich groß wie die Buchwertabschreibung. Der Wechsel ist also möglich, aber nicht notwendig. Vom viertletzten Jahr an bringt der Wechsel zur linearen Abschreibung Vorteile.

Auf das Zahlenbeispiel lassen sich die oben entwickelten Ungleichungen nicht übertragen, weil im Beispiel ein in Relation zu den Buchwerten der letzten Jahre nicht ganz unerheblicher Restwert unterstellt wird und in den Ungleichungen ein Restwert von Null. Durch Probieren zeigt sich, dass im Beispielsfall der Übergang auf die lineare Abschreibung im fünftletzten Jahr nicht gleichwertig ist, dass er sich im viertletzten Jahr aber lohnt.

TAB. 16:	Vergleich lineare Abschreibung und Buchwertabschreibung im Zahlenbeispiel mit Restwert	
	mögliche lineare Abschreibung	Buchwertabschreibung
Jahr 3	(24 320 − 2 000) : 6 = 3 720	< 4 864
Jahr 4	(19 456 − 2 000) : 5 = 3 491	< 3 891 Wechsel lohnt nicht
Jahr 5	(15 565 − 2 000) : 4 = 3 391	> 3 113 Wechsel lohnt
Jahr 6	(12 452 − 2 000) : 3 = 3 484	> 2 491
Jahr 7	(9 961 − 2 000) : 2 = 3 981	> 1 992

Der Übergang von der Buchwertabschreibung zur linearen Abschreibung ist steuerlich erlaubt (§ 7 Abs. 3 Satz 1 EStG), wird aber mit dem Verbot der Buchwertabschreibung ab 2008 an Bedeutung verlieren.

h)   Sofortabschreibung und Poolabschreibung

Um die Rechnungslegung zu vereinfachen, entspricht es den GoB, geringwertige Gegenstände des Anlagevermögens im Jahr der Anschaffung voll abzuschreiben. Bis 2007 hat sich das Handelsrecht diesbezüglich an der Grenze von 410 € des alten § 6 Abs. 2 EStG orientiert. Durch die Steuerreform vom 6.7.2007 wurde allerdings nicht nur die Grenze ab 2008 auf 150 € nach Abzug der Vorsteuer gesenkt. Zusätzlich wurde das Abwertungswahlrecht in eine Pflicht zur sofortigen erfolgswirksamen Erfassung verwandelt und auf Aufzeichnungspflichten zunächst als Zugang und später als Abschreibung verzichtet. Auch wenn der Ersatz von Wahlrechten durch Pflichten dem Zeitgeist folgt, geht das Steuerrecht doch sehr weit. Handelsrechtlich sind Vereinfachungen zu tolerieren, insbesondere soweit sie Übereinstimmungen zwischen Handels- und Steuerbilanz ermöglichen. Erfassung als Anlagenzugang und planmäßige Abschreibung von Anlagen bis 150 € lassen sich nach GoB aber auch schwerlich verbieten, wenn ein Unternehmen das wünscht − etwa weil solche Güter zusammengenommen für das Unternehmen wesentlich sind. Handelsrechtlich wird es also bei Anlagen bis 150 € eher zu einem faktischen Recht zu Ansatz und Abschreibung oder sofortiger erfolgswirksamer Erfassung kommen.

Bei Anlagen mit Werten zwischen 150 € und 1 000 € wird die Einzelbewertung in der Handelsbilanz durch die Poolabschreibung im reformierten Steuerrecht ab 2008 um eine Alternative erweitert. Wirtschaftsgüter mit einem Wert von über 150 €, aber höchstens 1 000 € (netto nach Abzug der Vorsteuer) müssen nämlich ab 2008 steuerlich jedes Jahr in einem Sammelposten zusammengefasst und jeweils gemeinsam mit jährlich 20 % linear über 5 Jahre abgeschrieben werden (§ 6 Abs. 2a EStG). Dieses planmäßige Vorgehen ist auch dann beizubehalten, wenn eines der Güter ausscheidet. Entsprechend führt ein Verkaufserlös in voller Höhe zum Ertrag. Das vereinfachte Verfahren dürfte mit den GoB solange vereinbar sein, als überhöhte Wertansätze in der Bilanz (etwa weil die wirtschaftlichen Nutzungsdauern der Güter unter 5 Jahren liegen oder viele Güter verkauft wurden) vermieden werden.

5. Die Abschreibung im ersten Nutzungsjahr

Grundsätzlich beginnt die Pflicht zur planmäßigen Abschreibung mit dem Zeitpunkt der Lieferung oder Fertigstellung des abnutzbaren Anlageguts. Fällt dieser Zeitpunkt nicht auf den Anfang eines Geschäftsjahrs – was die Regel sein dürfte –, so liegt es nahe, zeitanteilig „pro rata temporis" abzuschreiben. Diese Vorgehensweise wird allerdings aufwendig, denn für jeden Tag im Jahr müsste ermittelt werden, wie viele der insgesamt 365 Tage einschließlich des Zugangstages im Jahr noch folgen. Auch ergäben sich eigenartige Beträge, wenn bei einer am 14. März gelieferten Anlage 293/365 einer Jahresabschreibung angesetzt würden. GoB und Steuerrecht vereinfachen daher die Abschreibung im ersten Jahr.

Neben der exakten pro rata temporis Abschreibung ist es zulässig, entsprechend dem Zugangsmonat abzuschreiben, bei im März gelieferten oder fertig gestellten abnutzbaren Anlagen also beispielsweise 10/12 einer Jahresabschreibung. Diese zeitanteilige Abschreibung nach dem Kalendermonat des Zugangs ist inzwischen gemäß § 7 Abs. 1 Satz 4 EStG steuerlich für alle Wirtschaftsgüter vorgeschrieben, die nach dem 31.12.2003 angeschafft oder hergestellt wurden. Die auf das frühere steuerliche Recht gegründete Praxis, im ersten Halbjahr gelieferte oder fertig gestellte bewegliche Anlagen um eine ganze Jahresabschreibung und im zweiten Halbjahr gelieferte oder fertig gestellte bewegliche Anlagen um eine halbe Jahresabschreibung zu vermindern, wird damit nicht nur aus der Steuerbilanz, sondern faktisch wohl auch aus der Handelsbilanz verdrängt werden.

Ausnahmen von der Pflicht, abnutzbare Anlagen im Zugangsjahr bereits abzuschreiben, eröffnet der Gesetzgeber nach herrschender Meinung beim Geschäfts- oder Firmenwert und bei den Aufwendungen für die Ingangsetzung und Erweiterung des Geschäftsbetriebes *(z. B. GEFIU, Ausgewählte Probleme bei der Anwendung des Bilanzrichtlinien-Gesetzes, Bd. 2, S. 8)*. Die Aussage „in jedem folgenden Geschäftsjahr" (§§ 255 Abs. 4, 282 HGB) wird so ausgelegt, dass im Zugangsjahr selbst nicht abgeschrieben zu werden braucht. Diese Ansicht ist nicht unproblematisch, da sie eine spezielle Form *progressiver* Abschreibung befürwortet.

6. Änderungen der planmäßigen Abschreibungen und Beziehungen zwischen planmäßigen und außerplanmäßigen Abschreibungen

Planmäßige Abschreibungen zeichnen sich dadurch aus, dass vor der ersten Abschreibung in einem Plan festgelegt wird, welche Beträge in den verschiedenen Jahren bis zum Ende der Nutzungsdauer abgeschrieben werden sollen. Durch das Gebot zur Planmäßigkeit werden die Abschreibungen also auf längere Sicht in ihrer Höhe determiniert. Zusätzlich werden die Unternehmen über das Stetigkeitsgebot des § 252 Abs. 1 Nr. 6 HGB angehalten, die bisherigen Bewertungsmethoden beizubehalten.

Trotz dieser wichtigen Gründe für Kontinuität in den Abschreibungen können gleichwohl Veränderungen eintreten, weil sie entweder erforderlich sind oder zweckmäßig erscheinen und ausnahmsweise zulässig sind.

Erforderlich sind Veränderungen der planmäßigen Abschreibungen dann, wenn sich die Erwartungen über die dem Plan zugrunde liegenden Parameter, insbesondere über die Nutzungsdauer und den Restwert, wesentlich geändert haben. Wurde beispielsweise die Nutzungsdauer zu lang geschätzt, so ist von dem Jahr an, in dem die kürzere Nutzungsdauer festgestellt wurde, nach einem neuen Plan über die verkürzte Nutzungsdauer abzuschreiben. Außerdem muss geprüft werden, ob nicht angesichts der zuvor zu niedrigen planmäßigen Abschreibungen der Buchwert überhöht und vor der Neubestimmung der planmäßigen Abschreibungen durch eine außerplanmäßige Abschreibung zu korrigieren ist. Im Regelfall wird diese Abschreibung vorzunehmen sein, während die entsprechende Zuschreibung bei einer zunächst zu niedrigen Schätzung der Nutzungsdauer grundsätzlich verboten ist, also nur in extremen Ausnahmefällen in Betracht kommt (S. 191).

Erforderlich sind Veränderungen der planmäßigen Abschreibungen aber immer auch als Folge vorangegangener außerplanmäßiger Abschreibungen oder Zuschreibungen. Stellt sich bei einer abnutzbaren Anlage nach Vornahme der planmäßigen Abschreibung heraus, dass der beizulegende Wert voraussichtlich dauernd niedriger liegt, so muss außerplanmäßig abgeschrieben werden. Vom nachfolgenden Jahr an sind dann allerdings auch die planmäßigen Abschreibungen neu zu bemessen; der veränderte Restbuchwert wird, gegebenenfalls unter Berücksichtigung des Restwertes am Ende der Nutzungsdauer, planmäßig über die verbliebene Restnutzungsdauer verteilt.

In beiden Fällen liegen keine Änderungen der Bewertungsmethode vor, die mit dem Stetigkeitsgebot in Konflikt geraten können oder nach § 284 Abs. 2 Nr. 3 HGB für Kapitalgesellschaften i. w. S. im Anhang erläuterungspflichtig sind.

Veränderungen der planmäßigen Abschreibungen sind vor dem Hintergrund des Stetigkeitsgebotes nur in begründeten Ausnahmefällen zulässig. Die Zahl der in Kommentierungen genannten Ausnahmefälle ist allerdings recht groß und allgemein – beispielsweise zählt das Streben nach günstiger Besteuerung oder nach vorsichtiger Bewertung zu den Ausnahmefällen –, so dass häufig Gründe gefunden werden können, die eine freiwillige Veränderung der planmäßigen Abschreibungen rechtfertigen. Aus dieser Perspektive engt das Stetigkeitsgebot nicht sehr stark ein, es verhindert aber sicher laufende Wechsel der planmäßigen Abschreibung. Freiwillige Änderungen bei den planmäßigen Abschreibungen müssen allerdings nach § 284 Abs. 2 Nr. 3 HGB von Kapitalgesellschaften i. w. S. im Anhang erläutert werden (S. 271 f.).

F.   Einzelfragen der Bewertung

> **Lernziel:**
> Sie sollen Besonderheiten der Bewertung bei speziellen Vermögensgegenständen und Schulden kennen lernen!

1.   Beteiligungen an Personenhandelsgesellschaften

Bei Anteilen an Personenhandelsgesellschaften ist unabhängig von der Höhe der Beteiligungsquote regelmäßig davon auszugehen, dass es sich um eine Beteiligung handelt. Diese Beteiligung ist grundsätzlich mit ihren Anschaffungskosten zu bewerten, soweit nicht beispielsweise aufgrund eines niedrigeren Ertragswertes ein geringerer Wert zulässig (voraussichtlich vorübergehende Wertminderung) oder geboten ist (voraussichtlich dauernde Wertminderung). Beteiligungen an Personenhandelsgesellschaften werden allerdings insoweit besonders behandelt, als in die Anschaffungskosten Bestandteile einbezogen werden, die beispielsweise bei Beteiligungen an Kapitalgesellschaften nicht als Anschaffungskosten anerkannt werden.

Sobald das Geschäftsjahr abgelaufen ist, wird der *Gewinnanteil* des Gesellschafters, der *nicht an ihn ausgeschüttet*, sondern der seinem Kapitalkonto oder einem anderen Konto des Gesellschafters bei der Gesellschaft gutgeschrieben wird, auch dem Wert der Beteiligung hinzugezählt. Es wird angenommen, durch Verzicht auf Ausschüttungen oder – wenn der Gesellschafter ohnehin noch Kapital aufzubringen hatte – durch Erfüllung von Einlageverpflichtungen entstünden dem Gesellschafter zusätzliche (nachträgliche) Anschaffungskosten *(Stellungnahme HFA 1/1991, WPg 1991, S. 335, a. A. Meilicke, DB 1986, S. 2448).*

Bei Beteiligungen an Kapitalgesellschaften ist das anders. Der Gesellschafter kann nicht allein über die Verwendung des ihm zustehenden Gewinns entscheiden, sondern ist an die Entscheidung der Gesellschaftermehrheit und – bei Aktiengesellschaften – auch an die Entscheidung von Vorstand und Aufsichtsrat gebunden. Dementsprechend werden im Einzelabschluss thesaurierte Gewinne bei Anteilen an Kapitalgesellschaften in Deutschland nicht den Anschaffungskosten zugerechnet.

2. Ausleihungen und Forderungen

Ausleihungen als Finanzforderungen des Anlagevermögens sind wie alle Forderungen zunächst mit ihren Anschaffungskosten zu bewerten, worunter der an den Schuldner gegebene Betrag, der „Auszahlungsbetrag", zu verstehen ist. Weicht der Auszahlungsbetrag allerdings von dem Betrag ab, den der Gläubiger nach Ablauf der Kreditlaufzeit vom Schuldner zu erwarten hat (Rückzahlungsbetrag), so muss sich der Wert der Ausleihung bis zur Fälligkeit zum Rückzahlungskurs hin entwickeln.

Leiht also ein Unternehmen einem Schuldner einen Betrag von 80 000 € zu einem bestimmten Zins und mit der Maßgabe, dass nach 10 Jahren 100 000 € zurückzuzahlen sind, so wird die Ausleihung beim Gläubigerunternehmen zunächst mit 80 000 € aktiviert und dann über ihre Laufzeit Jahr für Jahr aufgewertet, bis sie nach genau 10 Jahren den Wert von 100 000 € erreicht hat. Die Wertsteigerung wird wie ein Zinsertrag behandelt *(ADS, 4. Aufl., § 153 Tz. 112).* Ist im umgekehrten Fall der dem Schuldner gegebene Betrag von beispielsweise 1 Mio. € größer als der am Ende der Laufzeit zurückzuzahlende Betrag von 0,95 Mio. €, aktiviert das Gläubigerunternehmen zunächst eine Ausleihung von 1 Mio. €, muss diese aber über die Laufzeit auf 0,95 Mio € abschreiben. Eine sofortige Abschreibung auf 0,95 Mio. € ist allerdings notwendig, wenn eine Kündigungsmöglichkeit seitens des Schuldners besteht und die Kündigung droht.

Bei Forderungen, die nicht durch Hingabe eines Geldbetrages, sondern durch Veräußerung eines Vermögensgegenstandes, durch Warenlieferung oder durch Erbringung von Dienstleistungen erworben wurden, wird mangels eines klaren hingegebenen Geldbetrages entsprechend dem Realisationsprinzip der Nennbetrag der Forderung als Anschaffungskosten angesehen. Diese Definition stellt sicher, dass in dem Zeitpunkt, in dem der Lieferant das in seiner Macht stehende getan hat, um die ihm auferlegte Leistungsverpflichtung zu erfüllen, und in dem er die Forderung in seine Bilanz aufnimmt, der Gewinn realisiert wird.

Bei der Bewertung von Forderungen und Ausleihungen muss im Rahmen des *Niederstwertprinzips* weiteren Aspekten Rechnung getragen werden.

Gibt es Indikatoren, die darauf hindeuten, dass bei einer bestimmten Forderung oder bei einer Ausleihung ein Ausfallrisiko droht, das über das durch einen Pauschalsatz berücksichtigte allgemeine Kreditrisiko hinausgeht, so muss diese Forderung individuell auf den voraussichtlich noch eingehenden Betrag, den so genannten *wahrscheinlichen* Wert, abgewertet werden.

Auch der Zinssatz, zu dem sich die Ausleihung oder Forderung verzinst, spielt für die Bewertung eine Rolle. Unverzinsliche oder niedrig verzinsliche Forderungen des Umlaufvermögens müssen mit ihrem Barwert auf Basis des marktüblichen Zinssatzes bzw. auf Basis der Differenz zwischen dem marktüblichen und dem vereinbarten niedrigeren Zins abgezinst werden, soweit nicht aus Vereinfachungsgründen bei einer Restlaufzeit von drei Monaten oder weniger darauf verzichtet werden darf. (Die in den Kommentaren neuerdings gewählte Frist von einem Jahr droht diese Vorschrift für das Umlaufvermögen zu unterlaufen.) Entsprechende Abzinsungen sind bei Ausleihungen des Anlagevermögens zulässig, wenn der marktübliche Zins voraussichtlich vorübergehend über den vereinbarten Zins gestiegen ist, und sie sind erforderlich, sofern dies voraussichtlich dauernd geschehen ist, speziell also wenn die Ausleihung unverzinslich ist. Da sich mit abnehmender Restlaufzeit die Diskontierung immer weniger auswirkt, wächst der Wert der Forderung oder Ausleihung bis zur Fälligkeit auf den Rückzahlungsbetrag an. Die Diskontierungspflicht im Zeitpunkt der Entstehung der Forderung oder Gewährung der Ausleihung sorgt also dafür, dass später durch die jährliche Aufwertung eine marktübliche Verzinsung erreicht wird.

Bei Forderungen und Ausleihungen in fremder Währung *(Valutaforderungen)* ist zusätzlich zum Zins auch die Entwicklung des Kurses der entsprechenden Währung zu berücksichtigen. Bei der Form der Berücksichtigung kommt es auf die Fristigkeit und die Frage an, ob Kurssicherungsgeschäfte getätigt wurden. Eine langfristige Forderung oder Ausleihung, die nicht abgesichert wurde, ist mit dem Minimum aus ihren Anschaffungskosten einerseits und dem beizulegenden Wert andererseits zu bewerten, der sich aus dem (niedrigeren) Geldkurs der Währung am Bilanzstichtag ergibt. Deuten die zum Stichtag notierten Terminkurse per Fälligkeitstermin insbesondere im Vergleich zur Zinsdifferenz auf ein weiteres Sinken des Kurses, so wird auch dieser absehbaren Entwicklung Rechnung getragen, insbesondere wenn sie nachhaltig zu sein scheint. Bei kurzfristigen Valutaforderungen gilt zwar im Grundsatz ebenfalls das Niederstwertprinzip, wonach nur ein verglichen mit dem Kurs zum Entstehungszeitpunkt niedrigerer Geldkurs am Bilanzstichtag relevant ist, aus Praktikabilitätserwägungen wird aber teilweise auch eine allgemeine Bewertung kurzfristiger Valutaforderungen zum Geldkurs des Bilanzstichtages für zulässig gehalten, solange auf der Grundlage dieser Bewertung keine nennenswerten unrealisierten Währungsgewinne vorweggenommen werden *(ADS, 6. Aufl., § 253 HGB Tz. 93 f.).* Ist die Forderung oder Ausleihung in fremder Währung allerdings abgesichert, etwa dadurch, dass ihr eine Verbindlichkeit in gleicher Währung, gleicher Höhe und mit gleicher Fälligkeit gegenübersteht (sog. „geschlossene Position"), dann entfällt die Notwendigkeit für eine Bewertung mit niedrigeren Stichtagskursen gemäß dem Niederstwertprinzip.

3.   Sorten

Bei Sorten – Banknoten und Münzen in ausländischer Währung – entsprechen die Anschaffungskosten dem Betrag, der zum Erwerb aufgewendet wurde. Nach dem Niederstwertprinzip sind Abschreibungen erforderlich, wenn der Geldkurs am Bilanzstichtag unter den historischen Anschaffungskurs sinkt und der Bestand an Sorten nicht durch Valutaverbindlichkeiten in gleicher Höhe und Währung abgesichert ist. Auch bei Sorten dürfte es allerdings zulässig sein, aus Vereinfachungsgründen allgemein mit dem Geld- oder Mittelkurs des Bilanzstichtags umzurechnen *(Stellungnahme des Bankenfachausschusses des IdW 2/1960, WPg 1960, S. 141),* sofern dadurch keine nennenswerten unrealisierten Währungsgewinne vorweggenommen werden.

4.   Pensionsrückstellungen

Soweit Pensionsrückstellungen gebildet werden müssen (für nach dem 31.12.1986 erworbene unmittelbare, nicht bloß pensionsähnliche Verpflichtungen) oder freiwillig gebildet werden, hängt ihr Wert von verschiedenen Faktoren ab. Wichtig ist zunächst der Umfang der Pensionszusage, die laufende Zahlungen vom Zeitpunkt des Erreichens der Pensionsgrenze bis zum Tod des Beschäftigten, zusätzliche Leistungen für den Fall der Invalidität und/oder zusätzlich Leistungen bis zum eventuell späteren Tod des Ehegatten beispielsweise beinhalten kann. Wichtig ist weiter das Alter des Beschäftigten sowie die Höhe des zu zahlenden Betrages, gegebenenfalls unter Berücksichtigung der voraussichtlichen Steigerungsraten, die der Betrag in der relevanten Zukunft erleben wird. Wichtig ist schließlich der Zinssatz, der der Barwertberechnung zugrunde gelegt wird.

Der *Zinssatz,* der im Prinzip an Geldanlagen mit ähnlich langer Laufzeit orientiert werden kann, wird praktisch häufig in Höhe des für die Steuerbilanz derzeit vorgeschriebenen Zinssatzes von 6 % festgelegt (§ 6a Abs. 3 Satz 3 EStG). Ein vergleichsweise niedriger Zins passt insoweit, als nach herrschender Meinung die künftig zu leistenden Zahlungen auf Basis des Entgeltniveaus am Abschlussstichtag zu schätzen sind, zu erwartende Steigerungsraten also unbeachtet bleiben. Die Angaben über die Lebenserwartungen und das Invaliditätsrisiko werden aus entsprechenden Tabellen für diese so genannten *„biometrischen Rechnungsgrundlagen"* entnommen, die von Spezialinstituten auf der Grundlage geeigneter Statistiken, speziell der „Allgemeinen deutschen Sterbetafel", errechnet werden.

Bei der Bewertung der Pensionsrückstellungen wird der Grundsatz der *Einzelbewertung* beachtet. Auf der Basis der Daten für jeden einzelnen Pensionsberechtigten wird dessen individueller Pensionsanspruch bestimmt. Die Gesamtrückstellung ergibt sich dann als Summe über die Einzelfälle. Das Prinzip der Bewertung eines Pensionsanspruchs soll zunächst allgemein erläutert und dann anhand einer Tabelle verdeutlicht werden.

Aus den biometrischen Rechnungsgrundlagen lassen sich die Wahrscheinlichkeiten dafür entnehmen, dass ein Pensionsberechtigter – ausgehend von dem Alter, in dem er die Pensionsgrenze erreicht – das nächste, das übernächste und alle folgenden Jahre bis zum Ende der Tabelle (inzwischen das Alter von 116 Jahren) erlebt. Multipliziert man nun diese Wahrscheinlichkeiten für das Erleben der einzelnen folgenden Jahre mit den für diese Jahre zu erwartenden Rentenzahlungen und zinst die sich so ergebenden „Rentenerwartungswerte" auf den Zeitpunkt ab, in dem die Pensionsgrenze erreicht wird, so bezeichnet die Summe der abgezinsten Beträge den Wert der Pensionszusage bei Erreichen der Pensionsgrenze *(Heubeck, Die Prüfung von Pensionsrückstellungen, S. 75 ff.).* Nach Erreichen der Pensionsgrenze verändern sich mit jedem weiteren Jahr die Wahrscheinlichkeiten dafür, dass der Pensionsberechtigte die nachfolgenden Jahre erlebt. Im Kern sinkt die Anzahl der noch zu erwartenden Lebensjahre und damit auch der Wert der Pensionszusage von Jahr zu Jahr.

Vor Erreichen der Pensionsgrenze lässt sich für jedes Alter des Beschäftigten der so genannte *Anwartschaftsbarwert* der Pensionszusage errechnen, indem der Wert der Pensionszusage bei Erreichen der

Pensionsgrenze mit dem gewählten Zinsfuß über die Zahl der noch „aktiven" Jahre bis zur Pensionierung abgezinst und mit den vom Lebensalter abhängigen Wahrscheinlichkeiten für das Erreichen der Pensionsgrenze und gegebenenfalls für den Eintritt der Invalidität multipliziert werden. (Zusätzlich kann auch der Fluktuation durch eine Wahrscheinlichkeit dafür Rechnung getragen werden, dass der Mitarbeiter bis zur Pensionsgrenze ohne Pensionsanspruch ausscheiden wird.) Da mit zunehmendem Alter über einen immer kürzeren Zeitraum abgezinst wird und z. B. auch die Wahrscheinlichkeit für das Erreichen der Pensionsgrenze steigt, wächst der Anwartschaftsbarwert bis zum Erreichen der Pensionsgrenze sukzessiv auf den Wert der Pensionszusage bei Erreichen der Pensionsgrenze an.

Der Anwartschaftsbarwert entspricht unter Berücksichtigung des Zinses und der Wahrscheinlichkeiten für das Erreichen der Pensionsgrenze und gegebenenfalls für den Eintritt der Invalidität dem vollen Wert für die Pensionszusage. Würde ein Anwartschaftsbarwert eines bestimmten Lebensalters über die Jahre bis zum Erreichen des Pensionsalters zum gewählten Zinsfuß angelegt, so wüchse er allein durch die Verzinsung fast auf den Wert der Pensionszusage bei Erreichen der Pensionsgrenze an. Die verbleibende Differenz stammt nur aus den zwei Faktoren, dass in den Jahren vorher die Wahrscheinlichkeit, die Pensionsgrenze zu erreichen, kleiner als 1 ist und – wenn die Pension auch bei Invalidität zu zahlen ist – dass das Invaliditätsrisiko mit steigendem Alter sinkt. Der Anwartschaftsbarwert wird daher auch *versicherungstechnische Einmalprämie* genannt. Bei der Bildung von Pensionsrückstellungen ist es aber nicht sinnvoll, den vollen Barwert auf einmal zurückzustellen. Grundlage der Zuführung zu den Pensionsrückstellungen ist vielmehr die Überlegung, dass über die bei dem jeweils erreichten Lebensalter noch zu erwartenden „aktiven" Jahre bis zur Pensionierung gleiche Beträge angespart werden sollen, die dann unter Berücksichtigung der Zinsen und Zinseszinsen zum Wert der Pensionszusage bei Erreichen der Pensionsgrenze, multipliziert mit der Wahrscheinlichkeit für das Erreichen der Pensionsgrenze, anwachsen.

Hinsichtlich des Zeitpunktes, in dem mit einem „Ansparen" der Pension begonnen wird, werden in der Literatur zwei Verfahren unterschieden. Bei der *Teilwertmethode* wird mit dem Zeitpunkt des Diensteintritts des Mitarbeiters, bei der *Gegenwartswertmethode* mit dem (teilweise später liegenden) Zeitpunkt der Pensionszusage begonnen. Die beiden Methoden stimmen bei einem betraglich festen Pensionsanspruch überein, wenn etwa aufgrund einer kollektiven Pensionsvereinbarung die Zusage schon bei Diensteintritt des Mitarbeiters vorliegt. Sie unterscheiden sich, wenn die Zusage erst Jahre nach dem Diensteintritt erfolgt. Während handelsrechtlich beide Methoden zulässig erscheinen (*Treuarbeit, Bilanzrichtlinien-Gesetz, S. 28*), ist steuerrechtlich nur die Teilwertmethode erlaubt. Die Teilwertmethode führt allerdings zu einem Problem, wenn die Pensionszusage erst Jahre nach Beginn des Diensteintritts gemacht wird. Da mit der Bildung der Pensionsrückstellung erst begonnen werden darf, wenn die Zusage erfolgt, muss bei der Teilwertmethode im Jahr der Zusage nachgeholt werden, was seit dem Diensteintritt des Mitarbeiters bis zum Zeitpunkt der Pensionszusage mangels Passivierbarkeit nicht zurückgestellt wurde. Um diese überproportionale Belastung zu mildern, besteht zumindest für die Steuerbilanz das Recht, den nachzuholenden Betrag gleichmäßig auf das Jahr der Pensionszusage und die beiden Folgejahre zu verteilen (§ 6a Abs. 4 Satz 3 EStG). Handelsrechtlich kann eine solche Drittelung allerdings zu nicht vertretbaren Werten führen (HFA 2/88, Punkt 4). Die folgende Graphik soll diese Zusammenhänge verdeutlichen:

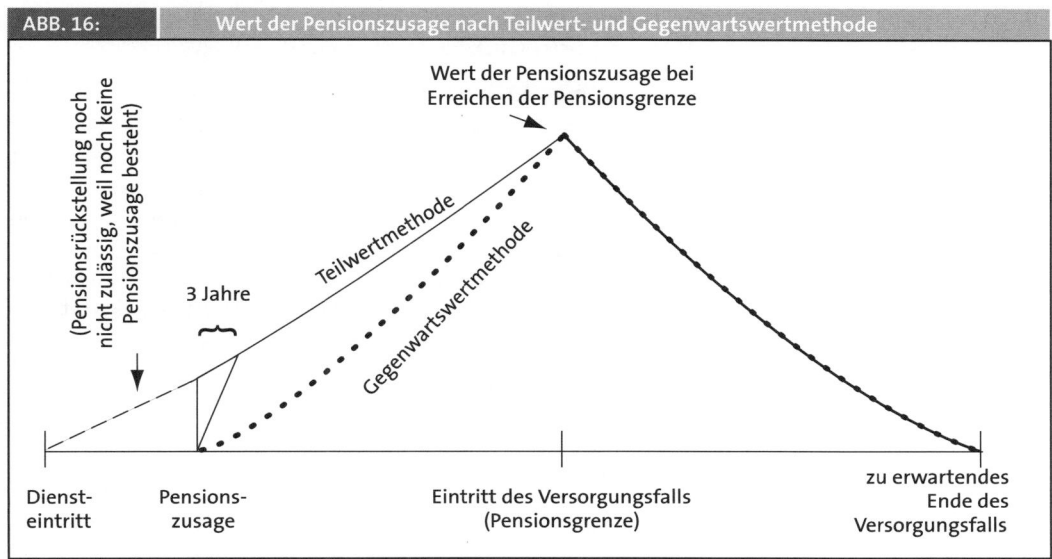

ABB. 16: Wert der Pensionszusage nach Teilwert- und Gegenwartswertmethode

Mit dem Zahlenbeispiel, das sich auf entsprechende Zahlen bei *Ellrott/Rhiel, in Beck Bil-Komm.,* *5. Aufl., § 249 Anm. 228,* stützt, soll für einen einfachen Fall gezeigt werden, wie unter Verwendung entsprechender Tabellen eine Pensionsrückstellung im Zeitablauf dotiert und aufgelöst wird. Die zugrunde gelegte Pension ist insoweit einfach, als eine hinsichtlich des Betrages festgelegte Pension über 1 000 € pro Jahr betrachtet wird.

Die folgenden Ausführungen fußen auf den Zahlen der *Tabelle 17* auf Seite 217.

Angenommen, ein Mitarbeiter tritt mit 30 Jahren in ein Unternehmen ein, das seinen Beschäftigten eine kollektive Pensionszusage gemacht hat. Mit seinem Eintritt besteht dann das Recht zur Bildung einer Pensionsrückstellung, soweit sich dies vor dem 1.1.1987 abspielte oder die Zusage mittelbar über eine Pensions- oder Unterstützungskasse gemacht wird, bzw. eine Pflicht zur Bildung einer Pensionsrückstellung, soweit der Anspruch unmittelbar ist und nach dem 31.12.1986 erworben wird. Im ersten Jahr sind dann 140 €, im zweiten 147 € und im dritten 154 € beispielsweise zurückzustellen, so dass die Rückstellung stets dem Teilwert (Spalte (3)) entspricht. Dabei mag verwundern, dass nicht – wie behauptet – jedes Jahr der gleiche Betrag, sondern wachsende Beträge zurückgestellt werden. Das Anwachsen der in jedem Jahr zurückgestellten Beträge resultiert aus verschiedenen Faktoren, insbesondere aber aus den folgenden drei Faktoren. Der bisher zurückgestellte Betrag muss verzinst werden, und da die Pensionsrückstellung jährlich wächst, nehmen auch die Zinsen von Jahr zu Jahr zu. Mit zunehmendem Alter steigt auch die Wahrscheinlichkeit, dass der Mitarbeiter die Pensions- grenze erreicht, was durch steigende Zuführungen berücksichtigt werden muss. Mit zunehmendem Alter sinkt allerdings das Risiko der Invalidität, so dass bezogen auf dieses Risiko im Zeitablauf immer weniger zurückgestellt werden muss.

Tritt der Mitarbeiter zwar mit 30 ein, erhält aber erst mit 40 die Pensionszusage, so wird sich der Wert der Pensionsrückstellung bei Zugrundelegung der (steuerlich nicht zugelassenen) Gegenwartswert- methode entsprechend den Zahlen in der Spalte (4) entwickeln. Bei Verwendung der Teilwertmetho- de dagegen werden entweder im ersten Jahr 1 959 € zurückgestellt oder es werden in den ersten drei

Jahren jeweils 653 (= 1 959 : 3) zuzüglich der jeweiligen Teilwertdifferenzen, also 885 (= 653 + 2 191./. 1959) bzw. 898 (= 653 + 2 436 ./. 2 191) der Pensionsrückstellung zugeführt.

Die Spalten (5) und (6) zeigen dann die planmäßige Auflösung der Rückstellung nach Erreichen der Pensionsgrenze. So werden im ersten Jahr 234 € (= 11 736 − 11 502) aufgelöst. Im Vergleich zur Jahrespension von 1 000 € mag dieser Betrag völlig unzureichend erscheinen. Es darf aber nicht vergessen werden, dass die Pensionsverpflichtung zu Beginn des Jahres mit 6 % zu verzinsen ist, also Zinsen von 704,16 € (= 11 736 · 0,06) berücksichtigt werden müssen. Unter Einbeziehung der Zinsen werden also aus der Pensionsrückstellung 938,16 € gedeckt. Der Rest von 61,84 € wird in einem großen Bestand von eingetretenen Versorgungsfällen dadurch aufgefangen, dass einige Versorgungsempfänger durch Tod ausscheiden, die für sie gebildeten Pensionsrückstellungen folglich voll aufgelöst werden können.

| Alter am Bilanzstichtag (1) | Anwartschafts-Barwert (2) | Eintrittsalter | | Alter am Bilanzstichtag (5) | Barwert = Teilwert ab Pensionierung mit 65 (6) |
		30 Teilwert (3)	40 Gegenwartswert (4)		
	€	€	€		€
31	2 199	140		66	11 502
32	2 320	287		67	11 265
33	2 448	441		68	11 023
34	2 581	602		69	10 776
35	2 720	770		70	10 524
36	2 866	947		71	10 265
37	3 018	1 131		72	10 001
38	3 177	1 324		73	9 730
39	3 343	1 526		74	9 449
40	3 518	1 737		75	9 162
				76	8 869
41	3 707	1 959	260	77	8 572
42	3 892	2 191	532	78	8 271
43	4 094	2 436	818	79	7 958
44	4 305	2 692	1 118	80	7 652
45	4 527	2 961	1 433	81	7 347
46	4 761	3 244	1 764	82	7 043
47	5 005	3 541	2 111	83	6 744
48	5 262	3 852	2 476	84	6 440
49	5 531	4 178	2 857	85	6 142
50	5 813	4 519	3 257	86	5 851
				87	5 570
51	6 107	4 876	3 674	88	5 299
52	6 414	5 248	4 109	89	5 039
53	6 732	5 634	4 562	90	4 791
54	7 062	6 033	5 030	91	4 541
55	7 401	6 445	5 512	92	4 295
56	7 748	6 866	6 006	93	4 064
57	8 101	7 297	6 512	94	3 829
58	8 461	7 736	7 028	95	3 598
59	8 828	8 185	7 557	96	3 393
60	9 207	8 648	8 104	97	3 205
				98	3 022
61	9 603	9 135	8 678	99	2 848
62	10 029	9 658	9 295		
63	10 504	10 240	9 981		
64	11 059	10 915	10 775		
65	11 736	11 736	11 736	116	Sterbetafelende

TAB. 17: Entwicklung von Anwartschafts-Barwert und Teilwert bei Pensionsverpflichtungen

(Ellrott/Rhiel, in Beck Bil-Komm., 5. Aufl., § 249 Anm. 228)

Inhalt der Tabelle 17 auf der vorigen Seite:

Entwicklung des Barwerts und des Teilwerts einer Pensionsverpflichtung über 1 000 € Jahrespension, fällig bei Invalidität oder Vollendung des 65. Lebensjahres mit 60 % Witwenrentenanwartschaft (kollektiv) ohne Wartezeit Männer – Zinsfuß 6 % – Tafeln von K. Heubeck RT 1998

5.   Leasing

Während im Handelsrecht die Frage noch umstritten ist, unter welchen Voraussetzungen gemietete Vermögensgegenstände beim Leasingnehmer zu bilanzieren sind (siehe S. 143), herrscht eine recht konkrete Vorstellung darüber, wie sie zu bewerten sind, wenn sie vom Leasingnehmer bilanziert werden. Diese Vorstellung unterscheidet sich von den Vorschriften des Steuerrechts zur Bewertung von Leasing-Gegenständen. (In der Steuerbilanz muss der Leasingnehmer als Wert die Anschaffungs- oder Herstellungskosten des Leasinggebers, vermindert um planmäßige Abschreibung gemäß Afa-Tabellen ansetzen. Dabei wird angenommen, dass der Leasingnehmer diese Anschaffungs- oder Herstellungskosten erfährt – eine Annahme, die nicht unproblematisch ist.)

Die Bewertung in der Handelsbilanz knüpft an den *Leasingraten* an, die der Leasingnehmer an den Leasinggeber zu zahlen hat. (*ADS, 6. Aufl., § 255 HGB Tz. 73*). Aus diesen Leasingraten werden die Beträge ausgesondert, die Entgelt für künftige besondere Leistungen des Leasinggebers – etwa wegen einer Wartung durch den Leasinggeber – darstellen. Die danach verbleibenden Leasingraten werden mit einem angemessenen, bei einer alternativen Finanzierung des Gegenstands zu erwartenden Zinssatz abgezinst und ergeben in ihrem Barwert die *Anschaffungskosten* des gemieteten Gegenstandes. Allerdings müssen diese Anschaffungskosten aufmerksam daraufhin überprüft werden, ob sie nicht höher sind als der aktuell beizulegende Wert – etwa die Wiederbeschaffungskosten – und damit dem *Niederstwertprinzip* widersprechen.

Nach Berücksichtigung des Niederstwertprinzips bedarf es natürlich bei abnutzbaren Anlagen einer planmäßigen Abschreibung.

Die Verbindlichkeit, die im Zeitpunkt des Zugangs der gemieteten Anlage dem Barwert aller künftigen Leasingraten entspricht, soweit diese nicht Entgelt für künftige besondere Leistungen des Leasinggebers darstellen, verändert sich durch den Ablauf der Zeit und durch Zahlung der Leasingraten. Es werden jeweils nur noch die in Zukunft fälligen Raten über die Zeiträume bis zur Fälligkeit diskontiert.

6.   Latente Steuern

a)   Geltungsbereich

Die schon mehrfach angesprochenen latenten Steuern bedürfen einer geschlossenen Erläuterung. Sie entstammen angelsächsischer Bilanzierungspraxis. Für das deutsche Recht scheinen sie neu zu sein. Weder das alte Handelsgesetzbuch noch die verschiedenen Fassungen des Aktiengesetzes bis 1965 einschließlich kannten latente Steuern explizit. Im Rahmen der allgemeinen Vorschriften über die Bildung von Rückstellungen mussten allerdings auch nach altem Recht künftige Steuerlasten zurückgestellt werden, wenn beispielsweise in der Steuerbilanz eine nach wenigen Jahren wieder erfolgserhöhend aufzulösende Rücklage gebildet wurde und deren Bildung mangels Maßgeblichkeit in der Handelsbilanz unterblieb (z. B. frühere Preissteigerungsrücklage nach § 74 EStDV).

Nach aktuellem Recht sind latente Steuern explizit in § 274 HGB geregelt. Da dieser Paragraph in den zweiten Abschnitt des dritten Buches eingeordnet wurde, welcher den ergänzenden Vorschriften für Kapitalgesellschaften i. w. S. gewidmet ist, entsteht der Eindruck, latente Steuern seien nur für Kapitalgesellschaften i. w. S., nicht aber für Personenunternehmen i. e. S. relevant. Dieser Eindruck täuscht aber wahrscheinlich. Zwar dürfen aktive latente Steuern nur von Kapitalgesellschaften i. w. S. angesetzt werden, passive latente Steuern aber entsprechen einem allgemeinen Prinzip, das sicher bezüglich der Gewerbeertragsteuer und gegebenenfalls des wahlweisen Ansatzes einer fiktiven Körperschaftsteuer analog § 264c Abs. 3 Satz 2 HGB *auch für Personenunternehmen* gilt (zum Grundsatz *ADS, 6. Aufl., § 274 Tz. 3; Glade, § 274 Tz. 38, zur Einkommensteuer Baumann, in Küting/ Weber, 4. Aufl., § 274 Rn. 2).*

b) Grundlagen

In § 274 HGB klingen zwei Grundlagen für die Bildung und Bewertung latenter Steuern an.

Obwohl es unmöglich ist und bleiben wird, den „Totalerfolg" eines Unternehmens zutreffend auf die einzelnen Jahre der Gesamtlebensdauer aufzuspalten, denn dazu müssten sich nicht zuletzt auch Abschreibungen richtig bemessen lassen, kann man sich bemühen, sachlich zusammengehörige Aufwendungen und Erträge stets derselben Periode zuzurechnen. Es soll gemäß dem GoB der *sachlichen Abgrenzung* (S. 89) vermieden werden, dass eine Periode die Aufwendungen, die andere aber die zugehörigen Erträge zugeordnet bekommt. Der Ansatz latenter Steuern entspricht diesem Grundgedanken.

Obgleich die handelsrechtlichen Periodenergebnisse allenfalls zufällig richtig sein werden, soll durch den Ansatz latenter Steuern der dem handelsrechtlichen Periodenergebnis sachlich zuzurechnende Steueraufwand unabhängig davon erfasst werden, wann er sich aus der Steuerbilanz ergibt.

Der Wert, mit dem latente Steuern in der Handelsbilanz angesetzt werden, wird in § 274 HGB relativ klar definiert. Passive latente Steuern sind „in Höhe der voraussichtlichen Steuerbelastung nachfolgender Geschäftsjahre" und aktive latente Steuern „in Höhe der voraussichtlichen Steuerentlastung nachfolgender Geschäftsjahre" zu bewerten. Damit wird aber nicht nur die Bewertung angesprochen. Es wird auch bestimmt, dass passive oder aktive latente Steuern nicht schon dann gebildet werden dürfen, wenn nur die Steuerlast des jeweiligen Jahres verglichen mit dem handelsrechtlichen Ergebnis zu niedrig bzw. zu hoch ist. Passive latente Steuern sind erst zu bilden, wenn in absehbarer Zukunft mit zusätzlichen, frühere Minderbelastungen ausgleichenden Steuermehrbelastungen zu rechnen ist. Die Bildung aktiver latenter Steuern setzt dementsprechend spätere Steuerminderbelastungen voraus. Ist davon auszugehen, dass das Unternehmen in den relevanten künftigen Perioden Verluste erleiden wird, so dass es nicht zu ausgleichenden Mehr- oder Minderbelastungen kommen wird, entfällt ein Ansatz latenter Steuern.

c) Zeitlich genau absehbare Differenzen („timing differences") als Voraussetzung zur Bildung latenter Steuern

Trotz des Maßgeblichkeitsprinzips stimmen in Deutschland Handels- und Steuerbilanz nicht stets und vollständig überein. Handelsrechtliche GoB sind nämlich für die Steuerbilanz nur insoweit maßgeblich, als ihnen steuerrechtliche Spezialvorschriften nicht entgegenstehen (S. 99 f.). Die Abweichungen zwischen Handels- und Steuerbilanz unterscheiden sich hinsichtlich ihres zeitlichen Charakters, und das ist für die Bildung latenter Steuern wichtig.

Zwischen Handels- und Steuerbilanz bestehen permanente, sich im Zeitablauf nicht ausgleichende Differenzen, wenn entweder bestimmte handelsrechtliche Aufwendungen steuerrechtlich nicht als Aufwendungen anerkannt werden oder wenn handelsrechtliche Erträge steuerfrei bleiben. Beispiele für steuerrechtlich nicht anerkannte Aufwendungen sind Spenden, die die Grenzen des § 9 KStG überschreiten, oder die Hälfte der Aufsichtsratsvergütungen nach § 10 Nr. 4 KStG, Beispiele für steuerfreie Erträge bestimmte Sanierungsgewinne (*WP-Handbuch 2000, Bd. I, F Tz. 241 ff.*). Bei *permanente Differenzen* passen zwar handelsrechtliches Ergebnis und Steueraufwand nicht zueinander, durch Vorverlagerung oder Verschiebung von Steueraufwendungen auf spätere Perioden lässt sich aber keine sachlich bessere Zuordnung der Steuern erreichen. Die Mehrbelastung durch Nichtanerkennung von Spenden etwa führt nicht zu einer späteren Minderbelastung. Permanente Differenzen können somit durch latente Steuern nicht ausgeglichen werden und lösen keine latenten Steuern aus.

Die Erfolge in Handels- und Steuerbilanz können sich auch unterscheiden, weil Aufwendungen und Erträge zwar summiert über mehrere Perioden in beiden Rechnungssystemen übereinstimmen, sich aber unterschiedlich auf die einzelnen Perioden verteilen. Die Unterschiede sind nur vorübergehender Natur; Mehraufwand oder Mehrertrag in dem einen System wird durch Mehraufwand bzw. Mehrertrag in dem anderen System später wieder ausgeglichen. Bei *vorübergehenden Unterschieden* besteht im Prinzip die Möglichkeit, durch Neuzuordnung der Steuerlasten handelsrechtlichen Erfolg und Steueraufwand sachlich besser aufeinander abzustimmen. Damit latente Steuern gebildet werden können, muss der Unterschied allerdings nicht nur vorübergehend sein, sondern er muss auch innerhalb eines genau absehbaren Zeitraums ausgeglichen werden.

Der Zeitraum, innerhalb dessen sich die Unterschiede zwischen Handels- und Steuerbilanz wieder ausgleichen, kann genau absehbar oder nicht genau absehbar sein. *Nicht genau absehbar* ist er beispielsweise, wenn in der Handelsbilanz ein Grundstück oder eine Beteiligung außerplanmäßig abgeschrieben wird, ohne dass diese außerplanmäßige Abschreibung auch in der Steuerbilanz angesetzt werden darf. Zum Ausgleich kommt es in diesem Fall nämlich nur, wenn das Grundstück bzw. die Beteiligung in der Handelsbilanz später wieder zugeschrieben werden muss, verkauft oder im Zuge der Unternehmensauflösung verwertet wird. Allerdings ist unklar, welcher der Fälle relevant wird und wann das sein wird. Der Zeitraum ist dagegen *genau absehbar*, wenn beispielsweise ein Betriebsgebäude in Handels- und Steuerbilanz unterschiedlich abgeschrieben wird (vgl. S. 133 f.), oder wenn nur in der Handelsbilanz zunächst eine Rückstellung für unterlassene Aufwendungen für eine Instandhaltung gebildet wird, die in den letzten 9 Monaten des Folgejahres durchgeführt werden soll, und wenn diese Rückstellung im Folgejahr wieder aufgelöst wird (vgl. S. 124 f.). Die herrschende Meinung geht davon aus, dass *nur bei zeitlich genau absehbaren vorübergehenden Unterschieden ("timing differences")* zwischen Handels- und Steuerbilanz latente Steuern relevant werden.

d)   Latente Steuern bei Aktivierung von Aufwendungen für Ingangsetzung und Erweiterung in der Handelsbilanz

Für einige Autoren gibt es auch insoweit keine Möglichkeit zur Bildung von Rückstellungen für latente Steuern, als in der Handelsbilanz Aufwendungen für die Ingangsetzung und Erweiterung des Geschäftsbetriebs entsprechend dem Ansatzwahlrecht des § 269 HGB aktiviert werden. In der Steuerbilanz ist die Aktivierung verboten, weil Ingangsetzungskosten kein Wirtschaftsgut darstellen. Die verschiedenartige Vorgehensweise führt eindeutig zu einer zeitlich genau absehbaren Differenz, denn die Ingangsetzungs- und Erweiterungsaufwendungen müssen in der Handelsbilanz nach spätestens 5 Jahren vollständig abgeschrieben sein (§ 282 HGB). Für die Ablehnung des Ansatzes latenter Steuern bedarf es folglich eines anderen Grundes. Dieser Grund wird darin gesehen, dass die durch das steuerliche Verbot zur Aktivierung von Ingangsetzungs- und Erweiterungskosten in den Folgejahren fehlenden steuerlichen Abschreibungen keiner Vorsorge durch eine Rückstellung für latente Steuern bedürfen. Mit der vollen steuerlichen Gewinnminderung im Jahr der Entstehung der Ingangsetzungs- und Erweiterungskosten sei „der steuerliche Vorgang abgeschlossen ... Es ist völlig unbegründet, eine Rückstellung zu bilden, wenn ein Vorsorgebedarf für eine spätere Steuerzahlung unstrittig nicht besteht." *(Siegel, DStR 1986, S. 590)*

Diese Argumente überzeugen m. E. nur dann, wenn man die steuerliche Behandlung der Ingangsetzungs- und Erweiterungskosten für richtig, die Aktivierung in der Handelsbilanz dagegen für falsch hält und es gleichzeitig ablehnt, für falsche handelsrechtliche Periodenabgrenzungen latente Steuern zu bilden *(Bareis, BB 1985, S. 1236, Bordewin, DStZ 1986, S. 90 f.)*. Interpretiert man dagegen latente Steuern als Ausfluss des Grundsatzes sachlicher Abgrenzung und akzeptiert die handelsrechtliche Periodenabgrenzung als gegeben – egal, ob richtig oder falsch –, dann sind auch in diesem Fall latente Steuern zu bilden. Aufgrund fehlender Abschreibungsmöglichkeiten in der Steuerbilanz sind, verglichen mit den handelsrechtlichen Ergebnissen, innerhalb eines genau absehbaren Zeitraums zu hohe Steuerbelastungen zu erwarten, während im Jahr der Aktivierung in der Handelsbilanz vergleichsweise zu wenig Steuern anfallen. Die künftigen, gemessen am Handelsbilanzergebnis überhöhten Steuerlasten, drohen auch solange real, als das Unternehmen in Zukunft steuerlich mit Gewinnen zu rechnen hat *(Schildbach, DB 1988, S. 57 ff.)*.

e) Konkrete Anlässe zur Bildung latenter Steuern in der Handelsbilanz

Zur Bildung latenter Steuern kommt es, wenn Aufwendungen oder Erträge in Handels- und Steuerbilanz in unterschiedlichen Perioden erfasst werden, diese Unterschiede sich aber in genau absehbaren Zeiträumen wieder ausgleichen. Weist zunächst die Handelsbilanz höhere Erfolge aus als die Steuerbilanz, so erfolgt der Ausgleich über passive latente Steuern, und für sie besteht eine Ansatzpflicht. Ist dagegen zunächst der steuerliche Gewinn höher als der handelsrechtliche, so müsste dies durch Bildung aktiver latenter Steuern ausgeglichen werden. Für aktive latente Steuern besteht aber nur ein Ansatzwahlrecht, das zudem nur den Kapitalgesellschaften i. w. S. gewährt wird. Personenunternehmen i. e. S. ist der Ansatz aktiver latenter Steuern verboten. In jedem Falle dürfen latente Steuern allerdings nur unter der zusätzlichen Bedingung angesetzt werden, dass in den Perioden, in denen mit dem Ausgleich der Ergebnisunterschiede zwischen Handels- und Steuerbilanz gerechnet wird, zusätzliche Steuerlasten drohen bzw. Steuerentlastungen zu erwarten sind.

Die wichtigsten konkreten Anlässe, die zur Bildung latenter Steuern führen können – wenn nämlich die zuletzt genannte Bedingung erfüllt ist und wenn bei aktiven latenten Steuern das Ansatzwahlrecht ausgeübt wird –, lassen sich kurz folgendermaßen charakterisieren.

α)   <mark>Wichtige Anlässe für passive latente Steuern</mark>

▶ Gebäude, die zu einem Betriebsvermögen gehören, die nicht Wohnzwecken dienen und für die der Antrag auf Baugenehmigung nach dem 31.3.1985 gestellt worden ist, müssen grundsätzlich nach § 7 Abs. 4 Satz 1 Nr. 1 EStG in der Steuerbilanz jährlich um 3 % abgeschrieben werden. Handelsrechtlich kann eine längere Nutzungsdauer als 33 Jahre unterstellt werden. Trotz der verhältnismäßig langen Fristen bis zum Ausgleich der zeitlich genau absehbaren Differenzen sind in diesem Fall passive latente Steuern zu bilden (*Berger/Fischer, in Beck Bil-Komm., 5. Aufl., § 274 Anm. 27*).

▶ Wenn bei steigenden Preisen Stoffeverbräuche in der Handelsbilanz nach der FIFO-Fiktion – und damit vergleichsweise niedrig – bewertet werden, während in der Steuerbilanz die Bewertung zum höheren Durchschnittswert vorgegeben ist, kommt es zum Ausgleich, sobald in den späteren Perioden auch die später bezogenen teureren Stoffe in der Handelsbilanz verbraucht werden.

▶ Aufwendungen für die Ingangsetzung und Erweiterung des Geschäftsbetriebs dürfen nur in der Handelsbilanz aktiviert werden. Geschieht dies, so kommt es zu einer zeitlich genau absehbaren Differenz zur Steuerbilanz, die aber nach spätestens 5 Jahren wieder aufgehoben ist, weil der in der Handelsbilanz aktivierte Betrag über maximal diese Frist abgeschrieben werden muss. Ob latente Steuern auch in diesem Fall zu bilden sind, war umstritten (S. 220 f.), dürfte inzwischen aber herrschende Meinung sein (*Berger/Fischer, in Beck Bil-Komm., 5. Aufl., § 274, Anm. 29; Commandeur, in Küting/Weber, 4. Aufl., § 269 Rn. 61*).

β)   <mark>Wichtige Anlässe für aktive latente Steuern</mark>

▶ Die Herstellungskosten dürfen handelsrechtlich in Höhe der „Einzelkosten" und damit erheblich niedriger als steuerrechtlich angesetzt werden. Wird in der Handelsbilanz von diesem Recht Gebrauch gemacht, so entsteht eine zeitlich genau absehbare Differenz zwischen Handels- und Steuerbilanz, die sich aufhebt, sobald der selbst erstellte Vermögensgegenstand wieder ausscheidet (verkauft wird oder abgeschrieben ist).

▶ Wenn bei steigenden Preisen, statt – wie oben – mit FIFO, mit LIFO bewertet und von dem Recht nach § 6 Abs. 1 Nr. 2a EStG, die LIFO Bewertung auch in die Steuerbilanz zu übernehmen, nicht Gebrauch gemacht wird, kommt es ebenfalls zu einer zeitlich genau absehbaren Differenz, allerdings mit umgekehrtem Vorzeichen.

▶ Werden beim abnutzbaren Anlagevermögen oder beim Umlaufvermögen Abschreibungen in der Handelsbilanz höher bemessen als in der Steuerbilanz, so ergeben sich zeitlich genau absehbare Differenzen, die spätestens nach Ablauf der Nutzungsdauer der Anlagen bzw. bei Ausscheiden der Gegenstände des Umlaufvermögens wieder ausgeglichen sind. Die Abschreibungen in der Handelsbilanz können dabei größer sein,
  – weil kürzere Nutzungsdauern als in den AfA-Tabellen gewählt wurden, speziell
  – weil ein derivativer Firmenwert handelsrechtlich über 4 Jahre abgeschrieben werden kann, steuerrechtlich aber über 15 Jahre abgeschrieben werden muss,
  – weil höhere als die steuerrechtlich maximal zulässigen Sätze (§ 7 Abs. 2 EStG) gewählt wurden,
  – weil „außerplanmäßige" Abschreibungen in der Steuerbilanz schon in der Vergangenheit an strengere Voraussetzungen gebunden waren und in der Form der Teilwertabschreibung durch das Steuerentlastungsgesetz 1999/2000/2002 auf voraussichtlich dauernde Wertminderungen eingeschränkt wurden (§ 6 Abs. 1 Nr. 1 und 2 EStG),

- weil handelsrechtlich gemäß § 253 Abs. 3 Satz 3 HGB auf einen niedrigeren Zukunftswert abgeschrieben wird, was steuerrechtlich verboten ist.

▶ Wenn in der Handelsbilanz von dem Ansatzwahlrecht Gebrauch gemacht wird, ein Disagio nicht zu aktivieren, so tritt eine zeitlich genau absehbare Differenz zur Steuerbilanz auf, weil steuerlich das Disagio aktiviert werden muss. Über die Laufzeit des zugehörigen Darlehens gleicht sich diese Differenz wieder aus.

▶ Eine zeitlich genau absehbare Differenz entsteht auch dann, wenn der derivative Firmenwert gemäß dem Ansatzwahlrecht des § 255 Abs. 4 HGB in der Handelsbilanz nicht aktiviert wird, während er in der Steuerbilanz aktiviert und inzwischen auch über 15 Jahre abgeschrieben werden muss. Nach diesen 15 Jahren ist die Differenz allerdings wieder ausgeglichen.

▶ Während der Kapitalisierungszins für Pensionsrückstellungen in der Steuerbilanz auf 6 % festgelegt ist (§ 6a Abs. 3 Satz 3 EStG), darf handelsrechtlich auch ein niedrigerer Zins verwendet werden, wodurch sich eine höhere Pensionsrückstellung in der Handelsbilanz ergibt. Die zunächst niedrigeren handelsrechtlichen Gewinne werden aber bis zum Ende des Versorgungszeitraums durch niedrigere steuerrechtliche Gewinne ausgeglichen, da bis zu diesem Zeitpunkt die Pensionsrückstellung für den jeweiligen Mitarbeiter wieder aufzulösen ist.

▶ Rückstellungen für bestimmte Aufwendungen nach § 249 Abs. 2 HGB dürfen nur in der Handelsbilanz gebildet werden. Werden sie in der Handelsbilanz angesetzt, so entsteht eine zeitlich genau absehbare Differenz zur Steuerbilanz, die sich auflöst, sobald die für die Zukunft antizipierten Aufwendungen zu Auszahlungen oder Verbindlichkeiten führen, welche sich auch in der Steuerbilanz niederschlagen.

▶ Die gleichen Effekte ruft die Rückstellung für künftige Ausgleichsansprüche von Handelsvertretern nach § 89b HGB hervor, die nur in der Handelsbilanz gebildet werden darf.

▶ Bei Ausübung des Wahlrechts, Rückstellungen für unterlassene Aufwendungen für Instandhaltung dann in der Handelsbilanz anzusetzen, wenn sie erst innerhalb der letzten 9 Monate des folgenden Geschäftsjahres nachgeholt werden sollen, entsteht eine zeitlich genau absehbare Differenz zur Steuerbilanz, denn in der Steuerbilanz darf für diesen Zweck eine Rückstellung nicht gebildet werden. Schon im folgenden Jahr gleicht sich diese Differenz aber wieder aus, weil die Rückstellung in der Handelsbilanz wieder aufgelöst werden muss.

▶ Zeitlich genau absehbare Differenzen zwischen Handels- und Steuerbilanz ergeben sich auch aus dem Verbot zum Ansatz von Rückstellungen für drohende Verluste aus schwebenden Geschäften für Wirtschaftsjahre, die nach dem 31.12.1996 enden (§ 5 Abs. 4a EStG). Allerdings muss sich der Zeitpunkt, zu dem die Verluste eintreten und steuerlich wirksam werden, genau absehen lassen.

▶ Gemäß Steuerentlastungsgesetz 1999/2000/2002 müssen Rückstellungen in der Steuerbilanz mit einem Zinssatz von 5,5 % abgezinst werden (§ 6 Abs. 1 Nr. 3a Buchstabe e EStG). Handelsrechtlich hingegen dürfen nach § 253 Abs. 1 letzter Halbsatz HGB Rückstellungen „nur abgezinst werden, soweit die ihnen zugrunde liegenden Verbindlichkeiten einen Zinsanteil enthalten". Wenn die unterschiedlichen Regelungen zu zeitlich genau absehbaren Differenzen führen, darf diesen durch Ansatz aktiver latenter Steuern Rechnung getragen werden.

f)   Bewertung latenter Steuern

Da es um die voraussichtlichen Steuerbelastungen und Steuerentlastungen künftiger Geschäftsjahre auf der Basis der Erfolge des bilanzierenden Unternehmens geht, wird auf die von Unternehmen zu bilanzierenden Ertragsteuern abgestellt. Sie umfassen bei Kapitalgesellschaften die (vom Hebesatz abhängige) Gewerbeertragsteuer und die einheitliche Körperschaftsteuer von 25 % bzw. ab 2008 von 15 % zuzüglich des darauf entfallenden Solidaritätszuschlags von 5,5 %. Für Personenhandelsgesellschaften im Sinne des § 264a HGB stellt § 264c HGB inzwischen klar, dass auf das Privatvermögen entfallende Aufwendungen nicht in die GuV aufgenommen werden dürfen. Zugleich wird aber erlaubt, im Anschluss an den Jahresüberschuss/Jahresfehlbetrag die fiktive Steuerbelastung auszuweisen, wie sie sich auf Basis der Besteuerung der als Komplementär fungierenden Kapitalgesellschaft für alle Gesellschafter ergäbe. Das spricht dafür, dass bei Personenhandelsgesellschaften im Rahmen der latenten Steuern die Gewerbeertragsteuer berücksichtigt werden muss und eine fiktive Ertragsteuerbelastung in Höhe der Körperschaftsteuer zuzüglich des Solidaritätszuschlags einer vergleichbaren Kapitalgesellschaft berücksichtigt werden darf.

In § 274 HGB wird obendrein klar bestimmt, dass passive latente Steuern „in Höhe der voraussichtlichen Steuerbelastung nachfolgender Geschäftsjahre" und aktive latente Steuern „in Höhe der voraussichtlichen Steuerentlastung nachfolgender Geschäftsjahre" anzusetzen sind. Damit sind zur Berechnung der latenten Steuern die *Steuersätze der künftigen Jahre* relevant, in denen sich der Unterschied wieder ausgleichen wird *(liability-Methode)*. Die Notwendigkeit, von künftigen Steuerbelastungen auszugehen, darf allerdings nicht überbewertet werden. Angesichts der beschränkten Prognosefähigkeiten der Menschen dürfte es im Regelfall ausreichen, anzunehmen, dass die derzeitigen Steuersätze auch in Zukunft gelten werden. Nur wenn es genügend Hinweise darauf gibt, dass in den Jahren, in denen sich der Unterschied zwischen Handels- und Steuerbilanz wieder ausgleichen wird, andere Verhältnisse herrschen werden – neue Steuersätze gelten werden oder angesichts von Verlusten keine Steuern zu zahlen sein werden –, muss entsprechend den vorliegenden Informationen mit den künftig zu erwartenden Steuersätzen gerechnet werden. Jeder Veränderung derartiger Erwartungen muss im nächsten Jahresabschluss unmittelbar Rechnung getragen werden, so dass bei laufend veränderten Erwartungen die latenten Steuern sich auch aus diesem Grunde von Jahr zu Jahr ändern können.

Nachdem die lang ersehnte Steuerreform in Form des Steuerentlastungsgesetzes vom 14.7.2000 durch Zustimmung des Bundesrates verabschiedet worden ist, sind die früheren Probleme aus dem gespaltenen Körperschaftsteuersatz künftig gegenstandslos. Vom Jahre 2001 an wird auf einbehaltene und thesaurierte Gewinne einheitlich eine Körperschaftsteuer von 25 % (bis 2007) bzw. 15 % (ab 2008) erhoben werden. Bei einem Gewerbesteuer-Hebesatz von 400 % ergibt sich daraus unter Berücksichtigung des Solidaritätszuschlags von 5,5 % eine für die Berechnung der latenten Steuern relevante Ertragsteuerbelastung einer Kapitalgesellschaft von etwa 38,6 % (bis 2007) bzw. 29,8 % (ab 2008). Die bei Gewinnausschüttung zusätzliche Ertragsteuerbelastung der Gesellschafter dagegen stellt keine Belastung der Gesellschaft, sondern eine der Gesellschafter dar und darf dementsprechend nicht in die Berechnung der latenten Steuern einbezogen werden.

g)   Zur Saldierung aktiver und passiver latenter Steuern

Obwohl die Frage im HGB nicht ausdrücklich behandelt wird, sprechen verschiedene Argumente dafür, dass aktive und passive latente Steuern saldiert werden dürfen. Im Regierungsentwurf war explizit ein Saldierungsverbot vorgesehen, das in das Gesetz aber nicht übernommen wurde, worauf in der Begründung auch ausdrücklich hingewiesen wird. Ferner dürfte der Wortlaut des § 274 HGB so zu verstehen sein, dass der Gesetzgeber von einer saldierten Gesamtbetrachtung aller vorübergehenden zeitlichen Unterschiede zwischen handels- und steuerrechtlichem Ergebnis als Grundlage für die Berechnung latenter Steuern ausgeht, was bedeutet, dass auch die latenten Steuern selbst nur noch als Saldo ermittelt werden können, indem sich Steuerbelastungen mit Steuerentlastungen teilweise kompensieren. Die Passivierungspflicht nach § 274 Abs. 1 HGB erstreckt sich dann nur auf den eventuellen passiven Saldo und das Aktivierungswahlrecht nach § 274 Abs. 2 HGB nur auf den eventuellen aktiven Saldo.

Im Interesse größerer Klarheit ist allerdings auch ein Bruttoausweis in der Bilanz zulässig, etwa in Form des Ausweises der unsaldierten aktiven und passiven latenten Steuern auf beiden Seiten der Bilanz – dann besteht aber für aktive latente Steuern insoweit grundsätzlich eine Aktivierungspflicht, als ihnen passive latente Steuern gegenüberstehen – oder in Form der Angabe der Bruttobeträge in einer Vorspalte.

Der unsaldierte Ausweis kann aus Vorsichtsgründen geboten sein, wenn Steuerbelastungen und Steuerentlastungen in sehr unterschiedlichen Zeiträumen ausgeglichen werden. Sofern sich zusätzlich die vorgezogenen Steuerbelastungen deutlich früher in effektiven Steuern niederschlagen werden als die vorgezogenen Steuerentlastungen, ist sogar ausnahmsweise ein Ausweis nur des Bruttobetrags passiver latenter Steuern möglich. Der Grund liegt wieder im Vorsichtsprinzip und in den höchst unterschiedlichen Risiken bei aktiven und passiven latenten Steuern des beschriebenen Falls (*ADS, 6. Aufl., § 274 HGB Tz. 19 ff.*).

h)   Latente Steuern bei Verlust, Verlustvortrag und Verlustrücktrag

Die Probleme, die bei der Bewertung von latenten Steuern im Fall des Verlustvortrags entstehen, liegen in der Grundsatzentscheidung begründet, wonach aus Verlusten alleine keine latenten Steuern resultieren.

Wenn ein Unternehmen steuerrechtlich im Geschäftsjahr x einen Verlust erwirtschaftet hat, darf es diesen gemäß § 10 d EStG – gegebenenfalls in Verbindung mit § 8 Abs. 4 KStG – bis zu einem Betrag von 511 500 € vom Gewinn des Geschäftsjahrs x-1 abziehen (*Verlustrücktrag*). Soweit der Verlust des Jahres x die Einkünfte aus dem Jahre x-1 oder den Betrag von 511 500 € übersteigt, und soweit das Recht zum Rücktrag nicht in Anspruch genommen wurde, wird der verbliebene Verlust im Steuerrecht sukzessive von den Gewinnen nachfolgender Geschäftsjahre abgezogen (*Verlustvortrag*). Dabei werden – von x + 1 zu x + 2 usw. fortschreitend bis zur Erschöpfung des Verlustvortrags – die Gewinne der Folgejahre bis jeweils zu einem Betrag von 1 Mio € voll und darüber hinaus zu 60 % gemindert.

Im Zusammenhang mit dem Verlustvortrag liegt die Vermutung nahe, schon ein in Handels- und Steuerbilanz übereinstimmender Verlust führe zu latenten Steuern. Wenn beispielsweise bei einem Steuersatz von 40 % ein Unternehmen im Jahr x in Handels- und Steuerbilanz einen mangels Gewinn in dem vorangegangenen Jahr nicht rücktragbaren Verlust von 400 € und im Jahr x + 1 in beiden Bilanzen einen Gewinn von 600 € erzielt, so kann vermutet werden, dass der Verlust von 400 € wegen der Vortragsmöglichkeit im Jahr x + 1 Steuern in Höhe von $0,4 \cdot 400 = 160$ vermeide, und dass folglich im Jahr x aktive latente Steuern von 160 € gebildet werden dürfen.

Diese Vermutung entspricht nicht der derzeit herrschenden Meinung. Verluste alleine berechtigen nicht zum Ansatz aktiver latenter Steuern (*Baumann, in Küting/Weber, 4. Aufl., § 274 Rz. 42*). Die beiden Begründungen für die herrschende Ansicht sind allerdings nicht überzeugend. Wird zunächst darauf abgestellt, dass es in diesem Fall keine latenten Steuern geben könne, weil keine zeitlich genau absehbaren Ergebnisunterschiede zwischen Handels- und Steuerbilanz, sondern nur in beiden Bilanzen übereinstimmende Wechsel zwischen Verlust und Gewinn vorlägen, so überzeugt das Argument nicht. Aufgrund des Verlustvortrags im Steuerrecht belaufen sich die Ergebnisse dort nämlich auf:

Jahr x: ./. 400 + 400 (aus Verlustvortrag) =   0 und

Jahr x + 1:   600 ./. 400 (aus Verlustvortrag) = 200.

Unter Berücksichtigung des Verlustvortrags entsteht letztlich also doch ein zeitlich genau absehbarer Ergebnisunterschied zwischen Handels- und Steuerbilanz, der Grundlage für latente Steuern sein könnte. Der zweite Grund liegt in der großen Unsicherheit, denn nur wenn dem Verlust in späteren Jahren ein entsprechender Gewinn folgt, kommt es zu Steuerersparnissen, die durch aktive latente Steuern vorweggenommen werden könnten. Das aus den Grundsätzen ordnungsmäßiger Buchführung abgesicherte Vorsichtsprinzip stützt diese Argumentation zwar, Zweifel entstehen aber insoweit, als auch bei den vom Gesetz durch § 274 Abs. 2 HGB zugelassenen aktiven latenten Steuern künftige Steuerersparnisse vorweggenommen werden, die mit Unsicherheit behaftet sind (*vgl. auch Feldhoff/Langermeier, DStR 1991, S. 195 ff.*).

Dass bei in Handels- und Steuerbilanz übereinstimmenden Wechseln zwischen Verlusten und Gewinnen im Zeitablauf die Steuerlast, bezogen auf das handelsrechtliche Ergebnis, nicht durch latente Steuern bereinigt wird, hat Folgen. Die für die Bewertung der latenten Steuern laut § 274 HGB entscheidende voraussichtliche Steuerbelastung bzw. Steuerentlastung hängt davon ab, ob im Jahr der Ergebnisumkehr Gewinn erwirtschaftet wird oder nicht. Das gilt zumindest für den bisher betrachteten Fall des Verlustvortrags.

Ist also eine zeitlich genau absehbare Differenz zwischen Handels- und Steuerbilanz entstanden, die sich in Verlustjahren oder in den Jahren wieder auflöst, in denen durch Verlustvorträge Steuerlasten vermieden werden, so dürfen für diese Differenz latente Steuern nicht gebildet werden. Wurden bei Entstehen der Differenz für den Zeitraum der Auflösung noch Gewinne erwartet und folglich latente Steuern gebildet, so sind diese latenten Steuern aufzulösen, sobald die oben beschriebenen Erwartungen gehegt werden. Wenn auf der anderen Seite dagegen zeitlich genau absehbare Differenzen in Verlustjahren entstehen und sich in Gewinnjahren wieder auflösen, so sind nach überwiegender Meinung latente Steuern in Höhe der voraussichtlichen Steuerbelastung bzw. -entlastung zu bilden. Ein zum Zeitpunkt der Entstehung der Differenz laut § 274 HGB erforderlicher zu niedriger bzw. zu hoher Steueraufwand könne auch bei Steuern von Null nicht verneint werden (*Berger/Fischer, in Beck Bil-Komm., 5. Aufl., § 274 Anm. 66*).

Die Auswirkungen eines Verlustvortrags auf die latenten Steuern sollen durch ein einfach gehaltenes Beispiel verdeutlicht werden, bei dem wieder ein Steuersatz von 40 % angenommen wird (detaillierter *ADS, 6. Aufl., § 274 HGB Tz. 27-29*). Bei diesem Beispiel entstehen in den Jahren x − 1 und x zeitlich genau absehbare Differenzen, die sich in den beiden Jahren x + 1 und x + 2 wieder auflösen. Während normalerweise Gewinne erzielt werden, bringt das Jahr x handels- wie steuerrechtlich negative Ergebnisse. Der steuerliche Verlust von 400 ist mit 100 auf das Jahr x − 1 zurückzutragen, woraus auch der Steuerertrag von 40 (= 0,4 · 100) resultiert. Als Verlustvortrag verfügbar bleiben somit 300, die genau den steuerlichen Gewinn des Jahres x + 1 kompensieren. Hinsichtlich der latenten Steuern wird in dem Jahr x − 1 damit gerechnet, dass die Differenzen zwischen handels- und steuerrechtlichem Ergebnis zeitlich genau absehbar sind und in späteren Jahren zu höheren effektiven Steuerlasten führen. Daher werden passive latente Steuern in Höhe der künftig erwarteten Steuerlast gebildet. Der Verlust des Jahres x tritt unerwartet auf. Wegen des Verlustvortrags ist damit zu rechnen, dass im Jahr x + 1, in dem sich 200 der zeitlich genau absehbaren Differenz auflösen, keine Steuern anfallen werden. Damit ist für dieses Jahr keine Vorsorge mehr durch latente Steuern zu treffen. Die restlichen 100 der zeitlich genau absehbaren Differenz lösen sich im Jahr x + 2 auf. In diesem Jahr ist der steuerliche Gewinn und damit auch der Teil des steuerlichen Gewinns, der über das handelsrechtliche Ergebnis hinausgeht, mangels Verlustvortrag voll zu versteuern. Für x + 2 ist also, anders als für x + 1, den zusätzlichen Steuerlasten von $0,4 \cdot 100 = 40$ durch passive latente Steuern Rechnung zu tragen. Am Ende des Jahres x werden also nur noch passive latente Steuern von 40 für das Jahr x + 2 in der Bilanz benötigt. Da der Anfangsbestand 80 betrug, sind latente Steuern in Höhe von 40 aufzulösen.

TAB. 18:	Latente Steuern bei Verlustvortrag							
Jahr	Ergebnis		„timing" Differenz		Steueraufwand			latente Steuer in Bilanz (passiv)
	Handels-bilanz	Steuer-bilanz	im Jahr	kum.	laut Steuer-bilanz	latent	gesamt	
x − 1	300	100	200	200	40	80	120	80
x	− 300	− 400	100	300	− 40	− 40	− 80	40
x + 1	100	300	− 200	100	0	0	0	40
x + 2	200	300	− 100	0	120	− 40	80	0

Völlig anders ist die Situation bei Verlustrückträgen zu beurteilen. Wie sich in dem vorigen Beispiel schon andeutete und wie durch ein weiteres Beispiel verdeutlicht werden soll, beeinflussen steuerliche Verluste die Bewertung der latenten Steuern solange nicht, wie sie voll durch Verlustrückträge aufgefangen werden können *(Coenenberg/Hille, HdJ Abt. I/13 [2. Neubearbeitung 1994], Rn. 56; Baumann, in Küting/Weber, 4. Aufl., § 274 Rn. 39 f.).*

TAB. 19:	Latente Steuern bei Verlustrücktrag							
Jahr	Ergebnis		„timing" Differenz		Steueraufwand			latente Steuer in Bilanz (passiv)
	Handels-bilanz	Steuer-bilanz	im Jahr	kum.	laut Steuer-bilanz	latent	gesamt	
x − 1	500	200	300	300	80	120	200	120
x	− 300	− 200	− 100	200	− 80	− 40	− 120	80
x + 1	100	300	− 200	0	120	− 80	40	0

In dem Beispiel kann der steuerliche Verlust voll auf den Gewinn des Vorjahres zurückgetragen werden. Zeitlich genau absehbare Differenzen und latente Steuern sowie handelsrechtliche Ergebnisse und gesamte Steueraufwendungen stehen trotz des Verlustes sämtlich in dem idealen Verhältnis von 1 zu 0,4.

Fragen:

1. Die Technofix GmbH kauft am 1.9.2007 eine Maschine von der High-Tech AG. Für die Auswahl der Maschine fielen bei der Beschaffungsabteilung der Technofix GmbH Gemeinkosten in Höhe von 5 000 € an. Bezüglich der Maschine gelten folgende Daten:
   - Listenpreis der Maschine 200 000 € + 19 % USt;
   - es wird ein Rabatt von 15 % gewährt;
   - durch Barzahlung kann auf den Rechnungsbetrag ein Skonto von 2 % erzielt werden;
   - Frachtkosten an den Spediteur für den Transport der Maschine 595 € (incl. 19 % USt);
   - Kosten für Aufstellung und Montage der Maschine, die bei der Technofix GmbH anfallen ($2/3$ direkt zurechenbar, $1/3$ Gemeinkostenumlage) 3 000 €;
   - Kosten für ein zur Maschine gehörendes Aggregat, das vom liefernden Unternehmen am 1.11.2007 an die am 1.9.2007 gekaufte Maschine montiert wird: 14 280 € (Aggregat 10 000 €, Montage 2 000 € + 19 % USt, wobei Rabatt und Skonti nicht gewährt wurden);
   - am Ende des Jahres gewährt die High-Tech AG der Technofix GmbH auf alle an sie gezahlten Beträge einen Bonus von 10 %;
   - die Nutzungsdauer der Maschine beträgt 10 Jahre.
     a) Wie hoch sind die gesamten Anschaffungskosten der Maschine?
     b) Mit welchen Werten kann die Maschine am 31.12.2007 in der Bilanz angesetzt werden, wenn man die lineare Abschreibung wählt?
     c) Welche Form der Abschreibung müssen Sie wählen, wenn Sie steuerlich die Gewinne möglichst weit in die Zukunft legen wollen? Wie hoch ist in diesem Fall die Abschreibung im Jahr 2007?

2. Die Glücksfix AG stellt die selbst entwickelte Maschine x und die von der Technofix GmbH entwickelte Maschine y her.

   Dabei fallen für die Maschinen x und y folgende Kosten an:

	x	y
I. *Materialkosten*		
Rohstoff A	500	300
Rohstoff B	1 000	1 200
variable Materialgemeinkosten (6 %)	90	90
II. *Fertigungskosten[1]* (Fertigungsbereich I)		
– Löhne (Einzelkosten)	1 000	1 500
– gesetzliche Lohnnebenkosten (40 %)	400	600
– freiwillige Sozialleistungen (20 %) (variabel)	200	300
– innerbetriebliche Transportkosten[2]	100	150
– leistungsabhängige planmäßige Abschreibungen	200	200
– Sonderabschreibung	100	50
– Spezialwerkzeuge	100	–
– kalkulatorische Zinsen[3]	200	300

---

1   Der Fertigungsbereich I ist zu 20 % offenbar unterbeschäftigt, die restliche Unternehmung ist voll ausgelastet.

2   Die innerbetrieblichen Transportkosten sind zu 60 % variabel, zu 40 % fix.

3   50 % der Zinsen entfallen auf Fremdkapital, das zur Finanzierung der Herstellung entfällt; 30 % entfallen auf anderes Fremdkapital und 20 % auf Eigenkapital.

– Umlagen:[4]		
• Meister	120	80
• Fertigungskontrolle	70	90
• Miete	150	225
• Lohnbüro	60	60
• Sachversicherungen	20	25

III. *Forschung und Entwicklung*

Lizenz an die Technofix GmbH (je Maschine y 300 €)	–	300
Umlage F & E Abteilung[5]	280	180

IV. *Umlage Verwaltungskosten*	500	700
V. *Umlage Vertriebskosten*	250	350

a) Errechnen Sie die handelsrechtliche Wertunter- und -obergrenze der Maschinen x und y!

b) Wie hoch ist die steuerliche Wertunter- und -obergrenze?

c) Mit welchem Wert kann die Glücksfix AG die Maschinen x und y höchstens ansetzen, wenn
   – man auf dem Markt aufgrund eines neuen Konkurrenten nur noch einen Verkaufserlös in Höhe von 5 000 € für die Maschine x und 7 000 € für die Maschine y erzielen kann und
   – noch zusätzliche Verwaltungskosten von 300 € sowie Vertriebskosten von 400 € je Maschine x und y bis zum Verkauf entstehen?

3. Welche Probleme ergeben sich bei der Beantwortung der Fragen, ob und in welchem Umfang ein Unternehmen oder Teile eines Unternehmens unterbeschäftigt sind?

4. Wie ist ein unfertiges Erzeugnis in der Bilanz höchstens zu bewerten, wenn folgende Daten gegeben sind:

– angefallene Materialkosten	300 €
– Lohnkosten, die bei der Fertigung bisher für das Produkt direkt entstanden sind	600 €
– Lohnkosten, die bis zur Fertigstellung des Produktes noch entstehen	200 €
– noch entstehende Verwaltungskosten	250 €
– Kosten für die Verpackung des fertigen Produktes	100 €
– noch zu erwartende Vertriebskosten	220 €
– Listenpreis (ohne USt)	2 000 €
– Rabatt in Höhe von 20 %, der üblicherweise gewährt wird.	

5. Die Technofix GmbH hat am 1.1.2006 der Glücksfix AG ein langfristiges Darlehen zu folgenden Konditionen gegeben:

• Kredit nominal		1 000 000 €
• Ausgabebetrag		980 000 €
• Rückzahlungsbetrag		1 030 000 €
• Laufzeit:	5 Jahre	
• Zinssatz:	7 % (marktüblich)	

---

4   Die Umlagen haben zu 50 % variablen und zu 50 % fixen Charakter.

5   Die F & E Aufwendungen (Umlage) wurden für die Grundlagenforschung ausgegeben.

Wie ist dieses Darlehen am 31.12.2006
a) bei der Glücksfix AG
b) bei der Technofix GmbH zu bilanzieren und zu bewerten?

6. Die Technofix GmbH hat gegenüber ihrem Kunden Redselig eine Forderung aus einer Lieferung eines Computers in Höhe von 10 000 €.

a) Wie ist diese Forderung zu bewerten, wenn sie erst in zwei Jahren fällig wird und unverzinslich ist (Marktzinssatz 7 %)?
b) Wie ist die Forderung zu bewerten, wenn Redselig der Technofix GmbH einen in 3 Monaten fälligen und mit einer Bankbürgschaft gesicherten Wechsel gibt und zwei Monate später einen Insolvenzantrag stellt (zu erwartende Quote: 40 %)?
c) Die Technofix GmbH gewährt jedem Kunden Garantie für Computer. Im Durchschnitt fallen für diese Garantieleistungen 500 € je Computer an. Wie muss dieser Garantieverpflichtung Rechnung getragen werden?
d) Wie ist die Forderung zu bewerten, wenn – bei Fälligkeit innerhalb von 3 Monaten – mit einem konkreten Ausfallrisiko von 20 % gerechnet wird, derartige Risiken aber in den Pauschalwertberichtigungen in Höhe von 3 % berücksichtigt werden?

7. Die Technofix GmbH hält in ihrem Wertpapierdepot Aktien der Spekulanten AG. Geben Sie anhand des im Folgenden angegebenen Kursverlaufs die Höchst- und Mindestwertansätze für die Bilanzen 2006, 2007 und 2008 an, wobei Sie zwischen Anlagevermögen und Umlaufvermögen unterscheiden sollten!

Kurs am 30.6.2006	(Erwerbszeitpunkt)	210 €
Kurs am 31.12.2006	(Bilanzstichtag)	200 €
Kurs am 31.3.2007	(Zeitpunkt der Bilanzaufstellung)	150 €
Kurs am 31.12.2007	(Bilanzstichtag)	180 €
Kurs am 31.12.2008	(Bilanzstichtag)	230 €

(Gehen Sie davon aus, dass am 31.12.2006 mit längerfristig sinkenden Kursen, am 31.12.2007 mit steigenden Kursen gerechnet wurde. Unterstellen Sie ferner jeweils eine im Zeitablauf gleich bleibende Bilanzpolitik.)

8. Die Technofix GmbH bekommt am 29.10.2007 eine neue Maschine mit Anschaffungskosten von 100 000 € geliefert, deren handelsrechtliche Nutzungsdauer von 10 Jahren genau der betriebsgewöhnlichen Nutzungsdauer laut Afa-Tabelle entspricht.
a) Welche verschiedenen Abschreibungsmöglichkeiten bieten sich handelsrechtlich und steuerrechtlich für Anlagen einerseits, die im Jahr 2007 beschafft wurden, und für solche andererseits, die ab 2008 beschafft werden? Inwieweit bestehen noch Freiräume für Abschreibungen im Jahr des Anlagenzugangs?
b) Stellen Sie einen Abschreibungsplan auf Basis der linearen Abschreibung bei monatsgenauer Ersterfassung und einem ausreichend sicheren und erheblichen Restwert von 5 000 € auf!
c) Stellen Sie einen Abschreibungsplan auf Basis der Buchwertabschreibung bei einem Abschreibungssatz von 20 % und einem Restwert von 5 000 € auf!
d) Modifizieren Sie den Abschreibungsplan unter c) bei gegebener Nutzungsdauer und einem Abschreibungssatz von 20 % so, dass Abschreibungen möglichst früh angesetzt werden, wenn alternativ der Restwert am Ende der Nutzungsdauer
    d_1) Null € oder
    d_2) 5 000 € beträgt!
e) Stellen Sie einen Abschreibungsplan auf Basis der digitalen Abschreibung bei monatsgenauer Ersterfassung und einem Restwert von 4 300 € auf!

f) Welche möglichen Folgen für den Ausweis des Steueraufwands in der Handelsbilanz ergeben sich, wenn handelsrechtlich entsprechend dem Plan unter e) abgeschrieben wird, das Steuerrecht aber weder das Verfahren noch den Restwert anerkennt?

g) Bei der Anlage sei eine Abschreibung nach Maßgabe der Leistung wirtschaftlich begründet. Beschreiben Sie den Verlauf der Abschreibungsbeträge und der Restbuchwerte, wenn die Leistungen der Anlage in den 11 Jahren nachweislich 5, 11, 8, 24, 12, 36, 4, 20, 34, 6 bzw. 30 Leistungseinheiten betragen, die Gesamtleistung richtig geschätzt wurde und der Restwert am Ende der Nutzungsdauer 5 000 € beträgt!

9. Wegen des drastischen Rückgangs der Nachfrage nach Personalcomputern, die auf einer Fertigungsanlage — historische Anschaffungskosten 12 Mio. €, 8 Jahre nutzbar, Restwert dann Null, 3 Jahre alt und planmäßig linear abgeschrieben — gefertigt werden, war diese Anlage im zweiten Nutzungsjahr zusätzlich zu der mit der im ersten Jahr übereinstimmenden planmäßigen Abschreibung außerplanmäßig in Handels- und Steuerbilanz um weitere 3 Mio. € abgeschrieben worden. Im dritten Jahr jedoch erwies sich der Nachfragerückgang überraschenderweise als vorübergehend. Die Nachfrage ist sogar größer als im ersten Jahr.

Mit welchem Wert ist die Anlage in der Handelsbilanz der High-Tech AG zu bewerten bzw. mit welchen Werten darf sie bewertet werden?

10. Eine Unternehmung besitzt unter anderem eine größere Zahl von Werkzeugen wie z. B. Hämmer, Zangen, Schraubenzieher und Schraubenschlüssel, die in den Werkstätten laufend gebraucht werden. Nach welchen Verfahren können diese Werkzeuge in der Handelsbilanz angesetzt und bewertet werden? Geben Sie bei jedem Verfahren kurz an, welche zentralen Voraussetzungen für den Einsatz des jeweiligen Verfahrens gegeben sein müssen!

11. Im Laufe des Jahres 2006 veränderte sich bei der Rohstoff AG der Heizölbestand wie folgt:

Datum	Vorgang	Menge	Preis €/l	Wert in €
01.01.	Anfangsbestand	10 000	–,60	6 000
07.03.	Abgang	3 000		
24.04.	Zugang	10 000	–,67	6 700
05.06.	Abgang	6 000		
28.08.	Abgang	7 000		
16.10.	Zugang	12 000	–,56	6 720
13.11.	Abgang	2 000		

Geben Sie den Wert des Endbestandes per 31.12.2006 und der Verbräuche für das Jahr 2006 unter der Annahme an, der Preis des Heizöls sei am 31.12.2006 bei -,68 €/l angelangt und die Menge laut Inventur stimme mit der Menge laut Lagerbuchführung überein,

a) bei Verwendung der Methode der periodischen Durchschnittsbildung,
b) bei Verwendung der permanenten (gleitenden gewogenen) Durchschnittsbildung,
c) bei Verwendung des Perioden LIFO,
d) bei Verwendung des permanenten LIFO,
e) bei Verwendung der FIFO-Methode,
f) bei Verwendung des Perioden HIFO,
g) bei Verwendung des permanenten HIFO!
h) Statt der anfänglichen Annahme, der Preis des Heizöls liege am 31.12.2006 bei -,68 €/l, sei angenommen, der Preis sei am 31.12.2006 auf -,50 €/l gesunken. Welche Auswirkungen hat diese Veränderung auf den Wert des Verbrauchs und des Endbestandes des Heizöls im Jahr 2006?

i) Welche Folgen hat es, wenn zusätzlich zu dem unter h) angenommenen Preisrückgang zu erwarten ist, dass der Preis des Heizöls bis zum Juni 2007 weiter auf etwa -,45 €/l sinken wird?

j) Bei der Inventur hat sich – anders als anfänglich angenommen – herausgestellt, dass am 31.12.2006 nur 13 000 l Heizöl in den Tanks lagern. Welche Auswirkungen hat diese neue Information?

k) Unter welchen Voraussetzungen sind welche Verfahren steuerrechtlich zulässig?

12. Ein Lkw wird im Jahre 2005 für 130.000 € (Restwert 10 000 €) angeschafft. Seine Gesamtkilometerleistung wird auf 300 000 km geschätzt. Die Fahrleistung betrug im Jahr 2005: 20 000 km, im Jahr 2006: 30 000 km und im Jahr 2007: 40 000 km.

a) Wie hoch sind die Abschreibungen in den Jahren 2005, 2006 und 2007 bei leistungsbedingter Abschreibung?

b) Wie hoch sind die Abschreibungen in den Jahren 2006 und 2007, wenn sich 2006 herausstellt, dass die Gesamtleistung des Lkw nur 200 000 km beträgt?

13. Welche Sonderbehandlungen sieht das Steuerrecht für Anlagegüter mit vergleichsweise niedrigen Anschaffungs- oder Herstellungskosten vor, welche betraglichen Grenzen bestimmen die Einsatzbereiche dieser Sonderbehandlungen und wie steht es um die Vereinbarkeit der Sonderbehandlungen mit den handelsrechtlichen GoB?

14. Welche Unterschiede gibt es hinsichtlich der Bewertung von Beteiligungen an Personenhandelsgesellschaften und Kapitalgesellschaften?

15. Welche verschiedenen Daten müssen bei der Bewertung von Pensionsrückstellungen berücksichtigt werden?

16. Welche Ursachen aktiver und passiver latenter Steuern kennen Sie?

17. Welche Probleme gibt es bei der Bewertung latenter Steuern?

Literaturhinweise:

Da die Bewertung in der Handelsbilanz vor allem in den §§ 253-256 HGB (allgemein für Kaufleute) und den §§ 279-283 HGB (für Kapitalgesellschaften) geregelt wird, finden sich in den am Anfang des Teils 2 (S. 56) angegebenen Kommentaren unter den genannten Paragraphen intensivere Erörterungen der Bewertungsprobleme. Zusätzliche zusammenfassende Darstellungen bieten das Bonner Handbuch in der Einführung B S. 35-47 und Glade auf S. 160-265. Im WP-Handbuch 2000, Bd. I, werden die Bewertungsvorschriften auf S. 253-332 erläutert.

Auf Anschaffungskosten, Herstellungskosten und niedrigere Wertansätze geht im Detail ein: **Wohlgemuth, Michael,** in Handbuch des Jahresabschlusses in Einzeldarstellungen (HdJ), hrsg. von Klaus von Wysocki und Joachim Schulze-Osterloh, Abt. I/9 (Die Anschaffungskosten in der Handels- und Steuerbilanz), Abt. I/10 (Die Herstellungskosten in der Handels- und Steuerbilanz) und Abt. I/11 (Niedrigere Wertansätze in der Handelsbilanz).

Eine sehr detaillierte Analyse der Grundsätze der Bewertung liefert **Siegel, Theodor,** in Beck'sches Handbuch der Rechnungslegung, hrsg. von E. Castan, G. Heymann, E. Müller, D. Ordelheide und E. Scheffler, Teil B 161 (Allgemeine Bewertungsgrundsätze), B 165 (Besondere Bewertungsgrundsätze für das Anlagevermögen, das Umlaufvermögen und die Verbindlichkeiten), B 167 (Bewertungswahlrechte und Möglichkeiten der Abweichung von den Bewertungsgrundsätzen) und B 169 (Wertaufholung), München 1989.

Im Einzelnen gehen auf die Pensionsrückstellungen ein: **Schülen, Werner,** in Handbuch des Jahresabschlusses in Einzeldarstellungen (HdJ), hrsg. von Klaus von Wysocki und Joachim Schulze-Osterloh, Abt. III/7 (3. Bearbeitung 1997) und **Heubeck, Klaus:** Die Prüfung von Pensionsrückstellungen, Düsseldorf 1987.

VII. Die handelsrechtliche Gewinn- und Verlustrechnung

A. Grundlagen

Lernziel:
Sie sollen die Stellung der GuV innerhalb des Jahresabschlusses erkennen!

Die Gewinn- und Verlustrechnung ergänzt bei Einzelkaufleuten und Personenhandelsgesellschaften i. e. S. die Bilanz zum Jahresabschluss (§ 242 HGB). Bei Kapitalgesellschaften i. w. S. dagegen umfasst der Jahresabschluss neben der Bilanz und der Gewinn- und Verlustrechnung noch den Anhang (§ 264 HGB).

Da die handelsrechtliche Bilanz einerseits und die handelsrechtliche Gewinn- und Verlustrechnung andererseits über das System der doppelten Buchführung miteinander eng verbunden sind, haben die handelsrechtlichen Vorschriften zum Bilanzansatz und zur Bewertung unmittelbar Auswirkungen auf den Inhalt der Gewinn- und Verlustrechnung. Weil beispielsweise originäre immaterielle Wirtschaftsgüter nicht aktiviert werden dürfen, müssen alle Aufwendungen, die der Schaffung solcher Güter dienen, in der Periode erfasst und erfolgsmindernd berücksichtigt werden, in der sie entstanden sind. Auch die Ausübung etwa des Bewertungswahlrechts im Rahmen der Bestimmung der Herstellungskosten nach § 255 Abs. 2 und 3 HGB entscheidet nicht nur über die Werte in der Bilanz, sie legt zugleich fest, welche Bestandsveränderungen (Gesamtkostenverfahren) bzw. welche Herstellungskosten der zur Erzielung der Umsatzerlöse erbrachten Leistungen und sonstigen betrieblichen Aufwendungen (Umsatzkostenverfahren) zu erfassen sind. Mit dem Vollständigkeitsgebot, den gesetzlichen Vorschriften zu Bilanzansatz und Bewertung sowie mit den individuellen Entscheidungen zur Ausübung der vom Gesetzgeber in diesem Zusammenhang eingeräumten Wahlrechte liegt somit der *Umfang* der in der Gewinn- und Verlustrechnung zu erfassenden Aufwendungen und Erträge fest. Offen sind dann nur noch zwei Fragen, nämlich nach der Form der *Gliederung* und *Darstellung* dieser Aufwendungen und Erträge für interne Zwecke einerseits und für Zwecke der Offenlegung nach außen andererseits.

B. Die gesetzlichen Vorschriften zur Aufstellung und Offenlegung der Gewinn- und Verlustrechnung

> **Lernziel:**
> Sie sollen lernen, unter welchen Bedingungen eine GuV aufgestellt und offen gelegt werden muss!

Grob wurden die soeben aufgeworfenen Fragen schon in Abschnitt I. E. des zweiten Teils (S. 69 ff.) beantwortet:

▶ Solange sie nicht dem Publizitätsgesetz unterliegen, brauchen *Einzelkaufleute* und *Personenhandelsgesellschaften i. e. S.* schon für interne Zwecke keine gesetzlich vorgeschriebenen Gliederungsschemata, sondern nur die GoB sowie speziell die Forderung nach Klarheit und Übersichtlichkeit zu beachten (§ 243 Abs. 1 und 2 HGB). Sie unterliegen auch keinerlei Offenlegungspflichten.

Publizitätspflichtige Einzelkaufleute und *Personenhandelsgesellschaften i. e. S.* dagegen müssen zwar intern nach einem der Schemata des § 275 HGB gliedern, brauchen ihre Gewinn- und Verlustrechnung aber nicht offen zu legen, wenn sie die Angaben nach § 5 Abs. 5 Satz 3 Pub1G in einer Anlage zur Bilanz machen. Diese Angaben umfassen:

„1.   die Umsatzerlöse im Sinne des § 277 Abs. 1 des Handelsgesetzbuchs,

2.   die Erträge aus Beteiligungen,

3.   die Löhne, Gehälter, sozialen Abgaben sowie Aufwendungen für Altersversorgung und Unterstützung,

4.   die Bewertungs- und Abschreibungsmethoden einschließlich wesentlicher Änderungen (sowie)

5.   die Zahl der Beschäftigten."

▶ Bei den *Kapitalgesellschaften i. w. S.* müssen nur die großen nach einem der Schemata des § 275 HGB ihre GuV aufstellen und offen legen. Mittelgroße dürfen intern und nach außen die Positionen 1. bis 5. beim Gesamtkosten- bzw. die Positionen 1. bis 3. und 6. beim Umsatzkostenverfahren zum Rohergebnis zusammenfassen (§ 276 HGB). Kleine Kapitalgesellschaften i. w. S. schließlich dürfen intern wie die mittelgroßen die ersten Positionen zum Rohergebnis zusammenfassen und brauchen die Gewinn- und Verlustrechnung nicht offen zu legen (§§ 276, 326 HGB).

▶ Bei *Genossenschaften* ist wie bei den Kapitalgesellschaften i. w. S. zu differenzieren (§§ 336 Abs. 2, 339 Abs. 3 HGB).

Diese grobe Antwort lässt allerdings zahlreiche wichtige Details offen, denen im Folgenden nachgegangen werden soll.

C. Grundzüge der Gliederungsschemata des § 275 HGB und das Wahlrecht zwischen Gesamtkosten- und Umsatzkostenverfahren

> **Lernziel:**
>
> Sie sollen den Aufbau der Gliederungen des Gesamtkosten- und Umsatzkostenverfahrens, deren Unterschiede sowie deren vervollständigte Gliederungsschemata kennen lernen!

1. Staffelform und Teilergebnisse

Der deutsche Gesetzgeber hat sich im Bilanzrichtlinien-Gesetz von 1985 für eine Gewinn- und Verlustrechnung in *Staffelform* entschieden, weil diese Form die Möglichkeit eröffnet, den Jahresüberschuss/ Jahresfehlbetrag als aus verschiedenen Teilergebnissen zusammengesetzt darzustellen. Explizit tauchen – abgesehen von dem nur im Rahmen des Umsatzkostenverfahrens definierten *„Bruttoergebnis vom Umsatz"* (Abs. 3 Nr. 3) – in den Schemata des § 275 HGB das *„Ergebnis der gewöhnlichen Geschäftstätigkeit"* (Abs. 2 Nr. 14 bzw. Abs. 3 Nr. 13) und ein *„außerordentliches Ergebnis"* (Abs. 2 Nr. 17 bzw. Abs. 3 Nr. 16) auf, wobei allerdings – anders als nach bisheriger deutscher Tradition – im außerordentlichen Ergebnis nur solche Aufwendungen und Erträge zu erfassen sind, „die außerhalb der gewöhnlichen Geschäftstätigkeit der Kapitalgesellschaft anfallen" (§ 277 Abs. 4 Satz 1 HGB). Dieses Kriterium ist so extrem eng auszulegen, dass nur noch bei Aufgabe oder Neuschaffung ganzer Unternehmensbereiche, Enteignungen oder Sanierungen beispielsweise außerordentliche Aufwendungen oder Erträge entstehen, dass also außerordentliche Ergebnisse praktisch selten eintreten werden. Als weiteres Teilergebnis wird in § 276 HGB das *„Rohergebnis"* (Abs. 2 Nr. 1 bis 5 bzw. Abs. 3 Nr. 1 bis 3 und 6) angesprochen. Ferner wird das Ergebnis der gewöhnlichen Geschäftstätigkeit im Rahmen der Kommentierung weiter in ein *„Betriebsergebnis"* (Abs. 2 Nr. 1 bis 8 bzw. Abs. 3 Nr. 1 bis 7) und ein *„Finanzergebnis"* (Abs. 2 Nr. 9 bis 13 bzw. Abs. 3 Nr. 8 bis 12) aufgespalten *(Treuarbeit, Bilanzrichtlinien-Gesetz, S. 41; Coenenberg, Die Einzelbilanz nach neuem Handelsrecht, S. 135 ff.).*

ABB. 17: Staffelform „Gesamtkosten-/Umsatzkostenverfahren" und Teilergebnisse

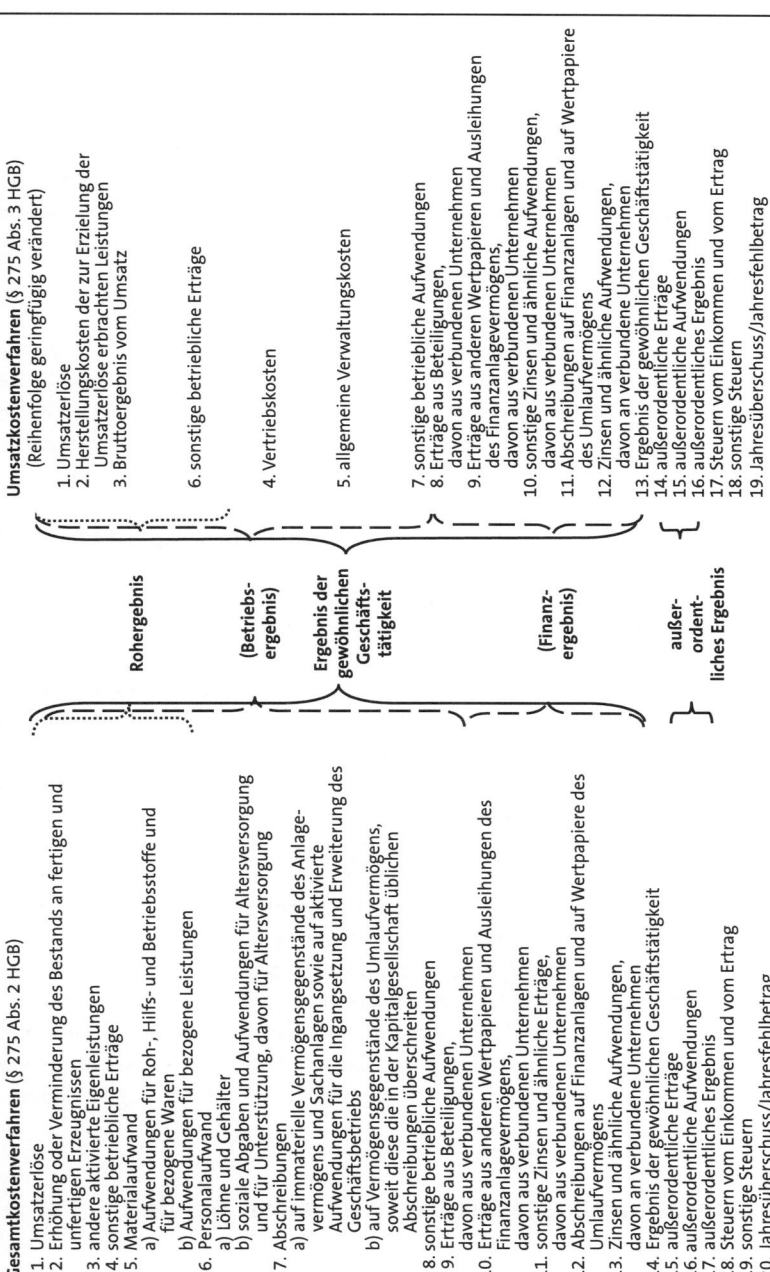

Gesamtkostenverfahren (§ 275 Abs. 2 HGB)

1. Umsatzerlöse
2. Erhöhung oder Verminderung des Bestands an fertigen und unfertigen Erzeugnissen
3. andere aktivierte Eigenleistungen
4. sonstige betriebliche Erträge
5. Materialaufwand
   a) Aufwendungen für Roh-, Hilfs- und Betriebsstoffe und für bezogene Waren
   b) Aufwendungen für bezogene Leistungen
6. Personalaufwand
   a) Löhne und Gehälter
   b) soziale Abgaben und Aufwendungen für Altersversorgung und für Unterstützung, davon für Altersversorgung
7. Abschreibungen
   a) auf immaterielle Vermögensgegenstände des Anlagevermögens und Sachanlagen sowie auf aktivierte Aufwendungen für die Ingangsetzung und Erweiterung des Geschäftsbetriebs
   b) auf Vermögensgegenstände des Umlaufvermögens, soweit diese die in der Kapitalgesellschaft üblichen Abschreibungen überschreiten
8. sonstige betriebliche Aufwendungen
9. Erträge aus Beteiligungen, davon aus verbundenen Unternehmen
10. Erträge aus anderen Wertpapieren und Ausleihungen des Finanzanlagevermögens, davon aus verbundenen Unternehmen
11. sonstige Zinsen und ähnliche Erträge, davon aus verbundenen Unternehmen
12. Abschreibungen auf Finanzanlagen und auf Wertpapiere des Umlaufvermögens
13. Zinsen und ähnliche Aufwendungen, davon an verbundene Unternehmen
14. Ergebnis der gewöhnlichen Geschäftstätigkeit
15. außerordentliche Erträge
16. außerordentliche Aufwendungen
17. außerordentliches Ergebnis
18. Steuern vom Einkommen und vom Ertrag
19. sonstige Steuern
20. Jahresüberschuss/Jahresfehlbetrag

Umsatzkostenverfahren (§ 275 Abs. 3 HGB) (Reihenfolge geringfügig verändert)

1. Umsatzerlöse
2. Herstellungskosten der zur Erzielung der Umsatzerlöse erbrachten Leistungen
3. Bruttoergebnis vom Umsatz
6. sonstige betriebliche Erträge
4. Vertriebskosten
5. allgemeine Verwaltungskosten
7. sonstige betriebliche Aufwendungen
8. Erträge aus Beteiligungen, davon aus verbundenen Unternehmen
9. Erträge aus anderen Wertpapieren und Ausleihungen des Finanzanlagevermögens, davon aus verbundenen Unternehmen
10. sonstige Zinsen und ähnliche Aufwendungen, davon aus verbundenen Unternehmen
11. Abschreibungen auf Finanzanlagen und auf Wertpapiere des Umlaufvermögens
12. Zinsen und ähnliche Aufwendungen, davon an verbundene Unternehmen
13. Ergebnis der gewöhnlichen Geschäftstätigkeit
14. außerordentliche Erträge
15. außerordentliche Aufwendungen
16. außerordentliches Ergebnis
17. Steuern vom Einkommen und vom Ertrag
18. sonstige Steuern
19. Jahresüberschuss/Jahresfehlbetrag

Rohergebnis

(Betriebsergebnis)

Ergebnis der gewöhnlichen Geschäftstätigkeit

(Finanzergebnis)

außerordentliches Ergebnis

2.   Wahlrecht zwischen Gesamtkosten- und Umsatzkostenverfahren

Während die Staffelform vorgegeben wird, besteht ein Wahlrecht zwischen zwei Verfahren der Erfolgsrechnung – dem Gesamtkostenverfahren und dem Umsatzkostenverfahren. Genau genommen besteht dieses Wahlrecht allerdings nur hinsichtlich der Darstellung des *Betriebsergebnisses* – also der Positionen 1 bis 8 beim Gesamtkosten- bzw. 1 bis 7 beim Umsatzkostenverfahren –, während in beiden Gliederungsschemata das Finanzergebnis und das außerordentliche Ergebnis übereinstimmend aus Arten von Aufwendungen und Erträgen hergeleitet werden.

Gesamtkosten- und Umsatzkostenverfahren beinhalten unterschiedliche Lösungsansätze für das Problem, dass in einer Periode allenfalls zufällig genau diejenigen Produkte verkauft werden, die in dieser Periode auch produziert wurden. Die Umsatzerlöse einer Periode und die gesamten Aufwendungen einer Periode passen also grundsätzlich nicht zueinander und müssen aufeinander abgestimmt werden. Beim *Gesamtkostenverfahren* geschieht das dadurch, dass aus den Umsatzerlösen, den Veränderungen des Bestands an fertigen und unfertigen Erzeugnissen sowie den aktivierten Eigenleistungen die *Gesamtleistung* errechnet wird, die mit den Gesamtkosten verglichen werden kann. Beim *Umsatzkostenverfahren* dagegen werden den Umsatzerlösen die passenden Kosten, nämlich die Kosten der verkauften Erzeugnisse (*Umsatzkosten*), gegenübergestellt. Durch das Wahlrecht sollte den deutschen Kapitalgesellschaften i. w. S. die Möglichkeit gegeben werden, sowohl das in Deutschland traditionell verbreitete Gesamtkostenverfahren, das einen wenig beeinflussbaren Einblick in die Struktur der Aufwandsarten gewährt, als auch das international vorherrschende Umsatzkostenverfahren zu wählen, bei dem die Aufwendungen nicht ohne Ermessensspielräume nach Funktionsbereichen in Herstellungskosten der umgesetzten Leistungen, Verwaltungskosten, Vertriebskosten und sonstige betriebliche Aufwendungen aufgegliedert werden. Da – wie anfangs betont – unabhängig von der Art der Gliederung durch das Vollständigkeitsgebot, durch die Ansatz- und Bewertungsvorschriften zur Bilanz sowie durch die Ausübung dabei eingeräumter Ansatz- und Bewertungswahlrechte die Gesamthöhen der Aufwendungen und Erträge festliegen, führen beide Verfahren nicht zu unterschiedlichen Jahresüberschüssen bzw. Jahresfehlbeträgen, sie leiten diese nur aus teilweise unterschiedlichen Komponenten ab. Das Wahlrecht deutet darauf hin, dass der Gesetzgeber die beiden Verfahren auch für grundsätzlich gleichwertig ansieht *(Begründung zu § 275 HGB, Bundestags-Drucksache 10/4268, S. 107)*. Die leichten Informationsnachteile, die anscheinend bei Wahl des Umsatzkostenverfahrens befürchtet werden, werden dadurch kompensiert, dass bei Wahl dieses Verfahrens im Anhang der Materialaufwand und der Personalaufwand so untergliedert angegeben werden müssen, wie sie auch im Rahmen des Gesamtkostenverfahrens ausgewiesen werden (§ 285 Nr. 8 HGB, allerdings partiell eingeschränkt durch §§ 288, 327 Nr. 2 HGB für kleine und mittelgroße Kapitalgesellschaften i. w. S.).

3.   Unvollständigkeiten und Gestaltungsfreiheiten bei den Gliederungsschemata

Die beiden, in Absatz 2 und 3 des § 275 HGB vorgegebenen Gliederungsschemata sind unvollständig und nicht bindend. Unvollständig sind sie, weil die Erträge und Aufwendungen aus eventuellen Ergebnisausgleichsverträgen (erläutert auf S. 252) – anders als im Aktiengesetz von 1965 – nicht mehr in den Gliederungsschemata selbst, sondern nur in § 277 Abs. 3 Satz 2 HGB aufgeführt werden.

Gewinn- und Verlustrechnung nach dem Gesamtkostenverfahren
(§ 275 Abs. 2 HGB) – vervollständigtes Schema

1. Umsatzerlöse
2. Erhöhung oder Verminderung des Bestands an fertigen und unfertigen Erzeugnissen
3. andere aktivierte Eigenleistungen
4. sonstige betriebliche Erträge
   (davon Erträge aus der Auflösung des Sonderpostens mit Rücklageanteil – § 281 II Satz 2 HGB)
5. Materialaufwand:
   a) Aufwendungen für Roh-, Hilfs- und Betriebsstoffe und für bezogene Waren
   b) Aufwendungen für bezogene Leistungen
   [Saldo: Rohergebnis; relevant für kleine und mittelgroße Kapitalgesellschaften i. w. S. nach § 276 HGB]
6. Personalaufwand:
   a) Löhne und Gehälter
   b) soziale Abgaben und Aufwendungen für Altersversorgung und für Unterstützung,
      davon für Altersversorgung
7. Abschreibungen:
   a) auf immaterielle Vermögensgegenstände des Anlagevermögens und Sachanlagen sowie auf aktivierte
      Aufwendungen für die Ingangsetzung und Erweiterung des Geschäftsbetriebs
      (davon außerplanmäßige – § 277 III Satz 1 HGB)
   b) auf Vermögensgegenstände des Umlaufvermögens, soweit diese die in der Kapitalgesellschaft üblichen
      Abschreibungen überschreiten
      (davon zur Antizipation künftiger Wertschwankungen nach § 253 III Satz 3 HGB – § 277 III Satz 1 HGB)
8. sonstige betriebliche Aufwendungen
   (davon Einstellungen in den Sonderposten mit Rücklageanteil – § 281 II Satz 2 HGB)
   ► aufgrund einer Gewinngemeinschaft, eines Gewinnabführungs- oder eines Teilgewinnabführungsvertrags erhaltene Gewinne – § 277 III Satz 2 HGB
9. Erträge aus Beteiligungen,
   davon aus verbundenen Unternehmen
10. Erträge aus anderen Wertpapieren und Ausleihungen des Finanzanlagevermögens,
    davon aus verbundenen Unternehmen
11. sonstige Zinsen und ähnliche Erträge,
    davon aus verbundenen Unternehmen
    ► Aufwendungen aus Verlustübernahme – § 277 III Satz 2 HGB
12. Abschreibungen auf Finanzanlagen und auf Wertpapiere des Umlaufvermögens
    (davon Abschreibungen auf Finanzanlagen nach § 253 II Satz 3 HGB – § 277 III Satz 1 HGB)
    (davon zur Antizipation künftiger Wertschwankungen nach § 253 III Satz 3 HGB bei Wertpapieren des
    Umlaufvermögens – § 277 III Satz 1 HGB)
13. Zinsen und ähnliche Aufwendungen,
    davon an verbundene Unternehmen
14. Ergebnis der gewöhnlichen Geschäftstätigkeit
15. außerordentliche Erträge
16. außerordentliche Aufwendungen
17. außerordentliches Ergebnis
18. Steuern vom Einkommen und vom Ertrag
19. sonstige Steuern
    ► Erträge aus Verlustübernahme – § 277 III Satz 2 HGB
    ► aufgrund einer Gewinngemeinschaft, eines Gewinnabführungs- oder eines Teilgewinnabführungsvertrags
    abgeführte Gewinne – § 277 III Satz 2 HGB
20. Jahresüberschuss/Jahresfehlbetrag

---

davon-Beträge, die oben in runde Klammern gesetzt sind, dürfen wahlweise in der GuV oder im Anhang ausgewiesen werden

Gewinn- und Verlustrechnung nach dem Umsatzkostenverfahren
(§ 275 Abs. 3 HGB) – vervollständigtes Schema

1. Umsatzerlöse
2. Herstellungskosten der zur Erzielung der Umsatzerlöse erbrachten Leistungen
   (davon außerplanmäßige Abschreibungen auf das Anlagevermögen – § 277 III Satz 1 HGB)
   (davon Abschreibungen zur Antizipation künftiger Wertschwankungen nach § 253 III Satz 3 HGB – § 277 III Satz 1 HGB)
3. Bruttoergebnis vom Umsatz
4. Vertriebskosten
   (davon außerplanmäßige Abschreibungen auf das Anlagevermögen – § 277 III Satz 1 HGB)
   (davon Abschreibungen zur Antizipation künftiger Wertschwankungen nach § 253 III Satz 3 HGB – § 277 III Satz 1 HGB)
5. allgemeine Verwaltungskosten
   (davon außerplanmäßige Abschreibungen auf das Anlagevermögen – § 277 III Satz 1 HGB)
   (davon Abschreibungen zur Antizipation künftiger Wertschwankungen nach § 253 III Satz 3 HGB – § 277 III Satz 1 HGB)
6. sonstige betriebliche Erträge
   (davon Erträge aus der Auflösung des Sonderpostens mit Rücklageanteil – § 281 II Satz 2 HGB)
   [Saldo aus Pos. 1. bis 3. und 6.: Rohergebnis; relevant für kleine und mittelgroße Kapitalgesellschaften i. w. S. nach § 276 HGB]
7. sonstige betriebliche Aufwendungen
   (davon Einstellungen in den Sonderposten mit Rücklageanteil – § 281 II Satz 2 HGB)
   (davon außerplanmäßige Abschreibungen auf das Anlagevermögen – § 277 III Satz 1 HGB)
   (davon Abschreibungen zur Antizipation künftiger Wertschwankungen nach § 253 III Satz 3 HGB – § 277 III Satz 1 HGB)
   ▶ aufgrund einer Gewinngemeinschaft, eines Gewinnabführungs- oder eines Teilgewinnabführungsvertrags erhaltene Gewinne – § 277 III Satz 2 HGB
8. Erträge aus Beteiligungen,
   davon aus verbundenen Unternehmen
9. Erträge aus anderen Wertpapieren und Ausleihungen des Finanzanlagevermögens,
   davon aus verbundenen Unternehmen
10. sonstige Zinsen und ähnliche Erträge,
    davon aus verbundenen Unternehmen
    ▶ Aufwendungen aus Verlustübernahme – § 277 III Satz 2 GB
11. Abschreibungen auf Finanzanlagen und auf Wertpapiere des Umlaufvermögens
    (davon Abschreibungen auf Finanzanlagen nach § 253 II Satz 3 HGB – § 277 III Satz 1 HGB)
    (davon zur Antizipation künftiger Wertschwankungen nach § 253 III Satz 3 HGB bei Wertpapieren des Umlaufvermögens – § 277 III Satz 1 HGB)
12. Zinsen und ähnliche Aufwendungen,
    davon an verbundene Unternehmen
13. Ergebnis der gewöhnlichen Geschäftstätigkeit
14. außerordentliche Erträge
15. außerordentliche Aufwendungen
16. außerordentliches Ergebnis
17. Steuern vom Einkommen und vom Ertrag
18. sonstige Steuern
    ▶ Erträge aus Verlustübernahme – § 277 III Satz 2 HGB
    ▶ aufgrund einer Gewinngemeinschaft, eines Gewinnabführungs- oder eines Teilgewinnabführungsvertrags abgeführte Gewinne – § 277 III Satz 2 HGB
19. Jahresüberschuss/Jahresfehlbetrag

---

davon-Beträge, die oben in runde Klammern gesetzt sind, dürfen wahlweise in der GuV oder im Anhang ausgewiesen werden

Danach sind die entsprechenden Aufwendungen und Erträge erforderlichenfalls im Rahmen der Gewinn- und Verlustrechnung jeweils gesondert auszuweisen. Der Kapitalgesellschaft wird allerdings überlassen, an welcher Stelle innerhalb des Gliederungsschemas dies geschieht. Unvollständig sind die Schemata auch insofern, als Einzelangaben, die wahlweise in der Gewinn- und Verlustrechnung als „davon"-Beträge oder als Angaben im Anhang gemacht werden müssen, nicht in den Schemata aufgeführt werden. Auf den Seiten 239 und 240 werden insoweit vervollständigte Schemata präsentiert. Die Aufwendungen und Erträge aus Ergebnisausgleichsverträgen werden dabei an einer möglichen, sicher nicht der allein richtigen Stelle eingeordnet.

Die Einzelangaben, die wahlweise in der GuV oder im Anhang gemacht werden dürfen, sind ebenfalls vollständig und an einer passend erscheinenden Stelle in das Schema aufgenommen und als Wahlbestandteile dadurch kenntlich gemacht worden, dass sie in runde Klammern gesetzt wurden. Dem kritischen Leser wird auffallen, dass der nach § 277 Abs. 3 Satz 1 HGB erforderliche Ausweis der außerplanmäßigen Abschreibungen auf das Anlagevermögen (§ 253 Abs. 2 Satz 3 HGB) sowie der Abschreibungen nach § 253 Abs. 3 Satz 3 HGB im Rahmen des Umsatzkostenverfahrens erheblichen Aufwand erfordern kann, weil solche Abschreibungen in verschiedenen Aufwandspositionen verborgen sein können. Es mag dementsprechend nahe liegen, die Angaben nicht in der GuV, sondern im Anhang zu machen.

Die Schemata sind zugleich *nicht bindend*. Posten, die in dem betreffenden Jahr und dem vorhergehenden keinen Betrag ausweisen (sog. *Leerposten*), brauchen auch in der GuV nicht ausgewiesen zu werden (§ 265 Abs. 8 HGB). Ist das Unternehmen in mehreren Geschäftszweigen tätig und sind für diese Geschäftszweige — wie etwa für Kreditinstitute in § 340 c HGB und für Versicherungsunternehmen in § 55 Abs. 4 VAG, aber auch für Wohnungsunternehmen, Verkehrsbetriebe, Stadtwerke und Krankenhäuser — besondere, in der Regel durch Rechtsverordnung erlassene (vgl. auch § 330 HGB), also nicht in den Gesetzestexten zu findende Gliederungsschemata für die Gewinn- und Verlustrechnung vorgeschrieben, so gilt Folgendes: Die Gewinn- und Verlustrechnung ist nach einem der Gliederungsschemata aufzustellen „und nach der für die anderen Geschäftszweige vorgeschriebenen Gliederung zu ergänzen" (§ 265 Abs. 4 HGB).

Eine *tiefere* Untergliederung als nach dem Gesetz vorgegeben, insbesondere durch zusätzliche davon-Vermerke, oder eine Einfügung weiterer Positionen ist nach § 265 Abs. 5 HGB zulässig, sofern durch die stärkere Aufgliederung das vorgegebene Schema nicht unterlaufen wird. Unter bestimmten Bedingungen ist aber auch eine *Zusammenfassung* der mit arabischen Zahlen versehenen Posten erlaubt, und bei der Gewinn- und Verlustrechnung gilt das für alle Posten, so dass im Extremfall alles zum Jahresüberschuss/Jahresfehlbetrag zusammengefasst würde. Als Bedingung für eine *Zusammenfassung* wird in § 265 Abs. 7 HGB gefordert, dass keine besonderen Formblätter vorgeschrieben sind und dass entweder der Einzelbetrag für die Vermittlung eines den tatsächlichen Verhältnissen entsprechenden Bildes im Sinne des § 264 Abs. 2 HGB nicht erheblich ist oder dass durch die Zusammenfassung die Klarheit der Darstellung vergrößert wird. Im letzteren Fall „müssen die zusammengefassten Posten jedoch im Anhang gesondert ausgewiesen werden" (§ 265 Abs. 7 Nr. 2 HGB). Schließlich müssen Gliederung und Bezeichnung der Einzelpositionen sogar *geändert* werden, „wenn dies wegen Besonderheiten der Kapitalgesellschaft zur Aufstellung eines klaren und übersichtlichen Jahresabschlusses erforderlich ist" (§ 265 Abs. 6 HGB). Diese Pflicht scheint über den Kreis der Unternehmen, für die per Rechtsverordnung geschäftszweigspezifische Gliederungsschemata erlassen werden, weitere Unternehmen etwa der Mineralölindustrie, des Baugewerbes oder des Bergbaus zu betreffen *(so etwa Hense/Geißler, in Beck Bil-Komm., 5. Aufl., § 265 Anm. 16)*.

D. Erläuterung der GuV-Positionen nach Gesamtkostenverfahren gemäß § 275 Abs. 2 HGB

> **Lernziel:**
> Sie sollen den Inhalt der einzelnen GuV-Positionen nach dem Gesamtkostenverfahren kennen lernen!

1. Umsatzerlöse

Unter der Position Umsatzerlöse sind nach § 277 Abs. 1 HGB diejenigen auf dem Absatzmarkt des Unternehmens erzielten Erlöse zu erfassen, die aus der *gewöhnlichen Geschäftstätigkeit* stammen, also aus dem Absatz der für das Unternehmen typischen Produkte und Waren oder aus der Erbringung der für das Unternehmen charakteristischen Dienstleistungen. Zwei Kriterien sind dabei wichtig. Die Erlöse müssen aus dem Absatz von Gütern oder Dienstleistungen stammen, die vom Unternehmen üblicherweise und typischerweise am Markt angeboten werden. Bei Industrieunternehmen etwa gilt das für fertige Produkte, Abfallstoffe wie Schrott z. B. und eventuell für unfertige, am Markt beispielsweise als Ersatzteile angebotene Produkte. Es gilt dagegen nicht für den Verkauf gebrauchter Maschinen, das Angebot von Kantinenverpflegung, Geldverleih oder die Vermietung von Werkswohnungen. An der Grenze liegt der Verkauf von Überbeständen an Roh-, Hilfs- oder Betriebsstoffen. Sind solche „*Magazinverkäufe*" im Unternehmen üblich, so gehören die dabei erzielten Erlöse in die Position 1. Sind sie dagegen ungewöhnlich, so sind sie unter „sonstige betriebliche Erträge" einzuordnen. Das zweite Kriterium stellt darauf ab, ob das Geschäft, aus dem der Erlös stammt, eher regelmäßig und wiederholt auftritt oder ob es einmalig ist. Übertragen auf die Magazinverkäufe unterstützt es die Einordnung unter Umsatzerlöse, soweit Magazinverkäufe regelmäßig erfolgen, und unter sonstige betriebliche Erträge, soweit sie überhaupt oder in ihrem Umfang einmalig sind.

In der Position 1. dürfen zudem nur *Nettobeträge* ohne Einbeziehung der Umsatzsteuer sowie nach Abzug sämtlicher Erlösschmälerungen (Skonti, Boni, Rabatte, Preisnachlässe) und aller zurückgewährter Entgelte etwa aufgrund zurückgegebenen Verpackungsmaterials erfasst werden.

2. Erhöhung oder Verminderung des Bestands an fertigen und unfertigen Erzeugnissen

Durch diese Position und durch die nächste Position 3. werden die Umsatzerlöse für alle abgesetzten Produkte an die für alle erzeugten Produkte angefallenen gesamten Kosten in der für das Gesamtkostenverfahren bezeichnenden Form angepasst: Bestandserhöhungen werden als Ertrag, Bestandsminderungen als Aufwand erfasst.

Grundsätzlich müssten in dieser Position sämtliche Bestandsveränderungen bei fertigen und unfertigen Erzeugnissen erfasst werden, unabhängig davon, ob sie sich aus Veränderungen der Bestandsmengen oder aus Änderungen des Wertansatzes für Erzeugnisse (veränderte Herstellungskosten, außerplanmäßige Abschreibungen bei Erzeugnissen etwa wegen gesunkener Marktpreise z. B.) ergeben. Bei Unternehmen, die keine Handelsware kennen, würde die Position dann der Veränderung der zusammengefassten Bilanzpositionen „unfertige Erzeugnisse, unfertige Leistungen" und „fertige Erzeugnisse und Waren" im Geschäftsjahr entsprechen.

Der Gesetzgeber schreibt allerdings in § 277 Abs. 2 HGB vor, dass Wertveränderungen in Form von Abschreibungen nur dann unter 2. erfasst werden dürfen, wenn sie „die in der Kapitalgesellschaft sonst üblichen Abschreibungen nicht überschreiten". Bestandsveränderungen bei fertigen und unfertigen Erzeugnissen, die aus „unüblichen" Abschreibungen resultieren, fallen damit aus der Position 2. heraus und müssen in die Position 7b) eingeordnet werden. Etwas unklar bleibt dabei, wie übliche von unüblichen Abschreibungen getrennt werden sollen. In der Kommentierung überwiegt zwar die Ansicht, es komme dabei nur darauf an, ob die Abschreibungen im Zeitvergleich oder im Vergleich mit anderen Unternehmen der Höhe nach ungewöhnlich sind, damit wird für die Trennung aber nur eine grobe Leitlinie vorgegeben (vgl. auch S. 246).

Dass nur Veränderungen bei fertigen und unfertigen Erzeugnissen, nicht aber bei Material (Roh-, Hilfs- und Betriebsstoffe) oder Handelswaren auf Position 2. einwirken, folgt aus dem System des Gesamtkostenverfahrens und aus der Tatsache, dass sich Bestandsänderungen bei Material und Handelswaren im Materialaufwand niederschlagen.

3. Andere aktivierte Eigenleistungen

Durch die anderen aktivierten Eigenleistungen werden die in den gesamten Aufwendungen enthaltenden Beträge aufgefangen, die aufgewendet wurden, um zu aktivierende Anlagegüter (Gebäude, Maschinen, Werkzeuge z. B.) zu erstellen oder werterhöhend zu verändern (vgl. Herstellungs- versus Erhaltungsaufwand, S. 183). Auch die Aufwendungen für die Ingangsetzung und Erweiterung des Geschäftsbetriebs schlagen sich in dieser Position nieder, wenn das Aktivierungswahlrecht in Anspruch genommen wird. Gäbe es diese Position nicht, so würden etwa die im Zusammenhang mit der Selbsterstellung einer Anlage angefallenen und in der GuV des Gesamtkostenverfahrens erfassten Personal- und Materialaufwendungen nicht aufgefangen, sondern erfolgsmindernd wirksam. Genau dies soll durch die Position 3. verhindert werden.

Klar sind damit zwei Fälle. Kauft ein Unternehmen eine Anlage von Dritten, so berührt das die GuV nicht. Der Vorgang beeinflusst nur die Bilanz – etwa durch einen Aktivtausch. Stellt sie dagegen die Anlage selbst her, so schlagen sich beim Gesamtkostenverfahren sowohl die dabei entstandenen Aufwendungen als auch der Ertrag in der GuV nieder, letzterer eben in den anderen aktivierten Eigenleistungen. Probleme erwachsen aus der unterschiedlichen Handhabung dieser beiden Fälle für den dritten Fall, in dem sich Fremdlieferungen mit Eigenleistungen mischen. Sofern das Gewicht der Fremdleistungen erheblich ist, sind diese wie Käufe von Dritten zu behandeln, und nur die Eigenleistung erscheint in der Position 3. Im umgekehrten Fall dagegen wird der gesamte Vorgang wie eine Eigenleistung behandelt. Alles wird in der Position 3 aufgefangen *(Förschle, in Beck Bil-Komm., 5. Aufl., § 275 Anm. 81; ADS, 6. Aufl., § 275 HGB Tz. 63)*.

Aus der Bezeichnung und der Aufgabe der Position 3 ergibt sich schon, dass im Falle eines Aktivierungswahlrechts (etwa bei den Kosten der Ingangsetzung und Erweiterung) nur der Betrag in der Position 3 erscheinen darf, der – wenn auch wegen einer Vollabschreibung im ersten Jahr vielleicht nur vorübergehend – überhaupt aktiviert wird.

Die ersten drei Positionen des Gesamtkostenverfahrens zusammengenommen stellen die *„Gesamtleistung"* dar, eine Größe, die im GuV-Schema des AktG 1965 gesondert ausgewiesen wurde und der im Rahmen der Bilanzanalyse einige Bedeutung beigemessen wird.

4.   Sonstige betriebliche Erträge

Die sonstigen betrieblichen Erträge sind ein *Sammelposten*, unter den alles das einzuordnen ist, was nicht den anderen Positionen zugerechnet werden muss. Der Kreis der Sachverhalte, für den das zutrifft, ist vergleichsweise umfangreich und umfasst speziell *(Förschle, in Beck Bil-Komm., 5. Aufl., § 275 Anm. 91; Lachnit, in Bonner Handbuch, § 275 Rz. 79 ff.):*

▶ Erlöse, die nicht unter Position 1 zu erfassen sind, weil sie untypisch oder einmalig sind,

▶ Erträge aus dem Abgang von Anlagegegenständen,

▶ Erträge aus der Zuschreibung bei Gegenständen des Anlage- oder Umlaufvermögens (Wertaufholungen),

▶ Erträge aus der Auflösung von Rückstellungen,

▶ Erträge aus der Herabsetzung von Einzelabwertungen bei Forderungen,

▶ Zahlungseingänge auf zuvor abgeschriebene Forderungen,

▶ erhaltene Schuldnachlässe,

▶ Erträge aus dem Verkauf von Wertpapieren des Umlaufvermögens,

▶ Kursgewinne aus Währungen,

▶ Aktivierung unentgeltlich erworbener Vermögensgegenstände und

▶ Erträge aus der Auflösung von Sonderposten mit Rücklageanteil (nach § 281 Abs. 2 Satz 2 HGB gesondert auszuweisen).

Allerdings können oben angesprochene Sachverhalte auch unter Position 15 „außerordentliche Erträge" zu erfassen sein, wenn sie nämlich in dem engen Sinne des derzeitigen Rechts „außerordentlich" sind.

5.   Materialaufwand

a)   Aufwendungen für Roh-, Hilfs- und Betriebsstoffe und für bezogene Waren
b)   Aufwendungen für bezogene Leistungen

Im Kern sollen in diesen Positionen alle Aufwendungen aus dem Einsatz von Roh-, Hilfs- und Betriebsstoffen in die Produktion sowie von Handelswaren erfasst werden, unabhängig davon, ob die Aufwendungen aus dem Verzehr bzw. Verkauf oder einer Wertminderung (Abschreibung) der betreffenden Güter resultieren. Der Gesetzgeber hat das allerdings insoweit eingeschränkt, als Abschreibungen auf Stoffe und Waren, die das übliche Maß überschreiten, nicht hier, sondern unter Pos. 7b) auszuweisen sind.

Umgekehrt geht der Inhalt auch über den engen Kern hinaus. So werden in Einklang mit der schon früher üblichen Praxis auch Aufwendungen für bezogene Leistungen hier erfasst, wobei es in erster Linie um Fertigungsleistungen geht, die etwa in Form der *Lohnbearbeitung* anderen Unternehmen übertragen wurden. Sie werden unter b) gesondert ausgewiesen.

Auch solche Stoffeverbräuche und Aufwendungen für bezogene Leistungen dürfen unter 5. erfasst werden, die nicht der eigentlichen Fertigung, sondern der *Verwaltung* oder dem *Vertrieb* dienen. Da Materialaufwand verschiedentlich mit der Produktion im engeren Sinne assoziiert wird, scheint es allerdings zulässig zu sein, Stoffeverbräuche, die in Verwaltung und Vertrieb anfallen, unter der Position 8 „sonstige betriebliche Aufwendungen" auszuweisen *(ADS, 6. Aufl., § 275 HGB Tz. 83)*.

6.　Personalaufwand

a)　Löhne und Gehälter

Wie bisher sind unter dieser Bezeichnung alle Löhne, Gehälter und sonstigen Leistungen an Arbeiter, Angestellte und Vorstandsmitglieder auszuweisen, soweit sie für das betreffende Geschäftsjahr angefallen sind. Dabei ist nicht wichtig, wann sie effektiv gezahlt wurden und wie sie konkret bezeichnet werden. Auch Überstundenzuschläge, Vergütungen für Erfindungen oder Verbesserungsvorschläge von Arbeitnehmern, Jubiläumszusagen, Erfolgsprämien, Aufwandsentschädigungen, Leistungen des Arbeitgebers zur Anlage nach dem VermBG, Deputate oder Deputatabgeltungen und der Wert der mietfreien oder mietgünstigen Wohnung oder eines Dienstwagens fallen unter „Löhne und Gehälter" *(Förschle, in Beck Bil-Komm., 5. Aufl., § 275 Anm. 127 f.)*. Dagegen gehören Aufsichtsratsbezüge mangels Anstellungsverhältnis ebenso wenig zu Position 6a) wie erstattete Auslagen oder Spesenpauschalen. Bei Abfindungen gehen die Meinungen auseinander.

b)　Soziale Abgaben und Aufwendungen für Altersversorgung und für Unterstützung, davon für Altersversorgung

Aus der Bezeichnung erkennbar werden hier drei Gruppen von Aufwendungen zusammengefasst, wobei die Aufwendungen für Altersversorgung zusätzlich gesondert anzugeben sind.

Die *sozialen Abgaben* umfassen die vom Arbeitgeber zu tragenden gesetzlichen Sozialabgaben, insbesondere also die Arbeitgeberanteile zur Renten-, Kranken- und Arbeitslosenversicherung. Freiwillig übernommene soziale Abgaben dagegen sind Bestandteile von Löhnen und Gehältern.

Die *Aufwendungen für die Altersversorgung* umfassen einerseits die Vorsorgeaufwendungen für noch tätige Mitarbeiter (Zuführungen zur Pensionsrückstellung, Zuweisungen an selbständige Unterstützungs- und Pensionskassen, von der Gesellschaft übernommene Prämien von Lebensversicherungen für die Mitarbeiter) und andererseits Leistungen an ehemalige Mitarbeiter oder deren Hinterbliebene, soweit diese Leistungen nicht durch Pensionsrückstellungen gedeckt sind.

Hinter den *Aufwendungen für Unterstützung* schließlich verbergen sich Unterstützungszahlungen an derzeitige und frühere Betriebsangehörige sowie deren Hinterbliebene, die ohne Gegenleistung anlässlich von Krankheit, Unfall, Kuraufenthalt, Heirat, Geburt oder Tod beispielsweise geleistet werden *(ADS, 6. Aufl., § 275 HGB Tz. 122)*.

7.   Abschreibungen

a)   auf immaterielle Vermögensgegenstände des Anlagevermögens und Sachanlagen sowie auf aktivierte Aufwendungen für die Ingangsetzung und Erweiterung des Geschäftsbetriebs

Die Position 7a) umfasst sämtliche planmäßigen und außerplanmäßigen Abschreibungen auf immaterielle Anlagen, Sachanlagen sowie aktivierte Ingangsetzungs- und Erweiterungsaufwendungen, soweit diese Abschreibungen handelsrechtlich begründet sind.

Hinsichtlich der steuerrechtlich begründeten Abschreibungen, die Kapitalgesellschaften i. w. S. bekanntlich in der Handelsbilanz nur dann vornehmen dürfen, wenn die handelsrechtliche Abschreibung Voraussetzung für die Abschreibung in der Steuerbilanz ist (formelle Maßgeblichkeit im Rahmen der umgekehrten Maßgeblichkeit; §§ 254, 279 Abs. 2 HGB), haben Kapitalgesellschaften i. w. S. ein Wahlrecht. Sie dürfen solche steuerrechtlich zulässigen Abschreibungen als Abschreibungen in die Handelsbilanz übernehmen. Die Abschreibungen werden dann sowohl in Pos. 7a) als auch in der Angabe nach § 268 Abs. 2 Satz 3 HGB voll erfasst. Kapitalgesellschaften i. w. S. dürfen aber in der Handelsbilanz als Abschreibungen auch nur die handelsrechtlich nach § 253 HGB zulässigen Beträge ausweisen und die Differenzen zu den steuerrechtlich umfangreicheren Abschreibungen unter Sonderposten mit Rücklageanteil erfassen. Bei dieser Vorgehensweise umfassen Position 7a) und die Angaben nach § 268 Abs. 2 Satz 3 HGB nur die handelsrechtlich zulässigen Abschreibungen, während die Einstellungen in den Sonderposten mit Rücklageanteil in die Position 8. „sonstige betriebliche Aufwendungen" eingeordnet werden müssen (vgl. auch § 281 Abs. 2 Satz 2 HGB). Damit entspricht die Position 7a) der gemäß § 268 Abs. 2 Satz 3 HGB in Bilanz oder Anhang geforderten Angabe der Abschreibungen des Geschäftsjahrs bezogen auf die angesprochenen Vermögensgegenstände, ohne diese allerdings erneut nach Bilanzpositionen aufzuschlüsseln.

b)   auf Vermögensgegenstände des Umlaufvermögens, soweit diese die in der Kapitalgesellschaft üblichen Abschreibungen überschreiten

Wie schon mehrfach angesprochen, muss bei Wertminderungen von Vermögensgegenständen des Umlaufvermögens unterschieden werden, ob sie üblich oder unüblich sind. Allerdings sind zu dieser Unterscheidungspflicht zwei Fragen in der Kommentierung umstritten.

Zunächst werden verschiedene Kriterien angeboten, mit deren Hilfe *üblich von unüblich* zu unterscheiden ist. Der Auffassung, wonach als unüblich nur die Abschreibungen nach § 253 Abs. 3 Satz 3 HGB zur Berücksichtigung künftiger Wertschwankungen zu erfassen seien *(etwa Bohl, WPg 1986, S. 35)*, wird entgegengehalten, dass bei dieser Vorgehensweise lediglich gesondert ausgewiesen werde, was nach § 277 Abs. 3 Satz 1 HGB ohnehin gesondert auszuweisen oder im Anhang anzugeben sei. So spricht vieles für die Interpretation, als unüblich seien Abschreibungen einzuordnen, die aufgrund ihrer Ursache oder ihrer Höhe im Vergleich zu durchschnittlichen Abschreibungen früherer Jahre oder anderer Unternehmen der gleichen Branche ungewöhnlich sind *(Förschle, in Beck Bil-Komm., 5. Aufl., § 275 Anm. 145; Borchert, in Küting/Weber, 4. Aufl., § 275 Rn. 68 f.)*. Im Detail wird dieses Kriterium aber Abgrenzungsprobleme auslösen.

Umstritten ist auch die Frage, *welche* Gegenstände des Umlaufvermögens von der Differenzierung betroffen sind. Deutlich wird dies durch die folgende Abbildung:

ABB. 18:	Zuordnung üblicher und unüblicher Abschreibungen zu GuV-Positionen bei den verschiedenen Gegenständen des Umlaufvermögens		
Gegenstände des Umlaufvermögens		üblich	unüblich
Roh-, Hilfs- und Betriebsstoffe sowie bezogene Waren		5a)	7b)
unfertige und fertige Erzeugnisse sowie unfertige Leistungen		2.	7b)
Forderungen und sonstige Vermögensgegenstände		8.	7b)
Wertpapiere des Umlaufvermögens		12.	12. (7b)
Kassenbestand, Bundesbankguthaben, Guthaben bei Kreditinstituten und Schecks		8. (12.)	7b) (12.)

Während bei den ersten drei Gruppen von Gegenständen des Umlaufvermögens die Abschreibungen noch übereinstimmend eingeordnet werden, gehen anschließend die Meinungen auseinander. Hinsichtlich der Abschreibungen auf Wertpapiere des Umlaufvermögens, welche die üblichen Abschreibungen überschreiten, wird inzwischen überwiegend die Einordnung unter Position 12. befürwortet, weil nur so die Zusammenfassung aller Elemente des Finanzergebnisses gewährleistet werden kann *(ADS, 6. Aufl., § 275 HGB Tz. 169; Förschle, in Beck Bil-Komm., 5. Aufl., § 275 Anm. 143 und 201; Lachnit, in Bonner Handbuch, § 275 Rz. 113 und 116; WP-Handbuch 2000, Bd. I, F Tz. 454)*. Ein Ausweis unter 7b) oder 12. wird aber auch für möglich gehalten *(Borchert, in Küting/Weber,, 4. Aufl., § 275 Rn. 66 und 82)*. Weniger eindeutig ist die Präferenz für den Ausweis „unüblicher" Abschreibungen auf „Schecks, Kassenbestand, Bundesbank- und Postgiroguthaben, Guthaben bei Kreditinstituten" unter Position 12. *(Treuarbeit, Bilanzrichtlinien-Gesetz, S. 80 Text 258)*.

Eindeutig nicht unter Pos. 7b), sondern unter Pos. 16. müssen solche Abschreibungen im Rahmen des Umlaufvermögens eingestellt werden, die nicht nur unüblich, sondern in dem engen Sinne des derzeitigen Rechts außerordentlich sind.

8. Sonstige betriebliche Aufwendungen

Die sonstigen betrieblichen Aufwendungen stellen einen *Sammelposten* dar, der alles das erfasst, was nicht unter die anderen Positionen eingeordnet werden muss. Erneut ist der Kreis der Sachverhalte, auf den das zutrifft, recht umfangreich und umfasst insbesondere *(Förschle, in Beck Bil-Komm., 5. Aufl., § 275 Anm. 156 ff.; Borchert, in Küting/Weber, 4. Aufl., § 275 Rn. 71 ff.)*:

▶ Verluste aus dem Abgang von Gegenständen des Anlagevermögens,

▶ Verluste aus dem Abgang von Gegenständen des Umlaufvermögens, ausgenommen Vorräte,

▶ Abschreibungen auf Forderungen des Umlaufvermögens, auf sonstige Vermögensgegenstände des Umlaufvermögens sowie auf liquide Mittel, ausgenommen unübliche Abschreibungen (bei liquiden Mitteln umstritten; siehe oben),

▶ Zuführungen zu Rückstellungen, sofern die Aufwandsart noch nicht ermittelt werden kann,

▶ Einstellungen in den Sonderposten mit Rücklageanteil (nach § 281 Abs. 2 Satz 2 HGB gesondert auszuweisen) sowie

▶ eine große Zahl übriger Aufwendungen – von Ausgangsfrachten und Büromaterial bis zu Werbeaufwendungen und Kosten des Zahlungsverkehrs. (Details können im Bedarfsfall einem Kommentar entnommen werden.)

9.   Erträge aus Beteiligungen, davon aus verbundenen Unternehmen

Als Erträge aus Beteiligungen gelten Dividenden, Gewinnanteile und andere ausgeschüttete Gewinne, die dem betrachteten Unternehmen aus solchen Anteilen an anderen Unternehmen zufließen, die gemäß § 271 Abs. 1 HGB in der Bilanz als Beteiligungen erfasst werden. Allerdings dürfen die Gewinne nicht aus einer Gewinngemeinschaft, einem Gewinnabführungsvertrag oder einem Teilgewinnabführungsvertrag stammen, denn derartige Gewinne sind nach § 277 Abs. 3 Satz 2 HGB in der GuV gesondert unter entsprechender Bezeichnung auszuweisen.

Erträge aus Beteiligungen, die aus verbundenen Unternehmen im Sinne des § 271 Abs. 2 HGB stammen, sind gesondert anzugeben.

10. Erträge aus anderen Wertpapieren und Ausleihungen des Finanzanlagevermögens, davon aus verbundenen Unternehmen

In die Position 10. werden Zinserträge, Dividendenerträge und vergleichbare Erträge eingeordnet, die aus Ausleihungen an verbundene Unternehmen, Ausleihungen an Unternehmen, mit denen ein Beteiligungsverhältnis besteht, Wertpapieren des Anlagevermögens oder sonstigen Ausleihungen (§ 266 Abs. 2 A. III. 2., 4., 5. und 6. HGB) stammen. Periodische Aufzinsungserträge, die sich bei unverzinslichen oder niedrig verzinslichen Ausleihungen aus der Notwendigkeit des Ansatzes zum Barwert ergeben, sollten somit im Grunde hier ausgewiesen werden. Als Erträge aus der Zuschreibung bei Anlagegegenständen dürfen sie aber auch den sonstigen betrieblichen Erträgen (Pos. 4.) zugerechnet werden.

Beträge, die aus verbundenen Unternehmen im Sinne des § 271 Abs. 2 HGB stammen, müssen wiederum gesondert angegeben werden.

11. Sonstige Zinsen und ähnliche Erträge, davon aus verbundenen Unternehmen

Aus der Systematik ergibt sich, dass unter Pos. 11. sämtliche Zinsen und ähnliche Erträge ausgewiesen werden müssen, die nicht aus Finanzanlagen stammen. Sonstige Zinsen umfassen somit insbesondere Zinserträge aus Bankguthaben oder aus Forderungen an Dritte, Zinsen und Dividenden aus Wertpapieren des Umlaufvermögens und Aufzinsungserträge als Folge abgezinster unverzinslicher oder niedrig verzinslicher Forderungen. Skonti dagegen werden nicht als Zinserträge, sondern als Kaufpreisminderungen (Lieferantenskonti) bzw. als Teile der Umsatzerlöse (vom Kunden nicht abgezogene Skonti) erfasst. Den Zinsen ähnlich und damit ebenfalls Pos. 11. zuzuordnen sind Erträge aus Disagio, Damnum, Kreditgarantien, Kreditprovisionen und Teilzahlungszuschlägen.

Wiederum müssen Erträge, die aus verbundenen Unternehmen im Sinne des § 271 Abs. 2 HGB stammen, gesondert angegeben werden.

12. Abschreibungen auf Finanzanlagen und auf Wertpapiere des Umlaufvermögens

Der Bezeichnung entsprechend umfasst Pos. 12. sämtliche Abschreibungen auf Vermögensgegenstände des Finanzanlagevermögens (§ 266 Abs. 2 A. III. HGB) einschließlich pauschaler Abschreibungen auf Ausleihungen sowie der Abzinsungsbeträge auf langfristige Ausleihungen, soweit die Abzinsung zeitlich nach dem Entstehen der Ausleihung notwendig wurde, etwa weil sich der Marktzins drastisch erhöht hat. Zusätzlich werden unter Pos. 12. auch diejenigen Abschreibungen auf Wertpapiere des Umlaufvermögens erfasst, die die in der Kapitalgesellschaft i. w. S. üblichen Abschreibungen nicht überschreiten. (Überwiegend wird auch die Einbeziehung „unüblicher" Abschreibungen befürwortet, siehe S. 247) Durch die Abschreibungen auf Wertpapiere des Umlaufvermögens unterscheidet sich die Pos. 12. dann von den Abschreibungen des Geschäftsjahrs nach § 268 Abs. 2 Satz 3 HGB auf Finanzanlagen.

13. Zinsen und ähnliche Aufwendungen, davon an verbundene Unternehmen

Als Zinsen und ähnliche Aufwendungen gelten sämtliche laufenden oder einmaligen (Bereitstellungsprovisionen z. B.) Aufwendungen, die dem Unternehmen aus der Inanspruchnahme von Fremdkapital erwachsen, also insbesondere Zinsen für aufgenommene Kredite, Diskontbeträge für Wechsel, Bereitstellungs-, Überziehungs- und Avalprovisionen sowie Abschreibungen auf ein aktiviertes Disagio oder Damnum. Aufwendungen, die mit der Aufrechterhaltung des Zahlungsverkehrs zusammenhängen, wie etwa Kontoführungsgebühren oder Umsatzprovisionen, gehören dagegen nicht unter Pos. 13. Ebenfalls nicht hier, sondern als Minderungen der Umsatzerlöse, sind die von Kunden abgezogenen Skonti zu behandeln.

Soweit Zinsen und ähnliche Aufwendungen für Fremdkapital entstehen, das von verbundenen Unternehmen im Sinne des § 271 Abs. 2 HGB bereitgestellt wurde, sind sie gesondert anzugeben.

14. Ergebnis der gewöhnlichen Geschäftstätigkeit

Das Ergebnis der gewöhnlichen Geschäftstätigkeit ist der Zwischensaldo aus den bisher erläuterten Positionen 1. bis 13. In ihm werden das Betriebs- und das Finanzergebnis zusammengefasst, wobei allerdings Steuern nicht einbezogen wurden. Steuern erscheinen im GuV-Schema vielmehr erst nach dem außerordentlichen Ergebnis als Gesamtbelastung auf das Ergebnis der gewöhnlichen Geschäftstätigkeit und auf das außerordentliche Ergebnis. Da nach § 285 Nr. 6 HGB im Anhang zusätzlich anzugeben ist, wie sich auf der Grundlage einer geeigneten Fiktion die Steuern vom Einkommen und vom Ertrag auf das „gewöhnliche" und auf das außerordentliche Ergebnis aufteilen, kann ein fiktives Ergebnis der gewöhnlichen Geschäftstätigkeit nach Steuern errechnet werden.

15. Außerordentliche Erträge

Wie bereits bei der Erläuterung der Teilergebnisse auf S. 236 angesprochen, werden außerordentliche Aufwendungen und Erträge seit der Umsetzung der 4. EG-Richtlinie sehr eingegrenzt. Außerordentliche Erträge liegen dementsprechend nicht schon dann vor, wenn Erträge außerhalb des eigent-lichen Betätigungsfeldes oder Sachziels des Unternehmens erzielt werden – also bei einer Bäckerei aus der Vermietung von Wohnräumen an Studenten –, die Erträge müssen vielmehr „außerhalb der gewöhnlichen Geschäftätigkeit der Kapitalgesellschaft anfallen" (§ 277 Abs. 4 Satz 1 HGB). Um als außerordentlich eingeordnet zu werden, müssen Erträge somit *für das gesamte Unternehmen fremd, ungewöhnlich, selten (Förschle, in Beck Bil-Komm., 5. Aufl., § 275 Anm. 219) und für die Beurteilung der Ertragslage wesentlich sein (ADS, 6. Aufl., § 275 HGB Tz. 79b)*. Als Beispiele lassen sich anführen (Förschle, in Beck Bil-Komm., 5. Aufl., § 275 Anm. 222):

► „Gewinne aus dem Verkauf von bedeutenden Grundstücken und Beteiligungen",
► „Gewinne aus dem Verkauf eines Teilbetriebs",
► „Gewinne aus außergewöhnlichen Schadensfällen",
► „Erträge aus Gesellschafterzuschüssen oder Einlagen" sowie
► „Erträge aus Sanierungsleistungen (Zuschüsse oder Forderungsverzicht) außenstehender Dritter".

Die ausgesprochen enge Eingrenzung außerordentlicher Erträge hat zur Folge, dass derartige Erträge „nur ausnahmsweise vorkommen werden" (*Biener, GmbHR 1983, S. 256*).

16. Außerordentliche Aufwendungen

Die Ausführungen zum Charakter außerordentlicher Erträge gelten für außerordentliche Aufwen-dungen analog, insbesondere müssen auch sie für das gesamte Unternehmen fremd, ungewöhnlich, selten und wesentlich sein. Beispiele lassen sich in Analogie zu den Beispielen für außerordentliche Erträge leicht herleiten, indem bei den vier zuerst genannten Beispielsfällen statt von Gewinnen von Verlusten ausgegangen wird.

17. Außerordentliches Ergebnis

Das außerordentliche Ergebnis ist der Saldo aus den außerordentlichen Erträgen und Aufwendungen vor Berücksichtigung der steuerlichen Folgen dieses Ergebnisses.

18. Steuern vom Einkommen und vom Ertrag

Die Steuern vom Einkommen und vom Ertrag umfassen die *ertragsabhängigen* Steuern, bei denen das Unternehmen die Steuer schuldet und die dem Geschäftsjahr zuzurechnen sind. Als für das Unterneh-men ertragsabhängig gehören die *Körperschaftsteuer*, der darauf entfallende Solidaritätszuschlag, die *Gewerbeertragsteuer* und die entsprechenden ausländischen Steuern unter diese GuV-Position. Bei der Einkommensteuer ist nicht das Unternehmen, sondern der Gesellschafter Steuerschuldner. Sie darf daher grundsätzlich nicht in der GuV erfasst werden. Die Ausnahme des § 264 c Abs. 3 Satz 2 HGB betrifft nur die Möglichkeit des Ausweises eines dem Steuersatz der Komplementärgesell-schaft entsprechenden fiktiven Steueraufwands der Gesellschaft, freilich nicht unter der Position 18, sondern erst im Anschluss an den Jahresüberschuss/Jahresfehlbetrag.

Dem Geschäftsjahr als Aufwand zuzurechnen sind zunächst die Beträge, die sich aus der Steuerbilanz für dieses Geschäftsjahr ergeben haben oder – bei Unsicherheit – voraussichtlich ergeben werden.

Durch die Abgrenzung mittels latenter Steuern wird dieser Aufwand erhöht (Bildung passiver latenter Steuern oder Auflösung aktiver latenter Steuern) bzw. vermindert (Bildung aktiver latenter Steuern oder Auflösung passiver latenter Steuern). Auch Steuernachzahlungen für frühere Perioden, nachträgliche Dotierungen von Steuerrückstellungen für frühere Jahre und inzwischen sogar Steuererstattungen oder Erträge aus möglich gewordenen Absenkungen von Steuerrückstellungen für frühere Jahre – soweit dem Geschäftsjahr als der Periode zuzurechnen, in der sich das herausstellte – werden nach herrschender Meinung in die Position 18 einbezogen. Mögliche Konflikte aus Saldierungen lassen sich durch offenen Ausweis abmildern, zumal § 277 Abs. 4 Satz 3 HGB ohnehin Erläuterungen im Anhang vorschreibt.

Für eine Übergangsfrist können vor allem noch ausschüttungsbedingte Körperschaftsteuerminderungen aus dem alten Körperschaftsteuerrecht Auswirkungen auf den Ausweis der Steuern von Einkommen und vom Ertrag in der Handelsbilanz haben. Für erhaltene Ausschüttungen bereits gezahlte und auf die Steuerschuld des Unternehmens anrechenbare Körperschaftsteuer, die früher ebenfalls hier auszuweisen war, entsteht nach den aktuellen deutschen Körperschaftsteuerrecht nicht mehr. Allenfalls in Sonderfällen – etwa aufgrund von Beteiligungen im Ausland – dürfte sie daher ebenso wie eine anrechenbare Kapitalertragsteuer künftig noch eine Rolle spielen.

19. Sonstige Steuern

Die sonstigen Steuern umfassen alle vom Unternehmen zu entrichtenden Steuern, die einerseits nicht zu den Steuern vom Einkommen und vom Ertrag (Pos. 18.) zählen, und andererseits für das betrachtete Unternehmen Aufwand darstellen (ADS, 6. Aufl., § 275 HGB Tz. 197). Letzteres impliziert, dass sonstige Steuern, die wie die Grunderwerbsteuer als Anschaffungsnebenkosten in die Anschaffungskosten erworbener Vermögensgegenstände einbezogen werden, also keinen Aufwand darstellen, ebenso wenig unter Pos. 19. erscheinen wie die abzugsfähige Vorsteuer. Erfasst werden folglich Substanzsteuern (Grundsteuer und Erbschaftsteuer), Verbrauchsteuern, wie Mineralölsteuer, Kaffeesteuer, Sektsteuer, Tabaksteuer, Biersteuer oder Branntweinsteuer (soweit nicht offen von den Umsatzerlösen abgesetzt), Verkehrsteuern, wie die Versicherungsteuer, sowie die Kraftfahrzeugsteuer beispielsweise. Während die vom Unternehmen zu entrichtenden Zölle, wie Ausfuhrzölle beispielsweise, ebenfalls zu den sonstigen Steuern gehören, zählen Steuerstrafen, Bußgelder, Säumniszuschläge oder Stundungszinsen zu den sonstigen betrieblichen Aufwendungen/Zinsaufwendungen oder – ausnahmsweise – zu den außerordentlichen Aufwendungen. Steuernachzahlungen für frühere Jahre werden in den Steueraufwand des betreffenden Jahres einbezogen, soweit die entsprechenden Rückstellungen oder eventuelle Steuererstattungen für frühere Jahre nicht ausreichen.

20. Jahresüberschuss/Jahresfehlbetrag

Der Jahresüberschuss, bzw. – sofern negativ – Jahresfehlbetrag ist der Saldo aus allen in der GuV erfassten Erträgen und Aufwendungen. Er sollte damit dem entsprechen, was in der Betriebswirtschaftslehre mit Gewinn bzw. Verlust des Geschäftsjahrs bezeichnet wird. Bei dieser Interpretation ist aber aus verschiedenen Gründen Vorsicht geboten.

Zunächst ist der Jahresüberschuss/Jahresfehlbetrag insoweit beeinflussbar, als Aufwendungen und Erträge im Rahmen der vom Gesetzgeber gewährten Wahlrechte gestaltet werden können und als die Stetigkeitsforderung des § 252 Abs. 1 Nr. 6 HGB der bewussten Gestaltung keine Riegel vorschiebt. Dieser erste Grund zur Vorsicht relativiert sich allerdings zum Teil, denn im Anhang muss über Bilanzierung und Bewertung sowie über Abweichungen im Zeitablauf berichtet werden (§ 284 Abs. 2 Nr. 1 und 3 HGB, vgl. auch S. 271 f.). Der Jahresüberschuss/Jahresfehlbetrag ist außerdem auf der Grundlage spezieller Regeln ermittelt worden und damit als vergangenheitsorientierte, tendenziell vorsichtige, Veränderungen der Kaufkraft des Geldes negierende Größe unter bestimmten wichtigen Aspekten nur eingeschränkt aussagefähig. Zu diesen grundsätzlichen, aber auch eher abstrakten Problemen kommen noch zwei konkrete Probleme.

Bei Unternehmen, die beispielsweise durch einen *Gewinnabführungsvertrag* mit einem anderen Unternehmen verbunden sind, wird der „Gewinn" nicht zunächst im Jahresüberschuss erfasst und anschließend – also im Rahmen der Gewinnverwendung – an das andere Unternehmen abgeführt, der „Gewinn" wird vielmehr durch die Zusatzposition „auf Grund einer Gewinngemeinschaft, eines Gewinnabführungs- oder eines Teilgewinnabführungsvertrags abgeführte Gewinne" wie ein Aufwand behandelt, so dass das Ergebnis regelmäßig ausgeglichen erscheint. Bei Unternehmen also, die zur Ergebnisabführung verpflichtet sind, darf aus dem Jahresüberschuss/Jahresfehlbetrag, der ohnehin in der Regel Null sein wird, nichts geschlossen werden. Der Gewinn verbirgt sich in der zuvor genannten Zusatzposition, der Verlust in der Zusatzposition „Erträge aus Verlustübernahme".

Bei Kommanditgesellschaften auf Aktien (KGaA) werden die *Anteile am Erfolg, welche den persönlich haftenden Gesellschaftern zustehen,* im Rahmen der sonstigen betrieblichen Aufwendungen erfasst, so dass sie nicht mehr Bestandteil des Jahresüberschusses sind *(Semler, in Geßler/Hefermehl/Eckardt/ Kropff, § 286 Anm. 49).* Der Jahresüberschuss/ Jahresfehlbetrag umfasst somit bei der KGaA nur diejenigen Erfolgsbestandteile, die den Kommanditaktionären zustehen.

E. Erläuterung der spezifischen GuV-Positionen nach Umsatzkostenverfahren gemäß § 275 Abs. 3 HGB

> **Lernziel:**
> Sie sollen die wesentlichen Unterschiede zwischen Gesamtkosten- und Umsatzkostenverfahren anhand der Darstellung der spezifischen Positionen des Umsatzkostenverfahrens kennen lernen!

1. Herstellungskosten der zur Erzielung der Umsatzerlöse erbrachten Leistungen (Position 2.)

Der Inhalt der für das Umsatzkostenverfahren charakteristischen Position 2. wird in der einschlägigen deutschen Literatur sehr *kontrovers* diskutiert. Die Ursachen dafür liegen wahrscheinlich darin, dass in Deutschland früher kaum Erfahrungen mit Jahresabschlüssen nach dem Umsatzkostenverfahren vorlagen und dass die Position 2. in deutscher Sprache mit dem Begriff „Herstellungskosten" etwas aufgreift, was im Rahmen der Wertansätze für die Bilanz bereits definiert wurde. Damit stellt sich die Frage, ob Herstellungskosten in Bilanz und GuV das Gleiche oder etwas Unterschiedliches bezeichnen. In den angelsächsischen Ländern, in denen das Verfahren verbreitet ist, taucht das zuletzt genannte

Problem nicht auf, denn die Bezeichnungen für Herstellungskosten in der Bilanz (production cost) und in der GuV (cost of goods sold) weichen voneinander ab.

Beim Umsatzkostenverfahren werden die Aufwendungen – zumindest großenteils – nicht nach den Güterarten, deren Verbrauch oder Gebrauch ihnen zugrunde liegt, sondern nach den *Funktionsbereichen* (Herstellung, Vertrieb, allgemeine Verwaltung) aufgegliedert, denen sie zuzurechnen sind. Daraus entstehen verschiedene Probleme. Für die Aufgliederung der Aufwendungen nach Funktionen fehlen nicht nur bewährte Erfahrungen, eine solche Aufgliederung bedarf auch stets der *Schlüsselung* von Aufwendungen auf Funktionsbereiche. Solche Schlüsselungen lassen sich schwerlich eindeutig und fest vorgeben; sie eröffnen vielmehr zwingend gewisse Spielräume, wenn den Unternehmen nicht bis in Details auch ihres internen Rechnungswesens hinein Vorgaben gemacht werden sollen.

Das Hauptproblem entsteht allerdings aus der *Vielfalt möglicher Interpretationen der Herstellungskosten (Glade, BFuP 1987, S. 25 f.)*, wobei nur die beiden in der Diskussion wichtigsten Interpretationen, nämlich Herstellungskosten als Wertkategorie zur Bewertung bestimmter Vermögensgegenstände in der Bilanz und Herstellungskosten als Kosten des Funktionsbereichs Herstellung einschließlich Beschaffung und Material, aufgegriffen werden sollen.

Wird davon ausgegangen, dass Herstellungskosten *in der Bilanz und in der GuV einheitlich* definiert sein müssen, so hängt der Inhalt der Position 2. vom gewählten Umfang der Herstellungskosten ab. Damit verbergen sich hinter dieser ersten Variante im Detail so viele Verfahren, wie es mögliche Herstellungskostendefinitionen gibt. Wie bereits erläutert wurde (vgl. speziell die Übersicht auf S. 182), dürfen die Herstellungskosten in Höhe der Einzelkosten ohne Sondereinzelkosten des Vertriebs angesetzt werden. Zusätzlich zu den Einzelkosten dürfen in die Herstellungskosten aber auch nach Belieben weitere bestimmte Bestandteile der Gemeinkosten einbezogen werden, einschließlich anteiliger planmäßiger bilanzieller Abschreibungen, anteiliger Fremdkapitalzinsen, anteiliger Steuern des Fertigungsbereichs und anteiliger allgemeiner Verwaltungskosten. Hat sich ein Unternehmen für eine Herstellungskostendefinition entschieden, so werden in der Position 2. die Herstellungskosten der verkauften Produkte entsprechend dieser Definition ausgewiesen. Aufwandskomponenten, die freiwillig nicht in die Herstellungskosten einbezogen wurden, werden unter der für sie spezifischen Aufwandsposition im GuV-Schema erfasst – das gilt für Zinsen, sonstige Steuern und allgemeine Verwaltungskosten – oder sie werden unter den sonstigen betrieblichen Aufwendungen ausgewiesen, wenn es für sie keine spezielle Position im GuV-Schema gibt. Das führt bei einer engen Herstellungskostendefinition zu vergleichsweise sehr großen sonstigen betrieblichen Aufwendungen, zumal bei dieser Vorgehensweise (Leer-)Kosten der Unterbeschäftigung, außerplanmäßige Abschreibungen im Fertigungsbereich oder nicht auftragsgebundene Aufwendungen aus dem Forschungs- und Entwicklungsbereich ohnehin zwingend als sonstige betriebliche Aufwendungen zu behandeln sind. *(Diese erste Variante wird mehr oder minder stark befürwortet von Förschle, in Beck Bil-Komm., 5. Aufl., § 275 Anm. 269, was aber in Anm. 270 ff. wieder relativiert wird; Coenenberg, DB 1986, S. 1584 und Emmerich, WPg 1986, S. 705.)*

Speziell in Anlehnung an die Praxis in den USA, wo es ähnlich wie in dem entsprechenden Gliederungsschema des Art. 25 der 4. EG-Richtlinie den Posten „sonstige betriebliche Aufwendungen" nicht gibt, können Herstellungskosten in der GuV auch als unabhängig von den Herstellungskosten in der Bilanz angesehen werden. Die „Herstellungskosten der zur Erzielung der Umsatzerlöse erbrachten Leistungen" umfassen nach dieser zweiten Variante *sämtliche Aufwendungen, die dem Herstellungsbereich im weiteren Sinne, einschließlich des Beschaffungs- und Materialbereichs, zugeordnet werden können,* unabhängig davon, ob sie auch tatsächlich in die Herstellungskosten der Bilanz einbezogen werden oder werden dürfen. Alle Einzelkosten und Gemeinkosten des Herstellungsbereichs im weiteren Sinne, einschließlich der planmäßigen Abschreibungen und der auf diesen Bereich entfallenden Kosten der betrieblichen Altersversorgung und freiwilligen Sozialleistungen, sind dann zwingend unter die Position 2. einzuordnen. Gleiches gilt bei dieser Variante auch für die auf den Herstellungsbereich entfallenden außerplanmäßigen Abschreibungen, die (Leer-)Kosten der Unterbeschäftigung sowie entsprechende periodenfremde Aufwendungen. Weil sie andere Funktionsbereiche betreffen und weil es für sie eigene Positionen gibt, sind dagegen die Vertriebskosten (Position 4.) und die Kosten der allgemeinen Verwaltung (Position 5.) nicht der Position 2. zuzurechnen – letztere zumindest insoweit nicht, als sie sich nicht wie die Kosten der Betriebsleitung, der Arbeitsvorbereitung, der Produktionssteuerung, des Lohnbüros oder des Einkaufs etwa dem Herstellungsbereich im weiteren Sinne zuordnen lassen. Eine ähnliche Aufspaltung wird bei den Aufwendungen für Forschung und Entwicklung erforderlich sein. Soweit sich dahinter auftragsbezogene, fertigungsnahe Entwicklungsbemühungen verbergen, sollten sie unter Position 2. ausgewiesen werden. Soweit sie allgemeine oder grundlegende Forschungen und Entwicklungen betreffen, bleibt nur ein Ausweis unter Position 7. *(Die zweite Variante wird zugrunde gelegt und befürwortet vom Sonderausschuß Bilanzrichtlinien-Gesetz des IdW, WPg 1987, S. 142; WP-Handbuch 2000, Bd. I, F Tz. 515; ADS, 6. Aufl., § 275 HGB Tz. 220 f. und ganz nachdrücklich von Borchert, in Küting/Weber, 4. Aufl., § 275 Rn. 126.)*

Zusätzlich zur Interpretation der Herstellungskosten entsteht ein weiteres Problem aus dem *Nebeneinander der Gliederung von Aufwendungen nach Funktionsbereichen und nach Güterarten*. Insbesondere die Steuern des Fertigungsbereichs und die Zinsen für Fremdkapital, das zur Finanzierung der Herstellung von Vermögensgegenständen verwendet wird, können nämlich sowohl funktional der Position 2. als auch der zugrunde liegenden „Güterart" entsprechend den Positionen 18. bzw. 12. zugeordnet werden. Da die Meinungen auch zu dieser Frage auseinander gehen – *Förschle, in Beck Bil-Komm., 5. Aufl., § 275 Anm. 308 f. befürwortet den Ausweis unter Pos. 2., während der Sonderausschuß Bilanzrichtlinien-Gesetz, WPg 1987, S. 142, und das WP-Handbuch 2000, Bd. I, F Tz. 518, den Ausweis unter Position 18. bzw. 12. bevorzugen, dabei aber auch den Ausweis unter Position 2. nicht ausschließen* – dürfte praktisch ein weiteres *Wahlrecht* bestehen.

Die bisherigen Zuordnungsmöglichkeiten werden noch einmal zusammengefasst in der Abbildung 19 auf S. 255.

Ihrem Charakter und ihrer Funktion im Rahmen des Umsatzkostenverfahrens entsprechend umfasst die Position 2. zudem nur die *Kosten der abgesetzten Produkte*. Verglichen mit den gesamten Herstellungskosten für alle in der Periode hergestellten Produkte und Leistungen müssen also

► die Kosten für die anderen aktivierten Eigenleistungen (selbst erstellte und dann selbst genutzte Gebäude oder Maschinen z. B.) und

► die Kosten für die in dieser Periode erstellten, aber auf Lager genommenen fertigen und unfertigen Erzeugnisse eliminiert sowie

► die Kosten für die in Vorperioden erstellten und gelagerten, in dieser Periode aber verkauften fertigen und unfertigen Erzeugnisse zusätzlich einbezogen werden,

um die Umsatzkosten zu erhalten.

Darüber, wie den Bestandsveränderungen im Rahmen des Umsatzkostenverfahrens Rechnung getragen werden sollte, gehen die Meinungen ebenfalls auseinander.

Die einfachste Lösung besteht darin, aktivierte Eigenleistungen und Bestandsveränderungen bei fertigen und unfertigen Erzeugnissen dadurch aufzufangen, dass die Position 2. um die in der Bilanz angesetzten Herstellungskosten der Eigenleistungen oder Bestandsvermehrungen gekürzt und um die in der Bilanz angesetzten Herstellungskosten der Bestandsminderungen erweitert wird. (Diese Lösung harmoniert mit der ersten Variante, wonach Herstellungskosten in Bilanz und GuV übereinstimmen sollten. Sie wird aber auch befürwortet von *Borchert, in Küting/Weber, 4. Aufl., § 275 Rn. 127.*)

Für den Fall, dass in die Herstellungskosten der Bilanz, zu denen aktivierte Eigenleistungen und Erzeugnisse bewertet werden, nicht alle möglichen Komponenten einbezogen werden, also keine „Vollkosten" angesetzt werden, während Herstellungskosten in der GuV umfassender interpretiert werden, wird auch eine andere Vorgehensweise zugelassen (*Sonderausschuß Bilanzrichtlinien-Gesetz des IdW, WPg 1987, S. 142; WP-Handbuch 2000, Bd. I, F Tz. 517*). Die wegen des Ansatzes von Teilkosten in der

ABB. 19:	Zuordnung von Aufwendungen zu Aufwandspositionen im Rahmen der GuV nach dem Umsatzkostenverfahren		
		Variante 1 Herstellungskosten in Bilanz und GuV gleich	Variante 2 sämtliche Aufwendungen des Herstellungsbereichs im weiteren Sinne
Einzelkosten: – Materialeinzelkosten – Fertigungslöhne – Sondereinzelkosten der Fertigung		Pos. 2.	Pos. 2.
– Sondereinzelkosten des Vertriebs		Pos. 4.	Pos. 4.
Gemeinkosten: – planmäßige Abschreibungen – betriebliche Altersversorgung und freiwillige Sozialleistungen		*Wahlrecht;* soweit in Herstellungskosten einbezogen, in Pos. 2. sonstige in Pos. 7. bzw. in Pos. 5. (Verwaltungskosten)	Pos. 2.
– allgemeine Verwaltungskosten			Pos. 2. oder 5.*
– außerplanmäßige Abschreibungen – (Leer-)Kosten der Unterbeschäftigung – periodenfremde Aufwendungen		Pos. 7.	Pos. 2.
– F. u. E.-Kosten, nicht auftragsgebunden		Pos. 7.	Pos. 7.
– Steuern des Fertigungsbereichs – Zinsen für Fremdkapital		Pos. 2. oder 18. Pos. 2. oder 12.	Pos. 2. oder 18. Pos. 2. oder 12.
– Vertriebsgemeinkosten – Lagerkosten für Fertigprodukte		Pos. 4.	Pos. 4.

* Die allgemeinen Verwaltungskosten sind in der Regel aufzuspalten. Die Bestandteile, die auf die Verwaltung des Herstellungs-, Beschaffungs- und Materialbereichs entfallen (z. B. Betriebsleitung, Arbeitsvorbereitung, Produktionssteuerung, Lohnbüro, Einkauf), werden der Pos. 2., die übrigen der Pos. 5. zugerechnet.

Bilanz nicht aktivierten Bestandteile der Herstellungskosten von aktivierten Eigenleistungen und auf Lager genommenen fertigen und unfertigen Erzeugnissen müssen nicht unter der Position 2., sondern können auch als „sonstige betriebliche Aufwendungen" (Position 7.) erfasst werden. Die zuletzt genannte Vorgehensweise führt allerdings spätestens dann zu schwerwiegenden Problemen, wenn Bestandsminderungen analog behandelt werden sollen. Um in der Position 2. jeweils die vollen Herstellungskosten der abgesetzten Erzeugnisse ausweisen zu können, müssten deren Wertansätze aus der Bilanz nämlich auf Vollkosten aufgestockt werden. Werden Bestandsminderungen aber von Teilkosten auf Vollkosten umbewertet, so wird entweder das Ergebnis falsch – in früheren Jahren unter Position 7. angesetzte Aufwendungen werden erneut angesetzt –, oder die Werterhöhung muss im Rahmen der GuV wieder aufgefangen werden. Dabei kommt insbesondere eine Minderung der sonstigen betrieblichen Aufwendungen und – etwa weil diese nicht ausreichen – der Ansatz kompensierender sonstiger betrieblicher Erträge *(Treuarbeit, Bilanzrichtlinien-Gesetz, S. 86 Text 287)* in Betracht. Da die Minderung der sonstigen betrieblichen Aufwendungen aber wahrscheinlich gegen das Saldierungsverbot des § 246 Abs. 2 HGB verstößt und der Ansatz von kompensierenden sonstigen betrieblichen Erträgen schwerlich mit dem Grundsatz der Klarheit vereinbart werden kann, dürfte die Umbewertung der Bestandsminderungen kaum zulässig sein *(so auch Sonderausschuß Bilanzrichtlinien-Gesetz des IdW, WPg 1987, S. 142; Emmerich, WPg 1986, S. 704 f.)*.

Verdeutlicht sei der Inhalt der Position 2. des Umsatzkostenverfahrens durch ein Beispiel, bei dem eine Kapitalgesellschaft zu Beginn des Jahres 2007 das fertige Erzeugnis A auf Lager hat. Im Laufe des Jahres 2007, in dem sie die Erzeugnisse B und C herstellt, verkauft sie die Erzeugnisse A und B für 1 000 € bzw. 10 000 €. In ihrer GuV hat sie sich für das Umsatzkostenverfahren entschieden. Fertige Erzeugnisse bewertet sie in der Bilanz zu Einzelkosten, der handelsrechtlichen Wertuntergrenze. Weiter gelten folgende Daten:

TAB. 20:	Daten für ein Beispiel zum Umsatzkostenverfahren			
		A	B	C
	2006	2007	2007	2007
Materialeinzelkosten } Fertigungslöhne	250		4 000	600
Sondereinzelkosten der Fertigung		10	200	–
Sondereinzelkosten des Vertriebs	80		1 000	150
planmäßige Abschreibungen der Fertigungsanlagen				
betriebliche Altersversorgung und freiwillige Sozialleistungen	50 (120)		700 (800)	100 (200)
allgemeine Verwaltungskosten				
davon Herstellungs-, Beschaffungs- und Materialbereich	80		500	120
davon Unternehmensverwaltung	40		300	80
außerplanmäßige Abschreibungen	–		100	30
FuE-Aufwendungen, nicht auftragsgebunden	18		250	40
Steuern des Fertigungsbereichs	7		80	9
Vertriebsgemeinkosten		80	850	–

Für 3 alternativ betrachtete Fälle ergeben sich folgende Gewinn- und Verlustrechnungen im Jahr 2007:

TAB. 21:	Lösungen für das Beispiel zum Umsatzkostenverfahren		
	Fall 1	Fall 2	Fall 3
1 Umsatzerlöse	11 000	11 000	11 000
2 Herstellungskosten	4 250	6 950	6 760
4 Vertriebskosten	1 140	1 140	1 140
5 allgemeine Verwaltungskosten	380	380	380
7 sonstige betriebliche Aufwendungen	2 990	290	480
18 sonstige Steuern	89	89	89
Ergebnis vor Ertragsteuern	2 151	2 151	2 151

In dem ersten Fall wird davon ausgegangen, dass die Herstellungskosten in Bilanz und Position 2. des Umsatzkostenverfahrens übereinstimmend den Einzelkosten entsprechen. Die Position 2. umfasst daher die Einzelkosten der verkauften Produkte A und B (250 + 4 000 = 4 250). Die übrigen im Jahr 2007 angefallenen Aufwendungen müssen in der Bilanz aufgefangen (die Einzelkosten des Produkts C von 600 werden unter „fertige Erzeugnisse" aktiviert) bzw. geeigneten GuV-Positionen zugeordnet werden. So umfassen die Vertriebskosten 10 + 200 + 80 + 850 = 1 140, die allgemeinen Verwaltungskosten die auf die Unternehmensverwaltung entfallenden Verwaltungsaufwendungen 300 + 80 = 380, die sonstigen Steuern die Steuern des Fertigungsbereichs 80 + 9 = 89 und die sonstigen betrieblichen Aufwendungen den Rest, also 1 000 + 150 + 700 + 100 + 500 + 120 + 100 + 30 + 250 + 40 = 2 990.

Der zweite Fall basiert auf der Annahme, dass abweichend von den Einzelkosten als Herstellungskosten in der Bilanz die Position 2. der GuV als Herstellungskosten sämtliche Aufwendungen des Herstellungsbereichs im weiteren Sinne umfasst. Dabei soll allerdings von Überlegungen zur Anpassung der Herstellungskosten von verkauften Beständen aus Vorperioden abgesehen werden. In die Position 2. werden daher die bilanziellen Herstellungskosten des zu Beginn des Jahres 2007 aktivierten und im Laufe des Jahres 2007 verkauften Produkts A (250) sowie die Aufwendungen des Herstellungsbereichs im weiteren Sinne einbezogen, also bezogen auf Produkt B zwingend 4 000 + 1 000 + 700 + 500 + 100 = 6 300 und wahlweise die Steuern des Fertigungsbereichs von 80 (das Recht wird in der Übersicht so ausgeübt, dass dieser Betrag unter Pos. 18. ausgewiesen wird) und bezogen auf Produkt C 150 + 100 + 120 + 30 = 400, wobei wahlweise wieder zusätzlich noch 9 berücksichtigt werden können, was aber in der Tabelle 21 nicht geschieht. Position 2. umfasst also 250 (A), 6 300 (B) und 400 (C), zusammen demnach 6 950. (Da C im Jahre 2007 nur produziert, aber nicht verkauft wird, ist es nach Ansicht einer Minderheit nicht zulässig, die nicht aktivierten auf C entfallenden Aufwendungen des Herstellungsbereichs von 400 in die Position 2. einzubeziehen. Der Ausweis habe unter sonstigen betrieblichen Aufwendungen (Pos. 7.) zu erfolgen. *(Selchert, DB 1986, S. 2399; a. A. ADS, 6. Aufl., § 275 HGB Tz. 223; Förschle, in Beck Bil-Komm., 5. Aufl., § 275 Anm. 276).*

Übereinstimmend mit Fall 1 betragen die Vertriebskosten 1 140. Gleiches gilt für die allgemeinen Verwaltungskosten (380) und die sonstigen Steuern (89), da bei letzteren von der Wahlmöglichkeit zum Ausweis unter Position 2. kein Gebrauch gemacht wird, wie oben festgelegt wurde. Die sonstigen betrieblichen Aufwendungen beinhalten nur noch die nicht auftragsgebundenen FuE-Aufwendungen von 250 + 40 = 290, denn die Einzelkosten von Produkt C von 600 werden wie im ersten Fall in der Bilanz aktiviert.

Der dritte Fall entspricht dem zweiten insoweit, als wiederum in der GuV abweichend vom Einzelkostenansatz in der Bilanz sämtliche Aufwendungen des Herstellungsbereichs im weiteren Sinne als Herstellungskosten der Position 2. angesehen werden. Allerdings wird den Überlegungen aus einer der ersten kurzen Kommentierungen zum Bilanzrichtlinien-Gesetz *(Treuarbeit, Bilanzrichtlinien-Gesetz 1986, S. 86 Tz. 287)* gefolgt. Die Herstellungskosten der aus den Lagerbeständen am Jahresanfang verkauften und zu Einzelkosten bilanzierten Produkte (im Beispiel Produkt A) werden auf Herstellungskosten gemäß Position 2. der GuV aufgestockt, wobei die Differenz in den sonstigen betrieblichen Aufwendungen (durch deren Minderung) und erforderlichenfalls in den sonstigen betrieblichen Erträgen (durch deren fiktive Aufstockung) aufgefangen wird. Produkte, die im betrachteten Jahr 2007 produziert, aber nicht verkauft wurden (im Beispiel Produkt C), dürfen nach dieser Ansicht die Position 2. nicht beeinflussen. Die entsprechenden Aufwendungen werden unter den sonstigen betrieblichen Aufwendungen erfasst. Position 2. beinhaltet folglich von Produkt A 250 + 80 + 50 + 80 = 460 (das sind 210 mehr als in Fall 2), von Produkt B wie im zweiten Fall 6 300 und von Produkt C keinerlei Aufwendungen mehr (das sind 400 weniger als in Fall 2). Zusammen ergibt sich ein Betrag von 6 760, also 190 weniger als in Fall 2. Diese 190 werden zusätzlich in die sonstigen betrieblichen Aufwendungen einbezogen. Ansonsten bleibt es bei den Zahlen aus den Fällen 1 und 2. Das Beispiel verdeutlicht, dass die dem dritten Fall zugrunde gelegten Überlegungen zu eventuell aussagefähigeren Herstellungskosten der zur Erzielung der Umsatzerlöse erbrachten Leistungen (Pos. 2.) führen, dies aber nur auf Kosten einer völligen Verzerrung der sonstigen betrieblichen Aufwendungen (und gegebenenfalls auch der sonstigen betrieblichen Erträge, wenn die wegfallenden Aufwendungen aus Lagerbestandsabnahmen die sonstigen betrieblichen Aufwendungen übersteigen). Die Überlegungen finden daher inzwischen nur noch wenig Rückhalt in der Literatur *(Förschle, in Beck Bil-Komm., 5. Aufl., § 275 Anm. 276)*.

Die Bezeichnung der Position 2. wurde auf Produktionsbetriebe zugeschnitten. Um keinen falschen Eindruck zu erwecken, sollten reine Handelsunternehmen die Bezeichnung *„Anschaffungskosten der verkauften Waren"* wählen. Gemischte Produktions- und Handelsunternehmen sollten ebenfalls eine geeignete Bezeichnung suchen oder in angemessener Weise auf das Problem hinweisen. *(Biener, AG – KGaA – GmbH – Konzerne, S. 99; WP-Handbuch 2000, Bd. I, F Tz. 519.)*

Soweit in den Herstellungskosten außerplanmäßige Abschreibungen auf das Anlagevermögen oder Abschreibungen auf das Umlaufvermögen zur Antizipation künftiger Wertschwankungen enthalten sind, müssen diese jeweils gesondert ausgewiesen oder im Anhang angegeben werden.

2.   Vertriebskosten (Position 4.)

Die Vertriebskosten setzen sich aus zwei zentralen Elementen zusammen. Einerseits umfassen sie die den Produkten unmittelbar zurechenbaren, in die Herstellungskosten aber nicht einzubeziehenden *Sondereinzelkosten des Vertriebs,* wie spezielle Verpackungskosten, Transportkosten oder Provisionen. Andererseits beinhalten sie die im Rahmen der Schlüsselung von Gemeinkosten auf Funktionsbereiche *dem Vertriebsbereich zugeordneten Gemeinkosten,* wie Gehälter, Abschreibungen der im Vertrieb genutzten Sachanlagen, Materialkosten, Energiekosten, Reisekosten, Messe- und Ausstellungskosten sowie Kosten der Marktforschung, Werbung, Kundenberatung und Absatzförderung. Dabei werden die Beträge ausgewiesen, die in der jeweiligen Periode verursacht wurden.

Hinsichtlich der außerplanmäßigen Abschreibungen auf das Anlagevermögen und der Abschreibungen auf das Umlaufvermögen zur Antizipation künftiger Wertschwankungen gilt die bei den Herstellungskosten angesprochene Forderung analog. Im Anhang dürfen die beiden Angaben allerdings wahrscheinlich jeweils mit denen zu den Herstellungskosten zusammengefasst werden, so dass im Anhang nur zwei Angaben erscheinen, die außerplanmäßigen Abschreibungen auf das Anlagevermögen insgesamt einerseits und die Abschreibungen auf das Umlaufvermögen zur Antizipation künftiger Wertschwankungen insgesamt andererseits.

3.   Allgemeine Verwaltungskosten (Position 5.)

Grundsätzlich gelten die Kosten z. B. für die Geschäftsleitung, für die Finanz-, Personal-, Planungs-, Steuer-, Rechts- und Versicherungsabteilung, für das Rechnungswesen, den Werksschutz, die Abschlussprüfung, die Gesellschafter- oder Hauptversammlung, die Betriebsleitung, die Arbeitsvorbereitung und den Einkauf als allgemeine Verwaltungskosten.

Was von diesen allgemeinen Verwaltungskosten unter Position 5. ausgewiesen wird, hängt von der Definition der Herstellungskosten sowohl in der Bilanz als auch in der GuV (Pos. 2.) ab. Werden Herstellungskosten in Bilanz und GuV einheitlich definiert, so entscheidet die Herstellungskostendefinition in der Bilanz über den Inhalt der Position 5. Es erscheinen diejenigen Gemeinkosten des Bereichs allgemeine Verwaltung unter der Position 5., die nicht in die Herstellungskosten aufgenommen wurden, denn § 255 Abs. 2 Satz 4 HGB erlaubt auch die Einbeziehung allgemeiner Verwaltungskosten in die Herstellungskosten. Wird unter Herstellungskosten im Rahmen der GuV dagegen die Gesamtheit aller Aufwendungen des Herstellungsbereichs im weiteren Sinne verstanden, so werden die der allgemeinen Verwaltung zugeordneten Gemeinkosten weiter aufgespalten. Nur soweit sie nicht die *Verwaltung des Herstellungsbereichs*, wie etwa Betriebsleitung, Arbeitsvorbereitung, Produktionssteuerung, Lohnbüro oder Einkauf betreffen, werden sie unter der Position 5. erfasst.

Wiederum müssen die in den allgemeinen Verwaltungskosten enthaltenen außerplanmäßigen Abschreibungen auf das Anlagevermögen und die Abschreibungen auf das Umlaufvermögen zur Antizipation künftiger Wertschwankungen gegebenenfalls jeweils gesondert ausgewiesen oder – unter Zusammenfassung mit den Anteilen in den anderen Positionen – im Anhang angegeben werden.

4.   Sonstige betriebliche Erträge (Position 6.)

Diese Position stimmt mit der entsprechenden Position des Gesamtkostenverfahrens überein, soweit nicht der zuvor als problematisch bezeichnete Weg eingeschlagen wird, unter Herstellungskosten in der GuV abweichend von der Bilanz sämtliche Aufwendungen des Herstellungsbereichs zu verstehen, in der Bilanz aber nur Teilkosten zu aktivieren und bei Bestandsänderungen die in den Herstellungskosten nicht erfassten Aufwendungen unter den sonstigen betrieblichen Aufwendungen und Erträgen zu erfassen (vgl. S. 255 f. und 257 f.).

5.   Sonstige betriebliche Aufwendungen (Position 7.)

Die erst kurz vor Verabschiedung des Gesetzes auch in das Gliederungsschema des Umsatzkostenverfahrens eingefügten sonstigen betrieblichen Aufwendungen *weichen* inhaltlich von der entsprechenden Position des Gesamtkostenverfahrens *ab*. Erneut werden zwar Verluste aus dem Abgang von Gegenständen des Anlage- und des Umlaufvermögens (aber ausgenommen Vorräte), Abschreibungen auf Forderungen des Umlaufvermögens sowie auf liquide Mittel (einschließlich der unüblichen

Abschreibungen), Zuführungen zu Rückstellungen, sofern die Aufwandsart noch nicht ermittelt werden kann, und Einstellungen in den Sonderposten mit Rücklageanteil unter dieser Position ausgewiesen, von den zahlreichen übrigen Aufwendungen erscheinen beim Umsatzkostenverfahren aber nur diejenigen unter sonstigen betrieblichen Aufwendungen, die weder dem Herstellungsbereich im weiteren Sinne noch dem Vertriebsbereich oder dem Verwaltungsbereich zugeordnet werden können. Dafür aber müssen weitere Aufwendungen solcher Stellen, die zu keinem der genannten Bereiche gehören, als sonstige betriebliche Aufwendungen ausgewiesen werden. Das betrifft speziell Löhne und Abschreibungen im Bereich der Grundlagenforschung und der allgemeinen Entwicklung.

Wenn die Herstellungskosten in Bilanz und GuV übereinstimmen, zählen außerdem die von der Einbeziehung in die bilanziellen Herstellungskosten ausgeschlossenen außerplanmäßigen Abschreibungen im Herstellungsbereich, die (Leer-)Kosten der Unterbeschäftigung und periodenfremde Aufwendungen des Herstellungsbereichs zu den sonstigen betrieblichen Aufwendungen. Zusätzlich sind alle die Wahlbestandteile der Herstellungskosten den sonstigen betrieblichen Aufwendungen zuzuordnen, die freiwillig nicht in die Herstellungskosten einbezogen werden. Bei Wahl der Einzelkosten als Mindestansatz der Herstellungskosten sind das sämtliche Gemeinkosten des Herstellungsbereichs im weiteren Sinne, soweit sie nicht – wie Zinsen und Steuern – der zugrunde liegenden Güterart entsprechend in gesonderten Positionen zu erfassen sind.

Im Rahmen der sonstigen betrieblichen Aufwendungen müssen beim Umsatzkostenverfahren nicht nur wie beim Gesamtkostenverfahren die Einstellungen in den Sonderposten mit Rücklageanteil, sondern auch eventuelle außerplanmäßige Abschreibungen auf das Anlagevermögen sowie Abschreibungen auf das Umlaufvermögen zur Antizipation künftiger Wertschwankungen gesondert ausgewiesen oder im Anhang angegeben werden.

6.   Zu den Zinsen und ähnlichen Aufwendungen (Position 12.) sowie den sonstigen Steuern (Position 18.)

Im Kern hängen die Inhalte dieser beiden Positionen nicht vom Verfahren der Erfolgsrechnung ab. Beim Umsatzkostenverfahren ergeben sich aber für beide insoweit ähnliche Besonderheiten, als beide Positionen Aufwendungen beinhalten, die funktional betrachtet auch den Herstellungskosten zugeordnet werden können, nämlich die „Zinsen für Fremdkapital, das zur Finanzierung der Herstellung eines Vermögensgegenstands verwendet wird" und die Steuern des Fertigungsbereichs. Da es, wie bereits betont (S. 254), für beide Zuordnungen Befürworter gibt, dürfte wohl ein Wahlrecht bestehen. Wird das Wahlrecht dahingehend ausgeübt, dass diese Aufwendungen den Herstellungskosten zugeordnet werden, sind sie anders als beim Gesamtkostenverfahren nicht mehr in den Positionen 12. bzw. 18. enthalten.

Wird dagegen prinzipiell entschieden, dass die genannten Aufwendungen in den Positionen 12. bzw. 18. erfasst werden sollen, gibt es eine weitere Besonderheit, sofern unter den Herstellungskosten in der GuV die Aufwendungen des Herstellungsbereichs verstanden werden und die Herstellungskosten in der Bilanz Zinsen und/oder Betriebssteuern einschließen sollen. Zinsen bzw. Betriebssteuern auf aktivierte Eigenleistungen und auf Bestandsmehrungen bei unfertigen und fertigen Erzeugnissen werden dann nämlich in den Beständen der Bilanz aktiviert und können in den Aufwendungen nicht enthalten sein. Die Positionen 12. bzw. 18. beinhalten somit in diesem Fall sowohl Aufwandskomponenten, die den in der Periode insgesamt entstandenen Verzehr betreffen, als auch solche, die nur den

Verzehr für die in der Periode abgesetzten Produkte umfassen. Um dieses Problem zu entschärfen, hält Borchert es für zulässig, nicht die Positionen 12. bzw. 18., sondern die „Herstellungskosten der zur Erzielung der Umsatzerlöse erbrachten Leistungen" (Position 2.) um die in den Bestandsmehrungen gegebenenfalls aktivierten Zinsen oder Betriebsteuern zu vermindern, obwohl dies aus der Sache heraus nicht gerechtfertigt ist *(Borchert, in Küting/Weber, 4. Aufl., § 275 Rn. 116-119)*. Allerdings sieht er diese Möglichkeit nur bei vergleichsweise unbedeutenden Beträgen. Wesentliche Beträge dagegen sollten offen von den Positionen 12. bzw. 18. abgesetzt werden.

F.　Die Darstellung der Ergebnisverwendung

> **Lernziel:**
>
> Sie sollen erfahren,
> ► wie sich bei Aktiengesellschaften aus dem Jahresüberschuss/-fehlbetrag der Bilanzgewinn/-verlust ergibt und
> ► wie die Ergebnisverwendung darzustellen ist!

Gemäß §§ 325 Abs. 1 Satz 1, 2. Halbsatz, 326 HGB sind die gesetzlichen Vertreter von großen und mittelgroßen Kapitalgesellschaften i. w. S. verpflichtet, zusammen mit dem Jahresabschluss unter anderem auch den Vorschlag sowie den Beschluss über die Verwendung des Jahresergebnisses zum elektronischen Bundesanzeiger einzureichen, soweit sich dieser Vorschlag und dieser Beschluss nicht bereits aus dem Jahresabschluss ergeben. Nach § 325 Abs. 1 Satz 1, 3. Halbsatz HGB werden Gesellschaften mit beschränkter Haftung von der Verpflichtung zur Offenlegung der Ergebnisverwendung allerdings befreit, „wenn sich anhand dieser Angaben die Gewinnanteile von natürlichen Personen feststellen lassen, die Gesellschafter sind."

Genau wie in der Bilanz, die nach § 268 Abs. 1 HGB ohne Berücksichtigung der Verwendung des Jahresergebnisses, unter Berücksichtigung der vollständigen oder unter Berücksichtigung der teilweisen Verwendung des Jahresergebnisses aufgestellt werden darf, stehen auch in der GuV im Prinzip alle drei Möglichkeiten offen. Allerdings darf den Ergebnisvorträgen aus dem Vorjahr und den aus der teilweisen oder vollständigen Ergebnisverwendung resultierenden Veränderungen der Kapital- und Gewinnrücklagen in der GuV erst im Anschluss an den Posten „Jahresüberschuss/Jahresfehlbetrag" Rechnung getragen werden (§ 275 Abs. 4 HGB).

Präzise Vorgaben darüber, wie eine Ergebnisverwendung darzustellen ist, gibt es nur für AG und KGaA. In § 158 Abs. 1 AktG wird für diese beiden Gesellschaften vorgeschrieben, dass der Übergang vom „Jahresüberschuss/Jahresfehlbetrag" zum „Bilanzgewinn/Bilanzverlust" durch die folgenden Posten zu erläutern ist. Dabei sind die Posten entweder im Anschluss an den „Jahresüberschuss/Jahresfehlbetrag" und unter Fortführung der Nummerierung in der GuV auszuweisen oder sie sind im Anhang anzugeben.

„1. Gewinnvortrag/Verlustvortrag aus dem Vorjahr

2. Entnahmen aus der Kapitalrücklage

3. Entnahmen aus Gewinnrücklagen
   a) aus der gesetzlichen Rücklage
   b) aus der Rücklage für eigene Aktien
   c) aus satzungsmäßigen Rücklagen
   d) aus anderen Gewinnrücklagen

4. Einstellungen in Gewinnrücklagen
   a) in die gesetzliche Rücklage
   b) in die Rücklage für eigene Aktien
   c) in satzungsmäßige Rücklagen
   d) in andere Gewinnrücklagen

5. Bilanzgewinn/Bilanzverlust." (§ 158 Abs. 1 AktG)

Der *Gewinnvortrag aus dem Vorjahr* bezeichnet dabei den Teil des Ergebnisses aus dem Vorjahr, der weder in Rücklagen eingestellt noch an die Aktionäre ausgeschüttet wurde. Damit entspricht der Gewinnvortrag einer auf zunächst 12 Monate befristeten Rücklage, über deren Verwendung nach Ablauf eines Jahres wieder entschieden werden kann. Der *Verlustvortrag aus dem Vorjahr* stellt dementsprechend den auf neue Rechnung vorgetragenen Verlust des Vorjahrs dar, gegebenenfalls erweitert um weitere vorgetragene Verluste aus davor liegenden Jahren.

Kapitalgesellschaften dürfen mehr als ihren Jahresüberschuss ausschütten, und sie dürfen auch bei Vorliegen eines Jahresfehlbetrags ausschütten. Da diese Möglichkeit allerdings die Ausschüttungsbemessungs- bzw. Kompetenzabgrenzungsfunktion speziell aus der Sicht der Gläubiger bedroht, geht das nur unter bestimmten Voraussetzungen. Zunächst dann, wenn – wie oben bereits angesprochen – ein genügend großer Gewinnvortrag aus dem Vorjahr zur Verfügung steht, der gegebenenfalls den Jahresfehlbetrag mehr als kompensiert. Weiterhin sind zusätzliche Ausschüttungen möglich, wenn die beiden folgenden Bedingungen erfüllt sind:

▶ Die Gesellschaft muss über Gewinnrücklagen verfügen, bei denen es *keine Zweckbindung* gibt, die einer Auflösung und Ausschüttung an die Aktionäre entgegensteht. Solchen einschränkenden Zweckbindungen unterliegt die gesetzliche Rücklage nach § 150 Abs. 3 und 4 AktG, sie werden aber auch bei satzungsmäßigen Rücklagen häufig durch die Satzung vorgegeben.

▶ Die *Organe, die den Jahresabschluss feststellen*, müssen die entsprechenden *Rücklagen* zu diesem Zweck *auflösen*. Bei der Aktiengesellschaft wird der Jahresabschluss in der Regel von Vorstand und Aufsichtsrat festgestellt. Damit können die Aktionäre die von der Ausschüttung nicht prinzipiell ausgeschlossenen Rücklagen nur dann an sich ausschütten, wenn Vorstand und Aufsichtsrat entweder bei der Feststellung des Jahresabschlusses diese Rücklagen auflösen oder auf die Feststellung des Jahresabschlusses verzichten, so dass die Hauptversammlung den Jahresabschluss feststellt. In jedem Fall entscheidet nämlich das feststellende Organ über die Rücklagenveränderungen *(ADS, 6. Aufl., § 51 AktG Tz. 142 f.; Kropff, § 151 Anm. 116 f.)*.

Die Auflösung entsprechender Rücklagen allein führt noch nicht zur Ausschüttung, sondern vergrößert zunächst nur den Bilanzgewinn, über dessen Verwendung dann die Hauptversammlung und damit die Mehrheit der Eigner entscheidet.

Rücklagen werden nicht nur aufgelöst, um mehr ausschütten zu können. Sie werden auch aufgelöst, um einen Jahresfehlbetrag des laufenden Jahres oder Verlustvorträge aus früheren Jahren auszugleichen und um Rücklagen in Grundkapital zu überführen (Kapitalerhöhung aus Gesellschaftsmitteln nach §§ 207 bis 220 AktG). Abgesehen vom zuletzt genannten Fall, wo die Rücklagenauflösung auf eine entsprechende Entscheidung der Hauptversammlung nach § 207 AktG zurückgeht, entscheiden erneut diejenigen Organe über die Rücklagenauflösung, die auch den Jahresabschluss feststellen, in der Regel also Vorstand und Aufsichtsrat.

Hinsichtlich der Auflösung der *Rücklagen für eigene Anteile* deutet der Gesetzestext in § 272 Abs. 4 HGB zwar ebenfalls ein Wahlrecht der feststellenden Organe an, solche Rücklagen dann aufzulösen, wenn die korrespondierenden eigenen Anteile auf der Aktivseite abgenommen haben, vieles spricht aber dafür, dass eine *Pflicht* zur Auflösung der Rücklage für eigene Anteile besteht, wenn durch Verkauf, Einziehung oder Abschreibung der Ansatz eigener Anteile in der Bilanz verringert wird *(ADS, 6. Aufl., § 275 HGB Tz. 202; Förschle/Hoffmann, in Beck Bil-Komm., 5. Aufl., § 272 Anm. 125).*

Im Rahmen der Entwicklung vom Jahresüberschuss/Jahresfehlbetrag zum Bilanzgewinn/Bilanzverlust umfassen die Einstellungen in Gewinnrücklagen nur diejenigen Beträge, die per Gesetz speziell in die gesetzliche Rücklage oder in die Rücklage für eigene Anteile eingestellt werden müssen (§§ 150 Abs. 2 AktG, 272 Abs. 4 Satz 1 HGB) oder die von den feststellenden Organen im Rahmen der Feststellung des Jahresabschlusses in Gewinnrücklagen eingestellt wurden. Im Regelfall, in dem Vorstand und Aufsichtsrat den Jahresabschluss feststellen, dürfen diese nach § 58 Abs. 2 AktG höchstens 50 %, im Falle entsprechender Ermächtigungen durch die Satzung einen größeren, nach der Änderung durch das TransPuG inzwischen allgemein aber auch einen kleineren, durch die Satzung bestimmten Teil des Jahresüberschusses, vermindert um die nach § 150 Abs. 2 AktG der gesetzlichen Rücklage zuzuführenden Beträge sowie um einen Verlustvortrag, in andere Gewinnrücklagen einstellen. Die Hauptversammlung dagegen hat, wenn ihr die Feststellung des Jahresabschlusses überlassen wird, gemäß § 58 Abs. 1 AktG kein Wahlrecht. Im Rahmen der Feststellung darf sie keine Beträge in andere Rücklagen einstellen; sie muss es vielmehr genau dann, wenn die Satzung dies vorschreibt.

Mit der Darstellung der Entwicklung des „Bilanzgewinns/Bilanzverlusts" aus dem „Jahresüberschuss/Jahresfehlbetrag" ist nur ein Teil der Ergebnisverwendung beschrieben. Welche Angaben gemacht werden sollten, um die Aufteilung des Bilanzgewinns im Rahmen der *Gewinnverwendung* zu verdeutlichen, wird erneut nur für AG und KGaA im Gesetz vorgegeben, und zwar bezogen auf den Vorschlag des Vorstands zur Verwendung des Bilanzgewinns in § 170 Abs. 2 AktG und bezogen auf den Beschluss der Hauptversammlung über die Verwendung des Bilanzgewinns in § 174 Abs. 2 AktG. Bis auf die Angabe des zusätzlichen Aufwands aufgrund des Beschlusses, der im Rahmen des Vorschlags des Vorstands fehlt, stimmen die beiden Sammlungen von Angaben im Kern überein. Der Unterschied ist zudem berechtigt. Seinem eigenen Gewinnverwendungsvorschlag muss der Vorstand nämlich bereits bei der Erstellung des Jahresabschlusses und speziell bei der Berechnung der Gewinnsteuern Rechnung tragen (§ 278 HGB), so dass „zusätzlicher Aufwand" nicht entstehen darf. Konkret werden in § 174 Abs. 2 AktG folgende Angaben aufgeführt:

„1. der Bilanzgewinn;

2. der an die Aktionäre auszuschüttende Betrag oder Sachwert;

3. die in Gewinnrücklagen einzustellenden Beträge;

4. ein Gewinnvortrag;

5. der zusätzliche Aufwand aufgrund des Beschlusses."

Die Angaben machen deutlich, dass die Hauptversammlung im Rahmen der Gewinnverwendung beschließen kann, weitere Gewinne in Gewinnrücklagen einzustellen – sie ist dabei relativ frei und nur über den § 254 AktG gebunden –, Gewinne auf neue Rechnung vorzutragen oder an die Aktionäre ausschütten zu lassen.

Zusätzlicher Aufwand durch den Beschluss der Hauptversammlung entstand bis zum Jahr 2000 vor allem als Folge des gespaltenen Körperschaftsteuersatzes dann, wenn die Hauptversammlung weniger auszuschütten beschloss, als der Vorstand vorgeschlagen und bei der Berechnung des Körperschaftsteueraufwands berücksichtigt hatte. Da einbehaltene Gewinne höher besteuert wurden als ausgeschüttete, führte ein solcher vom Vorschlag des Vorstands abweichender Beschluss zu zusätzlichem Körperschaftsteueraufwand. Wenn umgekehrt die Hauptversammlung mehr auszuschütten beschloss als der Vorstand vorgeschlagen hatte, dann konnte der zusätzliche Aufwand negativ sein. Nach Inkrafttreten des Steuersenkungsgesetzes vom 14.7.2000 entsteht zusätzlicher Aufwand im Wesentlichen aus möglichen Verpflichtungen eines Unternehmens, die an die Höhe der Dividende anknüpfen (dividendenabhängige Tantiemen, Gewinnschuldverschreibungen oder Genuss-Scheine etwa).

Während bei AG und bei KGaA sowohl die Darstellung der Ergebnisverwendung als auch die Kompetenz der Organe im Rahmen dieser Ergebnisverwendung explizit im Gesetz geregelt wurden, finden sich bei der GmbH weit weniger eindeutige Regelungen. Zwar ordnet § 42a Abs. 2 GmbHG die Kompetenzen der Feststellung des Jahresabschlusses und der Ergebnisverwendung grundsätzlich den *Gesellschaftern* zu, speziell die Feststellungskompetenz der Gesellschafter der GmbH ist aber ein *dispositives Recht*, das im Gesellschaftsvertrag auch anders geregelt werden kann (§§ 45, 46 GmbHG). Hinsichtlich der Darstellung der Ergebnisverwendung gelten für die GmbH nur die allgemeinen Vorschriften der Paragraphen 275 Abs. 4 und 325 Abs. 1 Satz 1, 2. Halbsatz HGB. Ob damit grundsätzlich die gleichen Angaben wie von Aktiengesellschaften oder weniger präzise Angaben zu machen sind, bleibt ungeklärt.

Fragen:

1. Welche Unterschiede gibt es bezüglich der Aufstellung und Offenlegung der Gewinn- und Verlustrechnung zwischen kleinen, mittelgroßen und großen Kapitalgesellschaften i. w. S.?
2. Welche Besonderheiten gelten für Kaufleute und Personenhandelsgesellschaften, die nach PublG publizitätspflichtig sind?
3. Welche Unterschiede gibt es zwischen Umsatzkosten- und Gesamtkostenverfahren hinsichtlich des Roh- und Betriebsergebnisses?
4. Gibt es Unterschiede hinsichtlich des Jahresüberschusses/Jahresfehlbetrags zwischen Umsatzkosten- und Gesamtkostenverfahren?
5. Ein Kaufmann möchte wissen, wie viel er im abgelaufenen Monat Februar 2007 in seinem Betrieb verdient hat. Ende Januar 2007 lagen folgende Produkte auf Lager:

Produkt	Herstellungskosten	Bemerkungen
A	52 000	verkauft am 9.2.2007
B	30 500	verkauft am 2.2.2007
C	81 020	verkauft am 20.2.2007
D	5 700	unfertig

Im Februar wurde das unfertige Produkt D fertig gestellt, wofür zusätzliche Herstellungskosten in Höhe von 18 500 € anfielen. Es wurde am 19.2.2007 verkauft. Ferner wurden folgende Produkte hergestellt und zum Teil auch verkauft:

Produkt	Herstellungskosten	Bemerkungen
E	128 000	verkauft am 13.2.2007
F	64 500	auf Lager genommen
G	49 850	verkauft am 26.2.2007
H	51 000	auf Lager genommen
I	14 280	auf Lager genommen

Die Erlöse im Monat Februar beliefen sich auf 536 748 €. Die übrigen Kosten betrugen: Verwaltungsgemeinkosten 64 520 € und Vertriebsgemeinkosten 17 200 €.

a) Bestimmen Sie das Betriebsergebnis für den Monat Februar 2007 nach dem Gesamtkostenverfahren!
b) Bestimmen Sie das Betriebsergebnis für den Monat Februar 2007 nach dem Umsatzkostenverfahren!

6. Welchen GuV-Positionen sind folgende Sachverhalte beim Gesamtkostenverfahren zuzuordnen?
a) Eine selbst hergestellte Maschine wird in das Sachanlagevermögen übernommen.
b) Ein unfertiges Erzeugnis wird fertig gestellt, wobei für Löhne 1 000 € und für Altersversorgung 200 € anfallen, und anschließend ins Lager transportiert (innerbetriebliche Gemeinkosten 50 €).
c) An Personalaufwendungen fallen im Bereich Verwaltung der Fertigung 5 000 €, in der allgemeinen Verwaltung 10 000 € an.
d) Aus dem Verkauf eines gebrauchten, aus dem Fuhrpark stammenden Pkw geht ein Erlös in Höhe von 5 000 € (Buchwert: 1 000 €) ein.
e) Auf Rohstoffe erfolgt eine Stichtagsabschreibung in Höhe von 1 000 € (normaler Rahmen) sowie eine unübliche Abschreibung in Höhe von 2 000 €.
f) In den Sonderposten mit Rücklageanteil werden 2 000 € eingestellt.

g) Es fallen für bezogene Waren 2 000 €, für Büromaterial 500 € sowie für übrige Aufwendungen (Reise-, Telefonkosten, Kosten des Zahlungsverkehrs) 3 000 € an.

7. Im Umsatzkostenverfahren gibt es mit der Position 2. „Herstellungskosten der zur Erzielung der Umsatzerlöse erbrachten Leistungen" eine Position, die dem Gesamtkostenverfahren fremd ist.
   a) Welchen Charakter hat diese Position?
   b) Welche unterschiedlichen Interpretationen gibt es?
   c) Welche der unter Frage 6 angegebenen Sachverhalte müsste bzw. könnte man in die Position 2. einbeziehen? (Dabei ist auf die unterschiedlichen Interpretationen einzugehen!)
   d) Unter welchen Bedingungen bzw. nach welchen Interpretationen gibt es Unterschiede zwischen den Herstellungskosten der Bilanz und den Herstellungskosten der GuV?
   e) Unter welchen Positionen kann man im Gesamtkostenverfahren die Herstellungskosten der Position 2. des Umsatzkostenverfahrens wieder finden?

8. Was ist unter den sonstigen betrieblichen Aufwendungen im Umsatzkostenverfahren zu erfassen?

9. Welchen Inhalt und welche Bedeutung hat
   a) das Finanzergebnis und
   b) das außerordentliche Ergebnis?

10. Wie ist die Ergebnisverwendung bei Aktiengesellschaften darzustellen?

11. Der Jahresüberschuss der High-Tech AG beträgt im Jahr 2007 1 200 000 €. Aus dem Jahr 2006 wird ein Verlust in Höhe von 200 000 € vorgetragen. Wie hoch ist der Bilanzgewinn, wenn die gesetzliche Rücklage mit 100 000 € bei einem Grundkapital von 10 000 000 € vor der Ergebnisverwendung dotiert ist und der Vorstand und der Aufsichtsrat in die anderen Rücklagen die maximal möglichen Beträge einstellen wollen? (Einschlägige Satzungsbestimmungen gebe es nicht.)

Literaturhinweise:

Da die wichtigsten Vorschriften zur Gestaltung der Gewinn- und Verlustrechnung für Kapitalgesellschaften in den §§ 275-278 HGB niedergelegt wurden, geben die Kommentierungen zu diesen Paragraphen genauen Aufschluss über Inhalt und Gestaltung der handelsrechtlichen GuV. Im WP-Handbuch 2000, Bd. I, wird die GuV auf S. 432-476 erläutert.

Einen eingängigen Überblick über die Kernprobleme der GuV, insbesondere auch über die möglichen Inhalte der Position 2. beim Umsatzkostenverfahren, gewährt **Coenenberg, Adolf G.:** Die Einzelbilanz nach neuem Handelsrecht, Düsseldorf 1986, S. 131-163.

Die Probleme speziell des Umsatzkostenverfahrens werden behandelt vom **Sonderausschuß Bilanzrichtlinien-Gesetz:** Stellungnahme SABI 1/1987: Probleme des Umsatzkostenverfahrens, in: WPg, 40. Jg., 1987, S. 141-143, und von **Glade, Anton:** Die Gewinn- und Verlustrechnung nach dem Umsatzkostenverfahren, in: BFuP, 39. Jg., 1987, S. 16-32.

Zahlreiche Details zur GuV aus der Sicht desjenigen, der an den Verhandlungen über die Formulierung der 4. EG-Richtlinie und an der Schaffung der Regierungsentwürfe zur Umsetzung dieser Richtlinie in deutsches Recht beteiligt war, liefern **Biener, Herbert/Berneke, Wilhelm**: Bilanzrichtlinien-Gesetz, Düsseldorf 1986, S. 208-238.

VIII. Der Anhang

A. Aufgaben und Bedeutung des Anhangs

Lernziel:

Sie sollen die Rolle des Anhangs im Zusammenspiel mit Bilanz und Gewinn- und Verlustrechnung aus der Perspektive der verschiedenen Jahresabschlussaufgaben erkennen!

Wie schon bei der Darstellung der theoretischen Grundlagen gezeigt wurde, werden an den handelsrechtlichen Jahresabschluss *widersprüchliche Anforderungen* gestellt. Er soll einerseits im Rahmen seiner *Ausschüttungsbemessungs- oder Kompetenzabgrenzungsfunktion* die Rechte der Eigner auf Ausschüttungen so bemessen, dass sowohl die Ansprüche der Eigner auf Einkommen als auch die Ansprüche der Gläubiger auf Haftungsreserven und der Manager auf finanziellen Dispositionsspielraum gewahrt werden. Dabei wird den Gläubigerinteressen traditionell durch Vorsicht und Imparitätsprinzip in besonderem Maße Rechnung getragen. Im Zusammenhang mit der Ausschüttungsbemessungsfunktion ist auch die Aufgabe der Steuerbilanz zu sehen, Grundlage für die Bemessung der Ertragsteueransprüche des Fiskus zu sein. Handelsbilanz und Steuerbilanz sind in Deutschland nämlich über den Grundsatz der Maßgeblichkeit und dessen Umkehrung miteinander eng verbunden. Zahlreiche Vergünstigungen des Fiskus können nur in Anspruch genommen werden, wenn zuvor die Handelsbilanz unter Berücksichtigung der steuerlichen Vergünstigungen gestaltet wurde (vgl. S. 105 f.).

Der handelsrechtliche Jahresabschluss dient andererseits der *Information externer Interessenten*. Die externen Interessenten sollen in die Lage versetzt werden, die in Zukunft zu erwartenden Konsequenzen ihrer Verbindung zu dem jeweiligen Unternehmen besser abzuschätzen. Durch Information wird versucht, die Zukunftserwartungen der Externen zu verändern und zu verbessern.

Die beiden Aufgaben des handelsrechtlichen Jahresabschlusses vertragen sich nicht unbedingt, was sich mit Hilfe der beiden folgenden Beispiele leicht nachweisen lässt.

► Im Rahmen der Ausschüttungsbemessungs- oder Kompetenzabgrenzungsfunktion wird, ausgehend vom dominierenden Gläubigerschutzgedanken, tendenziell vorsichtig bewertet und Zurückhaltung bei der Frage geübt, ob eine Ausgabe zu einem Vermögensgegenstand geführt hat. Aus der Sicht der Informationsfunktion ist diese vorsichtige Färbung der Zahlen dann unzweckmäßig, wenn höchst unterschiedliche Intensitäten der Vorsicht gewählt werden können und die realisierte Intensität der jeweiligen pessimistischen Verzerrung den Externen verborgen bleibt.

► Wer die etwa in § 7i EStG angebotene Steuerstundung durch erhöhte Abschreibungen bei Baudenkmalen wahrnehmen will, muss die überhöhten Abschreibungen wegen der formellen Maßgeblichkeit im Rahmen der umgekehrten Maßgeblichkeit zuvor auch in seiner Handelsbilanz ansetzen, obwohl sie dem tatsächlichen Abnutzungsverlauf der Anlage schwerlich entsprechen. Der verständliche Wunsch, in den Genuss der Steuerstundung zu kommen, wird demzufolge aus der Sicht der Informationsfunktion des Jahresabschlusses damit bezahlt, dass Vermögensgegenstände mit einem zu niedrigen Wert in der Bilanz erscheinen und dass zunächst zu hohe Abschreibungen, in den Folgejahren dafür aber auch zu niedrige Abschreibungen ausgewiesen werden.

Der hier aufgezeigte Konflikt lässt sich durch ein Informationsinstrument entschärfen, das Bilanz und GuV ergänzt und das die gleiche Publizität wie diese beiden traditionellen Elemente des Jahresabschlusses genießt. Der nur von Kapitalgesellschaften i. w. S. aufzustellende Anhang besitzt diese Eigenschaften und kann daher eine wichtige *Korrekturfunktion* übernehmen.

Dank der späteren Korrekturmöglichkeit durch einen Anhang mit gleicher Publizität können Bilanz und GuV primär auf ihre Ausschüttungsbemessungs- oder Kompetenzabgrenzungsfunktion ausgerichtet werden. Soweit eine nicht punktgenau definierbare Vorsicht zur Erfüllung dieser Funktion gerechtfertigt erscheint, kann ihr in Bilanz und GuV ebenso Rechnung getragen werden wie den zur Erlangung steuerlicher Vorteile vom Fiskus per Maßgeblichkeit in der Handelsbilanz geforderten Wertansätzen. Ermessensabhängige Vorsicht und umgekehrte Maßgeblichkeit beeinträchtigen zunächst den Informationsgehalt von Bilanz und GuV. Diese Beeinträchtigungen können allerdings gegebenenfalls behoben werden, indem im Anhang berichtet wird, wie Vorsicht und umgekehrte Maßgeblichkeit die Zahlen verändert haben. Mit Hilfe dieser Zusatzangaben kann sich im Idealfall jeder leicht die Bilanz und die GuV errechnen, die ohne zwangsläufig mit Ermessen verbundene Vorsicht und umgekehrte Maßgeblichkeit entstanden wären. (Dass tatsächlich zwar zahlreiche, aber insgesamt *zu ungenaue* Zusatzangaben im Anhang geliefert werden müssen, die eine derart weitgehende Korrektur nicht gestatten, wird noch eingehend erörtert.)

Der Anhang erfüllt aber neben der Korrekturfunktion auch eine *Erläuterungsfunktion*, eine *Entlastungsfunktion* und eine *Ergänzungsfunktion (Russ, Der Anhang als dritter Teil des Jahresabschlusses, 2. Aufl., S. 19 ff)*.

Bilanz und GuV präsentieren Zahlen. Viele dieser Zahlen werden erst verständlich, wenn sie *erläutert* werden. Wäre für alle diese Zahlen im Gesetz eindeutig vorgeschrieben, wie sie zu ermitteln sind, würde das Gesetz oder ein geeigneter Gesetzeskommentar zur Erläuterung fast ausreichen. In sehr vielen Fällen räumt das Gesetz den Bilanzierenden aber Wahlrechte ein, so dass die Zahlen in Bilanz und GuV auf verschiedenen Wegen ermittelt sein können. Beispiele dafür sind die Herstellungskosten als Werte in der Bilanz oder als Aufwandsposition beim Umsatzkostenverfahren oder die Abschreibungen bei abnutzbaren Anlagen. Durch Erläuterung der Zahlen wird erst deutlich, wie Bilanzierungs-, Bewertungs- oder Ausweiswahlrechte ausgeübt wurden, wie die Zahlen also zu interpretieren sind. Erläuterung ist auch erforderlich, wenn sich hinter gleichen Zahlen in Bilanz oder GuV real sehr heterogene Sachverhalte verbergen können. So können aktive latente Steuern beispielsweise auf unterschiedlichen Ursachen beruhen. Eine Erläuterung legt die wesentlichen Ursachen offen und klärt damit den Inhalt der jeweiligen Position.

Rechenwerke werden zwar einerseits desto aussagefähiger, je mehr Detailinformationen sie beinhalten, andererseits kann die Fülle von Details aber auch der Übersichtlichkeit schaden. Auch aus diesem Dilemma für Bilanz und GuV, das zumindest bei klarer Gliederung allerdings keine sehr große Bedeutung besitzen sollte, weist der Anhang einen Ausweg. Es ist nicht mehr erforderlich vorzuschreiben, dass bestimmte Details stets in Bilanz und GuV angegeben werden müssen. Vielmehr besteht die Möglichkeit, den Rechnungslegenden eine Wahl zu lassen. Erscheinen die Details in Bilanz oder GuV nicht störend, können sie hier ausgewiesen werden. Drohen sie dagegen dem Leser den Überblick zu versperren, können sie gesondert im Anhang geliefert werden. Das Recht, die mit arabischen Zahlen versehenen Posten der Bilanz und GuV dort gesondert auszuweisen oder nur im Anhang anzugeben (§ 265 Abs. 7 Nr. 2 HGB), ist ebenso unter dem Aspekt dieser *Entlastungsfunktion* des Anhangs zu sehen wie die Wahlrechte, das Anlagegitter in Bilanz oder Anhang und bestimmte davon-Beträge in der GuV oder im Anhang offen zu legen.

Um insbesondere die Ausschüttungsbemessungs- oder Kompetenzabgrenzungsfunktion erfüllen zu können, besitzen traditionelle Bilanzen und GuV-Rechnungen jeweils einen ganz spezifischen Charakter. Damit gibt es zwangsläufig Größen, die zu diesem Charakter nicht passen und die folglich in solchen Rechnungen keinen Platz finden können. Gilt für solche Größen zugleich, dass sie nicht unbedingt geheim gehalten werden müssen und aus der Sicht der Externen interessant sind, können sie nur zusätzlich zu Bilanz und GuV offen gelegt werden. In seiner *Ergänzungsfunktion* bietet der Anhang den Rahmen für die Offenlegung solcher Informationen. Konkrete Beispiele für ergänzende Informationen des Anhangs sind etwa die Angabe des Gesamtbetrags der sonstigen finanziellen Verpflichtungen oder die Angabe der durchschnittlichen Zahl der während des Geschäftsjahrs beschäftigten Arbeitnehmer getrennt nach Gruppen (§ 285 Nr. 3 und 7 HGB).

B.   Zur Gestaltung des Anhangs

> **Lernziel:**
> Es soll klar werden, wie wichtig angesichts der Fülle von Berichtspflichten eine klare Gliederung des Anhangs wäre, die der Gesetzgeber nicht vorgegeben hat.

Von der Möglichkeit, Bilanz und GuV durch Angaben im Anhang zu korrigieren, zu erläutern, zu entlasten und zu ergänzen, hat der Gesetzgeber – wie noch zu zeigen sein wird – intensiv Gebrauch gemacht. Dabei sind zahlreiche Angaben *zwingend* im Anhang zu machen, andere können *wahlweise* im Anhang oder in der Bilanz bzw. GuV gemacht werden.

Die Vielfalt der Angaben im Anhang beschwört allerdings ihrerseits wieder die *Gefahr mangelnder Übersichtlichkeit* herauf. Dieser Gefahr ist der Gesetzgeber nicht wirksam entgegengetreten. Es gibt keine Vorschrift, die im Detail festlegt, wie die Fülle von Angaben im Anhang zu gliedern ist, damit jedermann die jeweils gesuchte Angabe leicht finden kann. Es gelten vielmehr nur die allgemeinen Vorschriften, etwa das Gebot des § 264 Abs. 2 HGB.

Danach muss der Anhang den Grundsätzen ordnungsmäßiger Buchführung entsprechen und insbesondere klar und übersichtlich sein. Dieses Gebot bedarf allerdings der Konkretisierung durch geeignete *Gliederungsvorschläge*. Solche Vorschläge wurden in der Literatur mehrfach unterbreitet. (Eine Übersicht über mehrere Vorschläge gibt *Kupsch, HdJ, Abt. IV/4 Rn. 67).* Diese Vorschläge unterscheiden sich natürlich voneinander, so dass zumindest mit heterogen gegliederten Anhängen gerechnet werden muss, wenn sich nicht wider Erwarten einer dieser Vorschläge durchsetzen sollte. Das Problem wird weiter dadurch verschärft, dass im Anhang freiwillig mehr als die gesetzlich geforderten Angaben gemacht werden dürfen. Eher hilfreich werden die allgemeinen Vorschriften der §§ 264 Abs. 2, 265 Abs. 1 HGB insoweit sein, als sie wahrscheinlich bedeuten, dass eine einmal gewählte Gliederung des Anhangs *im Zeitablauf beibehalten* werden muss.

C. Die Berichtspflichten im Anhang

> **Lernziel:**
> Sie sollen Inhalt und Charakter wichtiger Berichtspflichten im Anhang kennen lernen und in einer Übersicht einen Gesamtüberblick über die Angaben gewinnen!

1. Vorbemerkungen

Der Gesetzgeber erlegt den Kapitalgesellschaften i. w. S. für den Anhang vielfältige (im internationalen Vergleich allerdings noch bescheidene) Berichtspflichten auf. Auf alle diese Berichtspflichten im Detail einzugehen, würde den Rahmen dieses Lehrbuchs gleichwohl sprengen. Die Berichtspflichten sollen daher differenziert dargestellt werden.

Einige, als besonders wichtig und erläuterungsbedürftig angesehene Berichtspflichten sollen im folgenden Abschnitt in ihren Grundzügen erläutert werden.

Anschließend wird in einer tabellarischen Übersicht eine vollständige Liste der Berichtspflichten nach derzeitigem Recht präsentiert. In dieser Liste wird die jeweilige Berichtspflicht nur kurz charakterisiert, die Rechtsgrundlage genannt und jeweils angegeben, für welche Kapitalgesellschaften i. w. S. (alle; nur GmbH; nur AG; nur große; große und mittelgroße) die jeweilige Berichtspflicht gilt. Dabei wird danach unterschieden, ob die Angabe nur intern in den Anhang aufzunehmen oder auch nach außen offen zu legen ist. Der Übersicht über die Berichtspflichten wird ein eigenes Gliederungsschema zugrunde gelegt.

Bei der Kodifizierung der Berichtspflichten bedient sich der Gesetzgeber immer wieder bestimmter Termini. Es liegt nahe anzunehmen, dass mit Hilfe dieser Termini jeweils bestimmte Arten und Umfänge der Berichtspflicht ausgedrückt werden sollen. Die nachfolgende Erläuterung dieser zentralen Termini sollte folglich den Leser in die Lage versetzen, zumindest grob Art und Umfang der jeweiligen Berichtspflicht aus ihrer kurzen Charakterisierung abzuschätzen *(Selchert/ Karsten, BB 1985, S. 1890; Ellrott, in Beck Bil-Komm., 5. Aufl., § 284 Anm. 36; WP-Handbuch 2000, Bd. I, F Tz. 555).*

▶ *Angabe:* der jeweils anzugebende Sachverhalt ist im Anhang zu nennen, wobei dem Charakter des Sachverhalts entsprechend Zahlen, Methoden oder Namen beispielsweise aufzuführen sind.

▶ *Ausweis:* die geforderten Zahlen müssen genannt werden.

▶ *Hinweis:* der Leser wird darauf aufmerksam gemacht, dass bestimmte Informationen an einer anderen Stelle bereitgestellt werden.

▶ *Aufgliederung:* die aufzugliedernde Größe ist quantitativ – gegebenenfalls nach einer vorgegebenen Gliederung – in Teilbeträge aufzuspalten, um die Zusammensetzung zu verdeutlichen.

▶ *Erläuterung:* der zu erläuternde Sachverhalt wird verbal kommentiert, so dass Inhalt, Charakter und Zustandekommen erkennbar werden.

▶ *Begründung:* es sind verbal die Überlegungen, Motive oder Gründe zu nennen, die dem zu begründenden Verhalten zugrunde liegen. Sind die Motive offensichtlich, wie etwa bei der Wahrnehmung steuerlicher Vergünstigungen das Ziel der Minderung der Steuerlasten, sind als Begründung die dem jeweiligen Handeln zugrunde liegenden Rechtsvorschriften zu nennen.

► Darstellung: es wird ein differenzierter, in Zahlen gefasster Bericht über die Entwicklung bestimmter Größen (Anlagengitter nach § 268 Abs. 2 HGB) oder ein verbaler Bericht (§ 284 Abs. 2 Nr. 3, 2. Halbsatz HGB) verlangt, der den darzustellenden Sachverhalt anschaulich macht.

2.   Erläuterung einiger wichtiger Berichtspflichten im Anhang

a)   Angabe der auf die Posten der Bilanz und der GuV angewandten Bilanzierungs- und Bewertungsmethoden (§ 284 Abs. 2 Nr. 1 HGB)

Der Gesetzgeber und die GoB räumen in zahlreichen Fällen den Bilanzierenden Spielräume in den Fragen ein, ob sie bestimmte Sachverhalte aktivieren bzw. passivieren wollen oder nicht *(Bilanzierungswahlrechte)* und wie sie bestimmte Sachverhalte in der Bilanz bewerten wollen *(Bewertungswahlrechte)*. (Im vorliegenden Buch ergeben sich die Bilanzierungswahlrechte aus der Übersicht über die handelsrechtlichen Ansatzvorschriften auf S. 138 f.; Bewertungswahlrechte werden im Rahmen der Darstellung der handelsrechtlichen Bewertungsvorschriften mitbehandelt.) Im Rahmen der Berichtspflicht nach § 284 Abs. 2 Nr. 1 HGB haben die Kapitalgesellschaften i. w. S. zu den verschiedenen Bilanzierungs- und Bewertungswahlrechten im Anhang anzugeben, *wie sie diese ausgeübt haben*. Eine Angabe kann ausnahmsweise dann unterbleiben, wenn sie unwesentlich ist und – bei Ansatzwahlrechten – wenn die Ausübung des Wahlrechts ohnehin deutlich wird, weil sie sich in einer eigenen Bilanzposition niederschlägt (Disagio und Geschäfts- oder Firmenwert z. B.). In diesem Zusammenhang ist insbesondere anzugeben:

► wie die verschiedenen *Bilanzierungswahlrechte* ausgeübt wurden,
► wie die *Anschaffungskosten* bei Vorräten ermittelt wurden (Einzel-, Durchschnitts-, Festbewertung oder Verbrauchsfolgeverfahren),
► welche Bestandteile in die *Herstellungskosten* einbezogen wurden,
► nach welchen Methoden und auf Basis welcher Annahmen über Nutzungsdauern sowie Restwerte abgeschrieben wurde,
► ob und wo Abschreibungen auf einen niedrigeren Wert vorgenommen wurden,
► wie Pensionsrückstellungen bewertet wurden und
► was sich gegebenenfalls hinter den Herstellungskosten in der Position 2. der GuV nach dem Umsatzkostenverfahren verbirgt.

b)   Angabe und Begründung der Abweichungen von Bilanzierungs- und Bewertungsmethoden sowie gesonderte Darstellung des Einflusses auf die Vermögens-, Finanz- und Ertragslage (§ 284 Abs. 2 Nr. 3 HGB)

Änderungen bei den Bilanzierungs- und Bewertungsmethoden im Zeitablauf beeinträchtigen die Aussagefähigkeit der Jahresabschlüsse. Da der Gesetzgeber diesen Beeinträchtigungen nicht durch strenge Stetigkeitsgebote vorgebeugt hat – während bei der Bilanzierung jedes Stetigkeitsgebot fehlt, „soll" die Bewertung nur stetig erfolgen, und in begründeten Ausnahmefällen sind Abweichungen erlaubt –, wird versucht, dem Mangel durch Offenlegung der Stetigkeitsunterbrechungen abzuhelfen. Dementsprechend muss im Detail angegeben werden, welche wichtigen Bilanzierungswahlrechte im betreffenden Geschäftsjahr anders als im Vorjahr ausgeübt wurden. Bei Änderungen der im Vorjahr zugrunde gelegten Bewertungsmethoden und -grundsätze (§ 252 Abs. 1 HGB) reicht allerdings die

Angabe der einzelnen Abweichungen nicht aus. Weil Abweichungen nur in Ausnahmefällen erlaubt sind, müssen zusätzlich die Gründe genannt werden. Schließlich muss der Einfluss der Änderungen von Bilanzierungs- und Bewertungsmethoden auf die Vermögens-, Finanz- und Ertragslage dargestellt werden. Dabei wird es notwendig sein anzugeben, in welcher Richtung und in welchem Umfang die Veränderungen auf die Vermögens-, Finanz- und Ertragslage wirken, diese Angaben dürfen aber qualitativ und verbal bleiben; Zahlenangaben sind nicht erforderlich. Auch wird hier nicht auf die Wirkungen der einzelnen Änderungen im Detail einzugehen sein. Vielmehr reicht es aus, wenn der Gesamteinfluss aller Änderungen dargestellt wird – allerdings jeweils gesondert für die Vermögenslage, die Finanzlage und die Ertragslage.

c) Bei Vorliegen besonderer Umstände zusätzliche Angaben zur Vermittlung eines den tatsächlichen Verhältnissen entsprechenden Bildes der Vermögens-, Finanz- und Ertragslage (§ 264 Abs. 2 Satz 2 HGB)

Der Jahresabschluss von Kapitalgesellschaften i. w. S. steht seit der Umsetzung der 4. EG-Richtlinie unter der angelsächsischen Traditionen entstammenden Generalnorm, er solle einen *„true and fair view"* oder – auf deutsch – *„ein den tatsächlichen Verhältnissen entsprechendes Bild der Vermögens-, Finanz- und Ertragslage … vermitteln"* (§ 264 Abs. 2 Satz 1 HGB). Von dieser anspruchsvollen Generalnorm sollte man sich allerdings nicht zu überzogenen Erwartungen verleiten lassen *(Schildbach, BFuP 1987, S. 1 ff.)*. In Wahrheit geht der Gesetzgeber davon aus, dass der überwiegend vergangenheitsorientierte und damit nur beschränkt aussagefähige Jahresabschluss zur Information grundsätzlich ausreicht. Durch Befolgung der Einzelvorschriften und speziell auch durch Bereitstellung der zahlreichen im Anhang geforderten Angaben wird der Generalnorm in der Regel entsprochen. Nur „wenn besondere Umstände dazu führen, daß der Jahresabschluß dieses Unternehmens trotz Anwendung der gesetzlichen Vorschriften hinter der Aussagefähigkeit eines Jahresabschlusses dieses Unternehmens unter normalen Umständen zurückbleibt" *(Begründung des Regierungsentwurfs vom 3.6.1983, Bundesrats-Drucksache 257/83, S. 76)*, sind zusätzliche Angaben nach § 264 Abs. 2 Satz 2 HGB zu machen. Dafür, wann das konkret erforderlich ist, werden in der Literatur nur sehr wenige *Beispiele* genannt. So sollen zusätzliche Angaben insbesondere dann erforderlich sein,

▶ „wenn ein Unternehmen einen großen Teil seines Gewinnes in Niederlassungen oder Betriebsstätten in *Ländern mit einer hohen Inflationsrate* gemacht hat" *(Biener, BFuP 1979, S. 5)*,

▶ wenn ein Unternehmen seine Lage durch außergewöhnliche bilanzpolitische Maßnahmen, wie Sale-and-lease-back, schönt *(ADS, 6. Aufl., § 275 HGB Tz. 117; Hense/Schellhorn, in Beck Bil-Komm., 5. Aufl., § 264 Anm. 50)* und

▶ wenn bei Unternehmen mit *langfristiger Fertigung* aufgrund diskontinuierlicher Fertigstellung von Projekten die Erfolge im Zeitablauf kaum vergleichbar sind (vgl. S. 88 f.).

d) Angaben zur Berücksichtigung steuerrechtlicher Einflüsse

Der Informationsgehalt des Jahresabschlusses wird auch durch steuerrechtliche Vergünstigungen in Verbindung mit dem Maßgeblichkeitsgrundsatz beeinträchtigt. Mit Hilfe verschiedener Berichtspflichten im Anhang wird allerdings versucht, diese Beeinträchtigung zu mildern. (Zur Differenzierung dieser Angabepflichten nach der Größe der Kapitalgesellschaft vgl. S. 279 f.)

Zunächst muss im Anhang, für das Anlage- und für das Umlaufvermögen getrennt, der Betrag der *Abschreibungen* angegeben werden, die im Geschäftsjahr *allein nach steuerrechtlichen Vorschriften* vorgenommen wurden, die ohne diese Vorschriften also in der Handelsbilanz nicht hätten vorgenommen werden dürfen (§ 281 Abs. 2 Satz 1 HGB). Da solche Abschreibungen sowohl direkt als auch indirekt über die Bildung eines Sonderpostens mit Rücklageanteil angesetzt werden dürfen, sind Abschreibungen beider Formen einzubeziehen. Dabei geht es nur um zusätzliche steuerrechtliche Abschreibungen und um Mehrabschreibungen. Soweit von steuerrechtlichen Vorschriften Gebrauch gemacht wurde, die höhere Abschreibungen gestatten als das Handelsrecht, sind die Mehrabschreibungen im Vergleich zu den im Unternehmen sonst handelsrechtlich üblichen Abschreibungen, nicht dagegen die Minderabschreibungen als Folge früherer Mehrabschreibungen zu berücksichtigen.

Die beiden Beträge (für das Anlage- und für das Umlaufvermögen) sind zusätzlich zu begründen. Da sich das Motiv „Minderung der Steuerlasten" von selbst versteht, ist anzugeben, auf welchen steuerrechtlichen Vorschriften die zusätzlichen steuerrechtlichen Abschreibungen beruhen und bei welchen Vermögensgegenständen sie vorgenommen wurden.

Gemäß § 281 Abs. 1 Satz 2 HGB sind die Vorschriften anzugeben, nach denen Wertberichtigungen in Höhe der Differenz aus handelsrechtlich und steuerrechtlich zugelassenen Abschreibungen im Sonderposten mit Rücklageanteil gebildet wurden. Damit kann ein Teil der Angaben aus der Begründung der zuvor beschriebenen Beträge aufgegriffen werden, nämlich die Nennung der Vorschriften, die den *indirekten Mehrabschreibungen* im Geschäftsjahr zugrunde liegen. Anders als in § 281 Abs. 2 Satz 1 HGB geht es in Abs. 1 Satz 2 aber nicht nur um die Abschreibungen des Geschäftsjahrs, so dass auch die Vorschriften zu nennen sind, nach denen die aus Vorjahren übernommenen Wertberichtigungen im Sonderposten mit Rücklageanteil gebildet wurden. Eine Aufgliederung des Betrags nach den zugrunde liegenden Vorschriften wird damit aber nicht gefordert.

In § 273 Satz 2, 2. Halbsatz HGB wird die Angabe der Vorschriften verlangt, nach denen der Sonderposten mit Rücklageanteil gebildet worden ist. Da die Vorschriften, die den Wertberichtigungen im Rahmen des Sonderpostens mit Rücklageanteil zugrunde liegen, schon nach § 281 Abs. 1 Satz 2 HGB zu nennen sind, sollte es hier nur noch um die Vorschriften gehen, die den in Form des Sonderpostens mit Rücklageanteil in die Handelsbilanz übernommenen *steuerfreien Rücklagen* zugrunde liegen. Wieder werden nicht nur die im Geschäftsjahr gebildeten Sonderposten betrachtet, und wieder bedarf es keiner betraglichen Aufgliederung nach den zugrunde liegenden Vorschriften.

Alle bisher behandelten Angaben dürfen wahlweise auch in der Bilanz bzw. GuV gemacht werden.

Die Berichtspflichten zum Sonderposten mit Rücklageanteil werden dadurch vervollständigt, dass nach § 281 Abs. 2 Satz 2 HGB die in dem Posten „sonstige betriebliche Erträge" enthaltenen Erträge aus der *Auflösung des Sonderpostens mit Rücklageanteil* und die in dem Posten „sonstige betriebliche Aufwendungen" enthaltenen *Einstellungen in den Sonderposten mit Rücklageanteil* jeweils entweder im Rahmen der GuV gesondert ausgewiesen oder im Anhang angegeben werden müssen. Dabei reicht es aus, die gesamten Erträge aus der Auflösung und die gesamten Einstellungen in jeweils einem Betrag anzugeben. Eine Saldierung der beiden Beträge ist aber nicht erlaubt.

Über das aus Gründen der Vermeidung zusätzlicher Steuerlasten früher partiell durchbrochene Wertaufholungsgebot musste gemäß § 280 Abs. 3 HGB insoweit berichtet werden, als im Anhang der Betrag der eigentlich gebotenen, aber *aus steuerrechtlichen Gründen unterlassenen Zuschreibungen* zu nennen war. Aufgrund des Zuschreibungsgebots im Steuerrecht gemäß §§ 6 Abs. 1 Nr. 1 Satz 4 und 7 Abs. 1 Satz 6 EStG hat die Vorschrift seit 1999 materiell keine Bedeutung mehr.

Nach § 285 Nr. 5 HGB ist schließlich im Anhang „das Ausmaß (anzugeben), in dem das Jahresergebnis dadurch beeinflusst wurde, dass bei Vermögensgegenständen im Geschäftsjahr oder in früheren Geschäftsjahren Abschreibungen nach §§ 254, 280 Abs. 2 auf Grund steuerrechtlicher Vorschriften vorgenommen oder beibehalten wurden oder ein Sonderposten nach § 273 gebildet wurde; ferner das Ausmaß erheblicher künftiger Belastungen, die sich aus einer solchen Bewertung ergeben". Damit ist zu berichten, wie sich die in Anspruch genommenen *steuerrechtlichen Vergünstigungen* in Form erhöhter oder zusätzlicher Abschreibungen und der Bildung von Sonderposten mit Rücklageanteil *insgesamt auf den Jahresüberschuss bzw. Jahresfehlbetrag* ausgewirkt haben. (Soweit in der Vorschrift von „beibehalten" niedriger Werte gesprochen wird, ist sie aufgrund des handels- und steuerrechtlichen Zuschreibungsgebots für Kapitalgesellschaften überholt.) Dabei sind die Wirkungen aus der Inanspruchnahme steuerrechtlicher Vergünstigungen im Geschäftsjahr und in früheren Jahren zu berücksichtigen, soweit diese Vergünstigungen aufgrund der Maßgeblichkeit entsprechende Anpassungen der Handelsbilanz voraussetzten. Auch sollen die Wirkungen auf das Ergebnis nach Steuern angegeben werden. Praktisch muss also ein alternativer Jahresüberschuss bzw. -fehlbetrag durch eine zweite Rechnung bestimmt werden, bei der per Maßgeblichkeit auf die Handelsbilanz zurückwirkende steuerrechtliche Vergünstigungen weder im laufenden noch in früheren Jahren zugelassen werden und bei der die Ertragsteuern fiktiv so berechnet werden, wie sie sich auf der Grundlage der bisherigen Gewinnverwendungspolitik ergeben hätten. Anzugeben ist dann das Ausmaß der Differenz zwischen dem tatsächlichen und dem alternativen Jahresergebnis, was allerdings nicht bedeutet, dass der Differenzbetrag selbst genannt werden muss. Wahrscheinlich genügt es vielmehr, seine *Größenordnung verbal* zu charakterisieren. Natürlich wird das Gebot auch erfüllt, wenn die Differenz in Prozent des tatsächlichen Ergebnisses angegeben wird, weil dies praktisch einer Angabe des Betrags entspricht.

Die Inanspruchnahme steuerrechtlicher Vergünstigungen in der Steuerbilanz und – wegen der formellen Maßgeblichkeit im Rahmen der umgekehrten Maßgeblichkeit – zuvor in der Handelsbilanz bedeutet praktisch, dass überhöhte Aufwendungen angesetzt werden. Nach der Bilanzidentität hat diese Politik aber Folgen. Wenn zunächst überhöhte Aufwendungen geltend gemacht werden, müssen die Aufwendungen in späteren Jahren zu gering sein. *Künftige Belastungen* ergeben sich daraus insoweit, als in Zukunft mehr Ertragsteuern und eventuell auch höhere Tantiemen und Aufsichtsratsvergütungen *(Ellrott, in Beck Bil-Komm., 5. Aufl., § 285 Anm. 105)* zu zahlen sein werden. Soweit die künftigen Belastungen aus Ertragsteuern stammen, gehen sie übrigens über die latenten Steuerbelastungen hinaus, denn im vorliegenden Fall weisen Handels- und Steuerbilanz übereinstimmend zunächst zu hohe und dann zu niedrige Aufwendungen auf, so dass die Grundlage für latente Steuern fehlt. Das Ausmaß der künftigen Belastungen, die über viele Jahre in der Zukunft anfallen können und dementsprechend zunächst in einer Summe oder in einem Barwert zusammenzufassen sind, muss angegeben werden, sofern die Belastungen erheblich sind. Erneut wird nicht der Betrag, sondern nur die Größenordnung durch verbale Charakterisierung zu nennen sein.

e)   Angabe der sonstigen finanziellen Verpflichtungen (§ 285 Nr. 3 HGB)

Zur Verbesserung des Einblicks in die *Finanzlage* des Unternehmens muss im Anhang mittelgroßer und großer Kapitalgesellschaften i. w. S. der Gesamtbetrag der sonstigen finanziellen Verpflichtungen angegeben werden. Dabei geht es ausdrücklich nur um solche finanziellen Verpflichtungen, die weder nach § 251 HGB unter dem Strich noch in der Bilanz selbst als Verbindlichkeit oder Rückstellung bereits angegeben werden. Zu berücksichtigen sind außerdem nur finanzielle Verpflichtungen, Verpflichtungen also, die in Zukunft zu Auszahlungen führen. Verpflichtungen, in Zukunft Produkte zu liefern, gehören damit in den Gesamtbetrag nicht hinein. Wie weit innerhalb des so gesteckten Rahmens der Kreis der einzubeziehenden Sachverhalte genau geht, wurde bewusst nicht im Detail geregelt, um eine flexible Anpassung dieser Berichtspflicht an reale Entwicklungen zu ermöglichen. Es hat sich allerdings bereits ein gewisser Konsens herausgebildet, wonach in den Gesamtbetrag der sonstigen finanziellen Verpflichtungen insbesondere einzubeziehen sind *(siehe auch § 272 Abs. 1 Nr. 2 des Regierungsentwurfs des HGB vom 3.6.1983, Bundesrats-Drucksache 257/83)*:

▶ Zahlungsverpflichtungen aus *schwebenden Geschäften*,

▶ Zahlungsverpflichtungen, die sich noch zusätzlich zu denen aus bereits geschlossenen schwebenden Geschäften bis zur Beendigung eines begonnenen Investitionsvorhabens ergeben werden (nicht unumstritten),

▶ Zahlungsverpflichtungen aus mehrjährigen Miet-, Pacht- oder *Leasingverträgen*,

▶ Zahlungsverpflichtungen aus *öffentlich-rechtlichen Auflagen,* insbesondere aus Auflagen, bestimmte Umweltschutzmaßnahmen zu ergreifen,

▶ Zahlungsverpflichtungen aus *künftigen Großreparaturen*, soweit diese nicht bereits gemäß § 249 Abs. 2 HGB als Rückstellungen in der Bilanz angesetzt wurden,

▶ Zahlungsverpflichtungen, für die *Rückstellungen* gebildet werden dürfen, die der Bilanzierende aber *nicht gebildet* hat (Instandhaltung in den letzten 9 Monaten des neuen Jahres, besondere Aufwendungen und bestimmte Pensionen, wobei allerdings unklar ist, ob auch letztere zu berücksichtigen sind, da sie nach Art. 28 Abs. 2 EGHGB gesondert angegeben werden müssen) und

▶ Zahlungsverpflichtungen aus *sonstigen Haftungsverhältnissen*, wie etwa ausstehenden Einlagen oder Nachschusspflichten, soweit die Verpflichtungen nicht ohnehin passiviert werden müssen.

Es ist der *Gesamtbetrag* anzugeben, und auch das nur, „sofern diese Angabe für die Beurteilung der Finanzlage von Bedeutung ist" (§ 285 Nr. 3 HGB). Eine Aufgliederung ist nur insoweit erforderlich, als die „Verpflichtungen gegenüber verbundenen Unternehmen gesondert anzugeben" sind (ebenda). Nicht gefordert wird dagegen eine zeitliche Aufgliederung des Betrags, obwohl dies eine wichtige Voraussetzung ist, um aus der Angabe Schlüsse auf die Finanzlage ziehen zu können.

f)   Angaben zu Restlaufzeit und Sicherheiten bei Verbindlichkeiten (§ 285 Nr. 1 und 2 HGB)

Nach § 268 Abs. 5 S. 1 HGB muss schon in der Bilanz jede Verbindlichkeitsposition aufgegliedert werden. Zu jeder Position muss jeweils der Betrag der darin enthaltenen Verbindlichkeiten angegeben werden, deren Restlaufzeiten bis zu einem Jahr betragen. Diese Aufgliederung der in der Bilanz ausgewiesenen Verbindlichkeiten wird im Anhang vervollständigt. Danach muss angegeben werden

▶ „der Gesamtbetrag der Verbindlichkeiten mit einer *Restlaufzeit von mehr als fünf Jahren*" sowie

▶ „der Gesamtbetrag der Verbindlichkeiten, die durch Pfandrechte oder ähnliche Rechte *gesichert* sind, unter Angabe von Art und Form der Sicherheiten" (§ 285 Nr. 1 HGB).

Für *große Kapitalgesellschaften i. w. S.* wird diese Berichtspflicht insoweit verschärft, als die zuvor verlangten Angaben auf die Posten der Verbindlichkeiten entsprechend dem vorgeschriebenen Gliederungsschema *aufzugliedern* sind, „sofern sich diese Angaben nicht aus der Bilanz ergeben" (§ 285 Nr. 2 HGB; kleine werden durch § 288 HGB, mittelgroße von der Offenlegung dieser Aufgliederung durch § 327 Nr. 2 HGB befreit).

Die *Restlaufzeit* einer Verbindlichkeit ist die noch verbleibende Frist bis zu dem Zeitpunkt, an dem die Verbindlichkeit zurückgezahlt werden muss. Erfolgt die Tilgung in Raten über einen längeren Zeitraum, so bedarf es einer Aufteilung der Verbindlichkeit in Teilbeträge. Die einzelnen Teilbeträge sind dann gesondert zu betrachten.

Durch Einräumung von *Sicherheiten* wird die Position des Gläubigers gestärkt. Im Insolvenzfall beispielsweise verspricht die Sicherheit dem gesicherten Gläubiger eine bevorzugte Befriedigung seiner Ansprüche. Für die ungesicherten Gläubiger dagegen sind Sicherheiten eher ein Nachteil. Wenn andere Gläubiger nämlich vorrangig befriedigt werden, wobei Reihenfolge und voraussichtlicher Umfang der Befriedigung von der Art der Sicherheit abhängen, bleibt für die schlechter gesicherten und ungesicherten nur der Rest. Gläubiger werden daher interessiert sein zu erfahren, in welchem Umfang und in welcher Art Verbindlichkeiten abgesichert sind. Im Anhang müssen Teile dieser für die Entscheidungen der Gläubiger und damit für die Kreditwürdigkeit wichtigen Informationen offen gelegt werden. Es muss der Gesamtbetrag der gesicherten Verbindlichkeiten angegeben werden, den große Kapitalgesellschaften i. w. S. zusätzlich auf die einzelnen Verbindlichkeitspositionen aufzuteilen haben. Dabei sind alle Sicherheiten, die von der Gesellschaft selbst für ihre Verbindlichkeiten gestellt wurden, zu berücksichtigen. Auch branchenübliche Sicherheiten, wie Eigentumsvorbehalte, dürften in die Beträge einzubeziehen sein. Es sind aber stets nur Gesamtbeträge anzugeben. Eine Aufteilung der Beträge nach den verschiedenen Sicherheiten wird nicht verlangt, obwohl gerade das für die Gläubiger interessant wäre. Es müssen nur ergänzend die jeweils eingeräumten Formen der Sicherheiten genannt werden, wobei man sich allerdings auf die Angabe der wesentlichen und vielleicht auch der nicht branchenüblichen Sicherheiten beschränken kann, weil die Externen mit der Gewährung der branchenüblichen Sicherheiten ohnehin rechnen.

Sollen die verschiedenen Aufgliederungen und Zusatzangaben zu den Verbindlichkeiten bei großen Kapitalgesellschaften i. w. S. den Lesern eingängig präsentiert werden, liegt es nahe, sie in einem *Verbindlichkeitenspiegel (Russ, Der Anhang als dritter Teil des Jahresabschlusses, 2. Aufl., S. 196)* zusammenzufassen. Dieser Verbindlichkeitenspiegel ist eine Tabelle, bei der die in der Vorspalte aufgeführten, nach dem Bilanzgliederungsschema gegliederten Verbindlichkeiten entsprechend den Angaben in der Kopfzeile in Teilbeträge zerlegt und kommentiert werden. Spaltenweise werden zu jeder Verbindlichkeitsposition

► der Betrag mit einer Restlaufzeit bis zu einem Jahr,
► der Betrag mit einer Restlaufzeit zwischen einem und fünf Jahren,
► der Betrag mit einer Restlaufzeit von mehr als fünf Jahren,
► der Gesamtbetrag,
► der Betrag, der davon durch Pfandrechte oder ähnliche Rechte gesichert ist, sowie
► die Arten der gewährten Sicherheiten

genannt. Durch die Einbeziehung in den Verbindlichkeitenspiegel im Anhang kann, gestützt auf § 265 Abs. 7 Nr. 2 HGB, die Angabe der Teilbeträge mit einer Restlaufzeit bis zu einem Jahr in der Bilanz entfallen *(ebenda, S. 195)*.

3. Übersicht über die Berichtspflichten im Anhang

Zugrunde liegende Gliederung:

A. Allgemeine Erläuterungspflichten

B. Zusätzliche Einzelangaben zur Ausübung von Bilanzierungswahlrechten und zu Bewertungsmethoden (abgesehen von steuerrechtlichen Einflüssen)

C. Angaben zur Berücksichtigung steuerrechtlicher Einflüsse

D. Angaben, die nach einer Sonderprüfung wegen unzulässiger Unterbewertung in besonderen Fällen zu machen sind

E. Angaben zur Gliederung, insbesondere disaggregierende Informationen

    1. Berichtspflichten zur Gliederung, die Bilanz und GuV betreffen
    2. Berichtspflichten zur Bilanzgliederung oder zusätzliche Aufgliederungen von Bilanzposten
    3. Berichtspflichten zum Eigenkapital
    4. Berichtspflichten und zusätzliche Aufgliederungen zur GuV

F. Zusatzangaben zur Finanzlage und zu den Haftungsverhältnissen

G. Angaben über Beziehungen zu verbundenen Unternehmen

H. Angaben über Beziehungen zu den Unternehmensorganen und Gesellschaftern

I. Beziehungen zu den Arbeitnehmern

J. Finanzielle Beziehung zum Abschlussprüfer

Gegenstand der Berichtspflicht	Rechts-grundlage	Alter-native	Auf-stellung	Offen-legung
A. Allgemeine Erläuterungspflichten				
1. Angabe der auf die Posten der Bilanz und der GuV angewandten Bilanzierungs- und Bewertungsmethoden	§ 284 II Nr. 1 HGB	–	alle KapG*	alle KapG*
2. Angabe und Begründung der Abweichungen von Bilanzierungs- und Bewertungsmethoden sowie gesonderte Darstellung des Einflusses auf die Vermögens-, Finanz- und Ertragslage	§ 284 II Nr. 3 HGB	–	alle KapG	alle KapG
3. Angabe der Grundlagen für die Umrechnung von Fremdwährungspositionen in Euro	§ 284 II Nr. 2 HGB	–	alle KapG	alle KapG
4. Bei Vorliegen besonderer Umstände zusätzliche Angaben zur Vermittlung eines den tatsächlichen Verhältnissen entsprechenden Bildes der Vermögens-, Finanz- und Ertragslage	§ 264 II S. 2 HGB	–	alle KapG	alle KapG
B. Zusätzliche Einzelangaben zur Ausübung von Bilanzierungswahlrechten und zu Bewertungsmethoden (abgesehen von steuerrechtlichen Einflüssen)				
1. Erläuterung des Postens „Aufwendungen für die Ingangsetzung und Erweiterung des Geschäftsbetriebs"	§§ 269 S. 1, 274a Nr. 5 HGB	–	mittlere u. große KapG	mittlere u. große KapG
2. Angabe der Gründe für die planmäßige Abschreibung eines derivativen Firmenwerts über die voraussichtliche Nutzungsdauer	§ 285 Nr. 13 HGB	–	alle KapG	alle KapG
3. Angabe der – außerplanmäßigen Abschreibungen infolge dauernder oder vorübergehender (Finanzanlagen) Wertminderungen beim Anlagevermögen in einem Betrag und (gesondert) der – Abschreibungen beim Umlaufvermögen zur Antizipation von Wertschwankungen	§§ 277 III S. 1, 326 HGB	GuV	alle KapG	mittlere u. große KapG
4. Angaben über die Einbeziehung von Fremdkapitalzinsen in die Herstellungskosten	§ 284 II Nr. 5 HGB	–	alle KapG	alle KapG

*   Im Rahmen dieser Übersicht steht die Abkürzung KapG für die Kapitalgesellschaften im weiteren Sinne, also einschließlich der Personenhandelsgesellschaften im Sinne von § 264a HGB.

Gegenstand der Berichtspflicht	Rechts-grundlage	Alter-native	Auf-stellung	Offen-legung
5. Ausweis von erheblichen Unterschiedsbeträgen, die sich bei Bewertung nach den in §§ 240 IV und 256 Satz 1 HGB zugelassenen Verfahren (gewogener Durchschnitt, Fifo, Lifo oder sonstige Folge) im Vergleich zu einer fiktiven Bewertung auf der Grundlage des letzten vor dem Abschlussstichtag bekannten Börsenkurses oder Marktpreises ergeben, pauschal je Gruppe	§§ 284 II Nr. 4, 288 HGB	–	mittlere u. große KapG	mittlere u. große KapG
6. Erläuterung der aktiven latenten Steuern	§ 274 II S. 2 HGB	–	alle KapG	alle KapG
7. Angabe des Betrages der in der Bilanz nicht ausgewiesenen Rückstellungen für laufende Pensionen, Anwartschaften auf Pensionen und ähnliche Verpflichtungen	Art. 28 II EGHGB	–	alle KapG	alle KapG
8. Angabe von Arten und Umfängen derivater Finanzinstrumente, soweit verlässlich bestimmbar deren beizulegender Zeitwerte mit Bewertungsmethode, deren eventuelle Buchwerte und Bilanzposten	§ 285 Nr. 18, 288 HGB	–	mittlere u. große KapG	mittlere u. große KapG
9. Angabe der Buchwerte und der Zeitwerte von zu Finanzanlagen gehörenden Finanzinstrumenten, die gemäß § 253 Abs. 2 Satz 3 HGB über ihrem beizulegenden Zeitwert ausgewiesen werden mit den Gründen für den Verzicht auf die Abschreibung und den Anhaltspunkten für die fehlende Dauerhaftigkeit	§285 Nr. 19 HGB	–	alle KapG	alle KapG
C. Angaben zur Berücksichtigung steuerrechtlicher Einflüsse				
1. Angabe des Betrages und hinreichende Begründung des Betrages der im Geschäftsjahr allein nach steuerrechtlichen Vorschriften vorgenommenen Abschreibungen, getrennt nach Anlage- und Umlaufvermögen	§ 281 II S. 1 HGB	Bilanz oder GuV	alle KapG	alle KapG
2. Angabe des Ausmaßes, in dem das Jahresergebnis dadurch beeinflusst wurde, dass bei Vermögensgegenständen im Geschäftsjahr oder in früheren Geschäftsjahren Abschreibungen nach §§ 254, 280 Abs. 2 HGB aufgrund steuerrechtlicher Vorschriften vorgenommen oder beibehalten wurden oder ein Sonderposten nach § 273 HGB gebildet wurde, sowie Angabe des Ausmaßes erheblicher künftiger Belastungen, die sich aus einer solchen Bewertung ergeben	§§ 285 Nr. 5, 288, 327 II HGB	–	mittlere u. große KapG	große KapG

Gegenstand der Berichtspflicht	Rechts-grundlage	Alter-native	Auf-stellung	Offen-legung
3. Angabe der Vorschriften, nach denen ein Sonderposten mit Rücklageanteil (zur Berücksichtigung einer im Steuerrecht zugelassenen „steuerfreien Rücklage", bei der Maßgeblichkeit gilt) gebildet worden ist	§ 273 S. 2 HGB	Bilanz	alle KapG	alle KapG
4. Angabe der Vorschriften, nach denen Wertberichtigungen (in Höhe der Differenz aus handelsrechtlich und steuerrechtlich zugelassenen Abschreibungen im Sonderposten mit Rücklageanteil) gebildet worden sind	§ 281 I S. 2 HGB	Bilanz	alle KapG	alle KapG
5. Angabe der in dem Posten „sonstige betriebliche Erträge" enthaltenen Erträge aus der Auflösung von Sonderposten mit Rücklageanteil sowie der in dem Posten „sonstige betriebliche Aufwendungen" enthaltenen Einstellungen in den Sonderposten mit Rücklageanteil	§ 281 II S. 2 HGB	GuV	alle KapG	mittlere u. große KapG
D. *Angaben, die nach einer Sonderprüfung wegen unzulässiger Unterbewertung in besonderen Fällen zu machen sind*	§ 261 I S. 3 u. 4 AktG	–	AG	AG
E. *Angaben zur Gliederung, insbesondere dis-aggregierende Informationen*				
1. *Berichtspflichten zur Gliederung, die Bilanz und GuV betreffen*				
a) Gesonderter Ausweis der in der Bilanz oder GuV aus Gründen der Klarheit zusammengefassten Posten	§ 265 VII Nr. 2 HGB	–	alle KapG	alle* KapG
b) Angabe und Begründung von Ergänzungen bei einem Gliederungsschema für den Jahresabschluss, die an dem gewählten Schema vorgenommen wurden, weil die Gesellschaft in mehreren Geschäftszweigen tätig ist, für die es verschiedene Gliederungsvorschriften gibt	§ 265 IV S. 2 HGB	–	alle KapG	alle* KapG
c) Angabe und Begründung der Abweichungen von der Regel, die Form der Darstellung, insbesondere die Gliederung der aufeinander folgenden Bilanzen und GuV, beizubehalten	§ 265 I S. 2 HGB	–	alle KapG	alle* KapG
d) Angabe und Erläuterung der mit dem Vorjahr wegen Gliederungsunstetigkeiten nicht vergleichbaren Beträge in Bilanz und GuV	§ 265 II S. 2 HGB	–	alle KapG	alle* KapG
e) Angabe und Erläuterung, wenn die Vorjahresbeträge bei Gliederungsunstetigkeit angepasst wurden	§ 265 II S. 3 HGB	–	alle KapG	alle* KapG

* Kleine KapG brauchen Angaben zur GuV nicht offen zu legen (§ 326 Satz 2 HGB).

Gegenstand der Berichtspflicht	Rechts-grundlage	Alter-native	Auf-stellung	Offen-legung
2. Berichtspflichten zur Bilanzgliederung oder zusätzliche Aufgliederungen von Bilanzposten				
a) Angabe der Mitzugehörigkeit zu anderen Posten der Bilanz, wenn dies zur Aufstellung eines klaren und übersichtlichen Jahresabschlusses erforderlich ist	§ 265 III S. 1 HGB	Bilanz	alle KapG	alle KapG
b) Angabe bestimmter Bilanzpositionen, wenn die Bilanz nach dem verkürzten Schema offen gelegt wird	§ 327 Nr. 1 HGB	Bilanz	mittlere KapG	mittlere KapG
c) Darstellung der Entwicklung der einzelnen Posten des Anlagevermögens und des Postens „Aufwendungen für die Ingangsetzung und Erweiterung des Geschäftsbetriebs" (Anlagengitter)	§§ 268 II S. 1 u. 2, 274a Nr. 1 HGB	Bilanz	mittlere u. große KapG	mittlere u. große KapG
d) Bei Inanspruchnahme der Erleichterung Angabe der Tatsache, dass Altbestände im Rahmen der erstmaligen Erstellung des Anlagengitters ausgehend vom Buchwert des Vorjahrs statt von den ursprünglichen Anschaffungs- oder Herstellungskosten dargestellt werden	Art. 24 VI S. 3, EGHGB	–	mittlere u. große KapG	mittlere u. große KapG
e) Angabe der Abschreibungen des Geschäftsjahrs für die einzelnen Posten des Anlagevermögens und für den Posten „Aufwendungen für die Ingangsetzung und Erweiterung des Geschäftsbetriebs"	§§ 268, II S. 3, 274a Nr. 1 HGB	Bilanz	mittlere u. große KapG	mittlere u. große KapG
f) Angabe des als Rechnungsabgrenzung aktivierten Disagios	§§ 268 VII 274a Nr. 4 HGB	Bilanz	mittlere u. große KapG	mittlere u. große KapG
g) Erläuterung von größeren Beträgen innerhalb der „Vermögensgegenstände", die erst nach dem Abschlussstichtag rechtlich entstehen (antizipative RAP)	§§ 268 IV S. 2, 274a Nr. 2 HGB	–	mittlere u. große KapG	mittlere u. große KapG
h) Gesonderte Angabe der Rückstellung für latente Steuern	§ 274 I S. 1 HGB	Bilanz	alle KapG	alle KapG
i) Erläuterung der unter „sonstige Rückstellungen" nicht gesondert ausgewiesenen Rückstellungen, die einen nicht unerheblichen Umfang haben	§§ 285 Nr. 12, 288, 327 II HGB	Bilanz	mittlere u. große KapG	große KapG
j) Erläuterung von größeren Beträgen innerhalb der „Verbindlichkeiten", die erst nach dem Abschlussstichtag rechtlich entstehen (antizipative RAP)	§§ 268 V S. 3, 274a Nr. 3 HGB	–	mittlere u. große KapG	mittlere u. große KapG

Gegenstand der Berichtspflicht	Rechts-grundlage	Alter-native	Auf-stellung	Offen-legung
3. Berichtspflichten zum Eigenkapital				
a) Erläuterung, ob und in welcher Höhe die aus Kapitalherabsetzung und aus der Auflösung von Kapital- und Gewinnrücklagen gewonnenen Beträge – zum Ausgleich von Wertminderungen, – zur Deckung von sonstigen Verlusten oder – zur Einstellung in die Kapitalrücklage verwandt werden	§ 240 S. 3 AktG	–	AG	AG
b) Gesonderte Angaben zu dem Posten „Kapitalrücklage" – Betrag, der während des Geschäftsjahrs eingestellt wurde; – Betrag, der für das Geschäftsjahr entnommen wird	§ 152 II AktG	Bilanz	AG	AG
c) Gesonderte Angaben zu den einzelnen Posten der Gewinnrücklagen – Beträge, die die Hauptversammlung aus dem Bilanzgewinn des Vorjahrs eingestellt hat, – Beträge, die aus dem Jahresüberschuss des Geschäftsjahrs eingestellt werden, sowie – Beträge, die für das Geschäftsjahr entnommen werden	§ 152 II AktG	Bilanz	AG	AG
d) Angabe des in die freien Rücklagen eingestellten Eigenkapitalanteils von Wertaufholungen bei Vermögensgegenständen des Anlage- und Umlaufvermögens und von bei der steuerrechtlichen Gewinnermittlung gebildeten Passivposten, für die die umgekehrte Maßgeblichkeit nicht gilt	§ 29 IV GmbHG § 58 IIa AktG	Bilanz	AG GmbH	AG GmbH
e) Gesonderte Angabe eines Gewinn- oder Verlustvortrags, wenn die Bilanz unter Berücksichtigung der teilweisen Verwendung des Jahresergebnisses aufgestellt wird	§ 268 I S. 2 HGB	Bilanz	alle KapG	alle KapG
f) Angaben über das genehmigte Kapital	§ 160 I Nr. 4 AktG	–	AG	AG
g) Angaben über Zahl und Nennbetrag der Aktien jeder Gattung sowie gesonderte Angabe der darin enthaltenen Aktien, die bei einer bedingten Kapitalerhöhung oder einem genehmigten Kapital im Geschäftsjahr gezeichnet wurden	§ 160 I Nr. 3 AktG	Bilanz	AG	AG

Gegenstand der Berichtspflicht	Rechts-grundlage	Alter-native	Auf-stellung	Offen-legung
h) Angaben über Bestand und Zugang an Aktien, die ein Aktionär für Rechnung der Gesellschaft oder eines abhängigen oder eines im Mehrheitsbesitz der Gesellschaft stehenden Unternehmens oder ein abhängiges oder im Mehrheitsbesitz der Gesellschaft stehendes Unternehmen als Gründer oder Zeichner oder in Ausübung eines bei einer bedingten Kapitalerhöhung eingeräumten Umtausch- oder Bezugsrechts übernommen hat (Vorratsaktien); Bericht ferner über eine evtl. Verwertung der Aktien unter Angabe des Erlöses	§ 160 I Nr. 1 AktG	–	AG	AG
i) Angaben über den Bestand an eigenen Aktien der Gesellschaft, auch bei Erwerb oder Inpfandnahme durch mit der Gesellschaft verbundene Dritte, unter Angabe von Zahl und Nennbetrag sowie deren Anteil am Grundkapital; für erworbene Aktien ferner Zeitpunkt und Gründe des Erwerbs; sind solche Aktien im Geschäftsjahr erworben oder veräußert worden, so ist auch über den Erwerb oder die Veräußerung unter Angabe der Zahl und des Nennbetrags dieser Aktien, des Anteils am Grundkapital und des Erwerbs- oder Veräußerungspreises, sowie über die Verwendung des Erlöses zu berichten	§ 160 I Nr. 2 AktG	–	AG	AG
j) Angaben über die Zahl der Wandelschuldverschreibungen und vergleichbarer Wertpapiere unter Angabe der Rechte, die sie verbriefen	§ 160 I Nr. 5 AktG	–	AG	AG
k) Angaben über Genussrechte, Rechte aus Besserungsscheinen und ähnliche Rechte unter Angabe der Art und Zahl der jeweiligen Rechte sowie der im Geschäftsjahr neu entstandenen Rechte	§ 160 I Nr. 6 AktG	–	AG	AG

Gegenstand der Berichtspflicht	Rechts-grundlage	Alter-native	Auf-stellung	Offen-legung
4. Berichtspflichten und zusätzliche Aufgliederungen zur GuV*				
a) Angabe der Aufgliederung der Umsatzerlöse nach Tätigkeitsbereichen sowie nach geographisch bestimmten Märkten, soweit sich diese unter Berücksichtigung der Organisation des Verkaufs untereinander erheblich unterscheiden; Ausnahme in § 268 II HGB	§§ 285 Nr. 4, 288 HGB	–	große KapG**	große KapG**
b) Bei Anwendung des Umsatzkostenverfahrens Angabe				
– des Materialaufwands des Geschäftsjahrs, gegliedert nach § 275 II Nr. 5 HGB	§§ 285 Nr. 8a, 326, 327 II HGB	–	mittlere u. große KapG	große KapG mittlere u.
– des Personalaufwands des Geschäftsjahrs, gegliedert nach § 275 II Nr. 6 HGB	§§ 285 Nr. 8b, 326 HGB	–	alle KapG	große KapG
c) Erläuterung der außerordentlichen Aufwendungen und Erträge sowie der Aufwendungen und Erträge, die einem anderen Geschäftsjahr zuzurechnen sind, hinsichtlich ihres Betrags und ihrer Art, soweit die ausgewiesenen Beträge für die Beurteilung der Ertragslage nicht von untergeordneter Bedeutung sind	§§ 277 IV S. 2 u. 3, 326 HGB	–	mittlere u. große KapG	mittlere u. große KapG
d) Angabe, in welchem Umfang die Steuern vom Einkommen und vom Ertrag das Ergebnis der gewöhnlichen Geschäftstätigkeit und das außerordentliche Ergebnis belasten	§§ 285 Nr. 6, 288, 326 HGB	–	mittlere u. große KapG	mittlere u. große KapG
e) Darstellung der Ergebnisverwendung	§ 158 I S. 2 AktG	GuV	AG	AG
F. Zusatzangaben zur Finanzlage und zu den Haftungsverhältnissen				
1. Angabe des Gesamtbetrags der Verbindlichkeiten mit einer Restlaufzeit von mehr als fünf Jahren	§ 285 Nr. 1a HGB	–	alle KapG	alle KapG
2. Angabe des Gesamtbetrags der Verbindlichkeiten, die durch Pfandrechte oder ähnliche Rechte gesichert sind, unter Angabe von Art und Form der Sicherheiten	§ 285 Nr. 1b HGB	–	alle KapG	alle KapG

*   Kleine KapG brauchen Angaben zur GuV nicht offen zu legen (§ 326 Satz 2 HGB).

**   Die Angabe nach § 285 Nr. 4 HGB kann unterbleiben, soweit die Aufgliederung nach vernünftiger kaufmännischer Beurteilung geeignet ist, der Kapitalgesellschaft oder einem Unternehmen, von dem die Kapitalgesellschaft mindestens den fünften Teil der Anteile besitzt, einen erheblichen Nachteil zuzufügen (§ 286 Abs. 2 HGB).

Gegenstand der Berichtspflicht	Rechts-grundlage	Alter-native	Auf-stellung	Offen-legung
3. Aufgliederung der zuvor unter 1. und 2. verlangten Angaben für jeden Posten der Verbindlichkeiten nach dem vorgeschriebenen Gliederungsschema	§§ 285 Nr. 2, 288, 327 II HGB	Bilanz	mittlere u. große KapG	große KapG
4. Gesonderte Angabe der vier verschiedenen, in § 251 HGB bezeichneten Haftungsverhältnisse – Verbindlichkeiten aus der Begebung und Übertragung von Wechseln, – Verbindlichkeiten aus Bürgschaften, Wechsel- und Scheckbürgschaften, – Verbindlichkeiten aus Gewährleistungsverträgen sowie – Haftungsverhältnisse aus der Bestellung von Sicherheiten für fremde Verbindlichkeiten, unter Angabe der gewährten Pfandrechte und sonstigen Sicherheiten sowie unter gesonderter Angabe der Verpflichtungen gegenüber verbundenen Unternehmen	§ 268 VII HGB	unter der Bilanz	alle KapG	alle KapG
5. Angabe des Gesamtbetrags der sonstigen finanziellen Verpflichtungen, die nicht in der Bilanz erscheinen und die auch nicht nach § 251 HGB anzugeben sind, sofern diese Angabe für die Beurteilung der Finanzlage von Bedeutung ist (z. B. Verpflichtungen aus Leasingverträgen) unter gesonderter Angabe der Verpflichtungen gegenüber verbundenen Unternehmen	§§ 285 Nr. 3, 288 HGB	–	mittlere u. große KapG	mittlere u. große KapG
G. Angaben über Beziehungen zu verbundenen Unternehmen (siehe auch gesonderte Angaben unter F. 4. und 5.)				
1. Angabe von Name und Sitz anderer Unternehmen, von denen die Kapitalgesellschaft oder eine für Rechnung der Kapitalgesellschaft handelnde Person mindestens 20 % der Anteile besitzt, unter Angabe der Höhe des Anteils am Kapital, des Eigenkapitals und des Ergebnisses des letzten Geschäftsjahrs dieser Unternehmen für das ein Jahresabschluss vorliegt; ferner sind von börsennotierten Kapitalgesellschaften zusätzlich alle Beteiligungen an großen Kapitalgesellschaften anzugeben, die 5 % der Stimmrechte überschreiten	§ 285 Nr. 11 HGB	gesonderte Aufstellung nach § 287 HGB	alle KapG*	alle KapG*

Gegenstand der Berichtspflicht	Rechts-grundlage	Alter-native	Auf-stellung	Offen-legung
2. Angabe von Name, Sitz und Rechtsform der Unternehmen, deren unbeschränkt haftender Gesellschafter die Kapitalgesellschaft ist	§ 285 Nr. 11a HGB	gesonderte Aufstellung nach § 287 HGB	alle KapG*	alle KapG*
3. Angabe von Name und Sitz der Gesellschaften, die persönlich haftende Gesellschafter sind, sowie deren gezeichnetes Kapital	§ 285 Nr. 15 HGB	–	Personen-handelsge-sellschaften i. S. v. § 264a HGB	Personen-handelsge-sellschaften i. S. v. § 264a HGB
4. Hinweis auf die besondere Aufstellung des Anteilsbesitzes und den Ort ihrer Hinterlegung	§ 287 S. 3 HGB	–	alle KapG	alle KapG
5. Angabe der Inanspruchnahme des Rechts, An-gaben nach § 285 Nr. 11 HGB unter Berufung auf § 286 Abs. 3 S. 1 Nr. 2 HGB nicht zu machen	§ 286 III S. 3 HGB	–	alle KapG	alle KapG
6. Angaben über das Bestehen einer wechsel-seitigen Beteiligung unter Angabe des Unter-nehmens	§ 160 I Nr. 7 AktG	–	AG	AG
7. Angaben über das Bestehen einer Beteiligung an der Gesellschaft, die ihr nach § 20 Abs. 1 oder 4 AktG mitgeteilt worden ist; dabei ist anzugeben, wem die Beteiligung gehört und ob sie den vierten Teil aller Aktien der Gesellschaft übersteigt oder eine Mehrheitsbeteiligung (§ 16 Abs. 1 AktG) ist	§ 160 I Nr. 8 AktG	–	AG	AG
8. Angabe der Mutterunternehmen, die für den größten/kleinsten Kreis von Unternehmen den Konzernabschluss aufstellen, sowie des Ortes, wo diese gegebenenfalls offen gelegten Kon-zernabschlüsse erhältlich sind	§ 285 Nr. 14 HGB	–	alle KapG	alle KapG
9. Angaben zur Befreiung vom Konzernabschluss, insbesondere Name und Sitz des Mutter-unternehmens, das den befreienden Konzern-abschluss und Konzernlagebericht aufstellt	§ 291 II Nr. 3 HGB	–	alle KapG	alle KapG

* Die Angaben können grundsätzlich (mit Einschränkungen und Erweiterungen) gemäß § 286 Abs. 3 HGB unterbleiben, soweit sie unwesentlich oder nach vernünftiger kaufmännischer Beurteilung geeignet sind, der Kapitalgesellschaft oder dem anderen Unternehmen einen erheblichen Nachteil zuzufügen.

Gegenstand der Berichtspflicht	Rechts-grundlage	Alter-native	Auf-stellung	Offen-legung
H. Angaben über Beziehungen zu den Unternehmensorganen und Gesellschaftern				

1. Angabe der Aufwendungen für die Mitglieder
  – des Geschäftsführungsorgans,
  – eines Aufsichtsrats,
  – eines Beirats oder
  – einer ähnlichen Einrichtung
jeweils für jede Personengruppe				

a) die für die Tätigkeit im Geschäftsjahr gewährten Gesamtbezüge sowie die Bezüge, die im Geschäftsjahr gewährt, bisher aber in keinem Jahresabschluss angegeben worden sind	§§ 285 Nr. 9a, 288 HGB	–	mittlere u. große KapG	mittlere u. große KapG*
b) die Gesamtbezüge der früheren Mitglieder der bezeichneten Organe und ihrer Hinterbliebenen; ferner Angabe des Betrags, der für diese Personengruppe gebildeten Rückstellungen für laufende Pensionen und Anwartschaften auf Pensionen und der Betrag der für diese Verpflichtungen nicht gebildeten Rückstellungen	§§ 285 Nr. 9b, 288 HGB	–	mittlere u. große KapG	mittlere u. große KapG*
c) die gewährten Vorschüsse und Kredite unter Angabe der Zinssätze, der wesentlichen Bedingungen und der gegebenenfalls im Geschäftsjahr zurückgezahlten Beträge sowie die zugunsten dieser Personen eingegangenen Haftungsverhältnisse	§ 285 Nr. 9c HGB	–	alle KapG	alle KapG
2. Angabe aller Mitglieder des Geschäftsführungsorgans und eines Aufsichtsrats, auch wenn sie im Geschäftsjahr oder später ausgeschieden sind, mit dem Familiennamen und mindestens einem ausgeschriebenen Vornamen; der Vorsitzende des Aufsichtsrats, seine Stellvertreter und ein etwaiger Vorsitzender des Geschäftsführungsorgans sind als solche zu bezeichnen	§ 285 Nr. 10 HGB	–	alle KapG	alle KapG
3. Angabe der Ausleihungen, Forderungen und Verbindlichkeiten gegenüber Gesellschaftern	§ 42 III GmbHG	Bilanz	GmbH	GmbH
4. Angabe, dass die Erklärung nach § 161 AktG (Corporate Governance Kodex) abgegeben und den Aktionären zugänglich gemacht wurde	§ 285 Nr. 16 HGB	–	börsen-notierte AG	börsen-notierte AG

* Die Angaben können gemäß § 286 Abs. 4 HGB unterbleiben, „wenn sich anhand dieser Angaben die Bezüge eines Mitglieds dieser Organe feststellen lassen".

Gegenstand der Berichtspflicht	Rechts-grundlage	Alter-native	Auf-stellung	Offen-legung
I. *Beziehungen zu den Arbeitnehmern: Angabe der durchschnittlichen Zahl der während des Geschäftsjahrs beschäftigten Arbeitnehmer, getrennt nach Gruppen*	§§ 285 Nr. 7, 288 HGB	–	mittlere u. große KapG	mittlere u. große KapG
J. *Finanzielle Beziehung zum Abschlussprüfer: Angabe der für das Geschäftsjahr mit dem Abschlussprüfer vereinbarten Honorare für Abschlussprüfung, sonstige Bestätigungs- oder Bewertungsleistungen, Steuerberatungsleistungen und für sonstige Leistungen*	§ 285 Nr. 17	–	mittlere u. große KapG	mittlere u. große KapG

D. Ausnahmen von den Berichtspflichten im Anhang

> **Lernziel:**
> Sie sollen erfahren, unter welchen Bedingungen bestimmte Angaben unterlassen werden können!

Wie aus der tabellarischen Übersicht auf den vorigen Seiten hervorgeht, hängt der Umfang der Berichtspflichten im Anhang ohnehin von der Rechtsform und von der Größe des Unternehmens ab. In § 286 HGB werden die Berichtspflichten im Anhang für alle Unternehmen zusätzlich durch mehrere Ausnahmeregelungen eingeschränkt.

„Die Berichterstattung hat insoweit zu unterbleiben, als es für das Wohl der Bundesrepublik Deutschland oder eines ihrer Länder erforderlich ist" (§ 286 Abs. 1 HGB). Unter diese Ausnahmeregelung können im Prinzip alle Berichtspflichten fallen, sofern die Berichterstattung nur *Geheimnisverrat* oder Verstoß gegen andere *im öffentlichen Interesse von Bund und Ländern* liegende *Verschwiegenheitsverpflichtungen* bedeuten würde.

Die Unternehmen haben ferner das Recht,

▶ die Aufgliederung der Umsatzerlöse nach Tätigkeitsbereichen und nach geographisch bestimmten Märkten gemäß § 285 Nr. 4 HGB,

▶ die Angaben über Name und Sitz anderer Unternehmen, von denen die Kapitalgesellschaft oder eine für Rechnung der Kapitalgesellschaft handelnde Person mindestens 20 % der Anteile besitzt, unter Nennung der Höhe des Anteils am Kapital, des Eigenkapitals und der Ergebnisse des letzten Geschäftsjahrs dieser Unternehmen, für das ein Jahresabschluss vorliegt, gemäß § 285 Nr. 11 HGB sowie

▶ die Angaben über Name, Sitz und Rechtsform der Unternehmen, deren unbeschränkt haftender Gesellschafter die Kapitalgesellschaft ist, gemäß § 285 Nr. 11a HGB

zu unterlassen, soweit solche Angaben nach vernünftiger kaufmännischer Beurteilung geeignet sind, *der Kapitalgesellschaft oder anderen Unternehmen einen erheblichen Nachteil* zuzufügen (§ 286 Abs. 2 und 3 HGB). Als andere Unternehmen werden bei Nr. 4 Unternehmen betrachtet, an denen die Kapitalgesellschaft mindestens 20 % der Anteile besitzt, und bei Nr. 11 oder 11a die Unternehmen, über die zu berichten wäre. Um Angaben nach § 285 Nr. 4, Nr. 11 oder Nr. 11a HGB verschweigen zu dürfen, muss also zunächst ein erheblicher Nachteil etwa dadurch drohen, dass Konkurrenten in die Lage versetzt werden, dem berichtenden Unternehmen beträchtlich zu schaden. Geringe Nachteile und speziell solche Nachteile, die aus der Offenlegung dieser Angaben regelmäßig zu erwarten sind, mutet der Gesetzgeber den Unternehmen zu. Für die Erwartung, dass die Offenlegung solche erheblichen Nachteile hervorrufen wird, muss es auch überzeugende Gründe geben, die zugleich dafür sprechen, dass diese Erwartung nicht nur unwahrscheinlich ist, denn sonst entspricht die Erwartung nicht vernünftiger kaufmännischer Beurteilung. Das Recht, die Angaben nach § 285 Nr. 11 und 11a HGB wegen drohender Nachteile zu verschweigen, steht allerdings Kapitalgesellschaften nicht zu, die selbst oder über ein Tochterunternehmen einen organisierten Kapitalmarkt in Anspruch nehmen oder Zulassungen zu diesem Markt beantragt haben (§ 286 Abs. 3 S. 3 HGB).

Die Angaben nach § 285 Nr. 11 und 11a HGB dürfen zusätzlich dann unterbleiben, wenn sie für die Darstellung der Vermögens-, Finanz- und Ertragslage der Kapitalgesellschaft *von untergeordneter Bedeutung* sind, und, soweit es speziell um die Angabe des Eigenkapitals und des Ergebnisses geht,

„wenn das Unternehmen, über das zu berichten ist, seinen Jahresabschluß nicht offenzulegen hat und die berichtende Kapitalgesellschaft weniger als die Hälfte der Anteile besitzt" (§ 286 Abs. 3 Satz 2 HGB).

Wird von den beschriebenen Ausnahmeregelungen Gebrauch gemacht, braucht darüber im Anhang mit einer Ausnahme nicht berichtet zu werden. Nur wenn die Angaben nach § 285 Nr. 11 oder 11a HGB mit der Begründung unterlassen werden, sie seien nach vernünftiger kaufmännischer Beurteilung geeignet, der Kapitalgesellschaft oder dem anderen Unternehmen einen erheblichen Nachteil zuzufügen, muss im Anhang angegeben werden, dass die Ausnahmeregelung angewendet wurde.

Fragen:

1. Welche Funktionen soll der Anhang im handelsrechtlichen Jahresabschluss erfüllen?
2. Warum kann es sinnvoll sein, die Berichtspflichten anhand einer übersichtlichen Gliederung zu ordnen? Welche Aspekte sollten dabei beachtet werden?
3. Was verstehen Sie unter den Begriffen Angabe, Ausweis, Hinweis, Aufgliederung, Erläuterung, Begründung und Darstellung hinsichtlich der Berichtspflichten im Anhang?
4. Wie beurteilen Sie die zahlreichen Berichtspflichten aus dem Blickpunkt der Informationsfunktion?
5. Unter welchen Bedingungen können bestimmte Angaben im Anhang unterlassen werden?

Literaturhinweise:

Obwohl die Verpflichtungen, im Anhang zu berichten, im HGB weit verstreut sind, wird der Anhang regelmäßig im Zusammenhang mit den §§ 284–288 HGB umfassend kommentiert. Soweit der Bedarf besteht, Näheres über bestimmte Berichtspflichten zu erfahren, kann der Leser aus der Übersicht auf den Seiten 278-288 die zugehörige Rechtsgrundlage entnehmen und dann etwa in den auf S. 56 genannten Kommentaren gezielt suchen.

Ein kurz gefasster Überblick über die wichtigsten Berichtspflichten im Anhang findet sich bei **Selchert, Friedrich W./Karsten, Jürgen:** Inhalt und Gliederung des Anhangs, in: BB, 40. Jg., 1985, S. 1889–1894 und bei **Moxter, Adolf:** Bilanzlehre, Band II, 3. Aufl., Wiesbaden 1986, S. 98–107.

Ausführlich werden die Probleme des Anhangs nach derzeitigem Recht auch aus theoretischer Perspektive behandelt bei **Russ, Wolfgang:** Der Anhang als dritter Teil des Jahresabschlusses, 2., überarbeitete Aufl., Bergisch Gladbach/Köln 1986 und bei **Kupsch, Peter:** Der Anhang, in: Handbuch des Jahresabschlusses in Einzeldarstellungen (HdJ), hrsg. von Klaus von Wysocki und Joachim Schulze-Osterloh, Abt. IV/4, 2. Bearbeitung, Köln 1998.

IX. Der Lagebericht

A. Grundlagen

Der Lagebericht ergänzt den Jahresabschluss; er ist – anders als der Anhang – *nicht Bestandteil des Jahresabschlusses.*

Einen Lagebericht *aufstellen* müssen insbesondere mittelgroße und große Kapitalgesellschaften i. w. S. (§ 264 Abs. 1 HGB; kleine Kapitalgesellschaften i. w. S. werden durch Satz 3 dieser Vorschrift von der Pflicht, einen Lagebericht aufzustellen, befreit), alle Genossenschaften (§ 336 Abs. 1 HGB) und die dem Publizitätsgesetz unterliegenden Unternehmen, soweit sie nicht in der Rechtsform einer Personenhandelsgesellschaft oder des Einzelkaufmanns geführt werden (§ 5 Abs. 2 PublG). Zwar sind nicht alle auch verpflichtet, den Lagebericht der Allgemeinheit *offen zu legen* – kleine Genossenschaften werden durch § 339 Abs. 3 HGB befreit –, *den Eignern muss ein vorhandener Lagebericht aber immer zugänglich gemacht werden.* Das bestimmen die §§ 175 Abs. 2 AktG, 42a Abs. 1 GmbHG und 48 Abs. 3 GenG.

Ähnlich wie der Anhang erfüllt auch der Lagebericht ausschließlich *Informationsfunktionen.* Allerdings ist er im Unterschied zum Anhang nicht an die traditionellen, vergangenheitsorientierten Rechenwerke Bilanz und GuV gebunden. Im Lagebericht können also von Bilanz und GuV völlig unabhängige Wege zur Informationsvermittlung gesucht werden. Das eröffnet Chancen und Risiken. Chancen bieten sich insoweit, als die Möglichkeit geschaffen wird, in zusammengefasster, leicht verständlicher Form über die Sachverhalte zu berichten, die für die Entscheidungen der externen Leser unmittelbar relevant sind. Risiken drohen, weil sich die eigentlich gewünschten Informationsinhalte speziell vor dem Hintergrund verschiedener Interessenten mit unterschiedlichen Interessen und Vorinformationen schwerlich präzise definieren lassen – die unklaren Begriffe „Lage" oder „Entwicklung" bezeugen das – und weil es noch schwieriger sein wird, aussagefähige Berichte auf diesem Weg zu erzwingen. Bei Informationen, die notwendigerweise auf der subjektiven Auswahl der als bedeutsam zu berücksichtigenden Tatsachen, subjektiven Beurteilungen und subjektiven Prognosen über die künftige Entwicklung beruhen, lässt sich kaum sicherstellen, dass das so häufig nötige subjektive Ermessen stets mit dem Ziel ausgeübt wird, die Empfänger gut zu informieren. Tatsächlich zeigt die Erfahrung mit dem Lagebericht nach § 160 Abs. 1 AktG 1965, dass bei einer vergleichbaren Gesetzesnorm die Inhalte von Lageberichten höchst heterogen waren *(Kropff, BFuP 1980, S. 518).*

Aus der Unsicherheit gibt es zwei Auswege. Zunächst kann und muss versucht werden, trotz aller Schwierigkeiten möglichst präzise anzugeben, über welche Sachverhalte wie im Lagebericht zu berichten ist. Aufsätze und Kommentare leisten dazu einen Beitrag, und im Folgenden wird versucht, einige wichtige Ergebnisse wiederzugeben, die sich durchgesetzt zu haben scheinen. Zusätzlich sollte nicht übersehen werden, dass gerade beim Lagebericht die Unternehmen im eigenen Interesse über ihre Informationspolitik nachdenken müssen. Sie können „mauern", werden dabei aber wahrscheinlich nach einiger Zeit erwischt. Sie können aber auch relevante Informationen in umfassender, gleichwohl knapper und verständlicher Form liefern und so ein Vertrauensverhältnis zu den Externen aufbauen. Wo Spielräume bei Informationsinstrumenten nicht begrenzt werden können und wo es zugleich um benutzerfreundliche, von den Empfängern also wahrscheinlich besonders geschätzte Informationen geht, ist es vielleicht nicht schlecht, wenn den Unternehmen eine *Profilierungsmöglichkeit* gelassen wird. So stellt das Gesetz nur Mindestanforderungen an den Inhalt des Lageberichts. Freiwillig darf breiter und präziser informiert werden.

Obwohl sie sich nicht reibungslos einfügt, ist auch die Schlusserklärung des Vorstands zum Abhängigkeitsbericht, in der der Vorstand erklärt, ob die von ihm geleitete abhängige Gesellschaft durch Rechtsgeschäfte mit dem oder durch Maßnahmen des herrschenden Unternehmen(s) oder der mit diesem verbundenen Unternehmen letztlich benachteiligt wurde, in den Lagebericht aufzunehmen (§ 312 Abs. 3 S. 3 AktG). Angesichts der schwächeren Publizität des Lageberichts im Vergleich zum Jahresabschluss und der Bedeutung der Erklärung für die Rechte der Aktionäre auf Sonderprüfung nach § 315 AktG erscheint die Zuordnung der Schlusserklärung zum Lagebericht nicht unproblematisch. Da kleine Kapitalgesellschaften nach § 264 Abs. 1 Satz 3 HGB ab 1994 keinen Lagebericht mehr aufstellen müssen, hängt bei ihnen die Schlusserklärung des Vorstands zum Abhängigkeitsbericht sogar in der Luft.

B.   Grundsätze der Berichterstattung

> **Lernziel:**
> Sie sollen die Grundsätze, die beim Aufstellen des Lageberichts zu beachten sind, kennen lernen!

Wenn im Lagebericht eine auch für nicht speziell ausgebildete und weniger erfahrene Adressaten verständliche *„wirtschaftliche Gesamtbeurteilung" (Ellrott, in Beck Bil-Komm., 5. Aufl., § 289 Anm. 3; Kupsch, in Bonner Handbuch, Einführung B, Rz. 252)* abgegeben werden soll, zugleich aber schwerlich präzisiert zu werden vermag, durch welche konkreten Angaben sich dieses Ziel allgemein erreichen lässt, können Grundsätze eine große Bedeutung haben, nach denen der Lagebericht zu erstellen ist.

Durch die ausdrückliche Forderung in § 289 Abs. 1 HGB, wonach „ein den tatsächlichen Verhältnissen entsprechendes Bild vermittelt" werden müsse, wird eine Brücke zur Generalnorm des § 264 Abs. 2 HGB geschlagen. Dass es der Vermittlung dieses tatsächlichen Bildes durch den Lagebericht noch bedarf, wirft allerdings kein gutes Licht auf den Jahresabschluss. Trotz Generalnorm liefert dieser das gewünschte Bild anscheinend nicht. Im Zusammenhang mit dem Lagebericht wird die Forderung nach Vermittlung des den tatsächlichen Verhältnissen entsprechenden Bildes im Wesentlichen gleichgesetzt mit dem Gebot zur Beachtung der allgemeinen *Grundsätze einer gewissenhaften und getreuen Rechenschaft.* Danach muss der Lagebericht vollständig, wahr sowie klar und deutlich sein.

Vollständigkeit bedeutet in diesem Zusammenhang nicht, dass sämtliche Details aufzunehmen sind. Vielmehr muss aus der Fülle der Details eine geeignete Auswahl getroffen werden, die eine wirtschaftliche Gesamtbeurteilung ermöglicht und alles das umfasst, „was für den Aufsichtsrat oder die Hauptversammlung bei der Feststellung des Jahresabschlusses oder für den Entlastungs- oder Gewinnverteilungsbeschluß, für die Gläubiger hinsichtlich ihrer Geschäftsbeziehung und für die Belegschaft allgemein von berechtigtem Interesse ist" *(Reittinger, HdJ, Abt. IV/3 [2. Neubearbeitung*

1994], Rn. 9.). Zumindest solange Lagebericht und Jahresabschluss zusammen offen gelegt werden, braucht das, was schon aus dem Jahresabschluss hervorgeht, im Lagebericht nicht erneut dargestellt zu werden. Auch bedarf es nicht unbedingt einer Berichterstattung in Zahlen; verbale Ausführungen können ausreichen. In jedem Falle aber werden hohe Ansprüche an die Fähigkeit des Berichtenden gestellt, zu erkennen, was für die wirtschaftlichen Verhältnisse des Unternehmens wichtig ist und was berichtet werden muss, damit die verschiedenen Externen das ebenfalls erkennen und zutreffend würdigen.

Weil er *wahr* zu sein hat, darf der Lagebericht natürlich keine eindeutig falschen Tatsachenangaben enthalten. Aber auch die in ihm aufgeführten Beurteilungen und Prognosen müssen plausibel, realitätsnah, sorgfältig, gewissenhaft und subjektiv aufrichtig entwickelt worden sein. Immer kommt es auf den Eindruck an, den die Angaben erwecken können. Auch falschen Schlüssen aus richtigen Tatsachenangaben gilt es vorzubeugen. Damit er als Grundlage für Entlastungsentscheidungen „wahr" ist, sollte der Lagebericht ferner auf wichtige Ursache-Wirkungsbeziehungen eingehen, so dass insbesondere erkennbar wird, für welche Entwicklungen die Geschäftsleitung die Verantwortung trägt *(ebenda, Rn. 14).*

Klar und deutlich ist der Lagebericht, wenn er in einer verständlichen Sprache abgefasst und übersichtlich gegliedert wurde. Jede Aussage sollte eindeutig formuliert und nicht an einer anderen Stelle wieder relativiert werden *(ebenda, Rn. 18).* Zur Klarheit trägt bei, wenn Tatsachenangaben, subjektive Beurteilungen und Prognosen voneinander abgehoben werden. Schließlich impliziert Klarheit noch Stetigkeit und Vergleichbarkeit des Lageberichts.

Ob analog zum Anhang auch im Lagebericht eine Berichterstattung soweit zu unterbleiben hat, als es für das Wohl der Bundesrepublik Deutschland oder eines ihrer Länder erforderlich ist, wird unterschiedlich beurteilt. Keine Meinungsunterschiede bestehen dagegen darüber, dass die Lage auch dann vollständig und richtig dargestellt werden muss, wenn negative Aspekte überwiegen, etwa weil das Unternehmen in seiner Existenz gefährdet ist. Sofern sich Lösungen zur Rettung des Unternehmens abzeichnen, kann über diese Lösungsansätze berichtet und an eine Verzögerung der Vorlage gedacht werden. Niemals aber darf ein falscher Eindruck erweckt werden *(Kropff, BFuP 1980, S. 522).* Details allerdings, deren Offenlegung dem Unternehmen Nachteile bescheren würde, brauchen nicht genannt zu werden, weil davon ausgegangen wird, dass auch ohne sie eine wirtschaftliche Gesamtbeurteilung ermöglicht werden kann.

C.   Inhalte der Berichterstattung

Lernziel:
Sie sollen erfahren, über welche Inhalte im Lagebericht berichtet werden muss!

1.   Darstellung von Geschäftsverlauf und Lage sowie Erläuterung der voraussichtlichen Entwicklung nach § 289 Abs. 1 HGB

Da zukunftsbezogene Aspekte in Satz 4 und in Absatz 2 weiterhin gesondert angesprochen werden, dürfte voraussichtlich daran festgehalten werden, Geschäftsverlauf und Lage der (Kapital-)Gesellschaft in den Sätzen 1 und 2 vergangenheits- und gegenwartsorientiert, nicht aber zukunftsorientiert zu interpretieren *(Maul, WPg 1984, S. 190 ff.; Reittinger, HdJ, Abt. IV/3 [2. Neubearbeitung 1994], Rn. 31 ff.; Kupsch, in Bonner Handbuch, Einführung B, Rz. 255; Ellrott, in Beck Bil-Komm., 5. Aufl., § 289 Anm. 15; Baetge/Fischer/Paskert, Der Lagebericht, S. 30; a. A. Lück, in Küting/Weber, 4. Aufl., § 289, Rn. 37 f.; grundsätzlich zur Lage: Leffson, NB 1968, S. 1 ff.)*. Nach herrschender Meinung ist unter dem „Geschäftsverlauf" die im abgelaufenen Geschäftsjahr eingetretene Entwicklung der für die wirtschaftliche Gesamtsituation des Unternehmens wichtigsten Größen – insbesondere des Geschäftsergebnisses – und der zentralen Faktoren zu verstehen, die zu dieser Entwicklung geführt haben. Die „Lage" bezeichnet dann den aus dieser Entwicklung resultierenden wirtschaftlichen Zustand des Unternehmens. Für ein solches Verständnis sprechen speziell im Blick auf die Überprüfbarkeit gute Gründe. Diese lassen sich allerdings aus der Aufgabe des Lageberichts heraus auch relativieren. Ein Bericht über Geschäftsverlauf und Lage liefert schwerlich klare und leicht verständliche Grundlagen für notwendigerweise zukunftsbezogene Entscheidungen, wenn bei den dargestellten Sachverhalten der Zukunftsbezug bewusst ausgeklammert bleibt, zumal der Lagebericht nicht den Grenzen traditioneller Jahresabschlüsse unterliegt und neue Informationsperspektiven eröffnen soll.

Art und Umfang der erforderlichen Darstellungen werden zwar näher umschrieben, nicht aber durch punktgenaue Vorgaben präzisiert. Gefordert wird eine Analyse von Geschäftsverlauf und Lage der Gesellschaft, die umfassend und ausgewogen auf die relevanten Aspekte eingeht, dabei zugleich aber auch Größe und Komplexität der Geschäftstätigkeit des Unternehmens Rechnung trägt. Als notwendige Bestandteile dieser Analyse werden die für die Geschäftstätigkeit bedeutsamsten finanziellen Leistungsindikatoren herausgegriffen, zu denen nach der Begründung zum Regierungsentwurf beispielsweise Ergebnisentwicklung, Ergebniskomponenten, Liquidität und Kapitalausstattung zählen. Die zentralen Leistungsindikatoren sind im Rahmen der Analyse zu erläutern. Um Wiederholungen zu vermeiden, soll dabei auf wichtige im Jahresabschluss ausgewiesene Beträge und Angaben (Erläuterungen im Anhang etwa) Bezug genommen werden, so dass im Idealfall der Lagebericht darauf konzentriert werden kann, diese Kerninformationen des Jahresabschlusses zu hinterleuchten und zu kommentieren. Ob allerdings die zwar plausibel klingenden und gut gemeinten, letztlich aber wenig präzisen Vorgaben zu Leistungsindikatoren und zum Ineinandergreifen von Jahresabschluss und Lagebericht bei nur unter Schwierigkeiten sicherzustellender Eindeutigkeit der Bezüge eine nützliche Berichterstattung gewährleisten können, bleibt abzuwarten.

Auf Basis der ähnlichen bisherigen Regelungen zum Lagebericht in Satz 1 von Absatz 1 hat sich eine Gliederung der Berichterstattung über Entwicklungen und Ergebnisse in einzelnen Bereichen durchgesetzt, die für das Unternehmen wichtig sind. Zu diesen Bereichen zählen insbesondere, aber nicht ausschließlich *(Kropff, BFuP 1980, S 523 ff.; Reittinger, HdJ, Abt. IV/3 [2. Neubearbeitung 1994], Rn. 36 ff.; Lück, in Küting/Weber, 4. Aufl., § 289 Rn. 31 ff.):*

► gesamtwirtschaftliche und für die Branche wichtige *Rahmenbedingungen*, wie wirtschaftspolitische Maßnahmen, Währungskursentwicklungen oder Einführungen und Aufhebungen von Handelshemmnissen,

► Entwicklungen der *Gesamtsituation* des Unternehmens, wie Eintritt schwerer Verluste, eventuell aufgrund erkennbarer Verlustursachen, Schaffung neuer oder Stilllegung vorhandener Geschäftszweige, Erwerb wichtiger Beteiligungen oder wichtige Entwicklungen bei Unternehmen, an denen eine Beteiligung besteht, sowie Änderungen der Organisation,

► Entwicklungen im *Absatzbereich*, wie Auftragseingänge, Auftragsbestand, Tendenzen bei den Marktpreisen, Absatzmengen, Markt- und Exportanteile sowie eventuell besondere Risiken aus wichtigen Exporten in bestimmte Länder,

► Entwicklungen im *Beschaffungsbereich*, wie Preisentwicklung, Versorgungslage und Vorratspolitik, sofern diese für das Unternehmen von großer Bedeutung sind,

► Entwicklungen im *Produktionsbereich*, wie Änderungen des Umfangs und der Zusammensetzung der Produktion, Änderungen der Produktionsanlagen, -verfahren und Produktivitäten sowie Angaben zu Kapazitätsauslastungen oder zu eventueller Kurzarbeit,

► Entwicklungen im *Finanzbereich*, wie Kapitalveränderungen, Fremdfinanzierungsmaßnahmen, Kreditpolitik und Zinsbelastung,

► Entwicklungen der *rechtlichen Verhältnisse*, wie Abschluss oder Beendigung wichtiger Verträge, bedeutende Rechtsstreitigkeiten und weitreichende Änderungen der rechtlichen Organisation sowie

► Entwicklungen im *Personal- und Sozialwesen*, gekennzeichnet durch Fluktuation und Altersaufbau der Belegschaft, Zahl der Auszubildenden, Versorgung mit Facharbeitern oder wichtige Betriebsvereinbarungen z. B.

Eindeutigen Zukunftsbezug hat die Vorschrift in § 289 Abs. 1 Satz 4 HGB. Auf die *voraussichtliche Entwicklung* kann nur durch Prognosen eingegangen werden, die mangels anderer präziser Vorgaben nur die Erwartungen im Blick auf Erfolg, Liquidität und andere jeweils wichtige Größen des Unternehmens und der relevanten Umwelt (Entwicklung der Branche etwa) betreffen können. Die bislang vorherrschenden verbalen Darstellungen von Einschätzungen und Erwartungen werden verstärkt durch quantitative Angaben zu ergänzen sein. Dabei geht es aber nicht um detaillierte Planungsrechnungen für künftige Erfolge und Liquidität, sondern nur um konkretisierte Schätzungen für die zentralen Größen selbst. Dem Gebot, mit der künftigen Entwicklung auch deren wesentliche Chancen und Risiken aufzuzeigen, kommen Intervallprognosen in Zahlen oder verbalen Beschreibungen anders als Punktprognosen unmittelbar entgegen, so dass sie sich verstärkt anbieten. Obendrein sind sie leicht als Prognosen erkennbar, was Fehleinschätzungen ihres Inhalts vorbeugt. Im letzten Halbsatz der Vorschrift wird bestimmt, dass die den Prognosen zugrunde liegenden Annahmen anzugeben sind. Schon hier stellt sich allerdings die Frage der Vereinbarkeit einer solchen Forderung mit den legitimen Geheimhaltungsinteressen der Unternehmen, denn ein Teil dieser Annahmen erlaubt Einblicke in schutzwürdige Interna. Als von den Prognosen abzudeckender Zeitraum gelten überwiegend die zwei auf den Bilanzstichtag folgenden Jahre, was freilich abhängig speziell vom Gegenstand der Darstellung gegebenenfalls anzupassen ist.

Da in der realen Welt der sichere Blick in die Zukunft versperrt ist, macht es Sinn, Prognosen mit Informationen über deren *Chancen und Risiken* zu verbinden. Der bei Prognosen zweifellos gebotenen Vorsicht kann auf diese Weise durch eine intensivere Erläuterung der Risiken – vor allem eventueller bestandsgefährdender Risiken – Rechnung getragen werden, ohne dass die prognostizierten Werte einseitig pessimistisch gefärbt werden müssen und ohne mögliche negative Entwicklungen stärker in die Prognosen einfließen zu lassen als mögliche positive. Risiken als mögliche negative Abweichungen und Chancen als mögliche positive Abweichungen von einer mittleren Erwartung lassen sich durch Intervalle möglicher Werte und gegebenenfalls standardisierte Wahrscheinlichkeiten für die Abweichungen darstellen. Risiken können zudem konkreter als mögliche Ereignisse angesehen werden, deren Eintritt sich ungünstig auf den künftigen Erfolg, die Liquidität oder andere wichtige Größen auswirken kann oder sogar den Bestand des Unternehmens gefährdet. Mögliche Ereignisse mit günstigen Auswirkungen auf Erfolg und Liquidität in der Zukunft sind die entsprechenden Chancen. Ergänzung der voraussichtlichen Entwicklung um Informationen über Risiken und Chancen in diesem Sinne heißt dann, beschränkt natürlich auf wesentliche, insbesondere potenziell bestandsgefährdende Fälle die jeweilige Art des möglichen Ereignisses, den davon betroffenen Bereich, die negativ bzw. positiv beeinflusste Größe (Erfolg oder Liquidität etwa) und das voraussichtliche Ausmaß der Folgen verbal oder in Zahlen zu beschreiben. Die Einschätzung der Eintrittswahrscheinlichkeit kann die Erwartungen des Lesers aufgrund der Nennung der Art des Ereignisses ergänzen. Auf Basis der Interpretation der früheren Vorschrift unterliegen dieser Berichtspflicht wesentliche Risiken auch dann, wenn für sie Vorsorge durch Rückstellungen getroffen wurde. Nicht betroffen sind hingegen Risiken, die etwa per Versicherung auf Dritte übertragen wurden. Bei Absicherungen ist zu prüfen, ob die Situation durch Darstellung bereits des Restrisikos oder nur der Verbindung von Risiko und Absicherung transparent wird. Wesentliche Chancen und Risiken dürfen nicht aufgerechnet werden.

2. Zusatzangaben nach § 289 Abs. 2 HGB

Die Vorgabe des § 289 Abs. 2 HGB, im Lagebericht zusätzliche Angaben zu vier Sachgebieten zu machen, ist als Sollvorschrift formuliert. Dieses „Soll" darf nach herrschender Meinung allerdings nicht als Wahlrecht aufgefasst werden. Vielmehr verbirgt sich dahinter eine grundsätzliche Verpflichtung, die nur insoweit nicht gilt, als es zu dem jeweiligen Sachgebiet nichts oder nur etwas für die Beurteilung der Lage oder der künftigen Entwicklung Unwesentliches zu berichten gäbe. Die verbreitete Anerkennung des Rechts zur Wahrung von Geschäftsgeheimnissen spricht dafür, dass dieses Recht eine weitere Ausnahme von der Berichtspflicht begründen kann.

Im Rahmen der *„Vorgänge von besonderer Bedeutung, die nach dem Schluß des Geschäftsjahrs eingetreten sind"* (§ 289 Abs. 2 Nr. 1 HGB), werden inhaltlich die gleichen Sachverhalte angesprochen, die auch zur Darstellung von Geschäftsverlauf und Lage nach Abs. 1 dienen. Besonders ist nur, dass sie nicht im abgelaufenen Geschäftsjahr, sondern im Zeitraum zwischen Bilanzstichtag und Feststellung des Jahresabschlusses eingetreten sind. Dabei ist über alle für die Lagebeurteilung durch die Externen wichtigen Vorgänge zu berichten. Zwar wird bevorzugt an wichtige Vorgänge mit voraussichtlich negativen Folgen gedacht, die Verpflichtung gilt aber auch für solche mit bedeutsamen positiven Konsequenzen. Allerdings kann der Bericht auf Vorgänge von besonderer Bedeutung beschränkt bleiben.

Die Berichterstattung über *Risiken und Risikomanagement in Verbindung mit Finanzinstrumenten* setzt Art. 46 Abs. 2 f der 4. Richtlinie um. Aus Finanzinstrumenten, hinter denen sich – soweit nicht derivativ –

im Wesentlichen Forderungen, Verbindlichkeiten, Anleihen sowie (nicht Beteiligungsumfang erreichende) Eigenkapitalanteile und – soweit derivativ – vor allem Swaps, Futures, Forwards und Optionen verbergen, drohen diverse Risiken. Diese Risiken, die sich in Änderungen des Marktpreises, im Ausfall des Marktpartners, in Belastungen der Liquidität und/oder in unsicheren, etwa an die Größe des in London zwischen Banken vereinbarten Zinses gebundenen Zahlungen niederschlagen können, bilden den ersten Gegenstand der Berichtspflicht, soweit sie wesentlich sind. Im Rahmen des Risikomanagements steuern die Unternehmen solche Risiken. Ihre dabei verfolgten Ziele und eingesetzten Methoden müssen – soweit wesentlich – zusätzlich erläutert werden. Dabei werden ausdrücklich die Methoden zur Absicherung wichtiger Positionen eingeschlossen, die im Jahresabschluss nach den besonderen Verfahren zur Bilanzierung geschlossener Positionen (sog. Hedge Accounting) abgebildet werden.

Über *„den Bereich Forschung und Entwicklung"* (§ 289 Abs. 2 Nr. 3 HGB) müssen nur solche Unternehmen berichten, die selbst für eigene Zwecke Forschung oder Entwicklung betreiben, die von anderen für eigene Zwecke forschen oder entwickeln lassen oder die Forschung und Entwicklung unterlassen, obwohl man es von ihnen aufgrund ihrer Branche oder von Erfahrungen in der Vergangenheit erwarten würde. Der Umfang der Berichtspflicht wird trotz der Bedeutung von Forschung und Entwicklung für die künftige Wettbewerbsfähigkeit eher zurückhaltend bemessen. Es wird befürchtet, dass zu weitreichende Angaben speziell in diesem Bereich den Konkurrenten nützen und damit allen anderen am Unternehmen interessierten Gruppen schaden. Dementsprechend werden zwar mögliche Gegenstände der Berichtspflicht genannt – nämlich die Gesamtaufwendungen für Forschung und Entwicklung, die Zahl der Mitarbeiter in diesem Bereich, die grundsätzlichen Zielsetzungen, die verfügbaren Forschungs- und Entwicklungseinrichtungen, teilweise auch die Bereiche der Forschung, eine Aufgliederung der Aufwendungen auf diese Bereiche sowie Angaben über den Umfang erteilter Patente –, es klingt aber an, dass die Berichterstattung unterbleiben kann, wenn sie dem Unternehmen schaden würde. Ferner werden erneut *verbale Darstellungen* ohne genaue Zahlenangaben als grundsätzlich ausreichend angesehen.

Der Bericht über *„bestehende Zweigniederlassungen der Gesellschaft"* (§ 289 Abs. 2 Nr. 4 HGB) soll die Transparenz erhöhen, wenn inländische Kapitalgesellschaften i. w. S. in der Gestalt von in- oder ausländischen Zweigniederlassungen wirtschaftlich aktiv werden. Nach *ADS, 6. Aufl., § 289 HGB Tz. 121* zeichnen sich Zweigniederlassungen durch Dauerhaftigkeit, räumliche Absonderung, personelle und organisatorische Eigenständigkeit, Tätigkeit im Rahmen des Unternehmensgegenstands der Hauptniederlassung und durch die Möglichkeit zur selbständigen Teilnahme am Geschäftsverkehr aus. Rechtlich selbständig sind sie im Gegensatz zu Tochterunternehmen nicht. Hinsichtlich des Umfangs der Berichtspflicht gehen die Meinungen auseinander. Nach *ADS, 6. Aufl., § 289 HGB Tz. 123 und 126* reichen Angaben über den Standort, über wesentliche Änderungen bei Bestehen und Sitz der Niederlassung sowie über eventuell abweichende Firmierungen aus. *Ellrott, in Beck Bil-Komm., 5. Aufl., § 289 Anm. 44* dagegen verbindet mit dem Gebot zum „eingehen auf" die Notwendigkeit zur Beschreibung auch wichtiger wirtschaftlicher Eckdaten, wie Umsätze, Absatzprogramme, Mitarbeiterzahlen oder wesentliche Investitionsvorhaben beispielsweise.

3.   Umwelt- und Sozialbericht nach § 289 Abs. 3 HGB

Große Kapitalgesellschaften haben die Analyse von Geschäftsverlauf und Lage der Gesellschaft insoweit zu ergänzen, als zusätzlich zu den finanziellen auch nichtfinanzielle Leistungsindikatoren einzubeziehen sind. Da Jahresabschlüsse weit überwiegend auf monetäre Größen im Blick auf finanzielle Ziele abstellen, wird sich dieser Bereich der Analyse allerdings nur partiell auf Jahresabschlusszahlen stützen können und daher neben der Kommentierung auch spezifische Leistungsindikatoren beisteuern müssen.

Als mögliche nicht finanzielle Werte, die in diesem Zusammenhang relevant erscheinen, nennt die Vorschrift Umwelt- und Arbeitnehmerbelange. Anhand von Kenngrößen erläuternd einzugehen wäre dann etwa auf Wasser-, Energieverbrauch, Ökoeffizienz, Emissionen, Umweltschutzausgaben oder Anstrengungen um Nachhaltigkeit einerseits und Altersstruktur, Fluktuation, Ausbildung, Arbeitszeit oder Gesundheitsvorsorge andererseits. Als möglicher weiterer Aspekt kommt die Wertschöpfung in Betracht. Die Berichtspflicht geht allerdings nur so weit, wie sie für das Verständnis des Geschäftsverlaufs oder die Lage von Bedeutung ist, eine Entscheidung, die sich unter Berücksichtigung der durch die zusätzlichen Werte erweiterten Perspektiven nicht leicht wird fällen lassen.

Fragen:
1. In welcher Beziehung steht der Lagebericht zum Jahresabschluss?
2. Welche Grundsätze sind bei der Lageberichterstattung zu beachten?
3. Welche zeitlichen Dimensionen gibt es im Lagebericht?
4. Über welche Bereiche und Sachverhalte sollte im Lagebericht berichtet werden?
5. Wie beurteilen Sie die Aussagefähigkeit des Lageberichts?

Literaturhinweise:

Eingehende Erläuterungen zum Lagebericht finden sich in den Kommentierungen zu § 289 HGB.

Sehr detailliert wird der Lagebericht dargestellt von **Reittinger, Wolfgang:** Der Lagebericht, in: Handbuch des Jahresabschlusses in Einzeldarstellungen (HdJ), hrsg. von Klaus von Wysocki und Joachim Schulze-Osterloh, Abt. IV/3 (2. Neubearbeitung), Köln 1994; **Baetge, Jörg/Fischer, Thomas R./Paskert, Dieter:** Der Lagebericht – Aufstellung, Prüfung und Offenlegung, Stuttgart 1989.

Grundlagen zum Lagebericht werden entwickelt von **Kropff, Bruno:** Der Lagebericht nach geltendem und künftigem Recht, in: BFuP, 32. Jg., 1980, S. 514-532.

Die herrschende Meinung zum Lagebericht wird kritisch durchleuchtet von **Emmerich, Gerhard/Künnemann, Martin:** Zum Lagebericht der Kapitalgesellschaft, in: WPg, 39. Jg., 1986, S. 145-152.

LITERATURVERZEICHNIS

A

Adler, Hans/Düring, Walther/Schmaltz, Kurt: Rechnungslegung und Prüfung der Aktiengesellschaft, 4. Aufl., bearb. von: Kurt Schmaltz, Karl-Heinz Forster, Reinhard Goerdeler und Hans Havermann, Bd. 1, Rechnungslegung, Stuttgart 1968; Bd. 2, Prüfung/Feststellung/Rechtsbehelfe, Stuttgart 1971; Bd. 3, Rechnungslegung im Konzern, Stuttgart 1972.

Adler, Hans/Düring, Walther/Schmaltz, Kurt: Rechnungslegung und Prüfung der Unternehmen, 6. Aufl., bearb. von: Karl-Heinz Forster, Reinhard Goerdeler, Josef Lanfermann, Hans-Peter Müller, Günter Siepe und Klaus Stollberg, Stuttgart 1995.

Aktiengesetz Kommentar: s. Geßler/Hefermehl/Eckardt/Kropff.

Auer, Kurt V.: International harmonisierte Rechnungslegungsstandards aus der Sicht der Aktionäre. Vergleich von EG-Richtlinien, US-GAAP und IAS, Wiesbaden 1992.

B

Baetge, Jörg (Hrsg.): Der Jahresabschluß im Widerstreit der Interessen, Düsseldorf 1983.

Baetge, Jörg (Hrsg.): Das neue Bilanzrecht – Ein Kompromiss divergierender Interessen?, Düsseldorf 1985.

Baetge, Jörg: Die neuen Ansatz- und Bewertungsvorschriften, in: WPg, 40. Jg., 1987, S. 126-134.

Baetge, Jörg/Apelt, Bernd: Aktuelle Probleme des Publizitätsverhaltens von mittelständischen Gesellschaften mit beschränkter Haftung, in: nwb, Beilage 2/1990 zu Heft 13/1990.

Baetge, Jörg/Ballwieser, Wolfgang: Ansatz und Ausweis von Leasingobjekten in Handels- und Steuerbilanz, in: DBW, 38. Jg., 1978, S. 3-19.

Baetge, Jörg/Fischer, Thomas R./Paskert, Dirk: Der Lagebericht – Aufstellung, Prüfung und Offenlegung, Stuttgart 1989.

Baetge, Jörg/Kirsch, Hans-Jürgen: Grundsätze ordnungsmäßiger Buchführung, in: Küting, Karlheinz/Weber, Claus-Peter (Hrsg.): Handbuch der Rechnungslegung, Band Ia, 4. Aufl., Stuttgart 1995, S. 135-173.

Baetge, Jörg/Kirsch, Hans-Jürgen/Thiele, Stefan: Bilanzen, 6. Aufl., Düsseldorf 2002.

Baetge, Jörg/Moxter, Adolf/Schneider, Dieter (Hrsg.): Bilanzfragen, Festschrift zum 65. Geburtstag von Prof. Dr. Ulrich Leffson, Düsseldorf 1976.

Ballwieser, Wolfgang: Die Analyse von Jahresabschlüssen nach neuem Recht, in: WPg, 40. Jg., 1987, S. 57-68.

Bareis, Hans Peter: Latente Steuern in bilanzieller Sicht. Bemerkungen zu dem Beitrag von Hartung, BB 1985, S. 635, in: BB, 40. Jg., 1985, S. 1235-1238, mit Erwiderung von Hartung, S. 1239-1240 und Schlussbemerkung von Bareis, S. 1240-1241.

Barnea, Amir/Haugen, Robert A./Senbet, Lemma W.: Agency Problems and Financial Contracting, Englewood Cliffs 1985.

Barth, Kuno: Die Publizitäts- und Prüfungspflicht der GmbH & Co. KG, in: BB, 41. Jg., 1986, S. 2235-2239.

Baumann: s. Küting/Weber, Handbuch der Rechnungslegung.

Beck'scher Bilanz-Kommentar Handels- und Steuerrecht – §§ 238 bis 339 HGB –, hrsg. von Axel Berger, Helmut Ellrott, Gerhart Förschle und Burkhard Hense, 5. Aufl., München 2003.

Beck'sches Handbuch der Rechnungslegung: hrsg. von Edgar Castan, Hans-Joachim Böcking, Gerd Heymann, Norbert Pfitzer und Eberhard Scheffler, München 2004.

Beck'sches Steuerberater-Handbuch 1986: Deutsches wissenschaftliches Steuerinstitut der Steuerberater und Steuerbevollmächtigten e.V. (Hrsg.), München 1986.

Beisse, Heinrich: Handelsbilanzrecht in der Rechtsprechung des Bundesfinanzhofs, in: BB, 35. Jg., 1980, S. 637-646.

Berger/Fischer: s. Beck'scher Bilanz-Kommentar.

Berger/M. Ring: s. Beck'scher Bilanz-Kommentar.

Berger/Schramm/M. Ring: s. Beck'scher Bilanz-Kommentar.

BFH-Beschluß vom 3.2.1969 – GrS 2/68, BStBl. II 1969, S. 291 ff.

BFH-Urteil vom 24.3.1976 – IR 139/73, BStBl. II 1976, S. 450-452.

BFH-Beschluß vom 4.7.1990 – GrS 1/89, BB, 45. Jg., 1990, S. 1886-1890.

BHG-Urteil vom 11.7.1966 – II ZR 134/65.

Bieg, Hartmut: Ermessensentscheidungen beim Handelsbilanzausweis von „Finanzanlagen" und „Wertpapieren des Umlaufvermögens" – auch nach neuem Bilanzrecht?, in: DB, 38. Jg., Beilage 24 zu Heft 41, 1985.

Biener, Herbert: Auswirkungen der Vierten Richtlinie der EG auf den Informationsgehalt der Rechnungslegung deutscher Unternehmen, in: BFuP, 31. Jg., 1979, S. 1-16.

Biener, Herbert: AG – KGaA – GmbH – Konzerne, Rechnungslegung, Prüfung und Publizität nach den Richtlinien der EG, Köln 1979.

Biener, Herbert: Die Auswirkungen des Regierungsentwurfs eines Bilanzrichtlinien-Gesetzes auf GmbH und GmbH & Co, in: GmbHR, 74. Jg., 1983, S. 253-259.

Biener, Herbert/Berneke, Wilhelm: Bilanzrichtlinien-Gesetz, Düsseldorf 1986.

Bierich, Marcus/Busse von Colbe, Walther/Laßmann, Gert/Lutter, Marcus (Hrsg.): Rechnungslegung nach neuem Recht, ZfbF-Sonderheft 10/1980, Wiesbaden 1980.

Bohl, Werner: Der Jahresabschluß nach neuem Recht, in: WPg, 39. Jg., 1986, S. 29-36.

Bolin, Manfred/Haeger, Bernd/Zündorf, Horst: Einzelaspekte des künftigen Bilanzrechts, in: DB, 38. Jg., 1985, S. 605-611.

Bonner Handbuch Rechnungslegung: hrsg. von Max A. Hofbauer, Werner Albrecht, Wolfgang Grewe, Peter Kupsch und Gerhard Scherrer, Bonn 1986.

Borchert: s. Küting/Weber, Handbuch der Rechnungslegung.

Bordewin, Arno: Bilanz- und Gewinn- und Verlustrechnung nach neuem Recht – Das neue Dritte Buch des HGB und seine Bedeutung für die steuerliche Gewinnermittlung, in: DStZ, 74. Jg., 1986, S. 79-91.

Bordewin, Arno: Steuervergünstigungen, Zuschreibungen und Teilwertabschreibungen in Handels- und Steuerbilanz. Zum neuen § 6 Abs. 3 EStG, in: FR, 41. (68.) Jg., 1986, S. 281-286.

Bundesminister der Finanzen: Schreiben vom 19.4.1971, Ertragsteuerliche Behandlung von Leasing-Verträgen über bewegliche Wirtschaftsgüter, in: BStBl., Teil I, 1971, S. 264-266.

Bundesminister der Finanzen: Schreiben vom 21.3.1972, Ertragsteuerliche Behandlung von Finan-zierungs-Leasing-Verträgen über unbewegliche Wirtschaftsgüter, in: BStBl., Teil 1, 1972, S. 188-189.

Bundesminister der Finanzen: Schreiben vom 22.12.1975, Steuerrechtliche Zurechnung des Leasing-Gegenstandes beim Leasing-Geber, in: BB, 31. Jg., 1976, S. 72-73.

Bundesminister der Finanzen: Schreiben vom 23.12.1991, Ertragsteuerliche Behandlung von Teil-amortisations-Leasing-Verträgen über unbewegliche Wirtschaftsgüter, in: BStBl., Teil 1, 1992, S. 13-15.

Bundesministerium der Justiz und Bundesministerium der Finanzen: Bundesregierung stärkt Anlegerschutz und Unternehmensintegrität, http://www.bmj.bund.de/ger/service/presse-mitteilungen/10000668/index_fs.html

Bundesrats-Drucksache 257/83: Gesetzentwurf der Bundesregierung. Entwurf eines Gesetzes zur Durchführung der Vierten Richtlinie des Rates der Europäischen Gemeinschaften zur Koordinie-rung des Gesellschaftsrechts (Bilanzrichtlinie-Gesetz) mit Begründung vom 3.6.1983.

Bundestags-Drucksache 10/4268: Beschlußempfehlung und Bericht des Rechtsausschusses (6. Ausschuß) zu dem von der Bundesregierung eingebrachten Entwurf eines Gesetzes zur Durch-führung der Vierten Richtlinie des Rates der Europäischen Gemeinschaften zur Koordinierung des Gesellschaftsrechts (Bilanzrichtlinie-Gesetz) – Drucksache 10/317 – Entwurf eines Gesetzes zur Durchführung der Siebenten und Achten Richtlinie des Rates der Europäischen Gemeinschaf-ten zur Koordinierung des Gesellschaftsrechts – Drucksache 10/3440 – mit Begründung vom 18.11.1985.

Burkel, Peter: Zur Problematik der Lagerinventur mittels Stichprobenverfahren, in: BB, 42. Jg., 1987, S. 29-34.

Busse von Colbe, Walther: Die neuen Rechnungslegungsvorschriften aus betriebswirtschaftlicher Sicht, in: WPg, 40. Jg., 1987, S. 117-126.

Busse von Colbe, Walther/Chmielewicz, Klaus: Das neue Bilanzrichtlinien-Gesetz, in DBW, 46. Jg., 1986, S. 289-347.

C

Cairns, David: IAS lite is alive and well, in: Accountancy May 2001, S. 98 f.

Castan, Edgar: Rechnungslegung der Unternehmung, 3. Aufl., München 1990.

Castan, Edgar u. a.: s. Beck'sches Handbuch der Rechnungslegung.

Clemm, Hermann: Zur Nichtpassivierung entstandener Verbindlichkeiten wegen nachträglicher wirtschaftlicher Verursachung (Realisation) oder: Wie dynamisch ist die Bilanz im Rechtssinne?, in: Bilanzrecht und Kapitalmarkt, Festschrift für Adolf Moxter, hrsg. von W. Ballwieser, H.-J. Böcking, J. Drukarczyk und R. H. Schmidt, Düsseldorf 1994, S. 167-193.

Clemm, Hermann/Reittinger, Wolfgang: Die Prüfung des Lageberichts im Rahmen der jährlichen Abschlußprüfung von Kapitalgesellschaften, in: BFuP, 32. Jg., 1980, S. 493-513.

Coenenberg, Adolf G.: Gliederungs-, Bilanzierungs- und Bewertungsentscheidungen bei der Anpassung des Einzelabschlusses nach dem Bilanzrichtlinien-Gesetz, in: DB, 39., Jg., 1986, S. 1581-1589.

Coenenberg, Adolf G., unter Mitarbeit von **Rudolf Gingele, Axel Haller, Andreas Mayer** und **Peter Ströhlein**: Die Einzelbilanz nach neuem Handelsrecht, hrsg. von der Industriekreditbank AG, Düsseldorf 1986.

Coenenberg, Adolf G., unter Mitarbeit von **Manuel Alvarez, Johannes Biberacher, Christian Fink, Andreas Joest, Kalina Keller, Martin A. Meyer, Wolfgang Schultze:** Jahresabschluß und Jahresabschlußanalyse, Betriebswirtschaftliche, handelsrechtliche, steuerrechtliche und internationale Grundsätze – HGB, IAS/IFRS, US-GAAP, DRS, 19. Aufl., Stuttgart 2003.

Coenenberg, Adolf G./Hille, Klaus: Latente Steuern in Einzel- und Konzernabschluß, in: DBW, 39. Jg., 1979, S. 601-621.

Coenenberg, Adolf G./Hille, Klaus: Latente Steuern, in: Handbuch des Jahresabschlusses (HdJ) in Einzeldarstellungen, hrsg. von Klaus von Wysocki und Joachim Schulze-Osterloh, Abt. I/13 (2. Neubearbeitung 1994), Köln 1987.

Commandeur: s. Küting/Weber, Handbuch der Rechnungslegung.

D

Deutsche Treuhand-Gesellschaft: Einführung in das Bilanzrichtlinien-Gesetz, Berlin/Frankfurt am Main 1986.

Döllerer, Georg: Die Maßgeblichkeit der Handelsbilanz für die Steuerbilanz, in: BB, 24. Jg., 1969, S. 501-507.

Dörner, Dietrich: Wann und für wen empfiehlt sich das Umsatzkostenverfahren, in: ZfbF, 39. Jg., 1987, S. 228-235.

E

Egner, Henning: Bilanzen, Ein Lehrbuch zur Bilanztheorie, München 1974.

Eisele, Wolfgang: Der Jahresabschluß nach dem Bilanzrichtlinien-Gesetz. Strukturmerkmale im Vergleich zur 4. EG-Richtlinie und zum bisher geltenden Recht, in: BB, 41. Jg., 1986, S. 493-499.

Ellrott: s. Beck'scher Bilanz-Kommentar.

Ellrott/Rhiel: s. Beck'scher Bilanz-Kommentar.

Ellrott/M. Ring: s. Beck'scher Bilanz-Kommentar.

Ellrott/St. Ring: s. Beck'scher Bilanz-Kommentar.

Ellrott/Schmidt-Wendt: s. Beck'scher Bilanz-Kommentar.

Emmerich, Gerhard: Fragen der Gestaltung des Jahresabschlusses nach neuem Recht, in: WPg, 39. Jg., 1986, S. 698-709.

Emmerich, Gerhard/Künnemann, Martin: Zum Lagebericht der Kapitalgesellschaft, in: WPg, 39. Jg., 1986, S. 145-152.

Ernst, Christoph: EU-Verordnungsentwurf zur Anwendung von IAS: Europäisches Bilanzrecht vor weitreichenden Änderungen, in: BB, 56. Jg., 2001, S. 823-825.

Ernst, Christoph: BB-Gesetzgebungsreport: Auswirkungen des 10-Punkte-Programms „Unternehmensintegrität und Anlegerschutz" auf das Bilanzrecht, in: BB, 58. Jg., 2003, S 1487-1491.

Europäisches Parlament und Europäischer Rat: Richtlinie 2001/65/EG vom 27.9.2001 zur Änderung der Richtlinien 78/660/EWG, 83/349/EWG und 86/635/EWG des Rates im Hinblick auf die im Jahresabschluss bzw. im konsolidierten Abschluss von Gesellschaften bestimmter Rechtsformen und von Banken und anderen Finanzinstituten zulässigen Wertansätze, in: Amtsblatt der Europäischen Gemeinschaften L 283 vom 27.10.2001, S. 28-32.

Europäisches Parlament und Europäischer Rat: Verordnung (EG)Nr. 1606/2002 vom 19.7.2002 betreffend die Anwendung internationaler Rechnungslegungsstandards, in: Amtsblatt der Europäischen Gemeinschaften L 243 vom 11.9.2002, S. 1-4.

Europäisches Parlament und Europäischer Rat: Richtlinie 2003/51/EG vom 18.6.2003 zur Änderung der Richtlinien 78/660/EWG, 83/349/EWG, 86/635/EWG und 91/674/EWG über den Jahresabschluss und den konsolidierten Abschluss von Gesellschaften bestimmter Rechtsformen, von Banken und anderen Finanzinstituten sowie von Versicherungsunternehmen, in: Amtsblatt der Europäischen Gemeinschaften L 178 vom 17.7.2003, S. 16-22.

Europäischer Rat: Richtlinie 2003/38/EG vom 13.5.2003 zur Änderung der Richtlinie 78/660/EWG über den Jahresabschluss von Gesellschaften bestimmter Rechtsformen hinsichtlich der in Euro ausgedrückten Beträge, in: Amtsblatt der Europäischen Gemeinschaften L 120 vom 15.5.2003, S. 22-23.

Ewert, Ralf: Rechnungslegung, Gläubigerschutz und Agency-Probleme, Wiesbaden 1986.

F

Faller, Eberhard: Der Grundsatz der Einzelbewertung und die Notwendigkeit zu seiner Durchbrechung unter Berücksichtigung des Bilanzrichtlinien-Gesetzentwurfs, in: BB, 40. Jg., 1985, S. 2017-2023.

Falterbaum, Hermann/Beckmann, Heinz: Buchführung und Bilanz, Grüne Reihe Steuerrecht für Studium und Praxis, Band 10, 15. Aufl., Bonn und Achim 1993.

Fandel, Günter/Dyckhoff, Harald/Müller, Hans-Herbert: Stichprobeninventur, in: DBW, 45. Jg., 1985, S. 278-291.

Federmann, Rudolf: Bilanzierung nach Handelsrecht und Steuerrecht, 11. Aufl., Berlin 2000.

Feldhoff, Michael: Die Regulierung der Rechnungslegung, Frankfurt am Main/Bern/ New York/Paris 1992.

Feldhoff, Michael/Langermeier, Claudia: Zur Aktivierbarkeit des Steuereffekts aus Verlustvortrag nach § 10d EStG, in: DStR, 29. Jg., 1991, S. 195-197.

Financial Accounting Standards Board (FASB): Original Pronouncements as of June 1, 2004, 3 Bände, New York u. a. 2004.

Förschle: s. Beck'scher Bilanz-Kommentar.

Förschle/Hoffmann: s. Beck'scher Bilanz-Kommentar.

Förschle/Kroner: s. Beck'scher Bilanz-Kommentar.

Förschle, Gerhart/Kropp, Manfred: Wechselwirkungen zwischen Handels- und Steuerbilanz beim Anlagevermögen nach dem Bilanzrichtlinien-Gesetz, in: WPg, 39. Jg., 1986, S. 152-161.

Forster, Karl-Heinz: Anhang, Lagebericht, Prüfung und Publizität im Regierungsentwurf eines Bilanzrichtlinie-Gesetzes (Teil I + II), in: DB, 35. Jg., 1982, S.1577-1582 u. 1631-1635.

Forster, Karl-Heinz: Bilanzpolitik und Bilanzrichtlinie-Gesetz – welche Freiräume bleiben noch?, in: BB, 38. Jg., 1983, S. 32-37.

Forster, Karl-Heinz: Bewertungsstetigkeit – was sie ist und was sie nicht ist, in: Der Wirtschaftsprüfer im Schnittpunkt nationaler und internationaler Entwicklungen, Festschrift für Klaus von Wysocki, hrsg. von Gerhard Gross, Düsseldorf 1985, S. 29-43.

Foster, George: Financial Statement Analysis, Englewood Cliffs 1978.

Friauf, Karl Heinrich: Die Publizitätspflicht für Gesellschaften mit beschränkter Haftung aus verfassungsrechtlicher Sicht, in: GmbHR, 76. Jg., 1985, S. 245-253.

G

GEFIU (Gesellschaft für Finanzwirtschaft in der Unternehmensführung e.V.); Arbeitskreis „Rechnungslegungsvorschriften in der EG-Kommission": Ausgewählte Probleme bei der Anwendung des Bilanzrichtlinien-Gesetzes, Bd. 1, Stuttgart 1986; Bd. 2, Stuttgart 1987.

Geßler, Ernst/Hefermehl, Wolfgang/Eckardt, Ulrich/Kropff, Bruno: Aktiengesetz, Kommentar, Bd. III, bearb. von Bruno Kropff, München 1973; 10. Lfg., bearb. von Johannes Semler, München 1986.

Glade, Anton: Die Gewinn- und Verlustrechnung nach dem Umsatzkostenverfahren – Grundsatzfragen und Probleme –, in: BFuP, 39. Jg., 1987, S. 16-32.

Glade, Anton: Praxishandbuch der Rechnungslegung und Prüfung: systematische Darstellung und Kommentar zum Bilanzrecht, 2. Aufl., Herne/Berlin 1995.

GmbH-Gesetz einschließlich Rechnungslegung zum Einzel- sowie zum Konzernabschluss, Kommentar von Joachim Meyer-Landrut, F. Georg Miller, Rudolf J. Niehus, unter Mitarbeit von Willi Scholz, Berlin/New York 1987.

Göllert, Kurt/Ringling, Wilfried: Bilanzrichtlinien-Gesetz, 2. Aufl., Heidelberg 1986.

Grewe, Wolfgang: Die Pflichtprüfung nach neuem Recht, in: WPg, 39. Jg., 1986, S. 85-92.

Groh, Gerhard: Das werdende Bilanzrecht in steuerlicher Sicht, in: DB, 38. Jg., 1985, S. 1849-1851.

Gross, Gerhard (Hrsg.): Der Wirtschaftsprüfer im Schnittpunkt nationaler und internationaler Entwicklungen, Festschrift zum 60. Geburtstag von Prof. Dr. Klaus v. Wysocki, Düsseldorf 1985.

Gross, Gerhard/Schruff, Lothar: Der Jahresabschluß nach neuem Recht, 2. Aufl., Düsseldorf 1986.

Große-Brauckmann, Hartmut: Deferred taxes – ein Vergleich der Vorschriften des § 274 HGB mit den geplanten Änderungen der amerikanischen Bilanzierungspraxis, in: BFuP, 39. Jg., 1987, S. 54-69.

H

Hafner, Ralf: Der Grundsatz der Bewertungsstetigkeit nach § 252 Abs. 1 Nr. 6 HGB, in: WPg, 38. Jg., 1985, S. 593-600.

Hafner, Ralf: Einige kritische Anmerkungen zur Steuerabgrenzung nach § 274 HGB, in: BFuP, 38. Jg., 1986, S. 373-384.

Haindl, Georg: Zur Vergleichbarmachung der Datenbasis zur finanzwirtschaftlichen Analyse der Bilanzen nach AktG 1965 und dem Bilanzrichtlinien-Gesetz, in: DB, 39. Jg., 1986, S. 1686-1691.

Handbuch der Rechnungslegung: s. Küting/Weber.

Handbuch des Jahresabschlusses (HdJ) in Einzeldarstellungen: hrsg. von Klaus von Wysocki und Joachim Schulze-Osterloh, Köln, ab 1984.

Handwörterbuch der Revision (HWRev): hrsg. von Adolf G. Coenenberg und Klaus von Wysocki, 2. Aufl., Stuttgart 1992.

Handwörterbuch unbestimmter Rechtsbegriffe: s. Leffson/Rückle/Großfeld.

Harms, Jens E./Küting, Karlheinz/Weber, Claus-Peter: Die Wertaufholungskonzeption des neuen Bilanzrechts, in: DB, 39. Jg., 1986, S. 653-661.

Hartmann-Wendels, Thomas: Agency Theorie, in: Handwörterbuch der Organisation, hrsg. von E. Frese, 3. Aufl., Stuttgart 1992, Sp. 72-79.

Hauptfachausschuss: s. HFA.

Havermann, Hans: Ansatzvorschriften für Kapitalgesellschaften, in: BFuP, 38. Jg., 1986, S. 114-128.

Helmrich, Herbert: Umsetzung der Bilanz- und Konzernbilanzrichtlinie in das deutsche Recht, in: WPg, 37. Jg., 1984, S. 625-629.

Hense/Geißler: s. Beck'scher Bilanz-Kommentar.

Hense/Lawall: s. Beck'scher Bilanz-Kommentar.

Hense/Schellhorn: s. Beck'scher Bilanz-Kommentar.

Herrmann/Heuer/Raupach: Einkommensteuer- und Körperschaftsteuergesetz mit Nebengesetzen, Kommentar, hrsg. von Arndt Raupach und Carl Herrmann, 19. Aufl., Köln 1982.

Herzig, Norbert: Maßgeblichkeitsgrundsatz (Verhältnis Handels-/Steuerbilanz), in: Küting, Karlheinz/ Weber, Claus-Peter (Hrsg.): Handbuch der Rechnungslegung, Band Ia, 4. Aufl., Stuttgart 1995, S. 109-134.

Heubeck, Klaus: Betriebliche Versorgungsverpflichtungen nach dem neuen Bilanzrecht (Teil I + II), in: WPg, 39. Jg., 1986, S. 317-328 u. 356-364.

Heubeck, Klaus: Die Prüfung von Pensionsrückstellungen, Düsseldorf 1987.

Heuser, Paul J.: Die neue Bilanz der GmbH, ihre Prüfung und Publizität, 3. Aufl., Köln 1986.

HFA (1/1978): Die Kapitalflußrechnung als Ergänzung des Jahresabschlusses, Stellungnahme 1/1978 i. d. F. 1990, in: Die Fachgutachten und Stellungnahmen des Instituts der Wirtschaftsprüfer auf dem Gebiet der Rechnungslegung und Prüfung, Düsseldorf 1994.

HFA (1/1981): Stichprobenverfahren für die Vorratsinventur zum Jahresabschluß, Stellungnahme 1/1981, i. d. F. 1990, in: WPg, 43. Jg., 1990, S. 649-657.

HFA (1/1984): Bilanzierungsfragen bei Zuwendungen, dargestellt am Beispiel finanzieller Zuwendungen der öffentlichen Hand, Stellungnahme 1/1984, in: WPg, 37. Jg., 1984, S. 612-615.

HFA (2/1988): Pensionsverpflichtungen im Jahresabschluß, Stellungnahme 2/1988, in: WPg, 41. Jg., 1988, S. 403-405.

HFA (1/1989): Zur Bilanzierung beim Leasinggeber, Stellungnahme 1/1989, in: WPg, 42. Jg., 1989, S. 625-626.

HFA (1/1990): Zur körperlichen Bestandsaufnahme im Rahmen von Inventurverfahren, Stellungnahme 1/1990, in: WPg, 43. Jg., 1990, S. 143-149.

HFA (1/1991): Zur Bilanzierung von Anteilen an Personenhandelsgesellschaften im Jahresabschluß der Kapitalgesellschaft, Stellungnahme 1/1991, in: WPg, 44. Jg., 1991, S. 334 f.

Hoffmann, Wolf-Dieter: Einführung in die Brutto-Entwicklung des Anlagevermögens nach dem Bilanzrichtlinien-Gesetz, in: BB, 41. Jg., 1986, S. 1398-1404.

I

IDW: Bankenfachausschuß, Bewertung von Sortenbeständen, Stellungnahme 2/1960, in: WPg, 13. Jg., 1960, S. 141.

IDW (Hrsg.): Wirtschaftsprüfer-Handbuch 2000, 12. Aufl., Bd. I, Düsseldorf 2000.

IDW (Hrsg.): Unternehmensfinanzierung heute – Eine Herausforderung für Unternehmer und Berater – Bericht über die Fachtagung 1985 des IDW, Düsseldorf 1985.

IDW (Hrsg.): Übergang auf das neue Bilanzrecht, Bericht über die Fachtagung 1986 des IDW, Düsseldorf 1986.

IDW, Hauptfachausschuss: s. HFA.

IDW: s. Sonderausschuß Bilanzrichtlinien-Gesetz.

International Accounting Standards Board: International Financial Reporting Standards, London 2006.

Isele: s. Küting/Weber, Handbuch der Rechnungslegung.

J

Janz, Reinhard/Schülen, Werner: Der Anhang als Teil des Jahresabschlusses und des Konzernabschlusses, in: WPg, 39. Jg., 1986, S. 57-65.

Jensen, Michael C./Meckling, William H.: Theory of the Firm: Managerial Behavior, Agency Costs and Ownership Structure, in: Journal of Financial Economics, Vol. 3, 1976, S. 305-360.

Jonas, Heinrich H.: Die EG-Bilanzrichtlinie, Grundlagen und Anwendung in der Praxis, Freiburg im Breisgau 1980.

Jonas, Heinrich H.: Die in der aktienrechtlichen Handelsbilanz zulässige Rückstellung für ungewisse Verbindlichkeiten (Teil I + II), in: DB, 39. Jg., 1986, S. 337-346 u. 389-393.

Jonas, Heinrich H.: Die in der aktienrechtlichen Handelsbilanz zulässige Rückstellung für drohende Verluste aus schwebenden Geschäften, in: DB, 39. Jg., 1986, S. 1733-1737.

Jung, Willi: Die Konzeption des neuen Rechts einschließlich der Grundzüge der Pflichten zur Offenlegung und Prüfung, in: BFuP, 38. Jg., 1986, S. 93-113.

K

Kessler: s. Küting/Weber, Handbuch der Rechnungslegung.

Kieschke, Hans-Ulrich: Anmerkungen zu aktuellen Fragen des Bilanzsteuerrechts aus der Sicht der Verwaltung, in: WPg, 39. Jg., 1986, S. 692-698.

Kleber, Herbert: Amerikanische Rechnungslegungsgrundsätze: Vorbild für Europa?, in: BFuP, 45. Jg., 1993, S. 380-399.

Knop, Wolfgang/Küting, Karlheinz/Weber, Claus-Peter: Die Bestimmung der Wertuntergrenze der Herstellungskosten nach dem Entwurf eines Bilanzrichtlinien-Gesetzes, in: DB, 38. Jg., 1985, S. 2517-2523.

Knop/Küting: s. Küting/Weber, Handbuch der Rechnungslegung.

Köhle, D./Sturm, S.: Methode der geschichteten Stichproben-Inventur, in: WPg, 33. Jg., 1980, S. 126-136.

Kommission der Europäischen Gemeinschaften: Harmonisierung auf dem Gebiet der Rechnungs-legung: Eine neue Strategie im Hinblick auf die internationale Harmonisierung, KOM (95) 508 endg. vom 14.11.1995.

Kommission Rechnungswesen im Verband der Hochschullehrer für Betriebswirtschaft e. V.: Reform-vorschläge zur handelsrechtlichen Rechnungslegung, in: DBW, 39. Jg., 1979, S. 1-70.

Kropff, Bruno: Der Lagebericht nach geltendem und künftigem Recht, in: BFuP, 32. Jg., 1980, S. 514-532.

Kropff: s. Geßler/Hefermehl/Eckhardt/Kropff.

Kudert, Stephan/Sorg, Peter: Bilanzrecht leicht gemacht, Berlin 2003.

Kupsch, Peter: Der Anhang, in: Handbuch des Jahresabschlusses (HdJ) in Einzeldarstellungen, hrsg. von Klaus von Wysocki und Joachim Schulze-Osterloh, Abt. IV/4, 2. Bearbeitung, Köln 1998.

Kupsch: s. Bonner Handbuch Rechnungslegung.

Küting, Karlheinz/Haeger, Bernd/Zündorf, Horst: Die Erstellung des Anlagengitters nach künftigem Bilanzrecht, in: BB, 40. Jg., 1985, S. 1948-1957.

Küting, Karlheinz/Weber, Claus-Peter, unter Mitarbeit von **Bernd Haeger und Horst Zündorf.** Der Übergang auf die neue Rechnungslegung – Fallstudie zur Umstellung auf das künftige Bilanz-recht –, 3. Aufl., Stuttgart 1986.

Küting, Karlheinz/Weber, Claus-Peter (Hrsg.): Handbuch der Rechnungslegung, Band Ia, 4. Aufl., Stuttgart 1995.

Küting/Zündorf: s. Küting/Weber, Handbuch der Rechnungslegung.

Kugel, Birgit/Müller, Ursula: Die Bilanzierung latenter Steuern nach § 274 HGB, in: WPg, 39. Jg., 1986, S. 210-217.

L

Lachnit, Laurenz: Externe Erfolgsanalyse auf der Grundlage der GuV nach dem Gesamtkostenverfah-ren, in: BFuP, 39. Jg., 1987, S. 33-53.

Lachnit: s. Bonner Handbuch Rechnungslegung.

Leffson, Ulrich: Der Ausbau der unternehmerischen Rechenschaft durch vollständigen Kapitaldisposi-tionsnachweis, in: NB, 21. Jg., 1968, S. 1-17.

Leffson, Ulrich: Bedeutung und Ermittlung der Grundsätze ordnungsmäßiger Buchführung, in: Hand-buch des Jahresabschlusses (HdJ) in Einzeldarstellungen, hrsg. von Klaus von Wysocki und Joachim Schulze-Osterloh, Abt. I/2, Köln 1984.

Leffson, Ulrich: Der Ausweis des Außerordentlichen nach dem HGB, in: WPg, 39. Jg., 1986, S. 433-436.

Leffson, Ulrich: Die Grundsätze ordnungsmäßiger Buchführung, 7. Aufl., Düsseldorf 1987.

Leffson, Ulrich/Rückle, Dieter/Großfeld, Bernhard (Hrsg.): Handwörterbuch unbestimmter Rechtsbegriffe im Bilanzrecht des HGB, Köln 1986.

Leffson, Ulrich: Festschrift: s. Baetge/Moxter/Schneider.

Lück, Wolfgang: Offenlegungspflichten für die „kleinen" GmbH nach dem Bilanzrichtlinien-Gesetz, in: GmbHR, 78. Jg., 1987, S. 42-50.

Lück: s. Küting/Weber, Handbuch der Rechnungslegung.

Lück, Wolfgang, unter Mitarbeit von Norbert Schönbrunn: Rechnungslegung nach Handels- und Steuerrecht, Bilanzrichtlinien-Gesetz, 4. Aufl., Bonn 1990.

Lutz, Günter: Der Gegenstand der Aktivierung und seine Zurechnung im Handels- und Steuerrecht, in: Handbuch des Jahresabschlusses (HdJ) in Einzeldarstellungen, hrsg. von Klaus von Wysocki und Joachim Schulze-Osterloh, Abt. I/4, Köln 1998.

M

Marx, Petra/Delp, Udo A.: Einbeziehung der GmbH. & Co. KG in die Publizitäts- und Prüfungspflicht nach neuem Recht?, in : DB, 39. Jg., 1986, S. 289-290.

Matschke: s. Bonner Handbuch Rechnungslegung.

Maul, Karl-Heinz: Der Lagebericht nach der 4. EG-Richtlinie und dem Entwurf des Bilanzrichtlinie-Gesetzes, in: WPg, 37. Jg., 1984, S. 187-193.

Maul, Karl-Heinz: Aufwandsrückstellungen im neuen Bilanzrecht, in: BB, 41. Jg., 1986, S. 631-635.

Maul, Karl-Heinz/Karsten, Jürgen: Immaterielle Vermögensgegenstände, in: Handwörterbuch der Revision, hrsg. von Adolf G. Coenenberg und Klaus von Wysocki, 2. Aufl., Stuttgart 1992, Sp. 835-846.

Meilicke, Wienand: Gestaltungen zur Verminderung der Publizität, in: DB, 39. Jg., 1986, S. 2445-2450.

Meyer-Landrut, Joachim u. a.: s. GmbH-Gesetz.

Müller, Eberhard: Die latenten Steuern im Jahresabschluß, in: ZfbF, 39. Jg., 1987, S. 260-265.

Moxter, Adolf: Ist bei drohendem Unternehmenszusammenbruch das bilanzrechtliche Prinzip der Unternehmensfortführung aufzugeben?, in: WPg, 33. Jg.,1980, S. 345-351.

Moxter, Adolf: Betriebswirtschaftliche Gewinnermittlung, Tübingen 1982.

Moxter, Adolf: Wirtschaftliche Gewinnermittlung und Bilanzsteuerrecht, in: StuW, 60. (13.) Jg., 1983, S. 300-307.

Moxter, Adolf: Bilanzlehre, 3. Aufl., Bd. I: Einführung in die Bilanztheorie, Wiesbaden 1984; Bd. II: Einführung in das neue Bilanzrecht, Wiesbaden 1986.

Moxter, Adolf: Rückstellungen für ungewisse Verbindlichkeiten, Prüfung der, in: Handwörterbuch der Revision, hrsg. von Adolf G. Coenenberg und Klaus von Wysocki, 2. Aufl., Stuttgart 1992, Sp. 1719-1732.

Moxter, Adolf: Bilanzrechtsprechung, 5. Aufl., Tübingen 1999.

Muscheid, Gerhard: Übergangsvorschriften des Bilanzrichtlinien-Gesetzes für den Einzelabschluß, in: BB, 41. Jg., 1986, S. 355-362.

N

Niehus, Rudolf J.: Entwicklungstendenzen in der Rechnungslegung, in: WPg, 39. Jg., 1986, S. 117-123.

Niehus, Rudolf J.: Zur Harmonisierung der Rechnungslegung in der EG, in: ZfbF, 39. Jg., 1987, S. 266-273.

O

OLG Köln, Beschluss vom 8. 3. 1991 – 2 Wx 1/91.

Ordelheide, Dieter/Hartle, Joachim: Rechnungslegung und Gewinnermittlung von Kapitalgesellschaften nach dem Bilanzrichtlinien-Gesetz (Teil I + II), in: GmbHR, 77. Jg., 1986, S. 9-19 u. 38-42.

P

Peat Marwick: Bilanzrichtlinien-Gesetz, 2. Aufl., München 1987.

R

Reitinger, Wolfgang: Der Lagebericht, in: Handbuch des Jahresabschlusses (HdJ) in Einzeldarstellungen, hrsg. von Klaus von Wysocki und Joachim Schulze-Osterloh, Abt. IV/3 (2. Neubearbeitung), Köln 1994.

Richter, Gerd: Form und Inhalt des versicherungsmathematischen Gutachtens für Pensionsrückstellungen, in: BB, 40. Jg., 1985, S. 1636-1640.

Richtlinie des Rates der Europäischen Gemeinschaften vom 8. November 1990 zur Änderung der Richtlinien 78/660/EWG und 83/349/EWG über den Jahresabschluß bzw. den konsolidierten Abschluß hinsichtlich ihres Anwendungsbereichs (90/605/ EWG) – sogenannte GmbH&Co-Richtlinie –, in: Amtsblatt der Europäischen Gemeinschaften vom 16.11.1990, Nr. L 317/60 – Nr. L 317/62.

Rosenbach, Georg: Bewertungs- und Gliederungsvorschriften für Kapitalgesellschaften, in: BFuP, 38. Jg., 1986, S. 129-144.

Russ, Wolfgang: Der Anhang als dritter Teil des Jahresabschlusses, 2. Aufl., Bergisch Gladbach/Köln 1986.

S

Sahner, Friedhelm/Kammers, Heinz: Der Lagebericht – Gegenwart und Zukunft, in: DB, 37. Jg., 1984, S. 2309-2316.

Schildbach, Thomas: Jahresabschluß und Markt, Berlin/Heidelberg/New York/ London/Paris/Tokyo 1986.

Schildbach, Thomas: Die neue Generalklausel für den Jahresabschluß von Kapitalgesellschaften – zur Interpretation des Paragraphen 264 Abs. 2 HGB, in: BFuP, 39. Jg., 1987, S. 1-15.

Schildbach, Thomas: Ingangsetzungsaufwendungen und latente Steuern, in: DB, 41. Jg., 1988, S. 57-61.

Schildbach, Thomas: Maßgeblichkeit – Rechtslage und Perspektiven, in: BB, 44. Jg., 1989, S. 1443-1453.

Schildbach, Thomas: Prinzipienorientierung – wirksamer Schutz gegen Enronitis?, in: BFuP, 55. Jg., 2003, S. 247-266.

Schildbach, Thomas/Stobbe, Thomas: Maßgeblichkeitsausprägungen nach Handels- und Steuerrecht, in: WISU, 18. Jg., 1989, Studienblatt zu Heft 10/89.

Schmalenbach, Eugen: Dynamische Bilanz, 4. Aufl., Leipzig 1926.

Schneeloch, Dieter: Probleme der Steuerabgrenzung im Einzelabschluß, in: WPg, 39. Jg., 1986, S. 517-528.

Schneider, Dieter: Vermögensgegenstände und Schulden, in: Handwörterbuch unbestimmter Rechtsbegriffe, hrsg. von Ulrich Leffson, Dieter Rückle und Bernhard Großfeld, Köln 1986, S. 335-345.

Schneider, Dieter: Allgemeine Betriebswirtschaftslehre, 3. Aufl., München/Wien 1987.

Schülen, Werner: Die Pensionsrückstellungen, in: Handbuch des Jahresabschlusses (HdJ) in Einzeldarstellungen, hrsg. von Klaus von Wysocki und Joachim Schulze-Osterloh, Abt. III/7, 3. Bearbeitung, Köln 1997.

Schülen, Werner: Die Aufstellung des Anhangs, in: ZfbF, 39. Jg., 1987, S. 246-259.

Schulte, Karl-Werner: Inhalt und Gliederung des Anhangs, in: BB, 41. Jg., 1986, S. 1468-1480.

Schulze zur Wiesch, Dietrich W.: Stille Reserven im Jahresabschluß der Einzelkaufleute und Personenhandelsgesellschaften, in: ZfbF, 39. Jg., 1987, S. 219-227.

Seeliger, Gerhard: Der Begriff des wirtschaftlichen Eigentums im Steuerrecht, Stuttgart 1962.

Seibert, Ulrich: Das 10-Punkte-Programm „Unternehmensintegrität und Anlegerschutz", in: BB, 58. Jg., 2003, S. 693-698.

Selchert, Friedrich W.: Bewertungsstetigkeit nach dem Bilanzrichtlinie-Gesetz, in: DB, 37. Jg., 1984, S. 1889-1894.

Selchert, Friedrich W.: Herstellungskosten im Umsatzkostenverfahren, in: DB, 39. Jg., 1986, S. 2397-2400.

Selchert, Friedrich W.: Probleme der Unter- und Obergrenze von Herstellungskosten, in: BB, 41. Jg., 1986, S. 2298-2306.

Selchert, Friedrich W./Karsten, Jürgen: Inhalt und Gliederung des Anhangs – Ein Gestaltungsvorschlag, in: BB, 40. Jg., 1985, S. 1889-1894.

Semler: s. Geßler/Hefermehl/Eckhardt/Kropff.

Sieben, Günter/Schildbach, Thomas: Betriebswirtschaftliche Entscheidungstheorie, 4. Aufl., Düsseldorf 1994.

Siegel, Theodor: Zur Bilanzierung latenter Steuern nach § 274 HGB, in: DStR, 24. Jg., 1986, S. 587-594.

Siegel, Theodor: Echte Aufwandsrückstellungen und der Wandel des Gesellschaftsschutzes im neuen Bilanzrecht, in: BB, 41. Jg., 1986, S. 841-844.

Siegel, Theodor: Allgemeine Bewertungsgrundsätze (B 161), Besondere Bewertungsgrundsätze für das Anlagevermögen, das Umlaufvermögen und die Verbindlichkeiten (B 165), Bewertungswahlrechte und Möglichkeiten der Abweichung von den Bewertungsgrundsätzen (B 167) und Wertaufholung (Zuschreibung) (B 169), in: Beck'sches Handbuch der Rechnungslegung, hrsg. von Edgar Castan, Gerd Heymann, Eberhard Müller, Dieter Ordelheide und Eberhard Scheffler, München 1989.

Sonderausschuß Bilanzrichtlinien-Gesetz: Stellungnahme SABI 1/1987: Probleme des Umsatzkostenverfahrens, in: WPg, 40. Jg., 1987, S. 141-143.

Sonderausschuß Bilanzrichtlinien-Gesetz: Stellungnahme SABI 2/1987: Zum Grundsatz der Bewertungsstetigkeit (§ 252 Abs. 1 Nr. 6 HGB) und zu den Angaben bei Abweichungen von Bilanzierungs- und Bewertungsmethoden (§ 284 Abs. 2 Nr. 3 HGB), in: WPg, 41. Jg., 1988, S. 48-50.

Streim, Hannes: Rückstellungen für Großreparaturen, in: BB, 40. Jg., 1985, S. 1575-1583.

Streim, Hannes: Grundzüge der handels- und steuerrechtlichen Bilanzierung, Stuttgart/Berlin/Köln/Mainz 1988.

Streim, Hannes/Kugel, Birgit: GmbH & Co. KG und Rechnungslegungsreform – Analyse der Zweckmäßigkeit der geplanten Regelungen, in: BFuP, 37. Jg., 1985, S. 102-117.

Stüdemann, Klaus: Grundlagen zur Unterscheidung von materiellen und immateriellen Gütern und zu ihrer Aktivierung in der Bilanz, in: DB, 38. Jg., 1985, S. 345-352.

T

Tertel, Hans-Joachim: Ein Überblick über zentrale Jahresabschlußvorschriften des Bilanzrichtlinien-Gesetzes – BiRiLiG (Teil I + II), in: DStR, 24. Jg., 1986, S. 113-121 u. 147-154.

Treuarbeit: Bilanzrichtlinien-Gesetz, Frankfurt am Main 1986.

V

Van Hulle, Karel: Die europäische Rechnungslegungsstrategie, http://www.wpk.de/ news-03-a-2002-03-01.html

W

Wagenhofer, Alfred: Internationale Rechnungslegungsstandards – IAS/IFRS, 5. Aufl., Wien/Frankfurt 2005.

Wagner, Franz W.: Die umgekehrte Maßgeblichkeit der Handelsbilanz für die Steuerbilanz – Eine Analyse ihrer ökonomischen Wirkungen –, in: StuW, 67. (20.) Jg., 1990, S. 3-14.

Weber, Claus-Peter/Damm, Uwe/Haeger, Bernd/Zündorf, Horst: Die Übergangsvorschriften des Bilanzrichtlinien-Gesetzes, in: DB, 39. Jg., Beilage 17 zu Heft 31, 1986.

Weilbach, Erich A.: Wankt das Maßgeblichkeitsprinzip?, in: BB, 41. Jg., 1986, S. 1677-1680.

Wöhe, Günter: Betriebswirtschaftliche Steuerlehre, Bd. I/2, 7. Aufl., München 1992.

Wöhe, Günter: Bilanzierung und Bilanzpolitik, 9. Aufl., München 1997.

Wohlgemuth, Michael: Maßgeblichkeitsprinzip, in: Handwörterbuch des Rechnungswesens (HWR), hrsg. von Erich Kosiol, Klaus Chmielewicz und Marcell Schweitzer, Stuttgart 1981, Sp. 1161-1166.

Wohlgemuth, Michael: Die Anschaffungskosten in der Handels- und Steuerbilanz; Die Herstellungskosten in der Handels- und Steuerbilanz; Niedrige Wertansätze in der Handelsbilanz, in: Handbuch des Jahresabschlusses (HdJ) in Einzeldarstellungen, hrsg. von Klaus von Wysocki und Joachim Schulze-Osterloh, Abt. I/9, I/10 und I/11, Köln 1988/1990.

Wohlgemuth: s. Bonner Handbuch Rechnungslegung.

Woltmann, Albrecht: Die Bilanz der Personenhandelsgesellschaft an der Schwelle des Bilanzrichtlinie-Gesetzes (Teil I + II), in: WPg, 38. Jg., 1985, S. 245-251 u. 275-279.

WP-Handbuch: s. IDW.

Wysocki, Klaus von: Festschrift: s. Gross, Gerhard.

STICHWORTVERZEICHNIS

S

Sachen 120

sachliche Abgrenzung 89, 219

Saldenlisten 63

Saldierung latenter Steuern 224 f.

Saldierungsverbot 86, 256

Sale and lease back 272

Sammelbewertung von Rückstellungen 87, 198

Sanierungsleistungen, Erträge aus 250

Sanktionen, strafrechtliche 60

Schadensersatzansprüche 156

Schätzung der Steuerbemessungsgrundlagen 61

Schecks 152, 157

Schenkung 100 f., 123, 138, 176

Schmiergeld 121

Schulden 121, 129 ff., 138 f., 153, 173, 183

Schuldscheindarlehen 164

Schuldverschreibungen 162 f.

Schutzrechte, gewerbliche 151

schwebende Geschäfte 5, 90 , 122, 133 f., 275

sekundäre Werte 185 ff.

Sicherheiten 275 f., 284 f.

Sicherungsgeschäfte 87

Sicherungsübereignung 141

Sicherungswechsel 163

Sicherungszession 141

Skonti 176, 242, 248, 249

Sofortabschreibung 167 f., 208

Sonder(einzel)kosten
  – des Vertriebs 178, 181, 182, 255
  – der Fertigung 178, 179, 180, 182, 255

Sonderabschreibung 104 f., 179

Sonderbilanzen 68

Sonderposten mit Rücklageanteil 104 f., 137, 139, 153
  – Einstellungen 244, 247, 273, 279 f.
  – Erträge aus Auflösung 244, 273, 280

Sonderprüfung 153, 162, 280

sonstige Verbindlichkeiten 153, 163 f.

sonstige Vermögensgegenstände 152, 156

sonstige Wertpapiere 152, 156

Sorten, Bewertung 212 f.

Sozialbericht 298

soziale Abgaben 245

soziale Einrichtungen, Aufwendungen für 179 f.

Spezial-Leasing 142

Staffelform (GuV) 236

Stammkapital 157

Stetigkeit 36, 81 f., 91 f., 191, 210, 271 f., 278, 280

Steuerbilanz 68, 98 ff.

Steuererstattungen 156, 251

Steuerhinterziehung 61

steuerliche Ansatz- und Bewertungs-vorschriften 89 f., 99 f., 189 f.
  – Buchführungsvorschriften 61 f.

Steuern, Ertrag- 182, 250 f.
  – Fertigungsbereich 182, 254, 260 f.
  – Herstellungskosten 182
  – latente 107, 111, 124 f., 133, 218 ff., 250 f., 279, 281
  – Umsatz 129, 175, 251
  – Umsatzkostenverfahren 254, 260 f.
  – Verbrauch- 129, 251
  – Verkehr- 251

Steuernachzahlungen 251

steuerrechtliche Abschreibungen 104 ff., 273

Steuerschulden 164

Steuerstrafen 61, 251

Steuerstundung 105, 189

Steuerverkürzung 61